Das Buch

»Die Historie muß erzählen, nach ihrem ureigensten Beruf, nicht nur zählen«, sagt Ferdinand Seibt in seinem Vorwort. Diesem Grundsatz getreu schildert er das Leben Kaiser Karls IV. in einem Europa, dessen Selbstverständnis mit der Verlagerung des Schwerpunktes vom Mittelmeerraum nach Norden und Osten und mit der Erfahrung erster »Weltentdeckungen« eine grundsätzliche Veränderung erfährt. Die Regierungszeit Karls IV. prägt ein Jahrhundert entscheidend mit, in dem das Abendland zu einer wirtschaftlichen und kulturellen Zusammengehörigkeit findet, in dem gleichzeitig aber auch das Gefühl für nationale Sonderheiten aufkeimt. Die Residenz Prag gelangt unter ihm zu kultureller Blüte und wird politischer Mittelpunkt des Reiches. Als markante Herrscherpersönlichkeit des späten Mittelalters zeigt Karl IV. als erster einen neuen Stil des Königtums, indem er in nüchterner Weise Landes-, Reichs-, Europa- und Kirchenpolitik verbindet. Er gilt zu Recht als der Wegbereiter der Politik in die »Neuzeit«.

Der Autor

Ferdinand Seibt, geb. 1927 in Strischowitz/Böhmen; seit 1964 Lehrtätigkeit an den Universitäten München und Bochum; ab 1969 Ordinarius für Mittelalterliche Geschichte in Bochum; von 1980 an Vorsitzender des Collegium Carolinum in München; ausgezeichnet mit der Ehrendoktorwürde der Prager Karlsuniversität und »einer der wenigen wirklich wirksamen Moderatoren im schwierigen deutsch-tschechischen Dialog«. Weitere Veröffentlichungen: ›Glanz und Elend des Mittelalters. Eine endliche Geschichte‹ (1987); ›Karl V. Der Kaiser der Reformation‹ (1990); ›Deutschland und die Tschechen. Nachbarschaft in der Mitte Europas‹ (1993).

Ferdinand Seibt:
Karl IV.
Ein Kaiser in Europa
1346 bis 1378

Deutscher
Taschenbuch
Verlag

dtv

Photomechanischer Nachdruck der 1985 im Süddeutschen Verlag erschienenen 5. Auflage
Mit aktualisierter Bibliographie

Dezember 1994
Deutscher Taschenbuch Verlag GmbH & Co. KG, München
Erstveröffentlichung: Süddeutscher Verlag GmbH, München 1978

Umschlagtypographie: Celestino Piatti
Umschlagbild: Miniatur aus der Goldenen Bulle (Codex Vindobonensis 338; Österreichische Nationalbibliothek, Wien)
Satz: Kösel, Kempten
Druck und Bindung: C. H. Beck'sche Buchdruckerei, Nördlingen
Printed in Germany · ISBN 3-423-04641-4

INHALTSVERZEICHNIS

VORWORT 8

Erstes Kapitel: RAUM UND ZEIT

Ein neues Bild der Welt 9
Aufstieg der Peripherie 11
Die Einheit des Abendlandes 13
Ständeordnung 15
Reisen, Wandern, Wallfahren 19
Raum und Politik 20
Ein neues Maß der Zeit 22
Das erste große Jahrhundert der Physik 25
Die vielverkannte Frömmigkeit 28
Spätmittelalter: Herbst und Frühling 33
Ständepluralismus 35
Individualismus 42

Zweites Kapitel: AHNEN, TRÄUME, PLÄNE

Die Schicksalsschlachten der Urgroßväter 51
Herrscherbilder: Der »Großkönig« Wenzel 58
Kaiser Heinrich und die Mythen der Ghibellinen 68
Kaiser und Papst 71
Von Luxemburg nach Böhmen 75
Die Krise des Kaisertums 79

Drittes Kapitel: DIE ELTERN – ODER DIE GRÜNDUNG DER LUXEMBURGISCHEN MACHT

Johanns Anfänge 83
Das Unglücksjahr 1313 86
Die Wendung zur Expansion 92
Das italienische Abenteuer 98
Um die Krone 106

Viertes Kapitel: DER KRONPRINZ

Die Politik des Prätendenten 111
Karls Autobiographie als Quelle 113
Kindheit in Paris 115
Nach Italien 120
Die Vision von Tarenzo 124
Die Zeichen der Auserwählung 126
Die Rückkehr nach Böhmen 128
Begegnung mit dem Wundersamen 131
Der Weg zum Thron 134
Der Rufustag 143

Fünftes Kapitel: Der König
Gewählt oder auserwählt? 149
Der mühsame Aufstieg 1346 bis 1349 154
Karls böhmische Bastion 164
Prag: Böhmische Hauptstadt und kaiserliche Residenz 175
Karls Universität 179
Mehrer des Reiches 185
Herrscherkult 187
Pest und Pogrom 192
Nachfolgeprobleme 200

Sechstes Kapitel: Der Kaiser
Eine neue Mode 205
Cola di Rienzo 207
Petrarca 215
Deutsche Politik 1350 bis 1355 221
Die Sicherung des Italienzuges 227
Die Kaiserkrönung 232
Kaiserdiplomatie 238
Majestas Carolina – eine böhmische Niederlage 244
Die Goldene Bulle – ein deutscher Kompromiß 250
Majestas Carolina und Goldene Bulle: Ein Vergleich 256

Siebtes Kapitel: Hausmachtpolitik
Staatsmann und Mäzen 263
Tirol und Schlesien 265
Fränkisch-oberpfälzische Herrschaftszentrale 268
»Neuböhmen« 276
Brandenburg 279
Staatsarchitektur 286
Präsenz und Präsentation 294

Achtes Kapitel: Der Friedensfürst
Gleichgewicht als Maxime 301
Ämter und Beamte:
Reichsvikariat, Reichshofgericht, Kanzlei 311
Personalpolitik 319
Landfrieden 321
Thronfolgepolitik 325
Städtekrieg 1377 332
Papstpolitik 335
Der zweite Romzug 339
Wenzels deutsche Krönung 343
Frankreich am Anfang und Ende 346
Das Arelat: ein rätselhafter Verzicht? 351

Neuntes Kapitel: WIR, KARL...
Um das Wohl der res publica 361
Hofkultur 367
Leben und Über-leben 376
Kaiser und Kirche 381
Selbstbildnis und Porträt 384
Politik als Präsentation 388
Tod und Krise 398
Was blieb? 402

ANHANG
Anmerkungen 405
Quellen und Literatur 441
Zu den Bildern 474
Register 479

VORWORT

Die Dynastie der Luxemburger stellte in vier Generationen drei Kaiser und zwei Könige. Aber ihr Andenken steht unter einem Unstern. Kaum je hat sich ihrer die Historie besonders angenommen. Kaiser Karl IV., zweifellos der Bedeutendste dieser Herrscherfamilie, wurde zuletzt 1941 in einer kleinen Lebensbeschreibung gewürdigt. Eine große deutsche Biographie blieb 1892 nach vier Bänden ein Torso, ähnlich wie ihr tschechisches Gegenstück nach dem zweiten Band 1948. Allerdings galten Dutzende von Detailstudien diesem Kaiser Karl und seiner Geschichte, und das Gedenkjahr 1978 hat nun doch vieles in neuem Lichte präsentiert. Sind gar erst einmal die kaiserlichen Erlässe und Manifeste insgesamt im Druck vereint – ein großes Unternehmen, womit man 1910 begann und 1977 Karls viertes Regierungsjahr erreichte – dann mag wohl auch der Historiker die Feder ansetzen zum letzten Wort über Kaiser Karl IV. und die Luxemburger. Das letzte Wort beansprucht meine Arbeit nicht. Vielleicht räumt man ihr aber einmal das erste Wort ein bei dem Versuch, einer neuen Deutung Karls und seiner Zeit den Weg zu bahnen.

Franz Schnabel, einer meiner Münchner Lehrer, hat den Historiker immer wieder davor gewarnt, alles zu sagen, was er wisse. Womöglich fände ich seine Nachsicht, wenn ich vieles auch deshalb ungesagt ließ, weil ichs nicht weiß. Historiker sind leicht langweilig, wenn sie den chronologischen Faden mit Geduld herunterhaspeln, und leicht angreifbar, wenn sie statt dessen die Zeit und ihre Menschen aus den Zusammenhängen deuten wollen. Aber die Historie muß erzählen, nach ihrem ureigensten Beruf, nicht nur zählen; sie muß werten, nicht nur strukturieren; zumal, wenn sie sich am Bild eines Menschen versucht. Also kann wohl eine solche Biographie nicht jede Kritik der Kollegen vermeiden; aber hoffentlich doch die Langeweile der Leser.

Ich habe dieses Buch vor fünfzehn Jahren mit Entdeckerfreude geschrieben, während ich Karls Urkunden las, seinen Wegen und Gedanken nachsann und im Zusammenhang einer großen Ausstellung Geschichte auch aus dem Museum lebendig machen wollte. Das gab einen großen Kreis von Mitarbeitern an einer gemeinsamen Aufgabe, und hinterher war viel zu danken. Nun, nach fünf Auflagen dieses Buches, mag es des Dankes genug sein. Ich danke nunmehr dem Deutschen Taschenbuch Verlag für die Aufnahme dieses Titels in sein Programm. Ich danke aber doch noch immer, anstelle einer Widmung, Johanna und Nikolaus, meinen ersten und oft lebhaften Kritikern.

Erstes Kapitel
RAUM UND ZEIT

Ein neues Bild der Welt

Als Dante »seinem« Kaiser – das war Heinrich VII., Karls Großvater – die Weltherrschaft empfahl, beschrieb er die Gestalt Europas: dreieckig, nämlich vom großen Knie des Don im Osten bis zu den englischen Inseln im Norden und nach Gibraltar im Westen.[1] Die Nordhälften des Mittelmeers und des Schwarzen Meeres bildeten in einer solchen Figur ungefähr die Basis. Das ist ein kurioses Bild und verrät einen gewaltigen Wandel in der Welt. Schon der Begriff Europa ist um diese Zeit noch nicht selbstverständlich; lange Jahrhunderte war er zurückgetreten. Aber mehr noch: der Raum, der da eingegrenzt wird, selbstverständlich unter Einschluß der drei südlichen Halbinseln Spanien, Italien und Griechenland, ist nicht mehr nach der mittelalterlichen mappa mundi geformt. Er entspricht bereits einigermaßen unserem modernen Europabild.

Die früheren Jahrhunderte hatten eine andere Landkarte vor Augen. Nach ihren Vorstellungen lag das Mittelmeer namensgerecht zentral in der kreisrunden Weltscheibe, so wie es auch die Lebensbühne der antiken Welt gewesen ist, denn das römische Weltreich war ja im engeren Sinn nichts anderes als seine Küste. Im 14. Jahrhundert aber tauchten neue Darstellungen auf, teilweise mit verblüffender Annäherung an unser Kartenbild, und sie ließen den antiken Mittelmeerraum zurücktreten gegenüber der großen europäischen Landmasse nördlich der alten Welt.[2]

Diese neue Welt im Norden hatte zwar schon Cäsar entdeckt, beschrieben und in ihrem Westteil organisiert. Aber erst tausend Jahre später, nach der ersten Großreichsbildung durch die Karolinger, überflügelte sie als politische und kulturelle Einheit die alte. Damals entstand das Abendland, geeint durch das gemeinsame Bekenntnis zur römischen Kirche, unterschieden vom Morgenland, wie Luther später das lateinische Wort Orient übersetzte, als Bezeichnung für die byzantinische und die islamische Welt. Diese Unklarheit entspricht geradewegs der Entfremdung zwischen lateinischem und griechischem Christentum, die sich seit 1054 endgültig getrennt hatten und trotz einiger Unionsversuche nicht einmal unter der türkischen Bedrohung wieder zueinander fanden.

Auch Alexander von Roes, wenig älter als Dante, sprach von Europa; aber er meinte damit nur Italien, Frankreich und Deutschland.[3] Dantes europäisches Dreieck verrät einen weiteren Horizont, wirklichkeitsnäher im Verständnis seiner Schwerpunkte und seiner räumlichen Einheit. Denn dabei tritt die gesamte Landmasse des nördlichen Kontinents ans Licht. Begreift man den besonderen Charakter des späteren Mittelalters, so läßt sich verstehen, daß bereits diese Wende im Weltbild des 14. Jahrhunderts, und nicht erst die vielberufene Entdeckung Amerikas, eine prinzipielle Veränderung im Selbstverständnis unserer Kultur nach sich zog.

Das soll freilich nicht heißen, daß mit solchen Beobachtungen der eher berüchtigte Streit über den Beginn der Neuzeit hier etwa mit einer neuen Marge wieder aufgelegt wird. Vielmehr gilt es, die besondere Entwicklung und die Eigenart jener zwei bis drei Jahrhunderte vor dem Reformationszeitalter wieder aufzufinden, die der deutschen Nationalhistoriographie uninteressant waren, weil das machtlose Kaisertum sich nicht gut zum modernen Vorbild eignete, während kurzatmige kirchengeschichtliche Betrachtungen diesen Zeitabschnitt ebenso als »Vorreformation« unterschätzten. Die Akzentuierung schwingt noch heute nach.[4] So kommt es, daß manche Historiker die Welt des 14. und 15. Jahrhunderts als Raritätenkabinett demonstrieren, mit »modernen« Zügen in Kunst und Politik, mit interessantem wirtschaftlichem Pragmatismus, mit einer eigenartigen Mischung von Rationalismus und Mythos in den Köpfen, deren Porträts schon in feinen Zügen in den bunten Miniaturen auf Pergament oder in der neuen Malerei auf Holz erhalten sind, ohne daß wir so schnell enträtseln, welche Welt in diesen Köpfen war.

Suchen wir uns in diese Welt mit einer neuen Überlegung zu

vertiefen: Sie zeigt uns nicht nur, wie sehr sich die Gedanken bereits gelöst hatten von Jerusalem oder Rom als dem Zentrum der Erde, weil doch Marco Polo schon damals vom fernen Asien berichtete, zunächst verlacht und verhaftet, bald aber begierig gelesen und nachgeahmt, während Johannes von Montecorvino um 1300 in Peking als päpstlicher Legat ein Missions-Erzbistum begründete. Sie zeigt auch, daß die engere Welt, die Gemeinschaft, als die sich die lateinische Christenheit verstand, in jener Zeit so fest zusammengewachsen war wie noch niemals zuvor. Ohne Zweifel hat es bis dahin ein Entwicklungsgefälle gegeben von den alten Zentrallandschaften aus dem Erbe der Karolinger, vom nördlichen Frankreich, Oberitalien und dem westlichen Deutschland, zur Peripherie im Westen, im Norden, im Osten, in einem Dreiviertelkreis von Spanien über England, Skandinavien, das Baltikum, Polen, Böhmen und Ungarn bis zur Adria hin. Im Süden hing die Zentrallandschaft über Italien, Aquitanien, Auxitanien und Katalonien noch an den kulturellen Traditionen der Alten Welt, wo sich, in weltmännischen Kauffahrteirepubliken, manche Überlegenheit in eigenartiger Entwicklung bewahrt hatte. Nun aber, und das kennzeichnet die Entwicklung um 1300 in auffälliger Weise, war die Peripherie des Abendlandes allmählich zu merklicher Selbständigkeit herangewachsen. Ein alter Rückstand war ausgeglichen, nachdem noch im 12. und 13. Jahrhundert die englische Selbstbetrachtung sich arm und inferior empfand, das skandinavische Städtewesen von deutschen Kaufleuten angeregt wurde, das Mönchtum in Polen von westlichen Impulsen ausging oder der böhmische Adel sich nach dem deutschen Minnesang orientierte, der selber aus französischem Vorbild herausgewachsen war.

Aufstieg der Peripherie

Dieser »Aufstieg der Peripherie« wurde geradewegs zum Entwicklungstrend um die Wende zum 14. Jahrhundert. Hatten doch die deutschen Fürsten im »Interregnum« zwei Kandidaten aus jener Peripherie zu deutschen Königen gewählt, einen Engländer und einen Kastilier, während ein Prinz von Aragonien die Stauferernachfolge in Sizilien antrat; und wie dann zur selben Zeit bei den

Erfolgen der Reconquista die spanischen Könige einander ablösten, gelang den Böhmen die Expansion über Österreich bis zur Adria, wurde Polen nach fast dreihundert Jahren innerer Wirren wieder unter einem König vereint, stieg England allmählich empor aus der Armut seiner Insel zum Rivalen Frankreichs. Keine Rede, daß auch in jenen peripheren Regionen nach dem Zusammenbruch des zentralen Stauferreiches 1250 oder 1268 »die Welt das Ende aller Zeiten« erwartet hätte, oder daß dort der »Zusammenbruch des Reiches ... mit einer Wandlung der gesamten europäischen, gesellschaftlichen Ordnung und ihrer Kultur, mit der beginnenden Auflösung der Gesamtkultur bis in ihre Tiefen« zusammengetroffen wäre, wie die deutsche Geschichtsbetrachtung in vorschneller Verallgemeinerung gerne meint.[5] Vielmehr ist gerade das frühe 14. Jahrhundert gekennzeichnet vom rüstigen Ausgreifen jener Peripherie, so wie, nach der Beobachtung eines böhmischen Chronisten, der »berühmte König« Wenzel II. um 1300 in Prag »fromme Männer aus allen Himmelsrichtungen an sich zog; aus Italien wie aus Rußland, aus Frankreich wie aus Griechenland oder Ungarn«.[6] Westliche Dynastien suchen nun umgekehrt in Landen Fuß zu fassen, die zuvor hinter dem Horizont ihrer Beobachtungen lagen, als 1301 in Ungarn, 1306 in Böhmen das einheimische Königshaus ausgestorben war, wie zuvor die Böhmen ihrerseits nach der polnischen und der ungarischen Krone getrachtet hatten. England greift nach Flandern und tritt in Kontakt mit Florentiner Bankhäusern zur Finanzierung einer freilich waghalsigen Eroberungspolitik.

Nur Splitter dieser Erkenntnis beeinflußten bislang unser Geschichtsbild. Behindert durch die Beschränkung auf die eigenen Landesgrenzen oder allenfalls durch eine westliche Orientierung, ging nur selten einmal eine solche Beobachtung auf, »daß in der Mitte des 14. Jahrhunderts in ... Böhmen, Polen, Serbien, Ungarn lauter bedeutende Fürsten regiert hatten«, oder daß sich »das Staatensystem im Osten Europas« in jener Zeit verfestigt habe.[7] Eine einzige neuere deutsche Darstellung des Spätmittelalters sieht den Aufstieg des östlichen Mitteleuropa im 14. Jahrhundert, weiß ihn aber doch nicht recht mit dem Niedergang der Königsmacht in Frankreich und Deutschland übereinzubringen,[8] weil man das Phänomen des Aufstiegs der Peripherie im alten Abendland im Rundblick erfassen muß, nicht in dem vielstrapazierten Gefälle von West nach Ost. Der Rundblick aber zeigt tatsächlich eine ganze »Generation der Großen« an der abendländischen Peripherie um die Mitte des 14. Jahrhunderts: wieder kann man diese Beobachtung mit Spanien beginnen, wo Alphons XI. von Kastilien bald Peter IV. von Aragon überragte, während das England Eduards III. zum ersten Mal als europäische Großmacht auftritt, Waldemar Atterdag Dänemark aus einer Randposition zur Ostseevormacht führen will, Kasimir der Große Polen organisiert und Galizien erobert, Ludwig der Große Ungarn zu einer Südost-Bastion ausbaut und Stephan Dushan für eine Zeit den byzantinischen Kaisertitel an sich zieht. Auch kleinere Räume des östlichen Mitteleuropa folgen diesem Trend; der Deutschordensstaat in Preußen unter seinem wohl bedeutendsten Hochmeister Winrich von Kniprode ebenso wie Österreich unter dem genialen Rudolf »dem Stifter«. Das sind die Zeitgenossen, das ist die Umwelt Karls IV., der währenddem die luxemburgische Landmacht in Mitteleuropa befestigte.

Alle diese »Großen« strebten mit unterschiedlichem Erfolg nach Expansion und Zentralisation; nach einer mitunter rücksichtslosen Eroberungspolitik und gleichzeitig nach rationalem mittelpunktsbezogenem Verwaltungsaufbau; nach Kirchenherrschaft, nach einer festen Position in der christlichen Gedankenwelt, nach Legitimierung der Monarchie im Bereich von Recht, Geschichtsschreibung und Kunst.

Die Einheit des Abendlandes

Vor den Augen der Politiker hatte also der Raum, in dem die Operationen der Macht sich im 14. Jahrhundert entwickelten, ein neues Ansehen gewonnen. Ähnliches gilt aber auch für andere Lebensgebiete. Freilich ist das kaum im Zusammenhang begriffen worden. Immerhin läßt sich aus gelegentlichen Urteilen schon ein vergleichender Schluß aufbauen. »Im 14. und 15. Jahrhundert springt die Kultur an die Peripherie des Reiches«, beobachtete Konrad Burdach gelegentlich, ein Gelehrter, der selber vieles zur Aufhellung dieser Entwicklung namentlich im literarischen Bereich beigetragen hat.[9] Karl Bosl, ein Sachkenner der mittelalterlichen gesellschaftlichen Entwicklungen, spricht von »Verkehrswirtschaft mit freiem Austausch von Gütern und Arbeitskräften innerhalb der damals bekannten Welt«; und ein Rechtsexperte des östlichen Mitteleuropa erachtete es als eine Grundlage der kulturellen Einheit unseres Kontinents, daß um diese Zeit das Abendland einheitliche Rechtsvorstellungen in seiner Sozialordnung ausgeprägt habe.[10]

Es läßt sich hier nicht erörtern, welche Entwicklungen im einzelnen den Aufstieg der Peripherie, die wachsende Einheit des Abendlandes, heraufgeführt haben. Der Landesausbau, die »agrarische Revolution« in den vorangegangenen Jahrhunderten, bildete zweifellos die entscheidende Grundlage dafür. Dementsprechend hatte sich das Bewußtsein der Zusammengehörigkeit, der Abhängigkeit, mitunter gar der politischen Schicksalsgemeinschaft ausgebildet und zeigte sich in der regen Verbindung auf allen Lebensgebieten. Nicht nur die Wirtschaft mit lebhafterem Fernhandel als zuvor, der nun auch den Transport von Massengütern übernahm, sondern auch das kulturelle Leben lassen das erkennen. Zum ersten Mal erschließen sich Kunstlandschaften in weitem Zusammenhang von West nach Ost, von Süd nach Nord. Zum ersten Mal erfaßt die Institution der abendländischen Universität im Laufe dieses 14. Jahrhundert den gesamten Raum von Spanien bis Polen, von der Ostsee bis nach Sizilien. Dabei werden auch auf diesem Feld alte Gefällsrichtungen aufgehoben: gegen Ende des Jahrhunderts steigen die böhmischen Länder empor zu einer der führenden Kunst- und Kulturlandschaften, gleichrangig den älteren oberitalienischen und französischen Zentren. Gleichzeitig verbreitet sich seit der Mitte des Jahrhunderts eine einheitliche, von immer neuen Impulsen über den ganzen Kulturkreis hin getragene Lebenskultur der Oberschichten: die europäische Mode beginnt ihren Weg durch unsere Welt, mit ihren Wandlungen, ihren Torheiten, ihrem eleganten Zwang.[11] Dieses Erscheinungsbild von Einheit und Abhängigkeit, an den Tatsachen ebenso deutlich wie an den Äußerungen des Zeitbewußtseins, überspannt alle möglichen Regungen kultureller Eigenart in den politischen Bereichen, die sich doch gleichzeitig dabei allmählich als Nationalmonarchien zu erkennen geben. Während die Einheit unseres Kulturkreises einen gewissen Reifegrad erreicht, keimt gleichzeitig das Gefühl nationaler Sonderung, dringt die Volkssprache neben dem Latein in Urkunden, Bücher und sogar in die Bibel ein, so daß sich das Bild von der Zusammengehörigkeit leicht wieder verwischt, das mit vielen einzelnen Linien die Höfe der Könige und die Handelskontore der Kaufleute, die Hörsäle der Gelehrten und die Bauhütten der Techniker miteinander verknüpft, ebenso wie seit Jahrhunderten die kirchliche Organisation und namentlich ihre moderneren Orden.

Ständeordnung

Nicht nur in seiner Geschäftigkeit weiß sich dieses Abendland nach allen Windrichtungen in regerem Kontakt als je zuvor, sondern auch in seiner Muße. 1377 wird zum ersten Mal aus Florenz von einem neuen Zeitvertreib berichtet, handlicher als das königliche Schach, auch mit geringeren Anforderungen an die Spekulation, in allen möglichen Varianten mit einem Schuß Glück gemischt: das Kartenspiel. Nur wenige Jahre, dann ist es aus Regensburg und aus Paris, aus Krakau und Hamburg geradeso bekannt.[12] Wie in jedem Spiel ist auch hier ein Stück Leben widerspiegelt; wie beim Schach zeigt auch diese spielerische Reflexion über die stets lebendige gesellschaftliche Auseinandersetzung ein Widerspiel der ständischen Ordnung. Noch heute erinnert uns das Kartenblatt daran, mit Königen und Damen, mit Oberen und Unteren, während italienische »Farben« mit Rubinen und Pokalen, mit Schwertern und Bastonadestäben die arabische Herkunft verraten. Dieses Kartenspiel legt die ständische Ordnung des Abendlands auf den Tisch, mit Hoch- und Niederadel, mit bezeichnenden italienischen Varianten, in denen gelehrte Räte schon eine größere Rolle spielen, und diese Ständeordnung ist ein zweites Kennzeichen der Welt, in die Karl geboren wurde. Die Popularität des neuen, so rasch verbreiteten Spiels griff noch im selben Jahr 1377 ein Dominikanerpater auf, um sie moralisch auszulegen, weil er mit sicherem Blick erkannte, daß sich diese spielerische Nachformung der Ständegesellschaft und ihrer Lebensordnungen auch wieder umgekehrt mit bildlichen Auslegungen auf das Leben zurückbeziehen ließ.[13] Ähnlich hatte einer seiner Ordensbrüder hundert Jahre zuvor das Schachspiel gedeutet.

Die Welt war ständisch gegliedert. Diese Gliederung kannte aber auch sehr bezeichnende räumliche Differenzen. Sie sind seit langem erwogen und müssen doch erst noch in den größeren Zusammenhang einer raumgeschichtlichen Übersicht eingefügt werden.[14] Bringen wir einmal Ständeordnung und Entwicklungsräume des Abendlandes übereinander, so zeigt sich nämlich ein verblüffender Bezug zwischen den alten Zentrallandschaften und der Peripherie. Die wichtigste ständische Funktion in einem politischen Raum war die möglichst periodische Versammlung der Ständevertretung zu einem Landtag, Reichstag, Parlament. Hier wurde dem Herrscher »Rat und Hilfe« zuteil, vornehmlich durch die Bewilligung finanzieller Leistungen, denn in dieser Ständeversammlung war alles vertreten, was über besteuerungsfähige Untertanen gebot: der Adel, der Klerus, die politisch selbständigeren Städte. Nach ihrer Organisation hatten solche Ständevertretungen aber eine unterschiedliche Gestalt. Sie waren entweder dreigliedrig, so wie sie gerade aufgezählt worden sind, als Kurien oder Kommunitäten auf einer Versammlung vereinigt, oder sie organisierten sich in zwei »Kammern« oder »Häusern«, deswegen nämlich, weil die Standesunterschiede von Hoch- und Niederadel die Fluchtpunkte des politischen Systems bestimmten. Das bedeutet nicht, daß andere Kräfte an diesem Dualismus nicht beteiligt waren; nur waren Klerus und Städte in ihrer Artikulation auf die Doppelgliederung verwiesen.

Der Vergleich zeigt nun aber im großen und ganzen, daß das dreigliederige System die alten Zentrallandschaften einnimmt: Frankreich und Deutschland. Hoch- und Niederadel dominieren dagegen an der abendländischen Peripherie, in Spanien, in England, in Ostmitteleuropa und Ungarn.[15] Damit bestätigt sich zunächst einmal in den Akzenten der Ständepolitik, was bis zum Anbruch des 14. Jahrhunderts die politische Machtentfaltung, die Wirtschaftskraft und das Kulturniveau über die innere Gliederung des Abendlandes aussagen. Außerdem zeigt sich im 14. Jahrhundert bei näherem Zusehen eine aufschlußreiche Verschiebung. Obwohl die einmal vorgegebene Doppelung im ständepolitischen Gefüge der Peripherie beibehalten, vielleicht sogar noch organisatorisch verstärkt wird, wie in England um 1350 durch die formelle Errichtung des Oberhauses für den Hochadel, das

»House of Lords«, sind doch überall in der ständischen Wirklichkeit dieselben, eher dreigliedrig definablen Kräfte am Werk. Überall nämlich, in der englischen Innenpolitik geradeso wie in Polen, haben sich nichtadelige, nichtkirchliche Kräfte, gestützt auf die städtische Wirtschaftsmacht, in der Innenpolitik zu Wort gemeldet und sind in dieser oder jener Form auch berücksichtigt worden; so wie die deutschen Reichsstädte seit dem Ende des 13. Jahrhunderts, freilich unregelmäßig und nicht zu jeder Tagesordnung, ihre Vertreter zum Reichstag entsandten. Man könnte meinen, das 14. Jahrhundert hätte demnach den Grund legen können zu einer einheitlichen dreigliedrigen abendländischen Ständeordnung. In der böhmischen Städtelandschaft führte die Entwicklung schließlich auch tatsächlich bis zur Revoltierung der Gesellschaft durch stadtbürgerliche Elemente, ähnlich wie in Nordfrankreich oder in England. Später trat diese Kraft wieder in den Hintergrund. Das 14. Jahrhundert aber ist gekennzeichnet von einer merklichen Einheitlichkeit auch im ständepolitischen Bereich.

Diese Angleichung zeigt sich nicht nur in einer allgemeinen Verbreiterung der ständepolitischen Basis, besonders unter Einschluß des städtischen Elements, sondern sie wird ebenso sichtbar im Wachstum der Ständemacht überhaupt. Das Interessenfeld der Ständepolitik wird im 14. Jahrhundert allgemein so deutlich abgegrenzt wie niemals zuvor, mit den prüfenden, klügelnden, rationalen Mitteln der Zeit, es wird schriftlich fixiert. Von der »Ghemeene Land« in Flandern 1306 über die Münsteraner Landesprivilegien 1309 zur »Ottonischen Handveste« in Bayern 1311, die böhmischen Ständeprivilegien von 1310, die Kölner von 1344, die berühmte Joyeuse Entrée 1356 in Brabant reicht die Kette der schriftlichen Garantien der Ständerechte bis zum bayerischen Kurpräzipuum 1368 und der Landesvereinigung für Münster 1370 durch das ganze Jahrhundert, hier nur an einigen Beispielen belegt. Und an entscheidenden Fragen des Staatsrechts, wie wir heute sagen würden, entzündete sich die Anteilnahme der ganzen Ständegemeinde: sei es eine Auseinandersetzung um die Landesteilung nach Erbrecht, die für gewöhnlich den Widerstand der Ständeeinheit auslöste, sei es ein so diffiziler Juristenstreit wie die Diskussion um das päpstliche Recht auf Approbation der deutschen Königswahl. In diesem Zusammenhang hatten sich nämlich 1338 nicht nur die deutschen Kurfürsten in einer grundlegenden Erklärung engagiert, sondern auf folgenden Reichstagen in Koblenz und Frankfurt und auf vorangehenden Ständeversammlungen auch die Bischöfe, der nichtfürstliche Adel, die Städte und Domkapitel; ein Vorgang, den man aufschlußreich als Demonstration der »ständisch repräsentativen Elemente in der deutschen Verfassung« bezeichnet hat und wegen auffälliger Parallelen auch mit englischen Verhältnissen, namentlich hinsichtlich der Verbindung von adeligen und städtischen Elementen, in Zusammenhang brachte.[16]

Noch eine dritte Parallele kennzeichnet die Angleichung ständischer Verhältnisse; sie betrifft die oberste Führungsschicht, den Hochadel. Auch hier gibt es an sich grundlegende Unterschiede, die sich wieder gut übereinbringen lassen mit den uns nun schon bekannten ursprünglichen Strukturdifferenzen zwischen Zentrum und Peripherie. Im Zentrum erreicht der Hochadel eine gewisse fürstliche Selbständigkeit, weshalb die beiden Zentralmonarchien, Deutschland und Frankreich, nach ihrem ursprünglichen Gefüge föderalistisch gebaut sind. Der englische wie der polnische, der tschechische wie der spanische Hochadel, der ungarische wie der skandinavische bleiben dagegen sozusagen auf einer älteren Entwicklungsstufe nur Magnaten, nur die mächtigsten Grundherren, mit abgegrenzten Vorrechten, aber ohne fürstengleiche Einzelpositionen. In der Ständepolitik wirken sie als Korporation, nicht als einzelne Mächtige. Natürlich sind auch in Deutschland und Frankreich korporative Elemente des Fürstentums nicht verschwunden; besonders markant in der Gemeinschaft der sieben deutschen Kurfürsten. Das 14. Jahrhundert kennzeichnet nun aber allgemein und überall hochadelige Aspirationen zur Selbständigkeit. Freilich ist es ein weites Feld, diese Tendenz im einzelnen zu belegen. Die böhmischen Rosenberge wie die Herzöge von Lancaster, Matouš Čák in Ungarn wie die schlesischen Piasten mögen hier einstweilen namentlich ihre Standesgenossen in Ost und West vertreten an Stelle eines großräumigen Vergleichs, der sich bei einiger Kenntnis abzeichnet, obwohl er noch nie ausführlich dargestellt worden ist.

Selbstbewußtsein des nordalpinen Europa – Aufstieg der Peripherie des Abendlandes –, Annäherung, wenngleich nicht Einheitlichkeit dieses lateinischen Abendlands von Jütland bis Sizilien, vom spanischen bis zum polnischen Galizien: das sind die Kennzeichen jener spätmittelalterlichen Epoche, die das Grundgefüge in unserem Kulturkreis merklich verschiebt. In diese Epoche wird Karl geboren, ihre Entfaltung bestimmt seine Lebensumstände, allmählich wirksam als neuer Weltbegriff.

Zur Überwindung der räumlichen Distanz mit ihrer dichteren Kommunikation in diesen Jahrzehnten zählt auch eine gesteigerte Mobilität. Der Mensch des Spätmittelalters ist beweglich geworden, natürlich nicht in unseren so unerhörten Ausmaßen durch Eisenbahn und Auto, aber doch auf eine Weise, wie sie jahrhundertelang zuvor sich nicht nachweisen und jahrhundertelang danach nicht mehr übertreffen läßt. Nicht nur Kaufleute und Scholaren, Handwerker und Händler, Prediger und Söldner ziehen in Scharen auf den Nah- und Fernstraßen des Abendlands, auf manche Weise sogar mobiler als wir, weil sie oft für Jahre von ihrer Heimat und überhaupt von einem festen Wohnsitz Abschied nehmen, eine bewegte und bewegliche Bevölkerung, während wir weder den Wanderzug der Studenten noch der Handwerker in denselben Maßen mehr praktizieren; nicht nur Beruf und Wirtschaft machen dieses Spätmittelalter mobiler als zuvor: vielmehr sind es auch breitere Bevölkerungsgruppen, fast Massen schon im Verstand der Zeit, die sich auf Reisen begeben, Reisen nach der religiösen Geographie, die nah und fern besondere Kultstätten empfahl, ohne Rücksicht auf politische Grenzen, mitunter aber mit politischem Bezug. So wurden im Laufe des 14. Jahrhunderts Tschenstochau, Maria Zell, Aachen und Santiago de Compostela weithin anziehungskräftige Wallfahrtsorte, während die Apostelgräber in Rom und gar das Heilige Land zu freilich beschwerlicherer Fahrt ihre Berühmtheit behielten. Zum Jahr 1300 gewährte der Papst zum ersten Mal in der Kirchengeschichte für die Wallfahrt nach Rom einen Generalablaß als besondere Anerkennung. Das war so erfolgreich, daß man noch im Laufe des 14. Jahrhunderts ein solches »Jubeljahr« von hundert auf die Spanne von fünfzig und dann von dreiunddreißig Jahren herabsetzte. Dazu traten, neben die großen, auch zahlreiche regionale Wallfahrtsorte, mitunter in regelmäßigen Zyklen, wie die siebenjährige Heiltumsfahrt nach Aachen, die Karl IV. reformierte. Oder die Leute strömten zu den neuen Wallfahrtsorten Walldürn im Odenwald und Wilsnack in Brandenburg, die sich durch sogenannte Blutwunder am eucharistischen Brot ausgewiesen hatten.

Es zeigt sich darin etwas von einer sonderbaren Unruhe der Zeit, ganz unpassend zu unseren Vorstellungen vom konservativen Mittelalter, und fand auch literarischen Niederschlag. Nicht nur, daß Marco Polo bald zur vielübersetzten Lektüre wurde; es entstanden neue Reisebücher, gemischt aus Fabel und Wirklichkeit, wie jenes unter dem Pseudonym eines englischen Ritters John von Mandevile, das um die Jahrhundertmitte deutsch und französisch bereits weit verbreitet war und sogar auch schon eine Übersetzung ins Tschechische erfahren hatte, Ausdruck einer neuen Weltsehnsucht; wir werden sie geradeso auch im Werk des weitgereisten Franziskaners Johannes von Marignola kennenlernen, in unmittelbarer Verbindung mit der Hofkultur Karls IV.

Raum und Politik

Dieselbe Beweglichkeit wußte aber nicht nur den Raum als Distanz besser zu überwinden als zuvor, sondern sie verstand es auch im politischen Bereich, diesen Raum zu handhaben. Zwar gibt es schon um die Jahrhundertwende weitgespannte politische Beziehungen. Heiratsbrücken wurden gelegentlich geschlagen von England nach Böhmen, von Konstantinopel an den deutschen Kaiserhof. Aber das sind Episoden geblieben, Kontakte, die nicht zu Verbindungen führten, und eben das unterscheidet vergleichbare, nun aber viel häufigere Fürstenehen zwischen Nachbarn oder gar, im weitgespannten politischen Kalkül, zwischen übergreifenden Bündnispartnern. Solche Heiraten offeriert das Spätmittelalter zu Dutzenden; aus Korrelationen wird ein Netz politischer Planung, wenn man nicht nur die effektiven, sondern auch die projektierten Verbindungen ins Auge faßt, die Verlöbnisse geblieben sind oder nicht einmal das. Kaum noch ein Fürstenkind, das man ohne eine solche

Raumplanung vermählte. Die bedeutendsten Ehen veränderten mehrfach die politische Landkarte mit einem Federstrich. Der Hundertjährige Krieg zwischen England und Frankreich, die Vereinigung der drei skandinavischen Königreiche, die Personalunion zwischen Polen und dem riesigen litauischen Herrschaftsgebiet, der Aufstieg Burgunds – das alles ist binnen weniger Jahrzehnte aus solchen Eheschlüssen erwachsen, und gerade durch die Heirat von Karls Eltern vollendet sich schließlich auch der Aufstieg Böhmens zur ersten Landschaft des Reiches.

Auch andere Möglichkeiten der Raumbeherrschung wurden jetzt mit besonderer Umsicht gehandhabt. Das Kartenstudium zeigt kleinräumig eine neue, rasch verbreitete Kunst, entferntere Territorien durch Landbrücken miteinander zu verbinden, durch Burgen, befestigte Orte zumindest, jeweils etwa Tagesritte voneinander entfernt; oder durch die Besetzung entscheidender Positionen nicht nur nach der Geländeübersicht, sondern auch nach dem Straßennetz oder nach strategischen Punkten im Blick auf die Landesgestalt. Nicht, daß dergleichen vorher unbekannt oder unerhört gewesen wäre; aber jetzt macht es Mode.

Schließlich weiß man sich auch der Raumerschließung auf besondere Art zu bedienen.[17] Die Zeit ist eine Epoche reformierter Herrschaftsorganisation, der Ämterverfassung, der Landesaufnahme und der ersten umfassenden Buchführung über den Fürstenbesitz. Eine besondere Leistung kennzeichnet in diesem Zusammenhang die Herrschaft des Erzbischofs von Trier, Balduin von Luxemburg, der ein genaues Verzeichnis seiner Rechte und Verleihungen anlegen ließ und, viermal kopiert, ein Exemplar davon auf seinen Reisen immer mitgeführt haben soll.[18] Balduin war Karls Großonkel. Karl wird Vergleichbares unternehmen. Wenigstens einen Blick in die raumpolitische Mobilität gönnen uns Berichte von Tauschprojekten, die sich kühn über angestammte dynastische Bindungen hinwegsetzen: 1318 war angeblich ein Tausch zwischen Böhmen und der Rheinpfalz im Gespräch, 1335 wurde ein Tausch zwischen Tirol und Brandenburg erwogen. Beide Überlegungen werden Karls Vater zugeschrieben.

Ist es ein Zufall, daß der Raum in dieser Zeit auch in den Ansichten der darstellenden Kunst neues Gewicht gewann, daß die ersten Versuche zur Hintergrunddarstellung sich auf den Porträts von Heiligen und Herrschern erkennen lassen, in Italien, in Frankreich, in der böhmischen Malerei, und auch schon die ersten Ansätze zur Perspektive? Daß die Architektur, namentlich die böhmische, sich in Grund- und Aufriß der Innenräume in derselben Absicht an einem neuen Raumempfinden versucht, ja daß die Bildhauerkunst mit denselben Intentionen um eine lebendigere Körperlichkeit bemüht ist?[19] Selbst die Naturwissenschaft widmete den Problemen von Raum und Körper besonderes Interesse.[20] Einzelne sinnierende Köpfe wie der große Spanier Raymundus Lullus hatten nach den Geheimnissen des Raumes schon vor hundert Jahren gefragt. Nun hatte die Frage um sich gegriffen, sie spielte eine Rolle in den Vorstellungen der Seefahrt, sie schuf eine neue Geographie, sie beschäftigte die Politiker, wie wir gesehen haben, sie belebte die gelehrten Disputationen und ließ schon lange vor jener ominösen angeblichen Schwelle zwischen Mittelalter und Neuzeit ein Weltbild erstehen, mit dem erst zweihundert Jahre später die angebliche Neuorientierung des »modernen« Menschen begann; mit der Bewegung der Erde im Weltall, wodurch sich alle möglichen Himmelserscheinungen leichter erklären ließen, mit der »Kopernikanischen Revolution« also. Aber solchen Thesen begegnete schon Albertus Magnus im späten 13. Jahrhundert und lehnte sie ab. Ein, zwei Generationen später wurden sie aufs neue aufgegriffen, unter anderem von Albert von Sachsen an der Pariser Universität und schließlich von Nikolaus von Oresme »mit einer Klarheit, Präzision und Sicherheit ..., die von Kopernikus selbst nicht erreicht wurde«.[21] Von Paris wanderten solche Ansichten dann an die Prager Universität und wurden dort 1409 ausgiebig gerade von jenen Magistern diskutiert, die wenig später ihr Volk in die hussitische Revolution führten.[22]

Ein neues Maß der Zeit

Nicht nur den Raum, sondern auch die Zeit sah diese Welt mit anderen Augen an. Das 14. Jahrhundert bringt eine neue Epoche der Zeitmessung, denn hier beginnt die Geschichte der europäischen Räderuhr. Fast gibt das wieder einen Anlaß zu weltgeschichtlichen Betrachtungen. Die großen Hochkulturen, und namentlich die fernöstlichen, die im Lauf ihrer Entwicklung unseren abendländischen Verhältnissen am nächsten kamen, kannten alle besondere Techniken der Zeitmessung. Zum Teil aus tausendjähriger Tradition: die antike Sanduhr haben wir heute noch im Gebrauch. Ein jeder solcher Zeitmesser folgt einem einfachen und sozusagen natürlichen Ablauf, dem Rinnen von Wasser oder Sand, dem Abbrennen von Kerzen, manchmal im Zusammenhang einer kunstvollen Mechanik. Die abendländische Räderuhr brachte dagegen ein völlig neues Element in die Messung von Abläufen: nun war die natürliche Kraft, zunächst die Schwerkraft von großen Gewichten, die an Seilen nach unten zog, nur ein Antriebsimpuls; der Ablauf selbst war ineinandergreifenden Rädern überlassen, und sein Grundelement bildete eine Gleichung von Raum und Zeit, nämlich die stets gleiche Strecke aus dem Umfang eines gleichmäßig bewegten Rades. Vergleichen wir den Fortschritt: das rieselnde Material in einer Sanduhr läßt sich nach seiner Schnelligkeit zwar regulieren; aber es ist letztlich von der Schwerkraft bestimmt, und der »Uhrmacher« muß sich darauf beschränken, Größe und Volumen der Zylinder danach zu richten. Ganz anders eine Räderuhr: auch sie wird zwar von der Schwerkraft bewegt, aber nun läßt sich der Ablauf einer Zeiteinheit genau nach dem Umfang des Rades regulieren, das man mit einem Gewicht in Drehung bringt und mit einer Hemmung doch wieder aufhält. Diese Hemmung bleibt in regelmäßigem Schwung durch ein neues Element, einen waagrecht schwingenden Balken zunächst, später ein Pendel, danach, noch heute, eine Metallspirale. »Unruhe« ist fortan der mechanische Takt des abendländischen Daseinsempfindens. Die Uhr aber ist eine künstliche Schöpfung, ein gesteuerter Ablauf, eine menschliche Kreation. Das hatte die zeitgenössische Weltbetrachtung rasch erfaßt: »Wie aber alle jene Kunstwerke«, sagt Thomas von Aquin über »Uhren und menschliche Erfindungen«, »sich zur menschlichen Kunst verhalten, so auch alle die natürlichen Dinge zur Kunst Gottes.«[23] Mit diesen Worten hatte der größte Systematiker seiner Zeit um 1270 bereits das Wesen des mechanischen Uhrwerks als einer sekundären Schöpfung angesprochen.

Durch das ganze Jahrhundert ziehen sich dann die Nachrichten vom Bau der ersten Räderuhren, die, ihrer Natur nach in Türmen installiert, mit ihrer großen Mechanik nicht nur auf jene sonderbar künstliche Art den Ablauf der Zeit durch das Zusammenspiel eines Räderwerks sichtbar machen, sondern gleichzeitig auf eine kosmologische Demonstration gerichtet sind. Planetarien und Astrolabien spielen dabei eine Rolle,[24] so daß das Rad und seine Drehung auch unmittelbar astronomische Bewegungen wiedergibt. Nicht nur Wochentage und Mondphasen, sondern auch Planetenbahnen kommen zur Darstellung, und ohne Umschweife wird der Vergleich gezogen zu menschlichen, zu gesellschaftlichen Ordnungen. Bereits diese ersten Uhren zeigen nämlich nicht nur den Weg der Stunden und den Gang der Planeten, sondern auch die Bewegung menschlicher Figuren in Wiederholung symbolkräftiger, eindringlichster historischer Abläufe. So ziehen etwa die zwölf Apostel mit und vor Christus zur Ermahnung der Gläubigen im Getriebe der Uhrenmechanik, im Gefolge der Zeit, in solchen Kunstuhren bei bestimmten Stunden vor dem Betrachter vorbei, am Straßburger Münster ebenso wie in der berühmten Uhr im Prager Rathausturm; so wurde auch gelegentlich die überzeitliche Reichsordnung gewiesen. Karl gebot 1361 nämlich in Nürnberg die Herstellung einer Uhr für die von ihm erbaute »kaiserliche Kapelle«, die Frauenkirche, bei der sich stündlich die sieben Kurfürsten vor dem Kaiser neigten.[25]

Natürlich ist solcherart die »Zeitmaschine« eher ein kosmologisches Symbol als ein Stundenmesser; besonders, wenn sie an sakralen Orten steht und überdies mit ihrer astronomischen oder sozusagen historiologischen Demonstration, mit Planetenbahnen, Aposteln und Kurfürsten diese universale Symbolik demonstriert. Aber es ist doch gar nicht auszudenken, daß man dabei die kreisenden Zeiger in ihrer unmittelbaren Aussage übersah. Kein Zweifel, die Uhr ist nicht nur Ausdruck für einen »Wendepunkt des Maschinenbaus im 14. Jahrhundert«,[26] sondern auch ein neues Maß für den Tages- und Lebensablauf. Die neue Kunst der Uhrenherstellung in allen Landen ist zugleich ein Ausdruck für das Bedürfnis nach zeitlicher Rechenschaftsablage, nach Planung und nach Rationalisierung. Mehr noch: in tiefster Betrachtung ist sie förmlich eine Hinwendung zu den exakten Naturbeobachtungen nach Maß und Gewicht, ist die Emanzipation der Naturwissenschaft von der spekulativen Philosophie,[27] ist ein Schritt auf dem weiten Weg des europäischen Rationalismus, und der greift, wie die allerseits sichtbare

Turmuhr, nicht nur nach der gelehrten Spekulation, sondern auch nach dem Alltag; er ist ein Gleichschritt.

Das erste große Jahrhundert der Physik

Noch einen Grundzug der Mentalität dieses Zeitalters möchte man gern unmittelbar beim Namen nennen, aber es fehlt am rechten Begriff. Es geht um eine gesteigerte Fähigkeit zur vorausschauenden Planung, um eine Rechenhaftigkeit, um eine Rationabilität, die sich auf allen Lebensbereichen beobachten läßt. Das zeigt sich zunächst in den herkömmlichen Universalwissenschaften, in Theologie und Philosophie. Das 14. Jahrhundert kennt keine konstruktiven Weltsynthesen mehr wie sie das 13. beschäftigten, das »Jahrhundert der großen Summen«, der umfangreichen synthetischen Weltdarstellungen aus spekulativen Prinzipien. Man spricht deshalb von einer »Krise der Wissenschaft«[28], aber diese Krise will doch recht verstanden werden: sie ist eine kritische Auseinandersetzung mit der vorhergehenden wissenschaftlichen Generation, eine Formel, mit der man das Lebenswerk des größten Denkers der ersten Jahrhunderthälfte, William Occam, namentlich auf philosophischem Gebiet kennzeichnen könnte. Von seinem englischen Landsmann John Wiclif gilt Vergleichbares in der Theologiekritik während der zweiten Jahrhunderthälfte. Dazwischen ließe sich eine Vielzahl kleinerer Namen ins Bild schieben, denn die Grundströmung der kritischen Überprüfung, auch der Auflösung vorangegangener Welt- und Daseinskongruenzen erfüllt sie alle. Ihre denkerische Leistung verbietet, von einer Zeit des Niedergangs zu reden; aber Skepsis und Pessimismus begleiten freilich ihre Kritik, ein abwägender Konkretisierungsdrang, zugleich auch erkenntnistheoretischer Empirismus, der dem vorgegebenen System mißtraut.

Aus diesem Zusammenhang erwuchs nun gerade die Emanzipation der Naturwissenschaften von der Philosophie. Freilich ist auch dabei noch die Spekulation führend vor dem Experiment. Sie ist entweder physikalisch ausgerichtet, wie an der Pariser Schule, oder mathematisch orientiert, wie in Oxford und Cambridge. Dementsprechend ist gerade jene Zeit für eine lange Entwicklung so wichtig, daß sich von »Vorläufern Galileis im 14. Jahrhundert«[29] sprechen läßt, während die genauere Beobachtung immer wieder einer Vielzahl von Fragestellungen und halben Antworten begegnet, die man mit Verblüffung als naturwissenschaftliches Gedankengut des 14. Jahrhunderts registriert.[30] Deshalb gilt vor erfahrenen Augen das 14. auch als das »erste klassische Jahrhundert der Physik«.[31] Und schon zeigen sich auch die Früchte der neuen Wissenschaft in der Technik, wo man gerade dieses selbe 14. Jahrhundert immer wieder als eine besondere Entwicklungswende hervorhebt. Eine neuere Technikgeschichte spricht vom »verwegenen Drang zu Neuerungen« im Spätmittelalter, der sich aufbaute auf der »Technikbesessenheit bis zur Verzückung« einer großen Schar erleuchteter Geister um die Mitte des 13. Jahrhunderts, mit einer neuen technischen Denkweise, so »daß Europa zu Anfang des 14. Jahrhunderts in den wichtigsten Gewerben außerordentliche Fortschritte im Ersatz menschlicher Arbeitskraft durch Einsatz von Wasser- und Windkraft gemacht hat«.[32] Spinnrad und Feuergeschütze, Kurbel und mancherlei Mühlenwerke erscheinen als die wichtigsten Neuerungen mit unterschiedlich verbreiteter technischer Nutzung.

Aber auch in der Wirtschaft tritt dieselbe Rechenhaftigkeit mit neuen Ergebnissen ans Licht. Allein in der deutschen Wirtschaftsgeschichte wird das Jahrhundert markiert durch die Einführung und die ständige Verfeinerung der Buchführung, durch die Verbreitung von Kreditbrief und Wechsel. Und sosehr sich in Wirklichkeit wirtschaftliche Entwicklungslinien von Handel und Handwerk, von Landwirtschaft oder Transitgeschäft immer wieder nach eigenen Bedingungen richten, so läßt sich doch der Grundzug des Wirtschaftens in jedem Bereich auch mit dem Ganzen verbinden und insgesamt als eine merklich verfeinerte Planung und Rechenhaftigkeit ansprechen. Die Rationalisierung führt bis zu Marktverflechtungen, auch zum ersten deutschen Eisenkartell zwischen den Eisenhütten um Amberg und dem verarbeitenden Gewerbe in Nürnberg im Jahr 1387. Ein neuer Wirtschaftsdirigismus löst Schwerpunktverschiebungen aus, nach denen das westliche Mittelmeer aufsteigt, England, der Kanal, die Nord- und die Ostsee, die Oder als Getreidestraße und die erzführenden Gebirge im Sudeten- und Karpatenraum. Damit spiegelt sich auf der Wirtschaftskarte noch einmal der Aufstieg der Peripherie – teils Ursache, teils Folge der politischen Bewegungen. Im Handelsleben reicht die Veränderung soweit, daß man von der »kommerziellen Revolution des 14. Jahrhunderts« gesprochen hat. Im Textilgewerbe, dem wichtigsten Exportzweig der Zeit, steigt mit der süddeutschen Barchentproduktion eine neue Ära auf – und erschließt sich vornehmlich das östliche Europa zwischen Ostsee und Schwarzem Meer.[33] Und zu all dem: das Abendland lernt gerade jetzt den Umgang mit arabischen Zahlen, die sich einfach nach dem Dezimalsystem schreiben lassen, so daß die Möglichkeit entsteht, auf solche Art die vier Grundrechnungsarten schriftlich zu entwickeln. Bisher mußte man, bei der umständlichen Schreibart der römischen Zahlen, zum Rechnen ein nach Dekaden unterteiltes Brett mit Steinchen benützen.

Da hätte dann die etwas ältere und freilich in ihren Konsequenzen viel umfassendere »agrarische Revolution« ihr Gegenstück gefunden. Aber auch sie wirkt noch fort in unserer Zeit. Zum Teil mit technischen Neuerungen, wie etwa mit der Einführung der Sense, ursprünglich nur zur Grasmahd, in verbesserter und vergrößerter Form nun auch im Getreideschnitt.[34] Auch hier ist im übrigen der durchgängige Trend zur Rationalisierung deutlich, in der Flurbereinigung, in der Aufgabe unrentabler Böden und der Entmischung von Feld und Wald, in der Spezialisierung besonders auf Hopfenanbau, Ölfrüchte, Textilfasern oder die Farbpflanzen Krapp und Waid, im Maulbeerbau der Lombardei zur Seidenraupenzucht bei künstlicher Bewässerung, in der Käsewirtschaft, die man in den Alpen betreibt oder in der geplanten und gezielten Getreideproduktion für ferne Märkte, die einzelne Gutsherren damals im Oderraum beginnen, um auf dem Wasserweg das dichtbevölkerte niederländische Städteland zu versorgen.[35] Einen guten Anteil an der Rentabilitätssteigerung der Landwirtschaft haben damals auch die wirtschaftsbewußten Ordensniederlassungen vornehmlich der Zisterzienser und der Ritterorden, der Deutschherren in Mitteleuropa. Sie entwickeln auf Grund ihrer Ordensorganisation weitgespannte Verbindungen, sie wissen aber auch die nahen Märkte zu nutzen, zum Beispiel durch Getreideveredelung. So spielt die Zisterze Heilsbronn eine Rolle in der Geschichte des Nürnberger Lebkuchens. Die wichtigste Veredelungsmöglichkeit aber bot die

Bierbrauerei. Die alte Kunst erfuhr im Spätmittelalter namhafte Verbesserungen, besonders durch den Hopfen als Konservierungsmittel. Und so ist denn das 14. Jahrhundert auch ein Säkulum des Bieres geworden. Dabei handelt es sich eigentlich um Großbetriebe, im Stil der Zeit, die auf ihre Weise unter den Bedingungen chemischer Produktion, allenfalls durch Mühlenwerke in einzelnen Produktionsabläufen unterstützt, aber grundsätzlich noch nicht abhängig von der künftigen Entwicklung von Kraftmaschinen und ihrer Antriebsweise, schon um Jahrhunderte das industrielle Zeitalter vorwegnahmen, alte Klein- und Hausbrauereien ablösten und mit einer wahren Gründungswelle das Jahrhundert erfüllten. Auch das war natürlich ebenso ein Effekt von Wirtschaftsplanung und Rechenhaftigkeit wie von konkretem technischem Fortschritt.

Die vielverkannte Frömmigkeit

Derselben Rechenhaftigkeit begegnen wir dann aber auch in einem Bereich, in dem man dergleichen am wenigsten erwartete: im religiösen. Freilich muß zuerst bei allen Äußerungen spätmittelalterlicher Frömmigkeit von der Vielfalt der Erscheinungen gesprochen werden; gelegentlich sogar von der Gegenläufigkeit. So hat, zumindest in Mitteleuropa, mit Meister Eckhard, Johannes Tauler oder Margaretha Ebner die individuelle spekulative Frömmigkeit, die deutsche Mystik, in ihrer gedanklichen Intensität wie in ihrer sprachlichen Ausdruckskraft nach zwei-, dreihundertjähriger Entwicklung wohl ihren Höhepunkt erreicht. Dennoch ist diese Form des frommen Lebens, verbreitet in Freundeskreisen und schon mit ersten literarischen Fernverbindungen, nicht schlechthin die beherrschende. Sofern sich überhaupt ein Allgemeinurteil über die in ihren Eigenarten oft gar nicht recht faßbaren Formen des frommen Lebens gewinnen läßt, dominiert eine andere Denkweise. Es mag sein, daß sie im Westen und Süden Europas, in Frankreich namentlich, in Italien und in Spanien, noch stärker die Massen anzog als im Dunstkreis der deutschen Gedankenmystik. Jedenfalls bestimmte sie in Mitteleuropa die Pflege des religiösen Lebens. Das ist eine Auffassungsweise, wie sie der christlichen Liturgie, ja sogar schon den geschriebenen Offenbarungswahrheiten abgelesen werden kann, und wie sie deshalb auch die ganze zweitausendjährige Geschichte des Christentums begleitete und auch uns im Grunde vertraut ist. Im hohen Mittelalter war sie zur besonderen Philosophie entwickelt worden; im späten trieb sie noch eine »letzte Blüte«:[36] die symbolische Beziehung zwischen einzelnen Gegebenheiten, auf die Christus in seinen Belehrungen und Exempeln mehrfach selber verweist und die danach die jahrhundertelange Reflexion bis zur umfassenden Weltdeutung ausweitete. Christus, das Lamm, das geopfert ward, ist demnach in einer neuerlichen symbolischen Reflexion zum geopferten Brot als der Speise der Gläubigen geworden, und dabei ist der symbolische Bezug mit der äußersten, mit metaphysischer Realität erfüllt. »Alle die Symbole gruppieren sich schließlich um das zentrale Mysterium der Eucharistie; hier gibt es die größte symbolische Ähnlichkeit, ja Identität ... ein jedes Symbol nimmt teil an der Realität des höchsten Mysteriums, ein jeder Bedeutungszusammenhang mündet in eine mystische Einheit.«[37]

Das Zeitalter war in seinem frommen Bedürfnis in besonderem Maße auf Anschaulichkeit gerichtet. Dieser Drang erfaßte demnach auch die zentrale symbolische Identität, jene höchste durch die metaphysische Seinsgleichheit definierte Handlung des gesamten christlichen Kultes, als welche die Eucharistie bis dahin jahrhundertelang der gläubigen Menge stets nur in geheimnisvoller Distanz erschienen war. Zwar hatte die Westkirche, die lateinische, in ihren Kulträumen durch den Verzicht auf die Ikonostase, die Bilderwand, die in der Ostkirche Priester und Laien trennt, den Laien das Wunder schon sichtbarer gemacht, nüchterner, greifbarer. Dennoch wollte erst diese Epoche die Sichtbarkeit besonders auskosten. Nach Ansätzen im 13. Jahrhundert machte Papst Johannes XXII. 1317 das Fronleichnamsfest zu einer allgemeinen Kirchenfeier, zu einer Schauprozession mit dem allerhöchsten Brot. Um es den Gläubigen zu zeigen, entwickelte man zur gleichen Zeit die Monstranz im goldenen Strahlenkranz, Symbol der göttlichen Liebe, aber gleichzeitig doch auch Ausdruck symbolistischer Anschaulichkeit für das Mysterium.

Dieselbe Anschaulichkeit pflegte die Zeit auch dem Namen Jesu oder bildlichen Symbolen der Leidensgeschichte zuzuschreiben. Als handgreifliches Unterpfand erwiesen sich im gleichen Sinn die Reliquien, Reste von Kleidern, Gegenständen oder vom Körper verehrenswürdiger Personen der christlichen Vergangenheit, und die Bestrebungen nach dem Besitz solcher Reliquien, denen man in der Westkirche erst seit dem 8. Jahrhundert offizielle Bedeutung beigemessen hatte, erfüllte das Bedürfnis nach dem greifbaren Unterpfand in jener Zeit nun ebenfalls in steigendem Maß.

Das Anschauliche, Greifbare läßt sich in Relationen setzen. Man kann es, auf seine Weise, zählen, messen und wägen, und weil doch »alle Schöpfung nach Maß und Gewicht geordnet ist«[38], entdeckt die Spekulation über Zahl und Maß auch durch bildliche Abhängigkeiten und Allegorien immer wieder neue Bezüge des Schöpfungszusammenhangs. Im Mittelpunkt der Schöpfung stehen die Ereignisse der ersten Menschwerdung im Paradies und der Menschwerdung Gottes, und die fromme Spekulation weiß mit stets neuen Zahlen- und Sachsymbolen diesen Ereignissen zu begegnen. Überdies aber sucht sie alle möglichen realen oder gedanklichen Beziehungen unter diesem oder jenem Aspekt mit der großen Schöpfung zu verbinden, um sie als Bestandteil der einen umfassenden Ordnung zu rechtfertigen. Die Übertragung der Brautmystik auf das Verhältnis zwischen König und Krone gehört hierher, und vornehmlich die jahrhundertelang beschworene Beziehung zwischen Sonne und Mond als Allegorie des Verhältnisses zwischen Papst und Kaiser. Es liegt solchen Applikationen eine eigenartige Gedankentechnik zugrunde. Und so wenig sie rational stichhaltig sind, so wenig lassen sie sich auch kritisch aus den Angeln heben. Die scholastische Definition der Welt nach systematisch abhängigen, in der Vielzahl der Erscheinungen sich verästelnden Wesensdefinitionen ist dem älteren Symbolismus gegenüber ein völlig neuer Denkansatz, und er mag uns heute im Rückblick wie eine unersetzliche Zwischenstufe zur kritischeren Weltbetrachtung erscheinen. Und doch sind wir noch in manchen Lebensbeziehungen vom älteren mittelalterlichen Symbolismus umgeben, im Sprichwort, in Lebensgewohnheiten, im Volksbrauch, geradeso wie er auch in der religiösen Meditation noch fortlebt, zumindest als Betrachtungsschema. Dante bekämpfte Einzelheiten, als er Konsequenzen aus den Symbolen von Sonne und Mond für seine Theorie vom weltenbeherrschenden Kaisertum ablehnte; aber er stützte sich doch wieder darauf, während er die Weltmonarchie aus der hierarchischen

Schöpfungsordnung herleitete. Nikolaus von Oresme, einer der großen Theoretiker in jenem für die Entwicklung der modernen Physik so bedeutsamen Jahrhundert, hat gegen Ende seines Lebens einmal die gesamte Welt mit einem riesigen Uhrwerk verglichen, in dem »alle Räder sich in der besten möglichen Übereinstimmung bewegen«.[39] Man muß diesen Vergleich nicht etwa die mechanistische Weltdefinition des 18. Jahrhunderts unterschieben. War er nicht vielmehr ein neuer Ausdruck der schon lange behaupteten symbolistischen Weltenordnung? Und nicht anders ist es wohl auch mit dem Begriff der »machina mundi«, der »Weltmaschine«, den die Kaiserkanzlei des letzten Staufers aus der Antike geradeso wie aus der zeitgenössischen Naturspekulation entnommen haben könnte.[40] Der Begriff erreichte später über Heinrich von Isernia den böhmischen Königshof, und aus diesen Traditionen – ein kleines Beispiel, wie sich die Fäden verknüpfen – schöpfte schließlich auch noch die Propaganda der hussitischen Revolution in Prag um 1420.[41]

Das ist »Spätmittelalter« in seiner besonderen Eigenart. Kein Zufall, daß Luther später in seiner Schrift von der babylonischen Gefangenschaft der Kirche die religiöse Allegorese als nutzlose Spielerei müßiger Leute erklärt.[42] Hatte er doch auch in seiner Bibelinterpretation die Vorherrschaft der allegorischen Deutung gebrochen. Wir aber werden dem schier unerschöpflichen Umfeld symbolischer Bezüge immer wieder begegnen, besonders im religiösen Bereich, aber auch in der ethischen, und schließlich in der staatstheoretischen Orientierung. Mag auch der einzelne Vergleich willkürlich scheinen; das Geflecht aller möglichen Aussagen wirkt tragfähig, zumindest in der Gedankenwelt des 14. Jahrhunderts, und es besitzt überdies noch den Vorteil der Allgemeinverständlichkeit, der einprägsamen Verbreitung, der ausdrucksvollen Zeichensprache. Die Demonstration von Staatlichkeit wäre ohne diesen Symbolismus undenkbar, so wie ihn der König von Frankreich, wie ihn jene ganze »Generation der Großen«, wie ihn besonders aber Kaiser Karl IV. betrieben hat.

Über den Symbolismus nach Maß und Zahl fand die Rechenhaftigkeit ihren Weg zu jedem einzelnen Gläubigen. Dabei dominierte auch hier das Leistungsdenken, das der gesamten bürgerlichen

Welt einen Platz in der mittelalterlichen Ständehierarchie erstritten hatte, und der ökonomischen korrespondierte nun auf ihre Weise die asketische Leistung. Ihr verriet der religiöse Symbolismus den rechten Weg. Man reihte damals, vielleicht nach der Erfindung eines elsässischen Klosters, Gebetstexte auf Papierstreifen nach der vermeintlichen Körperlänge Christi oder Mariens, um die Quantität des Betens danach zu messen.[43] Man kam, auf der Suche nach neuen Heiligen, namentlich für die vernachlässigte Sphäre des bürgerlich-bäuerlichen Alltags, auf den Reiz der eindrucksfähigen Zahl; daher rührt die Dreikönigsverehrung, der Kult der vier Marschälle oder die Zusammenstellung von Vierzehn Nothelfern in dieser Zeit. Man gab der alten Marienfrömmigkeit neuen Ausdruck in festen numerischen Ordnungen, ob es sich nun um die »drei goldenen Samstage« handelte, um das Aveläuten oder schließlich um die eindringlichste christliche Gebetsleistung, um den Rosenkranz, der nach Vorstufen zu Anfang des 15. Jahrhunderts feste Formen fand.[44] Kein Wunder, daß sich die Zeit im verstärkten Maß auch einer Ablaßpraxis zuwandte, welche die subtile Theologie bis heute nicht definierte, die aber gerade dem religiösen Leistungsdenken entgegenkam; kein Wunder, daß auch hier wieder Martin Luther mit seiner übrigens in der katholischen Theologie wohlbegründeten Ablaßkritik zum »Befreier vom Mittelalter« geworden ist, aber nicht, weil er ein Kritiker war, sondern weil er neue Ziele zu weisen wußte. Denn die religiöse Symbolik mit ihren tausenderlei Deutungsmöglichkeiten, ihrem eigenen Leistungsverständnis und ihrer scheinbar unabhängigen Begründung in der persönlichen Leistung des Gläubigen hatte schließlich, begünstigt durch eine allgemeine Erfolglosigkeit der spätmittelalterlichen Kirche gegenüber umfassenden Reformforderungen, Wirrsal und Ermüdung ausgelöst.

Der letzte Grund der Reformation lag nämlich in der Führungsschwäche der alten Kirche. Ihr suchte sie zu entgehen durch die grandiose Juridifizierung ihrer Autorität, durch Rationalisierung der Disziplin, und es ist kein Zufall, sondern Symptom, daß sie auf diesem Felde zu Anfang und zu Ende des 14. Jahrhunderts sich mit spontanen Frömmigkeitsbewegungen auseinandersetzen mußte: 1312 verurteilte das allgemeine Konzil zu Vienne die »Irrtümer der Begharden und Beghinen«, die auf die religiöse Selbstheiligung des Laien zielten und allenthalben nach klösterlichem Leben strebten, ohne doch bei einem der bestehenden Orden Anschluß zu finden. Diese in ihren häretischen Abweichungen »freigeistigen« Irrtümer sind nach ihrer Eigenart auf Laienreligiosität gerichtet, auf die unmittelbare Abhängigkeit jedes einzelnen von der göttlichen Erleuchtung, auf die Negierung aller vorgegebenen Ordnungen für den in Selbstkasteiung Auserwählten. Hundert Jahre danach, 1415, mußte sich das nächste allgemeine Konzil zu Konstanz mit einer ganz anderen Volksbewegung auseinandersetzen: mit dem Anspruch auf freie Bibeldeutung nach dem Maß des eigenen Erkenntnisvermögens, verkörpert von Johannes Hus. Hussens Feuertod war nicht die Ursache, aber einer der Anlässe für die erste große Revolution in der europäischen Geschichte, für den Beginn des konfessionellen Zeitalters in der Christenheit. Der religiöse Symbolismus, den die Kirche im Spätmittelalter zwar in manchen Auswüchsen ablehnte, insgesamt aber doch selbst nicht im gehörigen Zeittakt der Entfaltung des gedanklichen Lebens in unserer Kultur überwand, zählt zu den Ansätzen dafür.

Spätmittelalter: Herbst und Frühling

Das »Spätmittelalter«, ein Begriff, den wahrscheinlich der Berliner Kulturhistoriker Kurt Breysig um die Jahrhundertwende prägte, wurde nach einer berühmten Interpretation des Niederländers Johan Huizinga 1919 poetisch auch als der »Herbst des Mittelalters« bezeichnet. Tatsächlich zeigte Huizinga, wie die adeligen Ideale im 14. und 15. Jahrhundert in romantischer Apotheose starben. Das reichte bis zur Lebensführung des Einzelnen, manchmal in empörter, manchmal in resignierter Kapitulation vor einer neuen Welt, mit einem Epigonengefühl, wie es auch der abendländische Humanismus zu allen Zeiten kultivierte, und immer wieder mit dem Dafürhalten, daß der aristokratische Ehrenkodex nicht nur alle Güter, sondern letztlich das Dasein in dieser Welt übersteige. Huizingas Interpretation zählt zu den besonders sensiblen Leistungen der Mediaevistik; aber, abgesehen davon, daß selbst warm engagierte Leser vom Beginn dieses mittelalterlichen Niedergangs eine andere Meinung hatten als der niederländische Meister[45]: Huizingas Interpretation ist begrenzt auf den westeuropäischen, genauer auf den französisch-burgundischen Raum, wo er seine subtilen Beobachtungen sammelte, und auf die adelige Führungsschicht darin. Der räumlich und sozial definierten Betrachtung vom »Herbst« einer auslaufenden Epoche läßt sich überdies eine ähnlich begründete vom »Frühling« der kommenden Epoche unterschieben, die beide gleichzeitig sich entfalteten, so daß die Geschichtsphilosophie Huizingas von den Epochengrenzen einer differenzierteren Sicht wird weichen müssen, die nach räumlichen und sozialen Entwicklungsströmungen unterscheidet.

Solche Unterscheidungen im historischen Raum sind durch den Entwicklungsstand mittelalterlicher Verkehrs- und Kommunikationsverhältnisse nur allzu erklärlich. Ebenso selbstverständlich aber müßten entsprechende Differenzierungen auch im sozialen Bereich sein, wo Ständeschranken Entwicklungslandschaften von drastischer Verschiedenheit schufen. Der tragische Ständekonflikt gehört noch zu den Themen unserer frühen literarischen Klassik, und dem aufmerksamen Beobachter erschließt er sich sogar noch in bürgerlichen Varianten der Gegenwart. Das unwillkürliche Rollenspiel historischer Betrachtung kann das zwar andeuten, aber auch dabei fehlt ihm wahrscheinlich der Erfindungsreichtum.[46] Was heißt allein schon Standessolidarität! Wußten sich doch Kleriker und Mönche in stillem Einverständnis gegenüber allen Laien; kultivierte der Adel sein Daseinsempfinden, auch wenn er seinen Idealen nicht folgen konnte; sahen sich Städtevertreter immer wieder in die gleichen Schranken verwiesen; war der Gelehrte in Humanistenarroganz doch Bittsteller; der gemeine, der »arme« Mann doch für den anspruchsvollen sozialen Überbau unentbehrlich. In manchen Einzelheiten erinnert der moderne Antisemitismus an mittelalterliche Standesgrenzen, freilich ohne die versöhnliche, ja einigende Kraft religiöser Gemeinsamkeit, weil auch der emanzipierte Jude weder in der Taufe noch im Kaleidoskop des modernen Nationalismus eine rechte Heimat fand.

Um so bedeutsamer ist die Bewegung in diesem Bild, nicht nur am Schicksal einzelner Parvenüs, sondern in der Verschiebung des Ganzen. Jahrhunderte hatten vorgearbeitet an einem gewissen Wechsel politischer Akzente, der einem alten Grundzug zwischen Herren und Genossenschaft folgte. Immer da, wo Herren ein Stück ihrer Rechte aufgaben, übernahm es eine Genossenschaft: der Fürst gab an die Stände; die Gemeinschaft der adeligen Grundbesitzer und Waffenträger im Lande, die adeligen Herren aller Art, gaben politische Selbstvertretung ab an neue Bevölkerungsgruppen, die gemeinsam als »Bürger« in mehrdeutiger Erinnerung an »Burg« und »Bergen« um die Jahrtausendwende neue Siedlungs- und Lebensformen entwickelten und allmählich neue soziale Realitäten schufen.

Ständepluralismus

Schon damit war der mittelalterliche Ständepluralismus geschaffen, den die Basler Spruchweisheit an der Rathausfassade bei weitem nicht erfaßte, wenn sie einem jeden nach einem weitverbreiteten Reim Recht und Rolle in einem harmonischen Ganzen versprach: Tu supplex ora – tu protege – tuque labora; du bete, du herrsche, du arbeite! Hielt der Adel doch nach Geburt und Amt, nach hoch und niedrig, nach Königen, Fürsten oder nach den letzten »Einschildrittern« sehr unterschiedliche Plätze im Gesellschaftsganzen für seine Angehörigen bereit. Demgegenüber ist es eher erstaunlich, daß er sich im Universum der mittelalterlichen Stände mit gemeinsamen Idealen präsentierte, ein eigentlich genuiner Beleg für seine Standeskultur. Die gemeinsame Aufgabe aus den kirchlichen Funktionen, »zu beten«, hatte den Klerus noch stärker geprägt; und dennoch gab es in der ausgeklügelten kirchlichen Hierarchie eine breite Palette von Rang und Würden, abgesehen davon, daß dabei auch die Herkunft aus dem weltlichen Stand eine Rolle spielte; denn noch hielt immer, trotz religiöser und intellektueller Mobilitätsmöglichkeiten, der Adel auch im Kirchenleben das Heft in der Hand; bürgerliche Bischöfe und Äbte waren selten. Selbst die viel eher nach dem Gleichheitsdenken aufgebauten Bettelorden boten oft gerade adeligen Adepten besondere Formen des Gemeinschaftsdienstes in christlicher Selbstverleugnung an. Bürger und Bauern gar sind kaum als Ständegemeinschaften recht zu beschreiben. Nicht einmal negative Kriterien galten mit voller Schärfe. Bürgerliche Führungsschichten strebten und erreichten im 14. Jahrhundert die Adelsanrede als »Herren«, wie die Lübecker aus dem Munde Karls[47], während sich Vereinigungen frommer Laien, eben die Beghinen und Begharden, in den Städten zu klosterähnlichen Gemeinschaften zusammenschlossen, mit eigenen Oberen, ohne dabei mit der Aufnahme in den Klerus den Laienstand zu verlassen. Wohlhabende Bauern führten zur selben Zeit eher ein Grundherrendasein; arme lebten, wegen der auf ihren Höfen lastenden Abgaben, oft ärmer als die Taglöhner. Die Stände waren rechtlich definiert, aber ökonomisch mobil.

Dennoch läßt sich die Vielfalt einigermaßen ordnen und größeren Entwicklungslinien zuschreiben. Eindeutig gehört die politische Herrschaft dem Adel, noch für lange Zeit, ob hoch oder niedrig, und man sollte nicht den Eindruck von dieser einfachen Tatsache durch falsche Akzentuierung trüben. Geradeso eindeutig liegt alles geistliche Regiment in Händen der Kirche; Laienreligiosität in Bruderschaften und Beghinenhäusern, gar in häretischen Zirkeln oder in mystischer Individualität kann sich niemals dem klerikalen Reglement, der Aufsicht oder der Verfolgung durch die Kirche entziehen. Allerdings verändert dabei die Gesellschaft ihre Gestalt. Es entwickeln sich neue Positionen für einzelne Bevölkerungsgruppen, ohne daß deshalb die alten Führungsschichten schon gefährdet würden; sie werden lediglich in ihren Wirkungsmöglichkeiten eingegrenzt. Das ist das Neue: daß die Mauern der Stadt einen eigenen Rechtskreis umschließen, der dem fremden Adeligen, und schließlich gar dem eigenen Herrn verschlossen oder nur mehr unter besonderen Bedingungen zu genau definierten Funktionen offen ist; daß selbst die bäuerlichen Siedlungen zu Dorfgemeinden zusammenwachsen, begrenzte Selbstverwaltung üben.

In die unbegrenzten Bereiche des Geistigen drangen die gesellschaftlichen Unterschichten viel leichter ein. Gerade im Zeitalter Karls, und nicht zuletzt mit seiner Hilfe, verflicht sich in Mitteleuropa eine intellektuelle Führungsschicht aus Adeligen und Bürgerlichen zum neuen Stand der Universitätsmagister, unter Vorantritt der tatsächlich lehrenden Professoren, gegliedert nach dem Rang der Fakultäten, mit dem größten Ansehen bei der Theologie. Längst zuvor hatte aber der gelehrte oder gelehrige Nichtadelige im Rechts- und Verwaltungsleben einen besonderen Platz, während er als »Minnesänger« seit dem 13. Jahrhundert sogar auf einem besonderen Feld adeliger Lebenskultur durch seine künstlerische Leistung neben adelige Konkurrenten trat: Ulrich von

Etzenbach, der poetische Interpret des böhmischen Großmachttraumes, und der literarisch noch begabtere Heinrich von Freiberg am Hofe König Wenzels II. waren Bürgerliche.

Freies Feld hatten Bürger und Bauern im wirtschaftlichen Raum. Aber auch hier trügt die kategorische Unterscheidung: schon der Landesausbau des Hochmittelalters kannte adelige Unternehmer; auch im 14. Jahrhundert wissen die adeligen Grundherren ihre Chance zu nützen, nicht nur bei standesgemäßem Landbesitz, als Gutsherren, sondern auch in der renditereichen Teichwirtschaft, im Brauereiwesen oder auf dem Kapitalmarkt. In besonderem Maß läßt sich das von kirchlichen Organisationen sagen, vornehmlich von Ritterorden, von deren international gespanntem Netz von Niederlassungen sowohl im Bankgeschäft als auch in der Marktproduktion schon die Rede war. Und doch gilt für den groben Zuschnitt der Verhältnisse, daß sich das ganze gehobene Wirtschaftsleben, Fernhandel und Marktorganisation, Verlagswesen und Bankgeschäft außerhalb der adeligen Lebenswelt entfaltete. Weil aber in diesem Bereich der Fortschritt mächtig drängt und pulst, in unmittelbarem Verbund mit einem raschen Bevölkerungswachstum, hatte sich die adelige Führungsschicht im großen und ganzen den gehörigen Anteil an diesem grundlegenden Lebenskreis verschlossen, der sich anschickte, nach seinen Gesetzen von Besitz und Leistung nicht nur eine eigene, sondern nach seinem allgemein anerkannten und begehrten Reichtum eine umfassende ökonomische Leistungshierarchie aufzubauen.

Die »bürgerliche Freiheit« bestand in den Anfängen der Städteentwicklung jedenfalls darin, daß ein gewisser Personenkreis bei festgelegten, »gemessenen Diensten« über seinen Arbeitsertrag im übrigen frei verfügen konnte. Die Anfänge und Ursprünge dieser Entwicklung sind zweifellos vielfältig; fahrende Händler spielten dabei eine ziemliche Rolle, aber die Herkunft dieser Fernkaufleute ist offenbar etwa um die Jahrtausendwende im nördlichen Europa anderer Art als im südlichen.[48] Allmählich entwickelte sich die städtische Gemeinde als eine Rechtsgemeinschaft, die durch einen gemeinsamen Eid ihre Mitglieder miteinander verband[49], der noch heute als »Schwörtag« in mancher alten Stadt in Erinnerung ist. Freilich war deswegen noch lange nicht alles gleichberechtigt, was die Stadt bewohnte. Man unterschied zwischen den »ratsfähigen«

Familien, vornehmeren, reicheren, älteren, uneinheitlicher Herkunft; zwischen der Menge der übrigen »Haushäbigen«, also Hausbesitzenden, gleich, ob groß oder klein, welche die Gemeinde bildeten; und zwischen Einwohnern, die nicht mit Haus und Hof ansässig waren, die politischen Freiheiten der Stadt deshalb nur passiv genossen. Im 14. und 15. Jahrhundert läßt sich aber die Tendenz beobachten, die Bürgerschaft als Personenverband zu ersetzen durch die Stadt als räumliche Einheit;[50] danach konnten sich, vornehmlich wohl im nördlicheren Deutschland, auch Einwohner ohne Haus in Bürgerrechte einkaufen. Insgesamt bezeichnet man »in der Entwicklung von Bürgertum und Stadt die Zeit um 1350 als den Abschluß des Gesellschaftsprozesses, der ... eine wirksame Mittelschicht in der Feudalgesellschaft wachsen ließ«.[51] Wieder begegnen wir also bei näherem Zusehen in der gesellschaftlichen Entwicklung und ihren besonderen Beziehungen zur Raumorganisation einer für die Folgezeit, für das sogenannte Spätmittelalter bezeichnenden Veränderung im 14. Jahrhundert.

Ein Bürger ist, heißt es gelegentlich in einer zusammenfassenden Definition, »der wirtschaftlich denkende und handelnde Mensch«.[52] Selbstverständlich muß eine solche Definition sozusagen sozialtypisch verstanden werden und nicht etwa individuell. In einem solchen Zusammenhang macht sie deutlich, was den Bürger und kleinere, wirtschaftlich mobile Teile des Bauerntums in der mittelalterlichen Gesellschaft kennzeichnet. Auf der wirtschaftlichen Leistungskraft beruht überhaupt der spätmittelalterliche Aufstieg für diese Gesellschaftsgruppe, wenn nicht ihre mittelalterliche Existenz überhaupt. Sozusagen als homo oeconomicus ist ein solcher Bürger sicherlich nach seiner Position, nach seinen Mobilitätsmöglichkeiten, nach der besonders engen Bindung seiner sozialen wie auch meistens seiner persönlichen Existenz an das Wirtschaftsleben zu kennzeichnen. Und doch darf man weder außer acht lassen, daß auch außerhalb der Städte wirtschaftlich gedacht wurde, noch darf man mit zureichendem Grund in einem solchen Zusammenhang überhaupt alle Einwohner einer Stadt mit einem umfassenden Begriff bedenken. Die Definition vom »Bürgertum« ist im Grunde sozialgeschichtlich unhaltbar. Nicht nur, weil sich die ratsfähige Oberschicht, die gemeindebewußte Mittelschicht des »gemeinen Mannes«[53] und die übrige Einwohnerschaft in politischer und rechtlicher Stellung unterschieden, sondern auch, weil die Bewohner der mittelalterlichen Städte einen entsprechenden gemeinsamen sozialen Habitus nicht zu erkennen geben.

Die städtische Oberschicht, die man seit dem Humanismus gern »Patrizier« nannte, war zwar, wirtschaftlich denkend, oft in generationenlangem Aufstieg in diese Position gelangt und hing, trotz allmählicher ständischer Fixierung, darin auch weiterhin vom wirtschaftlichen Erfolg ab. Aber sie tendierte nicht selten zur Stabilisierung ihres Besitzes durch Landerwerb, um ihre Habe vor den Gefährdungen kaufmännisch oder verlegerisch arbeitenden Kapitals zu sichern. Damit ahmte sie den Adel nach und folgte in unterschiedlichem Ausmaß auch dessen Distanzierung von Markt und Geld, vom lebendigen Wirtschaftsfluß. Dem entsprach schließlich auch ihre geistige Orientierung. Diese Oberschicht der Stadtbevölkerung entwickelte keineswegs, wie man vielleicht erwarten könnte, ein »bürgerliches Leitbild«; sie stand in der Konkurrenz um Macht und Einfluß, wenn auch mit anderen Mitteln, vielmehr ganz im Bann des Adelsdenkens. Erst im 14. Jahrhundert, gerade eben erst in unserer Epoche, schufen hier humanistische Bewegungen, wie die Liebe zum frommen, bibelgerechten Leben und die Neigung zur Buchkunst und Literatur, dafür einen gewissen Ersatz oder wenigstens Ansätze, um Fuß zu fassen auf einem Feld, auf dem Patrizier, Prälaten und Aristokraten einander begegnen konnten, und insofern so etwas wie eine Vorstufe der modernen, der »bürgerlichen« Kultur. Auch diese Regungen eines allgemeinen, überständischen Geisteslebens nach den älteren Epochen der Mönchs-, der Adels- und der Hofkultur, die sich ihrerseits weit unterschieden von einer uns vielfach nur unzureichend bekannten Lebens-, Denk- und Ausdrucksform bäuerlich-städtischer Volkskultur, sind wieder ein besonderes Spezifikum der Zeit.

Wie sah es dann aber endlich bei jenen schon apostrophierten städtischen Mittelschichten aus? Hier erst treffen wir ein Definitionskriterium, das die mittelalterliche Ständegesellschaft verhältnismäßig scharf markiert und nicht um, sondern durch die städtische Bevölkerung läuft: die Handarbeit. Die Handarbeit war nicht Sache der städtischen Oberschicht, ebensowenig wie Sache des Adels, und im klerikalen Bereich, in den Klöstern, war sie allenfalls Gegenstand der Askese. Das förderte zwar ihre Anerkennung im Raum der christlichen Ethik. In der wirtschaftlichen Wirklichkeit war sie aber nun einmal die alltägliche Notwendigkeit des Daseins für die »Handwerker«, die kleinen Kaufleute, die Taglöhner in den Städten. Die Gedankenwelt dieser Bevölkerungsgruppe war zwar zweifellos auch vom »wirtschaftlichen Denken« bestimmt, doch in einer ganz anderen, vom kaufmännisch-geldwirtschaftlichen Denkprinzip der Oberen unterschiedenen Weise. Hier ging es weit eher um die Auseinandersetzung mit den einfachen Produktionsbedingungen, mit Werkstoff und Marktpreis, mit Zunftorganisation, Werktreue und gestalterischem Können; um Selbstbewußtsein, auch für den einfachsten Taglöhner, aus handgreiflichem Einsatz.

Uralt, in arationaler Bindung an Sippe und Besitz, an Lebensformen aus Nachbarschafts- und Siedlungsverband, an kaum durchschaubare Formen religiösen Empfindens und magisch vieldeutiger Ästhetik gebunden, behauptete die bäuerliche Welt nur den untersten Platz im Ständegefüge; auch das in mannigfacher Gliederung. Wanderungen und Landesausbau hatten sie immer wieder in ihrer Struktur verändert, im besonderen Umfang seit dem Hochmittelalter, und seit dieser Zeit war auch eine gewisse Angleichung im Gange, die Rodefreiheiten auch auf Altsiedelland übertrug, um die bäuerliche Welt im allgemeinen zu einer Bevölkerungsschicht mit begrenzter Selbstverwaltung und gemessenen Diensten und Abgaben umzugestalten. Der Trend hatte unterschiedlichen Effekt. Die besondere spätmittelalterliche Erscheinungsform der bäuerlichen Lebens- und Arbeitsweise, sichtbares Ergebnis planenden Landesausbaus und begrenzter Gemeinderechte in unserer Zeit, ist die Entwicklung des bäuerlichen Dorfes.[54] Auch hier sind, wie im städtischen Bereich, die Unterschiede in den einzelnen Räumen des Kulturbereichs oft ganz erheblich, so wie die Landkarten heute noch die alten Siedlungsbereiche mit Einzelhöfen im südlichen England, im nördlichen Frankreich, in Westfalen, in Oberbayern oder im Alpenraum ausweisen, in deutlicher Trennung von Straßen- und Runddörfern, von Anger- und Waldhufendörfern der späteren Ausbaulandschaften. Mitunter ist die dörfliche Organisation erst an der Schwelle des letzten, des 19. Jahrhunderts verallgemeinert worden. Aber unser Spätmittelalter kennzeichnet sie als ein neues Element, auch im Bewußtsein, das sprichwörtlich die alte Doppelung von »Stadt und Land« ablöst durch die konkrete Nennung von »Städten und Dörfern«. Dem entspricht auch ein wachsendes bäuerliches Selbstbewußtsein, das allerdings seine Artikulation eher aus dem Gerechtigkeitsempfinden nichtbäuerlicher intellektueller Schichten bezieht als aus sich selber. Konrad Waldhauser, ein Augustinerchorherr, den Karl IV. aus Oberösterreich nach Prag geholt hatte, weil er ihn als Reformprediger von großer Eindringlichkeit schätzte, und der dann tatsächlich der böhmischen Frömmigkeitsbewegung als Prediger in Saaz und in Leitmeritz, vor allem aber im Prager Bürgertum, bei Hofe und vor den Studenten der Universität, weitwirkende Impulse gab, zählt zu den ersten, die auf der Kanzel die sozialethische Überlegenheit des bäuerlichen Lebens priesen. Der Vergleich war erst in der spätmittelalterlichen Ständewelt möglich; von da an läßt er sich verfolgen als besonderer christlicher Reformimpuls, auch als intellektuelles Mißverständnis von den ökonomischen Zusammenhängen bis zu Luthers bekannten Urteilen über Bauern und Kaufleute, man möge »Ackerwerk mehren und Kaufmannschaft mindern«.

Aber die bäuerliche Welt suchte sich auch unmittelbar zu artikulieren, unvorhergesehen, eruptiv, fern dem Kalkül der Mächtigen. Das 14. Jahrhundert kennt die ersten Bauernaufstände seit der Konsolidierung des Abendlandes, oder, wenn einige Vorgänge um die Jahrtausendwende recht zu deuten sind, seit der Geschichte unseres Kulturkreises überhaupt. Da rottete sich in den späten dreißiger Jahren die Armlederbewegung zusammen; um die Mitte des Jahrhunderts die nord- und mittelfranzösische Jacquerie; eine Generation später führten What Tyler und John Ball Bauern und »arme« Leute aus den Städten nach London. Der gemeine Mann, der »Arbeiter«[55] war rebellisch geworden. Er wurde gelehrt, mit der Bibel gegen die bestehende soziale Ordnung zu argumentieren, so wie jede Revolution nach überlegenen Rechten greift, nach älteren, nach göttlichen, nach dem Geschichtsgesetz: »Als Adam grub und Eva spann, wo war denn da der Edelmann?« Der englische Vers von 1381 ging später auch in Deutschland um.

Alle diese Kräfte waren nach der alten Rechtsordnung im sozialpolitischen Bereich machtlos, nur durch ihre Herren vertreten. Im vielfältigen spätmittelalterlichen Aufbruch suchten sie nach ständischer Mitsprache, und nicht als »bürgerliches« Element, sondern gerade in dieser Vielfalt muß man sie nach dem zeitgemäßen Ständedenken erfassen, selbst dann, wenn ihre Bemühungen um politische Partnerschaft im Rahmen des genossenschaftlichen Gegenübers zur Herrschaft überhaupt keine klaren Ausdrucksformen fanden. Aber das sind ohnehin die Grenzfälle. Nicht der »bürgerlichen Welt« verdankt dieses Spätmittelalter seinen besonderen gesellschaftlichen Charakter, wenn auch die Vielfalt städtischer Lebensformen vor dem Kontrast der älteren Entwicklungen beeindruckt. Es ist vielmehr der Ständepluralismus, in dem man sich zu vereinen sucht: die Dorf- oder Stadtgemeinde für den »gemeinen Mann in Städten und auf dem Land«; die Landesgemeinde für alle, die landsässig sind, also ein Adelshaus haben; die Gemeinde der Stände, die überregionale Landsgemeinde oder die Gemeinde fremder Kaufleute oder die Gemeinde von Magistern und Scholaren in einer Stadt, also Gemeinden unterschiedlichen Bereichs, nach dem Grundgedanken des Zusammenschlusses Gleichberechtigter, zum ständischen Pluralismus im einzelnen organisiert.

Wir sind damit also noch weit entfernt von einer »bürgerlichen Welt«. Jahrhunderte noch trennen das Selbstverständnis der Einwohnerschaft einer politischen Gemeinschaft von dem Empfinden einer gemeinsamen »Staatsbürgerschaft«; erst das »aufgeklärte« 18. Jahrhundert wird von »allen Classen der Bürger eines Staates«[56] zu reden wagen. Erst dann wird das Denken nach dem Ständerecht abgelöst von der bürgerlichen Gleichberechtigung – dominant nicht nur in der Stabilität staatlicher Ordnungen, sondern auch in der Dynamik der neueren Revolutionen.

Individualismus

Es bleibt noch ein Begriffsfeld zu klären, zur Erläuterung gewisser Eigenheiten des Spätmittelalters und zum Verständnis der Gedankenwelt und der Schicksale Karls IV., das wir umschreiben mit Bezeichnungen wie »Frühhumanismus«, »Vorrenaissance« und »Beginn des europäischen Individualismus«. Ehe auch nur ein Wort gesagt wird von dem, was diese Begriffe bedeuten oder bedeuten sollten, sieht man ihnen sozusagen ihre gemeinsame Stromrichtung an: sie sollen alle eine Zeit auszeichnen, der man lobend zuerkennt, schon etwas vom europäischen Fortschritt an sich zu tragen; etwas von der »Moderne«, etwas von jenem Zeitalter, das sich mit solchen Bezeichnungen selber lobte, sich dabei als das klassische Jahrhundert der europäischen Kultur empfand und sich auch wacker in seiner Vergangenheit selbst bespiegelte. Das 20. Jahrhundert hat uns vor diesem Selbstlob des 19. das Fürchten gelehrt, aus manchen Gründen. Seit zum »Abschied von der bisherigen Geschichte« aufgerufen ist,[57] steht es uns besser an, den Fortschritt dort zu suchen, wo man ihn auch beweisen kann: in der materiellen Kultur, im Bereich von Wissenschaft und Technik.

Aber auch ohne Fortschrittsoptimismus läßt sich im Rückblick eine gewisse kontinuierliche Entwicklung im menschlichen Selbstbewußtsein oder zumindest in seiner Artikulation, in der zeitgenössischen Selbstdarstellung, ja in der epochalen Selbsteinschätzung beobachten. Freilich beruhen viele Einzelheiten, leicht summiert als Individualismus, Humanismus und Renaissance im Sinn einer nachmittelalterlichen Epoche, mitunter auf vorschnellen Urteilen: »Gewisse Züge des menschlichen Geschlechts und des menschlichen Individualismus«, sagte schon vor siebzig Jahren ein Kenner der italienischen Renaissance, »sind von Natur her überall vorhanden – man darf sich nur nicht durch ein Schema den Blick dafür verbinden lassen. Je mehr wir auch intimes Material des Mittelalters kennenlernen, je mehr wir den absurden Schluß vermeiden, aus fehlendem Material auf fehlende Züge im Bilde jener Zeit zu schließen, um so mehr wird das Leben der Renaissance im Leben des Mittelalters zu erkennen sein.«[58] So scheint auch der von Jakob Burckhardt vor hundert Jahren beschworene Individualismus in dem bekannten Kapitel seiner Renaissancedeutung von der »Entdeckung der Welt und des Menschen« über das Ziel epochaler Besonderheiten geschossen zu sein. Denn jede Denkarbeit erzieht individuelle Reflexionen; jede Gesinnungsreligion pflegt sie.

Läßt sich demgegenüber ein besonders Verhältnis des Individuums zu sich selbst abgrenzen und läßt sich zeigen, daß es schon dem 14. und 15. Jahrhundert eigen sei, dem Spätmittelalter, und nicht erst dem sattsam bekannten »Beginn der Neuzeit«? Wenn man immer graduelle Übergänge im Auge hat, Akzentuierungen, Häufungen von Einzelphänomenen, die erst gestatten, Typisches anzusprechen, so scheint das sehr wohl möglich. Zunächst und zuvörderst natürlich im religiösen Bereich, der wie kein anderer imstande ist, Persönlichkeitsbewußtsein dem Metaphysischen gegenüber zu wecken und auszuformen. Im Spätmittelalter regt sich dabei der Versuch des Einzelnen, sein Gottverhältnis selbst und ohne Vermittlung zu gestalten. Das steckt schon in den Anleitungen zum mystischen Leben, ehe, aber besonders seit der große Meister Eckhard, Johannes Tauler oder Margaretha Ebnerin die mittelalterliche Mystik in der ersten Hälfte des 14. Jahrhunderts dem letzten Höhepunkt zuführen; mit Betrachtungen über die Unmittelbarkeit zu Gott, mit dem Autobiographischen ihrer religiösen Aufzeichnungen, mit einer Rechenschaftsablage, die ein verblüffendes Ausmaß an individueller Reflexion offenbart. Es findet ein kräftiges Echo um die Jahrhundertmitte im böhmischen »Malogranatum«, dessen dialogischer Aufbau den inneren Monolog der ringenden Seele personifiziert. Es wird noch populärer in der Imitatio Christi des Thomas von Kempen um das Jahrhundertende, wo der Leser immer wieder ausdrücklich zu Reflexionen über seinen inneren Fortschritt angeleitet wird. Von daher öffnet sich auch der Blick über Aufbau und Anliegen des »Ackermann aus Böhmen«, dessen Handlung geradeso aus reiner Selbstbeschäftigung erwächst wie die visionäre Epik im wenig älteren englischen »Piers Plowman«. Nur führt der Ackermann die innere Auseinandersetzung in der allegorischen Transponierung auf den ringenden Menschen, auf Tod und Gott. Die Kirche fehlt in diesem Bezugsdreieck.[59]

Dementsprechend fehlt auch die Theologie, abgesehen von ihren zeitgenössischen Leistungen, bei der Erkenntnis der Humanität. Dantes civilitas aus »De Monarchia« ist von der weltlichen Gesellschaftsorganisation hergeleitet, nicht vom Kirchengebäude, und insofern eine Konkurrenz zu der freilich auch ihm bekannten »christianitas«; doch deren Eigenständigkeit wird unterstrichen durch die Hervorhebung, die Kirche beruhe auf der Theologie, der Staat aber auf der Philosophie als seiner Grundwissenschaft. Ähnlich wirkt die einfache Hinwendung zu den Großen der Antike, und obwohl Alexander, Plato oder Aristoteles auch dem 12. oder 13. Jahrhundert schon Begriff gewesen sind, ist doch jetzt eine Massierung der antiken Autoritäten unverkennbar. Die beiden

Prager Predigten am Grabe Karls sind wahre Fundgruben für den antikisierenden Zitatenschatz. Dahinter steckt die philosophische Überzeugung von der menschlichen Gleichrangigkeit des Heidentums, welche die ältere Theologie niemals einräumen konnte.

In dieselbe Richtung weist das Vordringen der Poetik im Sprachunterricht und dementsprechend der Rücktritt der formalen Grammatik. Ähnlich geht es auch zu mit der Bibelinterpretation im unmittelbaren, einfachen Wortsinn, als Ersatz für die ältere, mitunter geistreiche, aber oft auch in gesuchten Bildern erstarrende Allegorese. In diesem Zusammenhang ist aber auch noch von einer neuen Hinwendung zur Historie zu sprechen, zwar nicht als einem neuen Interessenfeld, aber doch, im Hinblick auf die großen Geschichtskonzeptionen namentlich des 12. Jahrhunderts, als einer verstärkten und dabei veränderten Intention. Die alte Betonung des didaktischen Charakters wird wiederholt. Aber die Historie als »vitae magistra«, als Lebenslehrerin, führt nun auch zu neuen Exempeln; zu realistischen, wie man leicht sagen könnte. Natürlich gilt Gottes Finger auch noch im großen Welttheater und im Schicksal der Mächtigen, wie ihn schon das 12. Jahrhundert zu deuten wußte. Aber daneben ist die Geschichte nun auch als Sammlung sehr prosaischer Einzelheiten zu betrachten und überdies als Weltgeschichte nicht nur im christlichen Bereich, sondern auch im Blick auf andere Kulturen, wiewohl man noch immer versucht, dabei dem biblischen Bericht von Adam und Eva, dem Turmbau zu Babel und der daraus abgeleiteten sprachlichen und räumlichen Vielfalt der Menschheit gerecht zu werden. Der neue weltgeschichtliche Ansatz, wie er schließlich Karl selber auch an der Chronik des weitgereisten Marignola interessierte, läßt sich deutlich genug erkennen.[60] Ihm entspricht auch anderwärts das Interesse an synoptischer Weltgeschichte.

Damals entfaltete die Musik bei Hofe und an gepflegten Kirchenchören eine neue Kunst der Komposition, die sich um 1320 als ars nova selber abgrenzte von der naiveren Innigkeit der einfacheren Tonsätze, die jetzt als »alte Kunst« galten, ars antiqua. Die neue Kunst mochte anderen als gekünstelt erscheinen, ja »kaum noch Musik«[61], wie ein nur allzu durchsichtiger Vorwurf aus der alten Schule sagt, sie war auch dem Papst verdächtig. Die moderne Rückschau empfindet sie im Vergleich »fast wie eine kleine Laboratoriumswelt«.[62] Aber ihr elitärer Anspruch ließ sich doch übertragen in eine neue Schule des feineren Empfindens und eine subtilere Art zu hören, mitunter auch als ästhetischer Genuß nach dem graphischen Bild der neuen Notierung. Das galt besonders für die Tonfolgen der Isorhythmie, die man jetzt entfaltete, verschobene Wiederholungen von Notenfolgen, die mit feinem Sinn für das veränderte Zusammenspiel von Klang und Rhythmus die einzelnen Bausteine vertikaler Zuordnungen variierten.

Die Komponisten waren zugleich auch Dichter und reiften in der Welt ihrer Gönner und Bewunderer zu einer Haltung, »kraft deren die bedeutendsten Protagonisten anders, selbstbewußter auftraten als je Musiker vor ihnen... In der Autonomie dieser großen, universalen Persönlichkeiten wird erstmals etwas von der Emanzipation der geistigen und künstlerischen Tätigkeit sichtbar, welche im 14. und 15. Jahrhundert so entscheidend vorankam.«[63] Das gilt namentlich auch für den großen Meister Guillaume de Machaut, den König Johann von Paris an seinen Hof nach Prag verpflichtete und der bis zum Tod des Königs 1346 die luxemburgische Hofkultur mitprägen half, während er den Geschmack der Zeit als Komponist und Schriftsteller beeinflußte.

Allgemein ist die Neigung der Zeit zum gelehrten Leben unverkennbar. Nicht der ritterliche, sondern der gelehrte König erscheint immer wieder einmal als Ideal, und es ist wohl kein Zufall, daß zwei, drei Herrscher dieses Jahrhunderts auch tatsächlich entsprechende Beinamen tragen. Karl im besonderen kultivierte das Bild vom weisen König, er suchte es in seiner Autobiographie oder in seiner Lebensbeschreibung des heiligen Herzogs Wenzel zum Herrscherideal zu erheben, er empfahl es in seiner Vorrede zur Chronik des Johannes von Marignola ausdrücklich seinen Nachfolgern. Das Ordensideal für die weltferne Buchgelehrsamkeit verkörpern die stillen Kartäuser. Sie erfreuten sich besonderer luxemburgischer Förderung, sowohl im Stammland des Hauses, als auch mit der Gründung der Kartause Mariengarten im neuen böhmischen Hauptland durch den Vater Karls, der selber freilich so gar nichts von Gelehrsamkeit und Stille an sich hatte; im Gegensatz zu Karls Neigungen und dem Grundzug seiner Hofkultur. Und nicht nur seiner: »eine Art frühhumanistischer Bewegung« läßt sich zur selben Zeit auch am Hofe Karls V. von Frankreich erkennen.[64]

Durch nichts anderes sah vor fünfzig Jahren einmal einer der schärfsten Beobachter gedankengeschichtlicher Wandlungen die neue Zeit besser gekennzeichnet als durch das Bekenntnis des Siger von Brabant zur Buchgelehrsamkeit als dem Ausdruck des wahren Lebens, verbunden mit einer entschiedenen Abkehr vom Wunderbaren.[65]

Aber dieses Wunderbare ist eben doch noch lebendig, so wie die Mysteriensucht der Volksfrömmigkeit oder, besonders gegen das Jahrhundertende, die Neigung zur Prophetie, zur Ausdeutung wundersamer Vorzeichen mit der Erwartung umwälzender Ereignisse, mit Antichrist und Weltenende. Das wird uns besonders in den Jahren der großen Krise unmittelbar nach dem Tod des Friedenskaisers begegnen.

Durch das ganze Zeitalter hindurch müssen darüber hinaus einzelne Strömungen auseinandergehalten werden, nicht im schematischen, aber doch in erkennbarem Bezug zu einzelnen sozialen Gruppen und Kreisen. Der vielberufene »Frühhumanismus«[66] zeigt sich in diesem Zusammenhang als ein Prälatenhumanismus, während eine freie Intellektualität, wie etwa im Lebensweg Petrarcas, nur sehr selten zu beobachten ist und immer wieder Kontakt zu fürstlichen Mäzenen sucht wie Petrarca selbst, oder zu kirchlichen Pfründen, wo Boccaccio schließlich nach seiner Konversion Zuflucht fand. Bekehrungen, sicher nicht ohne das große Vorbild des heiligen Augustinus, beenden mitunter freiere Jugendjahre und führen nicht nur zum Ernst des Lebens, sondern auch zum Ernst des Erwerbslebens. Die Achtung der Zeitgenossen gilt freilich solchen Konversionen, aus denen eine echte religiöse Hingabe erwuchs. Karl berichtet davon in seiner Autobiographie, und auch die großen Kirchenreformer der nächsten Generation, der Prager Prediger Jan Milič von Kremsier oder der Niederländer Gerhard Grote leiten von daher ihren Einsatz für das religiöse Leben her.

Die Wiederentdeckung des Kirchenlehrers Augustinus schlägt überdies eine Brücke vom Glaubensleben zur Buchkultur und zur lateinischen Sprache. Auch das ist Prälatensache, das soll heißen, literarische Aktivität auf dem Boden lateinisch gebildeter Frömmigkeit. Von Augustinus führt aber auch der Weg zur Buchkultur außerhalb des Lateinischen, wo sich schon seit langem die fromme Geistigkeit in Laienkreisen um Ausdruck in der Volkssprache bemüht. Die Sprachschöpfung der deutschen Mystik wirkt seit Generationen. Der Biblizismus der Waldenser hat die Volkssprache auf andere Weise ebenfalls schon lange in den religiösen Dienst gestellt. Das 14. Jahrhundert bringt im böhmischen Bereich den Durchbruch mit Bibelübersetzungen ins Tschechische wie ins Deutsche, »mit denen sich Kaiser Karl IV. mit seinem Gelehrtenkreis ein besonderes Verdienst erwarb«.[67] Auf die Bibel und nicht auf das Buch war der breitere religiöse Aufbruch der Zeit gerichtet; unter Führung von rigoristischen Predigern, die nicht Kultur, sondern Frömmigkeit pflegen wollten, nicht Humanismus, sondern Askese. Nicht zufällig kehrte sich diese Bewegung zu guter Letzt in Prag auch gegen Karls Hofkultur, ja gegen den Kaiser selbst. Sie empfand sich als eine neue Hinwendung zu den Wurzeln christlicher Frömmigkeit, als »Devotio moderna«, und griff ziemlich gleichzeitig in Böhmen und in den Niederlanden um sich, also in den Zentren städtischer Lebensformen mit breiter Ausbildung pflegebedürftiger religiöser Interessen in mittelständischen Schichten.

Die Gelehrtenwelt hingegen hatte sich auch damals schon im geistigen Bereich ihre eigenen Inseln geschaffen. Hier kritisierte man: nicht nur die älteren Autoritäten der Philosophie und Theologie der Hochscholastik, sondern auch, vornehmlich mit den Mitteln des kanonischen Rechts und des konziliaren Denkens, die Gegenwartskirche. Das schlug zwar wieder Kontakte zur Frömmigkeits- und Erweckungsbewegung in der Volkssprache, aber die Gelehrtenkritik brachte doch einen ganz anderen Reformansatz zur Sprache. Sie zielte nicht vornehmlich auf den Kult und die tägliche Frömmigkeitsübung, sie wußte manches zu verstehen, was die Laien mißbilligten, und kritisierte anderes, das dem Gesichtskreis der Ungelehrten ferner lag.[68] Sie wußte die Kirche zu abstrahieren von Kaiser und Papst, so wie sie Konrad von Megenberg in allegorischer Dramatisierung dem geistlichen wie dem weltlichen Universalherrscher gegenübertreten läßt, klagend, schutzbedürftig, von keinem recht geführt.[69]

Schließlich und endlich sollte man eine merkwürdige Figur in ihrem skurrilen Individualismus noch als Exempel persönlicher Bindungslosigkeit betrachten, die keinen rechten Vorläufer hatte, aber über Jahrhunderte hin und noch bis heute volkstümlich blieb:

Till Eulenspiegel. Wohl gab es zuvor auch schon Schwankhelden wie den Pfaffen Amis, und etwas davon ist auch in den Erzählungen vom niedersächsischen Till Eulenspiegel wiederzufinden.[70] Wenn er gelebt hat, was die Forschung über das erst um 1500 gesammelte und gedruckte Volksbuch behauptet, dann in der ersten Hälfte des 14. Jahrhunderts, wo sich der kuriose Name tatsächlich auch findet und die Städte Kneitlingen und Mölln um die Ehre streiten, sein Grab in ihren Mauern aufgenommen zu haben.[71] Nicht der Schwank ist Eulenspiegels Besonderheit; sondern die Lösung aller Bindungen; die Satire über jedermann, jeden Stand; die beabsichtigte, ja mitunter derb herausgeforderte Isolation des Wandernden, Heimatlosen, alle Welt in Frage Stellenden. Nicht alles, was das spätere Volksbuch ihm nacherzählt, gehört dem 14. Jahrhundert an. Die Absicht der aggressiven Weltverkehrung, der trotzige Materialismus dieses vulgären Einzelgängers und vornehmlich der Beifall, der ihn leben ließ, passen den rätselhaften Mann aber recht gut als grobe Spielart in jene Strömung der besonderen Rückbesinnung des einzelnen auf sein Dasein ein, als volkstümlichen Beitrag zum Individualismus seiner Zeit.

Zweites Kapitel
AHNEN, TRÄUME, PLÄNE

Die Schicksalsschlachten der Urgroßväter

Die Vorväter Karls, die Grafen von Luxemburg, zählten zum deutschen Hochadel; in Westdeutschland und in Frankreich mannigfach versippt, konnte Karl seine Ahnenreihe stolz bis auf die Karolinger zurückführen, auf jene Gründerdynastie des Abendlandes, die um 800 aus Frankreich und dem westlichen Deutschland eine Einheit schuf, die Zentrallandschaft einer neuen, unserer Kultur.

Karls Mutter war eine Přemyslidenprinzessin; durch sie reicht die Reihe der Vorfahren Karls bis in das Dunkel der böhmischen Sagenzeit. Im hellen Licht der Erinnerung an die Ahnen, fast erlebt noch von den Älteren in der königlichen Umgebung, prägten gekrönte Häupter das Bewußtsein Karls von seiner königlichen Würde: der böhmische Großvater, Wenzel II., der in Böhmen und Mähren als König regierte und, in Gnesen zum König von Polen gekrönt, seinem unmündigen Sohn auch noch die ungarische Krone in Aussicht stellte, so daß er die Herrschaft über das ganze östliche Mitteleuropa beanspruchte; ein Programm, über die größte Landfläche des christlichen Europa zu gebieten.

Der Vater des Vaters hingegen, Graf Heinrich IV. von Luxemburg, war aufgestiegen zur kaiserlichen Würde. So wie der Großvater mütterlicherseits nach der größten Landmacht gestrebt hatte, erreicht der andere den höchsten Rang, welchen die Christenheit einem Herrscher verleihen konnte. Nur, gemeinsam haben diese beiden Großväter ihre Kronen nie getragen: als man den Grafen Heinrich von Luxemburg 1308 fast unerwartet zu seinem hohen

Amt berief, lag der Přemyslidenkönig Wenzel II., obwohl beinahe gleich alt, schon mehr als drei Jahre im Grab. Erst vor Karls Thron, sozusagen, vereinigte sich die böhmische Vision von einem östlichen Großreich mit der westlichen Kaiserwürde.

Freilich wurzeln solche Pläne tiefer. Auch zwei Urgroßväter Karls trugen Kronen und berühmte Namen: Přemysl Ottokar II., der als goldener oder als eiserner König in die Geschichte einging; und Rudolf, der erste Habsburger auf dem deutschen Thron, nicht minder lebendig im Andenken der Zeit und vor allem in der Geschichtsschreibung seiner eigenen Dynastie. Diese beiden Urgroßväter waren echte Rivalen zu Lebzeiten, und nicht die Vereinigung ihrer Pläne, sondern gerade die Fortdauer ihrer Feindschaft zählte zu Karls politischen Problemen.

Karls Sinn stand nach dem Andenken des přemyslidischen Urgroßvaters. Als er die deutsche und die böhmische Königskrone gewonnen hatte, verteidigte er Ottokars Politik in einer seiner ersten Amtshandlungen. Er nannte ihn seinen »besonders geliebten Ahnen«[72], er ließ ihm auch das schönste Mal im Kreis der Přemyslidengräber des Veitsdoms errichten.

Die beiden Urgroßväter der Mutterseite hatten einander bekämpft, und der Sieger war dadurch schuld geworden am Tode des Besiegten. Das war im Sommer 1278 gewesen, in der Schlacht bei Dürnkrut, nördlich von Wien. Die Ehe der Kinder sollte den tragischen Konflikt überwinden. Gewiß keine problemlose Verbindung, als der Bräutigam Wenzel, Přemysl Ottokars verwaister Sohn, Jutta, die Tochter des siegreichen Königs Rudolf, nach Hause führte. In jener Zeit schien das nicht so ungewöhnlich: eine vergleichbare Vorgeschichte nämlich vereinigte auch Karls Großeltern von der Vaterseite: den Grafen Heinrich von Luxemburg, der später Kaiser wurde, und Margarete von Brabant. Sie war die Tochter Herzogs Johann I., der als »der Siegreiche« in die prächtigste Handschrift des ritterlichen Minnesangs einging; und dort, auf einer der Darstellungen zeitgenössischer adeliger Literaten, kann man betrachten, wie er gerade, umgeben von seinen Reisigen, in einer Reiterschlacht einem Feind den Schädel spaltet.[73] Die Schlacht von Worringen auf der Heide nördlich von Köln ist da gemeint, 1288, just zehn Jahre nach der Schlacht bei Dürnkrut. Der unmündige Sohn des besiegten Luxemburgers sollte danach auch hier durch seine Ehe mit der Tochter des Siegers die Wunden heilen. Kaum auszudenken, daß Karl diese eigenartige Symmetrie in den Familienverhältnissen seiner Vorfahren nicht beachtet hätte, obwohl kein Kommentar von ihm über die kuriosen Konstellationen überliefert ist. Aber einer der bedeutendsten böhmischen Chronisten seiner frühen Jahre, Freund seiner Mutter, berichtet davon und fügt die Ereignisse am Niederrhein zur Erläuterung der böhmischen Geschichte hinzu.[74] Ausdrücklich betont er den Versöhnungscharakter dieser Ehe, während die Heirat zwischen Wenzel und Jutta gar zur Versöhnung zwischen Deutschen und Tschechen beitragen sollte.[75]

Tatsächlich zählen beide großelterlichen Ehen zu den bekannteren Liebesverhältnissen jener Zeit. Dem böhmischen Königspaar Wenzel und Jutta widmete sich der Minnesang am böhmischen Hof unter anderem in einer großen Paraphrase von den Abenteuern zweier Liebender[76], und die Vertrautheit des luxemburgischen Kaiserpaars miteinander ist ebenfalls bezeugt. Beide Prinzessinnen werden dabei auch wegen ihres Äußeren gerühmt. Und beide starben früh: überhaupt wurde diese großelterliche Generation durch die medizinischen Mängel der Zeit schon in jungen Jahren aus dem Leben gerissen: Jutta von Habsburg starb nach zehnjähriger Ehe im Kindbett, erst 26 Jahre alt, und König Wenzel, vielleicht tuberkulosekrank, folgte ihr acht Jahre später. Der Kaiser und die Kaiserin erlagen in Italien 1311 und 1313 den Strapazen eines kriegerischen Romzugs. Sie hatten beide kaum das vierzigste Lebensjahr erreicht.[77]

Vermutlich sagt diese Meditation in wenigen Sätzen über Karls Vorfahren mehr aus als eine lange Vorgeschichte. Sie gibt eine Ahnung vom Schicksal der Großen, ob sie nun gierig nach der Macht griffen oder zögernd auf ihre Bahn gestoßen wurden, Geschick ihrer Herkunft. Wir wollen uns noch ein wenig in dieser imaginären Ahnengalerie umsehen, die noch niemand so recht beobachtet hat, auch die Historiker nicht, die bisher über Kaiser Karl IV. geschrieben haben.[78] Zwar hatte der Kaiser selbst später die Bilder seiner Ahnen zusammentragen lassen, bis zur phantastischen Abkunft von Noah und Japhet, als Wandgemälde in seiner prächtigsten Burg in Böhmen.[79] Aber das spricht doch nicht so eindringlich zu uns wie einige Berichte, welche die Zeitgenossen von jenen 14

Damen und Herren, den Ahnen Karls bis in die dritte Generation, zu geben wissen. Auffällig ist nämlich, wie sehr sie sich ihrer annehmen: offensichtlich zählten sie zu den bekannteren Herrscherfiguren um 1300.

Da ist also nicht nur jener stolze Sieger Johann von Brabant, dessen Bild die berühmte Liederhandschrift übermittelt, in der man damals die ritterliche Dichtung zusammentrug. Auch Přemysl Ottokar wird dort genannt, der Besiegte von Dürnkrut, »der König aus Böhmenland, den Großmut und Ehre beweinen«. Und erst recht seines Sohnes Wenzel hat sich diese Handschrift angenommen, in einer ihrer prächtigsten Illustrationen, denn er war, gleich dem Vater, ein besonderer Mäzen der ritterlichen Dichtkunst, zu der er selber auch ein wenig beitrug. Seine Krönungsfeier im Jahr 1297 zählte zu den großartigsten Festen der Zeit, vielleicht war sie gar die letzte große Festlichkeit des ritterlichen Minnesangs.

Rudolf von Habsburg und Heinrich von Luxemburg, die beiden deutschen Herrscher aus der zweiten und der dritten Generation unter Karls Vorfahren, fanden keinen Platz in den Annalen der Manessischen Liederhandschrift. Aber sie zählten nicht minder zu den großen Figuren ihrer Epoche im Bewußtsein der Lebenden. Das belegt der größte Interpret des politischen Universalismus jener Jahrhunderte, Dante Alighieri, der Florentiner Emigrant, der mit seiner politischen Dichtung die Welt, die ihn selber in die Verbannung trieb, zu retten suchte. In seiner großen Divina Commedia, in der er im Rückblick auf die Geschichte der letzen zwanzig Jahre, bei seinem Gang durch Hölle, Purgatorium und Himmel seherisch ein Weltgericht erlebt, begegnet er nicht weniger als vier Gestalten aus Karls Ahnengalerie.

Dantes Bewunderung für Kaiser Heinrich VII. ist bekannt. Er ist der einzige Kaiser, dem Dante in seinem phantastischen Jenseitsbild, im 30. Gesang des Paradieses, einen Platz im Himmel bereitet hat, ganz nahe bei dem Sitz, den er für sich selber erhoffte. Dante hatte Heinrich, den luxemburgischen Großvater Karls, bei seinem Italienzug begrüßt und ist ihm wohl auch selber begegnet, er hatte mit aller persönlichen und politischen Anteilnahme den Sieg der kaiserlichen Macht herbeigesehnt und war um so tiefer erbittert über den Sturz des Kaisers aus dem Norden, der nach seinem Urteil an der päpstlichen Politik gescheitert war, in Wirklichkeit freilich viel eher noch am Widerstand der französischen Dynastie, die damals seit einer Generation auch Unteritalien beherrschte. Dantes Einsicht sagt aber auch deutlich, daß zu jener Zeit Italien durch die kaiserliche Politik überhaupt nicht zu ordnen war, weil es dafür »noch nicht bereit« gewesen sei. Heinrich ist »Dantes Kaiser«[80], nicht wegen seiner Leistung, sondern wegen der Absichten seiner Politik. Die Frage nach dem Scheitern Heinrichs führt zurück in die ältere Generation der Vorfahren Karls, die in so eigenartiger Weise miteinander in Verbindung stehen und bedeutend genug erscheinen, um in Dantes großem Welttheater zu figurieren. Zu Rudolf von Habsburg führt der Weg, dem Dante im siebenten Gesang des Purgatorio begegnet, wo gekrönte Häupter ihre Unvollkommenheiten büßen. Er wäre nämlich noch imstande gewesen, die Todeswunden Italiens zu heilen. Tröstend hat sich ihm in Dantes Vision der König aus jenem Lande zugesellt, »dessen Wasser alle mit der Elbe nach Norden fließen«, Ottokar also, sein großer Rivale von Dürnkrut, der seine Pläne ebenso unvollendet hinterlassen mußte. Dante kennt ihn, und er weiß auch von seinem Sohn Wenzel, dem er freilich nichts Rühmliches nachsagt, weil ihn »Wollust freut und Nichtstun«.[81]

So entsteht ein bemerkenswert eindringliches Bild von dem Ansehen, das Karls Vorfahren gewonnen hatten und das dem Enkel und Urenkel wohl kaum verborgen blieb. Mit Dantes »Göttlicher Kommödie« ist er ganz gewiß bekannt geworden.[82] Bedeutungsvoller war wahrscheinlich aber der Ruhm, den Wenzel II. in seiner Umgebung als deutscher Minnesänger genoß, gleichsam ein böhmisches Gegenstück zu dem hohen Preis, den Dante Karls luxemburgischem Großvater zollte. Kaum eine Kunde von ferneren Ahnen, ausgenommen die legendären Heiligen aus den Urzeiten der přemyslidischen Dynastie, mag Karl in einem solchen Maße berührt haben wie der Eindruck, den seine beiden Großväter hinterlassen hatten. Er war unvermittelter als manche gelehrte Theorie über das Königtum oder die Rechte von Kaiser und Papst, mit denen die Zeit sich befaßte, mit denen er auch bekannt geworden sein mag, obwohl unsere Wissenschaft dabei nicht immer auseinanderhält, was seinerzeit die Diskussion der Magister beschäftigte und was dagegen an den Höfen der Könige in den ungelehrteren, aber tatennäheren Köpfen umging.

Kehren wir also noch einmal zurück zu den beiden Schicksalsschlachten, bei denen die einen Vorfahren Karls den Schritt in die große politische Welt versuchten, die anderen Vorfahren Karls dagegen die Verwirklichung dieser Absichten verhinderten. Diese beiden Ereignisse, kaum ein Dutzend Tagesritte und zehn Jahre voneinander entfernt, lassen gewisse Entwicklungsverschiebungen deutlich werden, die damals noch immer die alten Zentrallandschaften des christlichen Abendlands im rascheren Fortgang der Entwicklung von den peripheren Gebieten unterschieden; und Österreich, Böhmen und Ungarn zählen unter diesen Voraussetzungen in unterschiedlichen Graden zur Peripherie. Dürnkrut 1278: Das war eine Schlacht dreier Könige, des deutschen, des böhmischen und des bei uns oft vergessenen Ungarnkönigs. Die Ungarn, so sagen manche Berichte, entschieden sogar das Zusammentreffen. Sie waren mit kumanischen Hilfstruppen herangerückt, mit Heiden von den Grenzen des Abendlandes, die da zum erstenmal durch den Schlachtruf des deutschen Königs »Christus« auf eine merkwürdige Weise mit dem Kern der abendländischen Gesittung in Berührung kamen. Dem Sieger bei Dürnkrut fiel endgültig die Herrschaft über Österreich zu, für 640 Jahre. Aber wenn man den Krieg nicht nur als Konfrontation, sondern auch als Zusammenspiel der Mächte begreift, die bei Dürnkrut gegeneinander anrannten, dann ist die blutige Tragödie des Böhmenkönigs zugleich die Ouvertüre von mehr als einem halben Jahrtausend engster politischer Bindungen und Reibungen zwischen Österreich und Böhmen, Mähren und Ungarn: es ist gleichsam mit der Katastrophe Ottokars die Geschichte des Donauraumes eröffnet worden. Keines der gekrönten Häupter in diesen drei Landen wird fortan der schicksalhaften Konfrontation, die hier beginnt, noch ausweichen können, und Kaiser Karl wird zum ersten Mal auch die Verbindung aller Dreier bereits ins Auge fassen. Die nächste Generation gar wird sie eine Zeitlang zuwege bringen. Das also ist das Signum der Politik in jenem Teil des Abendlandes – Großreichspolitik. Auch die Zeitgenossen wußten das; die österreichische Chronistik des 13. Jahrhunderts hatte sich zunächst zum großen Teil bereitwillig der 25jährigen Herrschaft Ottokars gefügt, seinen Tod bedauert, und nach einer interessanten Schwenkung zu den Habsburgern fortan doch die böhmische Nachbarschaft nicht mehr aus den Augen verloren, ehe sie dann, zu Zeiten Karls, in eigenartigen Spekulationen die künftige böhmisch-österreichisch-ungarische Verbindung im Donauraum vorwegnahm.[83]

Auch die Schlacht von Worringen im Jahre 1288 war eine Familienkatastrophe. Denn mit Graf Heinrich, dem Haupt der luxemburgischen Dynastie, fielen noch seine drei Brüder, so daß auch hier, wie in Böhmen, nur ein unmündiger Erbe zurückblieb. Auch diese Schlacht hat über Jahrhunderte hin Geschichte gemacht. Sie bestimmte die Geschicke des Niederrheins schließlich bis zur Französischen Revolution.[84] Aber was dadurch entschieden wurde, war Territorialgeschichte, nicht das Schicksal von Großreichen. Nicht Könige traten einander gegenüber, sondern Fürsten und Grafen, die eigentlich unter der Hand eines starken Königs ihre Sache bei Hofe hätten austragen müssen, und so war auch ihr Schlachtruf nicht der Appell an den höchsten Weltenrichter, wie ihn der deutsche König sich bei Dürnkrut zu eigen machen konnte, sondern die Rechtssache war doch nicht ganz auszutragen ohne einen Bezug zur höchst egoistischen Staatsräson in der Spielart der Zeit, als unmotivierter Schlachtenruhm. Auch er ist überliefert, weil er ebenfalls von einer ungewohnten Seite erklang. Aber nicht irgendwelche Hilfstruppen aus fernem Heidenland waren es diesmal, die ihn vortrugen, sondern Bauern aus dem Bergischen, die mit »Hya Berge romerike« im besonderen Sinn das platte Land zu Gehör brachten. Die Anekdote scheint so symbolisch wie die Kumanentruppen im Dienst des deutschen Königs. Hier wurde nicht nach der äußeren Peripherie gegriffen, sondern nach unten. Seit fast zweihundert Jahren hatte man nichts mehr von bäuerlichen Aufgeboten gehört. Krieg war Adelssache. Nun aber hatte wieder Landwehr in einen Ritterkampf eingegriffen, und damit nicht genug; man sagte jenen bergischen Bauern nach, sie hätten, neben der Kölner Bürgerwehr, mit ihren Morgensternen die Schlacht entschieden. Fortan werden sich im Westen die Auseinandersetzungen mehren, bei Kortrijk und Crécy, bei Maupertuis und Sempach, wo Fußtruppen auf verschiedene Weise die Überlegenheit der adeligen Panzerreiter zu brechen wissen. Auch dadurch setzt die Schlacht von Worringen neue Signale.

Folgen wir der Ahnentafel Karls, um den Aufstieg deutlicher zu sehen, der um die Wende zum 14. Jahrhundert das östliche Mitteleuropa erfaßt, während der Westen, am Ende sozialer wie politischer Expansionsmöglichkeiten, bereits Risse im Gefüge zeigt; das konfrontiert die gekrönten Häupter der nächsten Generation: Kaiser Heinrich und König Wenzel.

Wenzel war, nach Niederlage und Tod des Vaters, zunächst in der Verbannung aufgewachsen und auch nach seiner Rückkehr, noch minderjährig, ohnmächtig gegenüber der Herrschaft eines hochadeligen Herrn, der die Königinwitwe, seine Mutter, geheiratet hatte. Erst nach ihrem Tod gelang es, mit Hilfe adeliger, bürgerlicher und besonders kirchlicher Parteigänger, den Parvenü zu stürzen. Wenzels Regierung lebte vom Schwung einer großen wirtschaftlichen Expansion, die schon seinen Vater zum »goldenen König« gemacht hatte.[85] Eine Bewegung von europäischen Ausmaßen, seit dem 11. Jahrhundert von Nordfrankreich und den Niederlanden aus ostwärts in die immer breiter ausladenden Zonen des brachliegenden Landes sich verbreitend, über Moore und Waldböden, hatte seit dem 12. Jahrhundert die böhmischen Länder erfaßt und im 13. Jahrhundert überall rege Verbreitung gefunden: der Landesausbau, die Vermehrung der agrarischen Nährfläche, durch intensivere Arbeitstechnik und überlegte Organisation. In diesem Zusammenhang gab die Produktionssteigerung Raum für die steigende Bevölkerungsdichte, führte die Produktionsteilung zwischen Bauern und Handwerkern zur allgemeinen Ausdehnung der Geldwirtschaft, ermöglichte die dichtere Besiedlung intensivere Kommunikations-, Herrschafts- und Kulturformen. Aus dieser einfachen Sammelformel für die Landeserschließung wuchs die abendländische Kultur auf ein höheres Niveau überhaupt, zu engeren Verbindungen, zu ausgeglichenerem Gefälle. Böhmen und Mähren, mit bemerkenswerten Agrarreserven ihrer Waldhügellandschaft, hatten sich bald zu einem besonderen Anziehungspunkt im Zusammenhang dieser »agrarischen Revolution« entwickelt, die manche Erscheinungsformen zeigt, um einen Vergleich mit der industriellen Revolution des letzten Jahrhunderts zu rechtfertigen. Plötzlich gewannen Wälder und Brachflächen einen neuen Wert. Durch den Übergang von Naturalabgaben zu Geldrenten war ihre Wirtschaftskraft zu speichern und durch den Einsatz bei neuen Unternehmungen auch im Sinn eines frühen Kapitalismus zu potenzieren. Ersten Ansätzen dienten wahrscheinlich einheimische Arbeitskräfte. Besondere Rodeleistungen und die rasche Expansion der Unternehmungen erforderten Zuzug von außen, von Rodespezialisten mitunter, im allgemeinen von einer Bevölkerung aus den dynamischeren Lebensverhältnissen des Westens.

So kamen deutsche Siedler in die böhmischen Länder, aus den Rheinlanden, aus Westfalen, aus Franken, Bayern und Österreich. Es bildeten sich Sprachinseln und geschlossene Siedelbereiche der Zuwanderer, während, meist an den alten slawischen Burgplätzen, privilegierte Stadtsiedlungen entstanden. Bergleute aus Sachsen erschlossen reiche Silberlager, und die Wirtschaftskraft des Landes hob sich jahrzehntelang in einer schier unerschöpflichen Stete zugunsten der kirchlichen und der adeligen Grundherren, zugunsten aber auch der königlichen Domänen. Aus dieser wirtschaftlichen Expansion nahm das militärische Abenteuer Přemysl Ottokars II. seine Kraft, und sie trug schließlich auch seinen Sohn Wenzel zum Ruhm eines reichen Königs, wie ihn die Minnesänger verbreiteten. Die Einsicht in diese einfachen wirtschaftlichen Entwicklungen ist eigentlich leicht zu formulieren, die Zusammenhänge von wachsender Bevölkerungsdichte und steigender kultureller Intensität sind uns aus der Kenntnis mancher Problematik in unterbesiedelten Ländern heute besonders anschaulich, und es läßt sich auch etwas von der Mentalität solcher Aufschwungs- und Gründerzeiten nachempfinden, in denen die wirtschaftliche Dynamik manche Lebensprobleme in den Schatten stellt und Optimismus ausstrahlt. Das scheint ein Grundzug der böhmischen Dinge um 1300 gewesen zu sein.

Damit unterscheiden sich die böhmischen Länder, als aufsteigende Peripherie, recht deutlich von den alten Zentrallandschaften des Abendlands, die vergleichbare Bewegungen eher schon hinter sich hatten und auf manche Weise die Erkenntnis von den Grenzen ihres Wirtschaftswachstums hinnehmen mußten.[86] Auch diese Phasenverschiebung in Wirtschaftsentwicklung und Mentalität läßt sich leicht aus den Gegebenheiten der räumlichen Struktur des

Abendlandes erklären und aus der wellenförmigen Verbreitung gewisser Entwicklungsfortschritte. In unserem Zusammenhang aber macht sie deutlich, warum man die noch immer aufstrebende Entwicklung dieser abendländischen Peripherien abheben muß von der Situation der alten Kernlandschaften, von Frankreich und Oberitalien, vom westlichen Deutschland. Sie veränderte auch das Denken der adeligen Führungsschicht. Von solchen Wandlungen sind uns nur wenig Zeugnisse überliefert, weil es den Zeitgenossen im allgemeinen fern lag, sie zu beobachten oder gar darüber zu reflektieren. Aber immerhin spricht König Přemysl Ottokar II. 1265 ausdrücklich von den Vorteilen, die seiner Herrschaft aus der Besiedlung öden Landes erwüchsen und faßt damit in Worte, was die grundherrliche Politik bei König, Adel und Kirche bestimmte.[87]

Der Landesausbau veränderte die mittelalterliche Welt von Grund auf. Er verdoppelte, ja verdreifachte den Ernteertrag, und er verdoppelte im Laufe der Zeit ungefähr die Bevölkerung im lateinischen Abendland. Aus dem böhmischen Waldland machte er innerhalb von drei, vier Generationen eine bemerkenswert entwickelte Städtelandschaft, die sich anschickte, in ihrer Kulturdichte selbst die westliche Nachbarschaft zu überflügeln. Dementsprechend verschob sich auch die gesellschaftliche Struktur. In der allgemeinen Notlage des Landes nach dem Tode König Ottokars zog man nun neben Adel und Klerus auch Bürger heran zu Rat und Tat, Angehörige nämlich der Prager und der Kuttenberger städtischen Oberschicht, deutsche Kaufleute, die ihrerseits mit bewaffnetem Gefolge in befestigten Stadthäusern ohnehin wie Ritter lebten.[88] Die kampfgewohnten Organisatoren des Fernhandels blieben auch in der Folgezeit Faktoren der böhmischen Politik, bis sie 1309 sogar versuchten, dem Hochadel nach einem bewaffneten Handstreich einen Vertrag über die politische Gleichberechtigung abzupressen und diesen Vertrag durch Konnubien zwischen Bürgersöhnen und Adelstöchtern zu befestigen. Das Unternehmen scheiterte, aber nicht an der Adelsmacht, sondern an der bürgerlichen Zwietracht.[89]

Insgesamt hielten sich, in Böhmen wie anderwärts, diese Großbürger an der Seite des Königs. Zunächst, weil sie im König ihren Stadtherren hatten, ähnlich wie die deutschen Reichsstädte im deutschen Herrscher. Aber auch ohnedies führten sie ihre Interessen im potentiellen Gegenspiel gegen den Adel auf die Seite der Zentralmacht. Zahlreiche persönliche Bindungen liefen von diesem Großbürgertum an den Königshof. Hier liegen bereits die Wurzeln für den Aufstieg der Prager und Brünner, über den Transithandel aber auch der Nürnberger Hochfinanz für das 14. und 15. Jahrhundert.[90] Wir werden diese Grundlinie der Königspolitik noch deutlicher erkennen.

Für die Unternehmungen Wenzels II. bildeten solche Bindungen offensichtlich bereits ein konstituierendes Element. Ihm widmete sich der Herrscher in seiner breitangelegten Finanzpolitik, die um 1300 mit einer grundlegenden Münzreform für den böhmischen Silberreichtum und damit auch für die Entwicklung der böhmischen Handelsbeziehungen greifbare Formen annahm. Die Münzreform schuf die Basis für eine neue böhmische Prägung, die »dikken Prager«, die als »grossi Pragenses« fortan in ganz Mitteleuropa zum Begriff einer stabilen Währung geworden sind. Wir haben das Wort in unsere Sprache übernommen, in seiner tschechischen Lautgestalt als »Groschen«.

Der König berief zu dieser Reform drei Florentiner Bankiers, und daß einer davon ein Verwandter Dantes gewesen ist[91], erhellt nebenbei die weitgespannten Beziehungen unter den Einflußreichen und Kundigen jener Zeit, die in historischen Annalen keinen Niederschlag fanden. Auch um eine neue Rechtsordnung bemühte sich der König in diesem Zusammenhang, und was ihm der Adel grundsätzlich verweigerte, fand dabei doch im wichtigen Bereich von Bergbau und Münzprägung seinen Niederschlag im Bergrecht des Gozzo von Orvieto. Allerdings spricht diese Wahl Wenzels, dessen Hofkultur im übrigen eng verbunden ist mit der deutschen Nachbarschaft, auch für die Erkenntnis der überlegenen italienischen Finanzerfahrung, deren Kräfte und deren Möglichkeiten er dem deutschen Angebot offensichtlich vorzog.[92]

In eine andere Welt führt uns dann schließlich das Echo dieser Königsgestalt in der Geschichtsschreibung. Hier hatten das erste Wort die Zisterzienser, denen seit langem die Gunst des böhmischen Königshauses galt und deren Stellung im Land noch Ottokar II. durch die Gründung des südböhmischen Goldenkron gefördert hatte. Königsaal, das Wenzel II. 1291 fundierte, brachte den Orden sozusagen in eine Spitzenposition. Offensichtlich war das eine böhmische Nachahmung französischer Verhältnisse. So wie die Benediktinerabtei von St. Denis bei Paris den religiösen Kern des Königsdenkens barg, weil ihre Reliquien das Land heiligten und die Gräber der Könige; so wie man in diesem Kloster den Sakralcharakter des französischen Königtums sozusagen in offizieller Chronistik vom 12. bis ins 15. Jahrhundert entwickelte, so sollte auch Königsaal, nahe bei Prag, zur Begräbnisstätte der Přemyslidenkönige werden, zum Hüter des Königsgedankens, zum Ausgangspunkt einer neuen offiziellen böhmischen Historiographie. Unter diesen Voraussetzungen entstand die Chronik von Königsaal, bis 1314 von Abt Otto, dann zwanzig Jahre lang von seinem Nachfolger Peter von Zittau geschrieben, in anspruchsvollem Latein, weit über dem internationalen Niveau mittelalterlicher Chronistik, und mit aller Macht bestrebt, das Bild des Königtums in die sakrale Sphäre zu heben.

Schon Přemysl Ottokar II. hatte bei der Sympathie zisterziensischer Geschichtsschreibung in seinem österreichischen Herrschaftsbereich nach den Umständen die beste Nachrede gefunden. Wenzel II. wurde nun aber von Peter von Zittau förmlich zum Heiligen erhoben. Wieder denkt man an das französische Beispiel, nach welchem der Kreuzfahrer Ludwig IX. zum Nationalheiligen aufstieg. Nur eine Generation trennt ihn von Wenzel II., nur die Spanne von 35 Jahren. Freilich hatte Wenzel sein Christentum nicht, wie sein älterer französischer Standesgenosse, auf Kreuzfahrten erprobt. Sein Hang zum Rittertum blieb eine literarische Neigung. Aber die Zisterzienser in Königsaal stilisierten seine Erinnerung auch nicht am Bilde des Kreuzfahrers, sondern nach dem Ideal eines frommen und demütigen Lebens. Danach wird von seiner Hingabe an den kirchlichen Kult berichtet, von der Fähigkeit des Illiteraten, ganze Bibelpassagen auswendig zu behalten, von seiner Förderung der Königsaaler Gründung.[93] Wir erfahren von einem heimlichen Bußakt des Königs, und es fehlt auch nicht ein Wunder an seinem Grab, das einen Frevler erblinden ließ.[94]

Man muß nicht annehmen, daß die Königsaaler Zisterzienser blind gewesen wären für die Fehler des Königs, den Dante weich und wollüstig nennt. Aber ihr Lobpreis, zweifellos gestützt auf liebenswerte oder respektgebietende Züge des Herrschers, galt in weitem Maß nicht der Person, sondern dem Amt, nicht Wenzel also, sondern dem böhmischen Königtum. In diesem Zusammenhang hat dieselbe Chronik interessanterweise die böhmischen Könige auch von einem Makel zu befreien gesucht, der ihnen in der öffentlichen Meinung jener Zeit anhaftete und in einigen österreichischen Stellungnahmen besonderen Ausdruck fand: von der Felonie, die Wenzels Vater begangen hatte, als er sich entgegen seinem Lehenseid von 1276 zwei Jahre später gegen König Rudolf erhob. Dieser Vorwurf faßte seinerzeit um so leichter Fuß, als ihn die Ereignisse, Niederlage und Tod des Eidbrüchigen bei Dürnkrut, unmittelbar mit dem Nachdruck eines Gottesurteils zu bestätigen schienen. Man muß nur den Salzburger Chronisten lesen, der seinen Bericht über die Schlacht von Dürnkrut fast zum politischen Manifest ausgeweitet hat gegen alle, die gleich Ottokar »in den Sumpf der Treulosigkeit gefallen sind«[95], um eine Vorstellung von jenem Urteil zu gewinnen, das auch im Zeitalter Wenzels noch sehr lebendig war. Selbst die Zisterzienser von Heiligenkreuz konnten damals nicht umhin, den großen König immerhin anzuklagen, weil er sich gegen Rudolf, den Imperator, erhoben habe, eine Wortwahl, die offenbar zugleich den Rangunterschied herauskehren soll.[96] Einfühlsam wird dabei noch einmal an die Persönlichkeit Ottokars erinnert, mit Abscheu, aber offensichtlich mit bester Kenntnis der Einzelheiten, vom schlimmen Ende des verlassenen Königs auf dem Schlachtfeld berichtet, und nur so viel ist noch für ihn Partei ergriffen, als es die Erkenntnis der menschlichen Unbeständigkeit und die Einsicht in die Vergänglichkeit der irdischen Größe erlaubt.

Die Zisterzienser von Königsaal dagegen sahen eine Generation danach im Rückblick ihrer Historiographie die Dinge in einem anderen Licht. Ihre Erzählung, mit Anklängen an die Darstellung ihrer Ordensbrüder von Heiligenkreuz, stellt die Schlacht von Dürnkrut ganz außerhalb der lehensrechtlichen Verhältnisse. Nun ist daraus eine Auseinandersetzung unter Gleichberechtigten geworden, zu der Ottokar außerdem noch angeregt worden sei durch einige Österreicher, die seine Herrschaft zurückwünschten. Der Krieg wird bedauert und sein wandelbares Geschick, der Tod des großen Herrschers beklagt, dazu die Feigheit der böhmischen Truppen, die ihren König auf dem Schlachtfeld verlassen hätten. Der Makel eines Eidbruchs ist dabei ignoriert.[97]

Man ist rasch, besonders in der westlichen Historiographie, mit dem Urteil bei der Hand, daß Karl IV., französisch erzogen, Grundzüge des französischen Königtums durch sein unmittelbares Erlebnis des Pariser Hofes nach Böhmen verpflanzt habe. Das ist aber offensichtlich eine sehr oberflächliche Beurteilung der Zusammenhänge. Längst hatte die böhmische Herrschaft, eine der geschlossensten unter den zeitgenössischen Monarchien, ihr eigenes Königsdenken entwickelt, und nicht erst Karl mußte die Vorstellungen von der geheiligten Majestät aus Paris nach Prag bringen – möglicherweise hätten sie hier, ohne die generationenlange Entwicklung in der Hofkultur, auch gar nicht zünden können. Längst schon hatte sich so etwas ausgebildet wie eine přemyslidische Idee, mit dem außenpolitischen Konzept einer Ostexpansion nach Polen, mit dem innenpolitischen Programm der zentralisierten Monarchie. Natürlich traf das auf ständischen Widerstand, vornehmlich beim einheimischen Hochadel. Auch das entsprang einer langen Entwicklung im Lande, die sich mit französischen oder mit deutschen Verhältnissen vergleichen läßt und doch auch wieder ihre eigene Note trägt. Und überdies hatte schon König Wenzel französische Bündnisse geschlossen, aus Erkenntnis der großräumigen Situation, so daß auch dieses Element böhmischer Westpolitik längst Wurzeln geschlagen hatte, ehe das luxemburgische Fürstenhaus mit seinen französischen Vertrags- und Eheverbindungen die böhmische Orientierung bestimmte. Es war sogar derselbe Diplomat, der die Außenpolitik des vorletzten Přemyslidenkönigs und schon bald, nach vierjähriger Zwangspause, auch die des ersten Luxemburgers lenkte: Peter von Aspelt, Bischof von Basel, dann Erzbischof von Mainz, kurioserweise Sohn eines luxemburgischen Fürstendieners und wohl der erste Westdeutsche, der die Tragweite der böhmischen Politik in vollem Ausmaß erkannte. Das soll nicht heißen, daß man am Hof König Wenzels II. um 1300 nicht ohnehin begriffen hätte, welche Auspizien da mit der böhmischen und der polnischen Krone in der Prager Politik vereinigt waren, von den unsichereren ungarischen Ambitionen einmal abgesehen. Man empfand vielmehr den vollen Triumph dieser Expansion, die, bereits begleitet von Propagandakommentaren, eine Generation früher mit Přemysl Ottokar begonnen hatte und mit ihm zunächst gescheitert war. Die gleichzeitige Schwäche des deutschen Königtums tat ein übriges, und die Sache wird anschaulich, wenn man nur erwägt, daß es damals im übrigen Mitteleuropa keinen einzigen stabilen Fürstenhof eines Mächtigen gegeben hat, der sich zugleich als politischer und kultureller Mittelpunkt empfinden durfte, als Anziehungspunkt nicht nur für die Diplomaten, sondern auch als einigermaßen tragfähiger Strahlungspunkt des geistigen Lebens.[98] Erinnern wir uns nur des Zitats, in dem der böhmische Chronist den Ruhm Wenzels an den vielen fremden Besuchern seines Hofes mißt![99]

So ist es nicht verwunderlich, daß man dem Prager Hofe jener Zeit die Erwartung einer »Translatio Imperii ad Bohemos« zugesprochen hat, die Übertragung des Kaisertums zu den Böhmen.[100] Damit war an eine alte Tradition angeknüpft, an ein festes Schema der mittelalterlichen Politologie, wonach die Kaiserwürde im Lauf der Weltgeschichte wanderte, »von Rom zu den Griechen, von den Griechen zu den Franken, von den Franken zu den Lombarden und von den Lombarden wiederum zu den deutschen Franken«.[101] Diesem Programm widmete damals Ulrich von Eschenbach in Prag ein umfangreiches Versepos, jenen schon erwähnten Abenteuerroman mit partiellen Schlüsselbezügen, in dem er das königliche Paar des Christentums wegen in die Fremde irren, nach glücklicher Rückkehr dem Thron entsagen läßt, während seine Zwillingssöhne, mit einem germanischen und einem slawischen Namen, das Wendenland regieren. Ein weites Bezugsfeld, in dem immerhin die Aspiration auf ein slawisch-germanisches Großreich deutlich wird, aus dem Mund eines deutschen Dichters zum höheren Ruhm einer tschechischen Dynastie:

»Gott du Anfang aller Dinge,
gib denen Kraft und Weisheit,
damit sie der Christenheit vorstehen,
denen dieses Buch gewidmet ist.«[102]

Aber Wenzel starb, wenn auch als »Großkönig«, doch auf halben Wegen, mehr nach seinen Ansprüchen Herr in Polen und Ungarn denn in Wirklichkeit, und überhaupt weit entfernt von der Befestigung einer zentralisierten Monarchie auch nur in seinen Erblanden Böhmen und Mähren. Ihm galt eine sehr merkwürdige Totenklage aus dem Kloster Königsaal. Man hat sie bisher wenig beachtet, wohl, weil sie eher für die Glanzleistung eines empfindsamen Stilisten angesehen worden ist, als welchen man aber den Abt des Klosters Peter von Zittau ohnehin schon kennt. Es ist eine Klage, in der das Kloster zu uns spricht, personifiziert und in sonderbarer Vieldeutigkeit Wenzel als seinen Vater und Bräutigam, als seinen Geliebten und Bruder beweinend. Nun ergeht sich das verwaiste und zugleich verwitwete Haus in bitteren Vorwürfen gegen den Räuber Tod um den Verlust seines Liebsten: »Mein, sage ich, warst du, o Wenzel: Vater durch die Gründung, Mutter durch die Erziehung, Bruder durch die Zuneigung, Verteidiger durch den Schutz, Verwalter durch die Fürsorge ...« Mit dieser Vielzahl persönlicher Bindungen, durchsetzt mit Wendungen liebender Sehnsucht, aus der biblischen Brautmystik, ist die Vielfalt der Beziehungen ausgedrückt, die mit aller persönlichen Affektation den König sozusagen in einen familiären Bezugsraum zog. Damit ist das Königsbild aber zugleich zu einem Objekt mystischer Hingabe geworden, und nicht vom gesamten Vaterland, sondern vom Vaterhaus der Königsaaler Mönche aus gesehen, scheint auch der ganze Umkreis solcher Beziehungen abgeschritten und in Formen sprachlicher Inbrunst gefaßt, in Prosa wie in Versen.[103]

Diese Königsaaler Totenklage wirkt, für einen skeptischen Augenblick, wie eine fromme Verirrung; und noch die neueste tschechische Ausgabe der Chronik kann ihr dementsprechend auch nichts anderes ablesen, als daß der Text fast ganz auf Bibelzitaten beruhe.[104] In Wirklichkeit handelt es sich um eine wichtige Spur zum Königsbild der Zeit.

Man muß dabei freilich eine Brücke über ein gutes Jahrhundert schlagen, um die Entwicklung dieses Beziehungskreises zu verstehen, zu einer anderen Klageschrift, die unter ganz anderen Bedingungen entstand, ebenfalls aus der Feder eines hochbegabten Stilisten, der aber kein Zisterzienser gewesen ist, sondern Hussit. Mit dem Abt von Königsaal verbindet ihn wohl eine gewisse Nähe zum königlichen Hof, denn er ist ganz ohne Zweifel sprachlich geschult am Latein der Königskanzlei.[105] Diese Feststellung ist viel wichtiger als der Umstand, daß wir den Namen dieses hussitischen Stilisten nicht mit Sicherheit sagen können.

Der Prager Hussit beginnt seine Klageschrift mit denselben Worten wie der Königsaaler Zisterzienser. Freilich handelt es sich hier um ein Bibelzitat; aber die Anlage der hussitischen Klageschrift von 1420 ist unverkennbar an der Königsaaler Totenklage von 1305 orientiert, und schließlich wird auch noch wörtlich und ausdrücklich auf diese Klage angespielt: »Als ich einst«, sagt auch hier die personifizierte Klägerin in kunstvollem Latein, »durch das harte Urteil des perfiden Todes meines Erben und teuersten Gatten Wenzels II. beraubt ward ...«[106] Nur handelt es sich bei der Klägerin nicht um das Kloster Königsaal, sondern um das Land Böhmen, genauer, um die in der Figur von einer »Frau Krone Böhmen« personifizierte Staatsallegorie. Nicht der Zisterzienserkonvent von Königsaal, sondern die nationale Gemeinschaft der böhmischen Länder trauert und klagt hier also; aber sie bedient sich derselben Bilder, eines ähnlich anspruchsvollen Stils und vor allen Dingen der gleichen personalen Beziehungen, nach denen der König in allen seinen Funktionen wie im Familienkreis Vater und Sohn, Geliebter und Herr zugleich geworden ist, immer aber ein männliches Element, dem sich das Land in den Varianten weiblicher Hingabe zukehrt.

Wir sehen zwischen diesen beiden Texten, womöglich nur als Spielarten dessen, was sich auch anderswo in Europa um diese Zeit entspinnt, ein Stückchen Entstehungsgeschichte von »Vaterlandsliebe«. Wir erinnern uns vielleicht ganz nebenbei an eine Bemerkung eines deutschen Bundespräsidenten, man könne wohl seine Frau lieben, aber nicht seinen Staat; das nur, um den Abstand zu ermessen, der uns Heutige von einer Beziehung wieder entfernt, die über Jahrhunderte hin die europäische Staatlichkeit getragen hat. Das 14. Jahrhundert, die Lebensspanne Karls, scheint für die Entstehungsgeschichte dieses Gedankengeflechts wichtig. Das ist die Spanne zwischen der Totenklage von Königsaal über den verstorbenen letzten großen Přemyslidenkönig und der Hussitenklage von Prag über Sigmund, den nach hussitischer Meinung ungeratenen letzten Luxemburger. Dazwischen lag es an Karl, ein solches Königsbild aufzugreifen, umzugestalten, zu präzisieren, namentlich durch die Staatsabstraktion der Krone Böhmen.

Natürlich darf man bei der Einschätzung dieser meist ignorierten böhmischen Voraussetzungen für Karls Selbstgefühl, vor allem aber für das Ansehen des Königtums, nicht vergessen, was vom luxemburgischen Großvater auf ihn übertragen wurde: von Heinrich VII., dem ersten Kaiser seiner Dynastie. Auch dazu schlägt das Geschichtswerk der Königsaaler Zisterzienser eine Brücke. Hier findet sich ein fingierter Brief, den der Königsaaler Chronist freilich nicht verfaßt hat. Er übernahm ihn von dem italienischen Humanisten Francesco da Barberino.[107] Wieder ist das Herrschaftsverhältnis in derselben Rolle von Mann und Frau gesehen, nur tritt dabei diesmal dem König die Reichskrone gegenüber; es handelt sich auch nicht um eine Totenklage, sondern um die sehnsüchtige Einladung der Frau Krone an Heinrich VII. Dabei werden nun, mit dem Triumph der reichstreuen Italiener, der Ghibellinen, alle nur denkbaren Register gezogen zur Demonstration der kaiserlichen Majestät. Frau Krone, altehrwürdig und doch jugendschön, offeriert sich dem Herrscher, nicht ohne Anleihen bei erotischen Metaphern für eine solche Konstellation. Dementsprechend sind die Bibelzitate zur Legitimierung ihrer Ausagen auch wieder aus der Brautlyrik Salomons genommen, vermengt mit dem Gotteslob des geschlagenen Job. Es gibt sogar einen kleinen »Fürstenspiegel« in diesem Brief, einen Katalog der rechten Herrschertugenden, der Heinrich als Gottgesandten preist, voll der Milde und Güte, der festen und gelehrten Beständigkeit, der wohlabgewogenen Absichten, ausgezeichneten Taten und des altehrwürdigen Adels. Kein Wunder, daß seine Ankunft in Italien nicht nur einen politischen Frieden, sondern die universale Eintracht verheißt. Alle Widerstände werden der Ankunft des Kaisers weichen, Mauern stürzen, die Rebellenbünde sich auflösen; Unterdrückte aller Art finden jetzt Freiheit und Sicherheit, aber auch Vögel, Fische und andere Tiere, so daß die Hoffnungen auf den Herrscher ins Mythische reichen, in den alten Bereich der Sehnsüchte nach dem Friedensfürsten. Demnach wird die Herrschaft dieses Kaisers auch nicht mit dem konkreten Reich oder mit der Christenheit identifiziert, sondern sie ist als Weltherrschaft gedacht »in ganz Europa und Afrika und im größeren Teil von Asien«.[108]

Der pathetische Brief dieses italienischen Ghibellinen steigert sich damit bis zur weltumspannenden Kaiserprophetie. Wir haben es mit einer Utopie zu tun, wie sie damals bald auf den Papst, bald auf den Kaiser gerichtet war, um die politischen Nöte der Zeit durch die alten Universalmächte zu heilen.[109] Die Aufnahme eines solchen Textes in die Königsaaler Chronik belegt, daß auch diese, die äußerste Spielart des zeitgenössischen Kaisermythos, den Prager Königshof erreichte, verbunden mit der Erinnerung an Kaiser Heinrich, an den Großvater Karls.

Noch eine andere Komponente des monarchischen Superlativs war währenddem in Prag wirksam. Sie ist unmittelbar mit dem konkreten Instrument der königlichen Machtausübung verbunden, nämlich mit der Kanzlei. Es ist seit langem bekannt, daß nach dem Zusammenbruch der Stauferherrschaft in Sizilien unter anderen um 1270 ein Henricus de Isernia nach Böhmen kam, der nicht nur den Kanzleistil des großen Stauferkaisers Friedrich II., sondern auch die monarchische Gedankenwelt aus seiner sizilischen Heimat mitbrachte. Juristen des Namens de Isernia werden wiederholt im sizilischen Königsdienst genannt. Einer davon zählt zu den angesehenen Rechtslehrern, die Kaiser Friedrich II. namentlich an seine neue Universität Neapel einlud. Sein Nachfahre Henricus wird später in Verbindung gebracht mit einem fingierten Brief des böhmischen Königs an die Polen um Hilfe gegen die Deutschen aus dem gemeinsamen slawischen Interesse.[110] Ein gewandter politischer Publizist jedenfalls. Wir wissen ein wenig von seinen politischen Affären, von diplomatischen Missionen, wir sind nicht immer ganz sicher, wie weit er mit einem anderen Italiener desselben Namens identisch ist.[111] Ein deutliches Zeichen seiner politischen Intention ist aber gerade jener Versroman Ulrichs von Eschenbach über Wilhelm von Wenden. Niemand anderer nämlich als »Heinrich der Welsche« hat diese Dichtung, wie Ulrich erklärt, angeregt, und damit wird noch einmal von einer anderen Seite deutlich, welchen politischen Auftrag Ulrich mit dieser Dichtung auszuführen hatte.[112]

Das alles verknüpfte sich wohl schon in den Köpfen der Zeitgenossen, und nicht erst im Rückblick des Historikers. Etwas ferner am böhmischen Horizont erschien bei solchen Perspektiven schließlich auch noch die Figur des größten Interpreten der Weltgeschichte um 1300, freilich aus italienischer Sicht, eben Dante Alighieri. Dante hatte Kaiser Heinrich in zwei politischen Manifesten begrüßt. Prunkstücke lateinischer Rhetorik, zugleich aber doch auch Offenbarungen seines Kaiserdenkens. Diesem Thema widmete er dann aber noch, vielleicht noch zu Lebzeiten des Kaisers, vielleicht zwei oder drei Jahre nach seinem Tod[113], eine gelehrte Abhandlung über die Monarchie. Den Vergleich zwischen König und Krone als Mann und Frau, wie ihn Francesco da Barberino, sein Landsmann, in jenem Sendschreiben an Heinrich VII. so ausführlich bemühte, hat Dante nur nebenbei angesprochen.[114] Freilich war dieses Bild der Zeit geläufig, hat es doch die Bibel vorgeprägt: »Ein liebendes Weib ist die Krone des Mannes.«[115] Aber es war nicht Dantes Anliegen, sich in dieses Bild zu vertiefen. Er suchte weniger nach Vergleichen für die staatspolitische Gestalt der Monarchie, sondern seine Argumente galten der Souveränität, der Unabhängigkeit des größten Herrschers, des Kaisers. Was er im übrigen zusammentrug, war, mit seinen Worten, gewiß immer wieder Reflexion aus dem breiten Argumentationsfluß der Kaiserlichen, gelegentlich mit wörtlichen Anklängen an andere Apologeten.[116]

Diese Anklänge muß man sich vor Augen halten, muß sie mit dem böhmischen Befund vergleichen, um wenigstens eine Vorstellung davon zu gewinnen, was damals in Böhmen kursierte, und sicher ist dabei Dante in Böhmen auch unmittelbar bekannt geworden.[117] Da ist, außer der Brautmystik, auch noch die Christusvorstellung herangezogen, so wie sie der Brief des Francesco da Barberino in den Königsaaler Annalen wiederholt, wenn er vom Kaiser als dem Auserwählten Gottes spricht, auf den die Welt hofft, von der Lilie unter Dornen, vom frommen und barmherzigen König, dem Herrn der Herren oder, etwas verschoben, vom erhabensten Engel des Vaters. Dante greift unmittelbar zu entsprechenden Bibelstellen, wie: »Und es frohlockt mein Geist in dir« (statt in Gott, meinem Retter) oder: »Und ich sagte still bei mir, siehe das Lamm Gottes, siehe es nimmt hinweg die Sünden der Welt.«[118] Auch der Ackersegen des Königtums ist beide Male angesprochen; bei Francesco mit dem Bild vom Lebensbrunnen, der alle Erde fruchtbar macht, während Dante geradewegs zum Bild von einem »neuen Bauern« greift, der die verjüngte Erde pflügt.[119] Francesco wie Dante sehen im Kaiser einen Weltenherrscher. Aber noch mehr: nicht nur die Politik soll durch den Weltfrieden unter seinem Regiment saniert werden, sondern das menschliche Dasein überhaupt. »Er wird wie ein Stern aufgehen aus dem Norden« zitiert Francesco eine alte Prophetie, »... in dessen Herrschaft das Niedrigste dem Höchsten gleichgemacht wird, und die Welt wird in Glorie sein und der Sündhafte in Strafe, dann werden alle die Hände heben, die Krone seines Namens und seines Glücks anzubeten, und er wird in ganz Europa regieren und sich Afrika und den größeren Teil von Asien unterwerfen, so daß das Gesetz der Heiden beseitigt wird und alle Unfrömmigkeit und Heuchelei getilgt, die fortan nicht mehr lebt in ihrem Schein.«[120] Dante hat Ähnliches mit dem Begriff des Paradieses beschworen. Allerdings ist seine Darlegung exakter. Er teilt in ein himmlisches Paradies, zu dem die Kirche führt, und in die diesseitige Glückseligkeit, die »durch das irdische Paradies figuriert«.[121] Sie ist Sache der weltlichen Gewalt in ihrer höchsten Vollendung, des Weltkaisers, curator orbis, des Heilands der Welt.

Damit ist das Kaiserbild der Zeit aufs äußerste beansprucht. Wieder sind wir an den Rand der prophetischen Utopie geraten, wenn auch vielleicht nur im Pathos der politischen Manifeste. Aber dasselbe Pathos wird lebendig bleiben, um Architektur und Bildkunst in eigenartiger Staatsfrömmigkeit unter der Ägide Karls IV. zu beleben, während es gleichzeitig, in der vorsichtigeren Sprache verantwortungsvoller Diplomatie, auch der Politik kaiserlicher Unabhängigkeit abzulesen ist.

Kaiser und Papst

Wie hielt sich demgegenüber die Politik Heinrichs VII.? Der Kaiser stammte aus der westlichen Sphäre des Abendlandes. Selber Graf von Luxemburg und Laroche, Markgraf von Arlon, in Valenciennes geboren, französisch erzogen von seiner Mutter, der Grafentochter von Avesnes, als Reichsgraf zugleich französischer Lehenrentner und gern am Königshof in Paris gesehen, war dieser Heinrich auch in der deutschen Politik westlich orientiert. Denn aus dem westdeutschen Raum stammten die drei Kurerzbischöfe, die seine Unternehmungen stützten, vorab sein Bruder Balduin von

Trier, gleichermaßen wie der König aus französischer Schule. Auch vertraten die Bischöfe von Straßburg, Konstanz, Basel, Worms, Speyer und Lüttich, mit Ausnahme des Eichstätters, die in seiner Umgebung hervortreten, den deutschen Westen, ebenso wie die Äbte von Weißenburg und Cornelimünster und der Kanzler Abt Heinrich von Villers-Bettnach, nicht minder wie die weltlichen Fürsten, die besonders zu ihm standen, der Herzog von Lothringen, die Grafen von Henneberg und Nassau, von Flandern, Jülich und Geldern, die Pfalzgrafen am Rhein und Herzog Amadeus V. von Savoyen, der sein Schwager geworden war. Man muß sehen, daß der größte Teil dieser Fürsten ähnlich wie der luxemburgische König selber von den Impulsen französischer Politik und Kultur inspiriert war, so wie man nicht nur Heinrichs Bruder Balduin, sondern allen drei deutschen Kurerzbischöfen jener Zeit französische Protektion nachsagen kann, allerdings zu dem Zweck, dann auch einen französischen Thronkandidaten zu favorisieren.[122] Das war eine Fehlspekulation. Verfehlt waren aber auch die französischen Investitionen bei Heinrich, der sogleich die Erneuerung der Kaiserwürde nach sechzigjähriger Unterbrechung anstrebte. Dabei konnte er allerdings auch heimlicher päpstlicher Hilfe sicher sein; und diese Hilfe leitete einen heilsamen Wandel in den Beziehungen der beiden Universalmächte des Mittelalters zueinander ein.

Eigentlich ist es ein eigenartiges Gespann, das in der Gedankenwelt der Zeit ebenso wie in der politischen Geschichte jahrhundertelang um Recht und Unrecht, um die Vorherrschaft oder um die Gleichberechtigung miteinander rang: Kaiser und Papst. Das Nebeneinander der beiden war bereits als Problem angelegt, als Papst Leo III. am Weihnachtstag des Jahres 800 den Frankenkönig Karl I., den Großen, zum Kaiser krönte. Fortan sollten die Frankenherrscher sich auf diese Art als Nachfolger der römischen Cäsaren im Westen des alten Mittelmeerreiches fühlen, und waren doch durch ein halbes Jahrtausend, durch ihre Herkunft aus der christianisierten Barbarenwelt des Nordens, und eben durch die kirchliche Definition und Legitimation dieser Nachfolge von ihnen getrennt. Schon die Krönung in Rom war Pathos, wenn auch völkerrechtlich fortan verbindlich über sieben Jahrhunderte. Sie war nie ein Ausdruck unmittelbarer politischer Wirklichkeit. Kaum einer der zwanzig in Rom gekrönten Kaiser von Karl I. bis Karl IV. hat sich länger als einen Feldzug lang in Rom aufgehalten, manche waren nur flüchtige Gäste, nur wenige vermochten zumindest die Reichsgebiete in Oberitalien eine Zeit zu regieren. Und hier war bereits der Zwiespalt grundgelegt: beanspruchten doch die Päpste selbst die Herrschaft über Rom und den mittelitalienischen »Kirchenstaat«, so daß sie den Kaiser in der ewigen Stadt zwar krönten, aber seine Anwesenheit als Rivalität empfanden, seine Regierung in der oberitalienischen Städtelandschaft, in Tuscien und in der Lombardei auch bald als Gefahr. Ähnliche Belastungen spiegelten sich auch in den Staatstheorien: mit dem Bild von den zwei Schwertern, die beide dem Papst gegeben seien, das geistliche und das weltliche, suchte die Papstpartei die Oberherrschaft über den »weltlichen Arm« zu demonstrieren, oder sie appellierte mit dem Vergleich von Sonne und Mond an eine »natürliche«, lichtspendende Überordnung der Päpste in diesem Zweigewalten-System. Den Kaisern dagegen half die Entdeckung der theoretischen Grundlagen ihrer Stellung aus der antiken Hinterlassenschaft, weil sie ja nun einmal Titel und Tradition der alten Caesaren trugen, besonders aus dem spätantiken Kaiserrecht, das, in mancher Hinsicht fern der mittelalterlichen Ständewelt, in Oberitalien doch nie ganz vergessen worden war und seit Barbarossas Zeiten an den hohen Schulen und in der Kaiserkanzlei mit unterschiedlichen Absichten wiederbelebt wurde. Die antiken Kaiser waren nämlich ihrer Theorie nach absolute Herrscher, Gesetzgeber und Exekutoren. Diesem Ideal folgten dann namentlich ihre staufischen Nachfahren. Der honor imperii, die Reichsehre, wurde ihre Staatsräson.[123] Ihr himmlischer Schutzherr war Karl der Große, den Barbarossa 1165 zur Ehre der Altäre erheben ließ – freilich ohne die volle kirchliche Billigung. Noch heute ist die kultische Verehrung Karls des Großen auf die Diözesen Lüttich und Aachen beschränkt.[124]

Im Glauben an den gemeinsamen Herrn und König Christus ließ sich der Dualismus von Kaiser und Papst wohl überwinden. Aber die politischen Umstände reizten die gedanklichen Differenzen stets von neuem und machten die beiden Universalmächte schließlich zu beinahe unversöhnlichen Gegnern. Während sie einander im Streit der Theorien nicht widerlegen konnten, wurden sie zu Todfeinden; ein Bruderkampf eigentlich, da ihre politischen Ansprüche aus der gleichen Wurzel gewachsen waren.

Die Kirche hatte dabei unter dem Prätext einer Strukturreform gegen die Bevormundung durch Grafen, Herzöge, Könige und Kaiser protestiert, im Namen der Freiheit, also mit der ersten und stärksten Parole aller europäischen Revolutionen. Hier setzte der gesellschaftliche Pluralismus in unserer Kultur, allmählich gereift aus einer Barbarenwelt, die nur frei und unfrei, Herren und Knechte unterschied, zum ersten Male politische Signale vom Grunde bis zur Spitze. Das macht das Verständnis unserer Vergangenheit so schwierig. Aber es ist zugleich ein Ausdruck einer Vielfalt, ohne die man sich die moderne Gesellschaftsordnung nicht recht denken kann.

Vom 11. bis zum 13. Jahrhundert zog sich nun unter diesem Vorzeichen die Auseinandersetzung um die Vorhand zwischen Kaiser und Papst, belebt durch kluge und unverzagte Köpfe auf beiden Seiten, mitunter in dramatischen Auseinandersetzungen. Mit dem Sturz der staufischen Dynastie durch den jähen Tod Kaiser Friedrichs II. 1250, mitten im Krieg um Oberitalien, schien die Herrschaft der Päpste besiegelt. Fortan stiegen ihre Ansprüche in den folgenden fünfzig Jahren, während Deutschland ohne effektive Königsmacht durch eine Generation im »Interregnum« laborierte und danach noch einmal so lange Zeit außerstande war, von neuem nach den kaiserlichen Traditionen in Italien zu greifen. Aber dabei zeigte sich doch, daß die rivalisierenden Oberherren der mittelalterlichen Welt ohne einander nicht leben konnten. Denn der Kaiser war nicht nur der Rivale des Papstes, sondern auch sein Schutz; und der Papst konkurrierte nicht nur mit ihm auf politischem Feld, sondern er segnete ihn auch. 1303 wurde Papst Bonifaz VIII., einer der größten Juristen auf dem Stuhl Petri, der mit dem ersten katholischen Jubeljahr um die Jahrhundertwende gerade noch seinen Weltherrschaftsanspruch unter seiner dreifachen Papstkrone sichtbar gemacht hatte, von einem französischen Stoßtrupp kurzerhand verhaftet. Und vergeblich erhoffte er allgemeine Empörung und Hilfe. 1328 setzte sich dagegen Ludwig der Bayer in Rom ohne kirchlichen Segen eine Kaiserkrone auf. Und vergeblich erwartete er allgemeine Anerkennung. Währenddem aber gelang ein grundsätzlicher Wandel im Verhältnis zwischen Kaisertum und Papsttum, aus der luxemburgischen Politik, zwischen der Kaiserkrönung Heinrichs 1312 und der seines Enkels Karl 1355. Er brachte beide

Mächte zur Erkenntnis ihrer Abhängigkeit voneinander. Er veränderte das Rivalitätsverhältnis zu einer politischen Kooperation, die fortan noch einmal so lange das dualistische System zusammenhielt, als es zuvor in seinen inneren Spannungen gelebt hatte; noch einmal fünf Jahrhunderte, bis zum Ende des Kaiserreiches 1806, als das Himmelsgewölbe des Mittelalters mit Sonne und Mond, mit seinen Fixsternen und Planetensphären längst verblaßt war.

Von Luxemburg nach Böhmen

Graf Heinrich IV. von Luxemburg wurde, nach gewissen Vorabsprachen unter den linksrheinischen Fürsten, am 27. November 1308 zum deutschen König gewählt und sechs Wochen später, am Dreikönigstag, in Aachen gekrönt. Die Kandidatur des Prinzen Karl von Valois, Bruder des französischen Königs, war damit beiseite geschoben. Es gab einige Probleme in der deutschen Politik. Heinrich bestätigte und bekräftigte die Rechte und Freiheiten der Keimzelle der Schweizer Eidgenossenschaft in Uri, Schwyz und Unterwalden, die sie als unmittelbare königliche Untertanen auswies, mit einem Rechtsgewinn sogar noch für die Unterwaldner, was offensichtlich als eine Wendung gegen die mächtigen Habsburger gedacht war. Er unterstützte danach auch den niederschwäbischen Städtebund in seiner Auseinandersetzung mit dem Grafen Eberhard von Württemberg, in ähnlicher Ausübung seines königlichen Schutzrechts über unmittelbare Reichsbürger vor einem Landesherrn, der als Inhaber der Polizeigewalt, als Landvogt, im Reichsgebiet das Maß seines Auftrags überschritt. Solche Klagen hatten nämlich ursprünglich auch die Schweizer gegen die Habsburger erhoben. Er suchte vergeblich, im Süden der Schweizer Eidgenossen, am Gotthardpaß, ein neues reichsunmittelbares Gebiet zu schaffen, um die wichtige Südverbindung noch besser in königlicher Hand zu haben – was eigentlich einer Ausdehnung der Schweizer Eidgenossenschaft nach dem Süden vorgearbeitet hätte. Er hielt sich zurück in einem jahrzehntelang schwelenden Familienzwist um die Erbschaft von Meißen und Thüringen, in dem seine beiden Vorgänger mit vergeblichen Feldzügen die Reichsrechte durchsetzen wollten. Aber dann entschied er den Erbstreit, um damit einen Gegner seiner eigenen böhmischen Pläne an sich zu ziehen; diese böhmische Unternehmung war schließlich der säkulare Erfolg seiner deutschen Politik.

Damit waren die Grafen von Luxemburg, Territorialherren zweiten Ranges im Linksrheinischen, wenn man von der Königswürde ihres gegenwärtigen Seniors einmal absah, in den Besitz der erblichen Königskrone eines reichen Territoriums gelangt. Man hat bezweifelt, ob Heinrich sich der Zukunftsaussichten dieser Erwerbung für sein Haus überhaupt bewußt war.[125] Das wäre merkwürdig: denn die böhmische Krone zog zugleich den Anspruch auf die polnische nach sich, als Erbschaft der letzten beiden Přemysliden, und schloß nicht einmal ungarische Ambitionen so völlig aus; auch darum hatte der letzte Přemyslide bei seinem Tode 1306 den Kampf noch nicht aufgegeben. Kein Chronist hat davon berichtet, ob König Heinrich über solche Aspekte spekulierte. Aber es mag ihm wohl die volle Tragweite der přemyslidischen Herrschaft durch den Kopf gegangen sein, während er seinen Entschluß in tagelangen Beratungen zu finden suchte. Und wenn wir auch glauben müssen, daß eine solche Auseinandersetzung sich unter der Feder eines geistlichen Chronisten etwas anders ausnimmt als im Gespräch der politischen Köpfe, so wirft es doch ein seltenes Licht auf den Gang von politischen Entscheidungen, wenn wir einmal den Bericht hören von einem, der dabei gewesen ist.

Die Boten aus Böhmen wollten einen Luxemburger zum König. Der Stammbaum Luxemburg stand damals, den geistlichen Herrn Balduin von Trier ausgenommen, nur mehr auf drei Augen; auf dem König, seinem jüngeren Bruder Walram und auf Johann, dem vierzehnjährigen Prinzen. Der König hätte lieber seinen Bruder nach Böhmen gesandt als seinen unmündigen Sohn. Auch bot die böhmische Gesandschaft die Hand der achtzehnjährigen Přemyslidenprinzessin Elisabeth, um solcherart die neue Dynastie an das alte Königshaus zu binden, und wenn man damals auch extreme dynastische Heiraten kalkulierte, so zeigte sich Heinrich doch auch in dieser Hinsicht ein wenig bedenklich: »Es zog der König den Herrn Konrad, den Abt von Königsaal, allein in ein vertrauliches Gespräch und begann ihn ernsthaft zu fragen: Warum wollt ihr meinen Bruder nicht zum König nehmen, sondern fordert meinen Sohn? Der Abt versetzte: Weil er dir, mein Herr König, dem

Fleisch nach näher steht als dein Bruder und weil wir von dieser engeren Bindung wissen, deshalb bitten wir darum, ihn uns zum König zu geben. Da sagte der König: Ich bin mir selbst der Nächste. Gut, gab der Abt zurück, sehr gut sagst du das, mein Herr und König, und ich versichere dir vor Gott, könntest du überhaupt als König von Böhmen angenommen werden, es kämen gleichermaßen alle wegen deines großen Namens herbei, um dich freudig aufzunehmen. Nun aber, weil du höher aufgestiegen bist und so etwas also nicht geschehen kann, so mag hier der Sohn für den Vater regieren; der Sohn ist nun einmal ein großes Stück und Teil vom Vater.«

Heinrich gab sich demnach recht schlagfertig; der Abt von Königsaal aber war ein gewandter Diplomat, der mit einer eleganten Schmeichelei tatsächlich den wunden Punkt der böhmischen Forderung überspielte, die augenscheinlich auf ein gefügiges Kind und nicht auf einen starken Herrn gerichtet war. Auch scheint etwas auf vom Rechtsverständnis der Zeit, wonach der deutsche König selbst sich nicht um Böhmen bewerben konnte, dessen Lehnsherr er war. Ähnlich hatte auch eine Generation zuvor König Rudolf von Habsburg das gewonnene Reichslehen Österreich an seine Söhne vergeben. Freilich wird gerade dieser Fall eine Generation später bei Karl IV. eintreffen, der zuerst die deutsche und dann die böhmische Krone annahm. Aber die böhmische Krone fiel ihm nach Erbrecht zu, nicht als Lehen.

Kehren wir noch einmal zu dem Gespräch über Böhmens Zukunft zurück: »Es mag Euch auch nicht beeinflussen, mein Herr König, daß meine junge Herrin Elisabeth nach ihrem Alter Eurem Sohn Johann um vier Jahre voraus ist, hat doch Euer Sohn gerade das vierzehnte Lebensjahr erreicht und dieses Mädchen das achtzehnte; sind erst einmal zwei Jahre vergangen, dann wird der körperliche Unterschied schon ausgeglichen sein. Und mein Herr König mag seinem Diener nicht ungnädig sein über das, was ich nun sagen werde: ehe Ihr aus der Hand Eures jungen Sohns ein solches und so großes Reich wieder fahren laßt, solltet Ihr, gleichviel, ihn mit einer Jungfrau oder einer Matrone verheiraten, mag sie auch schon das fünfzigste Jahr erreicht haben. Da lachte der König, und am nächsten Tag nahm er die Äbte von Sedletz und Königsaal beiseite und sagte ihnen: Ihr beide seid Ordensleute eines bekannten Namens und guten Rufs, dazu seid Ihr Äbte, Priester seid Ihr, und deswegen suche ich nun bei Euch einen Rat, dem ich auch folgen will. Ich beschwöre Euch bei dem lebendigen Gott, bei seinem schrecklichen Gericht, so wie Ihr am jüngsten Tag dem Allerhöchsten antworten wollt, daß Ihr hier mir im geheimen sagt, ob es mir und meiner Lage und auch meinem Sohn wirklich nützt, ihn im Reich der Böhmen zum König einzusetzen. Die Äbte, von einer so ernsten Beschwörung in Bann geschlagen, schwiegen zunächst eine Weile bewegt und sagten dann beide im gleichen Sinn: Das sagen wir Euch auf das Wort des Herrn, daß wir nicht anders denken, als daß es gut und nützlich sei, Euren Sohn zum König von Böhmen zu machen. Diese kurze Antwort bindet und überzeugt mich mehr, sagte ihnen der König, als die Reden der anderen ...« [126]

Damit war die Entscheidung gefallen. Immerhin macht das, mit den wenigen Strichen, die dem Skizzenbuch des Historikers nun einmal zur Verfügung stehen, doch das geistige Profil des Heinrich von Luxemburg anschaulich, seinen freundlichen Humor, sein unkompliziertes Vertrauen. Eine andere Darstellung legt die entscheidenden Worte vom Wert des böhmischen Königreichs interessanterweise Peter Aspelt in den Mund [127], dem erfahrenen westdeutschen Diplomaten im böhmischen Dienst, seit 1306 zudem als Kurerzbischof von Mainz und Erzkanzler einer der führenden Würdenträger des Reiches. Gleichviel, wer ihn beriet: man darf nicht annehmen, daß nach solchen Gesprächen Heinrich die Tragweite seiner Entscheidung nicht habe erkennen können. Wenn er zunächst seinen jungvermählten unmündigen Sohn, übrigens begleitet von jenem Peter Aspelt, nach Böhmen ziehen ließ und sich selber anderen Geschäften zuwandte, dann doch vornehmlich deshalb, weil es ihm wichtiger erschien als alle Landes- oder Ostpolitik, zuerst einmal selber die Kaiserkrone zu gewinnen. Alle seine Maßnahmen in den zwei kurzen deutschen Regierungsjahren sind mit der Vorbereitung dieses Romzugs am ehesten zu erklären, wonach es galt, die deutschen Verhältnisse zu befrieden, den böhmischen Gewinn vorerst nur zu legalisieren, um das große, das weltpolitische Ziel der römischen Krönung nicht zu gefährden.

Eigentlich muß man erstaunt sein, daß Heinrich, dessen Geradlinigkeit und Bonhommie viel Freunde fand, die Historie nicht stärker inspirierte. Zwar hat Friedrich Schneider vor fünfzig Jahren und dann noch einmal ein Jahrzehnt danach dieser »Lohengringestalt unter den deutschen Kaisern des Mittelalters« sich sehr kenntnisreich und engagiert angenommen;[128] aber insgesamt steht doch der erste königliche Luxemburger auch schon unter dem historiographischen Unstern seines Hauses. So bliebe noch manche Nachlese über seine italienische Politik, vornehmlich, weil Schneider 1940 ab und zu sein Urteil zu sehr mit der Gedankenwelt seines Helden identifizierte, der tatsächlich eher ein Rechts-, wenn diese Gegenüberstellung anschaulich ist, als ein Realpolitiker war.

Er zog über Mailand nach Italien, fand Anhang und Widerstand und hielt sich dann allzu lange auf mit der Belagerung und Zerstörung von Brescia, bei der sein Bruder das Leben lassen mußte. Ehe er Rom erreichte –, auch seine Frau war inzwischen den Strapazen der Italienfahrt erlegen – war das Überraschungsmoment vertan, der Widerstand formiert. Der konzentrierte sich bei Robert von Anjou, dem König von Unteritalien, der mit der Erinnerung an den Kampf gegen die Staufer argumentierte, einer Erinnerung, die Kirchen- und Bürgerfreiheit zueinander zwingen konnte, in derselben Bundesgenossenschaft wie unter Barbarossa im 12. Jahrhundert oder unter Friedrich II., dem letzten großen Staufenkaiser. Dieses Programm wußte Robert von Anjou klug auszunützen, unterstützt vom französischen König, von einer gewandten Diplomatie, der Heinrich zuwenig mit Fakten und Erfolgen gegenübertreten konnte. Seine römische Krönung am 29. Juni 1312 wurde in Straßenkämpfen errungen. Schon der Rückzug des Kaisers hob den Erfolg davon auf. Zuvor noch, in längeren Verhandlungen, hatte ihm der unteritalienische König Robert von Anjou immerhin einen Kompromiß angeboten, in dem er »bereit war, Florenz und die Toscana zu verraten.[129]« Nicht so der Kaiser gegenüber seinen Freunden. Unerbittlich suchte er nach einem Rechtsanspruch, dem weder seine Macht, noch die päpstlichen Pläne korrespondierten. Während Robert eher einem mißtrauischen Kompromiß zugetan war, lavierte der Papst zwischen deutschen und französischen Bevormundungsversuchen. 1308 waren die Päpste aus dem unhaltbaren Rom nach Avignon an die Rhône ausgewichen, auf eine kleine politische Insel, in der sie zwischen dem Reich und Frankreich regierten. Der Kaiser war außerstande, Rom für die Rückkehr des Papstes zu gewinnen. Ohne die Rückeroberung Roms waren seine Ansprüche der päpstlichen Diplomatie aber eher hinderlich. Also brach, in den Monaten zwischen seiner Krönung und seinem unerwarteten Tod, noch einmal die alte Dissonanz der beiden Universalmächte auf.

Nach der Kaiserkrönung Ende Juni 1312 gebot Papst Clemens V. einen Waffenstillstand zwischen dem Kaiser und Robert von Anjou. Heinrich VII. war über diesen päpstlichen Eingriff »auf das tiefste betroffen«[130], denn praktisch war das ein päpstlicher Anspruch auf Oberherrschaft. Einen solchen aber hatte er nach seiner Auffassung nie anerkannt; einen Eid zum Schutz von Papst und Kirche und zum Kampf gegen die Ketzer[131] wollte er so nicht verstanden wissen. Tatsächlich hatte ein Manifest nach seiner Kaiserkrönung vom 29. Juni 1312 auch in diesem Sinn sein Kaisertum auf die Wahl durch die deutschen Fürsten und nicht etwa auf die päpstliche Krönung gegründet. In der Rechtsauseinandersetzung zwischen Papst und Kaiser ist das eine fundamentale Position: »Wir aber, damals Graf von Luxemburg, einmütig zum König der Römer und künftigen Kaiser gewählt«[132], heißt jene wichtige Formel in seiner Krönungsverlautbarung, noch erklärt durch die Nennung von den »Fürsten Deutschlands, denen eine solche Wahl obliegt«. Das war keine Zufallsformulierung. Die Betonung der Fürstenwahl in einem Rechtsstreit, von dessen Tragweite uns auch heute noch manche Auseinandersetzung über völkerrechtliche Zusammenhänge belehrt, hatte Dante gleichermaßen aufgegriffen. In seiner Staatsphilosophie, die zwar ohne den »geringsten unmittelbaren Hinweis auf Heinrich VII.«, aber doch unter dem »unauslöschlichen Eindruck seines Wirkens«[133] entstand, hielt er die Wahl durch die Kurfürsten als Grundlage des Kaisertums gar für eine Inspiration durch den Heiligen Geist, als Ausdruck der Gottesunmittelbarkeit der Kaiser neben den Päpsten.[134] Dieser Linie folgte fortan, nicht durch Dantes Interpretation, sondern nach der Erläuterung, wie sie Kaiser Heinrich in seinem Krönungsmanifest formulierte, die deutsche Diplomatie. 25 Jahre später entsprach dem, was die Kurfürsten in einer gemeinsamen Deklaration in Rhens am Rhein für Recht erklärten, und 40 Jahre später wurde die Kurfürstenwahl in diesem Sinn als konstituierender Akt für das Kaisertum in der Goldenen Bulle sanktioniert. Es sind die Spuren Heinrichs, denen Karl und seine Juristen dabei nachgingen.

Damit haben wir, nach den Plänen und Sehnsüchten vom Kaisertum, von Königsmystik und Weltenharmonie, nach einigen böhmischen und italienischen Stimmen nun auch von den Plänen Kaiser Heinrichs eine Vorstellung und von seinem Schicksal, das, beim jähen Abbruch seiner Bahn, leicht programmatische Erinnerungen wecken konnte. Über die theoretische Auseinandersetzung zwischen Kaiser und Papst um 1300 gibt es eine reiche Literatur.[135] Unsere Erwägungen genügen immerhin für den Einblick, in welchem Maß sich in der hundertjährigen Spanne zwischen dem Tod des letzten Stauferkaisers Friedrich und der römischen Krönung Karls IV., zwischen 1250 und 1355 also, in einem kaiserlosen Säkulum, das Verhältnis der beiden mittelalterlichen Oberherren zueinander gewandelt hat. Dieser Wandel hebt an mit der Episode des ersten luxemburgischen Kaisertums, mit Heinrich VII., der kaum ein Jahr, 1312/13, die höchste Krone der Christenheit trug. Heinrichs Enkel wird ihn vollenden.

Drittes Kapitel

DIE ELTERN – ODER DIE GRÜNDUNG DER LUXEMBURGISCHEN MACHT

Johanns Anfänge

»Als die Böhmen nach und nach erkannten,
daß sie beim Kärntner keinen Nutzen fanden,
da gaben sie Prinzess Elisabeth dem Kaisersohn Johann
und luden diesen Grafen von Luxemburg zu ihrem Reich sodann.«

So reimt die erste Chronik in tschechischer Sprache;[136] das sind die Eingangsworte ihres letzten Kapitels, mit denen ein Zeitgenosse gerade noch nach dem Untergang der Přemysliden den Aufgang einer neuen, der luxemburgischen Dynastie zur Kenntnis bringt. Mit seinen Wünschen für den jungen König Johann verabschiedet sich der unbekannte Chronist, später einmal mit dem Namen Dalimil bedacht, von seinen Lesern, oder besser von seinen Hörern; denn die Reimform seiner Chronik legt eine solche Verbreitung nahe.

Dieser unbekannte Autor ist kein Kleriker und kein Bürger, sondern nach seinen Sympathien offenbar ein Angehöriger des niederen Adels. Seine bündige Aussage über die Nachfolge des jungen Luxemburgers klingt sehr selbstbewußt; keine Erinnerung daran, daß sie in Wirklichkeit das Ergebnis langer Verhandlungen war, bis endlich mit einer Urkunde vom 25. Juli 1310 der deutsche König Heinrich VII., fast schon im Aufbruch zu seiner Kaiserkrönung nach Rom, seinen Sohn mit dem Königreich Böhmen zu belehnen versprach; daß einen guten Monat später, wohl am 30. August 1310[137], schließlich der junge Johann von seinem Vater mit dem Königreich Böhmen belehnt und vom Mainzer Erzbischof

Peter Aspelt mit der Prinzessin Elisabeth vermählt wurde. Mitte Oktober brach dann das junge Paar mit einem Truppenkontingent nach Böhmen auf. Noch aber war der vom tschechischen Chronisten vorhin so lakonisch apostrophierte »Kärntner« gewählter und gekrönter König und hielt die Hauptstadt besetzt. Deshalb wandte sich Johann mit seinem böhmischen und rheinischen Anhang zunächst nach Kuttenberg und suchte vergeblich, die reichste Stadt des Landes zu erobern, danach das nahe gelegene Städtchen Kolin, das seinen Namen wohl Siedlern aus Köln verdankt. Kein günstiger Auftakt für die Erneuerung der böhmischen Königsmacht! Schließlich zog Johann vor die Hauptstadt und fand nach einiger Zeit durch seine Anhänger innerhalb der Mauern auch offene Tore. Er wurde eingelassen; er hatte nichts erobert. Daraufhin zog sich sein Rivale Heinrich, Herzog von Kärnten, mit seiner Gemahlin Anna aus Böhmen zurück. Diese Anna war die ältere Schwester der neuvermählten Elisabeth und hatte ihrem Mann zunächst die Wege in Böhmen ebnen sollen.

Die Dalimil-Chronik ist nicht nur der älteste Beleg für die Geschichtsschreibung in tschechischer Sprache; sie zeigt zugleich ein waches, adelig-ständisch artikuliertes Nationalbewußtsein, wenn sie geistliche und weltliche Würdenträger aus Deutschland als nationales Übel betrachtet, ja den Zustrom deutscher Zuwanderer überhaupt eindämmen möchte, besorgt um das Wohlergehen des eigenen Volkes. Ausführlich schwelgt der Bericht in alten Zeiten nationaler Unabhängigkeit, als man die deutschen Kaiser oder sogar alle Deutschen aus dem Lande vertrieb, und mancher Sieg und auch manche Greueltat, die dabei berichtet werden, finden nirgends sonst in der böhmischen Historiographie eine Stütze. Ihre letzten Zeilen widmet, wie wir gehört haben, die Chronik aber jedenfalls nicht unfreundlich der Nachfolge eines deutschen Prinzen, der einen anderen Deutschen im Königtum ablösen soll. Hat der Chronist seinen Gefühlen dabei nicht Zwang angetan? Und tatsächlich reißt dann auch das knappe Schlußkapitel die großen Probleme an, die Johann in Böhmen erwarteten. Wohl wünscht der Chronist ein langes Leben für den jungen König; aber gleichzeitig werden die adeligen Herren seiner besonderen Aufmerksamkeit empfohlen, die Ritter seiner Liebe, seine Politik im ganzen damit den böhmisch-adeligen Standesinteressen. Und dem Adel wird gleich fürsorglich geraten, wenn es doch je wieder eine Wahl geben sollte, nicht »auf krummem Holze durch den Wald zu gehen«, sondern seine eigene »Zunge« zu wählen, Gäste, also Landfremde, zu meiden.[138]

Die Dalimil-Chronik wurde auch ins Deutsche übersetzt, und dabei tönt ein wenig von dem Echo nach, das der tschechische Ritter im Lande fand. Die deutsche Übersetzung meidet seine Anspielungen auf den nationalen Gegensatz. Auch in dem Schlußkapitel weicht sie ein wenig vom Text ab und erinnert lieber daran, daß sich in Johanns Begleitung beim Einzug in Böhmen nicht nur einige Barone befanden, sondern auch Prager Bürger »mit gezacktem Schild«, nicht nur der böhmische Hochadel, sondern auch deutsche Patrizier. Im übrigen versuchte man gerade von deutscher Seite so etwas zu entwickeln wie ein Landesbewußtsein, das beide Völker und alle Stände in eins schloß. So beendet die »Pehemische Cronica« ein paar Jahre später ihren Bericht mit der Erinnerung an einen großen ritterlichen Abenteurer, den sie aber doch nicht besonders loben könne, weil er seine Fahrten nicht zur Ehre seines Landes unternahm. »Nun merkt auf, Ihr mächtigen Herren, die da dem Land zu Recht gegeben sind: will jemand in Ewigkeit einen guten Namen, Ehre und Lob gewinnen, der soll nicht träg sein, wenn es um Ehre, Nutz und Frommen seines Landes geht, weil er damit sich selbst einen ehrbaren Namen erwirbt und ewiglich mit Gott in Frieden wohnen wird. Amen.«[139] War dieses Landesbewußtsein stark genug für eine deutsche Dynastie in Böhmen?

Vielleicht war es nur eine Zuflucht für deutsche Chronisten, um das Problem zu umgehen; Johann und seine Ratgeber, die nicht nur deutsch waren, sondern auch landfremd, mußten es austragen. Hatte der Weg doch schon »auf krummem Holze« zu dem jungen Luxemburger geführt; das ist der Umweg, weshalb man ihn, den Vierzehnjährigen, den Sohn Kaiser Heinrichs, und nicht seinen Bruder haben wollte, den Abt Konrad von Königsaal auch im vertrauten Gespräch dem deutschen König nicht gestand. Der böhmische Ritter deutete ihn an. Nicht nur Willfährigkeit erwartete man von dem jungen Thronfolger, sondern, weit mehr und weit besser überlegt, der Vierzehnjährige sollte sich dem Land anpassen, einleben, wie ein älterer Thronfolger kaum, er sollte gemeinsam mit den Söhnen des Hochadels zum Mann reifen »und von den Kindern des Landes auch umso mehr geliebt werden«.[140] Das geht weit über Standesinteressen hinaus. Demnach wollten die böhmischen Petenten 1310 den jungen Johann förmlich wie ein Pfropfreis in Böhmen einwurzeln lassen, um in einer erstaunlich umsichtigen Erwägung dabei seine Abkunft und die Protektion seines Vaters mit der gehörigen Vertrautheit von Land und Leuten zu verbinden.

Zwölf Köpfe umfaßte die Gesandtschaft, die nach einjährigen diplomatischen Kontakten offiziell im Frühjahr 1310 den Prinzen Johann zum böhmischen König erbat. Nur drei davon repräsentierten zwar den böhmischen Hochadel; drei stellten die großen böhmischen Zisterzienserabteien, nämlich Königsaal, Sedletz und Plaß, vier die Prager und zwei die Kuttenberger Bürgerschaft. Aber diese Zahlenverhältnisse sagen über die Machtverteilung im Lande nichts aus, sie verraten allenfalls Ansprüche. In Wirklichkeit mußte Johann sich mit den mächtigen Grundherren, ihrem Gefolge und ihren Burgen auseinandersetzen. Das Ringen mit dem Hochadel bestimmte sein politisches Geschick.

Das Unglücksjahr 1313

Johann hat seine Eltern nie wiedergesehen: der Italienzug Heinrichs VII. wurde zur Familientragödie. Drei Jahre nach der Kinderhochzeit von Speyer war das Fürstenhaus der Luxemburger beinahe erloschen. Von der älteren Generation der Dynastie hatte nur Balduin, der Kurerzbischof von Trier, den Krönungszug überlebt[141], ein mächtiger Reichsfürst zwar, aber ein geistlicher. Des Kaisers Bruder Walram war vor Brescia gefallen, seine Frau lag in Genua begraben, Heinrich VII. selbst war am 24. August 1313 in Buon convento gestorben; der kühne Zug war eine Episode geblieben, eine Demonstration konservativen Kaiserdenkens, welche die deutsche Nachfolgepolitik eher belastete. Johann war damals siebzehn Jahre alt und Vater einer Tochter. Wer weiß, ob er die Tragweite der Katastrophe abzuschätzen wußte. Balduin dachte vielleicht das Richtige, als er, freilich Jahre später, in seiner berühmten Bilderchronik den Bruder im Grab unter einem adlergeschmückten Baldachin mit zwei Wappen zeichnete: links mit dem luxemburgischen, rechts mit dem böhmischen Löwen.[142] Mit dem

Königreich Böhmen hatte Heinrich schließlich nichts zu tun. Die Wappensymbolik also galt nicht eigentlich dem Rückblick auf Heinrichs Romfahrt, sondern der Vorausschau auf die Zukunft der Dynastie.

Diese war unter den böhmischen Verhältnissen zunächst gar nicht so sicher. Auch für Heinrich schien die Böhmenfahrt seines Sohnes zunächst immerhin so riskant, daß er sich einige böhmische Bürgen erbat, aus Adel und Patriziat, Geiseln eigentlich, die noch 1311 in Speyer festgehalten wurden.[143] Johann mußte ausdrücklich die adeligen Privilegien bestätigen, eines jener umfassenden Garantieversprechen, das Monarchie und Stände in jenem Jahrhundert in manchen Ländern förmlich auf eine konstitutionelle Basis stellte. Erst dann durfte ihm am 11. Februar 1311 Peter von Aspelt, als Mainzer Erzbischof der zuständige Metropolitan auch für die böhmischen Länder, in Prag die Krone aufsetzen, derselbe Peter von Aspelt, der auch sein erfahrenster Ratgeber war, eingeweiht in die böhmischen Geschäfte schon als Diplomat König Wenzels II., des Vaters seiner Frau. Die ältere přemyslidische Bündnispolitik mit Frankreich, die dieser Peter von Aspelt anderthalb Jahrzehnte zuvor eingefädelt hatte, fügte sich zwanglos in die luxemburgische Westorientierung. Diese war damals zwar gerade ein bißchen gestört durch das deutsche Königtum der Luxemburger, um das sich ja auch der französische König für seinen Bruder bemüht hatte, aber sie war nicht unterbrochen. Der böhmische Adel ließ sich diese Frankreichpolitik wohl gefallen, nicht aber die Innenpolitik, die Peter von Aspelt sozusagen in přemyslidischer Tradition betrieb. Auch sie war westlich orientiert; einmal durch die Personen, die sie trugen, französisch erzogen wie der junge König oder doch wenigstens rheinischer Herkunft, wie der Mainzer Erzbischof, oder die Grafen von Henneberg, Werner von Castell oder Landgraf Ulrich von Leuchtenberg in der königlichen Umgebung. Das traf gerade die empfindliche Stelle im hochadeligen Selbstgefühl, über deren Verwundbarkeit uns schon die Dalimil-Chronik belehrte. Es traf aber auch die Vorstellungen des Adels von seiner Ständemacht. »Do sach der koning, daz es geyn der gemeine est swere zu strebin...«[144] schrieb Dalimil gelegentlich als warnendes Exempel, und diese Gemeine, die Gesamtheit aller politisch Mündigen, die Repräsentanz der gesamten Ständemacht im Lande, wachte eifersüchtig über ihre Rechte und wußte sie auch durchzusetzen. Schon vor den Verhandlungen mit König Heinrich über seinen Sohn hatten, in feingesponnener Diplomatie, sich die böhmischen Barone noch einmal ihre Wahlprivilegien aus dem Jahr 1212 bestätigen lassen und dabei einen entgegenkommenderen deutschen König gefunden, als es vier Jahre zuvor der Habsburger Albrecht gewesen war.[145] Das hieß, der böhmische Adel hatte das Recht, einen neuen König zu wählen, wenn die alte Dynastie erloschen war; das hieß also auch, die böhmischen Barone akzeptierten den luxemburgischen Königssohn aus freien Stücken, aus eigener Wahl, und nicht nach dem Lehensrecht des deutschen Herrschers. Konnte man annehmen, daß die böhmischen Herren sich die alten zentralistischen Tendenzen der großen Přemyslidenherrscher Ottokar und Wenzel von einem jungen und noch unerfahrenen König mit landfremden Diplomaten nun von neuem aufdrängen lassen würden?

Währenddem aber hatte sich nun neuerdings das böhmische und das deutsche Geschick verwoben. Heinrich hatte seinem Sohn bereits mit zehn Jahren die Würde eines deutschen Reichsvikars übertragen. In dieser Eigenschaft berief Johann im Januar 1313 einen Reichstag nach Nürnberg, um einen Hilfszug für seinen Vater nach Italien zu dirigieren. Im August dieses Jahres war er selber gerade dorthin zwischen Ulm und Konstanz unterwegs, als müde und vergrämte Boten die Todesnachricht von seinem Vater brachten. In den nächsten Monaten suchte er vergeblich, sich in der Nachfolge des deutschen Königs zu etablieren. Aber es gelang ihm nicht, die Mehrheit der deutschen Kurfürsten auf seine Seite zu ziehen, trotz der Unterstützung seines Mentors Peter von Mainz und seines Oheims Balduin von Trier. Er schien noch zu jung, zu unerfahren, zu ohnmächtig, um das zu erkämpfen, was die Kurfürsten schon seit dem Staufersturz vor 63 Jahren am meisten scheuten: die Thronfolge vom Vater auf den Sohn, die Etablierung einer Dynastie auf dem deutschen Thron. So hatte der Habsburger Friedrich die bessere Chance, und das wiederum lag zu allerletzt im luxemburgischen Interesse. Denn gerade die böhmische Erbschaft hatte die Luxemburger zum Rivalen der Habsburger gemacht, die sich zuvor selber vergebens nach dem Aussterben der Přemysliden um die großen Konzepte ostmitteleuropäischer Politik, um den verwaisten Königsthron in Prag bemüht hatten. Mühsam waren erst gerade die Gegensätze überbrückt; 1311 hatte Peter von Aspelt Mähren aus habsburgischer Pfandschaft gelöst, 1312 erwog man eine Heirat zwischen dem soeben verwitweten Kaiser und einer Habsburgerin. Jetzt aber war die Rivalität von neuem aufgebrochen. Vor dieser Gefahr schien es namentlich den beiden kirchlichen Kurfürsten ratsamer, nach einem Kompromißkandidaten zu suchen. Die Wahl fiel auf den erfahrenen bayerischen Herzog Ludwig, und Johann mußte sich fügen. Ehe er allerdings seine, die böhmische Kurstimme, diesem Kandidaten versprach, suchte er wenigstens noch territorialen Gewinn und erhandelte sich so die Reichsstadt Eger und das umliegende Königsland, dazu die Herrschaften Parkstein und Floß, die ihm der künftige Herrscher verpfänden sollte. Fortan standen Wittelsbacher und Luxemburger gemeinsam gegen das habsburgische Gewinnstreben, und das bildete die Dominante der deutschen Innenpolitik bis in die dreißiger Jahre.

Diese Bündnisgemeinschaft war auch vonnöten. Denn die Königswahl von 1314 schuf sozusagen eine beispielhafte Ausweglosigkeit. Keiner der beiden Kandidaten, weder Ludwig von Bayern noch Friedrich von Österreich, konnte die Wähler des Rivalen für sich gewinnen. Also gab es, im Sinn des altertümlichen Verfahrens, zwei Wahllager, eines diesseits, eines jenseits des Mains, jedes dem Herkommen gemäß auf fränkischer Erde. Es gab zwei aufeinanderfolgende Wahltage Ende Oktober 1314, wo zunächst auf der einen Mainseite Ludwig, auf der anderen Friedrich gewählt wurde. Und schließlich zählte man bei sieben Kurstimmen ein Stimmenverhältnis von 5:4, weil zwei Kurstimmen strittig waren und alles schon deshalb auf eine konträre Wahlentscheidung hinauslief. Vielleicht hätte der Papst in einer solchen Situation als Friedensrichter auftreten können; aber an der Kurie hatte man gerade ähnliche Schwierigkeiten, die man noch länger, noch zwei Jahre lang nicht lösen konnte.

Überhaupt korrespondierten die Schwierigkeiten um den deutschen Thron allgemein mit einer Schwächephase der abendländischen Monarchie. Wenige Wochen nach der zwiespältigen deutschen Wahl starb Philipp IV. von Frankreich, der eine Generation lang der mächtigste König des Abendlandes gewesen war. In der Folgezeit holte der Tod rasch nacheinander alle seine drei Söhne vom französischen Königsthron. In Polen mußte währenddem Ladislaus Lokietek, »König Ellenlang«, schwierige Auseinandersetzungen um seine Macht und die Wiederherstellung eines einheitlichen Königtums überhaupt austragen. Karl Robert von Anjou hatte zwar schon bald die Ungarn gewonnen und seinen niederbayerischen Rivalen ausgestochen, aber er mußte statt dessen mit dem mächtigen slowakischen Magnaten Matouš Čák um die Königsmacht kämpfen.[146] Erst acht Jahre später war das europäische Königtum wieder stabilisiert: Karl Robert hatte sich in Ungarn durchgesetzt, Ladislaus trug mit päpstlicher Anerkennung die polnische Krone, Karl IV., der letzte Kapetinger, hatte in Frankreich die Zügel ergriffen, und eben zu dieser Zeit, 1322, hatte Ludwig der Bayer seinen österreichischen Rivalen bei Mühldorf vernichtend geschlagen und gefangengenommen. Am Tage des heiligen Wenzel übrigens, des böhmischen Nationalheiligen, am 28. September, und einige Chroniken unter den vielen Berichten über diese denkwürdige Königsschlacht sprechen auch tatsächlich dem böhmischen Aufgebot unter Johann den Löwenanteil an dem Sieg zu.[147]

Auch König Johann hatte nämlich inzwischen in Böhmen die Verhältnisse bereinigt. Dazu bedurfte es einer grundlegenden Wende seiner Politik, in der er widrige Realitäten mit einer völligen Wandlung seiner Pläne übertrumpfte. Schon hier, bei seiner augenscheinlich ersten selbständigen Entscheidung, zeigte sich der junge Monarch so hart wie scharfsichtig. Jetzt erst war er, wie es scheint, imstande, ein Fazit aus dem ersten Jahrzehnt seiner meist unter dem Schatten Peter von Aspelts geführten Politik zu ziehen.

Kirche, Städte und wenige Barone waren bisher auf seiten der königlichen Politik gestanden, nach westlichem Vorbild und přemyslidischen Traditionen, aber außerstande, die Kraft einer zentralistischen Verwaltungsmechanik für sie in Gang zu setzen. Die Menge des Adels verfocht dagegen die alten Ständerechte. Als sich Johann bei der deutschen Thronkandidatur nicht behaupten konnte, gar, als Peter von Aspelt nach der zwiespältigen Königswahl nicht mehr nach Böhmen zurückkehrte, sah sich Johann gezwungen, den Hochadel stärker an der Macht zu beteiligen. Er legte die höchsten Landesämter, das oberste Burggrafen- und das oberste Marschallamt, in seine Hände. Aber bei Gelegenheit schlug er mit einer raschen Wendung das Steuer wieder herum. Dem folgenden Bürgerkrieg war er nicht gewachsen. Er bat die beiden Kurerzbischöfe von Mainz und Trier um Vermittlung, ernannte zudem den Mainzer zum Generalkapitän in Böhmen und verließ das Land. Es war Peter Aspelts letzter Versuch, die böhmischen Verhältnisse im königlichen Sinn zu ordnen. 1317 war er daran endgültig verzweifelt. Nun versuchte es die Königin für ein halbes Jahr, ihre Anhängerschaft zu mobilisieren, ehe Johann mit seiner rheinischen Gefolgschaft wieder zurückkehrte. Dann mußte das Königspaar, in den westlichen Winkel des Landes abgedrängt, unter Vermittlung des bayerischen Nachbarn kapitulieren. Der Hochadel hatte nicht nur mit ständigem Kleinkrieg gedroht, sondern auch mit einer neuen, mit einer habsburgischen Königswahl. Das führte Ludwigs und Johanns Interesse zusammen.

Der böhmische König und sein Adel beschworen also schließlich eine neue Einigung, wonach Johann seine Rheinländer entlassen mußte[148] und besonders die Aufsicht über die königlichen Städte, sein wichtigstes Finanzpotential, in die Hände des mächtigsten Barons und Königsgegners legen. Anscheinend zerbrach bei diesem Kompromiß die königliche Ehe. Johann hielt sich noch drei Wochen auf dem Schloß des mächtigen Peter von Rosenberg auf, vielleicht, um seine neue politische Freundschaft zu pflegen; vielleicht auch nur »wegen der Jagd und verführerischem Müßiggang«, wie die Königsaaler Chronik streng bemerkt.[149] Da blieb nur noch die Königin als letzter Hort der Royalisten. Und die versuchte nun auch ein paar Monate später, vornehmlich gestützt auf die Prager Bürger, einen Staatsstreich gegen ihren eigenen Mann. Diesmal stand die Menge des Hochadels auf seiten des Königs. Er siegte, brach danach bedenkenlos auch noch die Kapitulationszusagen an die Prager und erfüllte damit, ohne Rücksicht auf künftige königliche Positionen, einen alten Adelswunsch nach Demütigung der städtischen Widersacher. Fortan war das bürgerliche Element für die nächsten hundert Jahre aus dem Felde geschlagen. Erst in der hussitischen Revolution, erst 1420, griffen die Prager von neuem nach dem Anspruch auf Gleichrangigkeit mit dem Hochadel, ja nach dem Vorrang, nun noch befeuert von konfessionellem und nationalem Eifer. Das hussitische Prag war tschechisch geworden; aber im Ständekampf folgte es denselben Losungen von Zentralismus und Bürgerstolz, nach denen die deutschen Prager Patrizier einst den böhmischen Royalismus zu stützen versucht hatten.

Die Wendung zur Expansion

Johann, befreit von den Hypotheken einer ungeliebten Innenpolitik, befreit vielleicht auch von einer ungeliebten Ehe, versuchte sich seit 1319 an den ersten Zügen im Schach der Könige. Auf diesem Feld eröffnet die Dame die weitesten Perspektiven. Eine seiner beiden Schwestern vermählte Johann mit dem Ungarnkönig, was sowohl seine österreichischen als auch seine polnischen Nachbarn als eine politische Demonstration verstehen mußten. Denn Johann führte, als Erbe seiner přemyslidischen Vorgänger, in diesen Jahren noch unentwegt auch den Titel eines Königs von Polen.[150] Die andere Schwester wurde wenig später Königin von Frankreich. So hatte sich Johann ein weites Aktionsfeld abgesteckt und war entschlossen, es in allen Richtungen zu nutzen. Als Ludwig, der Sieger von Mühldorf, in einem eigenartigen Gesinnungswandel dem besiegten und gefangenen habsburgischen Rivalen die Mitregentschaft anbot und dabei ein Doppelkönigtum ins Leben rief, das die deutsche Verfassungsgeschichte bis dahin noch nicht kannte, war an dieser unerwarteten Wende nicht zuletzt auch die Politik des jungen böhmischen Königs beteiligt, der allmählich umsichtig und rücksichtslos genug geworden war, um das 1314 aus dem Auge verlorene Ziel von neuem anzuvisieren: die deutsche Königskrone.

Mit einem Griff hatte Johann 1319 aus der Erbmasse der brandenburgischen Askanier die westliche Oberlausitz[151] mit Bautzen und Kamenz an sich gezogen, nach alten přemyslidischen Erbansprüchen und als eine wichtige Vorbereitung für die böhmische Ostexpansion nach Schlesien, die zehn Jahre später in vollem Gange war. Einen Landgewinn im Westen erzielte er, als König Ludwig endlich die seit langem versprochene Reichsstadt Eger mit dem Umland, mit den Reichsherrschaften Parkstein und Floß, als Pfandgut an ihn auslieferte. Und während der Papst, der 1316 gewählte Johannes XXII., seine Ablehnung des bayerischen Herzogs auf dem deutschen Thron bis zur Unerbittlichkeit versteifte, nach dem Mühldorfer Sieg freilich kaum mehr mit der Aussicht auf Gelingen, aber immerhin gewichtig genug, um Ludwigs Position in Deutschland nach dem militärischen Erfolg mit den Ansprüchen der Kirchenmacht zu schwächen, suchte Johann Zugang zum deutschen Thron durch Erwägungen, die nicht minder ungewöhnlich waren als Ludwigs Teilungsangebot an den besiegten Habsburger. Johann besann sich nämlich auf Theorien, wie sie besonders in Frankreich umgingen. Danach sollte der deutsche König erst nach der Kaiserkrönung auch über die außerdeutschen Reichsteile verfügen können, über das Arelat also, den alten Reichsteil zwischen dem Genfer See und dem Rhônedelta am Mittelmeer, und über Oberitalien samt seinen reichen Städten und Einkünften. Die Haarspalterei der Rechtsgelehrten wurde in Johanns Plänen offensichtlich zum Teilungsprojekt.

Ludwig hatte, im freund-feindlichen Kontakt nach allen Seiten um Stärkung der Machtpositionen, seinem eigenen Sohn die erledigte Mark Brandenburg zu Lehen gegeben. Diese Familienprotektion war an sich nichts Ungewöhnliches. Demselben Vorgang verdankten die Habsburger Österreich und Johann sein böhmisches Königtum. Nicht verletztes Rechtsempfinden, sondern die Mechanik von Gegen- und Gleichgewicht trieb daraufhin Habsburg und Luxemburg zueinander. Johann knüpfte Verbindungen zum Herzog von Kärnten, demselben, den er 1310 aus Böhmen verdrängt hatte, und dabei nützte ihm die Verwandtschaft mit Herzog Heinrich von Niederbayern, dem er 1322 seine älteste neunjährige Tochter vermählt hatte. Über dieses niederbayerische Herzogtum führten innaufwärts die Herrschaften Burghausen, Kufstein und Rattenberg als Brückenpfeiler zu Herzog Heinrich von Kärnten und Tirol. Dieser Fürst, der letzte seiner Dynastie, hatte auch in zweiter Ehe keinen Sohn. Johannes Spekulationen mußten sich also auf eine entsprechende Verbindung mit Erbaussichten richten, denn im Besitz der Kärtner und Tiroler Pässe war ihm die Herrschaft in Oberitalien sicher. Und diese Herrschaft wiederum hoffte er möglicherweise dem deutschen König abzunötigen, mit Hilfe des Königs von Frankreich, der seinerseits den dritten Reichsteil, eben jenes »Arelat« zwischen Genf und Marseille, ein altes Ziel französischer Ostexpansion, dafür hätte an sich ziehen können.[152]

Man erkennt die Beweglichkeit solcher Spekulationen, die Mobilität der Kräfte und das Kalkül über den politischen Raum. In dieser Lage entschloß sich 1325 Ludwig zu seinem denkwürdigen Vorschlag an den gefangenen Friedrich. Das Doppelkönigtum verlor freilich für ihn rasch wieder an Interesse, als Friedrichs Bruder Leopold, der tatkräftigste unter den Habsburgen, bald darauf starb. Denn den schlagkräftigen Leopold hatte man bisher an den deutschen Fürstenhöfen weit mehr zur Kenntnis genommen als den schönen Friedrich. Nun suchte Ludwig allen Spekulationen den Boden zu entziehen und rüstete, befreit von der habsburgischen Rivalität, zu einer Romfahrt, um die Kaiserkrone zu ertrotzen. Deshalb verlegte Johann auch sein Interesse zunächst auf die zweite Front seines Aktionsfeldes, auf den Osten.

Wieder mußte dabei eine Dame aufs Spielfeld. Johann verlobte seine Tochter Anna mit dem ungarischen Kronprinzen, um das Band neu zu knüpfen, das der jähe Tod seiner Schwester zwischen Böhmen und Ungarn zerrissen hatte. Freilich war mehr als eine solche Verlobung in der Ungarnpolitik augenblicklich nicht zu erreichen. Die Braut war nämlich noch keine drei Jahre alt. Immerhin so gedeckt, sandte Johann seine Truppen gegen Krakau, eine Unternehmung, die auch Ludwig von Bayern zustatten kommen mußte, denn der König von Polen, seit 1320 päpstlich approbiert, hatte den päpstlichen Kampf gegen den Wittelsbacher nach Brandenburg getragen und dabei, mit heidnischen Hilfstruppen aus Litauen, das Maß der üblichen Kriegsgreuel wohl überschritten und dadurch die antipäpstliche Propaganda in Deutschland gestärkt. Johann stieß zu. Nur war dabei seine eigene Deckung zu dürftig: der Ungarnkönig war nämlich selber mit einer Polenprinzessin vermählt, und unter den gegebenen Umständen mußte er die Bindungen zu seinem Schwiegervater auf dem polnischen Thron höher schätzen als einen künftigen Ehebund seines Sohnes und Nachfolgers mit der dreijährigen Tochter des Böhmenkönigs. Überdies hätte natürlich die Eroberung Polens durch Böhmen das Gleichgewicht in Ostmitteleuropa erheblich gestört, auch zu seinen eigenen Ungunsten. Also erhob er Einspruch. Und Johanns Truppen zogen sich aus Polen wieder zurück. Dennoch blieb von ihrer Expansion ein stattlicher Erfolg, so gewichtig, daß sich nicht sagen läßt, ob er von Johann nicht von vornherein als Kompromiß aus einem überzogenen Pokerspiel erstrebt worden war. Jetzt nämlich, nach dieser böhmischen Machtdemonstration, begann der Anschluß der schlesischen Herzogtümer an die böhmische Krone. Am Ende dieses mehrjährigen Prozesses war der Herrschaftsbereich König Johanns über das Riesengebirge und den Altvater hin weit nach Osten vorgeschoben und erstreckte sich, nicht lückenlos allerdings, bis zu der danach fast sechshundertjährigen Grenze zum polnischen Königreich. Er war insgesamt annähernd auf das Doppelte angewachsen.

Die schlesischen Herrschaftsverhältnisse sind schwer in wenigen Worten zu erläutern. Über Erbteilungen einer Seitenlinie der alten polnischen Königsdynastie, der Piasten, waren im Oderraum etwa ein Dutzend Herzogtümer entstanden, vielgestaltige in Niederschlesien, geschlossenere in Oberschlesien, das man damals mit dem Sammelnamen »Oppeln« zu bezeichnen pflegte, dazu das Bistumsland Breslau.[153] Barbarossa hat im 12. Jahrhundert Schlesien einmal zum Reichsherzogtum deklariert. Danach war es wieder in polnischen Einflußbereich geraten, hundert Jahre später aber in den Sog der aufstrebenden böhmischen Macht, mit Schutzverträgen und einer ersten Lehensabhängigkeit für das Herzogtum Beuthen 1289. Nun folgte 1327 bis 1331 eine Serie von einzelnen Lehensnahmen, entstanden Abhängigkeiten, die allmählich ausgeweitet werden konnten und dem böhmischen König den neuen Herrschaftsbereich gleichzeitig in der staatsrechtlichen Form von Lehensbindungen, die im böhmischen und mährischen Gebiet selbst für die Königsherrschaft nicht üblich waren, unterstellten.[154]

Für die schlesische Geschichtsschreibung galt die böhmische Ära als Erlösung von unruhigen Zeiten. Sie währte gut vierhundert Jahre, sie wurde damit zu einer entscheidenden Epoche für die Landesentwicklung diesseits und jenseits des Sudetenzugs. Allein durch diese Erwerbung Schlesiens wurde Johann zum Begründer der böhmischen Großmacht, zum mächtigsten Reichsfürsten, zum Baumeister für Karls Kaisertum.

Für einen Augenblick lenkte der Gang der Ereignisse die Aufmerksamkeit nach dem Westen. Dort war soeben, im selben Jahr 1327, die alte Königsdynastie erloschen, das ehrwürdige Haus der Capetinger, nach beinahe vierhundertjähriger Herrschaft. Die stabilste, zuletzt auch die mächtigste Familie unter den europäischen

Königen trat ab. Nach einer folgenschweren Entscheidung, die schließlich zum längsten Krieg der europäischen Geschichte führte, berief das französische Ständeregiment Philipp VI. aus dem Hause Valois nach Erbrecht auf den französischen Thron – gegen Ansprüche der englischen Verwandtschaft. Philipp und Johann waren einst gemeinsam am französischen Königshof erzogen worden. Johann suchte rasch die alten Bande wieder zu knüpfen. Er machte sich dem französischen König nützlich mit einem böhmischen Kontingent im flandrischen Städtekrieg. Aber zunächst war er noch in Schlesien unentbehrlich, wo die Beute gesichert werden mußte. Es traf sich gut, daß Ludwig durch seinen Romzug das mitteleuropäische Spielfeld verlassen hatte. Während er im Süden einen »fragwürdigen Kaisertitel« erwarb[155], geriet er nicht nur in die üblichen Auseinandersetzungen mit lombardischen Städten, sondern auch mit dem Papst. Ludwig hatte die Krone aus den Händen des römischen Volkes entgegengenommen, nicht aus den päpstlichen, hatte sich von einem Bischof krönen lassen und einen Gegenpapst eingesetzt. Das war nach einer fünfhundertjährigen Tradition im Verhältnis zwischen Papst und Kaiser ein unerhört kühner Schritt, aber Ludwig, selber im Kirchenbann, versäumte es, alle möglichen Anhänger für eine solche Politik dem in Avignon residierenden Papst gegenüber zu mobilisieren. Andererseits hat kaum ein anderer Vorfall in der tausendjährigen Geschichte des Kaisertums den Sakralcharakter der römischen Krönung in ähnlicher Weise korrumpiert. Damit war Ludwig nicht nur zum politischen Gegner des Papsttums geworden, wie schon manche seiner Vorgänger auf dem Kaiserthron, sondern zum ideologischen Todfeind des gemeinsamen Systems der beiden Universalmächte. Seine spätere Politik mit neuen Kompromißversuchen läßt nicht erkennen, daß er sich dieser Position auch bewußt war; das Papsttum aber griff sie auf, und die ganze kirchentreue Orthodoxie wußte sie wohl besser einzuschätzen, nicht zuletzt Karl IV., als sich, rund zwanzig Jahre später, sein Sinn für die heilige Würde des Kaisertums entfalten konnte.

Johann ersah währenddem die Gelegenheit, bei neuen Spannungen zwischen Österreich und Ungarn, sich eines alten Versprechens zu entledigen, dessetwillen er schon drei Jahre einen besonderen kirchlichen Zehnten bezogen hatte: einen Kreuzzug zu führen, zwar nicht nach Spanien, wovon einmal die Rede war[156], sondern an der Seite des Deutschen Ritterordens gegen die Litauer und indirekt damit auch gegen seinen mit den Litauern kooperierenden polnischen Nachbarn. Auch diese Unternehmung folgte übrigens přemyslidischen Spuren; Přemysl Ottokar II. hatte auf einer solchen Litauenfahrt siebzig Jahre zuvor die Stadt Königsberg in Preußen gegründet.

Die Litauerfahrten hatten einen eigenen Stellenwert in der Adelswelt jener Jahre. Sie galten als Kreuzzüge gegen das Heidentum am Nordostrand des Abendlandes und dienten damit der Unterstützung des preußischen Ordensstaates, waren insofern kirchlich sanktionierter Adelssport, oft jährlich zur Winterszeit, und genossen internationale Reputation. Franzosen, Engländer, Deutsche, auch Ungarn beteiligten sich daran. Was christlich war, suchte hier nach wohlfeilen Lorbeeren, mit Ausnahme des polnischen Adels, dessen König seit einiger Zeit sich den Litauern auf andere Weise genähert hatte. Denn seit 1309 waren Polen und die deutschen Ordensritter in Preußen Feinde geworden. Ursprünglich wohlgelitten, eigentlich einmal vom Herzog von Masowien ins Land gerufen, bemächtigten sich 1309 die Rittermönche bei unklaren Erbansprüchen des Landes an der unteren Weichsel, der Pommerellen. Damit schnitten sie Polen von der Ostsee ab. Hier beginnt die Geschichte der Korridorfrage, und zunächst führte sie über Jahrhunderte hin zum Streit zwischen Polen und dem Ritterorden. Die Ritter gründeten in dem neugewonnenen Raum eine der mächtigsten Festen des christlichen Abendlandes, die Marienburg, und riefen ihren Hochmeister dorthin, der zuvor in Venedig residiert hatte. Polen mußte in der Folgezeit zwar den Verlust Pommerellens mehrfach besiegeln, aber es hat ihn niemals verschmerzt. Als Polen und das inzwischen christianisierte Litauen am Ende des 14. Jahrhunderts sich zunächst personell und später auch real vereinigten, da sah sich der kleine Ordensstaat eingeschlossen von allen drei Landseiten durch ein Riesenreich, demgegenüber er nicht einmal mehr die Rechtfertigung seines alten Auftrags zur Schwertmission besaß. Zwar hatte er einen der bestorganisierten Kleinstaaten aufgebaut, nach den Erfahrungen der Mittelmeerkultur, aber seine Existenz war gegenüber dem polnisch-litauischen Großreich zum politischen Problem geworden.

Für Johann von Luxemburg war seinerzeit die tiefe Feindschaft zwischen Polen und den Deutschherren jedenfalls nützlich. Um die Jahreswende 1328/29 ritt er mit den Seinen durch Preußen an die Memel und gelangte so nicht nur vor die litauischen Heiden, sondern auch in den Rücken des christlichen polnischen Königreichs. Militärisch war diese Litauenfahrt, wie viele vorher und danach, nicht sonderlich erfolgreich; auch wenn man dabei neue Pulvergeschütze ins Treffen führte. Der polnische König durchkreuzte mit einem Hilfszug für die Litauer das Unternehmen, so daß Johann seinerseits seinen polnischen Königstitel demonstrativ dem Orden zur Bestätigung seiner Besitzungen lieh. Schließlich nötigte er den Herzog Wenzel von Masowien zu einer Lehenshuldigung, so daß er sozusagen einen Stützpunkt hinter den polnischen Linien gewann. Immerhin ließ sich damit die nächsten 25 Jahre diplomatisch operieren.

Seine Machtdemonstration wußte Johann dann auf dem Rückweg durch Schlesien zu nutzen. Neue Erbstreitigkeiten unter den schlesischen Herzögen luden ihn dazu ein, und er band am Ende alle Beteiligten mit Lehensverpflichtungen an sich und an das böhmische Königreich.[157] Und als Johann 1331 auch noch das Herzogtum Glogau an sich gezogen hatte, blieben nur noch drei Herzöge aus der Schweidnitzer Linie unabhängig im Kreis der böhmischen Lehensleute, nahe an der böhmischen Grenze, als mögliches polnisches Gegenpfand, förmlich zum Ausgleich für Johanns polnischen Lehensmann in Masowien.

Das italienische Abenteuer

Kaiser Ludwig der Bayer und König Johann von Böhmen begegneten einander 1330 mit sehr merkwürdigen Positionsveränderungen. Ludwig war ohnehin schon belastet in der öffentlichen Meinung durch den Ruf der Unzuverlässigkeit; nicht als ein schwacher, sondern als ein doppelzüngiger Herrscher erschien er offenbar, denn so nannten ihn zumindest die Notare Erzbischof Balduins, zwar luxemburgisch, aber immer wieder in entscheidenden Augenblicken doch streng reichisch gesinnt.[158] In frommen Augen war sein Italienzug eine häretische Demonstration; aber auch vor den Blicken der Politiker erschien er kläglich. Zwar entlastete ihn der Tod seines Mitregenten Friedrich um diese Zeit, doch die römische Expedition hatte ihre Kosten kaum eingespielt.

Johann dagegen, bisher in kluger Zurückhaltung zwischen Papst und Kaiser, war in diesen drei Jahren ein mächtiger Lehnsherr geworden unter den deutschen Fürsten. Eigentlich hätte er jetzt den Gang wagen können, der ihm vor anderthalb Jahrzehnten versagt worden war, als die deutsche Krone zur Disposition stand. Da wurde das wittelsbachische Kaisertum durch eine Interessendivergenz im Hause Luxemburg gerettet. Der Mainzer Erzstuhl war verwaist, und Balduin von Trier, der schon einmal darauf verzichtet hatte, war nun fester engagiert. Tatsächlich war er auch vom Domkapitel für dieses zweite kurerzbischöfliche Amt gewählt worden. Mit dem Kirchenrecht ließ sich die Zusammenfassung zweier Erzbistümer in einer Hand nicht gut vereinigen; deshalb entfaltete sich eine rege Gutachtertätigkeit.[159] Der Papst entschied dementsprechend auch anders und trug damit indirekt zur Rettung Ludwigs bei. Denn nachdem der Papst dem Willen Balduins nicht entsprochen hatte, hielten sich die Luxemburger eher zur kaiserlichen Seite, und so reifte Johanns Südprojekt schließlich auch nicht gegen, sondern mit dem Willen Ludwigs und war deshalb wahrscheinlich von vornherein schon halbherzig und zum Mißerfolg bestimmt.

Johann als Politiker ist eine eigenartige, vielleicht für das Anliegen des politischen Geschäfts in dieser Zeit eine repräsentative Figur. Jahrzehntelang in der modernen Geschichtsschreibung belächelt oder gar abgewertet als »vagierender König«, als Abenteurer mit allzu unsteten Plänen, erweist sich seine politische Persönlichkeit bei ruhigem Zusehen von staunenswerter, zielgerechter Dynamik. Verwirrend ist nur auf den ersten Blick seine virtuose Fähigkeit, scheinbar gleichzeitig auf mehreren Bühnen zu agieren; eine Fähigkeit, die er gelegentlich auf erbarmungslosen Ritten seinem Gefolge und seinen Feinden auch körperlich vor Augen führte. Nichtsdestoweniger liegt dieser Eile doch immer wieder langfristige Politik zugrunde, oft auf Bündnisse oder Heiraten zurückgreifend, nach denen sie jahrelang reifte, wenn auch in unermüdlicher Reaktion auf Einzelheiten, die Schlag auf Schlag immer wieder neue Wendungen auslösen konnten. Es ist Kleinkrieg für eine große Konzeption. Sie gilt der Macht des Hauses und, minder deutlich, der deutschen Krone. Aber sie ist in starkem Maß von einer einzelnen Persönlichkeit und ihren Entschlüssen diktiert, weniger vom bedächtigen Kalkül der Räte. Dem entspricht auch das Instrumentarium oder sein Mangel. Finanziell ist diese Politik nicht gerade unschöpferisch zu nennen; in der Entdeckung stets neuer Finanzquellen schien Johann begabt genug, weniger in ihrer Pflege. Eine solche aristokratische Rücksichtslosigkeit gegenüber den Regeln des Gelderwerbs haben noch Jahrhunderte später vergleichsweise bedeutende Potentaten erkennen lassen. Und einer unter Johanns Enkeln, Philipp der Kühne von Burgund, wurde nach derselben Laune, sich mit äußerstem persönlichem Einsatz über den bedachtsamen Gang der Dinge hinwegzusetzen, zu einem der erfolgreichsten Fürsten seiner Zeit. Als solchen wird man, im Effekt, auch Johann von Böhmen bezeichnen müssen. Aber die Delegation von politischen Aufgaben gelang Johann schlecht, vielleicht, weil er lebenslang in Rivalitäten zu denken gelernt hatte.

»In diesem Jahr widmete sich Johannes, der König von Böhmen, seinem Reiche gar nicht, und während er Frankreich und das Rheinland und fast alle Gegenden Deutschlands durchstreifte, trug er mit Ludwig dem Bayern und anderen Fürsten, mit Grafen und Edlen viele Händel aus, scharfsinnig und wirksam. Schon geht das geflügelte Wort um: ›Ohne den König von Böhmen kann niemand etwas gut zu Ende bringen. Wen er will, erhöht er, wen er nicht will, den stößt er herab.‹«[160] So berichet der wichtigste Zeuge für die böhmische Geschichte in diesen Jahren, Peter von Zittau, inzwischen ergraut als Abt seines Klosters und vertrauter Ratgeber der Königin, und wohl auch verbittert. Elisabeth war gestorben, die letzte Přemyslidin auf dem Thron, und König Johann, in Trient auf den Erfolg seiner italienischen Ambitionen harrend, war nicht einmal zum Begräbnis seiner Frau nach Prag zurückgekehrt. Sieben Kinder hatte Elisabeth zur Welt gebracht. Fünf überlebten sie. Nur eines war an ihrem Grab. Aber nicht solche Überlegungen verbitterten den Königsaaler Abt, der die tote Königin nach feierlichen Aufbahrungen in Prag zum Begräbnis in die Obhut seines Klosters nahm, so wie er die Sterbende hatte pflegen lassen, sondern viel mehr noch der Zerfall der přemyslidischen Königsidee. Allzu offen ließ Johann im Land die Zügel schleifen, überließ das Regiment dem Adel und war ein Herr in der großen Welt.

Johann war nämlich auch so etwas geworden wie der Schieds- und Friedensrichter in größeren und kleineren Händeln Mitteleuropas. Nach seiner Rolle war eher er der deutsche König als der gebannte, glücklos aus Italien zurückgekehrte Ludwig. Und zudem trug der schöne, unstete, aber harte Mann etwas an sich vom Ritterideal seiner Zeit. Besonders seine französischen Protégés, Dichter und Komponisten wie Guillaume de Machaut, wußten das zu rühmen.[161] Eigentlich war er um diese Zeit auf dem Höhepunkt seiner Erfolge. Da schien sein zweiter, sein westlicher Plan zu reifen, nachdem er im Osten mit dem Erwerb von Schlesien die böhmische Macht so kräftig ausgeweitet hatte.

Dieser Plan führte über Niederbayern, dessen Herzog Heinrich, wie wir uns erinnern, seit 1322 sein Schwiegersohn war, innaufwärts bis Tirol. Dort hatte er nicht nur den Herzog, sondern auch die Erbtochter gewonnen, als er 1327 seinen fünfjährigen zweiten Sohn Johann Heinrich mit der neunjährigen Margaretha vermählte, eine Kinderehe, die nach dem späteren Zeugnis beider Partner nie vollzogen worden ist. Aber für Johann öffnete sie den Weg über die Alpenpässe in das so reiche wie friedlose Oberitalien.

Sein Griff nach Brescia oder Mailand berührte französische Interessensphären; unmittelbar oder durch die oberitalienischen Beziehungen der Anjou, einer französischen Sekundogenitur, die auf päpstliche Einladung nun schon in der dritten Generation als Könige von Unteritalien regierten. Also konnte Johann nicht gut das wichtigste Pfand seiner politischen Zukunft, seinen Thronerben, am französischen Königshof in Paris zurücklassen, wenn er nach Oberitalien aufbrach. Aber wo sollte der Thronfolger bleiben? Einen Schutz für seine Familie besaß Johann im ganzen weiten Königreich Böhmen nicht. Deshalb hatte er ja alle Kinder, kaum daß sie der Wiege entwachsen waren, an die Fürstenhöfe ringsum verlobt oder vermählt. Selbst seine müde, lungenkranke Gemahlin, kaum mehr ein Pfand für einen Feind bei der offensichtlichen Zerrüttung der königlichen Ehe, hatte jahrelang lieber im niederbayerischen Cham als in ihrer böhmischen Heimat gelebt. Johann, der in die böhmische Geschichte als »König Fremdling« einging, fand nur in Luxemburg ein Refugium für seinen ältesten Sohn, ohne dabei Fronden befürchten zu müssen, wie etwa in Prag, oder Erpressungen, wie vielleicht in Paris. Die Stammgrafschaft des Hauses war damals das größte linksrheinische Territorium innerhalb des Reiches nächst dem Herzogtum Lothringen. Von Diedenhofen im Süden dehnte sie sich bis Durby im Norden zwischen Mosel und Maas über mehrere hundert Kilometer, und gut den dritten Teil davon maß ihre durchschnittliche Ausdehnung von West nach Ost. Luxemburg, der Hauptort, war eine wohlbefestigte Mittelstadt mit vier- bis fünftausend Einwohnern.

Noch eine Voraussetzung hielt Johann vor dem italienischen Abenteuer für notwendig: die Klärung der deutschen Verhältnisse. Eigentlich, so könnte man meinen, hätte ihm dabei die andauernde Rivalität zwischen Habsburg und Wittelsbach die sicherste Rückendeckung gewährt. Aber er wollte wohl nicht als Feind Ludwigs in Oberitalien erscheinen, was nicht ausschloß, daß er es in seinem Besitz rasch werden sollte. Einseitige Beziehungen zu den Habsburgern oder den Wittelsbachern erschienen ihm womöglich als Herausforderung des ausgeschlossenen Dritten. Also hielt er eine Versöhnung der drei mächtigsten deutschen Dynastien, seiner eigenen mit den Wittelsbachern und den Habsburgern, für das beste, zugleich auch als solide Ausgangsposition für sein internationales Ansehen. Der Vertrag von Hagenau, der so am 6. August 1330 zustande kam, war ein diplomatisches Meisterstück. Allerdings zog sich Johann dabei den päpstlichen Unwillen zu mit der Mahnung, »auf den Weg der Wahrheit zurückzukehren«.[162] Die Formulierung zeigt die Unerbittlichkeit der Auseinandersetzung zwischen der Kurie in Avignon und dem Kaiser in München.

Schwerer wog in der Realpolitik zunächst, daß die Einigung vom 6. August 1330 zu Hagenau den beiden Häuptern der luxemburgischen Partei nicht in gleichem Maße nützte. Ohne Zweifel war sie von Vorteil für den Trierer Kurerzbischof Balduin bei dem ungewöhnlichen Versuch, nach dem Trierer auch noch das Mainzer Kurerzbistum in seine Hand zu bekommen. Weder der Kaiser noch die Habsburger waren hier sonderlich an der Gegenposition interessiert. Anders war es mit der Beute, die Johann davonzutragen hoffte, nämlich Kärnten und Tirol. Beide Länder boten sich handgreiflich für eine Interessengemeinschaft der frisch Versöhnten dar, als Landbrücke zwischen Österreich und Bayern, die kaum drei

Monate nach dem Vertrag von Hagenau auch schon projektiert war.[163] Die beiden teilten das Erbe Heinrichs, Herzogs von Kärnten und Grafen von Tirol, noch ehe es fällig war, und entzogen damit, in ihren Plänen zunächst, Johanns gesamter Italienpolitik den Boden.

Dieser Italienplan war dann allerdings auch in seinem nächsten Ansatz nicht solid geschmiedet durch die Heirat des achtjährigen zweiten böhmischen Königssohnes Johann Heinrich mit der zwölfjährigen Kärntner Erbtochter Margaretha. Es wurde schon erwähnt, daß diese am 16. September 1330 in Innsbruck geschlossene Ehe von den Brautleuten nie wirklich vollzogen und deshalb nicht rechtsgültig wurde. Darauf haben sich Jahre später, in unterschiedlicher Absicht, auch beide Partner berufen. Zunächst aber lag dem Böhmenkönig besonders an einer Eventualhuldigung der Stände von Kärnten und Tirol für den künftigen Erbfall. Das aber war das schwächste Glied in Johanns Kettenspekulation. Der Erbgang Kärntens und Tirols über eine weibliche Vermittlung war nämlich gebunden an eine besondere Genehmigung des Kaisers, nach einem Privileg vom Februar 1330, mit welchem offenbar auch Kaiser Ludwig seine Chancen disponiert hatte. Wenn Johann eine solche Genehmigung bei seinen Verdiensten um den Kaiser auch für möglich hielt, so überschätzte er doch die Realitäten und schlug eine gewisse Wendigkeit Ludwigs zu gering an.[164]

Andererseits durfte sich auch Ludwig vom Gang der Dinge einigermaßen düpiert fühlen. Johann zog von Innsbruck nach Trient, geheimnisvoll wie so oft, von besonderem kaiserlichem Mißtrauen begleitet. Trient war offenbar der Ort, den er vor einiger Zeit gegenüber einem Gesandten des Azzo Visconti, des Herren von Mailand, als für beide Teile günstig genannt hatte, um da die Sachen des Reiches und seine eigenen Sachen, wie er sagte, zu betreiben.[165] Auf eine Anfrage des Burggrafen von Nürnberg nach dem Ziel seiner Unternehmungen nannte Johann einen pietätvollen Besuch bei den Gräbern seiner Eltern in Genua und in Pisa.[166] Aber irgendwann im November erschienen Gesandte aus Brescia in Trient und baten ihn, in dringender Notlage die Schutzherrschaft über ihre Stadt zu übernehmen. Mastino della Scala, der Herr von Verona, bedrohte sie. Zwar: Brescia war guelfisch. Der Widerstand dieser Stadt war seinerzeit der erste schwere Stein auf dem Kaiserzug von Johanns Vater gewesen. In merkwürdiger Umkehrung der Verhältnisse, nicht nur der Situation, sondern auch dem persönlichen Rollenspiel nach, hatte nun gerade diese Stadt Heinrichs Sohn den Weg nach Italien geöffnet.

Johanns Expeditionstruppe zählte nur 400 Lanzen; dazu noch 300, die sich vor Brescia mit ihr vereinigten; aber diese Truppe und Johanns militärischer Ruf ließen dem Scaliger einen Rückzug von Brescia geraten erscheinen. Der leichte Erfolg zog seine Kreise. Binnen der nächsten drei Monate unterstellten sich der Schutzherrschaft des Böhmenkönigs die wichtigsten Städte in der Lombardei, nämlich Bergamo, Cremona, Como, Pavia, Vercelli, Novara, Parma, Modena, Reggio, Bobbio, Borgo San Domenico, Lucca, sowie die Fürsten Azzo Visconti von Mailand und Ludovico Gonzaga von Mantua.[167] Das war die rasch erworbene Beute. Sie galt es zu sichern, vor den Mächtigen im europäischen Kräftespiel, vor Papst und Kaiser, vor Philipp VI. in Frankreich und dessen Cousin Robert von Anjou in Unteritalien.

Die Geschichte von Johanns Italienpolitik liest sich wie ein ritterliches Abenteuer. Und ist doch nüchterne Machtpolitik. Seit Jahrhunderten, seit Karl dem Großen, hatten die mittelalterlichen Kaiser als die Herren des Reiches und als Könige der Langobarden Rechtsansprüche in diesem Raum. Solche Ansprüche besaß der König von Böhmen nicht. Ihn lockte, unter den gegebenen Umständen, das Machtvakuum in Oberitalien, das in der Rivalität der Stadtrepubliken und Fürstentümer um Vormacht und Gleichgewicht nach einem Oberherrn zu rufen schien. Dieselbe Verlockung wird zweihundert Jahre später Frankreich und Deutschland jahrzehntelang zu stets neuen Waffengängen treiben. Man hat diesen kriegerischen Lärm um Mailand und Verona, um Florenz und die Terraferma zu einer magischen Säkularschwelle um 1500 erhöht und sprach vom Anbruch einer neuen Zeit. Johanns Kampf in Oberitalien, Machtanspruch mit dürftiger Verkleidung, hat in Wirklichkeit jene Epoche rationaler Expansionspolitik schon zweihundert Jahre zuvor heraufgeführt. Zur selben Zeit versuchte sich auch England, mit kaum solideren Thronansprüchen und jedenfalls gegen den Willen der französischen Stände, an nichts geringerem als an der Eroberung Frankreichs.

Johanns Italienabenteuer war freilich kurzatmiger. Es war mitbestimmt von einem eigenartigen Element jener neuen Politik, die ganz dem Fürstenwillen oder den darauf gerichteten Intentionen von fürstlichen Räten folgte und noch kaum behindert war vom behäbigen selbstgenügsamen Konservativismus ständischer Mitbestimmung. Das etwa war auch der Vorteil, den Johann 1319 bei der denkwürdigen Wende seiner böhmischen Politik erkauft hatte: das Schwergewicht seiner territorialen Fürsorge galt fortan nicht den umfangreichen böhmischen Kronlanden, sondern dem kleinen Stammland Luxemburg. Aber die Böhmen, mehr oder minder dem Ständeregiment überlassen, zahlten dafür. Insofern regierte er allein im Ausland, und rasche Entschlüsse, jähe Wandlungen, aber auch zähes Beharrungsvermögen, wie es jeweils das Rollenspiel Einzelner kennzeichnet, nicht aber das Ergebnis ausgewogener Entscheidungen von großen und namentlich von interessendivergenten Gremien, kennzeichnet seine Politik im allgemeinen, seine italienischen Entscheidungen im besonderen Maße.

In den Ostertagen 1331 trat nun aber Karl neben ihn, der junge, noch nicht 15 Jahre alte Thronfolger. Seitdem war die luxemburgische Politik, wie sich bald zeigte, um ein neues Element reicher, war Johann in wachsendem Maße nicht mehr ungebunden bei seinen Entschlüssen, denn Karl lernte bald, den Vater zu korrigieren, seine eigene Meinung in die Waagschale zu werfen oder seine Abneigung gegen die väterlichen Maßnahmen mindestens vor aller Öffentlichkeit sichtbar zu machen, namentlich vor der kurialen Politik auf europäischem Feld, vor den Ständevertretern Böhmens, Mährens und Schlesiens zu Hause. Diese hatte Johann im August 1331 im südböhmischen Taus zusammenrufen müssen, als eine der ersten gemeinsamen Ständeversammlungen der böhmischen Krone[168], wohl unumgänglich geworden nach der langen Abwesenheit des Königs und nicht recht konform mit seinen politischen Absichten: »Da haben Sie, wie ich gesehen habe, neue Aufgaben, Mühe und Kummer dem König bereitet.«[169] Die böhmischen Stände wurden bald ein wichtiger Adressat von Karls Eigenständigkeit.

Gegen die Schachzüge Ludwigs schloß sich Johann um so fester an die französische Politik. Zur Ehe zwischen seinem Sohn Karl und der Schwester des regierenden französischen Königs Philipp VI. aus dem Jahr 1323 trat jetzt, 1332, eine Ehe zwischen dem französischen Thronfolger Johann mit Guta von Luxemburg, seiner Tochter. »Bonne«, deren Qualität der Hofkomponist Guillaume de Machaut im Superlativ rühmt[170], wurde in sechzehnjähriger Ehe zur Ahnfrau des Hauses Valois, das gerade mit Philipp VI., ihrem Schwiegervater, auf den Thron von Frankreich gekommen war, bis es in den wirren Episoden des französischen Reformationszeitalters zugrunde ging. Drei Jahre später band sich Johann durch seine Ehe mit Beatrix von Bourbon noch einmal selber an die französische Königsfamilie. Diese zweite Frau überlebte ihn und alle seine Kinder, ja selbst ihren eigenen Sohn Wenzel, den sie 1337 zur Welt brachte. Während sie zunächst mehr als ein Jahrzehnt gemeinsam mit Blanca von Valois, der Gemahlin Karls, in den böhmischen Ländern als Königin residierte, war der französische Einfluß bei Hofe durch die beiden höchsten Damen der Dynastie in doppelter Weise wirksam.[171]

Doch zurück zu den politischen Rankünen der Männerwelt: Nach einigen Drohungen, Verhandlungen und Feldzügen konnte Johann zwar Koalitionen auflösen oder zerschlagen, die der getäuschte Ludwig unternahm, um die gewaltig ausgedehnte Einflußsphäre der Luxemburger von der Oder bis zur Adria an der Verfestigung zu einem politischen Block zu hindern. Dabei wuchs die französisch-luxemburgische Interessengemeinschaft, weil Frankreich von einem luxemburgischen Kaisertum Erwerbungen an seiner Südostgrenze erwarten durfte, die immer wieder in den Verhandlungen auftauchten und tatsächlich zu einer diplomatisch nicht immer fest umschriebenen Konzessionsbereitschaft bis in die letzten Regierungshandlungen Karls IV. führen sollten.

Vielleicht hatte Johann mit dem Einbruch in die Florentiner Machtsphäre durch die Erwerbung von Lucca die Ausstrahlungskraft seiner oberitalienischen Erfolge überschätzt;[172] vielleicht hatte er sich und die anderen durch die Anfangserfolge geblendet. Genug, nach Siegen kamen Niederlagen, trotz seiner französischen

Hilfstruppen, und selbst das getreue Parma zog am Ende nach seinen böhmischen Hoffnungen nur das Fazit immenser Spesen.[173] Während sich der König in seiner Westpolitik engagiert hatte, veranlaßten schließlich die ungeduldigen böhmischen Stände den Thronfolger zu Verhandlungen in Meran, um mit ihnen nach Böhmen zurückzukehren, ungewiß, ob mit oder ohne Wissen des Vaters.[174]

In Italien konnte Johann nicht wieder Fuß fassen; Limburg zu erobern, das die Dynastie 1288 bei Worringen verloren hatte, mißlang ihm ein Jahr später. Kärnten verlor er, als der Erbfall 1335 wirklich eintrat, trotz der Eventualhuldigung, weil es Kaiser Ludwig an die Habsburger vergab. Niederbayern entglitt Johanns Einflußsphäre, als 1340 bald nach seinem wittelsbachischen Schwiegersohn der Erbfolger starb. Ein Jahr später entriß der Kaiser selbst Tirol den Luxemburgern. Den weitgespannten Einfluß des Jahres 1331, die beherrschende Position im südlichen Mitteleuropa, hat Johann im rasch wechselnden Kaleidoskop der politischen Landkarte jener Jahre nie wieder erreicht. Und doch blieb genug: er vermochte nämlich Schlesien zu sichern, den Gewinn der zwanziger Jahre.

Dazu verhalf ihm einmal eine Vertragsfolge vom Sommer und Herbst 1335, die mit Vorverhandlungen in Trentschin begann und schließlich im November des Jahres in Blindenburg, dem ungarischen Vissegrad, zum Jahrhunderte währenden Kompromiß zwischen Polen und Böhmen führte: Johann verzichtete gegen eine Abfindungssumme auf die polnische Krone; Kasimir von Polen dagegen schickte sich in die Dinge, wie sie nun einmal waren und verzichtete auf Ober- und Niederschlesien.[175] Damit war gleichzeitig Ungarn aus einer möglichen antiböhmischen Koalition herausgelöst, die drei Jahre zuvor noch eine empfindliche Drohung bedeutet hatte.

Ein Jahr später zollte Johann den Realitäten Tribut und verzichtete vor den Habsburgern auf Kärnten. Damit hatte er den zweiten gefährlichen Gegenspieler auf seine Seite gebracht, den Kaiser isoliert und das Spielfeld für den zehnjährigen Endkampf um die deutsche Krone vorbereitet. Er blieb, nach diesem neuen Zeugnis seines »bon sens« für Realpolitik[176], freilich nicht unbeirrt bei dieser Ausgangsstellung. Er ließ sich sogar drei Jahre später vom Kaiser mit Tirol belehnen, als hätte er seine eigenen Hoffnungen aus den Augen verloren, während er gleichzeitig den Rhenser Beschlüssen zur Deklaration des Kaiserrechts gegen alle päpstlichen Ansprüche noch nachträglich beitrat.[177]

Dem Papst mußte dieser Fauxpas wie ein Verrat an der luxemburgischen Politik erscheinen. Aber als Ludwig 1341 nach einem wahrscheinlich von ihm inszenierten Handstreich die Ehe des Sohnes Johanns mit Margaretha Maultasch für geschieden erklärte und seinen eigenen Sohn mit der Erbin Tirols verheiratete, da war ein Zurück kaum mehr möglich. Der Vorfall selbst ist bezeichnend für die beispiellose Verwirrung in der deutschen Politik um den seit 1324 gebannten Kaiser, der den größten Teil Deutschlands mit sich in das kirchliche Interdikt hineinzog, das man aber gleichwohl in der Praxis nicht beachtete. Kompromißangebote Ludwigs in mehreren Varianten scheiterten an der zwar ohnmächtigen, aber konsequenten kurialen Haltung. Schließlich hatte Ludwig bei einem Bündnis mit England gegen die französische Ostexpansion 1338 außer den Luxemburgern ziemlich ganz Deutschland hinter sich. Aber er nützte die Situation nicht zur Bestätigung seiner Führerrolle. Er zögerte, enttäuschte durch seine Unentschlossenheit in der großen Politik[178] und verließ schließlich das englische Bündnis, um dafür vergebliche französische Fürsprache bei der Kurie einzutauschen. Besuche Johanns und Karls in Avignon kurz hintereinander im Herbst 1343 und im Frühjahr 1344 klärten die Lage. Nun erwog man schon unter den Fürsten ein Königtum Karls von Luxemburg in irgendeiner Form.[179] Doch war das nicht einfach ein Erfolg der väterlichen Politik.

Johann von Luxemburg, der große Reiter und Turnierheld, der gewandte Diplomat, glänzende Kavalier und jähzornige Potentat war 1337 auf dem rechten Auge erblindet, eine luxemburgische Erbkrankheit. Drei Jahre später verlor er nach einer mißglückten Operation in Montpellier auch das linke Augenlicht. Er trug, wie berichtet wird, sein Leid mit dem Versuch ritterlichen Gleichmuts, nicht ohne Humor. Als er 1342 nach einem Gespräch mit Albrecht II. von Habsburg den Ausgang des Zimmers nicht ertasten konnte, während der gelähmte Herzog ihn nicht dorthin führen konnte, brachen beide Fürsten über die Komik ihrer Beschränkungen in lautes Gelächter aus, woraufhin das Gefolge herbeieilte.[180]

Alle Anläufe seiner Politik waren auf den Versuch gerichtet, die deutsche Krone, die man ihm als Siebzehnjährigem versagt hatte, über die Häufung von Hausmacht zu erreichen; sein Leben lang rang er darum mit Ludwig von Wittelsbach, in freund-feindlicher Umarmung, gleichermaßen einfallsreich in Winkelzügen wie in weitgespannten Plänen. Schließlich fand jeder der feindlichen Bundesgenossen förmlich ein symbolisches Ende: Johann der Blinde in der trotzigen Weigerung, ein Schlachtfeld zu räumen, an Ketten zwischen seinen treuesten Gefolgsleuten fechtend im Dienste Frankreichs in der Niederlage von Crécy 1346; Frankreich war die einzige Konstante in der Wahl seiner politischen Partner gewesen. Ludwig von Bayern starb kaum ein Jahr später. Der Unentschlossene, auch Unstete, wohl gleichermaßen vital, aber viel weniger ein leidenschaftlicher Politiker, erlag einem Schlaganfall nach der Jagd.[181]

Viertes Kapitel
DER KRONPRINZ

Die Politik des Prätendenten

»Wir Karle, von godes gnaden des hochgeborn fuersten ků̊nig Johannis von Beheim erstgeborn sůne, markgreve zů Merhern...« Das ist eine eigenartige Majestätsformel, mit der sich Karl nach seiner Rückkehr aus Frankreich und nach dem italienischen Abenteuer auf diplomatischer Ebene präsentiert.[182] Deutsch und lateinisch: »Wir, der Erstgeborene«. Steckt darin etwas vom Regierungsanspruch? Jedenfalls eine der böhmischen Politik unbekannte Funktion: ein regierender Kronprinz.

Freilich gaben die böhmischen Verhältnisse dem erstgeborenen Prinzen ein unbestrittenes Recht auf die Nachfolge, seit einer kaiserlich anerkannten Thronfolgeordnung von 1216, die Karl selber erst noch 1341 auf einem Landtag in Erinnerung zu bringen wußte.[183] Damals versuchte Karl auch, freilich vergeblich, seine vorzeitige Krönung sozusagen als »jüngerer König« von Böhmen durchzusetzen, um den Machtwechsel voranzutreiben. Denn auf ihn hat der Kronprinz, wenngleich er mit 15 Jahren zum erstenmal in Italien eine politische Aufgabe übernahm, am Ende doch recht lange warten müssen. Karl war dreißig, als er schließlich die luxemburgische Herrschaft erbte, und erst 1347 wurde er endlich zum König von Böhmen gekrönt.[184]

Ein so deutliches Nachfolgerecht der Erstgeborenen wie in Böhmen war damals in Deutschland unbekannt. Auf dem Königsthron hatten seit rund hundert Jahren die Kurfürsten im Gegenteil bei jedem Königswechsel ausnahmslos auch für einen Dynastiewechsel gesorgt. In den Fürstentümern pflegte man die Nachfolge durch

Teilung auf alle Söhne zu vererben, ehe wenigstens die Kurfürstentümer durch Karls Goldene Bulle unteilbar wurden, und es währte schließlich dann noch bis zum 17. Jahrhundert, ehe sich auch alle anderen deutschen Fürsten diesem Rechtsbrauch anschlossen. Karls Stellung als böhmischer Kronprinz war also tatsächlich mit einem deutschen Prinzentum nicht zu vergleichen. Wenn er sie ausdrücklich noch vor den Ständen des Landes zu betonen suchte, dann offenbar, weil er trotz seiner wachsenden Selbständigkeit seine Nachfolge noch besonders vor dem Vater sichern mußte. Dem lag die Teilung des Luxemburger-Erbes durchaus im Sinn, weil er noch 1340 in einem Testament seinem Erstgeborenen nur das böhmische Kernland mit Schlesien, Bautzen und Görlitz, seinem zweiten Sohn die Markgrafschaft Mähren, und dem nachgeborenen Wenzel aus zweiter Ehe das Stammland Luxemburg überschrieben hatte.[185] Wohl war der Kronprinz mit seinem Vater im Kampf um die deutsche Königskrone grundsätzlich einer Meinung, aber in taktischen Fragen liefen ihre Ansichten immer wieder auseinander, und wenn auch der alte Luxemburger, unverkennbar zumindest noch bis zu jener Episode des vergeblichen Anspruchs Karls auf vorzeitige Königskrönung, das Heft in der Hand hielt, so läßt sich doch das Selbstbewußtsein seines Sohnes schon aus der Urkundensprache herauslesen. Denn Karl entscheidet gelegentlich »aus väterlicher und aus Unserer Autorität« oder er spricht von »den Getreuen unseres Vaters und Unserer selbst«.[186]

Dieselbe Selbständigkeit im politischen Kalkül des Kronprinzen verrät aber auch immer wieder seine Handlungsweise. Johann war bereit, über dem Tenor seiner Rivalität, mit Kaiser Ludwig stets aufs neue zu paktieren. Offenbar griff er nach allen Handhaben mit geschickter Diplomatie. Und darüber hinaus wollte er augenscheinlich die deutsche Krone auf dem Umweg über eine starke Hausmacht erreichen. Karls Weg war geradliniger. Er suchte nicht nach Brücken zu dem Kaiser in München, nicht weil er Winkelzüge verabscheut hätte, sondern weil er seine Feindseligkeit gegen den Wittelsbacher offensichtlich niemandem verhehlte. Für die kuriale, unbeirrt antikaiserliche Politik empfahl er sich deshalb als ein zuverlässigerer Bundesgenosse, während er, mindestens mit derselben Entschlossenheit wie der Vater, zugleich am französischen Bündnis festhielt. Allerdings hegte er da gewisse Reserven. Vorbehaltlos hing er dem Thronfolger an, seinem Schwager, der später als Johann II. König von Frankreich wurde; aber König Philipp VI., dem Jugendfreund und Altersgenossen seines Vaters, ging er aus dem Weg.[187] Er schien ihm allzu fern von der rechten Herrschertugend. Eine solche moralische Distanz hätte ihn wahrscheinlich nicht von einem anderen bedeutenden Politiker seiner Zeit trennen müssen, nämlich von seinem Großonkel Balduin, wohl dem erfolgreichsten geistlichen Fürsten dieses Jahrhunderts. Aber der Erzbischof Balduin scheute nicht einmal den Kirchenbann, um Macht- und Reichspolitik zu betreiben, wie sie ihm recht erschien.[188] Deswegen wird er in Karls Autobiographie trotz engster Bekanntschaft niemals mit Namen genannt. Kurzum: Karls Politik 1330 bis 1346 wirkt geradlinig päpstlich, frankreichfreundlich, um Ständegunst bemüht. Ist das die kluge Politik des Prätendenten?

Karls Autobiographie als Quelle

In der langen Reihe der Kaiser des Heiligen Römischen Reiches von Karl dem Großen bis zu Franz dem Guten, sieht man einmal ab von Kaiser Maximilians Triumphromanen, gibt es außer Karl keinen Autobiographen. Auch unter den Königen des Abendlands gibt es ganz wenige, die Ähnliches hinterließen. Das ist erstaunlich, denn unter ihnen wie unter den gekrönten Häuptern auf dem Kaiserthron gab es doch immer wieder hochgebildete Persönlichkeiten mit voller Anteilnahme an den geistigen Strömungen ihrer Zeit. Offenbar war die literarische Selbstdarstellung, trotz der ungeheuren geistigen Wandlungen im Lauf von tausend Jahren, der politischen Aufgabe eines Monarchen nicht leicht einzufügen. Die Darstellung durch fremde Federn oder das politische Testament von eigener Hand lag näher. Bei ruhiger Erwägung trifft einiges davon auch die merkwürdige Autobiographie, die über Karls Prinzenjahre berichtet, bis zum Zeitpunkt seiner Wahl zum deutschen König 1346.

Das ist wohl auch der Grund, warum sie in einer mehrbändigen Geschichte der autobiographischen Literatur nur mit ein paar Zeilen bedacht ist.[189] Sie ist zumindest eingekleidet wie ein politisches Testament, und das letzte Drittel hat der Herrscher nicht mehr selbst geschrieben. Der Bericht stammt von fremder, nicht besonders gut unterrichteter Hand.[190] Auch als Quelle hat der Rückblick Karls seine Schwächen. Schon deshalb, weil er sich seitenlang im Predigtton in der Erläuterung der rechten christlichen Lebensführung ergeht, was vor der kritischen Frage der Historiker nach den Fakten keinen Wert gewann, so daß ein Teil beim ersten modernen Druck einfach fortfiel.[191] Schließlich bemerkt man unschwer, daß trotz vieler hervorstechender Einzelheiten Karls Bericht nicht fehlerfrei blieb über Dinge, die ihm selber womöglich ungenau erzählt wurden oder von anderen, die ihm vielleicht nicht wichtig schienen.

Immerhin sind solche Einzelheiten vielleicht für das Urteil über seine Darstellung von Belang. So berichtet Karl im Rückblick, daß sich Ludwig der Bayer 1328 in Rom »vom Bischof von Venedig« weihen und krönen ließ, während in Wirklichkeit Sciarra Colonna, ein Laie, als Kapitän von Rom im Auftrag des Volkes dem Kaiser die Krone reichte, nachdem der Bischof die Weihegebete gesprochen hatte. Ein Skandal der Profanierung, der eigentlich auch an die Ohren Karls, damals noch in Frankreich, hätte dringen müssen! An anderer Stelle berichtet Karl von einer einzigen Tochter des Herzogs von Kärnten, und hätte doch wissen müssen, daß es deren zwei gab, denn diese angeblich einzige, seine Schwägerin, hatte noch eine geisteskranke ältere Schwester. Es scheint müßig, über die Ursachen dieser Fehler zu spekulieren; und doch nicht in jedem Fall, wenn man beobachtet, daß Karl beispielshalber seinen berühmten Großoheim Balduin, dessen politische Selbstlosigkeit wohl auch überschätzt wurde, dem er aber immerhin eine ansehnliche Förderung seiner Königswahl verdankte, nicht ein einziges Mal beim Namen nennt; und das, obwohl er eins seiner wichtigsten Jugendjahre in nächster Umgebung des berühmten Balduin verlebte und man Anlaß zu der Annahme hat, er habe dabei mit ihm in enger Beziehung gestanden.[192] Diese drei Beobachtungen sind auf einer einzigen Druckseite von Karls Autobiographie zu machen;[193] die Häufung ist Zufall, der Gesamteindruck nichtsdestoweniger bezeichnend.

Andererseits schrieb Karl nicht mit der Aussageabsicht des Historikers. Nach seiner eigenen Eröffnung wollte er seinen Nachfolgern den rechten Lebensweg zeigen, seinen törichten Wandel, vielleicht nach dem Beispiel der Lebensbeichte des großen Augustin, nicht minder aber die wörtlich angesprochene göttliche Begnadung, seine Liebe zum Studium der heiligen Wahrheiten, seine göttliche Auserwählung, die ihm wiederholt auf wunderbare Weise half.[194] Das freilich sind Zeugnisse, die sein Persönlichkeitsbild mit erschließen lassen, der Ereignishistorie aber bislang oft allzu unwichtig erschienen.[195] Im ganzen jedenfalls erweist sich diese Vita von 53 modernen Druckseiten als ein komplexer Text, und wenn schon das letzte Drittel nicht vom Kronprinzen selber stammt, so kann man auch der vorhergehenden Darstellung weder ansehen, daß sie in einem Zug, noch auch nur, daß sie einer identischen Aussageabsicht wegen entstand.

Trotz solcher Vorbehalte ist Karls Autobiographie die wichtigste Quelle für seine Prinzenjahre. Er beginnt sie, in der historischen Folge seiner Aussage, mit einem Blick auf seine Vorfahren, auf Kaiser Heinrich, den Großvater, auf Vater und Mutter, und fügt dann fast wörtlich den Bericht seiner eigenen Geburt aus der Chronik des Peter von Zittau ein, in dritter Person, während er sich vorher und nachher als ein reflektierendes Ich unmittelbar dem Leser vorstellt.[196]

Kindheit in Paris

Karl kam am 14. Mai 1316 zur Welt. Er war das dritte Kind von sieben Geschwistern, der erste unter drei Söhnen. Das Schicksal des Kronprinzen bestimmte sein Leben schon in den ersten Wochen, als ihn der Vater vom unsicheren Prag weg auf die Feste Bürglitz bringen ließ, und dort war offenbar ein treuer Burghüter wichtiger als eine gute Amme. Danach wurde der Dreijährige das Objekt einer politischen Zerreißprobe. Denn 1319, als es den böhmischen Baronen gelang, wie Peter von Zittau schildert[197], den König auf ihre Seite zu ziehen, überfiel Johann kurzentschlossen Frau und Kinder, die sich, Zeichen des Zerwürfnisses, ins westböhmische Elbogen zurückgezogen hatten. Johann entzog seiner Frau den Kronprinzen. Der kleine Bub sträubte sich, er suchte wohl verzweifelt nach seiner Mutter und den Bekannten in ihrer Umgebung, die ihn bisher umsorgt hatten, er schrie vielleicht im ohnmächtigen Kindertrotz – überliefert ist jedenfalls, daß der Vater so brutal wie sinnlos seinen Trotz zu brechen wußte: »... Aber der Erstgeborene, im vierten Jahr seines Lebens, wurde dort durch zwei Monate in harter Haft im Keller gehalten, so daß er das Licht nur durch eine Öffnung erblickte.«[198]

Karl hat danach vermutlich seine Mutter nie mehr wiedergesehen. Die Königin lebte in Melnik oder in Königsaal oder gar im bayerischen Cham wie eine Witwe oder eine Verbannte. Ihre Kinder, ihre Trümpfe im politischen Spiel, wurden ihr eines nach dem anderen entrissen. Karls Verhältnis zum Vater blieb immer kühl, von gegenseitigem Mißtrauen genährt, von der Einsicht in die Machtverhältnisse bestimmt, nicht vom Vertrauen. In seine Autobiographie hat Karl den Vorfall nicht aufgenommen. In dieser Darstellung, die kurz vor dem Tode des Vaters abbricht, gibt er sich pietätvoll, so wie er sich künftigen Nachfolgern gegenüber in patriarchalischer Überlegenheit präsentiert. Aber das Kind hat womöglich den Schock der Dunkelhaft nie überwunden; weder im Verhältnis zum Vater, das fortan belastet war vom bitteren Gehorsam gegen einen Fernen, Unbekannten, noch in den eigenen Versuchen der Selbsterfahrung und Selbstfindung. Als der König und Kaiser, ein reifer Mann, vierzig Jahre später das Märchenschloß Karlstein in einem einsamen Seitental an der Beraun erbaute, sah er auch eine edelsteingeschmückte Zelle für sich vor, mit Heiligenschätzen ausgestattet, in die er sich tagelang zurückzog, nur durch eine Luke mit der Umwelt in Verbindung. Eine dämmrige Kammer zur Meditation, zur inneren Selbstentblößung oder zur Vision von der Ewigkeit? War es die Flucht in ein Kindheitserlebnis, das ihm vielleicht die Überwindung einer grausamen Leere verhieß, einer tief inneren Existenzangst, oder die Vorahnung des unerbittlichen Schicksals der Könige?

Der Siebenjährige wurde vom Vater nach Frankreich geschickt, zur Erziehung im selben Milieu, das schon die letzten beiden Generationen der Luxemburger zu Herrschern herangebildet hatte, aber mit größerer Sorgfalt noch, denn das Geschlecht war inzwischen avanciert in der europäischen Politik wie am Hofe. Karl ging als Kronprinz nach Paris und zudem als Neffe der Königin. Diese Schwester seines Vaters hatte ihn schon in Böhmen in ihrer Obhut, als ihm die Mutter genommen worden war, und es mußte wohl wieder eine Konfrontierung mit dem Unbegreiflichen für den Knaben bedeuten, in diesem Leben aus Glanz und Unglück, in dessen Hochspannung wir uns kaum einfühlen können, als die Königin schon ein Jahr nach seiner Ankunft in Frankreich starb.

»... Und es sandte mich mein schon genannter Vater zu dem erwähnten König von Frankreich, als ich gerade im siebenten Jahr meiner Knabenzeit war, und es ließ mich der genannte König der Franzosen durch einen Bischof firmen, übertrug mir seinen eigenen gleichlautenden Namen, nämlich Karl, und gab mir zur Frau die Tochter Karls, seines Oheims, namens Margaretha, Blanche genannt ... Der erwähnte König liebte mich sehr und wies meinen Kaplan an, daß er mich ein wenig im Schreiben unterrichtete, wiewohl der genannte König selber des Schreibens unkundig war.«[199]

So wurde Karl an den französischen Hof aufgenommen: dem jungen Prinzen, auf den Namen Wenzel getauft, gibt der König von Frankreich als Firmpate einen neuen, seinen eigenen Namen, wie das noch heute üblich ist, aber dieser Name verdrängte seinen Taufnamen Wenzel, weil er »bizarr« war und »französische Ohren verletzte«[200], jedenfalls, weil man das Staatsprogramm dahinter nicht achtete. Die böhmische Chronistik, namentlich der patriotische Abt Peter von Königsaal, hielt es fest, bis er nach der Rückkehr des Kronprinzen kapitulieren mußte. Wenigstens versuchte er dann noch einen Doppelnamen zu halten: Carolus qui et Wenzislaus.[201]

Der französische König wies seinem Patenkind zunächst in St. Germain-en-Laye einen eigenen Haushalt an. Darüber hinaus wissen wir wenig von den vielberufenen Einflüssen der französischen Hofkultur auf den jungen Karl.[202] Allerdings muß man in Rechnung setzen, daß Karl durch seine Verwandtschaftsverhältnisse zu den nächsten Angehörigen des Königshauses außerhalb Frankreichs zählt, sowohl innerhalb der altehrwürdigen Königssippe der Capetinger, die 1328 erlosch, als auch unter ihren Nachfolgern, den Valois. Karl war, als er nach Paris kam, Neffe der Königin; später durch seine Frau Schwager des neuen Königs; und demnach der Onkel von dessen Sohn, dem späteren König Johann II., der seine Schwester heiratete, so daß er zugleich auch sein Schwager wurde und Karl solcherart schließlich als Onkel und Großonkel auch des nächsten regierenden Königs von Frankreich,

Karls V., in engsten Bindungen mit dem französischen Königshause blieb. Diese Verwandtschaftsbindung reicht ununterbrochen von 1322 über 56 Jahre bis zu seinem Tod. Sie wog schwerer als ungreifbare geistige Beziehungen, die der wißbegierige und rege böhmische Thronfolger vielleicht auch anderswo hätte aufnehmen können, wiewohl es damals kein zweites politisches Zentrum von gleicher Kultur nach dem Hofe von Paris gegeben hat.

Unerschütterlich war danach Karls politisches Verhältnis zu Frankreich, als Kronprinz in Paris geradeso wie als Kapitän und Statthalter seines Vaters in Oberitalien, als Markgraf von Mähren oder als böhmischer und römischer König. Und es ist eine der Konstanten seiner Politik, die persönliche Antipathien überbrückte und die seine Einstellung auch von den Maßnahmen seines Vaters gelegentlich unterschied.

1328 wurde der Bruder seiner Frau, Philipp VI., aus der Nebenlinie der Valois, unversehens zum König von Frankreich, nachdem die letzten vier Capetinger binnen 14 Jahren dahingegangen waren. Karl war weit davon entfernt, sich zugunsten dieser neuen glücklichen Königsverwandtschaft Zurückhaltung aufzuerlegen. Er zeigte in seiner Lebensbeschreibung ganz unverkennbar eine Abneigung, die sich allgemein in Deutschland gegen Philipp breitgemacht und im Jahre 1339 zu einer selten einmütigen deutschen Kriegsbereitschaft geführt hatte. Das will beachtet sein. Wohl unterstützte er die Thronansprüche der Valois mit der lakonischen Feststellung gegen die englischen Rivalitäten, Philipp sei in männlicher Linie der nähere Erbe gewesen. Aber er fügt hinzu, jener Herrscher habe zwar die Ratgeber seines Vorgängers übernommen, aber sich um ihre Ratschläge kaum gekümmert und sich der Habsucht hingegeben. War das nicht, was man 1346 von dem so eng mit Frankreich verbundenen Luxemburger an der Kurie wie in Deutschland hören wollte?

Wir wissen freilich nicht, wie Karl zu diesem Urteil kam. Wir müssen nur festhalten, daß ihm Räte und Finanzgebaren als Grundpfeiler einer guten Politik erschienen sein dürften, denn nach denselben beiden Gesichtspunkten hatte er Philipps Vorgänger gelobt. Vielleicht spielt auch der Entzug seines Haushalts durch den neuen König mit. Als Philipp im Mai 1328 im Beisein des böhmischen Königs in Reims gekrönt wurde, war sicher auch Karl ein Gast bei diesem Fest. Aber während der Vater bald zu den zuverlässigsten und auch bestbelohnten großen Vasallen des Königs von Frankreich gehörte[203], suchte der Sohn nach Verbindungen seiner Wahl und stieß dabei etwa zur selben Zeit durch eine Fastenpredigt auf den Abt Petrus Rogerii von Fécamp, der in der kirchlichen Hierarchie bald eine zielbewußte Karriere hinter sich brachte, zum Erzbischof, zum Kardinal und schließlich zum Papst wurde. Diesem Papst verdankte Karl später seine Königswahl. 1328 aber hörte er zunächst als Zwölfjähriger seine Predigt und wunderte sich, »daß ich eine solche Anschaulichkeit hatte in der Frömmigkeit, während ich ihn hörte und betrachtete, so daß ich mich selber im Inneren zu fragen begann, mit den Worten: was ist es, das mir eine solche Gnade eingibt aus jenem Menschen? Und ich zog endlich seine Aufmerksamkeit auf mich, der mich sehr liebevoll und väterlich förderte, während er mich oftmals über die Heilige Schrift belehrte.«[204] Das persönliche Verhältnis zu jenem Würdenträger und bald spiritus rector der päpstlichen Politik gehörte jedenfalls zu den nachweislichen prägenden Eindrücken aus Karls Pariser Lehrjahren. Ein zweites, weniger beachtetes, brachte ihn in enge Beziehung zu seinem Schwager Johann. Die beiden Thronfolger verbanden sich zu einem persönlichen Freundschaftsbund, der fester hielt als staatliche Verträge[205], und als sie dann, bald hintereinander, ihre königlichen Ämter übernahmen, Karl 1346, Johann 1350, hatte ihr Bündnis auch große Proben zu bestehen.

Aus den wenigen Nachrichten über Karls französischen Aufenthalt von dritter Seite sticht ein diplomatischer Schriftwechsel mit Papst Johannes XXII. hervor, der dem Königssohn erlaubte, überall einen Tragaltar zur Meßfeier mitzuführen; und schließlich eine Huldigung der Stadt Görlitz an den künftigen König. Es kann danach in wenigen Strichen ein Bezugssystem seiner künftigen Politik entwickelt werden: seine Frömmigkeit, seine Fürsorge für die böhmischen anstatt für die luxemburgischen Stammlande, seine Abneigung gegen den regierenden, seine Bindung an den künftigen französischen König und seine unerschütterliche und womöglich gar selbstlose Bündnispolitik an der französischen Seite, dazu seine Devotion gegenüber Kirche und Papsttum. Das alles weist wohl grundsätzlich in das luxemburgische Fahrwasser, und doch unterscheidet es jeweils in seiner scharfen und unbedingten Ausprägung Karls Einstellung von der Politik seines Vaters.

Die Pariser Kinderzeit ging zu Ende mit der Reise Karls und seiner Gemahlin 1330 nach Luxemburg. Über die politischen Gründe, die Johann von Böhmen veranlaßten, das Thronfolgerpaar aus Frankreich abzuberufen und im einzig sicheren Luxemburg unterzubringen, ist schon gesprochen worden. Aber warum der 14–15jährige nach seinem autobiographischen Rückblick so gar keine Eindrücke von der Heimkehr an den Stammsitz des Hauses aufgenommen haben sollte, ist nicht leicht zu sagen. Um so weniger, als er sich in seiner Lebensbeschreibung gleich viermal um Aussagen für diese Rückkehr bemüht, die in auffälligem Gleichklang beinahe unbeholfen aufeinander folgen: »Nach jenen zwei Jahren sandte mich derselbe König mit meiner Gemahlin, seiner Schwester, mit Namen Blanche, zu meinem Vater Johann, dem König von Böhmen, in die Stadt Luxemburg« und gleich danach: »Aus Frankreich also zurückgekehrt, fand ich meinen Vater in der Grafschaft Luxemburg ...« Und zwanzig Zeilen später: »In jener Zeit aber, als ich von Frankreich in die Grafschaft Luxemburg zurückgekehrt war und meinen Vater dort gefunden hatte«, und schließlich: »In jener Zeit sandte mein Vater in die Grafschaft Luxemburg nach mir.«[206] Diese Aussagenhäufung heißt sicher nicht, daß jene Rückkehr ohne Eindruck blieb. Aber warum enthält sie nicht auch nur eine Andeutung darüber, was den Thronfolger in Luxemburg ein ganzes Jahr lang beschäftigte, wem er außer dem Vater hier oder im benachbarten Trier begegnete? Ist darüber eine andere Erwägung angemessen als jene, daß Karl mit dem Großoheim, der nach langem Kampf auf der Seite Ludwigs von Bayern und gegen das Kirchenrecht um ein zweites, das Mainzer Erzbistum, in Kirchenbann geraten war[207], in Kirchenkreisen keinen guten Eindruck zu machen fürchtete und wohl deshalb im Lauf der Jahre mit dem Großoheim einigermaßen übers Kreuz gekommen war?

Nach Italien

Noch ein Bezug ist wichtig zum Verständnis der politischen Persönlichkeit, die da von ihren Reifejahren, wenn schon nicht, wie sich der kritischen Betrachtung allmählich offenbart, Rechenschaft, so doch offensichtlich Anschauung zu geben versucht: der zum Autor selbst. Kennzeichnend, symbolisch fast, ist wieder der Bericht auf den ersten Seiten. Da, als Karl sich von Luxemburg aus, wo er ein ungenanntes Jahr verbrachte, Unbekanntes sah, erfuhr und lernte, auf den Ruf des Vaters nach Süden hin in Bewegung setzte und nun nicht mehr ein Geschobener, Verbannter, in Sicherheit Gebrachter, nicht mehr Objekt, sondern Faktor in den politischen Ereignissen war. Von nun an werden Karls Aufenthalt, sein Reiseweg, seine Anwesenheit oder seine Ankunft wichtig für die politische Spekulation. Deshalb beschreibt er auch zum ersten Mal die Stationen einer, eben dieser Fahrt von Luxemburg nach Italien: »Ich aber nahm den Weg auf durch die Stadt Metz, durch das Herzogtum Lothringen, durch Burgundien und Savoyen bis in die Stadt Lausanne am See. Danach überschritt ich das Gebirge von Brig und kam in das Territorium von Novarra und von da kam ich zu Ostern in die Stadt Pavia, die mein Vater hielt.«[208]

Gleich in Pavia erlebt der junge Karl, der seine Gattin, ohne daß wir von ihr die nächsten drei Jahre noch etwas erführen, in Luxemburg zurückgelassen hatte, das erste gefährliche Abenteuer. Sein Gefolge wurde vergiftet: »Und ich entkam unter dem Schutz der göttlichen Gnade, weil eine feierliche Messe ausführlich gehalten wurde und ich dabei kommunizierte und vor dem Frühstück nichts essen wollte.« Die erste Lebensrettung steht in unmittelbarem Zusammenhang mit Karls Kirchenfrömmigkeit. Als er nach dem Gottesdienst zur Tafel kam, wurde ihm gemeldet, daß sein Gefolge, besonders jene, die zuvor gegessen hatten, plötzlich ein Unwohlsein befallen habe. Und an dieser Stelle, wie an wenigen der Erzählung, weitet sich die Darstellung zum genauen Bericht der Einzelheiten und rückt die Szenerie in atemberaubende Nähe: »Ich aber saß bei Tisch und wollte nicht essen und wir waren alle erschrocken. Und während ich so umherblickte, sah ich einen hübschen und behenden Mann, den ich nicht kannte, der da vor der Tafel umherging und tat, als wäre er taub. Darüber faßte ich Argwohn und ließ ihn festnehmen.« Am dritten Tage gestand dann der Festgenommene unter der Folter, daß er in der Küche den Speisen Gift beigemischt hatte und nannte Azzo Visconti als seinen Auftraggeber. Ein sonderbares Ereignis! Nicht nur, weil Azzo

Visconti, wenn diese Nennung richtig überliefert ist[209], einstweilen noch zu den Bundesgenossen der Luxemburger in Oberitalien zählte. Mehr noch, weil diese Großaufnahme aus dem Lebensweg Karls zum Nachdenken herausfordert. Die vierbändige deutsche Karlsbiographie hat den Sachverhalt selbst zwar akzeptiert, aber doch nur aus Respekt vor einer so ausführlichen Darstellung, die Karl an Ort und Stelle auch mit den Namen einiger Todesopfer dieses Anschlags beschloß. Das Verhalten des Attentäters galt ihr dann jedoch immerhin als ziemlich albern, und ein solches Urteil wirft ja zugleich einen Schatten auf die Glaubwürdigkeit des Ganzen.[210]

Aber man kann demgegenüber gleichwohl doch die Logik des Verbrechens verteidigen. Der Attentäter nützte die Verwirrung bei der Ankunft des Gefolges an einem neuen Ort, um sich als ein Fremder einzuschleichen, so daß er erst dem argwöhnischen Scharfblick Karls auffiel. Offenbar hatte er, »schön und behende«, die Voraussetzungen zur gehörigen Kontaktaufnahme. Womöglich aber hätte ihn seine Sprache verraten. Karls Gefolge sprach französisch oder allenfalls rheinfränkisch. Wollte sich der Mann des Visconti nicht von vornherein als Mailänder verraten, war es tatsächlich am besten, er hielt den Mund. Ein Fehler war es gewiß, noch bei Hofe zu bleiben, als sich die Folgen seines Anschlags schon bemerkbar machten. Aber auch das läßt sich erklären, sei es mit dem Risiko einer Flucht, sei es mit dem tollkühnen Versuch, den mißglückten Anschlag auf das Leben des Prinzen sofort zu wiederholen.

Dem Attentat in Pavia folgen ein triumphaler Einzug in Parma, später aber Verrat und Widerstand. Während Johann nördlich der Alpen das italienische Unternehmen zu sichern suchte, sah sich Karl schließlich einer bedrohlichen Fronde gegenüber, geführt von den Visconti von Mailand, den della Scala von Verona und den Este von Modena. Im Herbst 1332 reifte eine militärische Auseinandersetzung, die sich allmählich auf die Burg San Felice konzentrierte, wichtig für die Verbindung zwischen Ferrara auf der Seite der Verschwörer und Modena in der Hand der Luxemburger. Am Katharinentag, dem 25. November, will die luxemburgische Besatzung kapitulieren, wenn ihr Karl zuvor keinen Entsatz bringt. Und der, mit äußerster Ausschöpfung aller finanziellen Reserven, kann wirklich, unterstützt von einzelnen Städten und Adelsfamilien, mit einer respektablen Streitmacht von 6000 Fußknechten und 1200 Reitern am Lostag vor der Burg sein. »Und es dauerte der Kampf etwa von zwei Uhr nachmittags bis zum Sonnenuntergang.«[211] Von neuem führt uns Karl ganz nahe an die Ereignisse in einer großen Stunde, so wie er sie selber in seiner Erinnerung hatte, das heißt, mit seinem inneren Auge sah. »Und auf jeder Seite waren fast alle Streitrösser getötet und andere Pferde und wir waren gleichsam besiegt und das Streitroß, auf dem wir selber saßen, war auch tot. Während wir ein wenig entfernt von den Unseren standen und Umschau hielten, erwogen wir, daß wir gleichsam überwunden, ja fast schon in eine verzweifelte Lage geraten waren. Doch siehe da, von Stund an begannen die Feinde zu weichen mit ihren Bannern, zuerst die Mantuaner, danach folgten ihnen viele andere. Und so errangen wir durch Gottes Gnade den Sieg über unsere Feinde ...«[212]

Der Erzähler tritt mit seinem schlichten Bericht, der seine Angst, sein inneres Erlebnis nicht verhüllt, noch besser vor uns auf dem Hintergrund anderer Aussagen, auch vor der wohlwollenden Panegyrik, mit der dann Benesch von Weitmühl die Dinge wiedergab. Da ist das Gleichgewicht mit den Feinden, das Karl in seiner Lebensbeschreibung ungefähr annimmt, zu seinen Ungunsten verändert, um den Triumph zu vergrößern. Der Vorgang ist im Sinn einer selbstsicheren Haltung des Herrschers umgestaltet, und es fehlt geradehin jene zögernde, zweifelnde, verzweifelte Erkenntnis von der eigenen Niederlage, der Einblick in die menschliche Schwäche. Hier wie dort ist der Sieg mit der Hilfe der heiligen Katharina in Verbindung gebracht, der Karl auch tatsächlich fortan anhing, bis hin zur besonderen Verehrung auf dem Karlstein.

Nun folgt in der Aussage Karls ein selbstbewußter Triumph. Nicht, weil er sich daran erinnert, nach dieser Schlacht, nach seiner Feuertaufe, mit 200 anderen den Ritterschlag erhalten zu haben. Sondern weil er danach, auf eigene Faust und ohne den Vater, von Lucca aus den Kampf gegen die Florentiner befiehlt und dazu in der rechten Position zehn Meilen von Lucca entfernt eine Stadt befestigen, ein Castell errichten läßt: »Und wir verliehen ihm den Namen Karlsberg.«

Schon das Selbstbewußtsein des Sechzehnjährigen, der mit dem offenen Kampf gegen Florenz seine Position vielleicht in entscheidender Weise überzieht, zeigt den Anspruch, mit dem er nach der Macht im Lande griff, ein Anspruch übrigens, der bald von der Übermacht der feindlichen Koalition erdrückt wurde. Karl aber fühlt sich in jenen Wochen als Sieger, der dem Lande das Siegel seiner Macht aufdrücken will mit einer ungewöhnlichen, einer Handlung, die an das Ruhmesbewußtsein der Renaissance erinnert: »Und wir verliehen ihm den Namen Karlsberg.« Dieser Neigung ist er treu geblieben. In Böhmen hat er später noch vier andere Karlsburgen errichtet und eine Stadt, die noch heute als Heilbad seinen Namen in alle Lande trägt. Die siegreichen Kaiser vor ihm in Italien kannten solche Gloriolen ihres Namens nicht.

Frankreich, die Kirche und das eigene Selbstbewußtsein haben bisher den politischen Horizont des Kronprinzen geprägt. Seine böhmische Aufgabe hat er noch nicht entdeckt. Die Mühsal der Reichsregierung liegt noch weit vor ihm. Aber seine gewandte Klugheit ist, in den wenigen Taten, von denen zu berichten war, ebenso greifbar geworden wie die besinnliche Ehrlichkeit, mit der er seine eigene Schwäche bekennt und der Rausch des Erfolges, den er, persönlichkeitsbewußt, doch immer wieder hinleitet zum herrscherlichen Auserwählungsgefühl. Das freilich will aus anderen Aussagen seiner Lebensbeschreibung erst noch genauer erläutert sein.

Die Vision von Tarenzo

In der Nacht vom 15. zum 16. August 1333 hatte Karl einen merkwürdigen Traum. Der luxemburgische Heereszug war auf dem Weg von Lucca nach Parma tags zuvor, an einem Sonntag und gleichzeitig dem Fest der Himmelfahrt Mariens, in dem kleinen Tarenzo eingetroffen. Man hatte Lucca verlassen, um den Grafen von Vienne bei seiner Fehde gegen den Grafen von Savoyen zu unterstützen.

Seit mehr als zwei Jahren war Karl aus dem Hofleben in eine andere Welt geraten. Der Sechzehnjährige war zum Soldaten geworden und hatte seit seiner ersten Schlacht bei San Felice immer wieder in Treffen und Scharmützeln die kriegerische Welt in sich aufgenommen, ihren Lärm, ihren Glanz, ihre Schreckbilder. Das ging ihm nach, und gleichzeitig beschäftigte den jungen Mann ein anderer Erlebnisbereich, in den er an der Seite seines Vaters fast zwangsläufig geraten war. König Johann hatte in seinem Gefolge offensichtlich eine harte und entschlossene Schar um sich versammelt, deren militärische Tugenden sich in äußeren Verhaltensregeln erschöpften, nicht in dezenter Moral. So bedenkenlos der böhmische König den Druck seiner Macht gebrauchte, so skrupellos wußte er auch seit je das Leben eines ritterlichen Vaganten hinzunehmen, so wie es ihm seine Geldmittel und seine Reisen immer wieder darboten. Der Sohn war nun eingeführt in das Kriegerleben, und so fehlte es auch nicht an Erfahrungen in den Freuden soldatischer Muße. Karl hatte sich ihnen im Lager des Vaters zu Lucca erschlossen. Aber sein fester Charakter konnte dabei die Grundsätze nicht vergessen, nach denen er in Paris jahrelang erzogen worden war, und so traf ihn die Erinnerung an seine Handlungsweise hinterher wie eine demütigende und beschämende Inkonsequenz, in seiner religiösen Weltdeutung wie eine Versuchung des Teufels.

So war er, unterwegs von Lucca nach Parma, in mehrfacher Weise sich selber fremd und unsicher geworden. In dieser Situation erlebte er eine Traumvision, die er mit allen Einzelheiten erzählt und die, durch eine merkwürdige Vorankündigung, sich seiner Vorstellungswelt als göttliche Warnung vor dem falschen Weg tief einprägte. Ein Engel entführte ihn danach des Nachts und schleppte ihn an den Haaren in der Luft über eine Schlachtenszene. So mußte er mit ansehen, wie ein zweiter Engel mit einem Flammenschwert niederfuhr und einen der Gepanzerten aus der ersten Reihe in der Körpermitte verstümmelte. Der Engel erklärte, das sei der Graf von Vienne, der solchermaßen für seine Ausschweifungen bestraft würde, und auch Karl möge sich hüten; auch möge er seinem Vater sagen, sich zu hüten vor ähnlichen Sünden, weil ihnen dann noch Schlimmeres bevorstünde.[213]

Es ist bezeichnend für das Unterlegenheitsgefühl des jungen Karl, daß er am nächsten Morgen dem Kammerherrn seines Vaters und damit auch diesem selbst wohl von der Vision des sterbenden Grafen von Vienne berichtete, aber die Warnung vor den Ausschweifungen unterließ. Seine eigene Lebensführung scheint der Traum dagegen sehr beeinflußt zu haben. Ähnlich wie er sich sein Leben lang an den Katharinentag vor San Felice erinnerte, der ihm beinahe das Leben gekostet hätte und einen unverhofften Sieg bescherte, so müssen seine Gedanken auch immer wieder zur Traumvision von Tarenzo zurückgekehrt sein, weil er dort noch zehn Jahre später ein Kollegiatkapitel errichten ließ und auch andernorts fromme Stiftungen in diesem Sinne machte. Dabei leitete ihn offenbar der Gedanke, der Himmel selbst habe eingegriffen, um ihn auf dem rechten Weg zu halten, ein Ereignis, das auch sonst im Leben Heiliger eine Rolle spielt. Die Bestätigung dafür war bald die Nachricht vom Tode des Grafen von Vienne, die, nachdem der Vater zunächst die Traumbotschaft belächelt hatte, einige Tage später das Feldlager Johanns erreichte.[214] Freilich blieb es dabei; eine Erklärung der Ereignisse, gar eine Anerkennung der himmlischen Auszeichnung, die Karl zuteil geworden war, erfolgte danach nicht: »Und er selbst (der König) wie auch Thomas (der Kammerherr) waren sehr erstaunt; danach ist dennoch nichts mehr von diesem Vorfall mit ihnen besprochen worden.«[215]

Die Zeichen der Auserwählung

Versuchung, Sündenfall und die Warnung durch den Engel, verbunden mit einer Vorhersage, die sich bald auf ausdrückliche Weise bestätigte, weckten in dem 17jährigen Karl gewiß das Gefühl besonderer Auserwählung. Die Reihe seiner italienischen Abenteuer scheint es zu bestätigen. Immer wieder führt sie Karl in der Erzählung bis zu jenem Punkt, an dem er erschreckt oder betrübt, also mit ausdrücklicher Äußerung seiner Hilflosigkeit, den Ereignissen entgegensieht, bis sie sich plötzlich auf wunderbare Weise zu seinen Gunsten wenden. Schon nach dem Giftanschlag bei seiner Ankunft in Italien »waren wir alle erschreckt«[216], bis Karl, umhersehend, den Attentäter findet und damit nicht nur vielleicht die Untat rächt, sondern sich und sein Gefolge vor einem neuen Anschlag rettet. Bei der Schlacht von San Felice war er mit den Seinen »schon fast in Verzweiflung geraten«, als, »siehe da, von Stund an die Feinde zu fliehen begannen ...«[217] Als ihn der Feind bei Cremona eingeschlossen hatte, war er »in große Traurigkeit geraten«, weil weder ihm der Vater noch umgekehrt er dem Vater helfen konnte, aber auf einmal und ohne weitere Erklärung »brach Zwietracht unter unseren Feinden aus«, so daß sie »einander beschossen und jeder zu den Seinen zurückkehrte«.[218] Im Dezember 1340 »bereitete uns der Herr den Übergang«[219] von Belluno ins unwirtliche Serravalle, auf welchem Weg Karl, mitten in einem Unternehmen zur Hilfe seines Bruders in Tirol, unvermutet den Patriarchen von Aquileja nach einem Hilferuf gegen die Habsburger und den Grafen von Görz unterstützte.

All das sind deutliche Zeugnisse seines Erwählungsgefühls, ähnlich wie die »göttliche Gnade«, die ihn fünf Sprachen in Wort und Schrift beherrschen ließ, oder die Eingebung zu einer langen Predigt über das Himmelreich, die ihn am Vorabend des Festes seiner heiligen Urahnin Ludmilla plötzlich im Einschlummern überkam.[220] Nicht minder wundersam ist das Ende jener Verschwörung italienischer Edler 1333, die ihn nach seinen Worten wieder in die äußerste Gefahr brachten, »mich zu verraten und sich zu vereinen«.[221] Aber als sie ihren Bund durch einen Eid auf den Leib Christi bekräftigen wollten, entriß ein Windstoß in der Kirche das geweihte Brot den Händen des Priesters und schleuderte es zu Füßen des Hauptverschwörers. Nach diesem göttlichen Zeichen wagte niemand mehr, an dem Bund festzuhalten. Im Gegenteil: während Karl, wohlinformiert, die Affäre mit Schweigen überging, hing ihm ein Teil der Verschworenen seither reuig nur um so enger an, »und hielten sich fest auf meiner Seite, gleich wie Brüder«.

Es kennzeichnet bei aller gründlichen und umsichtigen Zusammenstellung schier unübersehbarer Einzelheiten doch eigentlich die unbewegliche, eher abwehrende Art der biographischen Begegnung, wie sie die bisher umfangreichste Darstellung Karls aus der Feder von Emil Werunsky vor einhundert Jahren bei der Beurteilung dieser unersetzlichen Einblicke in die Gedankenwelt ihres Helden zeigt. So minutiös Werunsky alle, zumindest die gedruckten Quellen seiner Zeit zusammentrug, so unbefriedigend ist sein Urteil über die Persönlichkeit, um deren Lebensleistung er sich bemühte. »Karl, in Dingen des practischen Lebens so verständig, trotzdem aber wundersüchtig, wie die meisten seiner Zeitgenossen...«[222] Im kritischen Rückblick des 19. Jahrhunderts kann sich jene »mysteriöse Geschichte selbstverständlich so nicht zugetragen haben«.[223] Allerdings sucht der gründliche Biograph, zu seiner eigenen Beruhigung und für den nachdenklichen Leser, gleich danach eine Erklärung bei plötzlichen italienischen Gewitterstürmen und geöffneten Dachluken, als wenn sich diese Geschichte eben doch so zugetragen haben könnte.

Gleichviel: unverkennbar ist der Eindruck, den sie bei Karl hinterließ, das Selbstgefühl, das sie in ihm weckte, nicht minder aber auch die Bindungen, die er dafür nach seiner Vorstellungskraft eingehen mußte: um den göttlichen Beistand mußte er gottesfürchtig sein. Das ist fortan eine deutliche Leitlinie seines Tuns und Lassens, natürlich auch wichtig bei seinen politischen Begegnungen mit der irdischen Organisation der göttlichen Offenbarung, mit der Kirche; und so wundersam, wie sich der Himmel in den italienischen Fehden des jungen Prinzen bestätigte, so sicher führte er ihn auch zur römischen Königs- und Kaiserkrone. War es nicht selbstverständlich, daß Karl auf diesem Weg nach einer Reformation des Kaisertums suchte, nicht nur mit den Mitteln berechnender Personalpolitik oder gar feingesponnener institutioneller Organisation, sondern vornehmlich, indem er das gedankliche Anliegen christlicher Weltherrschaft wieder erfassen wollte, in seiner unveränderlichen Treue gegenüber Frankreich, und in seinem prinzipiellen, wenn auch mitunter schweigend umgangenen Gehorsam gegenüber dem Papst, »den wir auf Erden gleichsam an Gottes Stelle verehren?«[224]

Die Rückkehr nach Böhmen

Dabei gibt uns schon seine Autobiographie Aufschlüsse genug über die Selbständigkeit, ja über den Machtwillen des Kronprinzen. Es war schon die Rede davon, mit welcher Unabhängigkeit von väterlichen Ratschlägen der 16jährige nach seinem Sieg bei San Felice seine persönliche Signorie über die Stadt Lucca nutzte, ein zurückerobertes Castell mit seinem eigenen Namen bedachte und, zumindest nach den Worten seines Berichts, ohne Rücksprache mit dem Vater Krieg gegen Florenz befahl.[225] Stärker zeigt sich die politische Potenz des Sohnes, als er später, beim Abbruch des italienischen Abenteuers, sich gegen den väterlichen Plan ausspricht, Lucca aus schnöder Geldgier an seinen alten Feind zu verkaufen, nämlich an die Florentiner. Dabei kann er sich, gemeinsam mit den königlichen Räten, auch durchsetzen, so daß eine andere Transaktion in die Wege geleitet wird.[226] Und schließlich weigert sich der Sohn, die verfahrene Affäre in Italien allein zu übernehmen, weil wir sie mit Ehren nicht halten konnten«.[227] Dieselbe Unabhängigkeit verrät auch sein Urteil über die desolaten Zustände, die ihm danach, Ende Januar 1334, vom Vater zum Markgrafen von Mähren ernannt[228], in den böhmischen Ländern begegneten: »Welches Reich wir so herabgewirtschaftet antrafen, daß wir nicht eine freie Burg mehr vorfanden, die nicht mit allen Königsgütern verpfändet gewesen wäre, so daß wir keine Bleibe hatten, außer in den Häusern der Städte, so wie irgendein Bürger.«[229] Karl zählt die Königsburgen und -städte auf, die er gleich in den ersten Jahren mit treuen Helfern wieder aus der Pfandschaft löste, und im Verhältnis zu seinem lakonischen Stil erläutert er eingehend, daß er das Königsschloß auf dem Prager Hradschin, »verödet, verwahrlost und verfallen« wie es war seit den Zeiten seines Urgroßvaters Ottokar, »mit großen Ausgaben durch einen großen und schönen Palast« wieder zu neuem Leben erweckte, »so wie es heutigen Tages dem Betrachter erscheint«.[230] Allein dieser Satz mag bereits andeuten, wie sehr sich der fürstliche Mäzen der Bedeutung seiner Unternehmungen für sein Ansehen bewußt war. Aber auch die Böhmen versicherten es ihm: denn er sei ein Abkömmling der alten böhmischen Königssippe, sein Vater hingegen ein Fremder.[231] »Das Reich gedieh von Tag zu Tag, und es liebte uns die Gemeinschaft der Guten, die Bösen aber hüteten sich furchtsam vor Übeltaten ...«[232] Das ist, in Kürze, aber in voller Ambivalenz, ein Regierungsprogramm.

Der Vater unterlag danach aber doch neidischen Einflüsterungen und entzog dem mittlerweile 20jährigen wieder das Regiment in den böhmischen Ländern, bis er ihn zwei Jahre später von neuem als Statthalter und Armeekommandanten brauchte. In diese Zeit fällt eine epochale Wandlung in der böhmischen Ostpolitik, nämlich der Friede zwischen Polen und Böhmen, nach 30jährigen, immer wieder militärisch unterstrichenen böhmischen Ansprüchen auf den polnischen Königstitel. Johann von Böhmen legte gegen eine Geldentschädigung in mittlerer Höhe und gegen den Rücktritt Polens von allen Ansprüchen auf jene schlesischen Herzogtümer, die inzwischen von Böhmen lehnsabhängig geworden waren, den polnischen Königstitel ab. Der König von Ungarn, Karl von Anjou, vermittelte diesen Friedensschluß, aber aus eigenstem Interesse; denn er hoffte, zutreffend, wie freilich erst sein Nachfolger nach gut 35 Jahren erfuhr, den Polenkönig zu beerben. Wiederholt hat Karl die maßgebliche Rolle des Ungarnkönigs, auf dessen Boden man sich traf, an diesem Friedensschluß unterstrichen; zunächst im August 1335 in Trentschin, danach im November in Vissegrad/Blindenburg rechts der Donau, so daß man seinen eigenen Anteil an diesem jahrhundertelang wirksamen Vertragswerk nicht überschätzen sollte. Denn seine Erinnerungen haben gerade in dieser Hinsicht mit ihren Aussagen wie mit ihren Akzenten einen beherzigenswerten Aussagecharakter. Das gilt nebenbei wohl auch von seiner Erwähnung des wittelsbachischen Herzogs Heinrich von Niederbayern als Bundesgenossen.[233] Das Vertragswerk nennt nur dessen Sohn, weil die Fürsten unter anderem daran dachten, durch eine Kinderehe zwischen einer Polenprinzessin und diesem mutmaßlichen Erben von Niederbayern, dessen Mutter eine Luxemburgerin war, eine personelle wie eine strategische Brücke zu schlagen, mit ähnlichen Erwägungen, denen die polnische Politik anderthalb Jahrhunderte später in der berühmten »Landshuter Fürstenhochzeit« wiederum gefolgt ist.[234]

Karl berichtet schließlich besonders ausführlich von einer Auseinandersetzung mit dem Vater im Sommer 1339. Kaiser Ludwig habe damals Karls Abwesenheit in Ungarn dazu benützt, um seinem Vater eine angeblich zwischen ihm und Karl vollzogene Übereinkunft vorzuspielen und ihn zum Beitritt zu überreden. Das tat der Vater auch, und er hätte das »auf keinen Fall getan, wenn er gewußt hätte, daß ich mit ihm (Ludwig) noch nicht überein gekommen war«.[235] Hier sind also, in einer deutlichen Entwicklung der Aussagen, der Handlungsweise König Johanns bereits bestimmte Vorschriften und Grenzen durch seinen Sohn gesetzt. Das bestätigt auch der Fortgang der Ereignisse. Karl, aufgebracht durch den Betrug des Kaisers, eilt dem Vater von Ungarn bis nach Miltenberg am Main entgegen, enthüllt ihm den wahren Sachverhalt und er, der Thronfolger, konstatiert kurzerhand, daß er gemeinsam mit den »Baronen von Böhmen«, mit dem Hochadel also, jene Übereinkunft »weder siegeln noch für rechtskräftig halten wollte«. Damit ist Johann matt gesetzt: »... und alles, was da verhandelt war, habe ich von Grund an für null und nichtig angesehen.«

So selbstgewiß verhält sich der Erstgeborene angesichts eines staatsrechtlich nicht unerheblichen Vertrags zwischen seinem Vater und dem Kaiser. Wie sehr war demnach Johann in seinen Aktionen vom Sohn abhängig geworden, der sich inzwischen auch, zumindest in wesentlichen Fragen, der Gefolgschaft des einheimischen Hochadels versichert hatte. Kein Wunder, daß im weiteren Zusammenhang des Textes die Aussagen über selbstherrliche Handlungen des Thronfolgers sich häufen: ob er nun das Allerheiligen-Kolleg an der königlichen Kapelle im Prager Schloß gründete, gleich danach den König von Ungarn mit dem Herzog von Österreich, dann den Herzog von Troppau mit seinem widerstrebenden Vater versöhnte oder einem mährischen Baron das Schloß zerstörte, der, in recht bezeichnender Reihenfolge formuliert, »gegen mich und den König von Böhmen rebelliert hatte«.

Unerbittlich erscheint er überhaupt gegen seine Feinde, der junge Karl: »... Und ich ließ den Turm mit samt dem Baron, dem das Schloß gehörte, zu Boden stürzen und auch die Mauern mit dem ganzen Schloß dem Boden gleichmachen.«[236] Die Gründlichkeit des Zerstörungswerkes erzählt ähnliches wie die Mitteilung über einen anderen Widersacher: »Auch er selbst ward später durch seine Freunde in meine Hände überliefert, so nämlich, daß er für den Rest seines Lebens aus andern Gründen ganz nach meiner Willkür in meinen Händen bleiben konnte.«[237] Das sind doch wohl Enthüllungen eines Herrschaftswillens, der sich nicht mit der Durchsetzung in der Sache begnügt, sondern seine Affären bis zum persönlichen Triumph verfolgt – kaum der »weinend vollzogenen Gerechtigkeit« verpflichtet, von der die Bibel spricht, eher der rächenden.

Begegnung mit dem Wundersamen

Der Lebensbericht des Kronprinzen ist sicher nicht aus einem Guß; eingeleitet durch eine geistliche Betrachtung in den ersten beiden Kapiteln und unterbrochen durch eine andere, die der Verfasser selber als Predigt bezeichnet, beendet schließlich im letzten Drittel mit dem Bericht über die Jahre 1340 bis 1346, unbestreitbar von fremder Hand, in anderem Stil und in der dritten Person, ist dieses fast einzigartige Zeugnis einer politischen Autobiographie aus dem ganzen Mittelalter in seiner Zweckbestimmung bisher unklar geblieben.

Eine Staatsschrift allein, etwa eine politische Rechtfertigung mit Memoirencharakter, können diese paar Dutzend Druckseiten nicht genannt werden; denn sie bieten auch ganz persönliche Enthüllungen. Nicht nur, weil sie an entscheidenden Stellen, wo von größten Bedrängnissen die Rede ist, auf einmal das Innenleben des Autors in Worte fassen, wonach er erschrocken, verzweifelt oder traurig war; sondern auch, weil sie sich wiederholt auf unpolitische Kuriositäten richten. So war Karl im Januar 1335 eines Tages von Bürglitz nach Prag geritten. Er nächtigte dort im Burggrafenhaus, das er bewohnte, ehe sein Palastbau fertig war. Und nun erzählt er plastisch und exakt, er habe zugleich mit seinem Kammerherrn, der mit ihm im selben Zimmer schlief, Schritte gehört, ohne jemanden sehen oder aufspüren zu können, trotz eines großen Feuers im Kamin und vieler Kerzen im Raum. Schließlich sei einer der bereitgestellten Weinkrüge auf unerklärliche Weise durch das Zimmer geflogen, gegen eine Wand geprallt und dann mitten im Raum liegengeblieben. Man hat bisher noch nie gewürdigt, wie nüchtern sich dieser kleine Bericht von allen Mutmaßungen über Teufel und Trolle fernhält, sondern nur beschreibt, was man sah oder zu sehen glaubte. Durch ein Kreuzzeichen überantwortet sich Karl schließlich nach längerer Erwartung neuer Ereignisse den unsichtbaren Mächten, im unausgesprochenen Vertrauen auf die Überlegenheit göttlicher Kräfte, ehe er wieder in Schlaf fällt. Benesch von Weitmühl, der dieselbe Geschichte berichtet, wie vieles andere offenbar in freier Wiedergabe von Karls Autobiographie, muß gleich hinzufügen, es habe sich um einen Schratt gehandelt, und diese Auskunft wurde nach seiner Darstellung Karl am folgenden Morgen unmittelbar zuteil.[238] Karl verschweigt sie; sein Urteil über die Sache ist offenbar viel nüchterner, so daß er sich auf das Unerklärte beschränkt, ohne Vermutungen daran zu knüpfen.

Noch deutlicher wird sein nüchterner Sinn an seinem Bericht von einem Heuschreckenschwarm. Auch damit distanziert er sich von der Furcht seiner Zeit vor dem Geheimnisvollen. Eines Morgens nämlich, im Vorfrühling zur Fastenzeit, weckte ihn ein Ritter aus dem Schlaf mit den Worten: »Herr, steht auf, der Jüngste Tag ist angebrochen, weil die ganze Welt voller Heuschrecken ist.«[239]

Das war sicher eine geistliche Auskunft in Erinnerung an die Darstellung der biblischen Apokalypse, kennzeichnend für die Furcht, die sich des kleinen Heereszuges vor dem Naturereignis bemächtigt hatte. Karl selber war augenscheinlich frei davon. Sofort bestieg er ein Pferd, wie er berichtet, und ritt in größter Eile, um das Ende dieses Heuscheckenschwarmes abzuschätzen, den er nach sieben Meilen erreichte. Die Breite zu überschlagen, sah er sich außerstande. Er beschreibt den Lärm, der da zu hören war, die Farbe und die Dichte des Schwarms, der die Sonne verdunkelte, er vergißt nicht, den üblen Geruch zu erwähnen, und beobachtet die Teilung des Schwarms in verschiedene Zugrichtungen. Auch über die Vermehrungsfähigkeit der Insekten macht er sich seine Gedanken. Was fehlt da noch an exakter Naturbeobachtung?

Es ist also nicht Werunskys »abergläubischer« oder gar »wundersüchtiger« Prinz, der uns in jener Schrift entgegentritt. Hier hat vielmehr ein nach den Maßen der Zeit ungewöhnlich aufnahmefähiger und reflexiver junger Mann alles Mögliche aufgeschrieben, wozu er Gelegenheit fand: die politische Ereignisfolge, Merkwürdigkeiten, Denkwürdigkeiten, geistliche Meditationen und immer wieder auch ein Stück seiner Rechtfertigung vor sich und den andern. Man hätte das alles gut gerade in jenem Augenblick verwenden können, an dem es abbricht: bei der Königswahl des Dreißigjährigen im Sommer 1346. Denn damit hatte Karl noch nicht mehr erreicht als ein fragwürdiges Gegenkönigtum, als einen Anspruch darauf, sich gegen den alten, aber in weiten Teilen Deutschlands doch in seiner Herrschaft unerschütterten Ludwig von Bayern durchzusetzen. Dem gilt, die ganze Darstellung hindurch, seine ausgesprochene Abneigung in Wendungen wie »der sich als Kaiser gerierte« oder »der das Imperium okkupierte«. Leicht ließen sich die wundersamen Fügungen seiner Triumphe über alle Nachstellungen in diesen Zusammenhang fügen. Und doch reicht das alles nicht aus, um aus der Schrift ein politisches Dokument zu machen, ein Stück Propaganda, mit dem Karl sich rechtfertigen wollte, wenn auch Ludwigs Aktionen mehrfach nachdrücklich verurteilt sind und mit aller Ausführlichkeit besonders der schwächste Punkt im Verhältnis zwischen den Luxemburgern und dem Kaiser als Trug und Fälschung erläutert ist, nämlich jene von Karl nicht akzeptierte Übereinkunft des blinden Johann mit Ludwig während

Karls Abwesenheit in Ungarn 1339, in deren Zusammenhang Johann an Ludwig eine Lehenshuldigung leistete. Ähnlich ist auch in dem letzten, von fremder Hand geschriebenen Abschnitt Ludwig der Hauptfeind, Johann kaum mehr Vertreter einer eigenen Politik. Insofern sind durchgängige Tendenzen in dem Schriftwerk zu finden. Aber sie reichen nicht aus, Karls Autobiographie zur Staatsschrift zu machen. Sie ist einstweilen, was der älteste Titel von ihr sagt, eine »Vita ab eo ipso conscripta«, eine selbstverfaßte Lebensbeschreibung, ein menschliches Dokument. Wir werden ihre Absicht noch später erwägen.

Der Weg zum Thron

Der Tendenz wachsender Selbständigkeit, wie sie Karls Autobiographie als Quelle seiner persönlichen Entwicklung erkennen läßt, entspricht auch alles, was wir außerdem von Karls politischen Stellungnahmen in Erfahrungen bringen können. Allerdings unterscheidet sich Karl darin von manchem, der sich damals wie heute im politischen Leben versucht, durch eine gewisse unerschütterliche Prinzipientreue. Ihr steht, in kleinen Aktionen, die bedenkenlose Kunst der Handhabung des Möglichen gegenüber. Um es genauer zu sagen: Karls Politik scheint von Anfang an geleitet durch sein Wohlwollen gegenüber Frankreich, seine Kooperationsbereitschaft mit den Päpsten und, schon als Folge daraus, seine kompromißlose Ablehnung aller antipäpstlichen Unternehmungen. Sie richtete sich hauptsächlich gegen die Person Kaiser Ludwigs, sie scheint aber auch sein Verhältnis selbst zum Großonkel Balduin von Trier getrübt zu haben und sie zeigte sich unverkennbar zunächst als moralische, bald aber auch als politische Überlegenheit gegenüber dem eigenen Vater.

Gestützt wird diese Politik durch sein Verhältnis zu Böhmen, wo er schon früh beim Adel Hoffnung weckte, freilich teils als Faktor der Ständefronde, die den Sohn gegen den Vater ausspielen wollte. Karl durchschaute bei seiner Rückkehr in das Heimatland 1334 diese Situation offenbar rasch; er scheute sich nicht, in seiner Lebensbeschreibung die Selbstherrlichen unter den böhmischen Baronen, und zwar den größeren Teil, als Tyrannen zu bezeichnen, die »den König nicht fürchteten, wie es sich ziemte, weil sie das Reich untereinander geteilt hatten.«[240] Aber im selben Atemzug berief er sich auf die »Gemeinschaft der Guten«.

Karls Aufstieg vom Erstgeborenen des böhmischen Königs zum Rex Romanorum, zum deutschen Herrscher, war im weiteren Zusammenhang nur möglich auf der Grundlage der väterlichen Erfolge; auf der Basis des Länderblocks Böhmen, Mähren und Schlesien, seiner reichen Steuerleistung und seiner Silberschätze; auf der luxemburgischen Machtbrücke zwischen dem östlichen Mitteleuropa und dem Rhein; auf den Pfeilern der französischen Bündnispolitik und, vor allem war er das Werk der umsichtigen Diplomatie des Papstes Klemens VI. Karl traf 1340, bei einem gemeinsamen Besuch mit dem Vater am päpstlichen Hof, seinen Pariser Mentor Petrus Rogerii wieder, inzwischen aufgestiegen zum Kardinal und einem der einflußreichsten päpstlichen Politiker. Es gab ein vertrauliches Gespräch zwischen den beiden, von dem er in seiner Lebensbeschreibung berichtet, lapidar im klassischen Sinn: »... Und er sagte mir einmal, als wir miteinander in seinem Hause waren: ›Du wirst noch König der Römer werden‹. Ich gab zurück: ›Du wirst vorher Papst‹«.[241] Das war, von beiden Seiten, keine Vision, sondern politisches Programm. Zwei Jahre später bestieg Peter als Klemens VI. den päpstlichen Thron; vier Jahre danach war auch die Vorhersage über Karl erfüllt. Aber zuvor fehlte noch ein wichtiges Stück am kunstvollen luxemburgischen Aufstieg zum deutschen Thron, der so zielbewußt geplant war wie wenige Königswahlen in der deutschen Geschichte: das Votum der Kurfürsten. Und unter denen war Karls Großoheim, Balduin von Trier, einer der einflußreichsten, aber keinesfalls ein unvoreingenommener Protektor.

Man darf freilich annehmen, daß Karl seinen Großoheim, dem er nach der Meinung mancher Beobachter ein wenig nachgeraten war[242] und bei dem er in jenem von ihm in seiner Autobiographie so wortkarg behandelten Jahr zwischen seiner französischen Erziehung und seiner ersten Bewährungsprobe in Italien die hohe Kunst der Politik gelernt haben soll[243], auf die rechte Weise zu nehmen wußte. Balduin, ganz Reichsfürst und Landesherr, Schöpfer des kurtrierischen Staates bis zur Französischen Revolution und zeit seines Lebens eine Säule der Kaiserpartei gegen päpstliche

Ansprüche[244], war als Bundesgenosse an der Kurie in Avignon aber keine Empfehlung; allein wegen seines Einsatzes für die Rechte Kaiser Ludwigs. Freilich, als Ludwig 1342 die Ehe der Margareta Maultasch, Erbin von Kärnten und Tirol, mit dem jüngeren Bruder Karls für nichtig erklärte und bald darauf seinen eigenen Sohn mit der Prinzessin vermählte, in gröbster Verletzung kirchlicher Rechte, hatte Balduin zumindest einen von seinem eigenen Historiographen betonten Anlaß gefunden, sich von der maßlosen kaiserlichen Politik zu distanzieren.[245] Tatsächlich ist 1342 ein Wendepunkt, der vorletzte in der unsteten Münchener Politik, die immer wieder mit großen Möglichkeiten umging und am Ende doch tatenlos blieb.[246] Während Ludwig jetzt sein Bündnis mit Eduard III. von England löste und sich wieder Frankreich näherte, vollzog Balduin eine ähnliche Schwenkung und stand danach zumindest außenpolitisch mit Karl und Johann endlich in derselben Front.[247] Und während Ludwig mit jener Scheidung von 1342 auch die habsburgischen Ansprüche auf Kärnten riskierte, welche die Luxemburger, sich auf Tirol beschränkend, bereit waren hinzunehmen, sich also unter den Großen im Reich isolierte und schließlich 1343 der Kurie in Avignon doch wieder von neuem seine Unterwerfung anbot, hatte seine Politik nach außen wie nach innen die Attraktivität der späten dreißiger Jahre ganz und gar verloren. Die Papstfeindschaft und der Nachbarschaftshaß zogen nicht mehr. Ludwigs bedenkenloser Griff nach Tirol und Kärnten schreckte ab. Seine erfolglos wiederholten Verhandlungen mit Avignon zermürbten das kaiserliche Ansehen. Ohne Rücksicht darauf nützte Ludwig noch im Dezember 1345 einen neuen Erbfall in Holland-Hennegau für die Hausmacht der Wittelsbacher.[248]

Womöglich erkannte Karl klarer als Ludwigs Räte, daß die päpstliche Kurie, mit dem bestausgebildeten Rechtssystem, in dem von Papst Johannes XII. 1324 eröffneten Prozeßverfahren Ludwig zwar absolvieren, nicht aber nachgeben konnte; Ludwig war unter anderem beklagt worden, noch vor der päpstlichen Approbation Titel und Amt eines deutschen Königs geführt zu haben. Der Papst berief sich dabei auf unklare Präzedenzfälle unter den Vorgängern Ludwigs, die geistliche wie weltliche Fürsten in Deutschland nicht als rechtsgültig hatten auffassen wollen. Schon Heinrich VII., Karls Großvater, hatte nach seiner römischen Krönung 1312 nicht nur die königliche, sondern auch die kaiserliche Herrschaft in einem Manifest demonstrativ aus der deutschen Kurfürstenwahl hergeleitet: »... Und die genannten Fürsten, denen, wie wir gesagt haben, die kaiserliche Wahl zukommt, haben uns, damals Grafen von Luxemburg, zum König der Römer und künftigen Kaiser einhellig gewählt«.[249] So schrieb er seinerzeit an alle Welt, und denselben Grundsatz, noch deutlicher formuliert, verteidigten 1338 in einem Beschluß zu Rhens am Rhein die deutschen Kurfürsten: »Allein durch die Wahl wird der König ernannt.« Der Beschluß war nicht konkret auf die Politik Ludwigs bezogen, sondern sollte in maßvoller Weise Reichsrecht definieren, und Erzbischof Balduin von Trier, dem man den Hauptanteil daran zuschreibt, erbot sich danach sogar beim Papst als Vermittler. Aber in Wirklichkeit stützte er Ludwig nicht nur, sondern er unterstrich auch gleichzeitig das Dilemma, wonach in einem laufenden Rechtsstreit beide Parteien unverrückbare Standpunkte bezogen hatten. Ein Weg zu einem faktischen, womöglich stillschweigenden Kompromiß war danach erst recht nicht mehr zu finden. Im Gang des Prozeßverfahrens war Ludwig als Exponent der Rhenser Beschlüsse dem Kirchenbann unrettbar verfallen. Nur die Zeit und ein neuer Anfang konnten zu einem Kompromiß führen. Das aber war danach die Chance Karls.

Einen ersten Prozeß gegen die Exkommunikation von 1324 hatte Ludwig erst Jahre später begonnen, als ein neuer Papst ihm einen Wink dafür zu geben schien; er endete 1338 mit einer Verhärtung der Standpunkte.[250] Doch nach dem nächsten Papstwechsel schien Klemens VI. einer Wiederaufnahme des Verfahrens wiederum geneigt. Im September 1343 bevollmächtigt Ludwig dafür seine Prokuratoren in der gehörigen Form[251], auf Wunsch des Papstes, nicht nur zu Verhandlungen im Rahmen des kanonischen Prozesses, sondern unter anderem auch ausdrücklich zu Verhandlungen mit dem Papst über das Verhältnis Ludwigs zum König von Frankreich, zu König Johann von Böhmen und seinen Söhnen und zu anderen Königen, Fürsten und Herren nach päpstlichen Intentionen. Diese Vollmacht führte den Papst weit in die weltlichen Händel der Zeit. Wenige Tage vorher hatte Ludwig, nach einem vergeblichen Versuch Karls, Tirol zurückzuerobern, ihm und seinem Bruder Ehebündnisse angeboten, und es ist bezeichnend, daß der ganze Vertrag nicht an den alten Böhmenkönig Johann, schon gar nicht an den aus Tirol vertriebenen Heinrich, sondern an Karl gerichtet war, den Markgrafen von Mähren, den offenbar nichts anderes als sein politisches Prestige zum Haupt der luxemburgischen Sippe hatte werden lassen.[252]

Während dieser zweite Versuch Ludwigs zur Kassation seiner 20jährigen Exkommunizierung an der »überlegten und planvollen«[253] Strategie des Papstes Klemens im Laufe des Jahres 1344 scheiterte, Ludwigs Griff nach Holland-Hennegau seinen englischen Bundesgenossen verärgerte und auch mit polnischer Hilfe nicht zu rechnen war, warb Ludwig noch einmal um die Luxemburger. In Karls Lebensbeschreibung ist zu lesen, daß der blinde Vater schon bereit gewesen sei, die Niederlausitz im Tausch gegen Tirol und eine Geldsumme von 20000 Mark zu akzeptieren, aber seine beiden Söhne weigerten sich entschlossen: »Wenn unser Vater jene Gelder an sich reißt, verstreut er sie unter seine rheinischen Heniken, und wir bleiben getäuscht und ausgelacht.«[254] Es ist nicht mehr Karls Feder, die uns diese letzten Seiten der Lebensbeschreibung hinterlassen hat; es ist ein gröberer Stil. Dennoch mag die Erbitterung der letzten Auseinandersetzungen daraus klingen. Auch aus den folgenden Worten, mit denen berichtet wird, daß Ludwig tief erschrocken war über die Weigerung der Söhne, den von einflußreichen Fürsten ausgehandelten und vom Vater akzeptierten Kompromiß anzunehmen. Eigentlich war mit diesem Fehlschlag der letzte Trumpf in Ludwigs Spiel vertan, nachdem er mit Beharrlichkeit und Umsicht das päpstliche Endurteil bis dahin hinauszuzögern gewußt hatte. Und während der Papst zur selben Zeit den Mainzer Erzbischof Heinrich von Virnenburg durch seinen Parteigänger Gerlach von Nassau ersetzte, »damit er wähle«[255], mußten die Luxemburger schließlich nur noch untereinander eins werden.

Das war die letzte Phase in dem diplomatischen Spiel; der Pakt zwischen Balduin, seinem Neffen Johann und seinem Großneffen Karl. Balduin wußte im rechten Augenblick seine Bereitschaft zu diesem Pakt zu signalisieren, nicht zu früh, sondern in treffender Einschätzung der Lage erst im Frühjahr 1346, als das päpstliche Endurteil über Ludwig feststand, ihn keine Prozeßverlängerung mehr vom Odium des Kirchenbannes retten konnte, als die nationale wie die internationale Lage zu seinen Ungunsten gewandt war und durch die Absetzung des Mainzer Kurerzbischofs auch die Mehrheitsverhältnisse im Kurfürstenkollegium sich abschätzen ließen, während man der sächsischen Kurstimme noch nicht sicher war.[256] In diesem Augenblick gerade hing anscheinend alles von Balduins Entscheidung ab, von seiner Kurstimme, seinen Geldmitteln, seiner politischen Position im Westen des Reiches. Und dann erst, nicht schon 1342 nach der skandalösen kaiserlichen Scheidung der Tiroler Ehe seines Großneffen Johann Heinrich, stellte sich Balduin voll hinter die luxemburgischen Interessen und ließ sich von seinem Großneffen den Frontwechsel bezahlen, so gut es nur immer ging.

Zwei Verträge sind darüber erhalten: einer vom 16. März, einer vom 22. Mai 1346; beide entstanden in Trier, eben in Balduins Kanzlei.[257] Ein Blick auf diese Verdoppelung der luxemburgischen Familienabsprachen ist nicht uninteressant. Vertragspartner sind beide Male Karl und Balduin; nicht ganz gleichberechtigte: Karl muß jeweils im ersten Paragraphen seinem Großonkel versichern, daß er mit ihm in guten Beziehungen leben und sich nach seinem Rat richten wolle. Diese Generalklausel gilt zweifellos schon für den künftigen König. Sie wäre ungewöhnlich, wenn sie nicht eine längere Zeit gespannter Beziehungen abschlösse, in einem Augenblick, in dem eben Balduin die Bedingungen diktieren durfte. Denn die kommenden Wahlausgaben überstiegen offenbar die Finanzmittel Karls von Luxemburg. Deshalb verpflichtete er sich im zweiten Paragraphen, dem Erzbischof alle in diesem Zusammenhang entstandenen Ausgaben bis zur Höhe von 6000 Mark Silber zu ersetzen und bot dafür Pfänder, namentlich luxemburgische aus dem Besitz seines Vaters, die für den benachbarten Trierer Erzbischof wegen seiner Landespolitik natürlich von besonderer Bedeutung waren. Er verpflichtete sich im übrigen zur feierlichen Bestätigung aller Trierer Privilegien nach seiner Wahl und zur Anerkennung eines Schiedsgerichts in allen Streitigkeiten.

Der zweite Vertrag, neun Wochen später, ist weit ausführlicher. Die Trierer Stellung ist darin in mancher Hinsicht verbessert. Karl muß sich nun lebenslang an die Politik seines Großoheims binden und auch verpflichten, auf die Politik seines Vaters einen entsprechenden Einfluß auszuüben. Er muß ein ausgeklügeltes System des

Schiedsgerichts zwischen dem Trierer und dem luxemburgischen Gebiet anerkennen, er muß, als künftiger König, auf Eingriffe in den Trierer Bereich ohne Genehmigung des Kurerzbischofs verzichten, also sozusagen die Souveränität Triers anerkennen und sich zu besonderer Freundschaft verpflichten, sollte er je unmittelbarer luxemburgischer Landesherr werden. Andererseits war jetzt der finanzielle Einsatz des Trierer Erzbischofs nicht mehr begrenzt.

Den ersten Vertrag hatte König Johann von Böhmen noch mitgesiegelt; im zweiten fehlt sein Name. Man hatte erst kürzlich nach einer dankenswert gründlichen formalen Analyse beider Urkunden angenommen, nach einem Mißverständnis über den Revers, den der König von Böhmen der ersten Urkunde anfügte, daß er den ersten Vertrag mit einer Klausel entwertet habe und danach von Karl und Balduin innerhalb jener neun Wochen aus dem luxemburgischen Bündnis hinausgespielt worden sei.[258] Das trifft die Dinge nicht ganz. Augenscheinlich hat Johann den ersten Vertrag durch seine Beteiligung nicht etwa entwertet, was seiner begrenzten politischen Bewegungsfreiheit längst widersprochen hätte, sondern bedingt unterstützt. Erst danach hat er sich vom Gang der Dinge zurückgezogen, ungewiß warum, ohne aber deshalb schon eine quantité négligeable in der Rechnung Balduins geworden zu sein. Dagegen spricht die Verpflichtung, die Karl auch für die Politik des Vaters übernehmen mußte und für den Fall, daß er je, gegen die Erbrechte seines Halbbruders, selber der Graf von Luxemburg würde. Mehr sagt der Vergleich dieser beiden Urkunden in diesem Zusammenhang nicht aus. Aber der Gang der Ereignisse erklärt wohl, was da noch fehlt: die beiden luxemburgischen Fürsten nämlich, Vater und Sohn, hatten über Ostern 1346 den Papst in Avignon besucht, einige böhmische Affären geregelt, von denen noch mehr zu sagen sein wird, vornehmlich aber die deutsche Thronfolge in einer für das Verhältnis zwischen Papst und Kaiser bisher unerhört engen und offensichtlich auch vertrauensvollen Zusammenarbeit in die Wege geleitet. Im Kreis der Kardinäle zu Avignon traf der deutsche Thronwechsel nicht auf ungeteilte Sympathien[259], und aus diesem Grunde gerieten die Verhandlungen zwischen dem Papst und dem Thronkandidaten schließlich zur spektakulären Staatsaffäre. Am 22. April wurden im feierlichen Konsistorium zu Avignon vor dem Papst und zwölf Kardinälen, vor König Johann und dem Markgrafen Karl ausführliche eidliche Gelöbnisse Karls verlesen, die vor der Führung der Kirche, eigentlich aber auch vor aller Welt die Voraussetzungen für die päpstliche Unterstützung bedeuteten.[260]

Man liest da auch, daß die Kurie König Johann zu einer Erklärung veranlaßte, er halte das Gerücht vom Giftmord an seinem Vater, dem Kaiser Heinrich VII., durch einen Dominikaner, für Lüge und könne im Gegenteil bezeugen, daß seine Familie stets ein gutes Verhältnis zum Dominikanerorden gehabt habe.[261] Diese Erklärung geriet, wer weiß auf wessen Betreiben, unter die ausgereiften und ausgeklügelten Bedingungen dieses Verfahrens. Am ehesten ist das vielleicht ein Zeugnis für die divergierenden Interessen des Kardinalskollegiums und, recht besehen, nicht ganz frei von jener Komik, die unbedachter Eifer dem großen Gang der Weltgeschichte manchmal anfügt.

Man hat, besonders in einer gewissen nationalstolzen Retrospektive, diese Wahlkapitulation Karls immer wieder einmal mit scheelen Augen angesehen; aber nicht nur den neueren Historikern, auch den Zeitgenossen war in verkürzten Formulierungen etwas eigen von der Geringschätzung für jenen Fürsten, der in so enger Kooperation mit der Kurie nach jahrzehntelangen Auseinandersetzungen etwas zu konzedieren schien, was sein Vorgänger so standhaft verweigert hatte, um ihn dadurch zu stürzen.[262] Das trifft die Dinge offensichtlich nicht. Karl muß in diesem Augenblick auch nicht mit der Einschätzung der Gesamtlage verteidigt werden, wonach er mit dieser Wendung dem Papst gegenüber ein neues Verhältnis der beiden Universalmächte zueinander begründete. Denn indessen waren beide – und das unterschied die Situation eben grundsätzlich von der kämpferischen Epoche zu Zeiten der Stauferkaiser – zu einer machtpolitischen Auseinandersetzung außerstande. Es genügt, bei der Betrachtung der konkreten Situation von 1346 die Feststellung zu treffen, daß Karl in Avignon dem Papst kaum mehr anbot, als zuvor Ludwig im letzten Gang seines Prozeßverfahrens – unbemerkt von der Öffentlichkeit, und zudem vergebens: »Im Vergleich zu den Eiden früherer von den Päpsten anerkannter römischer Könige waren Karls Eide allerdings und zum größeren Teil neu und ungewöhnlich, nicht aber im Vergleich zu den von Ludwigs Gesandten am 16. Januar 1344 beschworenen Absolutionsbedingungen...«[263] Dieses Gesamturteil des gründlichsten deutschen Karlsbiographen aus dem Jahr 1880, das den Vorgang weniger in der Sache als in der Form bedenklich findet, wird Karl besser gerecht als manches jüngere Urteil, läßt aber immer noch außer acht, daß damit die staatspolitischen Einsichten zweier bedeutender Politiker hier und dort das Verhältnis von Thron und Altar im universalen Sinn auf eine neue Grundlage heben wollten. Es scheint die einzige Chance, die sich bot, wenn man überhaupt noch an eine Erneuerung des Kaisertums mit den alten Ansprüchen einer Schutzherrschaft über die ganze Christenheit dachte. Für einen Augenblick freilich erschien der deutsche Thronkandidat am päpstlichen Hof in Avignon in der Rolle eines Supplikanten um eine Kirchenpfründe. Aber daß aus diesem Moment kein Präzedenzfall wurde, das eben war bald die Frucht seiner Politik, zu der er sich in Avignon den Weg geöffnet hatte.

Und das alles lag nun also zwischen dem ersten und dem zweiten Vertrag, zwischen den ersten Kontakten des Markgrafen Karl mit Erzbischof Balduin und der zweiten, endgültigen Runde. Karl kehrte aus Avignon nach Trier zurück. Sein Vater aber nahm den Weg an den französischen Hof, vielleicht in trotziger Abkehr, so daß er beim zweiten, nun gründlichen und für Balduin endgültigen Vertragsschluß nicht zugegen war. Bedarf es da noch langer Spekulationen, wenn Johann unter diesen Umständen neben dem nun sozusagen von der Kurie bereits vor aller Welt designierten deutschen Thronkandidaten nicht mehr genannt wurde?

Zwei Tage später, am 24. Mai 1346, sandte Balduin an Kaiser Ludwig in dürren Worten so etwas wie einen ritterlichen Absagebrief. Er forderte ihn auf, die zu Unrecht eingezogenen Lande Tirol und Kärnten zurückzugeben – ein Vorwand, kaum glaubhaft, nachdem sich Balduin seinerzeit, also vier Jahre zuvor, nicht zu einem solchen Schritt veranlaßt gesehen hatte. Im selben Brief teilte Balduin dem Kaiser mit, der Papst habe ihn ernstlich ermahnt, von ihm als einem gebannten Ketzer abzustehen, und danach wolle er sich halten. Die Adresse des Schreibens nannte Ludwig weder Kaiser noch Fürst, sondern nur einen hochgeborenen Herrn.[264] Nicht der mächtigste, aber der fähigste unter den deutschen Kurfürsten hatte sich damit von dem Kaiser in München abgewandt.

Am 20. Mai 1346 lud Gerlach von Nassau, der neue Mainzer Kurerzbischof, die deutschen Kurfürsten zur Wahl. Eine große Wahlversammlung fand dann eigentlich am 7. Juli in Rhens nicht statt. Fünf Kurfürsten waren anwesend, die drei geistlichen vom Rhein, Herzog Rudolf von Sachsen und natürlich König Johann von Böhmen. Der Pfalzgraf bei Rhein, ein Wittelsbacher, fehlte, obwohl er Ostern gemeinsam mit den Luxemburgern bei der Kurie war, freilich nicht als ihr Parteigänger, aber immerhin genötigt, so etwas wie einen Oboedienzeid auf die Grundzüge der päpstlichen Politik zu leisten. Er war später der erste Wittelsbacher, den Karl aus der Fronde der feindlichen Sippe herausführen konnte. Es fehlte natürlich auch der zweite Wittelsbacher Kurfürst, Ludwig, »der Brandenburger«, der Sohn des Kaisers.

Die Wahl war eher ein stilles Ereignis. Außer den Kurfürsten waren keine anderen Reichsfürsten anwesend, nur Ritter aus der näheren und weiteren Umgebung. Es fehlte dem Vorgang so ziemlich der Eindruck einer Sensation, trotz der politischen Gegnerschaft. Denn Kaiser Ludwig tat nichts, um die Wahl zu verhindern oder sofort den Gewählten anzugreifen. Offenbar ließ sich die Tragweite des Umschwungs nicht leicht erkennen. So wie der Kaiser in München noch zehn Tage nach der Aufforderung zu seiner Absetzung und zur Neuwahl eines Königs nichts Genaueres wußte oder wissen wollte, als daß »gemeine red uferstanden ist«, der Papst gedenke, den Markgrafen Karl zum neuen König wählen zu lassen[265], so schrieb ein bayerischer Chronist ein wenig später vom neuen König Karl: »Wie aber, oder wo, oder wann, oder von welchen Wählern er gewählt sei, das habe ich bislang noch niemals genau erfahren können.«[266]

Immerhin: Karl war, mit dreißig Jahren, gewählter römischer König, die luxemburgische Dynastie hatte aufs neue den Weg zur höchsten Würde der Christenheit gefunden, wenn es nur gelang, die Wahl zur politischen Wirklichkeit umzumünzen. Davon war freilich noch lange keine Rede. Zunächst sandte Karl umgehend, im Sinne seiner Versprechen von Avignon, eine Botschaft an den Papst, mit einer Gesandtschaft von zwei böhmischen Klerikern und einem Trierer. Der war Balduins Kanzler, Rudolf Losse, offensichtlich einer der gewandtesten und geschäftigsten Beamten im westlichen Deutschland. Im nächsten Jahrzehnt wurde er zu einem begehrten und gut belohnten Ratgeber beim neuen König.

Schon die Gesandtschaft, die diese drei in Avignon auszutragen hatten, begann mit einer Verschiebung jener Rechtssituation, wie sie Wochen zuvor zwischen dem Papst und dem künftigen König und Kaiser in Avignon ausgehandelt worden war. Schon da nämlich findet sich nicht die Bitte um päpstliche Approbation, sondern darum, der Papst möge den Gewählten für den römischen König halten und ihn so benennen, eine diffizile Formulierung, die man dem Kurerzbischof Balduin zuschreibt.[267] Andererseits enthielt sich Karl der Krönungsvorbereitungen bis zur entsprechenden päpstlichen Rückäußerung. Seine Krönung zum deutschen König war für den 27. August vorgesehen, dem Tag des heiligen Rufus.

Nicht der Papst, sondern die Politik nahm sich dieses Datums dann in unerwarteter Weise an. Noch vor seiner Wahl, am 30. Mai, erhielt Karl ein Freundschaftsversprechen des französischen Thronfolgers, seines Schwagers Johann, dem er von Avignon eine Gesandtschaft geschickt hatte und mit dem er lebenslang in besonderer persönlicher Verbindung stand. Der nannte ihn, offenbar im Überschwang der Ereignisse, in der Anrede bereits Dei gratia rex Romanorum.[268] Das erinnert an die zweite Bindung, der die Luxemburger in jenen Wochen ihren Tribut schuldig waren: an das französische Königshaus, gerade damals bedroht durch eine überraschende Landung Eduards III. von England im französischen Norden. Diese Landung war für den englischen König zunächst freilich eine ganz unglückliche Expedition. Fast fühlte er sich in einer Falle zwischen dem für seine Kräfte uneinnehmbaren Paris, der unüberschreitbaren Seine und einem wachsenden französischen Aufgebot, so daß er sich eilends zurückzog und schließlich, in der Nähe der Küste, den kleinen Ort Crécy erreichte. Das war die Endstation wochenlanger taktischer Operationen, die auf der anderen Seite König Philipp VI. von Frankreich leitete. Eben war auch König Johann von Böhmen zu ihm gestoßen, getreu seiner Lehnspflichten. Bei ihm befand sich auch sein Sohn Karl, der erwählte römische König, den zwar kein Lehnseid, aber offenbar die menschliche Bindung und die politische Räson nach Frankreich trieb, hinter sich die ungeklärte deutsche Thronfolgefrage. 500 Ritter nennt

Matteo Villani im luxemburgischen Gefolge, ein ansehnliches Kontingent.

Im übrigen sind wir über jene militärische Auseinandersetzung, die sich vor Crécy abspielte, zwar vielfach, aber nicht klar genug unterrichtet, um uns mehr als einen groben Ablauf der Dinge vorstellen zu können. Die Engländer verschanzten sich hinter einer Wagenburg. Sie hatten weniger schwere Reiterei als die Franzosen, aber, in Gestalt ihrer bereits berühmten Bogenschützen, eine schlagkräftige Infanterie. Die französische Infanterie setzte sich zu einem namhaften Teil aus Söldnern zusammen, vornehmlich aus Armbrustschützen aus Genua, die vielleicht eine größere Treffsicherheit als ihre englischen Feinde hatten, aber, nach der Spanntechnik ihrer Waffen, jedenfalls eine geringere Feuerkraft. Diesen Genuesen sagt man nach, beim Angriff unter dem englischen Pfeilhagel zuerst gestockt zu haben und schließlich in Panik und Flucht geraten zu sein. Der Befehl des französischen Königs, auf die Flüchtenden einzuhauen, machte die Verwirrung sicher nicht geringer. Ein englischer Ausfall ließ in der Schlacht, die erst in den Nachmittagsstunden begonnen hatte, schon die Wende erkennen, und während sich die Katastrophe dem französischen Heere näherte, war gerade noch Zeit für die großen Einzelnen, ihre Rolle zu spielen: Der Sohn des englischen Königs, der »Schwarze Prinz«, erwarb bei diesem Treffen, sechzehnjährig, den Ritterschlag, geriet aber vorübergehend in Gefangenschaft. König Philipp von Frankreich wurde, wie es heißt, von den Seinen gewaltsam aus dem Treffen geführt. König Johann von Böhmen strebte dagegen nach vorn, denn nie sollte man sagen, ein König von Böhmen sei vor dem Feind gewichen. Kein Geringerer als der große Froissart, der Ruhmredner des französischen Rittertums, der neben anderen Chronisten seiner Zeit diesen böhmischen König wiederholt als Ritterideal gepriesen hatte, berichtet von seinem Untergang: »›Ich bitte Euch in aller Dringlichkeit, führt mich soweit nach vorn, daß ich einen Schwerthieb tun kann.‹ Da wurde der Blinde von seinen Gefährten nach vorn geführt.[269] Johann tat einen Schwerthieb oder drei oder vier und schlug sich sehr heldenhaft. Die tapferen Ritter meinten es ernst mit dem Sterben, denn schändliche Flucht war ihnen fern...«[270]

Lassen wir uns durch dieses Pathos nicht beirren! Johann hatte im Lauf seines Ritterlebens manches Treffen verloren, und nicht selten war er von einem Schlachtfeld auch zurückgegangen. Warum suchte er jetzt den Tod? Was hatte ihm das Leben so verleidet, daß er jetzt, in einer todesverachtenden Haltung, den Weg nach vorne wählte, der von ihm, dem Blinden, doch zu allerletzt erwartet wurde? War jene Hyperbel des persönlichen Stolzes, die er dabei zurückließ, seine letzte Lehre an seinen Sohn Karl, dem er sich im übrigen nicht mehr gewachsen fühlte?

Und Karl? Er, der schon den deutschen Königsadler führte – ohne die päpstliche Approbation seiner Wahl und auch noch ohne Krönung – war ohne großes Aufsehen mit seinen Leuten vom Schlachtfeld gegangen. Froissart billigt das nicht, und vielleicht ist er gut informiert. Andere Chronisten freilich versäumen nicht, diesen Rückzug der väterlichen Fürsorge zuzuschreiben, und vielleicht haben sie gar recht, zur tieferen Beschämung des Sohnes durch den Vater.[271] Jedenfalls, wie er von der heroischen Geste Johanns auch gedacht haben mag, Karl überstand heil das Desaster. Einige Pfeile trafen ihn wahrscheinlich erst am nächsten Tag bei einem Rückzugsgefecht.

Man vergleicht die Schlacht von Crécy manchmal mit der von Bouvin, wo, 130 Jahre zuvor, ebenfalls zwischen Frankreich und England, gleichzeitig auch über die deutsche Thronfolge entschieden worden war. Aber ein solcher Vergleich führt nicht sehr weit. Denn in Bouvin siegten die Franzosen. Dadurch war ihr Parteigänger, Friedrich II. von Hohenstaufen, der Welfen, seiner deutschen Rivalen auf englischer Seite, entledigt. Bei Crécy sollen dagegen gerade nur sechs deutsche Ritter auf englischer Seite gefochten haben. Ludwig von Bayern stand damals zudem in einem recht kühlen Verhältnis zum englischen König. So konnte er diesen Sieg auch nicht als seinen Erfolg betrachten; wohl aber als eine Niederlage seines Rivalen.

Karl war von Crécy mit weitgespannteren, aber schwierigeren Aussichten zurückgekommen. Statt einer Entscheidung über die deutsche Krone war ihm unverhofft zunächst einmal die böhmische zugefallen. Zugleich war er aber der französischen Hilfe beraubt, der einzig sicheren im internationalen Spiel, die ihm allerdings, bei seiner eigenen Distanz zum französischen Köng, wohl am ehesten durch seinen Vater hätte vermittelt werden können. Der blinde

Johann war gerade fünfzig Jahre alt geworden. Zum drittenmal, nach der Schlacht von Worringen und nach dem Ende von Kaiser Heinrichs Romzug, hatte mit ihm das Haupt der Luxemburger den Tod in einer militärischen Niederlage gefunden. Am 27. August, dem Festtag des heiligen Rufus, wollte Karl eigentlich in Deutschland seine Krönung feiern; die Katastrophe von Crécy ereignete sich einen Tag zuvor, am 26. August 1346, an dem Tag, an dem man in Böhmen das Fest des heiligen Rufus begeht. Es war derselbe Tag, an dem fast 70 Jahre zuvor Karls Urahn König Ottokar in der Schlacht von Dürnkrut fiel.

Fünftes Kapitel
DER KÖNIG

Gewählt oder auserwählt?

Längst war Karl geübt in der Kunst, mit dem Einsatz auch nur von einem Fußbreit Boden politisches Terrain zu gewinnen. Hatte er nicht, im Frühjahr 1337, nach einer abenteuerlichen Flucht vor einem venezianischen Prisenkommando in einer Fischerbarke, versteckt unter schmutzigen Netzen, in Aquileja durch kluge Taktik den Patriarchen zu einem feierlichen Empfang bewogen, nur weil er, ohne Geld und ohne Gefolge, sein Inkognito lüftete und doch in geschickter Berechnung in seiner Herberge die Reaktion erwartete?[272] Hatte er nicht, danach im Spiel der großen Politik, in unerschütterlicher Konsequenz alles vermieden, was einer Anerkennung der Herrschaftsansprüche Ludwigs gleichkam?[273] Jetzt freilich war die Lage viel schwieriger, als er, nach Crécy gleichsam wieder auf der Flucht von einem bedrohten Schiff, dem Staatsschiff Frankreichs, im äußersten Nordwesten an der Somme saß und an seine zwei Kronen dachte, die deutsche und die böhmische, die er beide noch erwerben mußte: von der deutschen trennte ihn die scheinbar unerschütterte Macht seines Gegenspielers Ludwig, die rheinischen, die reichsstädtischen Bundesgenossen und eine unbekannte Zahl von Anhängern des Kaisers, die sich vielleicht je nach der Gelegenheit und gerade jetzt nach der französischen und luxemburgischen Niederlage von Crécy auf die kaiserliche Seite schlugen; von der böhmischen trennte ihn ein Weg von anderthalbtausend Kilometern.

Karl verstand sich zunächst wieder aufs Abwarten; und nicht der Patriarch von Aquileja sollte diesmal reagieren, sondern der Papst von Avignon. Von Frankreich zog sich Karl nach Luxemburg zurück und erwartete die päpstlichen Maßnahmen, die ihm zunächst in der ganzen deutschen Königsfrage entscheidend sein mußten. Und der Papst half ihm, wie weiland zehn Jahre zuvor der Patriarch. Es war wieder eine schwierige diplomatische Aktion: er erhielt die päpstliche Approbation, ohne doch darum gebeten zu haben.[274] Das war ein Kunstgriff; er zählt bereits zu jener Taktik, mit der Karl ein Jahrzehnt danach die so lange umstrittene Königswahl aus jeder päpstlichen Abhängigkeit löste. Herkömmlich schreibt man die Beratung auf diesem Weg dem Großoheim Balduin und seiner Kanzlei zu. Aber Karls eigene Ratgeber scheinen bei diesem Vorgehen doch mindestens gut eingespielt gewesen zu sein, so wie der Prager Erzbischof Ernst von Pardubitz, Karls Freund und Vertrauter, in einer für jene Zeit, für ihr Denken und für ihre Argumentationsweise ganz bezeichnenden Auseinandersetzung mit dem Papst um ein einziges Bibelwörtchen. Es handelt sich um Ereignisse vom 5. und 6. November 1346 in Avignon[275], drei Wochen vor der deutschen Krönung Karls.

Der Prager Erzbischof hatte nämlich, wie ein böhmischer Chronist berichtet, in einer Predigt in Avignon das Motto gewählt: »Auf Dich blicken die Augen ganz Israels, daß Du ihnen kund tust, wer auf Deinem Throne sitzen soll.«[276] Der biblische Text richtet sich an einen König mit der Frage nach dem Nachfolger. Ohne Rücksicht auf diesen Zusammenhang konnte man das Zitat auch als Frage an den Papst nach der Approbation verwenden. Und da fiel allen Zuhörern auf, auch dem Papst, weil er selber ein gelehrter Theologe war, wie die böhmische Chronik hervorhebt, daß der Prager Erzbischof dieses Zitat ohne Besitzpronomen verwendete. Nicht über seinen, sondern nur über den Thron sollte der Papst entscheiden. Deswegen habe am nächsten Tag der Papst in Anwesenheit seiner Prälaten das Thema wieder aufgegriffen und das Zitat ergänzt und dargelegt, daß der Papst in der Nachfolgefrage der römischen Könige und Kaiser zu Recht über seinen Thron entscheide, denn dem apostolischen Stuhl sei dabei ein Eid über Ehrerbietung, Gehorsam und Treue zu leisten.

Die Anekdote ist sonst nirgends belegt; sie zeigt aber doch deutlich die Animosität auf beiden Seiten und enthüllt einmal mehr das Spiel der Diplomatie, nach dem Karl die Kaiserkrönung beim Papst erbat, nicht aber ein Urteil über die Rechtmäßigkeit der Wahl oder eine Entscheidung über seine Qualifikation zum römischen König.[277] Nicht nur am Konferenztisch, sondern auch auf der Kanzel wurde offenbar darum gerungen. Damit widerlegte Karl alle, die ihn zum offenen Parteigänger des Papstes, zum »Pfaffenkönig« stempeln wollten.[278]

Allerdings trifft auch hier die Karikatur einen wahren Kern. Wieder mag ihn eine Episode aus jener Zeit beleuchten, die uns ein Stück zeitgenössischer Propaganda vor Augen führt, nach den Umständen beschränkt in ihrem Adressatenkreis und doch sprechend für das Selbstgefühl der luxemburgischen Partei. Es handelt sich um zwei fingierte Manifeste, einen angeblichen Brief des Kaisers Ludwig an seinen Widersacher und die Antwort Karls darauf. Keinesfalls ist das ein offizieller Schriftwechsel, wie die beiden mehrfach überlieferten Texte vorgeben, sondern lediglich ein erdachtes Wortgefecht unklaren, möglicherweise aber Prager Ursprungs.[279] Wenn auch der unmittelbare Zusammenhang fehlt, so scheint diese literarische Fiktion doch aufschlußreich für das Selbstverständnis des »Pfaffenkönigs«.

Danach richtet Ludwig, von Gottes Gnaden römischer Kaiser, am 7. Januar 1347 von Regensburg aus einen Brief an »Karl, der sich als Markgraf von Mähren ausgibt«. Eine kuriose Titulierung, der dennoch nicht ganz die historische Berechtigung fehlt, geht man von dem Umstand aus, daß man die Markgrafschaft Mähren damals nach freilich nicht sehr rechtskräftiger Tradition als ein Reichslehen betrachten konnte; Karl aber hatte bei Ludwig nie um eine Belehnung nachgesucht. In Wirklichkeit hat er auch tatsächlich 1348 jede direkte Bindung Mährens an den deutschen König in Abrede gestellt.

Aber zurück zu dem angeblichen Manifest von 1347: Ludwig wird mit mancher Anleihe beim Stil der Reichskanzlei als Weltenherrscher präsentiert, in extremer Prätention, aus einem Gedankenzusammenhang, wie er tatsächlich von deutschen Kaisern nie behauptet wurde. Jede christliche Demutsformel fehlt dabei; selbst der sakrale Bezug, den jeder Kaiser immer wieder zur Legitimation seiner Herrschaftsgewalt ins Treffen führte, blieb weg, ausgenommen der formelhafte Charakter der oben zitierten Namensnennung. Nicht Spott, nicht Karikatur ist dem Wittelsbacher Kaiser in diesem Text übergestreift, sondern die Grundangst des guelfisch-päpstlichen Kaiserhasses hat ihn entstellt; Grundangst vor der brutalen innerweltlichen Macht. Mit solchen Wendungen nämlich präsentiert sich Ludwig seinem Widersacher und droht kurzerhand, ihn gleich einem Wurm zu zertreten.[280] Wieder finden wir nebenbei jenen eigenartigen Begriff vom Weltensystem, von der machina mundi, der sich aus staufischer Tradition durch die böhmische Kanzleisprache bis zu Hussitenmanifesten tradierte. Interessant sind Anspielungen auf ein indisches Pygmäenreich, das die Riesen besiegte; aber, im Hinblick auf Karl: ihre Stunde sei für diesmal noch nicht gekommen.

Auch in der Antwort verstand der Autor sein Metier; er agiert nun allerdings in einem ganz anderen Sprachgewand, das sich, läßt man den Satzbau auch in seinem inneren Rhythmus auf sich wirken, vom steifen Pathos des ersten Manifests deutlich unterscheidet. Auch meidet es dessen präzisierende Worthäufungen. Statt dessen steht dieser zweite Brief der biblischen Paraphrase näher und auch der ungezwungeneren Dynamik des Vulgata-Textes. Und während Ludwigs rhetorischer Anwalt das Kaisertum empfand wie eine Säule für den ganzen Weltenbau, wie die berühmte, aus dem Kaiserstil uns schon bekannte machina mundi, gibt sich das Manifest vom Hofe Karls, mit dem 10. Februar 1347 aus Eger datiert, wie die Offenbarung eines neuen, eines christlichen Begriffs von Macht und Herrlichkeit. Die Gnade des politischen Erfolgs, nämlich Friede und Heil, wird danach nicht dem zuteil, der sie zu erstreben oder gar zu erzwingen sucht, sondern dem Berufenen; so wie Gott nicht die Stolzen erhöht, sondern die Demütigen. Nur Gott gebühren demnach die Attribute der imperialen Majestät; nur Christus ist der Fels, auf den sich das Manifest Ludwigs berief, nur er ist der unbezwingbare Turm der Tugend, nur er, der die Sterne zählt, weiß auch die militärische Kraft des Gegners einzuschätzen. Der Warnung vor dem Blutvergießen Unschuldiger begegnet Karl in diesem Brief mit der Warnung, gegen die rechtgläubigen Christen zu wüten: »Und Du zerreißt Dir Deinen Mund, während doch Dein Grab schon offen steht, bringst unbekannte Klagen vor, schreibst unerhörte Vorwürfe ganz uneingedenk der Gottesfurcht; was wir aus angeborener edler Heiterkeit fast kühlen Mutes hingehen lassen, damit wir, Dir nicht gleich, von Deinem

Starrsinn unterschieden werden.[281] ... Und so ruht unsere Hoffnung ganz auf Gott und auf der Tapferkeit der drei Finger, die man einst Mene Tekel schreiben sah; durch sie magst Du erkennen, daß Dein Reich gezählt, gewogen und geteilt ist.«

Die sichere Prophetie vom nahen Untergang, mit der Karls Manifest den Gegner schrecken will, ist wohl das beste Indiz für die Fiktion. Am 10. Februar 1347 will es entstanden sein; acht Monate danach, am 11. Oktober 1347, erlitt der 65jährige Kaiser bei Fürstenfeldbruck einen tödlichen Herzanfall. Und da ist nun aufschlußreich, wie Karl diesmal in einer echten Verlautbarung, nämlich in einem Brief an seine Hauptstadt Prag, dieses Ereignis kundgibt: als ein Gottesgericht über jenen Ludwig, der sich, mit derselben Formel, die er fast ausschließlich in seiner Autobiographie gebrauchte, »als Kaiser gerierte« und der nun, Feind Karls und des ganzen christlichen Glaubens, noch ehe ein irdischer Kampf begann, von Gott selber »wunderbarerweise hingestreckt worden ist«.[282] In diesem Sinn verfälscht Karls Brief auch einigermaßen die Umstände von Ludwigs Tod. Sein Großoheim Balduin war da zweifellos besser unterrichtet; der Trierer Chronist gibt eine genaue und viel einleuchtendere Schilderung von diesem Hergang.[283] Karl aber schien überwältigt von dem Bewußtsein, abermals, so wie er es wieder und wieder in seinen Aufzeichnungen aus Italien berichtet, durch Gottes unmittelbare Fügung errettet und erhöht zu sein.

»Der Friede waltende König, der von der unendlichen Gabe seiner Milde das Weltall lenkt, hat unter anderen Wundern seiner Göttlichkeit auch uns, wiewohl unwürdiger Verdienste, in der gewohnten Fülle seiner Gnaden zum Thron des Reiches nachsichtig berufen.«[284] So sieht Karl die Dinge im Rückblick am 11. Juli 1349, wenige Tage vor seiner zweiten und allgemein anerkannten Krönung in Aachen. Dazwischen lag ein schwieriger Weg. Mit dem unerwarteten Tod Ludwigs hatte Karl nämlich noch lange nicht über seine Widersacher gesiegt. Erst als auch Günter von Schwarzburg im Sommer 1349 gestorben war, wenige Monate, nachdem ihn die wittelsbachische Partei auf den Schild gehoben hatte, war er der unbestrittene Herr in Deutschland geworden. Ein zweiter Gegenkönig – ein zweiter jäher Todesfall – ein neuer Fingerzeig Gottes für Karls Auserwählung? Kein anderer deutscher Herrscher fand unter solchen Umständen den Weg zum Thron, noch ehe er das Schwert ziehen mußte. Sollte das nicht, vor ihm selbst wie vor den anderen, die Meinung stärken, daß dieser »Pfaffenkönig« tatsächlich der Erwählte war?

Der mühsame Aufstieg 1346 bis 1349

Nach seiner Notkrönung in Bonn am 26. November 1346 stahl Karl sich verkleidet nach Böhmen. Dann suchte er nach einem schwachen Punkt in der gegnerischen Front. Vergeblich waren seine Bemühungen um Herzog Albrecht, das Haupt der habsburgischen Dynastie. »Der Lahme« war standfest genug, weder Ludwig noch Karl feste Zusagen zu machen. Allein den Durchzug nach Tirol erlaubte er, und dort inszenierte Karl nun, im Einverständnis mit dem unzufriedenen Landadel und seinem Parteigänger auf dem Bischofsitz von Trient[285], einen Aufstand gegen die vierjährige wittelsbachische Herrschaft. Vergeblich; vielleicht, weil auch die benachbarten oberitalienischen Signorien allzu eifrig mit von der Partie waren.

Währenddem hielten die Reichsstädte, trotz Exkommunikation und Kirchenbann, zu ihrem alten Herrn. Es war eigentlich auch nicht einzusehen, warum ihre vorsichtige Beharrlichkeit nach mehr als dreißig Jahren diese Oboedienz hätte wechseln sollen. Auch auf französische Hilfe durfte Karl nicht hoffen. Schon seine Wahl hatte bei Philipp VI. offenbar keinen Enthusiasmus geweckt, betrieb sie der Papst doch ohne Wissen des französischen Hofes, so daß er sich danach für seine Heimlichkeit entschuldigen mußte.[286] Auch der Tod von Karls Vater auf einem französischen Schlachtfeld bewog den französischen König nicht sonderlich zum Einsatz für den Sohn, obwohl seine Macht bald wieder wuchs, denn Eduard III. hatte seinen Sieg bei Crécy nicht zu weiteren Schlägen gegen den französischen Rivalen genützt. So war es für Karl bald wichtiger, Kontakte mit dem englischen Sieger zu suchen[287], und als es Eduard nach dem Tode Kaiser Ludwigs ablehnte, die Führung der wittelsbachischen Partei und die deutsche Krone anzunehmen, kam es im Frühjahr 1348 zu einem denkwürdigen Bund. Karl trug seiner Abneigung gegen Philipp von Frankreich Rechnung, die er ausdrücklich in seiner Autobiographie angemerkt hatte. Aber für König Eduard zeigte er auch keine sonderlichen Sympathien; er brandmarkte ihn eigentlich, in seiner wohlerwogenen Wortwahl, mittelbar als einen Vatermörder.[288] So darf man annehmen, daß Karl mit dem ihm in mancher Hinsicht so entgegengesetzten Eduard, dem Weltfrohen[289], dem Finanzhasardeur, dessen Schulden in Millionenhöhe florentinische Bankrotte ausgelöst hatten[290], nur ein Zweckbündnis schloß, um sich vor der zurückhaltenden französischen Politik zu profilieren. Einen ähnlichen Zweck mag auch der englische König mit dem an sich nichtssagenden Freundschaftsbund verfolgt haben, während er in der Auseinandersetzung mit dem bisher stets übermächtigen Frankreich die wachsende englische Stärke erkannte.[291] Auch gab es einige gemeinsame Züge in der Politik der Könige von Böhmen und von England.[292] Aufstieg der Peripherie!

Inzwischen hatte sich, unmittelbar nach Ludwigs Tod, ein verheißungsvolles Bindeglied zu den deutschen Reichsstädten erschlossen: Nürnberg, ein wachsender Wirtschaftsschwerpunkt in jenen Jahrzehnten. Auch das hing, im weiteren Sinn, mit dem Aufschwung der Peripherie, mit der wachsenden wirtschaftlichen Bedeutung des östlichen Mitteleuropa zusammen. Dadurch verlagerte sich der Akzent von Wirtschaft und Verkehr von der Nord-Süd-Verbindung am Rhein rund 200 Kilometer weiter nach dem Osten, gekreuzt vom wichtigsten Handelsweg aus Frankfurt nach Prag und Krakau, von Straßen nach Augsburg und Leipzig, nach Hamburg und Venedig, so daß Nürnberg überhaupt zum Zentrum der Straßenspinne Mitteleuropas wurde. Dieser Entwicklung hatte bereits Kaiser Ludwig Rechnung getragen. Vierundsiebzigmal tagte er in seinen 32 Regierungsjahren in Nürnberg, während er sich zum Beispiel in Frankfurt, auf traditionellem Königsboden, nur 47mal aufgehalten hatte.[293] Nun war die Verbindung zwischen Karl und der aufstrebenden Reichsstadt an der Pegnitz ein Zweckbündnis, von den klugen Nürnbergern unmittelbar nach Ludwigs Tod, angesichts einer drohenden Belagerung, ebenso rasch geschlagen, wie von Karl bei seinem Bedürfnis nach städtischer, nach finanzieller Unterstützung aufgegriffen.

Die Nürnberger hatten vom Aufstieg des östlichen Mitteleuropa besonders profitiert. Spätestens im ersten Drittel des 14. Jahrhunderts, soweit sich erkennen läßt, dehnten sie ihr Handelsnetz über Böhmen, Mähren, die Slowakei und Südpolen aus[294], überflügelten dabei das ältere Osthandelszentrum Regensburg[295] und zogen sogar Regensburger Patrizier samt ihren Erfahrungen und Verbindungen wegen sozialpolitischer Auseinandersetzungen in der alten Donaustadt zu sich her.[296] So war Karl im November 1347 ein wichtiges Pfand zugefallen, und er suchte in seinem Besitz nun auch die anderen süddeutschen Reichsstädte an sich zu ziehen, während er in den Winterwochen 1347/48 ins Elsaß, rheinabwärts und schließlich über Schwaben wieder nach Nürnberg zog. Karl kargte dabei nicht mit Privilegien und Geldern, um Herren und Städte zu gewinnen. Dafür mußte er sich einer eigenartigen Form der Finanzierung bedienen, die gerade die Neigung der Reichsstädte zu seiner Anerkennung auch wieder behindern konnte.

Der deutsche König verfügte in jenen Tagen nicht über irgendwelche direkten regelmäßigen Steuereinkünfte, und auch ein großer Teil der indirekten Abgaben wie Zoll und Maut war seinem Budget im Lauf der Zeit entfremdet worden. Das ganze deutsche Finanzwesen beruhte auf recht primitiven Voraussetzungen, Symptom für die mangelnde Entwicklung hoheitlicher Verwaltungsinstitutionen, und war eigentlich bei ernsthafteren Belastungen auf außergewöhnliche Steuern angewiesen. Die Pfalzen, einst Verwaltungszentren königlichen Grundbesitzes, waren der königlichen Nutzung ebenfalls großenteils entzogen. Aber gerade diese Pfalz, die königliche Burg in Nürnberg, zählte zu den Ausnahmen.[297] Wollte der König sich also durch eine Politik der materiellen Begünstigung empfehlen, dann standen ihm dazu kaum bare Geldmittel zur Verfügung. Er mußte statt dessen aus einem Fundus, dessen Erschöpfung schwer abzuschätzen war, Privilegien, Vorrechte, Titel verleihen, die im breitesten Maße politische, wirtschaftliche oder soziale Vorzüge verhießen. Über sie verfügte der König als oberster Lehnsherr, als Herr über alte Königsrechte und als Herr des Reichsguts und der Reichsstädte, das alles aber mit unterschiedlichen Konsequenzen und Möglichkeiten. Er konnte einen Grafen zum Reichsfürsten machen, indem er gleichzeitig seinen Besitz zum Fürstentum erhob, mit politischen Konsequenzen für tausende Einwohner in solchen Landen für alle Zukunft. Er konnte eine Familie in den Adelsstand erheben. Er konnte die

Kaufleute eines Ortes in dieser oder jener Reichsstadt vom Zoll befreien. Er konnte aber auch königliche Rechte, Einkünfte oder Untertanen als finanzielle Leistung für eine begrenzte oder unbegrenzte Zeit an jemanden ausleihen, sei es gegen eine Geldzahlung, sozusagen als Zins und Tilgung einer Schuldsumme, sei es auch, um mit einer solchen Pfandschaft für künftige Leistungen oder gar für politisches Wohlverhalten zu entschädigen. Unter den gegebenen Möglichkeiten war eine solche Pfandpolitik für Karl das tauglichste Mittel, seine Anhängerschaft zu vermehren.

Karl hat dieses Instrument nicht erfunden, aber er handhabte es mit auffälligem Eifer, bedacht, in seinen ersten Regierungsjahren damit nur überhaupt den Vorteil über seine Gegner zu nutzen, die nach dem Tod Ludwigs des Bayern nicht mehr über Königsgut verfügen konnten. Natürlich war ein solches Mittel weder rechtlich noch politisch unbedenklich, zumal sich spätestens seit den Tagen König Rudolfs von Habsburg die Kurfürsten als die obersten Verantwortungsträger für das Reich ein Zustimmungsrecht zu solchen Transaktionen gesichert hatten.[298] Dennoch blieben ihre Zustimmungen offenbar die Ausnahme; nur wenige kurfürstliche »Willebriefe« sind uns erhalten. Das rührt wohl daher, daß die Empfänger des Pfandgutes, fast ausschließlich adelige Herren und nicht zuletzt die Kurfürsten selber, im stillen Einvernehmen handelten.

Karl mußte also zahlen, wollte er sich behaupten. Insgesamt verpfändete er in den ersten drei Regierungsjahren Städte und Rechte von einem in den einzelnen Verträgen genau bezifferten Rückkaufwert von 1,8 Millionen Gulden, eine phantastische Summe, doppelt so viel wie die englischen Staatsschulden in Florenz. Den Löwenanteil schrieb er den Kurfürsten zu, fast die Hälfte des Betrags. Kur- und Reichsfürsten miteinander erhielten Pfandwerte in der Höhe von 1,4 Millionen Gulden. Rund 300000 gingen in die Hände von Grafen über, die sich gerade in jenem Jahrhundert oft als dynamische Politiker erwiesen und bestrebt waren, in die Rechts- und Machtposition von Territorialfürsten aufzusteigen. An Ritter und Freiherren, an einzelne Bürger und Reichsstädte versetzte er insgesamt nur Werte von einem Zwölftel der Gesamtsumme, rund 150000 Gulden.[299] Für die gesamte Pfandpolitik Karls ist der Überblick wichtig: während er bis 1351 noch mit dieser Vergabepolitik fortfahren mußte, um seine Stellung zu sichern, war er in den folgenden zwanzig Jahren eher wieder um Rückkauf und Sicherung des Reichsgutes bemüht. Ein sparsamer Wirtschafter, wenn wir mit den Möglichkeiten moderner Steuerpolitik einen Vergleich ziehen. Erst in seinen letzten Regierungsjahren entschloß er sich wieder zu etwas umfangreicheren Ausgaben, für vier Jahre so viel wie zuvor für 20. Das hing mit der Wahl seines Sohnes Wenzel zusammen, für die er auf jeden Fall die Kurfürsten gewinnen mußte. Aber was er von 1352 bis 1378 versetzte, machte miteinander doch noch nicht einmal ein Drittel der Pfandsumme aus den ersten Regierungsjahren aus.[300]

Von Februar 1348 bis zum Jahresende hielt sich Karl, mit Ausnahme eines sommerlichen Abstechers nach Linz, nur in der östlichen Reichshälfte auf, in Böhmen, in Schlesien und in Sachsen. Und dabei entglitt ihm im Westen wieder, was er schon gesichert glaubte. Umsichtige Nürnberger Politiker, reich geworden und mit Reichslehen der Nürnberger Umgebung von Kaiser Ludwig begabt, hielten es für zweckmäßig, sich wieder zur wittelsbachischen Opposition zu schlagen. Widerstände der Ratsmehrheit wurden in einer Rebellion überwunden, wie immer mit einem Appell nach unten. Diesmal galt er der politischen Unzufriedenheit nichtratsfähiger Handwerkerkreise. Am 6. Juni 1348 schrieb Ludwig der Brandenburger an den gebannten und abgesetzten Mainzer Erzbischof Heinrich von Virneburg, der sich gleichwohl gegenüber dem päpstlichen Kandidaten unangefochten im Besitz von Mainz hielt, Nürnberg habe ihm Gehorsam geschworen.[301] Patrizier, die mit Karl nicht brechen wollten, mußten die Stadt verlassen. Im Ganzen zeigt der Vorgang die neuerlich wachsende Stärke der Wittelsbacher.

Karl mußte reagieren. Hatte er neun Tage vor dem Nürnberger Aufstand, am 26. Mai 1348, Herzog Albrecht von Österreich gegen Pfandgüter im Wert von 20000 Gulden und die Verlobung seiner sechsjährigen Tochter Katharina mit dem ältesten Habsburgerprinzen zur Lehnshuldigung bewogen, kurz danach auch gegen eine Rechtsverbesserung die Huldigung des Herzogs Barnim von Pommern mit großer Feierlichkeit in Prag entgegengenommen, so konnte er im Juli die Fürsten von Mecklenburg zu reichsunmittelbaren Herzogen erheben und gewann damit im Norden des wittelsbachischen Brandenburg zwei entscheidende Parteigänger.

Gleichzeitig trennte er dadurch Brandenburg von Dänemark, wo sich der junge König Waldemar Atterdag, am Hof Ludwig des Bayern erzogen und mit Hilfe von Ludwigs Söhnen 1340 zur dänischen Krone gekommen, zum Kampf auf wittelsbachischer Seite rüstete.[302] Aber die Wittelsbacher hatten einen geschickten Verbündeten gewonnen. Es war der Wettiner Friedrich, Landgraf von Thüringen und Markgraf von Meißen, der mit seinen Landen südlich von Brandenburg den Raum bis nach Böhmen füllte und die wittelsbachische Bastion östlich der Elbe bedeutend wachsen ließ. Es ist bezeichnend für die Gewichtung der Macht, daß dieses raumpolitische Schachspiel sich in den Territorien des östlichen Deutschland entfaltete. Hier, im weiträumigen Kolonisationsgebiet, standen wichtige Entscheidungen über künftige Kräfteverhältnisse bevor.

Friedrich sollte, nachdem Eduard III. das Angebot ausgeschlagen hatte, der neue Gegenkönig sein. Man muß sich wundern, warum die Wittelsbacher dafür nicht das Haupt ihrer eigenen Partei ins Treffen führten, Ludwig den Brandenburger. Vielleicht, weil Ludwig Kurfürst war. Er konnte sich nicht selber wählen, aber seine Stimme schien nötig zur Legalisierung einer neuen Königswahl. Immerhin – zweifellos schwächte es die politische Opposition, daß nicht der Sohn und Erbe Kaiser Ludwigs, umstritten, aber im Lauf langer Jahre doch der Mittelpunkt einer festen Parteibildung, an die Spitze trat. Aber auch ohne das war für Karl der meißnisch-thüringisch-brandenburgische Länderblock an der Nordgrenze seiner böhmischen Hausmacht gefährlich, besonders, nachdem ein habsburgischer Vermittlungsversuch im Juli 1348 nach einer persönlichen Begegnung Karls mit Ludwig sich zerschlagen, ja im Skandal geendet hatte.

Da tritt nun wieder einer jener merkwürdigen Zufälle ein, die Karls mühsamen Aufstieg in Deutschland in Engpässen zu Hilfe kamen. Diesmal handelt es sich um eine rätselhafte Gestalt, von der einige Chronisten manches zu erzählen wissen, aber das sind nicht mehr als die Mutmaßungen von Zeitgenossen. Es trat ein Mann in Brandenburg auf und behauptete, der alte Markgraf zu sein, Waldemar, den man vor 28 Jahren begraben zu haben glaubte. Mit ihm war das Geschlecht der Askanier erloschen, und Kaiser Ludwig hatte seinerzeit die Kurmark Brandenburg seinem eigenen

Sohn verliehen. Mit einem Schlag gewann nun dieser geheimnisvolle Waldemar Anhänger mitten in der wittelsbachischen Zitadelle Ostdeutschlands, denn er vertrat das angestammte Fürstenhaus gegen die landfremden Bayern, er versprach Gerechtigkeit, wo man dem jungen Wittelsbacher manche Willkür nachsagte, rücksichtslose Affären mit Damen des Landes, illegitime Kinder und Steuerbedrückung.[303] Besondere Gefolgschaft gewann der Wiedererstandene durch seine städtefreundliche Politik. In einem förmlichen Huldigungszug hatte er binnen Wochen den größten Teil der Mark erobert. Ludwig eilte aus Bayern herbei, aber er konnte gerade noch Frankfurt an der Oder halten, auch gegen Karl, der dem neuen Brandenburger Bundesgenossen schleunigst zu Hilfe kam. Dabei ließ er's nicht genug sein mit der Verschiebung des Gleichgewichts zwischen Elbe und Oder zu seinen Gunsten: er ließ sich außerdem von Waldemar noch mit der Abtretung der Niederlausitz honorieren, und Waldemar beurkundete das für den »allerdurchlauchtigsten Fürsten und unsern gnädigen Herrn, Herrn Karl, römischen König, zu allen Zeiten Mehrer des Reichs und König zu Böhmen ... wegen der besonderen Güte und Gnade, die er uns erzeigt und bewiesen hat und noch gnädiger zeigen mag, unser Land und Erbe zu gewinnen und zu erkriegen«.[304]

Das Brandenburger Ereignis vom Markgrafen Waldemar, »de upstan was«[305], verwirrte die Köpfe. Einige wollten genau wissen, daß Waldemar in Wirklichkeit ein Bauer oder Müller sei, ausgesucht und gar jahrelang auf diese Rolle vorbereitet durch Herzog Rudolf von Sachsen.[306] Die alten Zeiten wissen manches von totgeglaubten und wieder heimgekehrten rechtmäßigen Herren, vom klassischen Odysseus bis hin zum »falschen Friederich«, der zwei Menschenalter vor dem »falschen Waldemar« für eine Zeit die Gunst rheinischer Reichsstädte gewonnen hatte. Die Politik des falschen Waldemar war nicht undurchschaubar. Als der letzte seines Geschlechts schenkte er bereitwillig jedem ein Stück von seinem Erbe, wenn er ihm half. Und doch wäre diese Politik undurchführbar gewesen ohne die Kraft der öffentlichen Meinung, die nicht sehr an der wittelsbachischen Herrschaft hing, und ohne die Hilfe des Königs, der den angeblichen Markgrafen feierlich belehnte. Das unerwartete Zwischenspiel in Brandenburg hatte für Karl schon Früchte getragen, noch ehe er dort eingetroffen war. Auf dem

Zug nach Norden nämlich verständigte sich Friedrich von Meißen und Thüringen mit ihm, versprach, in angemessener Frist die Belehnung einzuholen und verzichtete damit auf die Thronkandidatur auf wittelsbachischer Seite.

Die Opposition suchte einen neuen, den dritten Thronprätendenten: sie fand ihn schließlich in dem thüringischen Grafen Günther von Schwarzburg. Freilich war indessen ihre Lage viel schlechter geworden. Der Verlust Brandenburgs, der Übertritt der ostelbischen Reichslande auf die Seite Karls und die unerschütterte Position des Luxemburgers im Westen des Reichs unter der Statthalterschaft Balduins von Trier, das Eheprojekt zwischen Karls Tochter und dem künftigen habsburgischen Erben waren schlechte Voraussetzungen für den Erfolg der wittelsbachischen Sache. Deshalb bedachte sich der Graf von Schwarzburg auch eine Zeit, ein edler und berühmter und auch kriegstüchtiger Herr, wie man damals in seiner Nachbarschaft von ihm schrieb.[307] Dann sagte er jedoch zu, und er griff auch zu. Er besetzte die alte Königsstadt Frankfurt, und nach altem Recht war ihm das Königtum sicher, wenn er es verstand, sie neun Wochen zu behaupten.[308] Das schrieb ihm jedenfalls der Chronist zu und wohl auch ein guter Teil der öffentlichen Meinung. Nimmt man die deutsche Chronistik jener Zeit als Anhaltspunkt, dann war die Geringschätzung des Pfaffenkönigs, des Imperadore dei preti[309], über das ganze Reich verbreitet, und nur die böhmischen Chronisten hatten über Karl Besseres zu sagen.

Aber Karl konnte seinen Gegner von Aachen abschneiden. Er gewann Köln, die größte deutsche Stadt und damit einen wichtigen Rückhalt am Rhein, und endlich sprengte er gar die rheinische Bastion seiner Widersacher überhaupt auseinander. Im Sommer 1348 war seine erste Frau gestorben, Blanche von Valois. Nun warb Karl um die zwanzigjährige Tochter des Pfalzgrafen Rudolf, und es gelang ihm, nicht nur die wittelsbachische Dynastie, sondern sogar ihren pfälzischen Zweig im engeren Sinne damit auseinanderzubringen. Ein Blitzbesuch auf der Insel Seeland mußte zunächst noch englische Gesandte beruhigen, bei denen Karl ursprünglich um die Tochter Eduards III. werben wollte. Dann aber, und es war ein gelungener Überraschungscoup, feierte er schon am 4. März 1349 Hochzeit mit Anna von der Pfalz.[310] Diese Ehe war es letztlich, die Günther von Schwarzburg entwaffnete. Denn der

Pfalzgraf Rudolf, selber ohne Söhne, versprach für seinen erbenlosen Tod eine Eventualhuldigung aller seiner Amtleute, ja er räumte Karl selbst bei der Neubesetzung von Ämtern ein Veto ein, so daß die pfälzische Personalpolitik fortan vom Prager Hof mitbestimmt werden sollte.[311] Für den Augenblick verband er sich mit Karl »ewiglichen mit leip, mit gůt, mit lande, vesten und mit lůten ... wider allermeiniglich, nymant uz zu nemen«.[312] Das war deutlich gegen die eigene Familie gerichtet. Für die nächsten Jahrzehnte wurde die Mitgift seiner Tochter wichtig: Hartenstein, Auerbach, Velden, Plech und Neidstein in der oberen Pfalz, »und waz darzů gehoret, besůcht und unbesůcht, ob der erde und under der erde, uf walde, wazzer und weide ...«[313] Auch die Juristen des 14. Jahrhunderts verstanden es bereits, mit ihren Formeln in alle Winkel und Ansprüche zu leuchten. Diese fünf Herrschaften wurden aus Prager Sicht der Grundstock von Karls Territorialherrschaft in »Bayern jenseits des Böhmerwalds«.

Zwar zogen danach noch die Heere von König und Gegenkönig auf, so daß man für eine Zeit einen Bürgerkrieg am Rhein befürchtete.[314] Aber der kleine Graf von Schwarzburg war nun einmal nicht der »kleine Graf von Habsburg«, der Karls Urgroßvater vom böhmischen Thron gestoßen hatte. Von vornherein hielt er sich den Rückzug offen, und als Karl ihm schließlich Verhandlungen um 20.000 Gulden bot, nutzte er, selbst bereits erkrankt, die Situation zu einem bescheidenen, aber sicheren Gewinn. Zwei Monate später war er tot. Viele Leute konnten sich den Ausgang dieses stillen Ringens freilich nur durch ein Giftattentat erklären.[315] Und was mag durch Karls Kopf gegangen sein, als nun auch der zweite Widersacher seines Königtums, diesmal mit seinem persönlichen Geleit, zu Grabe getragen ward? Am 11. Juli 1349 hatte er seine Berufung auf den Königsthron als ein Wunder der göttlichen Milde bezeichnet, in einer Formulierung, mit der wir schon bekannt geworden sind. Man muß hinzufügen, daß er in derselben Urkunde die göttliche Begnadung unmittelbar mit seinem Glaubenseifer in Verbindung bringt.[316] Aber vielleicht war diese Form der politischen Frömmigkeit auch allein imstande, die gehörige Zuversicht um die königliche Majestät zu verbreiten.

Nun hatte Karl keine offenen politischen Gegner mehr in Deutschland. Die Parteigänger und Wähler Günthers von Schwarzburg, voran Ludwig der Brandenburger, das Haupt der wittelsbachischen Partei, hatten sich schon vor ihrem erkorenen Führer, also rechtzeitig, mit Karl arrangiert, und dieser zeigte sich dabei in allen Stücken als ein großmütiger[317], oder besser gesagt, als ein weitblickender, ja im wahren Wortsinn vorsichtiger Sieger. Denn allzu tief war über 20 Jahre hin der Riß zwischen Papst und Kaiser in Deutschland gegangen, und wenn auch Ludwig, zögernd und halbherzig, den Radikalismus der papstfeindlichen Emigranten an seinem eigenen Hof womöglich gar nicht durchschaute und jedenfalls nicht zum tragenden Element seiner Politik erhob[318], ja mit seiner Prozeßführung an der Kurie im Prinzip den päpstlichen Universalismus akzeptierte, so hatte doch die Wahl zwischen Kirchenbann und Kaisertreue vielerorts die Papstfeindschaft tiefer wurzeln lassen als zuvor, ja fast schon, ein vorreformatorisches Element, zu einem populären Urteil gemacht. Dazu kam wohl manches böse Wort, das man gerade Klemens VI. nachsagen konnte. Berichte von seinen Mätressen, seinem Nepotismus und gar sein übermütiges Wort, seine Vorgänger hätten nicht recht gewußt, Papst zu sein, machten die Runde; schließlich hielt man die Pest für eine Strafe seines Pontifikats.[319]

Karl suchte auf manche Weise Popularität. Er tanzte mit den Baslerinnen und ritt auch ins Turnier, sehr gegen seine Neigungen und dies zumindest auch mit vollem Mißerfolg. Er sorgte übrigens auch für rasche Aufhebung des Interdikts, wohin er kam, worum ihn besonnene deutsche Kirchenmänner ohnehin dringend baten.[320] Seine neuen deutschen Untertanen ließen sich freilich dabei nicht über die Dürftigkeit seiner finanziellen Mittel täuschen. Von Böhmen offenbar sehr zögernd unterstützt, befand sich Karl in ziemlicher Finanznot. Deshalb hatte ihm auch schon 1348 ein mißtrauischer Wormser Metzger wegen unbezahlter Rechnungen den Abzug aus der Stadt verwehren wollen und ohne weiteres Unterstützung bei der Volksmenge gefunden. Auch das war eine Folge seiner Wahlpolitik, die Geld nicht schonte: »Da König Karl also seine Feinde erkauft und überwunden hatte, da fuhr er von einer Stadt zur anderen und ward da recht empfangen als ein König. Und hatte also viel ausgegeben und sich also viel verausgabt um das Reich, daß er also arm ward, daß ihm in manchen Städten die Wirte nicht borgen wollten, wenn er ihnen nicht Pfand oder Bürgen gab. Und einige Male wurde er gepfändet wegen seiner Schulden.«[321]

Viel tiefer aber reichte eine Abneigung, die förmlich mit symbolischem Anspruch seine ersten Regierungsjahre mit dem Unheil der Zeit in Verbindung brachte: »Der Anfang aber der Regierung jenes Karl scheint vielen erinnerungswert wegen der schlimmen Vorzeichen und Ungeheuer und vieler Einzelheiten, die damals zu beobachten waren.«[322] Dazu gehörte die rätselhafte Auferstehung des Markgrafen von Brandenburg, die Geißlerzüge durch westdeutsche Städte mit ihrer Prophetie vom nahen Antichrist, Gerüchte von Brunnenvergiftungen, welche die Leute in Angst und Schrecken stürzten, und grausame Judenverfolgungen; Verschwörungen, Rebellionen, Widersetzlichkeiten aller Art als Wellenschlag jahrelanger Spannungen wegen der Auseinandersetzungen zwischen Kaiser Ludwig und den Päpsten, wegen rivalisierender Bischöfe, entzweiter Domkapitel, wegen Erschütterungen im Herrschaftsgefüge ohne ein starkes Königtum. Deshalb fehlten auch nicht »Schreckgespenster in verschiedenen Teilen Deutschlands«. Als Karl schließlich am 25. Juli 1349, am Jakobstag[323], in Aachen, also am »rechten Ort«, wenn auch nicht vom »rechten Bischof«, dem Kölner, sondern von seinem Großoheim Balduin von Trier, noch einmal zum deutschen König gekrönt wurde, hatte er für den Augenblick alle seine ehemaligen Gegner hinter sich und alle rechtlichen Einwände gegen sein Königtum aufgehoben. Aber dennoch mußte ihm nach den mühsam geglätteten Wogen in Deutschland sein böhmisches Königreich wie eine Insel des Friedens erscheinen. Selbst von der ersten europäischen Pestwelle waren die böhmischen Länder verschont geblieben. Nicht minder vom großen Judenmord.

Karls böhmische Bastion

Karl blieb noch einige Zeit am Rhein und zog dann über Nürnberg ostwärts. Dort war inzwischen der Aufstand gegen ihn und das Ratsregiment zusammengebrochen, nachdem die patrizischen Anführer rechtzeitig den Kurswechsel vorbereitet hatten; voran Ulrich Stromer, der auch bald zu den wichtigen Ratgebern Karls gehörte.[324] Im Oktober 1349 betrat Karl wieder böhmischen Boden und blieb beinahe vier Jahre lang, abgesehen von zwei kurzen Visiten in Nürnberg, in der östlichen Reichshälfte, vornehmlich im Raum der luxemburgischen Herrschaft im böhmischen Länderblock.

Dort hatte er ein weit festeres Fundament für sein Regiment gelegt, als es die finanziellen, rechtlichen und politischen Verhältnisse in ihrem vielfältigen Geflecht für die deutsche Krone bieten konnten; dort war das Kernstück seiner politischen Macht, und es kam darauf an, es zu formieren und gleichzeitig nach seiner Wirkung über die Grenzen hinaus auf das ganze Reich zu richten. Karl, der arme, mühsam genug gekrönte deutsche König, mußte ein starker Herr in den böhmischen Ländern sein, wollte er die deutsche Krone behaupten, er mußte ein Fürst unter Fürsten sein, die Hausmacht ausbauen, Herrschaftsbindungen festigen, jene direkte Beziehung vom Thron zu den Untertanen entwickeln, die ihm als deutscher Herrscher durch die deutschen Fürsten verwehrt war, eingeschränkt nur auf den kleinen Kreis der Reichsuntertanen, der Reichsritter und der Reichsbürger, die er in so breitem Maß hatte verpfänden müssen. Er mußte versuchen, durch unmittelbare Macht in Böhmen, Mähren und Schlesien auszugleichen, was ihm an Einfluß in Deutschland verwehrt war.

Karls Erbe war vom Vater einst schmaler zugeschnitten worden, als er es schließlich behauptete. 1340 nämlich hatte Johann einmal daran gedacht, seinem ältesten Sohn nur das böhmische Königtum zu hinterlassen, die Markgrafschaft Mähren aber davon zu lösen und sie als unmittelbares Reichsfürstentum dem zweitgeborenen Johann Heinrich zu vererben. Die luxemburgischen Lande sollte der dritte Sohn König Johanns übernehmen, ein Kind aus seiner zweiten Ehe mit Beatrix von Bourbon, das 1337 zur Welt kam und trotz der französischen Mutter auf den tschechischen Namen Wenzel getauft wurde. Aber Karl wußte diese Erbansprüche geradeso in den Hintergrund zu drängen wie die väterliche Macht in Böhmen, noch ehe der Erbfall eintrat;[325] auf seine stille Art, in umsichtiger rechtlicher Sicherung. Über Luxemburg und damit über den Anteil seines neunjährigen Halbbruders verfügte er 1346 schon sehr frei, als er sich die Hilfe seines Großoheims Balduin sicherte. Nebenbei findet sich in diesem Zusammenhang auch eine ausdrückliche Floskel für den Fall, daß Karl selber zum Landesherrn von

Luxemburg würde.[326] Damit sollte Balduin offenbar für entsprechende Aspirationen Karls gewonnen werden. Den Bruder in Mähren, der sich ihm offenbar stets willig unterordnete, zog Karl mit der ganzen Markgrafschaft an sich, an den böhmischen Thron. Das war nicht schwer; die Reichszugehörigkeit Mährens stand auf schwachen Füßen. Barbarossa hatte sie gelegentlich behauptet, in der habsburgischen Politik um 1308 spielte sie eine Rolle, und schließlich hatte sie Johann im Rahmen jener Lehnshuldigung eingeräumt, die nach Karls Autobiographie von Kaiser Ludwig erschlichen war und von ihm für null und nichtig gehalten wurde; von ihm und auch von den böhmischen Baronen, wie er dabei anmerkte.[327] Die Herrschaftsverhältnisse über die Lande im Norden und Osten Böhmens, die Karls Vater im Laufe der Zeit gewonnen hatte, waren unterschiedlich und unklar, so daß sie bei jenem umstrittenen Belehnungsvertrag von 1339 teilweise sogar unberücksichtigt blieben.[328]

Also bot sich Karl zunächst einmal die Aufgabe, alles das in einem Rechtsverband zusammenzufassen. Das Unternehmen ist bezeichnend für seine politische Denkweise, die zur Gesetzgebung neigte, wo man sich bislang mit Fakten, mit dem dynastischen Herkommen oder dem wechselnden politischen Geschick einzelner Herrscherpersönlichkeiten begnügt hatte. Bezeichnend sind auch die Umstände, die er wählte: Als er seine deutschen Ansprüche nach der ersten Krönung in Bonn 1346 recht und schlecht gesichert glaubte, als er zudem einsehen mußte, nicht ohne weiteres die Tiroler Machtstellung der Wittelsbacher erschüttern zu können, zog er sich im Winterhalbjahr 1347/48 monatelang in seine böhmische Bastion zurück, um dort die Dinge zu ordnen, um mit seiner Autorität als deutscher König zu argumentieren, um seine Stellung nicht nur in Böhmen, sondern in der ganzen Reichshälfte östlich der Elbe auszubauen, ehe er sich in den Endkampf mit der wittelsbachischen Opposition wagte. Ausdruck dieser böhmischen Ordnungsversuche ist vornehmlich ein Gesetzeswerk, das in der Form einer Urkundenreihe am 7. April 1348 in Prag erlassen wurde. Damals hatte er Ständevertreter aus allen Landen zu einem sogenannten »Generallandtag« in Prag versammelt, praktizierte somit zum erstenmal einen Versuch, vor den Augen und auf der Rechtsgrundlage eines Ständegremiums, modern gesprochen, sozusagen mit der Legitimation einer Nationalversammlung, den Staatsbau zu definieren und zu verändern. Karl hat noch wiederholt auf die gleiche Weise gehandelt, und das entsprechende Ergebnis für die deutsche Verfassung, die von den Juristen später sogenannte »Goldene Bulle« von den Reichstagen 1355 und 1356, hat seinen Namen zumindest in alle deutschen Schulbücher gebracht. Man muß aber sehen, daß er dieses Verfahren mit Konsequenz und mehrfach pflegte.

Zunächst also für die böhmischen Verhältnisse. Es handelt sich um gut ein Dutzend Urkunden[329], in denen Karl »romana regia auctoritate«, also mit der Autorität des deutschen Königs als Lehensherr, für die böhmischen Länder Bestätigungen erteilte: die alten böhmischen Königsprivilegien; das böhmische Kurfürsten- und Reichserzamt als des Mundschenken nach der alten Tafelordnung aus fränkischer Tradition; die Primogenitur in der böhmischen Dynastie; die rechtmäßige Belehnung weiland König Přemysl Ottokars II., seines Urgroßvaters, mit den österreichischen Landen durch König Richard, einen der nominellen Träger des deutschen Doppelkönigtums während des Interregnums; die »Inkorporation« der schlesischen Lande und geradeso die lehensmäßige Abhängigkeit Mährens von Böhmen.[330] Man könnte meinen, daß Karl mit dieser Urkundenreihe nichts anderes unternimmt als jeder neue Herrscher, nachdem er am 2. September 1347 in Prag zum böhmischen König gekrönt worden war: er richtete sich ein auf seinem Thron, indem er zunächst einmal die alten Privilegien bestätigte. Bei näherem Zusehen erweist sich das aber nicht nur als ein Bestreben, Verhältnisse zu ordnen, indem man sie aufs neue bestätigte. Als deutscher König, nicht als der böhmische Herrscher, dem dazu die Befugnis fehlte, schuf Karl gleichzeitig nicht nur schriftlich begründete, sondern nun eben auch neue Verhältnisse. Er band Schlesien, jenes Dutzend von Herzogtümern, das außer dem Herzogtum Schweidnitz in den zwanziger und dreißiger Jahren bislang von seinem Vater für die böhmische Herrschaft erworben worden war, dazu noch Landesteile, die sich bereits 1290 in böhmische Abhängigkeit begeben hatten, nun ausdrücklich und unmittelbar an das böhmische Königtum[331], ebenso wie auch die Markgrafschaft Mähren, deren Verhältnis zum Reich nach den Präzedenzen einer Reichsbelehnung eben bislang nicht hinlänglich geklärt war. Er hielt es sogar für nötig, die mährische

Lehensabhängigkeit noch einmal durch Lehnsverträge von 1349 und 1351 zu unterstreichen[332], nachdem er zum zweiten Mal und nun unwiderruflich zum deutschen König gekrönt war. Die schlesische Abhängigkeit bestätigte er noch einmal 1355 als Kaiser.

Aber nicht nur die Lehensabhängigkeit, sondern auch der Gebrauch staatsrechtlicher Begriffe kennzeichnet das Neue. Karl spricht nicht nur von »inkorporieren«, eingliedern, ein Ausdruck, der sich gelegentlich bereits bei König Rudolf von Habsburg für die besondere Reichszugehörigkeit findet, sondern er bedient sich auch einer neuen Konstruktion, um die Abhängigkeit für alle Zukunft zu definieren. Er erklärt die Nebenländer zu »Lehen der Könige und der Krone des Reiches Böhmen«.[333]

Damit drang ein fremdes Rechtssystem in das Selbstverständnis der böhmischen Herrschaft. Anders nämlich als in Frankreich und in Deutschland, im Kernbereich des mittelalterlichen Abendlandes, aber auch in anderen Zonen, vornehmlich in den Gebieten normannischer Herrschaft in England oder in Unteritalien, war im östlichen Mitteleuropa das konkrete System des sogenannten Lehensrechtes nicht ausgebildet. In Polen, in Böhmen und in Ungarn gab es zwar eine Gefolgschafts- und Treuebindung des Adels an den Herrscher, aber es fehlte das ausgeprägte Abhängigkeitsverhältnis, wie es im Frankenreich seit dem 8. Jahrhundert durch das Lehensrecht in feste Formen gebracht worden war.[334] Auf diesen Rechtsverhältnissen ruhte die mittelalterliche Welt. Ihre Reste schwanden in Mitteleuropa erst 1848. In den böhmischen Ländern sah das Verhältnis zwischen Adel und Herrscher beim ersten Blick auf die politischen Strukturen dem übrigen Abendland zwar recht ähnlich, aber es gab keine Lehensnahme und keinen Lehenseid, keinen Lehensdienst und kein Widerstandsrecht in den klaren Formen der westlichen Begrifflichkeit und Rechtsordnung. Mit dem Zuzug deutscher Siedler und deutscher Adeliger im 13. und 14. Jahrhundert hatten westliche Rechtsformen wohl in einigen Bereichen um sich gegriffen, aber sie blieben regionale Erscheinungen. Karl suchte nun die Dinge von oben her zu überformen. Da, wo noch Raum war für neue Rechtssetzungen, besonders also im Verhältnis des Königs zu den neu erworbenen schlesischen Gebieten und ähnlich in dem bislang noch nicht definierten Abhängigkeitsverhältnis zwischen Böhmen und Mähren, war Platz für das neue

Rechtsdenken. Deshalb spricht er also da von »feudum«, vom Lehensband, und sein Bruder Johann Heinrich exerziert wiederholt die Lehensnahme eines Markgrafen von Mähren vor dem böhmischen König. Deshalb versucht sich Karl auch in der Darlegung, daß seit den Zeiten seines »geliebten Ahnherrn Ottokars II.« der böhmische König ein »dominium superioritatis« über Mähren übe, eine Oberherrschaft, bei der alle Untertanen des mährischen Markgrafen in besonderer Weise auch an den Lehensherrn ihres Herrn gebunden sind, an den König von Böhmen. Das ist ein französisches Herrschaftsmodell. Daß es in Deutschland nicht ausgebildet war, schnitt den deutschen Herrscher von den vielen Untertanen seiner großen Lehensträger ab und beschränkte seine direkte Obrigkeit auf Reichsritter, Reichsstädte und -dörfer. Ein vielbeklagter Umstand der mangelnden zentralen deutschen Staatlichkeit! Karl suchte ihm, wie sich zeigte, bei der Kodifizierung der böhmisch-mährischen Abhängigkeit zu begegnen.[335]

Um aber im übrigen die Großen der böhmischen Lande zusammenzufassen, die natürlich auf ihren alten Rechten beharrten, die keine Lehensbindung von alters her vorgesehen hatten, führte er den neuen Begriff einer »corona Boemie«, immer unter dem Hinweis auf altes Herkommen und längstgewohnte Verhältnisse, in die Sprache der Urkunden ein. Freilich beanspruchte er dabei auch gleichzeitig eine neue Interpretation der alten Verhältnisse, wie sie eigentlich schon die sprachliche, zumal die lateinische Fixierung erforderte. Wobei er, wie er gelegentlich einflicht, die Dinge »gründlich betrachtet und aus den Bemühungen genauer Überlegung klarer dargestellt« habe. Die Gesamtheit des Hochadels im böhmischen Königreich, die »universitas baronum et procerum regni Boemie«, wird dabei angesprochen, und in diesem Zusammenhang erhält sie nicht nur in den böhmischen Königen, sondern in dem stets gleichgesetzten Begriff der »Krone Böhmens« einen geistigen Bezugspunkt, ein Symbol für die Staatsabstraktion.

Wer staatsrechtlich denkt, erkennt die Neuerung. Die Krone ist mehr als der König. Sie ist das Symbol für den gemeinsamen Dienst an einer heiligen Sache, die mitunter ausdrücklich als die gemeinsame Sache bezeichnet wird, als die »res publica Bohemiae«.[336] Karl präsentierte diesen neuen Staatsbegriff als religiöses Symbol. Den Ansatz bot der Kult, den er tatsächlich mit einer neuen böhmischen Krone trieb, die er 1344 hatte anfertigen lassen, um eine Reliquienbüste des Landesheiligen Wenzel im Prager Dom damit zu zieren.[337] Der Papst mußte dabei das neue Heiligtum mit besonderen Bestimmungen auszeichnen, und so entstand eine Verehrung, wie sie bis dahin weder in Böhmen noch in Deutschland üblich war. Die Krone mußte fortan immer auf der Reliquienbüste des Heiligen ruhen, nur zur Krönung oder zu festlichen Anlässen durfte sie der König vom Heiligen entleihen, und sie wurde damit selbst zu einer besonderen Reliquie, geheiligt überdies noch, dies nach französischem Vorbild, durch den Einschluß eines Dorns, vorgeblich aus der Dornenkrone Christi. Damit war so etwas wie eine Verbindung von der Majestät des Königtums zur Passion des Herrn geschlagen. Es mag die Überzeugungskraft dieser liturgischen Erfindung Karls demonstrieren, daß diese Krone noch heute im Prager Veitsdom zu finden ist, wohin sie Karl einst gebracht hatte. Alle anderen europäischen Kronen werden in Museen aufbewahrt.

Was hieß das nun aber wieder für die konkrete Politik? Die Krone ist mehr als der König, aber sie kommt allein dem König zu. Im mittelalterlichen Ständedenken war es vom Hochadel bis zum König oft nur ein Schritt; durch Wahl, durch Schicksal, durch politisches Geschick gelenkt, gerade bei neuen Dynastien, wie bei der luxemburgischen in den böhmischen Ländern. Leicht hätte ein Baron Rosenberg, ein Rohn oder ein Markwartinger dem Gedanken nachgehen können, sein Geschlecht sei viel enger über Jahrhunderte hin mit dem Wohl und Wehe dieses Landes verbunden als das königliche. Ein mittelalterlicher König war zudem im Kreise des Hochadels nur, wie man oft umschrieben hat, der Erste unter Gleichen. Karl wollte aber nicht nur durch den Zufall über seinen Hochadel erhaben sein, der seinen Vater zum Mann der letzten Přemyslidentochter gewählt hatte; er betonte die unwiderrufliche Distanz aus seiner geheiligten Stellung. Nur der König war geweiht und gesalbt; nur er trug eine Krone.

Noch unmittelbar vor seiner böhmischen Krönung, im Sommer 1347, hatte Karl selbst eine neue Krönungsordnung entworfen, auf der Grundlage der alten přemyslidischen Ordnungen, mit französischen, oft überschätzten Einflüssen, maßgeblich orientiert am deutschen Krönungsordo.[338] Und doch schuf Karl auch dabei bedeutende Neuerungen; nicht nur im liturgischen Bereich, dessen Aufschlüsse für seine religiöse Gedankenwelt wir noch kennenlernen werden, sondern auch mit der klaren Trennung staatsrechtlicher Symbolik und schließlich, bezeichnend für seine Bemühungen um möglichst breite gedankliche Mitteilhabe, ja Mitvollzug an der religiös fundierten Staatlichkeit: er fügte auch das vermutlich älteste tschechische Kirchenlied in die Abfolge der Krönungszeremonie, die uralte Wenzelshymne, um solcherart eine allgemeine Akklamation auch zugleich an den Landesheiligen zu richten, mit dessen Krone der neue böhmische Herrscher ja fortan jeweils zum König erhoben werden sollte.

Mit Karls Krönung am 2. September 1347 erhielt zum ersten Mal ein böhmischer König das Diadem aus der Hand eines böhmischen Erzbischofs. Auch das ist eine Neuerung, die den Bestand des böhmischen Staates in mancher Hinsicht stärkte. Freilich rührt eine solche Einsicht nicht aus modernen Perspektiven. Man muß sich stattdessen einmal vergegenwärtigen, daß in jenen Jahrhunderten die Kirche, und nicht der Staat, das einzige perfekte Organisationsnetz über die lateinische Christenheit gebreitet hatte, so wie eben nur der Papst, niemals aber ein Kaiser imstande gewesen ist, diese ganze lateinische Christenheit seiner Exekutive zu unterwerfen. In diesem Zusammenhang wurde der Aufbau des Kirchenregiments in mancher Hinsicht auch für die politische Gliederung von Belang. Das Bistum Prag, 973 zu Zeiten der Christianisierung des östlichen Mitteleuropa von der Regensburger Diözese abgetrennt, nimmt dabei im Zusammenspiel von geistlicher und weltlicher Herrschaft eine besondere Stellung ein. Damals schon saßen die Přemyslidenfürsten auf der Prager Burg, und bald nachher beherrschten sie den gesamten böhmisch-mährischen Raum. Die böhmische Diözese deckte sich ziemlich früh mit dem böhmischen Hauptland[339], und nicht zuletzt das mährische Bistum Olmütz vertrat vom 11. Jahrhundert an jenen stillen Dualismus, den das Land an der March unter der Verwaltung nachgeborener Prager Fürstensöhne durch Jahrhunderte auf verschiedene Weise gegen die böhmische Überlegenheit auszuspielen suchte.

Der Prager Bischof residierte von vornherein auf der Fürstenburg. Seine Bindung an den Herrscher war damit enger, als je die eines unter den deutschen Bischöfen, die alle viel früher eine feste

Residenz hatten als die Fürstlichkeiten im weltlichen Bereich und doch keine in gemeinsamen Mauern. Weder in Bayern noch in Sachsen, in Franken oder in Schwaben, um vergleichbare Raumgrößen anzusprechen, regierten Fürst und Bischof auf derselben Burg gemeinsam über dasselbe Land. Noch dazu war diese böhmische Diözese, Glied der Erzdiözese Mainz, von ihrem Oberhirten ähnlich weit entfernt wie das böhmische Fürstentum vom deutschen König, zu dessen Reich es von Anfang an gehörte, seit »Heinrich dem Vogler« auf dem deutschen Thron und dem Märtyrerherzog Wenzel, also seit dem selben 10. Jahrhundert der Prager Bistumsgründung. So kam es, daß der Prager Bischof in die besondere Abhängigkeit des Prager Fürsten geriet, der im 12. Jahrhundert ihn gelegentlich, freilich offenbar in einer demonstrativen Hyperbel, als seinen Hofkaplan bezeichnete. Charakteristisch für diese Abhängigkeit ist aber jedenfalls, daß sich in Prag, anders als in Deutschland oder in Frankreich, der Hochadel des Landes nicht um den Bischofsthron für seine Söhne bewarb, so daß das Bistum sozusagen keine zentrifugale Stütze in den politischen Kräften des Landes fand. Erst im 13. Jahrhundert, als die Prager Bischöfe allmählich unter Berufung auf kirchliche Rechtssätze zu einer dem Westen vergleichbaren Selbständigkeit aufstiegen, wurde die Bischofswürde auch für den böhmischen Hochadel zugänglich und interessant.

Nun aber, und das ist eine neue Entwicklungsstufe auf dem Weg zur besonderen Geschlossenheit der Verhältnisse im kirchlichen Bereich, hatte Karl noch unter Mitwirkung seines Vaters 1343/44 die Lostrennung der böhmischen und der mährischen Diözese vom Erzbistum Mainz erreicht, begünstigt durch Widersetzlichkeiten des Mainzer Erzbischofs gegenüber der Kurie, hatte die Gründung eines eigenen Erzbistums in Prag durchgesetzt und damit gleichzeitig, was auch dem Ansuchen an den Papst zur Begründung diente, in einer eigenen Kirchenprovinz nicht nur das Königreich, sondern auch das ganze tschechische Volk zusammengefaßt. Die Wirkung dieser kirchenpolitischen Raumordnung wurde noch erhöht durch Karls Personalpolitik, die einen besonderen Vertrauten auf den neuen Prager erzbischöflichen Thron brachte. Ernst von Pardubitz war kein Hochadeliger, sondern Sohn einer ritterlichen Familie im Königsdienst. Das alles miteinander war gut geeignet, das Gefühl der politischen auch mit dem Bewußtsein der kirchlichen Zusammengehörigkeit zu verstärken.

Dagegen war freilich die sprachliche Gemeinsamkeit wegen der bestehenden Desintegration nicht ohne Problematik. Denn ein bemerkenswerter Teil der böhmischen und mährischen Landbevölkerung, vielleicht ein Sechstel, waren Deutsche aus der Zeit des Landesausbaus, und im städtischen Bereich war das Zahlenverhältnis, jedenfalls im Milieu der Vollbürger und ratsfähigen Familien, ungefähr umgekehrt zugunsten des deutschen Elements. In diesem Punkte fehlte also dem politischen Gemeinwesen die Einheitlichkeit, und wenn das Volk nach der neuen Krönungsordnung sang: »Hospodine pomiluj nyi« und nicht das übernationale »Kyrie eleison«, auch nicht das deutsche »Herr erbarme dich unser«, dann war das wohl eine Konzession an die tschechische Mehrheit im Adel oder in der Landbevölkerung aus der Prager Region, aber schon für die Bürger der Prager Altstadt und der Kleinseitener Gemeinde unter dem Burgberg war das die Sprache des Gastlands, nicht die ihre. Karl erkannte das Integrationsproblem, und er suchte, es mit Überlegenheit zu handhaben.

Längst nämlich waren sprachliche Rivalitäten erwacht. Sie hatten nicht das ganze »Volk« erfaßt, wie sich denn überhaupt die sprachnationale Bewegung erst allmählich die bewußte Sprachnation schuf. Diese Entwicklung hatte aber gerade in den böhmischen Ländern schon verhältnismäßig früh einen merklichen Reifeprozeß erreicht; sie bedingte die Rivalität unter den Aspiranten klerikaler Ämter, in der königlichen Umgebung und bald auch in den städtischen Ratsstuben; sie bestimmte aber auch, wie besonders die tschechische Reimchronik jenes unbekannten Ritters unter dem Namen Dalimil lehrt, mitunter den adelig-konservativen Antagonismus gegen die neue bürgerliche Welt- und Lebensauffassung.[340]

Im zweisprachigen Böhmen waren sprachnationale Unterscheidungen im 14. Jahrhundert schon fein ausgeprägt. 1334 gründete Johann von Draschitz, der letzte Prager Bischof vor der Erhebung zum Erzbistum, ein weitgereister, gelehrter Mann, in Raudnitz unweit von Prag ein Augustinerchorherrenstift, das den augustinischen Humanismus dieses Ordens aus Oberitalien als eine besondere Pflegestätte lateinischer Buchfrömmigkeit in den nächsten beiden Generationen weit über das Land und den Orden hinaus bekannt machte.[341] Diese Niederlassung sollte nun nach dem Willen ihres Stifters ausschließlich tschechische Novizen aufnehmen, um damit im klerikalen Bereich, wo die beiden Nationen seit langem miteinander rivalisierten, den Tschechen einen sichtbaren Vorsprung zu verschaffen. Wer aber war Tscheche in jenem Land, wo in den Städten geradeso wie an geistlichen Anstalten der Alltag längst zur Zweisprachigkeit geführt hatte? Wer von beiden Elternteilen der Sprache nach tschechischen Ursprungs ist, so bestimmt es das Raudnitzer Gründungsprivileg.[342] Auf der anderen Seite – und das bot offenbar auch den Anlaß für die Raudnitzer Gründung – waren die Zisterzienser der einflußreichste, von den Přemyslidenkönigen geförderte und für die Berufung der Luxemburger entscheidende Orden im Land, dessen Klöster von Anfang an deutsche Institutionen waren. Die Zisterzienser nahmen nur deutsche Novizen auf. Das Raudnitzer Sprachprivileg wurde 1349 vom Prager Erzbischof wieder aufgehoben. Zweifellos lag diese Maßnahme ganz im Sinn des Königs. Denn ein Jahr später wandte er sich selber an den Generalabt der Zisterzienser in Cîteaux, damit er die böhmischen Äbte zur Aufnahme tschechischer wie überhaupt Novizen von einer jeden Nation veranlasse.[343]

Karl hat noch mehrmals zu Sprachenbestimmungen Stellung genommen, nach dem Grundsatz des christlichen Universalismus. Auf diesen Grundsatz berief er sich beim Generalabt in Cîteaux. Dasselbe Prinzip bestimmte ihn auch ein wenig später, als er in Ingelheim am Rhein eine kleine Niederlassung der Augustinerchorherren gründete, zur Pflege des Karls- und des Wenzelskultes, als ein geistlicher Brückenpfeiler zwischen Prag und Aachen, aber auch als Hospiz, als Pilgerherberge auf dem Weg zwischen beiden Städten. In dieser Niederlassung als einer besonderen Pflegestätte böhmischen Christentums in Westdeutschland sollten jeweils die vier Kanoniker dieses Stiftes, bestellt und visitiert vom Prager Karlshof und seinem Abt, auch die böhmische Sprache beherrschen.[344] Nicht mehr. Nicht ihre Herkunft, sondern ihre Sprachfertigkeit machte sie zu diesem besonderen Dienst geeignet.

Damit ist Karls Verhältnis zu den Sprachnationen deutlich genug markiert. Er selbst, der sich, »durch Gottes Gnade«, der Beherrschung von fünf Sprachen rühmt, sieht darin ein unentbehrliches Mittel zur menschlichen Verständigung; auch eines, dessen sich der Herrscher vorzüglich bedienen müsse, um mit seinen Untertanen in das rechte Verhältnis zu kommen, ihre Anliegen zu verstehen, ihre Nöte mit ihnen zu teilen.[345] Aber seine Sprachfürsorge übersteigt doch diesen pragmatischen Bezug; wiewohl er sich bei Hof offenbar in einer deutschen Umgebung bewegte, nicht nur wegen der Luxemburger, sondern gerade auch wegen der Böhmen in seinem Kreis,[346] wollte Karl sich nicht einfach verständlich machen, sondern repräsentieren, wenn er das tschechische Kirchenlied in die lateinische Liturgie der Krönungsordnung aufnahm; wenn er zur Pflege der slawischen als einer ursprünglichen Liturgie ein eigenes Kloster in Prag gründete und es mit kroatischen Mönchen besiedeln ließ;[347] wenn er bei diesen und anderen Gelegenheiten »die süße slawische Sprache«, das »gar liebenswerte böhmische Idiom« besonders hervorhebt[348] oder wenn er seine erste Frau Blanca von Valois, kaum ins Land gekommen, veranlaßt, ihr französisches und luxemburgisches Gefolge nach Hause zu schicken und durch Edle aus dem Lande zu ersetzen.[349] Präsentation ist zu jeder Zeit ein wichtiges Element seiner Politik, um die Menschen jeder Art, jeden Standes, jeder Sprache an sich zu ziehen. Sein böhmisches Königreich verdient dabei immer wieder die erste Note, aber keine ausschließliche.

Prag: Böhmische Hauptstadt und kaiserliche Residenz

Präsentation als ein vielgestaltiges politisches Instrument spielte gewiß auch eine besondere Rolle bei allen Maßnahmen Karls zur Förderung der Stadt Prag. Sie zeigen wieder jene erstaunliche Verbindung von modern anmutendem Pragmatismus und mittelalterlicher, wie es scheint, Nähe zum religiösen Vorstellungsbereich, eine Verbindung, die doch nichts anderes ist als eine spezifische Ausdrucksform spätmittelalterlicher Staatlichkeit, wie sie Karl auf besondere Weise erfaßte, aber weder entdeckt, noch endgültig geformt, sondern nur auf eine sehr nachhaltige Art entwikkelt hat.

»Prag wurde durch ihn zu einer internationalen Weltstadt, wie es in diesem Sinne in Deutschland keine zweite gab. Zum ersten Male hatte das Deutsche Reich eine Hauptstadt, einen Mittelpunkt erhalten, dessen es bisher im Gegensatz zu Frankreich und England entbehrt hatte.«[350] Mit diesem Urteil ist wohl die europäische Entwicklung gekennzeichnet, aber der Erfolg von Karls Prag-Politik ist darin weit überzogen. Eine Hauptstadt des Deutschen Reiches ist Prag nie gewesen, auch nicht nach Karls Intentionen, wohl aber die kaiserliche Residenz. Dazwischen steckt die staatliche Individualität Böhmens, die sich nicht einfach dem Reich einverleiben ließ, aber auch die besondere Konstruktion dieses Deutschen Reiches, die man bis zu seinem Ende, bis 1806, nicht von einem hauptstädtischen Angelpunkt erfassen konnte. Das Rationalprinzip der Zentralisierung widersprach dem eigentlichen Reichsverständnis ganz und gar. Immerhin mußte das Fehlurteil aus dem Jahr 1924, das Prag als Karls »Reichshauptstadt« bezeichnete, einmal zitiert werden; es hat in der Folgezeit manchen Irrtum über Karl begünstigt und durch naive Historisierung politischer Ideologie noch vergröbert.

Tatsächlich widersprachen Karls Herrschaftspraxis ebenso wie die Bestimmungen der Goldenen Bulle – weil sie eben beide ausgerichtet waren am traditionellen Reichsdenken – nur allzu deutlich der Definition von Prag als einer Reichshauptstadt im modernen Staatsverständnis.[351] Die böhmische Selbständigkeit im Rahmen des Reiches verbot von alters her Reichsbischöfe, Reichsgut oder Reichsstädte. Deshalb hat es dort auch niemals Reichstage gegeben; und deshalb konnte Prag nie Reichshauptstadt werden. Karls Maßnahmen bewegten sich vielmehr im Rahmen des Herkömmlichen und weiteten sich nur zu jenem Grad, daß man von Grundlagen für eine künftige »Entwicklung« sprechen könnte. Von alten Zeiten her war Prag politisches und geistiges Zentrum von Böhmen und Bischofssitz. Schon fremde Beobachter des 10. Jahrhunderts schildern es so, schon der erste böhmische Chronist, der Prager Domherr Cosmas, nennt um 1100 mit Selbstverständlichkeit die Fürsten- und Bischofsstadt die Herrin ganz Böhmens, totius Bohemiae domina.[352] Schon ein Text der Jahrtausendwende gebraucht im Hinblick auf die Rolle der Stadt im religiösen Leben des Landes das Attribut »heilig«: von der sancta civitas Praga spricht nämlich Canaparius in seiner Lebensbeschreibung des heiligen Prager Bischofs Adalbert.[353] Der Prager Hof war, wie wir gesehen haben, längst ein zelebres Kultur- und Verwaltungszentrum, ehe die Luxemburger überhaupt im Lande waren. Durch Johanns reisende Politik wurde seine Stellung zunächst eher geschwächt. Immerhin fand Karl bereits eine Hauptstadt vor wie wenige europäische Potentaten, und er hätte sich damit begnügen können, den ruinösen Fürstensitz auf dem Hradschin zu restaurieren, »nach dem Vorbild des französischen Königspalastes«.[354] Erst was darüberreichte, kennzeichnet seine besonderen Auffassungen.

Das ist vornehmlich die Gründung der Prager Neustadt. Die Stadt Prag, im Moldauknie gelegen, hatte im Laufe der Zeit nicht nur am gegenüberliegenden Flußufer unterhalb des Burgbergs einige Siedlungserweiterungen erfahren, die sogenannte »Kleinseite«, mit eigenem Stadtrecht, sondern auch landeinwärts unmittelbar vor ihren Mauern lose, teils dörfliche Siedlungen als eine breitere Zone wie die Basis eines Dreiecks im gekrümmten Flußlauf. Hier legte Karl eigenhändig am 26. März 1348[355] in einem feierlichen Akt vor böhmischen und deutschen Fürsten und Herren den Grundstein zu einer neuen Stadtmauer. Sie reichte von Fluß zu Fluß, vom Wyschehrad oberhalb der Stadt bis zum Pořitsch unterhalb. Damit war das städtische Areal fast auf das Dreifache, genauer um 180 Prozent erweitert[356]. Binnen zwei Jahren war die dreieinhalb Kilometer lange Stadtmauer gebaut. Prag war nun, seinem Umfang nach, vor Köln zur umfangreichsten Stadt nördlich der Alpen geworden und nach Rom und Konstantinopel zur drittgrößten in Europa überhaupt.[357]

Freilich war dieser Raum zum guten Teil noch unbesiedelt. Auch dafür trug Karl Vorsorge, und ein besonderes Privileg vom 8. März dieses Jahres lud jedermann in die neue Stadt: Juden, bezeichnenderweise an erster Stelle, ebenso wie Christen, und versprach einem jeden zwölf Jahre Steuerfreiheit, wenn er ein steinernes Haus hier erbaute, Bürger der Prager Altstadt ausgenommen.[358] Damit war eine lange Planungsarbeit abgeschlossen, von einem unbekannten Projektor, wobei ein später besonders anschauliches Beispiel mittelalterlicher Siedlungstätigkeit entstand. Plätze und Pfarreien bilden das Gerüst für diesen Plan, und in diesem Zusammenhang entstanden sechs Klöster, in die Karl vornehmlich in Böhmen noch unbekannte Orden zog. Allenthalben wurde an neuen Kirchen gebaut. Der Grundriß der neuen Stadt orientierte sich, unter Rücksicht auf schon Bestehendes, an rechtwinkligen Koordinatensystemen um drei Platzanlagen, bestimmt als Pferde-, Vieh- und Getreidemarkt. Das »steigerte den süddeutschen Straßenmarkt zur Monumentalität«[359] und trug, nach einem anderen Urteil, im Hinblick auf die wirtschaftlichen Möglichkeiten derselben Vielfalt Rechnung wie die neuen Ordensgründungen im geistlichen Bereich.[360]

Karl, angeblich an der Gründungsarchitektur persönlich beteiligt, hat jedenfalls um seine Neugründung eine lebhafte schriftliche Tätigkeit entfaltet. Nicht nur mußte er die neuen Siedler anwerben, die neue Gemeinde und die Klöster privilegieren, er mußte auch die Altstadt für das Unternehmen gewinnen und ihre Bürger mit besonderen Rechten dafür entschädigen, daß ihnen wirtschaftliche Konkurrenz vor ihren eigenen Toren erwuchs und sie zudem noch zur Landseite von fremden Mauern abgesperrt wurden. Aus diesem Grunde erhielten die Altstädter Schlüssel und Wachrecht über die neue Stadt. Karl suchte aber auch in ökonomischem Funktionalismus die Altstadt als Handelszentrale, die Neustadt als Handwerkersiedlung zu organisieren. Das besänftigte gewiß zunächst den Widerstand des reichen Prager Patriziats, und das um so mehr, als sich in der Neustadt keine reichen Kaufleute niederließen. Auch die Judengemeinde blieb in der Altstadt; eine Neustädter Neusiedlung gedieh nicht recht. In der städtischen Oberschicht wurde die Maßnahme akzeptiert. Handwerker, nicht ratsfähig und deswegen politisch auch nicht mitspracheberechtigt, mögen unter der Umstellung zunächst gelitten haben.

Entscheidend ist nun aber nicht der Blick auf den Organisator Karl, auf den Städtegründer, sondern auf den Staatsmann. Und da fällt auf, daß er in allen möglichen Schriftstücken, in lateinischen und deutschen, mit Wiederholungen, wie sie sich allgemein in zeitlichen Zusammenhängen über die Menge von Karls Urkunden beobachten lassen, diese Stadt Prag, die alte und die neue, immer wieder als seine Hauptstadt anspricht, als Metropole, nach dem geistlichen Sprachgebrauch als caput regni, Haupt des Reiches, als des Kunigreichs zu Behem Stul und Hoep.[361] Von irgendeinem Bezug auf das Deutsche Reich ist nirgends die Rede.

Eine Hauptstadt, so neu und so wichtig die Definition aus Karls eigener Kanzlei auch erscheint, ist freilich nicht nur durch diese Bezeichnung definiert, sondern auch durch ihre Funktionen: sie muß, zu jenen Zeiten, Residenz sein, Verwaltungszentrale und sakraler Mittelpunkt. Alles das läßt sich im Vollsinn nun eben aber auch nur für die Lande der von Karl zu jener Zeit definierten »Krone Böhmen« behaupten. Kanzlei und Reichshofgericht, die Administrativen des deutschen Königs, saßen ebenfalls am Königshof, aber sie wanderten auch mit ihm, im alten Sinn des deutschen Reisekönigtums. So bleibt eine einzige Institution zu prüfen, die möglicherweise dem ganzen Reich zugedacht war und in Prag ihren Sitz fand: die Universität.

Karls Universität

Um den Gründungsakt der Prager Universität lief vor zwei, drei Generationen ein erbitterter Streit, der weit über die Geschichtswissenschaft hinaus die Gemüter erregte. Reichs- oder Landesuniversität? Und das hieß: deutsche oder tschechische Gründung?[362] Ein solcher Gegensatz verkürzt und vergröbert die Zusammenhänge. Aber wenn man sich statt dessen auf die Formel zurückzieht, daß Karl als deutscher und böhmischer Herrscher ohnehin alle Politik gleichzeitig unter deutschem wie böhmischem Aspekt betrieben habe, sind die Konturen seiner Politik doch auch wieder verwischt. Immerhin: ehe, nach vielen gründlichen Betrachtungen, die es darüber schon gibt, der Zweck der Gründung noch einmal erwogen wird, sollte man erst die Gründung an sich als ein neues Mittel der Universitätspolitik vor Augen haben.

Karl hat nämlich, was man meist ignoriert, nicht nur eine Universität gegründet, sondern zehn.[363] Er stößt damit einen neuen Bereich kaiserlicher Fürsorge auf, wonach fortan, bis ins Reformationszeitalter, jede Universität im Reichsgebiet um ein kaiserliches Gründungsdiplom bemüht war; und auch danach noch haben, bis ins 18. Jahrhundert, die meisten Universitäten ein solches Privileg erworben.[364] Damit trat der Kaiser in einer wichtigen Frage des geistigen Lebens und der Bildungspolitik gleichberechtigt neben den Papst, der bislang schon die Allgemeingültigkeit gelehrter Grade in der ganzen Christenheit bei der Gründung einer neuen Hohen Schule privilegierte. Es scheint angemessen, in diesem Zusammenhang von einer Gleichberechtigung von Kaiser und Papst zu sprechen: denn Karl erlaubt in einigen seiner Gründungen ausdrücklich auch den Lehrbetrieb an der theologischen Fakultät[365], was man an sich für ein päpstliches Reservat betrachten könnte. Das ist, nebenbei, ein kleines Steinchen zu der Erkenntnis von Karls Selbstdefinition als christlicher Herrscher.

Das ist auch, sozusagen, die kaiserliche Seite von Karls Prager Gründungsakt. Ihr entspricht ein eigenes Privileg, das Karl am 14. Januar 1349 in Eisenach erließ. Darin spricht der deutsche Herrscher gewissermaßen mit einer Entschuldigung, denn er habe wohl die Pflicht, wie er eingangs einräumt, auf seine Getreuen im Umkreis des gesamten hochheiligen Römischen Reiches zu achten; aber aus Neigung bevorzuge er nun einmal die Einwohner seines Erbkönigreichs Böhmen, und deswegen habe er ihnen »in der Stadt Prag, die als die Metropole dieses Reiches bekannt ist«, ein Generalstudium errichtet.[366] Das ist eigentlich recht deutlich. Der Kaiser hebt die Hauptstadt des Königreichs Böhmen ebenso vom Reich ab wie die dort gegründete Universität, und als Kaiser begabt er »zum Vorzug und zur glückhaften Förderung unseres genannten Königreichs« das neue Generalstudium mit seinem besonderen kaiserlichen Schutz. Karl kann sich dabei auf das Gewohnheitsrecht berufen und auf ähnliche Schutzbriefe seiner kaiserlichen Vorgänger, die tatsächlich zurückreichen bis zu einem berühmten Privileg Barbarossas aus dem Jahr 1158, mit dem überhaupt die Tradition kaiserlicher Schutzbriefe für Magister und Scholaren begründet worden ist.

Man sieht, das ist kein autonomer Gründungsakt; Karl als deutscher Herrscher bestätigt vielmehr, was Karl als böhmischer Herrscher angefangen hat. Das Unternehmen ist eher interessant für Karls Reichspolitik, weil er auch hier, wie anderswo in seiner legislatorischen Tätigkeit, scheinbar zwanglos aus dem Althergebrachten Neues entwickelt: die folgenden neun Universitätsprivilegien, von Cividale 1353 bis zu Lucca 1369 sind Gründungsakte, in denen der übliche alte kaiserliche Schutz nur noch zusätzlich ausgesprochen wird.[367] Karl konkurrierte bei diesen Universitätsgründungen nicht nur mit einem päpstlichen Recht, sondern er handelt augenscheinlich auch zugleich als Regent des Reiches im konkreten Sinne seiner Grenzen. Es ist bezeichnend, daß seine neun Privilegien ausschließlich in oberitalienischen und südfranzösischen

Reichsteilen liegen, während der König von Polen und der König von Ungarn, ja sogar der Herzog von Österreich, die in den frühen sechziger Jahren nach Karls Vorbild selber Universitäten in ihren Residenzen gründeten, um ein Gründungsprivileg bei ihm offensichtlich nicht gebeten hatten.

Als Karl das Eisenacher Diplom für die Prager Universität unterschrieb, hatte er schon seit zwei Jahren eine päpstliche Gründungserlaubnis in Händen. Und fast ein Jahr zuvor hatte er, damals eben als böhmischer Landesherr, die Prager Universität gegründet, am 7. April 1348, gerade im Zusammenhang mit der erwähnten Diplomserie dieses Tages, im engen Zusammenhang auch mit der Gründung der Prager Neustadt zur Vergrößerung seiner Residenz. Auch damit, mit der Gründung einer Universität aus landesherrlicher Fürsorge, beschritt Karl einen Weg, der fortan besonders in Mitteleuropa Schule machte. So entstanden die meisten Universitäten als Fürstengründungen, und einige wenige aus städtischer Initiative, wie das bis dahin besonders in Italien üblich gewesen war. Karl hatte übrigens einen Vorläufer, denn der letzte Stauferkaiser, Friedrich II., hatte in seiner von den Historikern gern als modern bezeichneten Staatskunst zuallererst das Bedürfnis nach akademisch geschulten Beamten empfunden und deshalb zunächst 1224 in Neapel, etwas später in Salerno Hochschulen gegründet, die im besonderen Maße dem Staatszweck dienten und darum von ihm auch entsprechend gefördert wurden. Diese Unternehmungen waren für die Prager Gründung nicht nur Vorläufer, sondern auch Vorbild. Zwar, so heißt es wörtlich, sollte die Prager Gründung ihre Rechte wie die Universitäten Paris und Bologna haben, aber die Worte, mit denen das gesagt wird, der Stil und der Aufbau des Prager Gründungsdiploms vom April 1348 sind in einem bemerkenswerten Umfang der Gründungsurkunde des Stauferkaisers Friedrich für Neapel entnommen, nach dem berühmten Formelbuch des Petrus de Vinea, dessen sich Karls französischer Sekretär Nikolaus Sortes in dieser Urkunde mit Umsicht bediente.[368]

Es ist nicht gut denkbar, daß Karl über die Herkunft und die ursprüngliche Bestimmung eines Teils seiner Formulierungen in der Prager Gründungsbulle im Unklaren war; vielmehr läßt sich vermuten, daß er auch hier, wie in manch anderer seiner Unternehmungen, in guter Geschichtskenntnis handelte, die ihn immer wieder einmal in auffällige Parallelen zum großen letzten Stauferkaiser brachte. Aber auch in deutlichen Gegensatz: Friedrichs erste Gründung, die Staatsuniversität Neapel, war vornehmlich für Juristen gedacht. Karls Gründung Prag sollte in besonderem Maß der Theologie dienen, noch vor der Jurisprudenz; sie sollte gerade als eine theologische Schule dem Ansehen des Landes und seines Herrschers nützen, und nicht nur das: Karls Universität war im besonderen Maß als geistliche Anstalt gedacht. Das staufische Formular aus dem Bereich der pragmatischen Staatskunst Friedrichs und seines Hofes weist das freilich nicht aus. Aber während Friedrich Juristen suchte für seine Universität, war Karl in erster Linie um Theologen bemüht, so wie er schon vorher umsichtig die Gründung in Prag an die bestehenden Generalstudien anschloß, an Ordenshochschulen also, um deren Bestand er sich besonders gesorgt hatte.[369]

Die neue Gründung wird vom Königreich Böhmen getragen, sie ist in seiner Hauptstadt angesiedelt, und der böhmische König ist ihr Stifter. Das weist auch in seiner symbolischen Sprache das Universitätssiegel aus, wo der vornehmste Landespatron, der heilige Wenzel, dem vor ihm knienden König Karl die Gründungsurkunde überreicht. Aber das Siegel ist mit dem böhmischen Löwenwappen und zugleich mit dem Reichsadler geziert. Damit sind wir wieder bei dem alten Streit um den Zweck der neuen Gründung.

»Die Prager Universität«, so erfährt der Papst und so wiederholt es Karl noch einmal in seiner Gründungserlaubnis von 1348, »soll einem Mangel abhelfen in Böhmen und in den vielen anderen dem Königreich benachbarten Gegenden und Ländern.«[370] Also ist sie, in moderner Geographie, für das nordalpine Mitteleuropa bestimmt, denn in diesem Raum gab es tatsächlich bis dahin noch nicht eine einzige Hohe Schule. Und diese Zweckbestimmung begegnet in allen drei Urkunden aus dem Gründungszusammenhang mehrfach: Prag ist gedacht, nach den Ausführungen des Papstes, für die »Einwohner dieses Königreiches und der umliegenden Länder« und alle »die anderen, die aus aller Herren Ländern zur genannten Stadt zusammenströmen werden...« Der König versichert seinerseits, mit den Worten des staufischen Gründungsdiploms für Neapel, er wolle die Bewohner seines Königreichs davor bewahren, »in fremden Landen zu betteln«, damit sie umgekehrt ihre Ehre darein setzten, andere aus der Fremde »zum süßen Geruch und zur Teilnahme an solcher Köstlichkeit« zu laden.[371] Wie schon erwähnt, entschuldigt sich Karl im Eisenacher Diplom in seiner Eigenschaft als deutscher Herrscher vor der Öffentlichkeit geradezu förmlich dafür, daß er diese Universität in Prag errichtet habe, weil ihm nun einmal sein Erbkönigreich Böhmen so besonders ans Herz gewachsen sei, und so spricht er mit Recht von dem »Vorzug und der glückhaften Förderung unseres genannten Königreiches«,[372] ein Vorzug, der freilich keine Ausschließlichkeit bedeutet.

Die moderne Frage nach einer Universität als Reichsinstitut ist müßig; denn es gab in diesem Sinn keine Reichsinstitute. Zeitgenössisch übernahm die Universität gerade dieselbe Funktion, von der in der geistlichen wie in der weltlichen Gründungsbulle die Rede war. Sie teilte, wie andere Universitäten auch, ihre akademischen Bürger, Magister wie Scholaren, nach den vier Himmelsrichtungen in vier Herkunftsbereiche, mit der etwas irreführenden, aber allgemein üblichen Bezeichnung von Universitätsnationen. Und das waren: im Süden die Böhmen, wozu auch die Ungarn zählten; im Westen die Bayern, wozu auch die Österreicher und die Rheinländer gehörten; im Norden die Sachsen, wozu man bereits die Meißner rechnete, und die Engländer; ostwärts die Polen, vorzüglich Schlesier, doch war eine solche Landesbezeichnung damals noch nicht üblich. Das heißt: beschickt war die Universität tatsächlich nach der Nationentrennung, wie die Herkunft ihrer Magister und Scholaren ausweist, also zum großen Teil aus dem deutschen Königreich. Allein 220 Studenten stammten bis zur Jahrhundertwende aus dem bayerischen Nachbarland.

Sehen wir uns einmal unter den zeitgenössischen Universitätsnationen um, damit wir einen Vergleich vor Augen haben: Die Pariser Universität beispielsweise, als freilich nur sehr allgemeines »Vorbild« in der Prager Gründungsurkunde von 1348 genannt, hatte sich organisiert nach den Nationen der Pikarden, der Normannen, der Franken und der Engländer. Das heißt: drei dieser »Nationen« betrafen die unmittelbare Nachbarschaft, die Pikardie, die Normandie, die Île de France; nur eine war auf das Ausland gerichtet. Die Pariser Universität, obwohl nach ihrem Ruf und ihrer Leistung, besonders im Bereich der Theologie, führend im ganzen Abendland, war also nach der Aussage ihrer Nationenteilung eine Regionalschule für Nordwestfrankreich. Das entsprach auch wirklich, vornehmlich an der Artistenfakultät, dem Sachverhalt des 12. Jahrhunderts, als sich das Pariser Generalstudium allmählich ohne dirigistischen Gründungsakt entwickelte. Die Prager Universität, mit Bayern, Sachsen und »Polen«, war auf die weitere Nachbarschaft Böhmens gerichtet, so wie sie das Land im Westen, im Norden und Osten umgab. Die Aussage eines tschechischen Historikers von 1964, Prag habe »faktisch für ein volles Halbjahrhundert die Aufgabe der Reichsuniversität erfüllt«[373], ist insofern treffend. Faktisch war Prag demnach auch, nach der Aussage seiner Nationenordnung ebenso wie nach der Herkunft seiner Professoren und Studenten, in dieser Zeit zugleich die erste deutsche Universität. Erst 1409 wurde diese Nationenteilung aufgehoben, nachdem sich die inzwischen erstarkten Mitglieder der böhmischen Universitätsnation ausdrücklich darüber beklagten, daß die drei anderen Mitnationen allesamt zur deutschen Sprachnation gehörten und die Landeskinder majorisierten.[374]

Gelegentlich kommt eine deutsche Darstellung von den Anfängen der Prager Universität zu dem Urteil: »Es wurde eine volle Nachahmung, ohne neue Ideen.«[375] Das ist ein Fehlurteil von seltener Eindringlichkeit, das sich nur durch manche Unkenntnis erklärt. Es ist zugleich ein Fehlurteil über Karl, denn nicht zuletzt durch seine Maßnahmen wuchs die Prager Universität zu einer Hohen Schule neuen Typs und wurde insofern Vorbild oder doch Anregung für ein neues Universitätsmodell in Mitteleuropa.[376] Dazu zählen nicht nur einige Verfassungselemente, die dem Rektor inner- und außerhalb einen besonderen Rang zuerkannten, sondern auch gewisse Eigenheiten im unmittelbaren Zusammenhang mit der fürstlichen Fürsorge. So betonen die Zeitgenossen bereits die feste Besoldung der Magister, besonders nach der Gründung eines eigenen Kollegs, das als gemeinsamer Wohn-, Lehr- und Arbeitsort für Professoren von Karl 1366 errichtet, später erweitert wurde, seinen Namen trug und schließlich zum Kern der Universität geworden ist bis zum heutigen Tag. Dieses neue Kollegiensystem wurde noch zu Karls Lebzeiten aufgegriffen in Wien und in Krakau, dann in Heidelberg, dann in anderen deutschen Neugründungen und entwickelte sich eigentlich zur Grundlage der festen Ordinarienbesoldung. Faßt man in diesem Zusammenhang auch mittelbare Weiterwirkungen in den Blick, dann läßt sich Karls Gründung in Prag nicht nur als die erste, sondern auch als die besondere Schöpfung der mitteleuropäischen Universität betrachten.

Mehrer des Reiches

Das Mittelalter liebte es, die Eigenschaften eines guten Fürsten zu katalogisieren. Solche »Fürstenspiegel« sind in großer Menge erhalten, und beim Traditionsbewußtsein der mittelalterlichen Gedankenwelt bilden sie ein konservatives Theorem, ausgerichtet nach scholastischer Theologie und antiker Stoa, das gerade erst im 14. Jahrhundert durch römisch gebildete Juristen und humanistisch angeregte Eklektiker Auflösungen und Veränderungen erfährt[377], ehe Macchiavelli theoretisch faßt, was die Welt ohnehin schon seit je bewegte: Macht.

Denn auch zuvor hatte die mittelalterliche Politik ihre Helden selten an ihren Tugenden, meist nur an ihrem Erfolg gemessen. Der Versuch, beides übereinzubringen, zählt zu den großen Hoffnungen der Zeit. Karl durfte im Lobpreis seines Prager Hofes sich selber als die Verkörperung solcher Hoffnungen betrachten.

Die mittelalterliche Welt fand in der antiken Kaisersprache ein Schlagwort, das auf handfeste Weise den Erfolgszwang des rechten Fürsten zu bestätigen schien. Nachdem ihr Julius Caesar den Kaiserbegriff beschert hatte, entdeckte sie bei seinem Nachfolger Octavian das Beiwort »Augustus«. Augustus heißt: der Erhabene. Hier unterlief ein merkwürdiger Übersetzungsfehler. Er wurde wohl mehr von politischen als von philologischen Überlegungen diktiert, kurzum – schon im 7. Jahrhundert taucht eine Erklärung auf, die augustus herleitet von augere; das heißt, vom Vermehren; und die erklärt: »Augustus hieß er, weil er das römische Reich vermehrte.«[378] Nun soll man nicht gering denken von den Lateinkenntnissen des Mittelalters. Aber, merkwürdigerweise, hier war es damit am Ende und übersetzte fortan die alte Formel in diesem Sinn in alle Sprachen. »Toudis accroissant« nennt sich Philipp III., König von Frankreich, nicht »stets erhaben«, sondern »stets vermehrend«, und »Wir, Ludwig ... zu allen Zeiten ein Mehrer des Reiches« heißt die Formel, mit der sich Karls Vorgänger in deutscher Sprache vor der Geschichte nennt.[379]

Seit dem späten 13. Jahrhundert gibt es offenbar eine Konkurrenz zwischen dem französischen und dem deutschen Herrscher um diesen Titel »augustus« in der volkssprachlichen Version, die seitdem in die Urkunden dringt, und wie manche andere staatsrechtliche Definition scheint sich auch diese zu Zeiten Ludwigs des Bayern verfestigt zu haben, vielleicht gar unter dem Einfluß von Karls Großoheim Balduin von Trier. Denn als Karl gegen Ende 1346, gerade zwei Wochen nach seiner Bonner Notkrönung, seinen Großoheim Balduin im Westen des Reiches zu seinem Vikar und Sachwalter einsetzte, zugleich mit umfangreichen Verpfändungen, da ist offenbar eine beschönigende Erklärung vonnöten. Und es findet sich deshalb in der Einleitung zu dem entsprechenden Staatsakt ein gewichtiges Wort vom »erhabenen Germanien, der jugendfrischen Braut des römischen Reiches und Imperiums«.[380] In demselben Schreiben wird mit großem Selbstbewußtsein ausgesprochen, das Heilige Römische Reich und Imperium sei aus göttlicher Vorhersehung allen anderen Reichen der Welt vorangesetzt; nicht nur, um ihnen zu gebieten, sondern auch, um ihnen die Gerechtigkeit näherzubringen. Diesem Reich und Imperium ganz allein gebühre der augustalische Titel. So werde auch Karl jetzt dieses Römischen Reiches und Imperiums »Erweiterer und Vermehrer« genannt, amplificator et augustus.[381] Das ist tatsächlich eine kühne Sprache im Westen des Reiches, wo man sehr wohl den Titel »augustus« auch vom Hof der französischen Könige kannte; Augustus als »Mehrer« ist aber in diesem Zusammenhang auch eine verblüffende Umdeutung der Politik Karls IV., der zu dieser Zeit mit einer seiner ersten Regierungshandlungen gerade dabei war, Macht und Besitz des deutschen Königtums empfindlich zu mindern. Man kann diesen Vokabelritt fast als verzweifelt empfinden, selbst wenn ihn nicht Karls Notare, sondern die Stilisten des begünstigten Trierer Erzbischofs angetreten hätten.

In jenem Revier, in dem Karl damals schon erfolgreich wirkte, in Böhmen, fand dieselbe Parole ein viel glaubhafteres Echo. Augustus, schreibt Franz von Prag, ist zuvörderst der Titel für den König der Könige, den Imperator und Rektor des Himmels und der

Erde. Denn er vermehrt die Dinge, während er sie vom Nichtsein ins Sein überführt. Karl aber ist demnach der rechte Imitator des höchsten Königs, er ist »stets ein Mehrer«, er vermehrt nämlich sein Reich in geistlichen wie in weltlichen Dingen.[382] Das ist der böhmische Kommentar zum Jahre 1348.

Herrschaftskult

Karl hatte am Prager Hof seine eigene Welt gefunden. Aus diesen Kontakten erklärt sich wahrscheinlich am ehesten auch seine Autobiographie, deren Eigenart an einer Reihe von Aussagen zur Geschichte des Kronprinzen schon deutlich wurde. Zwar ist man in Versuchung, die seltsame Mischung homiletischer Bibelexegese in der Einleitung und in der Mitte jener zwanzig Kapitel zusammen mit lakonischen, tagebuchartigen Aufzeichnungen unter mehrfacher Hervorhebung göttlicher Hilfe und Errettung für Karl in manchen Abenteuern, zudem unter augenscheinlicher Beachtung gewisser politischer Rücksichten auf Karls Rechtsstandpunkt und die päpstliche Empfindsamkeit, als ein staatspolitisches Dokument anzusehen, mit dem Karl, im Hinblick auf die von fremder Hand bis zu seiner Königswahl 1346 ergänzten Ausführungen, sich unmittelbar als neuer König präsentieren und legitimieren wollte. Allein ein solches Vorhaben entsprach nicht den Mitteln und Möglichkeiten der zeitgenössischen Propaganda. König wurde man im Mittelalter nicht durch Autorenruhm. Und vor allem: für eine solche Absicht fehlt jeder Beleg in der zeitgenössischen Verbreitung der Schrift. Die älteste überlieferte Handschrift von Karls Autobiographie stammt zwar noch aus dem 14. Jahrhundert, doch ist sie nach dem Tod des Kaisers erst geschrieben.[383] Allerdings hat auch ein guter Teil der womöglich an einer Autobiographie interessierten Wissenschaftler, nämlich die Literarhistoriker, auf besondere Bemühungen um diesen Text verzichtet. Es fehlt von ihrer Sicht aus, um es mit den Worten des großen Kenners der lateinischen Literatur des Mittelalters Paul Lehmann zu sagen, »was eine Autobiographie tatsächlich attraktiv macht – die interessanten Einzelheiten enthüllen weder Karls Gedanken noch die innere Entwicklung seines Denkens.«[384]

Die Herabsetzung Kaiser Ludwigs mit aller Schärfe, die Zuerkennung von Gottesstrafen gegen seine Handlungen, die Annullierung seines Kaisertums, auf der anderen Seite die wiederholten Belege für göttliche Auserwählung im Gang der eigenen Taten sind aber auf ihre Weise dennoch eine Enthüllung von Karls Gedankenwelt, wenn auch nicht im Sinne des modernen Individualismus. Sie wirken pragmatisch im politischen Sinn. Auf ein anderes Feld führen uns dann die beiden einleitenden und die drei Predigtkapitel. Hier begegnet uns Karl als Verfasser religiöser Erbauungsliteratur, und man fragt berechtigterweise bis heute, welcher Zweck diese beiden einander so entfernten Aussagebereiche vereinigen konnte. Gelegentlich wird dabei die Autobiographie mit dem Charakter eines politischen Testaments bedacht. Karl wollte, so heißt es, dieses persönliche Vermächtnis von einigen fünfzig Druckseiten seinen Söhnen hinterlassen, um sie sowohl über seine Jugenderfahrungen als auch über seine religiösen Auffassungen zu belehren. Dem steht entgegen, daß wir es offenbar mit einem Fragment zu tun haben, das zur Belehrung der 1361, 1368 und 1370 geborenen Söhne – abgesehen einmal von Karls Ende 1351 im Alter von zwei Jahren verstorbenem erstem Sohn – nicht hätte im Jahr 1340 abbrechen und bis zum Jahr 1346 von fremder Hand geführt werden müssen.[385] Es bleibt, von anderen unhaltbaren Vermutungen abgesehen, die Zweckbestimmung dieser Schrift doch wohl gerade in jenem Kreis zu suchen, wo sich auch das einzige zeitgenössische Echo davon erhalten hat: bei Hofe.

Einer von Karls Hofhistoriographen, Benesch von Weitmühl, der das Leben des Kaisers am längsten in seiner Chronik verfolgte und in mancher Hinsicht sich auch besonders gut unterrichtet zeigt, hat Karls Vita ausführlich in seiner Darstellung benützt. Nicht ganz im Sinne ihres Autors; gelegentlich kehrt er den Sieger Karl hervor, wo sich Karl bescheidener als der von Gott Gerettete darstellte. Mitunter kürzt Benesch auch die Niederlagen im Sinn panegyrischer Erhöhung seines Helden. Kurzum: ein Höfling hat hier die Schrift des Kaisers aufgegriffen und sie auf seine Weise zu verbreiten gesucht. Es scheint auch, daß sie zunächst für den Hof bestimmt war. Auf diese Weise erklärt sich das Nebeneinander von diplomatischer Zwecksetzung und Erlebnisbericht. So erhält die sorgfältige Betonung ihren Sinn, Karl sei seinerzeit, 1330, auf

Wunsch des Vaters und nicht etwa auf den eigenen von Frankreich über Luxemburg nach Italien gegangen, während sich der böhmische Adel wahrscheinlich damals schon um die Anwesenheit des Thronfolgers im eigenen Land bemühte; oder die energische Ablehnung des 1339 zwischen Karls Vater, dem blinden König Johann, und dem Kaiser Ludwig geschlossenen Lehnsvertrages, der tatsächlich Karls Rechtskampf aufs äußerste gefährdete. Die Beispiele lassen sich mehren. Nur dem Hof mutete Karl andererseits aber auch zu, sich an seiner Lebensbeschreibung, an seinen Versuchungen und Heldentaten, seinen Visionen und Zeugnissen göttlicher Legitimation, seinen christlichen Meditationen zu schulen und zu erbauen. Nur vom Hof, vom böhmischen Hof zunächst kam ihm aber auch in diesen Jahren die erwünschte Antwort, die ihn nicht nur als Friedensfürsten pries und seine Regierungszeit als ein verheißenes goldenes Zeitalter, sondern auch mit fester Sentenz hervorhob, der Tod Kaiser Ludwigs und danach des Gegenkönigs Günter von Schwarzburg sei nichts anderes als ein neuer Beweis, daß Gott selber für Karl streite. »Dieser König Karl hatte eine solche Gnade vom allmächtigen Gott, daß alle seine Hauptfeinde... ohne Blutvergießen starben, noch ehe er, der König, selber gegen sie zu Felde zog. Damit ist die Schrift erfüllt, die da sagt: ›Meine Hand wird dich stützen‹. Und anderswo: ›Ich werde der Feind Deiner Feinde sein, und mein Engel wird Dich behüten‹«.[386]

Das ist ein Kult, den Karl in seiner Autobiographie augenscheinlich selber angeregt hatte, eine Verehrung, wie sie ihm in Deutschland kaum und keinesfalls in jenen turbulenten Jahren zuteil werden konnte, während ihn die Menge der deutschen Chronisten eher mit Mißtrauen, wenn nicht mit Abneigung begrüßte. Aber das ist jene Verehrung, die gleichwohl, wenn auch gewiß beschränkt auf den böhmischen Hof, zu den Wirklichkeiten seines herrscherlichen Selbstbewußtseins zählt. Es ist die Vorstufe dessen, was er wenige Jahre später seine Architekten zu Gottes und zu seiner Ehre bauen, seine Maler auf Mauern und Tafeln darstellen und seine Bildhauer aus Stein gestalten hieß. Es ist die Verwirklichung seines Selbstbewußtseins, wenn er 1348 den Auftrag gab, etwa einen Tagesritt von Prag, in einem abgelegenen Waldtal eine als Wegeschutz oder Fortifikation ganz nutzlose, gewaltige Burg zu errichten, nämlich eine Gralsburg, ein geistliches Lustschloß.

Dergleichen war der Zeit nicht ganz fremd. 1334 hatte Karls Vorgänger, der von ihm wie von der päpstlichen Kurie so sehr verketzerte Kaiser Ludwig, in der Waldeinsamkeit bei Oberammergau ebenfalls ein geistliches Bauwerk aufführen lassen, dessen Zweck aber doch zugleich näher am Herkömmlichen lag und näher auch an der Vorstellung adeliger Eliten. Dort, in Ettal, sollten nämlich Benediktinermönche und dreizehn Ritter mit ihren Frauen eine geistig-geistliche Lebensgemeinschaft führen.[387] Der böhmische Karlstein hat etwas von dieser Absicht und etwas von ähnlichem Älterem und ist doch etwas anderes. Es entstand hier kein Kloster, und doch ein Mittelpunkt der Frömmigkeit für Geistliche und Laien. Es entstand kein weltfrohes Lustschloß, wie das Castello del Monte des letzten Stauferkaisers in Apulien; und doch ein ähnlich erhabenes Zeugnis königlicher Architektur in der Waldeinsamkeit. Es entstand, was mit dem Begriff von einem geistlichen Lustschloß vielleicht noch am besten umrissen ist, ein Ort, der in sich ein religiöses Geheimnis barg, nach dem König benannt, der sich dorthin vor dieser Welt zurückzog. Das ist letztlich die Absicht des Bauherrn, als die Burg 1348 grundgelegt wurde. Zu einem Hort für die Reichskleinodien, ähnlich dem staufischen Trifels, ist sie erst später geworden.[388] So hat der Karlstein, die Burg aller Burgen, ziemlich genau in der böhmischen Landesmitte errichtet, im Laufe der Zeit eine gewisse Veränderung erfahren, ähnlich den Wandlungen im Herrschaftsbewußtsein seines Bauherrn.

Der war 1348, als man den Burgbau begann, noch gar nicht im Besitz der Reichskleinodien. Erst am 12. März 1350 folgte sie Ludwig der Brandenburger in München einer königlichen Gesandtschaft aus. Einen Monat zuvor hatte ein Fürstengericht die Ansprüche des »falschen Waldemar« zurückgewiesen, den Weg frei gemacht für die Rückkehr der Wittelsbacher nach Brandenburg, so daß der rätselhafte Mann im Dunkel verschwand, aus dem er gekommen war; sechs Jahre später wurde er in der Fürstengruft von Dessau beigesetzt. Seine Identität ist bis heute ungeklärt.

Karl hatte sich also mit den Söhnen Ludwigs des Bayern versöhnt, so daß sie seiner Gesandtschaft »genzlich ohne Minderung und unverwechselt ...[389] das heiligtum des heiligen reichs und die cleynod, die da bei sind«, übergaben. Weder in dieser Aufzählung noch in der böhmischen Wiedergabe, in der offiziellen Empfangsbestätigung Karls ebensowenig wie im Echo der Prager Chronistik, steht dabei die Reichskrone an erster Stelle. Zwar hielt man das kostbare Herrschaftszeichen, die Plattenkrone mit Bügel und Kreuz, wie sie heute in der Wiener Hofburg zu sehen ist, zu jener Zeit noch geschmückt mit einem kostbaren Edelstein, »dem Waisen«[390], für die Kaiserkrone Karls des Großen, so daß sich ein Kronkult um dieses Relikt weit eher noch angeboten hätte als der böhmische, den nur die Reliquienbrücke mit dem heiligen Herzog aus dem 10. Jahrhundert verband. Aber in Deutschland hatte merkwürdigerweise die Krone bis dahin nie jenen Symbolwert für das Recht des Königtums und das Ansehen des Reiches gehabt, wie ihn Karl in Böhmen jetzt einzuführen gedachte. Deshalb ist es keine böhmische Blickverengung, wenn der Prager Domherr Franz in seiner Chronik die Krone des heiligen Karl unter anderen Heiltumsschätzen gar nicht nennt und sein Mitbruder Benesch sie erst an vierter Stelle aufzählt, geradeso wie das Münchner Protokoll von der Übergabe.[391] Auch für deutsche Chronisten, wie Heinrich von Herford, war die Krone nicht nennenswert, allenfalls das Schwert Karls des Großen, und ähnlich äußert sich auch die Fortsetzung des Matthias von Neuenburg.[392]

Deshalb heißt es gelegentlich, das Heilige Römische Reich habe sich niemals so wie beim französischen oder dem eben neu von Karl geschaffenen böhmischen Reichskult mit einem Gegenstand identifiziert.[393] Das freilich ist auch wieder nicht richtig. Alle die genannten Chronisten, die deutschen wie die böhmischen, bezeugen etwas anderes, und ihre Aussage ließe sich leicht noch mit anderen Stimmen unterstützen: nicht die Krone, sondern die Lanze in diesem Reichsschatz war das Wichtigste. Mit ihr war der Sage nach die Seite des Gekreuzigten geöffnet worden[394], und der heilige Schauder dieses Requisits wurde noch gestützt durch den Besitz eines Stückes vom Kreuzesholz und einen Kreuzesnagel, die alle überall an erster Stelle unter den Heiltümern des Reiches ausgewiesen werden. Das sind, wie man auch in Böhmen weiß, die Sanktuarien des Imperiums, die Stücke, nach Matthias von Neuenburg, »die das Reich genannt werden«.[395] Die Krone, im Laufe der Zeit mehrfach gewechselt und mitunter bei den Zeremonien gar nicht benützt, spielte noch nicht die erste Rolle im deutschen Kronschatz, und letztlich war es erst die luxemburgische Tradition, die ihr dazu verhalf, wie auch zu einem ständigen reichsfreien Aufbewahrungsort, als sie auf Gebot von Karls Sohn und Nachfolger Sigismund 1424 für fast 400 Jahre ihren Platz in Nürnberg fand.

Nicht weil die Böhmen minder schätzten, was sie insgesamt, nach dem Zeugnis des Chronisten, »über die anderen Reiche erhöhte, was bald eine Wallfahrt zur jährlichen öffentlichen Schaustellung in Prag auslöste«, »die niemand glaubte, der sie nicht mit seinen eigenen Augen gesehen hat«[396], sondern weil ein entsprechender deutscher Kronkult noch nicht existierte und statt dessen der Besitz der Christusreliquie den magischen Zauber des Sakralkönigtums in sich barg, ist das Echo auf die Wanderung der Reichskrone nach Böhmen so gering gewesen. Umgekehrt war es vielleicht gerade der Einfluß des böhmischen Kronkults, der fortan auch die Reichskrone die uralten Herrschaftssymbole von Lanze, Nagel und Kreuzesholz überstrahlen ließ. Bis 1358 wurden die Reichskleinodien im Prager Veitsdom aufbewahrt, behütet von Zisterziensermönchen aus dem Tiroler Kloster Stams.

1350, so scheint es, bei einem kurzen Besuch in Nürnberg, wurde Karl von der mystischen Seherin Christina Ebner angesprochen. Sie berichtete von der Stimme Gottes, die ihr gesagt habe »von König Karl, er wär ein Erb seines ewigen Reiches«, und die göttliche Stimme versicherte: »Ich hab ein Feuer, ein Licht in ihm entzünd, und ich hab das Himmelreich bei ihm aufgeschlossen«. Nach dem Kommentar der Christina Ebner meinte die Stimme damit »den Bann, der bei ihm war abgangen«.[397] Mit solchem Überschwang war Karl jedenfalls noch niemals in Deutschland begrüßt worden.

Pest und Pogrom

»Im Jahre 1348 zogen einige Studenten von Bologna gegen Böhmen und sahen, daß in den Städten und Burgflecken wenige Menschen am Leben waren und in einigen alle gestorben. In vielen Häusern waren noch Lebende, von der Krankheit niedergeworfen, und konnten einer dem anderen nicht einen Trunk Wasser reichen, noch irgendwie behilflich sein, und so starben sie in großer Kümmernis und Angst. Auch die Priester, die mit Sakramenten, und die Ärzte, die mit Medikamenten den Kranken gedient hatten, waren von ihnen angesteckt worden und starben, und sehr viele schieden nach dem Tod der Priester ohne Beichte, ohne die Tröstungen der Kirche aus diesem Leben. Man hatte aber große Gruben ausgehoben, breit und tief, in denen die Leichname Verstorbener begraben wurden; vielerorts wurde vom Leichengeruch die vergiftete Luft noch mehr verpestet, was übler schadet als vergiftete Speise, weil kein Überlebender zurückblieb, der die Toten hätte begraben können. Es kam aber schließlich von den genannten Studenten nur einer nach Böhmen zurück. Seine Begleiter starben auf dem Weg.« [398]

Dieser Bericht eines böhmischen Chronisten macht anschaulich, was die Menschen um jene Zeit bewegte: die Reichen wie die Armen, die Außenpolitik wie den Alltag; aber die Armen litten darunter am meisten.[399] Das englische Parlament mied damals Sitzungen, der Waffenstillstand mit Frankreich wurde mehrfach verlängert, nachdem die Seuche im Juli 1348 auch nach der Insel gegriffen hatte, mit einer »unerhörten Zahl an Opfern«.[400] Auch die deutsch-englische Diplomatie ruhte in Folge dessen wohl bis 1355, ähnlich wie die deutsch-französischen Verbindungen. Nur das östliche Mitteleuropa, die böhmischen Länder, Polen und der Ostseeraum blieben vom ersten Ansturm der furchtbaren, unbekannten Seuche zunächst frei. Von Genua und Marseille war sie auf den Kontinent getragen worden. Verbreitet wurde die tödliche Krankheit durch eine in Europa bislang unbekannte dunkle oder graue Ratte, die den Krankheitserreger vom Rattenfloh empfing. Und überall ging das Vordringen der Ratte einher mit Massenflucht und schrecklicher Verwirrung. Auch schon vorher hatte es Epidemien und Seuchenzüge in Europa gegeben, aber keiner hatte jenes bedrohliche Ausmaß des Schwarzen Todes bisher erreicht, der in manchen Ländern, vornehmlich in England und Frankreich, die Bevölkerung bis auf ein Drittel dezimierte und auch in Deutschland insgesamt die Einwohnerzahl zumindest um ein Drittel sinken ließ.[401]

Vielerorts war der Einbruch in der Bevölkerungsentwicklung erst am Ende des 16. Jahrhunderts wieder wettgemacht, obwohl wahrscheinlich unmittelbar nach dem Massensterben die Geburtenzahlen sprunghaft stiegen.[402] Denn der ersten Pestwelle von 1347 bis 1350 folgte nach einigen Jahren eine neue und danach noch eine und so fort; sechs solcher Pestwellen lassen sich im Verlauf der nächsten hundert Jahre in Deutschland registrieren – eine furchtbare Chronik des Todes.[403] Die Folgen für Kultur und Wirtschaft der Zeit sind nicht leicht abzuschätzen und reichen in unterschiedliche Dimensionen mit ganz verschiedenen Konsequenzen; als großen »Aderlaß« sieht man in der Pest die Ursache für eine ruhigere Epoche in den nächsten Jahrzehnten;[404] andere Forschungen leiten aus dem Bevölkerungsschwund einen Tiefstand der Getreidepreise her, eine gewaltige Preisschere zu Ungunsten der Landwirtschaft, zum Vorteil aller Lohnarbeit und des städtischen Gewerbes[405], denn dort, in den Städten, hatte sich die Seuche am meisten ausgewirkt. Aus der Gedankenwelt jener Tage ist uns der Sensenmann übriggeblieben, der Kadaver mit dem neuen, gerade damals in der Landwirtschaft auch zur Getreideernte eingeführten Schnittgerät, dessen Bild fortan zum Symbol wurde in beliebten Darstellungen von »Totentänzen« für das unbarmherzige Niedermähen von arm und reich, hoch und niedrig, nicht in vielen Einzelschicksalen da und dort, sondern mit dem weiten Schwung der Sense, als Massensterben.[406]

Der böhmische Chronist berichtet mit dem Erlebnis der heimkehrenden Studenten aus Oberitalien so ziemlich, was damals im allgemeinen von diesem Massensterben im Gespräch war; daß es sich von einem zum anderen übertrug, allmählich von Land zu Land fortpflanzte und daß im Grunde dagegen kein Kraut gewachsen war. Wen die Seuche befiel, der hatte schon bald, mit fiebrigen Begleiterscheinungen, unter den berüchtigten Pestbeulen zu leiden, und furchtbar kurz, nur einige Tage, währte der Kampf; wer danach den fünften Tag erlebte, hatte es überstanden. Er war fortan immun dagegen, wie andere, die keine sichtbaren Zeichen von Ansteckung erkennen ließen. War die Seuche an einem Ort erloschen, dann holte der Schnitter Tod erst dann wieder aus zum neuen, furchtbaren Sensenschlag, wenn eine junge, nicht immunisierte Generation herangewachsen war. Daraus erklären sich die Wiederholungen der Seuchenzüge nach halben Generationenphasen.

Die Welt nahm das Unheil nicht tatenlos hin, aber die Mittel zur medizinischen Abwehr waren begrenzt. Isolierung, »Reinigung« pestbefallener Häuser durch Rauch, Aufstechen der Pestbeulen, so lauten die ärztlichen Anweisungen, und für die Mediziner selbst in sicherer Erkenntnis der Infektionsgefahr schreiben sie eine eigene, dicht verhüllende Kleidung vor im Umgang mit den Kranken, einen Pestmantel und einen Pestschnabel, eine Gesichtsmaske mit einem zwei, drei Spannen langen Vorsprung, wohl, um Distanz beim Atmen zu halten. Schon um 1350 erschienen solche medizinische Verhaltensregeln, lateinisch wie in Übersetzungen, und gingen als »Pestregimen« in die medizinische Volksliteratur ein. Karl selber sorgte für ihre Verbreitung, einer seiner Leibärzte zählte zu den Autoren.[407]

Die unbelehrte und unbesonnene Menge suchte in ihrer Angst nach anderen Hilfsmitteln. Sie sah in der Pest, kaum daß man von ihrer Ausbreitung aus der Ferne gehört hatte, in einem Erdbeben 1348, das vornehmlich in Kärnten wütete, und in allen möglichen, leicht summierten lokalen Unglücksfällen eine Strafe des Himmels, die es durch besondere Bußübungen abzuwehren galt. Man kehrte zurück zu einer strengen Form der Wallfahrt, die sich um 1260 in Mittelitalien entwickelt hatte.[408] Nicht nur die Pilgerschaft mit allen Entbehrungen, sondern auch die Selbstgeißelung wurde dabei zur besonderen asketischen Leistung. Im Herbst 1348 griff diese Geißlerbewegung von Ungarn und Oberösterreich um sich, in weiten Zügen, auf nicht immer bekannten Wegen, und fand besondere Pflege auch im dichten, seit je religiös leicht erregten Städteland Nordfrankreichs und Flanderns.[409] Für Tage und Wochen legten die Geißler das Leben in großen und kleinen Städten fast völlig lahm, erfüllten Kirchen und Plätze mit ihren Bußübungen und Predigten, verdrängten und übertrumpften den Klerus bei seinen Aufgaben für die Seelsorge und entmachteten ihn besonders durch ihre Forderung nach Laienpredigt, Laienbeichte und die Behauptung, die Geißelübungen seien wichtiger als der Empfang der Sakramente. In diesem Zusammenhang erweist sich das Geißlertum als eine besonders praktizierte Kirchenkritik, als Ausdruck massenhafter Unzufriedenheit, und doch darf man dabei die Aggression gegen die Amtskirche nicht überschätzen, weder nach den Absichten zumindest der meisten jener wandernden Büßer, noch nach dem Effekt. Die Züge gingen vorbei wie ein schauriger Rausch, als ein oft ignorierter Vorbote des Massensterbens, und das Leben fand danach wieder in seine alten Bahnen: Als Karl IV. zu seiner zweiten, nun vollgültigen Krönung in Aachen im Juli 1349 seinen Einzug halten wollte, mußte er eben wegen der Geißler ein paar Tage vor den Mauern warten; aber dann bereitete man ihm einen Empfang, als wäre der ekstatische Ruf zur Umkehr in Aachen nie erklungen.

Eine andere Geißel über dem Land hinterließ viel blutigere Spuren, auch sie geschwungen von den einfachen und ungelehrten Menschen, in deren Köpfen ein Massenwahn zünden konnte: Massenmord in den jüdischen Gemeinden. Den Juden wurde der Plan zugeschrieben, die ganze Christenheit durch Brunnenvergiftung auszurotten; die Pest erschien als eine Folge davon. Und trotz besonnener Gegenstimmen verstärkte sich diese unsinnige Mutmaßung mit Berichten von Foltergeständnissen und trug bald, von Frankreich nach Deutschland übertragen, grauenhafte Früchte. Nicht die Logik, sondern die Neigung gab ihr dabei die gehörige Nahrung. Schon ein Jahrzehnt zuvor, 1337, hatte ein verarmter Adeliger in Südwestdeutschland ein Judenpogrom organisiert.[410] Jetzt wurden Basel und Frankfurt, Nürnberg und Mainz und viele andere große und kleine Städte zu Schauplätzen unvorstellbarer Grausamkeit, wie sie erst das 20. Jahrhundert wieder inszenierte.

Es gab um diese Zeit etwa 350 jüdische Gemeinden in Deutschland, große und kleine, in großen und kleinen Städten, in Dörfern und Marktflecken.[411] Sie hatten zum Teil schon, wie die Kölner, eine vielhundertjährige Tradition. Beschränkt auf einen geschlossenen Siedlungskreis, lebten sie, wie andere Fremdengemeinden auch, nach eigenem Recht unter eigener Verwaltung; ein bemerkenswertes Stück städtischer Sonderentwicklung in zeitgemäßer ratsdemokratischer Verfassung.[412] Durch Berufsverbote namentlich in den Geldhandel abgedrängt, spielte ihre Oberschicht mitunter auch bereits in politischen Zusammenhängen mit, wenn sie nicht gar, wie unter Karls Großoheim, dem fähigen Balduin, im besonderen Maß mit der Finanzverwaltung, mit der Steuereinnahme und dem Rechnungswesen betraut war. Freilich steigerte das keinesfalls ihre Beliebtheit; und weil das Zinsnehmen damals ein risikoreiches Geschäft war, gab es dafür auch einen hohen Satz, oft wirtschaftlich untragbar und dann wieder auf die Gläubiger zurückschlagend. Soweit man sieht, erwuchs die tödliche Feindschaft aber zum wenigsten dort, wo die Juden Geschäftspartner waren, sondern beim abergläubischen Volk, das mit dem jüdischen Geldverleih selbst nur wenig in Verbindung kam. Wie der Hexenwahn, so zählt auch der Judenwahn erst zu den Exzessen der spätmittelalterlichen Welt; eine Schattenseite des Aufstiegs von Unterschichten zur politischen Handlungsfähigkeit.[413]

Seit Karl dem Großen standen die Juden unter königlichem Schutz, und nach der ersten großen Judenverfolgung im Zusammenhang mit dem Massenaufbruch zum ersten Kreuzzug des Abendlands gegen die Ungläubigen 1096 zählte man sie erstmals allgemein zu dem besonders schutzwürdigen Personenkreis neben Geistlichen, Kaufleuten und Frauen; der letzte Stauferkaiser Friedrich II. privilegierte sie als seine »Kammerknechte« und bot ihnen für ihre hohen Steuerleistungen als sein Königsrecht auch die Königspflicht besonderen Schutzes; bald danach übernahmen auch Landesfürsten dieses einträgliche Schutzamt.[414] Deshalb, und wenn man auch nur die finanziellen Gesichtspunkte dieser Schutzpflicht im Auge hat, gab es für sie keinen Grund, den Tod ihrer Schützlinge zu wünschen. So trafen sie Vorsorge vor der herannahenden Verfolgungswelle. In Reichsstädten, wo der Judenschutz Königssache war, stieß der Massenmord dagegen mitunter auf obrigkeitliche Duldung, wie in Straßburg oder in Basel, wo man auf einer Rheininsel eigens ein »Haus« für eine Massenverbrennung errichtete.[415] Die Regensburger schützten ihre Juden wirkungsvoll, und die Frankfurter wie die Ulmer ließen vor den Greuelnachrichten die Mauern verstärken und das Wachpersonal, mit jüdischen Geldern. Daß es in Frankfurt danach doch am 24. Juli 1349 im Zusammenhang mit einem Geißlerbesuch zur fürchterlichen »Judenschlacht« gekommen ist, bei einem Stadtbrand, war durchaus ein Schlag gegen die städtische Finanzpolitik, die zuvor vom König die Judensteuer erpfändet hatte.[416] Freilich hatte sich der vorsichtige Rat für einen solchen Fall bereits in der Verpfändungsurkunde salvieren lassen, so, als habe er den Judenmord schon fatalistisch kalkuliert. »Die Salvationsklausel hat dem König und den Urkundenempfängern heftige Kritik nachlebender Historiker eingetragen. Zu Unrecht. Sie entspringt dem Denken der Zeit.«[417]

Die stets lebendige Abkehr des zeitgenössischen Christentums von den Juden als den Mördern Christi begünstigte dabei zweifellos eine gewisse Gleichgültigkeit gegenüber den Vorgängen bei denen, die Macht genug besessen hätten, ihnen entgegenzutreten;[418] das jüdische Geld, auf das die Ärmsten dennoch verwiesen waren, weil ihnen aller andere wirtschaftliche Kontakt mit der christlichen Umwelt verboten war, tat das Seine, um sie verächtlich, ja verhaßt zu machen, nicht zum mindesten bei ihren Gläubigern; Fürsten und Adel, Bürger und selbst Bauern waren bei ihnen verschuldet. Ihr Geld »war das Gift, das sie tötete«, sagt ein Chronist, und ein anderer erläutert, im Hinblick auf die Machtverhältnisse: »Wären die Juden arm und die Landesherren ihnen nichts schuldig gewesen, so wären sie auch nicht verbrannt worden.«[419]

Nur vom Schutz durch die Landesherren ist da die Rede; der größte Teil der Ermordeten stand aber unter königlichem Schutz. Und wie verhielt sich Karl in jenen Monaten, als die Mordwelle von West nach Ost durch Deutschland raste? Als Landesherr stellte er sich mit größter Entschlossenheit dagegen. Und so ist auch in Luxemburg, in Böhmen, Mähren und Schlesien nur vereinzelt etwas von Judenverfolgung zu hören, nachdem Karl sofort den Anfängen wehrte. Damit verhielt er sich ähnlich wie der Pfalzgraf bei Rhein, der Kurerzbischof von Trier, sein Oheim, der Erzbischof von Magdeburg oder die Herzöge von Braunschweig und von Lüneburg. Selbst wenn finanzpolitische Rücksichten dabei den Ausschlag gegeben hätten[420], so war damit doch den Verträgen zwischen den Fürsten und ihren Schutzbefohlenen Genüge getan.

Als König aber hat Karl vor seinen Pflichten versagt. Das könnte man nun freilich aus der politischen Lage jener Monate erklären, in denen er seinen letzten Rivalen kaum überwunden hatte und die Treue der Reichsstädte zu ihm noch lange nicht soweit gefestigt war, daß er anders als durch eine fatale Nachsicht gegenüber den Exzessen seine Anerkennung behaupten zu können glaubte. Zu einer militärischen Demonstration war der tiefverschuldete König wohl ganz außerstande. Nun war es aber letztlich nicht nur jene fatale Nachsicht gegenüber einer Welle des Aufruhrs gegen die königliche Rechtsordnung, sondern viel mehr noch der Versuch, zu nutzen, was nicht zu ändern war. Und darüber ist in diesem Zusammenhang zu sprechen. Mehr als ein halbes Dutzend von Urkunden sind erhalten, in denen Karl über jüdisches Gut zugunsten seiner Anhänger disponierte, noch ehe es überhaupt herrenlos geworden war. Vornehmlich handelt es sich dabei um das Vorfeld der Verfolgungswelle, um den fränkischen Raum, in dem die Nachricht von den entsetzlichen Greueln am Rhein sogleich auch die Geldgier einiger Mächtiger weckte.[421] Nicht, daß er mit den Frankfurtern oder wenig später unter dem Eindruck der Ereignisse, am 2. Oktober 1349, auch mit dem Nürnberger Rat vereinbarte, dem Stadtregiment die Verfolgung von Juden nicht anzulasten, wird man deshalb als eine besondere Unmenschlichkeit verurteilen dürfen; diese Absprachen waren eher Ausdruck politischer Ohnmacht, deren sich die städtischen Obrigkeiten und der König gegenseitig versicherten. Aber daß er dem Bischof von Bamberg, dem Bischof von Würzburg, dem Herrn von Seckendorf oder gar dem Haupt der noch vor kurzem gefährlichen Gegenpartei, dem Herzog Ludwig V. von Oberbayern, mit dem es damals noch um die Mark Brandenburg zu handeln galt, auf solche Art jüdischen Besitz aus künftigen Pogromen versprach, macht ihn zum stillen Teilhaber der Greuel. Auch dem aufstrebenden Nürnberger Patriziergeschlecht der Stromer kam er solcherart entgegen. Anläßlich einer Gesandtschaft, bei der die Nürnberger, genauer der hier gerade mit seiner Hilfe im Herbst restituierte Rat aus den alten Familien, um die Genehmigung zum Abbruch einiger Judenhäuser baten, die den Marktplatz verengten, erteilte Karl zugleich die Erlaubnis, anstelle der Synagoge eine Kirche zur Ehre Mariens zu errichten. Mit solchen Bauten hat man auch anderwärts Synagogen ersetzt. Beim Abbruch der Häuser kam es dann auch prompt am 5. Dezember 1349 in Nürnberg zum »Judenbrand«. Mindestens 562 Menschen verloren dabei das Leben.[422]

Die jüdischen Gemeinden, bis dahin zwischen Rhein und Elbe in einer sichereren Zuflucht als in Frankreich, England oder Spanien, haben sich von dieser Katastrophe nie wieder erholt. Schon ein, zwei Jahre später kam es zwar zu Rücksiedlungen, besonders, als sich auf einmal der Nutzen ihrer Pfandgeschäfte zeigte, so daß sich die ganze Mordwelle auch nicht einfach als eine »Kreditkrise barbarischster Art« erklären läßt.[423] Erklären, wenn überhaupt, läßt sich die Tragödie vielmehr nur im Rahmen der Geschichte des Antisemitismus als eines religiös bestärkten Irrglaubens aus Fremdenhaß, der unter bestimmten Umständen in Massenwahn umschlägt.

König Karl, der den Frieden und das Wohl der Untertanen immer wieder als oberste Herrscherpflicht beschworen hatte, war dieser innenpolitischen Explosion nicht gewachsen. Er sah es selbst. Er bedauerte schon im Mai 1350 Wirrsal und Aufruhr, denen die

»Judenheit« unschuldig zum Opfer gefallen sei, auch im Hinblick auf die Einkünfte des Reiches, und forderte zu Gegenmaßnahmen auf.[424]

Nachfolgeprobleme

Am 17. Januar 1350 wurde Karl endlich der ersehnte Nachfolger geboren, als drittes Kind, aus der Ehe mit seiner zweiten Frau Anna aus der pfälzischen Linie der Wittelsbacher. Er wurde auf den böhmischen Traditionsnamen Wenzel getauft, wie einst der Vater, und geriet bald in politische Spekulationen. Denn ganz so einfach stellte sich die böhmische Erbfolge doch nicht dar als Primogenitur, weil Karl während seiner Söhnelosigkeit seinen jüngeren Bruder Johann Heinrich zum Nachfolger bestimmt hatte, den glücklosen einstigen Gemahl der Margarete Maultasch von Tirol, nun Markgraf von Mähren. Jetzt galt es, die Änderung dieser Erbfolge zugunsten seines eigenen Sohnes zu demonstrieren, und es ist bezeichnend für Karls rechtspolitisches Denken, daß er dazu eigens schriftlich festgehaltene Huldigungsakte für nötig ansah.

Freilich war es nicht üblich, einem Säugling zu Lebzeiten des Vaters schon zu huldigen; so konnte Karl auch kaum die entscheidenden Träger einer solchen Huldigung für das Unternehmen gewinnen, nämlich den böhmischen Adel, und so mußte er sich mit Huldigungsakten von seiten derer begnügen, die sich ohne große Bedenken seinem Wink zu fügen hatten: mit den königlichen Städten in Böhmen. Also huldigten vom 31. Juli 1350 bis zum 15. Dezember dieses Jahres nicht weniger als zwölf böhmische Städte dem erst wenige Monate alten Prinzen Wenzel als künftigem König, und Karl sorgte für die gehörigen Urkundentexte. Darin stand zu lesen, daß dieser Akt ausdrücklich im Hinblick auf die Erbfolge in männlicher Linie erfolge, nach altem Brauch, seit langem lobenswert bewahrt, und nicht minder ausdrücklich durch eine Rechtsordnung vorgesehen, wodurch Johann, der Vater Karls, nach reiflicher Erwägung seinen Erstgeborenen und dessen Erben und Nachfolger in der männlichen Linie zu seinen eigenen Nachfolgern bestimmt hätte.[425] Damit war, sozusagen bei einer etwas vom Zaun gebrochenen Gelegenheit, das Erbrecht demonstriert und die Möglichkeit ausgeschlossen, daß bei einem jähen Tode

Karls an der Stelle seines minderjährigen Sohnes etwa sein Bruder die Nachfolge angetreten hätte, ein Wechsel in den dynastischen Linien, wie er immer wieder, selbst unter dem Recht der Erstgeburt, und namentlich in der älteren böhmischen Geschichte zu finden war. Das Ganze ist aber nicht in einer einseitigen Erklärung oder einem Manifest des Königs vorgetragen, sondern im Zusammenhang mit dem Präzedenzfall der städtischen Huldigungen, denen sich zur gegebenen Zeit der Adel des Landes hätte anschließen müssen, in jener kasuistischen Weise des Rechtsdenkens, wie sie für die Zeit, besonders aber für Karl bezeichnend ist. Denn Diplomatie und Recht haben wir bereits als die Axiome seiner politischen Unternehmungen beobachtet. Und im Zusammenhang seiner Rechtsfindung begegnen wir auch hier dem Begriffspaar von altem Herkommen und neuer Fixierung, kennzeichnend für Karls konstruktiven Konservativismus, wonach er auch in den entscheidenden großen Gesetzeswerken immer wieder das Neue aus dem Alten zu rechtfertigen suchte.

Ein Vierteljahr später, im März 1351, mußte deshalb der jüngere, stets willige Bruder noch einmal die Lehensnahme der Markgrafschaft Mähren wiederholen, mit demselben Text wie kaum ein Jahr zuvor, nämlich auch der ausdrücklichen Versicherung der Lehensabhängigkeit seiner Markgrafschaft von Böhmen für alle Zeiten. Auch das war, in den Formen der lehensrechtlichen Bindung, keinesfalls uraltes böhmisches Recht, obwohl es sich so bezeichnete; auch da ließ Karl also neues Recht in Anknüpfung an alte, nur ähnliche, aber eben nicht gleiche Formen fixieren.[426] Und wiederholt wurde der feierliche Akt offensichtlich, weil im Frühjahr 1351 die Nachfolge Karls als dringliche Frage in Böhmen wie in Deutschland, am päpstlichen Hof in Avignon wie mutmaßlich eben auch in der Umgebung des mährischen Markgrafen die politische Kalkulation in Gang setzte: Seit dem Oktober 1350 war Karl nämlich von einer rätselhaften und hartnäckigen Krankheit befallen.

Bis heute ist nicht sicher, was den Vierunddreißigjährigen für viele Monate ans Krankenbett fesselte. Die böhmische Geschichtsschreibung hat diese Lebensspanne des Kaisers später schweigend übergangen. Ein deutscher Chronist berichtet aber, Karl sei von einer Paralyse befallen worden, »so daß sich ihm Hände und Füße zusammenkrümmten«.[427] Deshalb hat man kurzerhand auf einen besonders hartnäckigen Gichtanfall geschlossen, jene Krankheit, unter der Karl in späteren Jahren bekanntermaßen besonders litt und die auch ausdrücklich bei einer anthropologischen Autopsie 1928 bestätigt worden ist.[428] Aber die Zeitgenossen, denen Gicht eine wohlbekannte Krankheit war, hätten nicht verfehlt, sie auch beim Namen zu nennen. Statt dessen sprachen sie von etwas Rätselhaftem, nicht von der Gicht, auch nicht von der Pest, die in jener Zeit an die Tore des Landes klopfte, denn der König litt weder unter den berüchtigten Beulen, noch sprach auch die lange Krankheitsdauer für eine solche Entwicklung. So brachte man die Rede auf Gift. Und es ist ganz aufschlußreich, auch für die politische Lage, daß sich die Vermutungen dabei in ganz verschiedenen Richtungen bewegten. Matteo Villani, der elegante Italiener, bringt eine kleine Romanze ins Spiel: Die Königin selber habe, eine Abkehr ihres Mannes argwöhnend, ihm einen Liebestrank kredenzt, der nun eben ganz gegen ihre Erwartungen zu einem solchen Unheil ausgeschlagen sei. Sie habe gestanden und, nach ihrem Motiv befragt, großmütig Verzeihung gefunden. Ein anderer, ein deutscher Chronist, sieht den unzufriedenen Landesadel hinter dem Attentat. Und Heinrich Taube, jener Mann, der genauer weiß als die andern, wie die Krankheit dem König zusetzt, vermutet den jüngeren mährischen Bruder hinter dem Anschlag. Nun, da ein Nachfolger geboren war, hätte der sich tatsächlich in seinen Erwartungen enttäuscht fühlen können. War das auch die Ursache der wiederholten Huldigung?

Die moderne Medizin sieht die Dinge anders. Danach handelte es sich möglicherweise um ein bakteriell verursachtes, aber nicht infektiöses Nervenleiden, um eine Polyneuritis, die den König, letztlich ohne lebensgefährliche Bedrohung, doch rund ein Jahr in seiner Handlungsfähigkeit beeinträchtigte. Womit er damals die Wochen und Monate hinbrachte, was er auf seinem Krankenlager dachte und plante, läßt sich kaum vermuten. Er selber hat auch später nie auf jene dunkle Zeit angespielt. Aber wie schon der Prinz gewohnt war, sich sehr bald mehr auf seinen Geist als auf seinen im Ganzen eher fragilen Körper zu stützen, so mögen ihn die Lähmungen nun noch mehr auf die Kräfte seiner Gedanken verwiesen haben. Sein Äußeres, eher klein und von empfindlicher

Gesundheit, war jedenfalls schon wenige Jahre danach von der schweren Gicht gekennzeichnet, die ihm im letzten Lebensjahrzehnt so sehr zusetzte. Der leicht gekrümmte Rücken mit dem vorgeneigten Haupt auf den Karlsteiner Fresken ist offenbar so realistisch wie auch die Einzelheiten des Porträts.[129] Und wie der Mittzwanziger nach dem Bericht seiner Autobiographie plötzlich auf dem Weg durch das Gerlostal in der alpinen Einsamkeit an seinen lange zurückliegenden Traum von Tarenzo denken mußte und dabei geistlichen Meditationen nachhing, so mag nun auch der Mittdreißiger auf dem langen Krankenlager Gelegenheit zur Besinnung und zur Läuterung gefunden haben, in jenem geistlichen Sinn, wie er ihn verstand. Als er im Sommer 1351 nach Jahresfrist zum erstenmal wieder sein böhmisches Stammland verließ und danach auf kurzen Reisen in die sächsische und schlesische Nachbarschaft seinen Aktionskreis allmählich wieder erweiterte, da war er doch, wie es scheint, noch mehr in jene Welt versunken, in die ihn sein eigener Lebensbericht geführt hatte: noch mehr geneigt, die harte Politik aus der Distanz kühler Spekulation zu betreiben, noch stärker darauf aus, an die Stelle der Machtdemonstration die juristische Schriftlichkeit zu setzen und noch weiter als bisher bereit, seine eigene Person, sein inneres Erleben wie seine Lebenshoffnungen an jene Sphäre zu binden, die in seiner Zeit weit stärker in die Mentalität des Alltags griff als in unserer Welt: an die transzendente.

Um diese Zeit war Karls Schwester Guta, die Herzogin der Normandie, der Pest erlegen; sie starb wenige Monate, bevor ihr Gemahl König von Frankreich wurde. Zur selben Zeit, vielleicht ebenfalls als Pestopfer, starb Karls Tochter Margareta, Königin von Ungarn. Und überdies griff der Tod nach dem kleinen Kronprinzen Wenzel, noch keine zwei Jahre alt. Damit war aufs neue die Nachfolgefrage offen. Außerdem aber mußten dem im Frühjahr 1350 beschworenen Frieden mit den bayerischen Wittelsbachern nun auch Taten folgen, und der König entschied, sichtlich ungern, endlich politisch über die zugesagte Wiedereinsetzung in die Mark Brandenburg. Und dabei war schon im Juli 1350, noch vor seiner Erkrankung, die neue große Lebensaufgabe in Gestalt des abenteuerlichen Tribunen Cola di Rienzo in Prag vor seinen Thron getreten: Italien rief – und die Kaiserkrone.

Sechstes Kapitel
DER KAISER

Eine neue Mode

»Da hob die Welt zu leben an und fröhlich zu sein, und es machten die Männer neue Kleidung.«

Der beweglichere, wirklichkeitsnähere Lebensstil, die nachdrücklichere, persönlichkeits-, aber auch körperbewußte Absicht, sich selber darzustellen, und zweifellos auch gewisse Fortschritte technischer Art bedingten insgesamt einen Wandel in der Kleidung, besonders der männlichen, welche um 1350 »eine starke Beweglichkeit und Bewegung« erkennen läßt und dabei eine »unlösliche Verbundenheit« schuf zwischen »Tracht und bildender Kunst«.[430]

Es gibt wenige historische Wandlungen, die einen ähnlichen Einblick in das tägliche Leben des Mittelalters ermöglichen, wenn auch nicht des Alltagsmenschen, sondern etwa jenes Fünftels der Bevölkerung, das der verfeinerten Lebensart folgen konnte, das »Mode« aufnahm und weitergab, bei Hofe, auf Schlössern, in Ratsstuben. Es gibt auch wenige Wandlungen, die einen ähnlichen unmittelbaren Nachvollzug ermöglichen, um über die alltäglichste und allerengste kulturgeschichtliche Hülle nachzudenken, die einen jeden Einzelnen umgibt: unsere Kleidung. Diese Kleider wurden damals, um 1350, in einer so radikalen Weise aus jahrhundertealter allmählicher Veränderung einem Entwicklungssprung in ihrer Form, ihrer Technik, ihrer Funktion ausgesetzt, daß der Schluß recht naheliegt, man begegne auch in diesem Alltags- und Intimbereich »einer Weltenwende ..., die aus dem Mittelalter in die Neuzeit schwenkt«;[431] ein voreiliger Schluß, weil man darüber nicht jenem Eigenleben des »Spätmittelalters« sein Recht läßt, von dem schon einmal die Rede war. Das freilich ist an Hosenknöpfen nicht leicht abzuzählen.

Aber zur Sache. An Stelle des alten »Schlüpfkleides«, dreiviertellang für Männer, knöchellang für Frauen über Jahrhunderte hin, in manchen Bereichen noch aus spätantiken Traditionen, trat um 1350 in der Männerkleidung die körperbetont taillierte, vorn durchgeknöpfte »Schecke«, wovon vermutlich auch unser Wort für »Jacke« herzuleiten ist; an Stelle kurzer Beinbekleidungen aus Stoff mit Riemenhaltung oder Leder traten lange Beinlinge, vorn und hinten am Bund des Wamses auf eine neue Art befestigt, »der erste und entscheidende Schritt zum Entstehen der neuzeitlichen Hose«, so daß das Wams für die nächsten 300 Jahre als Hosenträger diente. Vor uns steht, nach einzelnen Vorläufern aus der ersten Jahrhunderthälfte, förmlich mit einem Schlag die moderne Männerkleidung in einer Frühform, doch bereits deutlich kenntlich nach Rock, Weste und Hose. Eine spätmittelalterliche Frühform freilich, nicht nur wegen ihrer technischen Unzulänglichkeiten an den kritischen Partien des Übergangs und Anschlusses der Kleidungsstücke zwischen Wams und Hose, welche das ältere durchgehende Schlüpfkleid nicht kannte; sondern auch wegen der auffällig tiefen Gürtellinie, wie man sie etwa an den Přemyslidentumben im Prager Veitsdom mit der hervorragenden halbplastischen Darstellung Ottokars I. und Ottokars II. aus der Parlerwerkstatt beobachten kann.

Diese tiefe Taille verlängerte den Oberkörper, betonte wohl die Leiblichkeit, gab ihr aber gleichzeitig einen schlanken Akzent, weil sie den Bauch nicht zur natürlichen Zentrale des Leibes erhob, sondern ihn möglichst unterdrückte, um Brust und Kopf, die edlen Partien, desto mehr hervorzuheben. Das ist wohl gemeint, wenn von »gotischem Formenempfinden« dieser Mode die Rede ist.

Wie einem jeden Wandel, muß man auch jener Umwälzung in der Mode 1350 mancherlei Ursachen zugrunde legen und dabei das weite Ambiente einer Umbruchsepoche ins Auge fassen. Vergleiche mit dem Eisenkleid der Panzerreiter, das in jener Zeit den Harnisch entwickelte, sind gezogen worden, so daß sich gewisse Ähnlichkeiten im Wandel vom älteren eisernen Kettenhemd zum neueren Eisenwams mit dementsprechend langen gepanzerten Hosen anbieten. Den genauen Weg von Zufällen und wohlüberlegten Veränderungen wird man wahrscheinlich niemals einleuchtend herleiten können. Die beinbetonte und beinbefreiende Bewegungsfähigkeit erscheint als ein, aber gewiß nicht als das einzige Motiv der Neuerung. Die Revolution der Herrenmode an sich, der Siegeszug also überhaupt einer ganz neuen Art sich zu kleiden, ist vom Chronisten wohl treffend mit dem großen und wörtlichen Revirement, der Wiederbelebung der Gesellschaft nach der glücklich überstandenen verheerenden ersten Pestwelle von 1348/49 verbunden worden, als die Überlebenden, dankbar, oder auch in überschäumender Freude, erkannten, daß sie nach monatelanger Todesangst dem Leben zurückgegeben waren: »... Da hob die Welt zu leben an und fröhlich zu sein, und es machten die Männer neue Kleidung.«[432]

Cola di Rienzo

Auch König Karl mag im Herbst 1351 ähnliches empfunden haben, als er seine Nervenlähmungen überwunden hatte. Und unverdrossen nahm er den Faden seiner Politik dort wieder auf, wo er ihm ein Jahr zuvor aus den verkrampften Händen geglitten war: bei der Kaiserpolitik, bei seinem Vorsatz, zur Krönung nach Rom zu ziehen und Oberitalien, wenn auch in loser Form, seinem Herrschaftskreis einzugliedern. Diese Absicht bringt man oft in allzu enge Verbindung mit Karls Abhängigkeit von der päpstlichen Politik, als wäre die Krönung in Rom nur eine neue Variante zu seinen deutschen Königskrönungen in Bonn und Aachen. Allein, zwischen Klemens VI. und seinem Zögling, den er als Knaben in die Welt der Bildung und als jungen Fürsten eingeführt hatte in die Welt der Politik, war inzwischen eine deutliche Entfremdung eingetreten. Spätestens die eigenmächtige zweite Ehe Karls mit einer Tochter aus dem gebannten Geschlecht der Wittelsbacher 1349, eine diplomatische Blitzaktion ohne Genehmigung aus Avignon, machte sie deutlich. Karls Versöhnungsversuche zwischen der Kurie und besonders dem bayerischen Zweig, den Söhnen des vom Papst verfluchten Kaisers, waren ebenfalls nicht geeignet, das päpstliche Mißtrauen zu beruhigen. Und so ging der neue König schließlich auch daran, sich seinen eigenen Weg nach Rom zu bahnen.

Schon im März 1350 schrieb er, nach unbekannten Kontakten, einen Brief an die Florentiner und teilte ihnen mit, daß er sich mit den Erben Ludwigs des Bayern versöhnt habe und deshalb jetzt im Besitz der Reichskleinodien sei; man sieht, er wußte das Unterpfand des Friedens mit den bayerischen Wittelsbachern sofort diplomatisch zu nutzen, wenige Tage, nachdem es in seinen Händen war.[433] Unter dem frischen Eindruck dieses greifbaren staatspolitischen Erfolgs fügt er hinzu, jetzt seien überhaupt alle Rebellionen und Streitigkeiten in Deutschland zur Ruhe gebracht, und deshalb habe er zum nahen Osterfest einen Reichstag nach Nürnberg berufen, um danach unbehindert von irgendwelchen Geschäften seine Schritte nach der Stadt Rom zu lenken. Es spricht die königliche Ungeduld aus dieser Formulierung und vielleicht auch die Ignoranz der päpstlichen Politik. Denn Karl sucht diese Schritte nun eben besonders bei den Florentinern vorzubereiten, seit Barbarossas Zeiten neben Mailand die entschlossensten Gegner der Kaisermacht in Italien. Und deshalb mögen sie wissen, wie er fortsetzt, er habe nichts anderes im Sinn als Frieden und Ruhe den einzelnen Teilen Italiens zu bringen, und das hoffe er, mit Gottes Hilfe, in kurzer Zeit bewirkt zu haben. Mit dieser Zusage, nicht länger als unbedingt nötig in Italien zu bleiben, hält er fest an einer alten Bedingung für den päpstlichen Krönungsvollzug, zu der sich schon sein Vorgänger Ludwig verstanden hatte und den er selber 1346 übernahm, eine Bedingung aus Avignon, womit die Päpste besonders wegen ihrer Entfernung von Rom jede kaiserliche Konkurrenz ausschalten wollten, um ein Wiederaufleben der Kaisermacht aus Stauferzeiten in Italien zu verhindern.

Tatsächlich kam es dann nach dem Nürnberger Reichstag jedoch anders. Vielleicht hatte Karl die Lage in der ersten Freude über die wohlerlangten Reichskleinodien überschätzt. Er hatte sich mit allen Wittelsbachern versöhnt und in den Wochen zuvor den dänischen König Waldemar Atterdag, einen möglichen Rivalen im Norden, besonders als etwaiger Bundesgenosse der Wittelsbacher in Brandenburg, in Gnaden angenommen und beschenkt. Ähnlich hatte wenige Tage später endlich auch Herzog Erich von Sachsen die Anerkennung Karls vollzogen. Aber: die päpstliche Haltung war noch zu reserviert und die oberitalienische Politik in sich so wirr – besonders empfindlich gegen jeden Eingriff aus dem Norden – daß sich zwangsläufig erst ein langes diplomatisches Spiel entspinnen mußte. So steht Karls vorsichtiges Abwägen in den nächsten vier Jahren in deutlichem Gegensatz zu den ersten entschlossenen Worten über den Italienzug in seinem Brief an die Florentiner.

Der Papst baute gleichwohl sofort eine Barriere auf. Am 1. Mai 1350 warnte er seinen Kardinallegaten in Italien davor, in eventuellen Verhandlungen die Frage der Krönung auch nur zu berühren.[434] Da aber trat wieder einmal das Unverhoffte auf Karls Seite, diesmal in Gestalt eines politischen Abenteurers, eines der ersten, der mit seiner Bildung Politik machte, im Appell an alle, die so wie er das antike Vorbild zur neuen Weltordnung ummünzen wollten. Die Kraft und Eleganz seiner Beredsamkeit, die stete aggressive Erinnerung an die vergangene Größe Roms, die Beharrlichkeit, mit der dieses Bildungswissen umgeformt wurde zum politischen Programm, und schließlich die Universalität, mit der sich dieses Programm an alle richtete, die sich nach festen Gegebenheiten, nach Herkunft und Sprache, mit der Geschichte Roms verbunden fühlten – das alles hat diesen Mann zu einem der ersten politischen Intellektuellen gemacht, die eine Revolution in Szene setzten: Cola di Rienzo. Dieser Sohn des römischen Schankwirts Laurentius, mit vollem Namen Nikolaus, hatte die Ausbildung zum Notar absolviert, als ihn 1343 seine Vaterstadt zum Mitglied einer Gesandtschaft nach Avignon machte. Hier zuerst erweckte er Interesse durch die ureigenste aller Gaben der abendländischen Intellektualität, durch seine Beredsamkeit, gefiltert am Bildungsanspruch des klassischen Latein. Er wurde mit Petrarca bekannt. Und in Rom, das, seines päpstlichen Stadtherren beraubt, in jener Zeit wieder ein Spielball baronaler Anarchie geworden war, wirkte er fortan als der Propagator einer eigenartigen, nach seinem Kopf geformten politischen Renaissance.

Nach ihrem Zustand ließ sich die Hauptstadt der Alten Welt damals wohl kaum als die Metropole Italiens bezeichnen, viel weniger noch, des päpstlichen Glanzes beraubt, als die Hauptstadt der Christenheit. Eine Mittelstadt mit dreißigtausend Einwohnern, ein Drittel von den Großstädten Venedig oder Genua, kaum mehr als die Hälfte der Einwohnerzahlen aus Mailand oder Florenz[435], war Rom auch nach seiner Wirtschaftskraft und seinem Entwicklungsstand weit hinter dem oberitalienischen Städtewesen zurückgeblieben. Weder Handel noch Handwerk gaben ihm überregionale Bedeutung. Dementsprechend fehlte auch das mächtige und politisch erfahrene Bürgertum Oberitaliens, das dort den Adel verdrängt hatte, aber in seiner republikanischen Vielfalt schon wieder zum Objekt neuer monarchischer Machthaber geworden war, in Mailand, Verona, Mantua oder Ferrara und bald auch in Florenz. Es fehlte in Rom aber auch die zielbewußt verfaßte Adelshierarchie, wie sie die Seerepubliken von Venedig oder Genua regierte. Neben und in den antiken Ruinenfeldern hatte der Stadtadel seine festen Plätze, mit bewaffnetem Gefolge und breiterer, auch ungewisser Klientel in einem politischen Gefüge, das ohne den nicht immer mächtigen, aber jedenfalls alle Fluchtpunkte bestimmenden päpstlichen Stadtherrn nicht sein ausgewogenes Kräftespiel konservativer kleinadeliger Positionen bewahrt hätte. Nun aber war das Zentrum des Kirchenregiments seit 40 Jahren verwaist.

Rienzos Staatsstreich vom Pfingsttag 1347 ist unter diesen Umständen eine der Möglichkeiten adelsfeindlicher Politik; sie ist nicht eigentlich bürgerlich zu nennen, denn weder nach seinen Absichten noch nach seiner Herkunft zählte Cola zu jener Schicht, die anderwärts aus der Stärke der freien Stadtwirtschaft auch politische Ansprüche herleitete. Aber er stützte sich auf das Ratsregiment, auf die Unzufriedenen aller, großenteils natürlich der unteren Schichten, und schließlich auf eine Art von römischer Solidarität, für die er hoch und niedrig zu gewinnen suchte. Dazu beschwor er nicht nur die antike Größe der Stadt, sondern auch ihren gegenwärtigen Verfall.

Er nützte die Abwesenheit der Adelsmiliz, um mit einer kleinen Schar die Macht an sich zu ziehen; und diese Gelegenheit nur, um sozusagen Versammlungsfreiheit zu gewinnen. In einem großen politischen Schauspiel feierte er dann seine Amtseinführung als Tribun, ein neuer Titel, der ihn nach römischem Vorbild als Führer der Volkspartei ausweisen sollte. Dazu nahm er ein symbolisches Reinigungsbad in jener Porphyrwanne, die einst Kaiser Konstantin als Taufbecken gedient haben soll. Staatspolitischer Akt der römischen Wiedergeburt![436] Kluge und geschickte Maßnahmen stellten den neuen Tribunen danach tatsächlich in den Schutz des Volkes und machten ihn unangreifbar. Cola ließ einige Wochen danach noch auf einer Massenversammlung die Volkssouveränität in Erinnerung an Vespasians Lex regia verkünden und erläutern, versäumte dabei aber nicht, die päpstlichen Ansprüche auf das Stadtregiment formell zu salvieren.[437] Das war eine lebensrettende Vorsichtsmaßnahme, wie er fünf Jahre später in päpstlicher Haft zu Avignon erfahren sollte.

Denn auch der ferne Papst war in Italien nicht machtlos. Cola mußte das ein paar Monate später spüren, als er, taktisch so unklug wie menschlich sympathisch, die Gelegenheit zu einem Massengericht über seine heimlichen Gegner im römischen Adel versäumte. Überdies enttäuschte er im Laufe der Zeit jene Erwartungen, welche die Mehrzahl der unzufriedenen Römer in sein Regiment gesetzt hatte. Zwar wurden die Verhältnisse ein wenig besser, nicht für jeden einsichtig, aber eine Utopie vermochte der neue Tribun verständlicherweise nicht zu verwirklichen. Auch im Verhältnis zu den anderen politischen Kräften Italiens erschöpfte sich der Einfluß des »wiedergeborenen Rom« in mehr oder minder eindrucksvollen Demonstrationen auf diplomatischer Ebene. Die blieben freilich nicht unbekannt; ausgerechnet die Kanzlei des Trierer Erzbischofs Balduin sammelte Colas Erlässe.[438] König Karl war mit dieser Trierer Kanzlei nicht nur durch seine Verwandtschaft zum Kurerzbischof, und auch nicht nur durch seine Innenpolitik, sondern auch unmittelbar verbunden. Rudolf Losse, einer der führenden Kanzleibeamten und Diplomaten des Trierer Kurerzbischofs, stand spätestens seit seiner Königswahl in seinen Diensten, zählte mehrfach zu seinen Gesandten, wurde von ihm protegiert und schließlich durch seine Fürsprache auch in das Mainzer Domkapitel aufgenommen.[439] Also muß man nicht annehmen, Cola di Rienzo sei für Karl ein ganz Unbekannter gewesen, als er schließlich im Juni 1350 in Prag vor ihn trat; bei weitem nicht der erste Emigrant in jenen wechselvollen Jahrzehnten der italienischen Parteienkämpfe zwischen Adel und Großbürgertum, zwischen popolo grosso, eben jener großbürgerlichen und adelsnahen Oberschicht, und dem popolo magro, was sich ständerechtlich freilich kaum allgemein definieren läßt und nicht besser ausgewiesen werden kann als eben durch diese ironische Unterscheidung zwischen den Satten und den Mageren. Aber Cola di Rienzo war nun doch ein Emigrant besonderer Art. Des Wortes mächtig, wie eine Generation zuvor der Florentiner Dante Alighieri; zudem aber auch noch immer Symbol und Sehnsucht einer kräftigen Fraktion innerhalb der römischen Bevölkerung, mit Freunden, Anhängern, Ansatzpunkten; mit geheimem Wissen und geheimen Verbindungen. Nicht nur ein Informant ersten Ranges, nicht nur ein Faszinator, sondern auch ein Faustpfand in Person.

Wir wissen nicht so genau, aus welchem Grund der Tribun im Dezember 1347 in Rom seiner Macht wieder entsagte und heimlich die Stadt verließ.[440] Als er sein Regiment antrat, Pfingsten 1347, war er mit drei Bannern auf das Kapitol gezogen, drei weithin sichtbaren Symbolen seiner politischen Ziele: einem roten für die Freiheit; einem weißen für die Gleichheit aller römischen Bürger; und schließlich mit dem Petersbanner, um damit Frieden und Versöhnung anzukünden. Haben wir damit nicht schon das Programm aller »Linken«, aller egalitären europäischen Revolutionen vor uns, nämlich Freiheit, Gleichheit und Brüderlichkeit? Man darf nicht annehmen, daß der römische Adel diese Symbolik mißverstand, der das nichtadelige Rom, aus welchen Interessen im einzelnen auch immer, in Massen seinen Beifall lieh. Die Versuche Colas in der Folgezeit, den Adel zu demütigen und gleichzeitig anzuziehen, sprechen an sich genug für den Ernst seiner Bemühungen um Freiheit und Gleichheit. Die Brüderlichkeit mißlang, wie auch in jeder künftigen Revolution.

Ähnlich sah sich der Papst von diesem ungebetenen Statthalter in Worten anerkannt, dessen Selbständigkeit als römischer Tribun allerdings unbestreitbar war. Also arbeiteten Papst und Adel nach Kräften auf Colas Untergang hin. Zumindest seine Verdrängung glückte eben zum Jahresende 1347, und Cola floh vor der Rache des römischen Adels und dem Bannstrahl des Papstes schließlich zu den letzten Franziskanerspiritualen ins Majolagebirge, die sich in jenen wildesten Teil der Abruzzen als Einsiedler zurückgezogen hatten, hingegeben dem Ideal äußerster heroischer Askese und gleichzeitig der Erwartung einer neuen Weltepoche. Diese Verbindung hatte das rigorose Vorbild des Mönches von Assisi mit der radikalen Prophetie des Mönches von Fiore, hatte die Erinnerung an Franziskus, der von Umbrien her mit seiner neuen Mönchsbewegung das Christentum verändert hatte, und an Joachim, der in Kalabrien einen unbekannten Orden gründete, aber mit seiner

Prophetie vom neuen Zeitalter des heiligen Geistes bald viele Gemüter bewegte, in jener Mönchsbewegung damals seit hundert Jahren eingegangen. Die Spiritualen fühlten sich als die rechten Erben beider, aber kaum zu Recht. Päpstlich verfolgt, war ihr Einfluß doch schwer auszurotten und politisch virulent geworden nicht zuletzt beim gebannten Vorgänger Karls IV., eben bei Ludwig von Bayern, der die bedeutendsten Köpfe dieser Franziskaner, Wilhelm von Occam, Joachim von Cesena, Bonagratia, an seinen Hof nach München gezogen hatte. Zwischen ihrer Gedankenwelt und den naiven Prophetien der Eremiten im Majolagebirge bestand freilich ein himmelweiter Unterschied, ganz wörtlich zu nehmen. Dennoch: auch die Spur von Ähnlichkeit war gefährlich. Durfte es Karl riskieren, in Cola di Rienzo, nach zweijährigem Aufenthalt ein gelehriger Schüler spiritualistischer Prophetie, nun dieselbe Emigration an sich zu ziehen wie sein noch immer gebannter und in Avignon verhaßter Vorgänger? Aber sollte er den Römer wegschicken, vielleicht gar in Ketten an den Hof von Avignon, während er doch bei ihm Asyl gesucht hatte und während er ihm, gerade jetzt bei der Vorbereitung eines Italienzuges, mit seinem Rat wie mit seiner Person von größtem Nutzen war?[441]

Man wird es also kaum Karls »schlauer Berechnung durchtriebener Politik« zuschreiben dürfen[442], wenn man ruhig erwägt, was sich um Colas Audienz in Prag entspann: der Römer wurde angehört, ehrenvoll aufgenommen und zunächst einmal – ehrenvoll inhaftiert. Man konnte ihn weder abweisen noch mit offenen Armen empfangen; man konnte seine Meinung weder gutheißen noch verwerfen; man mußte ihn hören, denn er war wichtig genug; aber man konnte ihm nicht folgen, denn er war ein Phantast. Jede andere Reaktion hätte dem Prager Hof kaum eine gute Note in politischen Erwägungen eingebracht. An menschlicher Freundlichkeit gegenüber dem formgewandten und feurigen Flüchtling fehlte es nicht. Außer der Aufmerksamkeit des Kaisers war er des Respekts seines Kanzlers und auch der Zuneigung seines aufgeschlossenen Erzbischofs sicher. Die Kanzlei des Johann von Neumarkt hat er sogar mit seinem Stil ein wenig beeinflußt. Auch Dante scheint bei dieser Gelegenheit als Theoretiker dem Prager Hof vermittelt worden zu sein, mit einer Abschrift seines päpstlich verurteilten Traktats »Über die Monarchie«, die damals wahrscheinlich Cola di

Rienzo für einen böhmischen Auftraggeber anfertigte, nicht ohne Angriffe gegen den regierenden Papst Klemens VI.[443]

Nach drei Unterredungen, die Karl augenscheinlich besser über die Absichten seines Gesprächspartners informierten als umgekehrt, beschwor Cola den Kaiser noch einmal aus seinem bewachten Quartier in der Burg im Sinne seiner Pläne. Zwei Geheimnisse enthüllte er ihm nun: einmal die Prophetie des Eremiten Fra Angelo vom armen Papst, der künftig die Christenheit lenken werde, nachdem der gegenwärtige nur noch anderthalb Jahre zu leben habe; die Welt aber werde dann von Karl, dem Kaiser, regiert werden, gestützt auf Cola, seinen Tribunen. Und außerdem vertraute er ihm an, daß er eigentlich ein Sohn Kaiser Heinrichs VII. sei, gezeugt in Rom beim Krönungszug, und also dem König ebenbürtig, ja sein Verwandter. Beide Enthüllungen machten wenig Eindruck auf Karl, wie uns sein Antwortschreiben zeigt. Immerhin bleibt es merkwürdig, daß er seinen Gefangenen persönlich einer solchen Antwort würdigte. Wir sind alle Söhne Adams, schreibt er ihm, und versteht sich dabei auch seinerseits gut auf das gedankliche Instrumentarium des christlichen Humanismus. Hatte nicht Cola die politische Gleichheit aller in Rom propagiert? Und was die Prophezeiungen betraf – die seien einfach als schriftwidrig zu betrachten.[444] Aber merkwürdig bleibt: der regierende Papst, Klemens VI., ist tatsächlich eineinhalb Jahre später gestorben.

Das änderte auch das Schicksal des Propheten. Denn Cola war schließlich und endlich nach mehreren Mahnungen des Papstes im Sommer 1352 einem Legaten aus Avignon anvertraut worden und nach einem Zug quer durch Mitteleuropa, nicht ohne den Triumph politischer publicity, seitdem im Papstpalast inhaftiert. Der neue Papst wußte seine Gaben besser zu schätzen. Im Gefolge des Kardinals Albornoz sollte Cola die Papstherrschaft im Kirchenstaat restaurieren helfen. So zog er also 1353 in einer neuen Mission nach Rom, nicht ganz im Sinne seiner ersten. Bei passender Gelegenheit wußte er sich dann tatsächlich noch einmal auf dem politischen Schachbrett zu emanzipieren, verschaffte sich Geld von dem Condottiere Fra Moriale, der mit seiner »großen Kompanie« Mittel- und Oberitalien unsicher machte, bereit, sich und seine Söldner dem Meistbietenden zu verkaufen und dabei selbst eines der vielgestalten italienischen Machtzentren zu usurpieren, ein gefährlicher Diener also. Im Juli 1354 traf Cola von neuem in Rom ein, wurde begeistert empfangen, entledigte sich Fra Moriales ohne weiteres durch einen politischen Mord, fiel aber in öffentlichen Mißkredit, als er auf diese Weise auch ohne Gerichtsurteile gegen den römischen Adel vorging. Nun fand ein Putsch der Colonna, seiner alten Feinde im stadtrömischen Adel, viel Gegenliebe und wenig Widerstand. Beherzt und beredt, wurde Cola bei einem gewagten Fluchtversuch im Tumult doch erkannt und erschlagen.

Petrarca

Die Herrschaft über die ewige Stadt war auf solche Weise kaum zu gewinnen. Und die Kaiserkrone forderte an sich strikteste Legalität, wollte man nicht, wie Ludwig der Bayer, mit einem Staatsakt im Dienste der Volkssouveränität die Idee der Monarchie überhaupt ad absurdum führen. Karl sah das, und soviel Distanz er auch immer zu dem Gepränge der Mächtigen zu halten pflegte, zum plumpen Auftrumpfen, zum Kriege gar, so sehr er dazu neigte, das Politische als eine rationale Kunst zu begreifen und zu üben, so lebte er doch selber aus der Anziehungskraft der mythischen Legitimation des Kaisertums; anders noch: er erschloß sich ihr innerlich ganz und gar, nicht im raffiniertesten Betrug gegen alle Welt, sondern offensichtlich auch in persönlicher Ehrfurcht gegenüber der religiösen Weihe weltlicher Macht, wie sie seit Karl dem Großen allen Kaisern zuteil geworden war. Aber dabei unterschied er immer die Menschen von den Institutionen. Daß er sich der Institution ergab, hinderte ihn nicht daran, die Menschen, die sie trugen, die sie weitergaben oder die sie verändern wollten, mit skeptischer Überlegenheit zu betrachten.

So auch den nächsten bedeutenden Italiener, der sich ein dreiviertel Jahr nach Cola di Rienzo an ihn wandte, gerade in einer Zeit, in der seine Erkrankung wieder langsam besser wurde. Dieser Mann war ein Vorbild für die Geistigkeit seiner Tage. Wieder ein Emigrant, Sohn Florentiner Eltern, in Südfrankreich geboren und gebildet, in Avignon berühmt geworden, ehe er sich als 43jähriger in Italien niederließ, 1347, im selben Jahr, als Karl noch mit Ludwig um die deutsche Krone kämpfte. Francesco Petrarca war freilich kein politischer Emigrant. Sein Leben war der literarischen Kunst gewidmet, als Dichter und als Prosaist, und die antike Welt spielte darin eine ebensolche Rolle wie seine ureigenste Gegenwart, sein persönliches Welterlebnis. Die merkwürdige Verbindung von Individualismus und Historismus, welche die europäische Bildungswelt für lange Zeit bestimmte, während das sich bildende Individuum die antike Literatur ähnlich als den Niederschlag einer großen Vergangenheit in der literarischen Reflexion großer Einzelner in sich sog, fand in jenem Francesco Petrarca einen der gewandtesten, einfühlsamsten und sprachmächtigsten Interpreten.

Keinen Politiker: denn was er Karl vortrug, war, ohne Cola di Rienzos Spiritualismus, ein naives Programm der Wiedererrichtung von Roms antiker Größe, und erst was ihm Karl darauf antwortete, war eine skeptische politische Erkenntnis: Die Zeiten haben sich verändert, mein verehrtester Poet, die Freiheit ist zerbrochen, die Braut des Imperiums, und die Lateiner sind mit der Knechtschaft vermählt; die Gerechtigkeit ist zum Geiz prostituiert, der Friede aus allen Köpfen verdrängt und alle Tugend der Sterblichen geschwunden, so daß diese Welt in die Tiefe sinkt.

Diese Welt – haec machina – wir erinnern uns an die Vokabel aus dem Kanzleidiktat mit staufischer Tradition. Und dennoch ist dieser Brief an Petrarca, den gekrönten Poeten, nicht in Karls Kanzlei entstanden. Niemand anderer hat ihn, in ironischer Verkehrung der Rollen, im Auftrag Karls entworfen, als sein Prager Gefangener Cola di Rienzo, Freund Petrarcas auch im Hinblick auf das gemeinsame historisierende Programm für die Zukunft Italiens.[445] Die sprachliche Form und die Argumentation, der die Bibel ziemlich fehlt, ist also nicht etwa in Karls Kopf entstanden; aber die pessimistische Abwägung der historischen Veränderungen ohne Zweifel. Sie ist wahrscheinlich ein Teil der Auseinandersetzung des Herrschers mit dem römischen Volkstribunen. »Die alten Zeiten nämlich, die Du erwähnst«, läßt Karl ihn antworten, »kannten nicht die Bedingungen der heutigen, die ihnen gerade entgegengesetzt sind. Wer war denn damals mächtiger als ein Cäsar? Einsichtsvoller als ein Augustus? Und was wog schwerer als das Dekret der Konskriptoren, was rascher als ein Verbannungsurteil ... O daß doch endlich schwiegen und nicht lästig würden, die den Kaisern zu raten pflegen!« Denn die politische Wirklichkeit, so meint Karl, im vielgeteilten Italien, macht eine Unterwerfung unter das kaiserliche Regiment alles andere als selbstverständlich, macht einen Augustus nicht zum Mehrer (im Sinne der alten Fehlübersetzung). »Glaubst Du denn wirklich«, fragt er, »unter solchen Schwierigkeiten und bei so geringem politischem Opfersinn wären die alten Kaiser erhabenen Angedenkens nicht auch schwankend geworden, obwohl auch sie das Geschick des Imperiums wiederherstellten, nachdem es zuvor nur an einem dünnen Faden hing«? Und für das Staatsgeschick verwendet das Schreiben dabei die denkwürdige Formulierung ratio imperii. Ist das schon ein Vorgriff auf die spätere ratio status, die Staatsräson?[446]

Gleichviel: Karl lehnt nicht ab, er nimmt nicht an. Er hält die Dinge vielmehr für recht kompliziert. Zwar läßt er seinen Konzipisten aus dem klassischen Repertoire zitieren: »Ihr wißt nicht, welches Ungeheuer das Imperium ist« und sagt dieses Wort dem Kaiser Augustus nach; Petrarca wird das in seiner Rückantwort exakt korrigieren: nicht Augustus, der Erhabene, habe so von der Kaisermacht gesprochen, sondern der infame Trajan. Aber das war eigentlich doch ein Streit unter Humanisten, das war eine Korrektur Petrarcas an Cola di Rienzo. Für Karls Denken weit aufschlußreicher ist sein Hinweis, daß seine ganze Italienpolitik noch mancher Erwägung bedürfe, aus der vielleicht auf einmal dann ein rascher Entschluß gereift sei. Nur mag er sich dabei nicht drängen lassen. Auch will er nicht ganz unversehens in einen Krieg geraten, denn alles soll man früher erproben als das Eisen, so wollen es die Ärzte und erfuhren es die Cäsaren. Dennoch: er dankt und will fortan Petrarca, den 1341 feierlich gekrönten poeta laureatus, den er in diesem Briefe wiederholt als seinen Freund anspricht, zu den Getreuen des Imperiums zählen.

Das also ist eigentlich die wichtigste Erkenntnis über die Italienpläne Karls, dessen Antwortbrief man bisher in mancher Hinsicht für sein Verhältnis zum Humanismus strapazierte. Er hält im Frühjahr 1351, ganz anders als ein Jahr zuvor, Italienpolitik noch nicht für eine reife Sache. Vielleicht, weil ihn noch immer seine Krankheit behindert; vielleicht aber doch, weil er nach seinen ersten Schritten auf einmal klar erkannte, in welche Verwicklungen ein rascher Zug nach Süden ihn und seine Politik verstricken konnte.

Karl war also nicht der rechte Adressat für Petrarcas politische Appelle, und dennoch entwickelte sich zwischen beiden danach für zwölf Jahre eine merkwürdige Brieffreundschaft. Petrarca schrieb dem Herrscher im Norden noch einmal im März 1352, ohne daß ihn bis dahin die von Cola di Rienzo stilisierte Antwort auf sein erstes Schreiben erreicht hatte. Er schrieb neuerlich im Herbst 1353, als er sie endlich in Händen hatte. Karl war zu dieser Zeit längst wirklich in Vorbereitungen zu einem Italienzug, aber unter ganz anderen Gesichtspunkten, als sie der enthusiastische Kenner der altrömischen Geschichte für nötig hielt. Petrarca bedachte noch ein gutes Jahrzehnt immer wieder den Kaiser, auch seine Frau und seine Umgebung, mit seiner Aufmerksamkeit und war im Sommer 1356 sogar als Diplomat im Dienste der Visconti für einige Wochen in Prag.[447] Dabei stand er nicht an, er, der Sohn aus Florenz vertriebener ghibellinischer Eltern, Schicksalsgefährte Dantes, auch ähnlich wie Dante gelegentlich die Suprematie des Kaisers über den Papst anzusprechen.[448] Aber dem päpstlichen Hof verdankte er seine Pfründen. Er stand in Diensten der Visconti, als er Karl umwarb, nach Italien zu marschieren, und das konnte alles andere als im Interesse seiner Dienstherren sein; und er hatte andererseits auch Beziehungen zur Anjou-Politik unterhalten, die wiederum den Interessen Karls zuwider lief. Deshalb hat man ihn einen intellektuellen Opportunisten genannt. Karl dagegen wird herkömmlicherweise diesem unsteten, aber stets beredten humanistischen Enthusiasmus gegenüber gezeichnet als der kühle Realpolitiker, der nur, sonderbar genug, den Kontakt zum schwärmerischen Petrarca immer wieder aufs neue suchte, ihn auf seinem Italienzug auch wirklich empfing, an seinen Hof einlud, zum Hofpfalzgrafen ernannte, mit Geschenken bedachte und einige Jahre später wieder und wieder einlud, doch überhaupt seinen Aufenthalt am Prager Hof zu nehmen. Was band die beiden aneinander, den anscheinend doch so opportunistischen Florentiner, der alle möglichen Mächtigen zu Taten drängte, und den kühl kalkulierenden Luxemburger, der sich von dem südlichen Redestrom nicht mitreißen lassen wollte? Was hält diese merkwürdige Korrespondenz zusammen, in der sich der eine mit allen möglichen Argumenten gegen die Insinuationen des anderen wehrte, die ihn einluden, den König zum Kaiserzug, den Poeten an den Königshof? War es nur, wie oft wiederholt wird, die Eitelkeit des humanistischen Korrespondenten? Und nur das Bildungsinteresse des königlichen Adressaten?

Vor einer ganzen Reihe abträglicher Urteile wegen seiner politischen Unstete fand Petrarca vor einigen Jahren Schutz durch die Hervorhebung seiner freilich romantischen politischen Ziele, die er vor wechselnden Adressen, aber immer mit gleicher Absicht vorgetragen habe: Erneuerung Roms, Italiens, des Imperiums zur antiken Größe.[449] Das hatte er bald von den unteritalienischen Anjou, bald vom Volkstribunen Rienzo und lange Zeit eben doch von dem Kaiser erwartet, der, ein Nichtitaliener, durch die Kaiserkrone, wie Petrarca versichert, zu einer neuen, zur italienischen Heimat »wiedergeboren« sei: Aliamque nascendo atque aliam renascendo patriam es adeptus.[450]

Aber auch in den Augen Karls war dieser Kontakt mit Petrarca offensichtlich nicht nur ein Bildungsabenteuer. Mag man dabei auch immer wieder den Schwärmer mit dem Realisten konfrontieren: Petrarca schätzte die Umstände nicht völlig falsch ein, als er 1351 den Briefverkehr mit dem deutschen König aufnahm; denn der war damals tatsächlich dabei, seine Italienpolitik zu lancieren. Und Karl andererseits mag Petrarcas Appelle nicht nur wegen ihres Lateins mit Aufmerksamkeit hingenommen haben; sie waren ihm auch Meinungsbarometer und insofern Realpolitik und schließlich – sie waren auch ein Beitrag zu seiner Kaiseridee. Nichts anderes als die Vorstellung von der Kontinuität des römischen Kaisertums bewog ja doch schließlich Petrarca zu seinen Ermahnungen. Und diese Kontinuität nahm Karl auch seinerseits als selbstverständlich hin. Wenn auch sein Kaisertum in bewußter religiöser Definition sich von Petrarcas Historismus einigermaßen unterschied: Petrarcas Ansichten davon standen ihm doch immerhin näher als solche der päpstlichen Juristen; und das Vorbild eines Cäsar, eines Augustus oder Justinian ließ er zu allen Zeiten gelten.

Darauf wußte ihn Petrarca auch klug anzusprechen, als sie einander am 15. Dezember 1354 auf Karls Italienzug in Mantua zum ersten Mal begegneten. Petrarca berichtete von diesem Treffen in einem ausführlichen Brief an seinen Freund Laelius und einem kürzeren an seinen Schüler Zanobi da Strada, den Karl ein dreiviertel Jahr später mit dem Dichterlorbeer krönte.[451] Petrarca hatte für den Herrscher antike Münzen mitgebracht und erläuterte ihm nun die Kaiserporträts darauf. Dabei hob er jeweils die Taten, die Tugenden und Verdienste hervor und will beobachtet haben, wie er solcherart, besonders anschaulich, wie er meinte, aus tausendjähriger Tradition den Sinn für historischen Ruhm des Kaisertums auch bei dem künftigen Kaiser weckte.

Nun soll man nicht dagegenhalten, daß Petrarca mit seinen vielleicht etwas oberflächlichen Vorstellungen gerade jenem Herrscher gegenübertrat, der seinen Nachruhm nicht nur im Irdischen begründen wollte; dessen Mahnungen an seine Nachfolger von der christlichen Doppelung des eitlen Ansehens in dieser Welt im Gegensatz zu den himmlischen Verdiensten leben. Denn Karl ist doch auch wieder derselbe Herrscher, der von der Historie lernen will, das Vergangene zu erkennen, um das Künftige vorherzusehen.[452] Die Kaiser sind ihm Autoritäten, wie er Petrarca eben schon in seinem ersten Brief versichern läßt[453], und in derselben für seine Argumentation bezeichnenden Häufung von Autoritäten zitiert er gelegentlich Vegetius neben Augustinus, Vergil neben den Psalmen und neben den Sprüchen Salomons auch Aristoteles, Sallust und Cicero.[454] Mußte Karl nicht gerade in Petrarcas politischer Rhetorik mit jener historischen Identifikation, die nicht erst die Kenntnis von der Alten Welt, sondern längst schon die Bibel in Schwang gebracht hatte, so etwas wie einen neuen Cicero erblicken, während er selbst sich wahrscheinlich dann für den neuen Augustus hielt, der in der Fülle der Zeiten der Welt den Frieden brachte? Suchte er nicht jederzeit nach angemessenen Reflexionen seines Wirkens im kulturellen Bereich, nicht nur unter Bildhauern und Architekten, sondern auch, weniger glücklich, in der Historiographie? Petrarca war einer jener respektierten Zeitgenossen, die er unmittelbar in seinen Bannkreis ziehen wollte. Er hoffte dabei, selber auch in jene Reihe literarischer Porträts von Großen aufgenommen zu werden, die Petrarca plante.[455] Und während sich, in unterschiedlichem Zusammenhang, doch beide darauf einigen konnten, daß der rechte historische Ruhm untrennbar sei von der rechten Tugend, eine Übergangsformel für die Verbindung von christlichen und antiken Idealen, so gab es allenfalls Meinungsverschiedenheiten im politischen Tagesgeschäft. In Karls Augen, im Blick auf einen bestimmten imperialen Universalismus, den es noch zu klären gilt, wogen sie offensichtlich geringer als in den

Vorstellungen Petrarcas, der ihn aufforderte, nach Italien zu ziehen und da kurzerhand, so wie es der unbekannte Rienzo zumindest mit monatelangem Erfolg vorgemacht habe, die Fäden der Weltherrschaft aufzugreifen. Für Karl aber war die Politik augenscheinlich ein Geschäft, in dem er zwischen Sachkundigen und Dilettanten unterschied. Als Kaiser, nicht etwa nur als bildungsfreundlichen Mäzen, zog ihn Petrarca an; nur den Politiker, und das wohl ohne Mühe bei jeder ihrer Begegnungen, konnte er in Petrarca nicht gelten lassen.

Deutsche Politik 1350 bis 1355

Einen kompetenten Leser durfte Karl dagegen erhoffen, als er zu Anfang 1354 gelegentlich in kurzen Worten die deutsche Innenpolitik erläuterte. In diesem Brief wandte er sich an Herzog Albrecht II. von Habsburg, einen jener Fürsten, an dessen Wohlwollen ihm schließlich für seinen Italienzug besonders gelegen sein mußte.[456] Jahrelange diplomatische Anstrengungen lagen hinter ihm; eine neue Etappe, die zweite seines königlichen Regiments in Deutschland, schien abgeschlossen. Seit seiner Wahl im Juli 1346 war er zunächst bestrebt gewesen, nur überhaupt als deutscher König nominelle Anerkennung zu finden. Die Sendung der Reichskleinodien von München nach Prag im März 1350 hatte diesen Vorgang nicht nur symbolisch, sondern auch rechtsgültig im Denken der Zeit beschlossen.

Danach, während er mit Cola di Rienzo sprach und mit Petrarca korrespondierte, während ihn seine Nervenkrankheit monatelang lähmte, hatte er jene Befriedung der deutschen Verhältnisse durchgeführt, die ihm ratsam schien, ehe er seine Herrschaft den politischen und finanziellen Anspannungen eines Italienzuges aussetzte. Dazu galt es, politisch auf drei Ebenen zu spielen: zunächst mit den Mächtigen allerorten, in Avignon und in Ungarn, in Oberitalien wie aber auch in den deutschen Landen. Einige Reichsfürsten, vornehmlich die Habsburger und die Wittelsbacher, waren nach ihrer Stellung und ihrem Anhang Faktoren auf der großen Bühne der Politik, nicht nur in den bescheideneren Grenzen, wie sie ein deutscher Reichstag umfaßte. Schließlich aber mußte er bedacht sein, die königliche Autorität unmittelbar wirken zu lassen, nicht nur vor den Obrigkeiten, vor Reichsfürsten und Reichsstädten, sondern möglichst vor allen Einwohnern dieses Königreiches, ob sie nun fürstliche Untertanen waren wie die meisten, oder reichsunmittelbar, wie die Reichsgrafen und -ritter, die Einwohner der Reichsstädte, -flecken und -dörfer. Für eine solche unmittelbare Königsmacht gab es nicht mehr viele Ansatzpunkte. Der Schutz der Straßen und Wege, die Gerichtsorganisation, die dürftige Verwaltungspraxis der Zeit, kurzum: Polizei, Justiz und Administration wurden mit Effekt gerade in jenen Jahrzehnten in Fürstenhänden aufgebaut, abgesehen von den schmalen Reichsterritorien im Elsaß und am Untermain, in Schwaben und Franken. Damit hatte das deutsche Königstum seit langem Rechte aus der Hand gegeben oder neuentwickelte Aufgaben der Herrschaftsorganisation, die allmählich unentbehrlich wurden für die Organisation staatlicher Gewalt in bestimmten, festumrissenen Räumen, gar nicht erst an sich gezogen. Am ehesten war Königsmacht noch wirksam, wo es galt, Oberherrschaft auszuüben, Streit zu schlichten, Frieden zu setzen. In diesem Zusammenhang war die Königsherrschaft seit fast 250 Jahren immer wieder für die Organisation sogenannter Landfrieden beansprucht worden.

Der Begriff setzt einen bestimmten Raum in Bezug zu zeitlich begrenzten Vereinbarungen über die öffentliche Sicherheit. Beides wird Gegenstand einer besonderen Selbstverpflichtung aller Machthaber. Dabei überläßt man die herkömmlichen selbständigen Formen der Rechtswahrung, also die eigenmächtige Verfolgung von Totschlag, Brandstiftung, Raub und Diebstahl, von der Begegnung bei »handhafter Tat« einmal abgesehen, der gemeinsam organisierten Friedenswahrung, nämlich einem Landfriedenshauptmann und seinen Gehilfen.[457] Sehr einfach gesagt: ein Landfriede versucht das »Faustrecht« jedes Waffenfähigen bei der Wahrung der öffentlichen Ordnung durch freiwillige Vereinbarung für eine Zeitlang aufzuheben; statt dessen soll eine gemeinsam organisierte »Polizei« für Sicherheit sorgen. Ein solches Unternehmen war in Jahrhunderten nicht leicht für längere Zeit beschlossen, denn das uralte Adelsrecht und die nicht minder fest eingewurzelte Versuchung eines jeden, sich selber sein Recht zu verschaffen, standen dagegen. So tritt der Landfriede in Gegensatz zur Fehde. Erst 1495 versuchte man es ein für alle Mal mit einem Ewigen Landfrieden. Aber noch Kleists »Michael Kohlhaas« belehrt uns später von der Zählebigkeit des Problems.

Die zunehmende Selbständigkeit der Fürsten, Herren, Städte, bestärkt durch Thronvakanzen, Gegenkönigtum und allzu geringe Effizienz der deutschen Monarchie, nicht zum mindesten aber unterstützt durch die gründlichere und wirksamere Herrschaftsausübung des deutschen Fürstentums in seinen engeren Grenzen, hatte die Landfriedenspraxis im 14. Jahrhundert bereits als regionale Einung unterschiedlicher Reichweite eingespielt, noch ehe Karl seine Regierung antrat. Hier sah er nun einen besonderen Aufgabenbereich königlicher Politik. Hier war er auch bei der Kunst seiner weitgespannten Diplomatie und der Ausbildung eines besonderen Mitarbeiterstabes von »Diplomaten«, Gesandten unterschiedlicher Herkunft in königlicher Vertrauensstellung, imstande, mit Umsicht und Beharrlichkeit, mit der ihm eigenen Geduld und Aufmerksamkeit das Königtum wieder präsent zu machen. Karls Landfriedenspolitik verzichtete dabei zumindest anfangs auf eigene, schon aus der Übung gekommene königliche Machtansprüche; auf ein oberstes Gericht und auf Zentralisierungen. Aber er sah darauf, daß die Selbstorganisation von Landfriedensbehörden nicht vorbeiging an seiner rührigen Personalpolitik und die Landfriedensgerichtsbarkeit eine Position neben den ordentlichen Gerichten in einzelnen Territorien behielt.[458]

Niemand vermag mehr als Vermutungen anzustellen, zu welchem Erfolg diese Umsicht Karls in der weiteren Entwicklung schließlich noch geführt hätte; ob der König als Friedenswahrer schließlich doch eigene Behörden ausgebildet hätte, um damit dem Streben nach Machtkonzentration in fürstlichen Händen eine konkurrierende Zentrale entgegenzusetzen. Aber sicher ist: Karls Königtum gewann in dem Maße an Ansehen, in dem er seit 1346, zunächst als Auftrag an seinen Großoheim Balduin, Friedensbünde organisierte und andere, ohne sein Zutun geschlossene, löste, so daß die Landfriedenspolitik wieder deutlich als Königswerk ins Bewußtsein trat.

Das bewegt den Herrscher nun schließlich im Januar 1354 ganz besonders, als er dem Herzog von Österreich brieflich erklärt, warum er ihn in seiner Auseinandersetzung mit der Schweizer Eidgenossenschaft, vornehmlich mit den Zürichern, nicht auf Biegen und Brechen unterstützen könne. Krieg nämlich, schreibt er da, könne er mit den Zürichern nicht riskieren. Nicht nur wegen der Winterszeit, sondern auch, weil die Auseinandersetzungen um das für das Reich so wichtige Erzstift Mainz gerade erst beigelegt[459], während der Landfriede in Franken und Schwaben noch zu neu, im Elsaß noch überhaupt nicht geschlossen sei. Ein Krieg also ist nicht möglich, weil der Friede noch nicht beständig genug erscheint. Das klingt wie ein Paradoxon und ist doch ein Fingerzeig auf Karls Überlegungen. Erst wenn die Landfrieden, so sagt er in diesem bislang kaum beachteten Brief an den Habsburger, das Königtum in seinem Ansehen entsprechend gestärkt hätten, erst wenn die territorialen Einungen dabei die unruhige politische Landschaft stabilisierten, wenn sie wirksam würden bei der Gewöhnung an Ruhe und Sicherheit, erst dann könne der deutsche König möglicherweise Innenpolitik auch mit bewaffneter Hand versuchen. Einstweilen aber hofft er auf die Vermittlungsvollmacht von beiden Seiten.[460] Selbst wenn Karl die Gelegenheit benützt, um sich auszureden – denn die Interessen des Habsburgers waren durchaus nicht die seinen[461], nur mußte er ihn sich gewogen halten – selbst dann ist die Lektion aufschlußreich für Karls Denken.

Und wie hatte er im übrigen die letzten Jahre zur Befestigung seines Königtums genutzt? Er hatte die wittelsbachische Dynastie zu spalten vermocht; die Pfälzer waren ihm seit 1349 besonders verbunden durch seine zweite Ehe und durch die Auslösung des jüngeren Pfalzgrafen Ruprecht aus sächsischer Gefangenschaft[462], besonders aber durch die Förderung der kurfürstlichen Aspirationen des Kurfürstenbruders, des »älteren« Ruprecht;[463] das war gegen die Absprache zwischen den pfälzischen und den bayerischen Wittelsbachern. Es war der wunde Punkt der dynastischen Einheit, und Karl wußte ihn folgerecht zu treffen. Ähnliche Interessen banden auch Herzog Rudolf II. von Sachsen an den König.[464]

Dabei muß man überhaupt die weitgespannte Personalpolitik Karls in den Blick bekommen.[465] So wie er die Pfälzer besonders förderte, umwarb er auch die jüngeren drei der sechs Söhne Ludwigs des Bayern, besonders Stephan, der Niederbayern geerbt hatte, den traditionell freundlichen Nachbarn der böhmischen Lande. Er förderte Herzog Wilhelm von Jülich, der sich dafür empfänglich und nützlich erwiesen hatte, ebenso wie Eberhard II. von Württemberg, beide auf ihre Weise und in ihren Grenzen energische Territorialfürsten, welche die königliche Gunst besonders zu schätzen wußten. Eine ähnliche Interessengemeinschaft verband ihn mit Rudolf II. von Askanien-Wittenberg oder mit Albrecht von Mecklenburg, den er 1348 zum Herzog erhob. Gelegentlich hat man schon gemeint, Karls Förderung habe das Fürstentum betroffen, die Kurfürsten im besonderen, »da er in ihnen stärkere politische Gewalten sah«.[466] In dieser standespolitischen Verallgemeinerung scheint die Aussage aber gar nicht richtig. Das Urteil muß mühsamer gefunden werden. Man muß beobachten, wie Karl emsig je und je persönliche Erfahrungen sammelte, persönliche Verbindungen knüpfte und, wenn auch nicht ohne Rücksicht auf die standespolitischen Wirkungsbereiche seiner Partner, doch immer wieder persönliche Unterschiede traf und aktuelle Verbindungen aufnahm. Es steckt viel mehr Fleiß in seiner Personalpolitik, als sich mit wenigen Worten sagen läßt, und wohl auch mehr Menschenkenntnis. Nichtfürstliche, auch nichtadelige Partner spielen darin geradeso mit, teils, weil sie Geld haben, was sich besonders der Nürnberger »Hochfinanz« gegenüber beobachten läßt[467], teils aber, weil sie nach Familienbeziehungen traditionell dem königlichen Hof und seinem Dienst verbunden sind und Karl als gebildete und ergebene Diplomaten dienen.[468] Karl zögert dabei aber nicht vor Konsequenzen; wie er Aufstiegswillige belohnt, so daß seine Regierungszeit in mancher deutschen Fürstengeschichte Epoche macht[469], so zieht er auch, wenn es sich ergibt, bürgerliche Parteigänger jahrzehntealten Fürstenfreundschaften vor.[470]

Es hatte doch ein jeder im Kreis der Mächtigen Pläne, Wünsche, Interessen; sie aufzuspüren und mit feiner Freundlichkeit zu fördern, durch die wenige Autorität, die dem zerrütteten Königtum noch überlassen war und durch die Überlegenheit seiner besseren Übersicht, seiner treffenden Kombinationen und geduldigen Beharrlichkeit, das war Karls Kunst, die häufig der Rückblick der Historiker nicht durchdringen kann – wie viel weniger noch die Einsicht der Zeitgenossen. Gerade im Geflecht der persönlichen Beziehungen, die Karl zu knüpfen, zu beobachten und lebenslang zu verfolgen verstand, steckt nicht zum mindesten die Meisterschaft seiner Politik. Und doch fehlt es uns dafür nicht nur an Einzelheiten, weil sich oft lediglich die Entwicklungen am Effekt verfolgen lassen, sondern es fehlt allein schon an der Bereitschaft, die Kunst einer solchen Diplomatie gelten zu lassen, die nicht allen gleichmäßig sichtbar die Macht des Königtums einzusetzen vermochte, sondern, ungleich diffiziler, für jeden einzelnen Bezug nach neuen Spekulationen griff.

Gerade in diesem Bereich hat die Betrachtung der bisher umfangreichsten deutschen Darstellung über Karls Politik versagt. Emil Werunsky, dessen vierbändiges Werk, vor hundert Jahren begonnen, mehr als zwei Drittel der Regierungszeit Karls mit großer Gründlichkeit nach politischen Umständen und ihrem ideellen wie ökonomischen Hintergrund zu erschließen suchte, fand für Karls Personalpolitik kaum andere Worte, als daß seiner »schlauen Diplomatennatur« »Erfolge so sehr imponierten.«[471] Werunskys tschechischer Kollege Josef Šusta wurde Karls geistiger Struktur 1948 augenscheinlich besser gerecht. Denn er sprach gelegentlich vom »wesentlichen Unterschied zwischen dem einfachen soldatischen Mann, welcher Ludwig (der Brandenburger) gewesen ist, und dem elastischen Intellektuellen, als welcher Karl vornehmlich in der Reihe der übrigen deutschen Fürsten erschien«.[472] Aber auch Šustas Werk über Karl blieb nach zwei Bänden unvollendet, und so ist es mit den Urteilen gerade über Karls Personalpolitik dürftig bestellt. Das beste, freilich auch anerkennendste Urteil schrieb Heinrich Reincke vor fünfzig Jahren, nachdem er unter dem Gesichtspunkt der Hansegeschichte mit Karls politischen Plänen offenbar besser vertraut war als die meisten unter den Historikern des Spätmittelalters. »Kein schwung- und kraftvoller Verwirklicher der Sehnsüchte eines ganzen Zeitalters – vielmehr ein Meister in der Kunst der kleinen Mittel und Kniffe, unzuverlässig, geschmeidig bis zur Selbsterniedrigung, trotz tätigsten Wirkens in der Welt unverstanden von der Welt und ein innerlich einsames Menschenkind. Zu Unrecht hat man ihm jede Spur von Größe und Genialität absprechen wollen... Was den Zeitgenossen wie den Nachgeborenen ein Gesamturteil so sehr erschwert hat, ist die verwirrende Fülle von Verwickelungen, in die er verstrickt ist. Über den zahlreichen einzelnen Meisterstücken seiner vielverschlungenen Politik verliert man leicht die großen durchgehenden Linien aus dem

Auge. Seine Vielgeschäftigkeit erscheint bei flüchtigem Zusehen ideenarm, sich in tausend kleinen Zielen zu erschöpfen, wo es sich doch tatsächlich oft nur um ein schmerzvolles Wegräumen aufgetürmter Hindernisse von einer hartnäckig verfolgten, großen, gradlinigen Bahn handelt.«[473]

Die Sicherung des Italienzuges

Eine einfache Politik auf verschlungenen Wegen verfolgen wir auch bei Karls Bemühen um die Sicherung seines Italienzuges. Deutsche und europäische Bezüge treffen dabei immer wieder aufeinander in regionalen Belangen der oberitalienischen Stadtrepubliken, die, dicht bevölkert und wirtschaftsstark, allein über ihre Kaufleute mit der ganzen europäischen Diplomatie in Kontakt waren. Karl mußte seinen Weg von vornherein mit Konzessionen ebnen, mehr noch, er mußte diese Konzessionen auch machen, um überhaupt eine Straße zu haben. So namentlich bei Ludwig »dem Brandenburger«, der Karls eigenen Bruder in Tirol verdrängt hatte, der dort und in Brandenburg als Erbe der väterlichen Politik, als ein glücklicherweise zögernder und nicht immer klarsichtiger Testamentsvollstrecker Kaiser Ludwigs des Bayern den luxemburgischen Interessenkreis beengte. Ludwig war im Besitz der Tiroler Pässe, unentbehrlich für Karl, der sich nur im Bischof von Trient einen Parteigänger, in Belluno und Feltre kleine Stützpunkte gewahrt hatte. Nun kam ihm, wie so oft, ein unerwarteter Todesfall zu Hilfe. Im Sommer 1350 fiel der Patriarch von Aquileia einer Rebellion seiner Lehensleute zum Opfer; Karl übernahm den Schutz seiner Lande, die er schon als Kronprinz gegen die Grafen von Görz, gegen die Habsburger und gegen Venedig verteidigt hatte, und tatsächlich erreichte er bald danach, daß sein Halbbruder Nikolaus, Bischofskandidat von Naumburg, vom Papst als Nachfolger im Patriarchat von Aquileia investiert wurde.[474] Damit war das Friaul in der Hand der Luxemburger; ein kleiner und doch nicht unbedeutender Stein auf dem italienischen Schachbrett.

Schon ein Jahrhundert lang waren die Kraftfelder italienischer Politik ungleich verteilt. Seit der Staufestaat in Sizilien und Unteritalien zerbrochen, seit danach auch die Herrschaft der französischen Anjou geschwächt war, gegen deren Macht noch Karls Großvater vergeblich anzukämpfen versucht hatte, seit gar in Neapel die Königswitwe Johanna regierte, angeklagt des Gattenmords und von ihrem Schwager, dem ungarischen König Ludwig, bekämpft wie vom Papst geschützt, und seit zu all dem der päpstliche Kirchenstaat in Mittelitalien in jahrzehntelanger Anarchie eher von außen regiert und von Söldnerbanden terrorisiert wurde, war das politische Kraftfeld Italiens weitgehend auf den Norden reduziert; auf den Bereich der alten wirtschaftsstarken und bevölkerungsmächtigen Stadtstaaten zwischen Mailand und Florenz, Genua und Venedig. Als die markanteste politische Persönlichkeit in diesem Raum trat Giovanni Visconti hervor, der Mailänder Erzbischof, zunächst Parteigänger Kaiser Ludwigs und seines Gegenpapstes, dann mit Avignon versöhnt, seit 1349 auch politisch der Herr seiner Residenzstadt, schließlich gar im Besitz Genuas und, zum Unwillen Avignons, des päpstlichen Bologna. Dieser geistliche Herr begründete eigentlich die Herrschaft der Visconti für die nächsten hundert Jahre. Florenz und später Venedig suchten vor seinem Ausgreifen Kontakte bei Karl IV. Und Karl faßte gern nach dieser Gelegenheit, sandte seinen Kanzler Heinrich von Zděraz nach Florenz, belehnte und bevollmächtigte Raimund de Lupi, den Markgrafen von Soragna, zu weiteren Verhandlungen und schloß schließlich Verteidigungsbündnisse gegen den Mailänder Erzbischof mit Venedig, den Fürsten von Padua, Verona, Mantua und Ferrara, mit Florenz und anderen lombardischen Städten.[475]

Dieser Bund verpflichtete ihn zur Teilnahme an einer bewaffneten Auseinandersetzung. Und doch verging die Zeit, ohne daß Karl diesen Verpflichtungen nachkam. Er ließ sich mahnen. Er wartete auf die beste Gelegenheit zum Eingriff in Italien und sah gleichzeitig auch seine Position nördlich der Alpen noch nicht recht gefestigt. Wichtig war da schließlich wieder nur, daß ein neuer Todesfall dieser Politik den rechten Spielraum bot. Im Dezember 1352 war der Papst gestorben, Klemens VI., sein Mentor, sein Partner, in den letzten drei Jahren beinahe sein Widersacher. Der neue Papst, Innozenz VI., schon nach zwei Tagen gewählt, der erste Papst, der die Rechte der Kardinäle in einer eigenen Wahlkapitulation garantierte, war weit weniger ein Diplomat als Klemens VI. Der größte Erfolg seines zehnjährigen Pontifikats war die Wiederherstellung der päpstlichen Herrschaft im Kirchenstaat durch seinen Legaten Egidio Albornoz, und dazu hatte er auch Cola di Rienzo im Frühsommer 1354 noch einmal nach Rom geschickt. Eine legale Kaiserkrönung in Rom, nach mehr als vierzigjähriger Unterbrechung, schien ihm in diesem Zusammenhang womöglich als eine Rückkehr zur Stabilität, zumal unter den Bedingungen, die Karl dafür beschworen hatte und jederzeit aufs neue zu garantieren bereit war.

Immerhin brauchte Karl für den Romzug noch einige andere Rückendeckungen. Die sollte ein großer Fürstenkongreß in Wien ihm liefern, wie er dergleichen in der Folge noch mehrfach inszenierte, »Gipfeltreffen« als Kennzeichen einer beweglicheren Diplomatie, besonders auch interessant im Zusammenhang mit dem Aufstieg der Mächte in Ostmitteleuropa. Diesmal traf man sich am 10. März 1353 in Wien; parlamentum maximum, wie eine italienische Chronik, wie der Journalismus jener Zeit treffend formulierte.[476] Ludwig »der Brandenburger« war zugegen, die Erzbischöfe von Köln, Trier, Mainz und Prag, Gesandte des polnischen Königs und des Dogen von Venedig. Die wichtigsten Gesprächspartner für Karl waren aber König Ludwig von Ungarn und Herzog Albrecht von Österreich. Ihnen gegenüber gerieten die Verhandlungen auch zu festen Formen, zu zeitgemäßen, zu Verlöbnissen. Karls elfjährige Tochter Katharina wurde dem künftigen österreichischen Herzog Rudolf IV. verlobt, »dem Stifter«, später einer der originellsten politischen Köpfe im deutschen Fürstenkreis, in mancher Hinsicht ein getreuer, wenn auch rivalisierender Schüler seines künftigen Schwiegervaters. Das besondere Verhältnis zwischen Habsburg und Luxemburg wurzelt aus dieser Verlobung, ein Erb- und Nachfolgeverhältnis, 1364 in einem dezidierten wechselseitigen Erbvertrag gefaßt, 1438 durch die Ehe der letzten Luxemburgerin mit einem Habsburger neuerlich beschworen, aber durch die Ungunst des Schicksals erst wiederum fast hundert Jahre später wirklich geschichtsmächtig geworden. Fortan, wenn wir diesen zeitraffenden Prospekt einmal betrachten, plante, sparte, sammelte und organisierte Karl die luxemburgische Herrschaft eigentlich als die Grundlage eines halbtausendjährigen Reiches, eines mitteleuropäischen Imperiums unter der Führung der Habsburger. Vieles von der Architektur dieses Habsburgerreiches und seiner politischen Idee hatte er ersonnen: Karl, auf dessen Regierungswerk schon geradewegs der bekannte Spruch zu münzen war, den im 15. Jahrhundert ein ungarischer König den Habsburgern zudachte: Bella gerant alii, tu felix Austria nube!

Einstweilen aber war es noch Karl selber, der heiratete. Am 2. Februar 1353 war Königin Anna gestorben, Karls zweite Frau, so daß ihm der Tod gerade nur noch, von zwei Ehen und drei Kindern, eine einzige Tochter hinterlassen hatte, eben jene Katharina, die soeben mit Rudolf von Habsburg verlobt worden war. Nun bereitete auch Karl, knapp einen Monat Witwer, eine neue Ehe vor, die ihn eigentlich mit der jüngeren Generation verband. 1350 hatte er nämlich die damals elfjährige Herzogstochter Anna von Schweidnitz seinem eigenen Sohn Wenzel verlobt, der zu dieser Zeit elf Monate zählte. Aber nun war ja Wenzel 1351 gestorben, und so trat Karl selber in diese Bindung ein. Schon im Juni 1353 heiratete er die vierzehnjährige Schlesierin.

Der politische Ertrag dieser Ehe lag einmal in dem Erbanspruch auf das Herzogtum Schweidnitz, dem bis dahin letzten weißen Fleck im luxemburgischen Herrschaftsraum zwischen Böhmen und Polen. Zum andern brachte diese Verbindung Karl in enge Beziehung zum ungarischen Hof, wo die Prinzessin als Vollwaise erzogen worden war. So wurde auch die Vermählung als Doppelhochzeit in der ungarischen Residenz gefeiert; der König selbst, Ludwig von Anjou, heiratete die Prinzessin Elisabeth von Bosnien, die, auch das ein Zeichen politischer Bindungen, gemeinsam mit Anna am ungarischen Hof erzogen worden war.[477]

So war offenbar in Karls Augen der Romzug auch durch seine Ungarnpolitik gesichert, als er ein Jahr danach über den luxemburgischen Hausbesitz wichtige Dispositionen traf. Er übertrug im März 1354 seinem Halbbruder Wenzel, dem einzigen Kind aus der zweiten Ehe König Johanns, das Herzogtum Luxemburg. Wenzel war damals 17 Jahre alt, seit zwei Jahren verheiratet mit Johanna von Brabant, der Erbin des Nachbarlandes, und auf diesem Weg wurde nun auch eine alte Rivalität getilgt, die Scharte von Worringen ausgewetzt, ein beachtlicher Herrschaftskomplex im Westen unter einem luxemburgischen Fürsten vereinigt. Das war

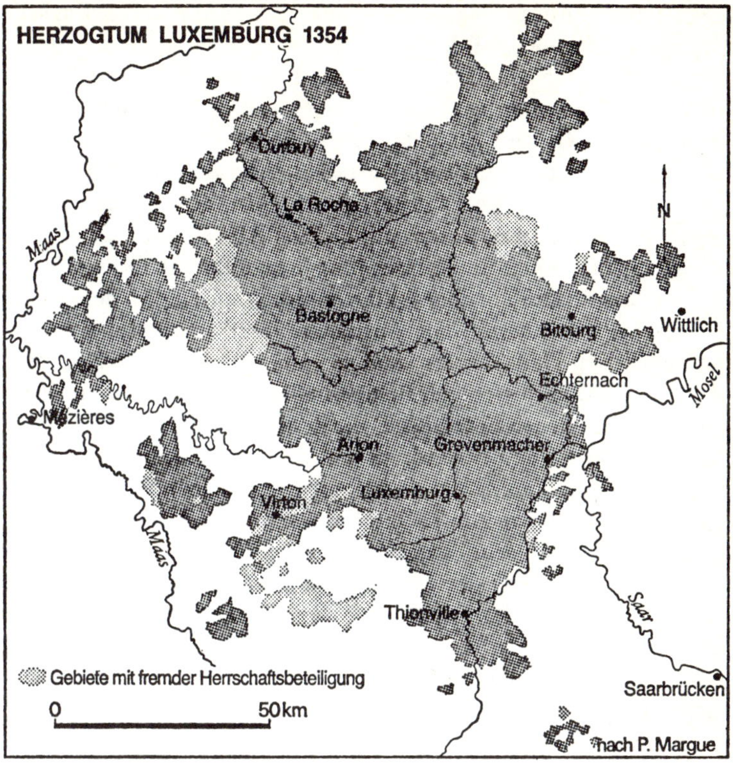
HERZOGTUM LUXEMBURG 1354
Durbuy
La Roche
Bastogne
Bitburg
Wittlich
Echternach
Mosel
Maas
Mézières
Arlon
Grevenmacher
Luxemburg
Virton
Maas
Saar
Thionville
Saarbrücken
N
Gebiete mit fremder Herrschaftsbeteiligung
0
50km
nach P. Margue

auch staatspolitisch von Belang. Denn gleichzeitig erhob Karl die Lande Wenzels, nämlich die Grafschaft Luxemburg, die Markgrafschaft Arlon, die Grafschaft Laroche und die Grafschaft Durbuy zum Herzogtum und schuf so erst aus diesem Länderkomplex eine staatspolitische Einheit. Vergleichbare Akte haben immer wieder bedeutende Territorialherrschaften konstituiert.[478] Im Sommer schließlich zog Karl tatsächlich mit einem Reichsaufgebot gegen die Züricher, gemeinsam mit Herzog Albrecht von Österreich, aber seine militärische Anstrengung war offenbar nicht so ganz ernst gemeint. Die Züricher erklärten sich grundsätzlich dem König gegenüber dienstbereit, mit Ausnahme ihrer unerledigten Streitsache mit den Habsburgern, und so wandte sich Karl am 13. September 1354, nach wenigen Belagerungstagen nur, in einem jener unvorhergesehenen Entschlüsse, die er offenbar dennoch sorgfältig erwogen hatte, von der Stadt ab und zog über Ulm und Nürnberg nach Sulzbach. Von da ritt er mit nur einer kleinen Schar von 300 Helmen nach Süden. Am 5. Oktober war er in Salzburg, am 13. in Gemona. Da war neun Tage zuvor, etwa gleichzeitig mit seinem Zug durchs Gebirge, der Mann gestorben, mit dem er eigentlich hätte um seine kaiserlichen Ansprüche in Oberitalien kämpfen müssen; dessetwegen ihn auch seine italienischen Bundesgenossen überhaupt ins Spiel gezogen hatten: Giovanni Visconti, der streitbare Erzbischof von Mailand.

Die Kaiserkrönung

Die deutschen Historiker folgten im letzten Jahrhundert Karls Zug durch Italien und seiner römischen Krönung mit einer erstaunlichen Divergenz ihrer Kommentare; freilich kennzeichnen solche Meinungsverschiedenheiten das deutsche Urteil über das römische Kaisertum von Anfang an, ausgeprägt in dem eigentlich bis heute noch nicht überwundenen Streit zwischen dem Preußen von Sybel und dem Österreicher Ficker vor mehr als 100 Jahren.[479] In der Person und im Werk des gründlichsten und kenntnisreichsten Karlsbiographen bislang überhaupt, in der unvollendeten, vierbändigen Darstellung von Emil Werunsky, sind die widersprüchlichen und eigentlich mit einem auch nur einigermaßen konturierten politischen Profil unvereinbaren Urteile gelegentlich auf wenige Zeilen zusammengedrängt. Man wird nicht bestreiten können, daß diese verdienstvolle Arbeit dabei ihren empfindlichsten Mangel offenbart: Der Mann, der das bis heute gültige Gerüst aller möglichen Fakten im Lebensablauf Karls mit Fleiß zusammentrug, hat sich dabei an einer unfreundlichen Attitüde gegenüber Karls Charakter mehr orientiert als an der kritischen Rekonstruktion der historischen Lage. Vielleicht könnte man noch das Nebeneinander seiner Klage »um den Preis der tiefsten Erniedrigung des Kaisertums« für den »fatalen Frieden«, ja schon um die »schmachvolle Opferwilligkeit« gegenüber dem Papsttum bei der deutschen Krönung auf der einen Seite und seine Anerkennung Karls als eines »praktischen modernen Menschen« auf der anderen Seite[480] als Alternativen seines Urteils verstehen. Aber Werunsky sieht doch unwidersprochen in der Entwicklung einen Sieg der »alten Prätentionen der Päpste« und er will Karl »billigerweise« vor dem Vorwurf schützen, »daß er sich mit Hintansetzung höherer politischer Aufgaben, wofür in der Nation kein Verständnis zu finden war, auf die friedliche Diplomatie beschränkte«.[481] Das ist, was Werunsky schließlich und endlich an dem Luxemburger auszusetzen hat: die Vernachlässigung »höherer politischer Ziele«, den Heroismus gegenüber dem »unrettbar Verlorenen«, die Vermeidung eines Kampfes, »der voraussichtlich nur unnütze Kraftvergeudung gewesen sein würde«. So setzt er an zu einer Rechtfertigung, deren Karl nur vom Standpunkt des Vorrangs der Heroenehre bedurfte, selbst im gleichen Atemzug, in dem er die diplomatischen Erfolge dieses Romzugs hervorhebt. Dazu tritt eine empfindliche Kurzsichtigkeit gegenüber der tatsächlichen Gedankenmacht des Papsttums, die in Führung und Repräsentanz der umfassenden Heilsanstalt nicht nur die Mitwelt, sondern ja doch auch Karl selber erfüllte. Seine Kirchentreue bewog ihn, durch überlegene Diplomatie eine neue Zusammenarbeit zwischen Kaiser und Papst zu begründen, anstatt sich, wie noch sein Großvater und erst recht sein Vorgänger, gegenüber gewissen seit Jahrhunderten umstrittenen, seit hundert Jahren aber, nämlich seit dem Königtum Rudolfs von Habsburg, zunehmend behaupteten Ansprüchen des Papsttums ins Unrecht zu setzen. Während Karl sich den päpstlichen Wünschen gegenüber vertragstreu erwies, war er schon dabei, auf einem entscheidenden Feld über das Papsttum zu triumphieren. Aber das lag nicht in Rom bei der Kaiserkrönung, sondern in Frankfurt bei der deutschen Königswahl.

Werunskys Urteil aus dem Jahr 1886 wäre unwichtig, wenn es nicht noch heute, rund über einhundert Jahre hin, das deutsche Geschichtsbild beeinflußte. Reincke sah das vor fünfzig Jahren treffend: »Er war nicht geschnitzt aus dem Holze der Helden und Lieblinge eines ganzen Volkes, kein blauäugiges, kraftstrotzendes Sonnenkind mit wallendem Rothaar in strahlendem Prachtgewand – ein Liebhaber des Friedens, ein halber Gelehrter, ein rastloser Arbeiter...«[482] Noch die neueste deutsche Handbuchdarstellung hebt zwar, nach der falschen Angabe von Karls vermeintlicher Flucht vor einem Aufstand in Pisa, »demütigende Verhandlungen« auf dem Rückweg Karls vor Cremona hervor, die sich in Wirklichkeit in zwei Stunden erledigten, läßt aber den Triumph Karls über Florenz auf dem Hinzug unerwähnt, der alten Guelfenstadt, die seit hundert Jahren keinem Kaiser mehr gehuldigt hatte.[483]

Tatsächlich läßt sich Karls Romzug auch ansehen als ein diplomatischer Triumphzug ohnegleichen. Dazu muß man freilich Abstand nehmen von dem auch in aufgeklärten Geschichtsbüchern, übrigens nicht nur in deutschen, erstaunlich regen Atavismus, nach dem sich in einem Herrschergeschick doch tragische Selbstbehauptung noch besser ausmacht als der verschlungene Pfad zum diplomatischen Erfolg, auf dem sich heute unsere eigene, unsere »säkularisierte« Politik bewegt. Das hat nicht nur seinen Grund in dem Verständnisproblem, nach welchem sich Tragödien besonders leicht personalisieren, also in die monarchische Staatsform umsetzen lassen; das geht auch einher mit einer Rangordnung von Blut und Ehre, im Gegensatz zu Karls Sorge für das recht verstandene Gemeinwohl, die er so oft in die Arengen seiner Urkunden flechten ließ. Danach stellte er mit voller Absicht auch das Anliegen der Kaiserkrönung nicht nur der Ehre von Kirche und Reich anheim, sondern auch dem Wohl aller seiner Untertanen.[484] Man ist leicht geneigt, dieses Nebeneinander für eine billige Floskel zu halten; gerade die geduldige, manchmal auch unter dem Aspekt des staufischen »honor imperii« demütigende Diplomatie kann erläutern, daß sich Karl zu diesem Nebeneinander als Politiker auch bekannte; aber selten mit jenem Erfolg wie gerade in dem schon von unverständigen oder voreingenommenen Zeitgenossen so herabgewürdigten Italienzug.

Und damit nun also zurück zu Karls Ankunft in Oberitalien: Die Erben der Visconti-Dynastie, wenn auch womöglich den Kräften der Liga überlegen, zumal Karl vertragswidrig mit einem demonstrativ kleinen Aufgebot, eigentlich nur mit bewaffneter Begleitung, nach Italien gekommen war, verhandelten doch lieber, als daß sie eine Kraftprobe wagten. Und dieses Beispiel machte in Italien Schule. Kaiserzüge hatte man seit Barbarossas Zeiten in den vielfältigen Machtgebilden Oberitaliens traditionell entweder bejubelt oder verflucht; Karl mit seiner kleinen Schar war offenbar nicht gekommen, um die Geister auf diese Art zu scheiden, nach den alten Parteiungen der Guelfen und Ghibellinen, sondern um zu verhandeln. Nachdem er erst einmal geschickt bei den Visconti Boden gewonnen hatte, bestätigte er sie als Reichsvikare, um dafür die Krönung zum König der Lombardei in der Kirche des heiligen Ambrosius zu Mailand entgegenzunehmen, ihre Huldigung zu empfangen, ja ihre Bitte um Vergebung für allen Unbill, den die Dynastie nicht nur ihm, sondern auch seinem Großvater Heinrich angetan hätte.[485] Karl akzeptierte.

Sowohl seine Krönung am Dreikönigstag 1355 als auch sein Umgang mit den Visconti zeigte gleich Früchte im diplomatischen Bereich. Die Krönung meldete er dem Kardinalbischof von Ostia nach Avignon als die zweite Station, zur dreifachen Krönung eines Imperators aufzusteigen, also gleichsam als eine pflichtmäßige und jetzt absolvierte Bedingung zur römischen Kaiserkrönung. Dabei konnte er sich zwar auf die Geschichte vieler deutscher Romzüge stützen, aber dennoch hatte er ein solches Gewohnheitsrecht überzogen. Nicht jeder deutsche Herrscher hatte vor der römischen Kaiserkrönung die »eiserne Krone« in Mailand erworben, und gar von einer formelhaften Zusammengehörigkeit »inter tripharias imperii sacri coronas Romanorum«[486], dreifacher Kronen des Heiligen Römischen Reiches also, konnte man so nicht reden; auch der Zahl nach war das nicht richtig, denn ab und zu ließen sich deutsche Herrscher überdies noch in Arles zu Königen über den westlichen Reichsteil an Saône und Rhône krönen.

Wichtiger war, für den Augenblick, unter dem Eindruck der Mailänder Übereinkünfte mit den bedeutendsten Machthabern in

Norditalien, sein Zug weiter nach Süden, mit wenigem und schlechtbewaffnetem Gefolge. So zog er in Pisa ein, dessen Stadtregiment von großbürgerlichen Parvenüs er damit offensichtlich ungefährlich, im Hinblick auf die alten Reichsrechte aber zur Legitimation höchst willkommen war. Den Pisanern hatte er schon zuvor, gegen 60000 Gulden, die Bestätigung der alten Ordnung zugesagt.[487] Ähnlich verliefen die Verhandlungen mit anderen italienischen Städten. Überall war man, nach manchem Umschwung, teils im Kreis der aufgestiegenen großbürgerlichen Stadtherren, teils bei den neu gegründeten Dynastien, an der Legitimierung durch den Träger der alten italienischen Reichsrechte interessiert, und überall zahlte man dafür hinlänglich. 150000 Gulden, so wußte man in Pisa, sollen die Visconti für ihre Übereinkünfte mit Karl und die Anerkennung als Reichsvikare in ihren Herrschaftsbereichen gezahlt haben; 100000 Gulden zahlten schließlich auch die Florentiner als Ersatz für die jahrzehntelang ausgefallenen Reichssteuern und verpflichteten sich, künftig 4000 Gulden jährlich zu entrichten, weit mehr, als jede deutsche Reichsstadt.

Diese Übereinkunft mit Florenz in tagelangen harten Verhandlungen zwischen Karl persönlich und den Florentiner Gesandten zählt wohl zu den größten Erfolgen seines Zuges. Die feierliche Huldigung der Stadt Florenz durch ihre Gesandten im Dom zu Pisa gar gab »ein Schauspiel, wie es im ganzen letzten Säculum nie vorgekommen«.[488] Karls Großvater, Kaiser Heinrich VII., hatte im Kampf mit Florenz seine Kräfte verblutet; der Enkel erreichte durch überlegene Dispositionen, durch entschlossene, bis an die Grenzen des Bruches diplomatischer Kontakte und dann doch wieder mit aller gewinnenden Liebenswürdigkeit gedehnte stundenlange Verhandlungen, wovon ein deutscher Herrscher eigentlich zu jener Zeit kaum mehr träumen konnte: nicht nur ansehnliche Subsidien, sondern auch ihre ausdrückliche Anerkennung als Reichssteuer im Sinne künftiger Verbindlichkeiten. Dafür war Karl seinerseits bereit, die kaiserliche Achterklärung über Florenz aufzuheben, die sein Großvater einst ausgesprochen hatte, damals eine ohnmächtige Demonstration kaiserlicher Ansprüche. Auch die Florentiner Gonfalieri wurden Reichsvikare.

In unserem Geschichtsbild gilt Karl selbst bei vollem Respekt vor seinen staatsmännischen Gaben doch immerhin als »kein leutseliger, kriegstüchtiger, ritterlicher Herrscher nach dem Herzen des Volkes.«[489] Auch das läßt sich, von manchen Anekdoten abgesehen, an den Abenteuern seines Romzugs widerlegen. In dem Land, dessen Sprache er als einer der wenigen Deutschen beherrschte, die es kriegerisch durchzogen, bewegt er sich mit aller entwaffnenden Freundlichkeit; er steigt vom Pferd, er geht zu Fuß zu den Kirchen und Reliquienschätzen, er zieht verkleidet drei Tage in Rom zu den heiligen Pilgerstätten, ehe er im Purpur zur Krönung in die Stadt einreitet. Er verliert offenbar nicht die Übersicht, als ihn auf dem Rückweg in Siena die Massen vom Pferd ziehen und im Triumph in das Rathaus tragen, weil er angesichts einer Revolte versprochen hatte, für eine neue Verfassung zu sorgen. Und er bleibt, einige Tage danach bei seinem zweiten Aufenthalt in Pisa, kaltblütig, als man ihm nachts seine Residenz über dem Kopf anzündet und er tags darauf, in der vom Aufruhr brodelnden Stadt, mit seinen wenigen Truppen buchstäblich um das nackte Überleben kämpft. Leutselig und kriegstüchtig zeigt er sich in Italien gewiß. Über seine Ritterlichkeit mag man streiten, wenn man darunter den wenig elastischen Ehrenkodex der vorgeschriebenen Lebensbahnen realitätsfernen Adelsdaseins versteht. Karl war ungleich beweglicher. Er konnte unerbittlich sein zu denen, von denen er sich verraten fühlte. Das ist, in Wirklichkeit, ein Stück Lebensnähe, wenn sie auch der Historiker von seinem Schreibtisch aus nicht immer im Auge hat. Und andererseits war er jederzeit darauf bedacht, seine Parteigänger zu fördern, bis zu jener fabelhaften Großzügigkeit, nach der er den Kardinal Peter von Ostia, der ihn in Rom schließlich krönte, mit einem Ehrensold von tausend Gulden jährlich bedachte; dafür konnte man in Deutschland eine respektable Burg erpfänden. Das war ein Viertel der Florentiner Jahressteuer und wurde dem Kardinal auch von dorther angewiesen.

Am 6. Februar war die Kaiserin mit Gefolge zu Karl gestoßen, con molta chavalleria[490], wie die italienischen Beobachter vermerkten, mehr als viertausend Pferde. Bis dahin war das Werk seiner Diplomatie aus Rechtsansprüchen und Leutseligkeit in Italien bereits grundgelegt. Die kaiserlich Gesinnten, die Ghibellinen, waren tief beeindruckt von seiner Frömmigkeit und seiner moralischen Integrität, und die anderen, die Guelfen, waren längst unsicher geworden in ihrer Abneigung, vor allem, weil Karl so geschickt ihre

Befürchtungen zerstreut hatte. Von Lucca ging der Zug über Siena, Buonconvento, wo der Großvater mitten im Kampf um seine Kaiserrechte gestorben war, über Radicofani nach Viterbo. Dort ließ man ihn nicht ein, aus Furcht, die Unzufriedenen in der Stadt könnten die Anwesenheit des Königs zu einem Aufstand benützen. Karl zog weiter über Sutri, war am 2. April vor Rom, und, nach seinem dreitägigem Ausflug inkognito, ritt er am 5. April, jetzt mit etwa 10 000 Begleitern, in die Ewige Stadt ein.

Die Kaiserkrönung verlief nach dem Protokoll, wie es uns Johannes Porta de Annoniaco, Begleiter des Kardinals Peter von Ostia, aufgezeichnet hat, in einem Büchlein über den Romzug, das einem Weißbuch ähnlicher ist als einer Chronik; Merkzeichen der zunehmenden Verschriftlichung in der Welt. Karl wurde in das Domkapitel von Sankt Peter aufgenommen, nach altem Herkommen Ausdruck des geistlichen Charakters der Kaiserweihe, wie die Bischofsmitra, die man ihm vor der Krone aufsetzte. Als er nach der feierlichen Salbung und Krönung im Schmuck der neuen Insignien am Hochaltar saß, erfuhr die Königin die gleiche Auszeichnung. Dann ritt das Paar auf weißen Zeltern durch die jubelnde Stadt, nicht selbstverständlich in der Reihe römischer Krönungstage, wo man zuletzt noch den Großvater Heinrich beim Krönungsmahl mit Pfeilen beschossen hatte. Von Feindseligkeiten war heute, Ostersonntag 1355, nichts zu bemerken. Der Zug stockte nur lange im Jubel, weil Karl an die 1500 junge Männer mit seinem Szepter zu Rittern schlug. Pünktlich vor Sonnenuntergang legte er den Purpur ab und verließ, treulich nach seinem Eid, den Burgfrieden der Stadt. Er übernachtete im Kloster San Lorenzo vor den Mauern. Und auch diese honorige Geste haben ihm manche Historiker übelgenommen, dieselben, die ihn bei anderen Gelegenheiten, minder durchsichtig, der Wortbrüchigkeit ziehen.

Kaiserdiplomatie

Man hat gesagt, Karls Rückzug nach Norden habe eher einer Flucht geglichen; tatsächlich, er reiste schnell. Über die alten Etruskerstädte Tivoli, Rieti, Terni erreichte er am 19. April schon Siena, zog am 5. Mai, vereinbarungsgemäß, an Florenz vorbei und war einen Tag danach in Pisa. Hier blieb er drei Wochen. Hier kam er auch, durch den Aufstand vom 20. Mai, das einzige Mal wirklich in Lebensgefahr. Die Rebellion endete mit dem Sieg der Adelspartei, deren Unterstützung er während der Kämpfe zu gewinnen gewußt hatte. Sieben Häupter der bisherigen bürgerlichen Stadtführung fielen unter dem Beil.

Mitte Juni überschritt Karl bei Cremona den Po und erreichte über Zürich am 3. Juli Augsburg. Seine deutsche Herrschaft hatte durch den Italienzug nicht sonderlich gelitten, zumal er ihn gutenteils aus dem Lande finanziert hatte. Freilich hatten ihn die Nürnberger offensichtlich besonders unterstützt[491], denn nicht weniger als 14 Urkunden widmete ihnen Karl an seinem Krönungstag, abgesehen von persönlichen Gunsterweisen für die Bürger Ulrich Stromeir, Friedrich Schopper und Otto Koler, genannt Forstmeister. Keine andere deutsche Reichsstadt, überhaupt kein anderer deutscher Urkundenempfänger konnte sich eines solchen Gnadenerweises rühmen – außer die Nürnberger Burggrafen, die alten Widersacher der Stadt, die persönlich Karls Italienzug begleiteten und am selben Tag aus Anlaß von Karls Krönung doch wohl nicht zufällig genau so viel, nämlich auch 14 Urkunden, in der Ewigen Stadt erhielten.[492] So hatte sich Karl also in besonderer Weise der fränkischen Metropole versichert, jener Stadt, die mit dem Aufstieg des östlichen Mitteleuropa als Wirtschaftsraum im Laufe gerade dieses Jahrhunderts immer stärker in den Vordergrund rückte, Regensburg überflügelnd, und zumal mit dem Ausbau der östlichen Verkehrsverbindungen ins Zentrum des mitteleuropäischen Straßennetzes geriet. Karl hat mit klarem Blick diese besondere Position Nürnbergs erkannt. Er hat sie Jahre später auch einmal angesprochen, als er Nürnberg die »vornehmste und bestgelegene Stadt des Reiches« nannte.[493] Auf diese Bemühung um die fränkische Zentrallandschaft des Reiches verwandte er nicht wenig seiner innenpolitischen Schachzüge. Jahrzehntelang pflegte er deshalb seine Freundschaft zu den Nürnbergern bei gleichzeitiger Begünstigungspolitik für die Burggrafen; ein delikates Bemühen, aber gerade nach seinen Maximen notwendig, um die ersten und entschlossensten Gegner des bürgerlichen Regiments in Nürnberg und seinem Territorium an sich zu binden, zu vermitteln, auszugleichen. Die Nürnberger fördert er im Lauf der Zeit mit einem ganzen Bündel von Handelsprivilegien, die auf ihre Handelsausdehnung im Sudeten- und Karpatenraum seit dem ersten Drittel des 14. Jahrhunderts[494] gerichtet sind, die ihnen Wiener Rivalitäten niederhalten sollen und ihre Kaufleute begünstigen von Polen bis nach Flandern.

Die Förderung der Nürnberger entsprang keinem Willensakt König Karls. Schon sein Vorgänger Ludwig hatte das aufstrebende Wirtschaftszentrum kräftig gefördert und ihm an 70 Orten des Reiches Zollfreiheiten gewährt. Geld und Macht wuchsen so allmählich zueinander, über Jahrzehnte hin, während die Stadt danach strebte, ein Mittelpunkt, nein, »der Mittelpunkt der Welt zwischen dem Nordmeer und den südlichen Meeren, in diesem Sinne die Stadt Europas« zu werden.[495] 1350 schon hatte Karl in einem besonderen Gnadenerweis alle seine Erlässe, die künftigen wie die vergangenen, für ungültig erklärt, falls sie zum Nachteil Nürnbergs sein könnten.[496] Er machte damit also den Nürnberger Rat in einer merkwürdigen Konzession zum Kritiker, in gewisser Weise sogar zum Teilhaber seiner Innenpolitik. Auf 100000 Gulden schätzt man die Nürnberger Finanzierung für seinen Romzug.[497] Zu den Nürnberger Privilegien zählte auch ein freilich widerrufliches Bündnisrecht mit schwäbischen Städten, mit allen Ständen, und bald sollte Karl dazu einen weiteren Vorzug gewähren, die Bestimmung nämlich, jeder neugewählte deutsche König habe künftig seinen ersten Reichstag in Nürnberg abzuhalten.

Augenscheinlich war es nicht nur das Nürnberger Geld, das ihn anzog, sondern auch raumpolitische Spekulationen; nicht nur die Nürnberger Nachbarschaft, sondern auch die Nürnberger Handelsstraßen. Schon der Kronprinz hatte sich als Statthalter des Vaters bei der Rückgewinnung von Königsgut innerhalb Böhmens offenbar besonders an der Handelsstraße nach Nürnberg orientiert.[498] Die Mitgift der zweiten Frau in der Oberpfalz schuf einzelne Brükkenpfeiler von Prag nach Nürnberg jenseits der böhmischen Grenzen, die Karl in den fünfziger Jahren noch zu vermehren wußte, Frucht seiner politischen Freundschaft mit den pfälzischen Wittelsbachern, besonders erweitert bei der Lösung Ruprechts des Jüngeren aus sächsischer Gefangenschaft durch den König 1353. Schlag auf Schlag erfolgte der Gebietszuwachs. Karl suchte ihn mit aller Umsicht juristisch zu sichern, auch durch kurfürstliche Zustimmungserklärungen, weil er dabei Reichsgebiet an die Krone Böhmens zog.[499] Auch dieser Abschnitt seiner Politik beschäftigte Karl, als er in Rom die höchste weltliche Würde der Christenheit empfing, so daß er die wenigen Stunden seines römischen Aufenthalts, natürlich fiktiv, dazu nützte, die fränkisch-oberpfälzische Zentrallandschaft, bereits ausgezeichnet durch die Privilegien für die Nürnberger Bürger und die Nürnberger Burggrafen, auch noch mit eine Goldbulle zu bedenken, in der seine Erwerbungen westlich des Böhmerwalds in feierlicher Form, sozusagen vor dem höchsten Forum der Welt, der Krone Böhmens einverleibt wurden.

Auch noch anderen Nutzen wußte Karl aus seiner Romfahrt zu schlagen, in jener eigenartigen Verbindung zwischen Finanzpolitik, Diplomatie und schriftlicher Fixierung staatsrechtlicher Veränderungen, die den Umkreis seiner Aufmerksamkeit bestimmen. Im Mai, auf dem Rückzug in Pisa, schrieb er an den einzigen Würdenträger im orbis christianus, dem er sich nun gleichgestellt wußte, um mit ihm gemeinsam aus römischer Tradition die Welt zu regieren, zumindest, soweit sie sich christlich nannte. Er schrieb an den Kaiser in Konstantinopel. Dabei benützte er die Gelegenheit einer Gesandtschaft, die ihn vom byzantinischen Hof erreicht hatte und der er Verhandlungen im einzelnen auftrug, die er der Schriftlichkeit nicht anvertrauen wollte.[500] Im übrigen beglückwünschte er den byzantinischen Kaiser, seinen liebsten Freund und Bruder, zur Überwindung eines Widersachers und versicherte ihn allgemein aller Aufmerksamkeit für seine Pläne und Vorschläge. Dieser Glückwunsch an Kaiser Johannes Paläologos hatte eine recht delikate politische Note, weil Karl drei Monate zuvor, auf dem Südzug, einer Gesandtschaft des serbischen Königs Stephan Dushan begegnet war, der beim Papst in Avignon um den gesamtchristlichen Auftrag zur Türkenbekämpfung gebeten hatte. Dahinter steckte natürlich auch eine Aspiration auf das östliche Kaisertum, in deren Zusammenhang sich Stephan Dushan gelegentlich sogar mit Johannes Kantakuzenos, eben dem Rivalen des byzantinischen Kaisers, verbunden hatte. Karl begrüßte damals ausdrücklich Stephans Kreuzzugsabsichten und beschwor die slawische Gemeinsamkeit zwischen sich und dem Serbenfürsten; ein vielbeachtetes Zitat, das man heute manchmal im Sinn des modernen Panslavismus mißdeutet.[501]

In dem vorliegenden Brief nach Konstantinopel berief sich Karl statt dessen auf die kaiserliche Gemeinsamkeit und präsentierte sich im Schmuck der neuen Krone, die er am Ostertag in Rom empfangen habe, nachdem er die Bereiche Italiens, Galliens und Germaniens und anderer Lande, soweit sie dem Heiligen Reiche untertan seien, zum Gehorsam zurückgeführt, jeden Aufruhr beigelegt habe, so daß er sie mit absoluter Gewalt, absoluta potentia, beherrsche. Der Hergang der Dinge, die oft fragilen Künste seiner Diplomatie im letzten Jahrzehnt seit seiner deutschen Wahl lassen auch andere Definitionen zu. Und dennoch: sogar die kühlere Gegenwartspolitik erlaubte ein vergleichbares Selbstbewußtsein. Darf man es der römischen Majestät versagen? Und im Vergleich: muß man nicht bis zum großen letzten Staufer zurückgehen, um überhaupt eine ähnliche Aussage über den äußeren Machtbereich des Kaisertums zu finden?

Unsere Erinnerung an diesen Römerzug orientiert sich allzusehr an den zornigen Interjektionen Petrarcas, der sich enttäuscht sah von der überstürzten Abreise Karls. Der italienischen Welt scheint sich dieser Eindruck nicht gleichermaßen eingeprägt zu haben. Der Luccheser Giovanni Sercambi, der 1368, wohl aus dem Anlaß des zweiten Romzugs, seine Chronik zu schreiben begann, kennt offenbar irgendwelche Klagen über Karls »Flucht« nach der Kaiserkrönung nicht; denn er schreibt irrtümlicherweise sogar, daß Karl danach noch einige Zeit in Rom amtierte.[502] Karls böhmischer Chronist entschuldigt dagegen den raschen Rückzug aus der ewigen Stadt, weil das so Brauch sei bei den Krönungen.[503] Der Ertrag jener Krönung ist offenbar am Maßstab seiner Zeit weit höher zu veranschlagen, als es der historiographische Rückblick einräumt[504], und das nicht nur vor den Augen Karls. Petrarcas Zornausbruch, der seine Tradition in unserer Geschichtsschreibung nicht dem politischen Scharfsinn, sondern dem Humanistenruhm seines Autors verdankt, beweist doch immerhin auch, daß der Dichter, trotz seines mehrtägigen Aufenthalts im Hoflager im Dezember, trotz des eingehenden Gesprächs mit Karl über das Kaisertum, von den politischen Absichten seines Gesprächspartners kaum etwas erfahren hat; er zeigt einmal mehr, daß Karl ein Bildungsgespräch mit Petrarca führte, ohne daß er es für nötig hielt, ihn mit seinen politischen Plänen vertraut zu machen. Und schließlich und endlich will beachtet sein, daß Karl zur Eile auf seinem Rückzug drängte, weil er seine Termine ursprünglich viel knapper bemessen hatte. Das verrät ein bislang kaum beachteter Brief an den Ungarnkönig vom 9. Februar 1355.[505] Danach rechnete er mit seiner Krönung in Rom schon am Sonntag Laetare, in diesem Jahr am 15. März, oder spätestens am Fest Mariä Verkündigung, zehn Tage danach. Und immerhin hatte ihn der gesamte Romzug durch neun Monate hin in Italien festgehalten.

Natürlich wird die nüchterne Betrachtung den Augenblickserfolg von Karls Romzug auch nicht überschätzen. Der diplomatische Triumph mußte nicht von Dauer sein. Die finanziellen Einnahmen verschlang zunächst einmal der militärische Aufwand. Dabei war Karl in Deutschland noch belastet von seinen Schuldverschreibungen, zu denen ihn seine Wahl und Anerkennnung verpflichtet hatten. Und die reichen böhmischen Einkünfte konnte er nicht ohne weiteres außer Landes führen. Der Zuzug aus Deutschland für seine Italienreise war dürftig, und gerade die besondere Auszeichnung für Nürnbergs Bürger und Burggrafen durch die in Rom datierten Urkunden beweist ja doch auch, daß der Kreis seiner zuverlässigen und leistungsfähigen Anhänger nicht überschätzt werden darf. So brachte Karl schließlich viel mehr Ansehen nach Hause als Macht, und auch weniger Gold und Silber als, was freier zu erwerben war durch sein kaiserliches Prestige, Reliquienschätze. Damit erschließt sich uns ein weiteres Feld bei der Abschätzung seiner Kunst der Menschenführung: bei dem Verständnis des charismatischen Ansehens, mit dem er sich freilich nicht so sehr bei dem skeptischen, selbst ähnlich legitimierten Hochadel, sondern vornehmlich unter Parvenüs und bei den gläubigen Bevölkerungsmengen seines böhmischen Stammlandes hervortat.

Karl hatte schon von seiner Reise nach Westdeutschland im Frühjahr 1354 Reliquien nach Hause geschickt, mit besonderem Gewicht auf einem Stück vom Hirtenstab des heiligen Petrus aus Trier, als Beute unsichtbarer Siege. Mit allem Aufwand einer Erfolgsmeldung berichtete er dann im Herbst dieses Jahres aus Aquileia, daß es ihm gelungen sei, einige Seiten des von Markus eigenhändig geschriebenen Evangelientextes zu erwerben, dem im Triumph bis vor die Mauern von Prag entgegenzuziehen sei. Kein halbes Jahr später erwirkte er in Pavia erhebliche Teile der sterblichen Überreste des heiligen Veit, »Patroni nostri eximii«, eines der böhmischen Landespatrone nämlich, dem der Prager Dom geweiht ist. Jetzt gleicht sein Bericht einer pathetischen Siegesmeldung. An den Klerus, hierarchisch gestaffelt, und das Volk der königlichen Stadt Prag schreibt Karl in Wendungen, die an den hagiographischen Triumphton erinnern, und preist die Gegenwart und das Land Böhmen selig. Dies deshalb, weil es durch die Gnadengeschenke der Reliquien so sehr bereichert wäre und überdies, weil es fortan an seinem Königshof das Imperium orbis terrae, also die kaiserliche Vorherrschaft beherberge.[506] Karl weiß den Ruhm der Reliquien gewandt mit seinem politischen Aufstieg zu verknüpfen, in der weiteren Erzählung ebenso wie in der Formel von den dreifachen Kronen des Heiligen Reiches, deren zweite er in Mailand soeben erworben habe. Wir bemerken nebenbei, daß sich gewisse Wortprägungen und Gedankenformeln immer wieder in zeitliche Zusammenhänge reihen lassen, Modeprägungen förmlich, an denen sich vielleicht gar je die Entwicklung des politischen Gesprächs bei Hofe widerspiegeln ließe.

Majestas Carolina – eine böhmische Niederlage

Karls Politik hat sich offenbar verhältnismäßig konsequent entwickelt und lag in großen Zügen, wie sich zeigt, nach ihren prinzipiellen Absichten im Äußeren wie im Inneren schon zu Beginn der fünfziger Jahre fest. Das hinderte nicht eine gewisse Beweglichkeit im Taktieren. Eben deshalb, weil sie grundsätzlich treffend kalkuliert war und dabei doch die taktische Beweglichkeit von der strategischen Richtschnur zu unterscheiden wußte, darf man sie zweckmäßig nennen, effektiv, ja vielleicht sogar, nach den Bedingungen politischer Spekulation, genial ersonnen. Dem steht nicht entgegen, daß Karl immer wieder taktische Niederlagen erlebte, daß das Gebäude der Luxemburger Macht auch nur die dritte Generation nach ihm nicht erreichte und vornehmlich, daß schon sein Nachfolger weder Prinzip noch Praxis des Vaters zu halten wußte. Im Grunde hatte Karl doch den rechten Weg gefunden, als König von Böhmen wie als Kaiser des Reiches, den Weg nämlich, dem fortan in Mitteleuropa unter allen möglichen Varianten die Landesfürsten ebenso folgten wie ihr Kaiser; einen Weg freilich, den Karl nicht erfunden hatte, sondern den er als Politiker erspürt und probiert, den er mit all den unwägbaren und unfaßbaren Erfahrungen und Informationen aus seinem Gegenwartshorizont aufgenommen hatte und den er schließlich nach seiner Einschätzung der Ereignisse dieses Jahrhundert bestätigt und aus dem wenn auch oft entstellten und vereinfachten Wissen über ältere Verhältnisse immer wieder bekräftigt sehen durfte.

Dabei begriff er, bei aller persönlichen Frömmigkeit, das Papsttum ebenso als einen machtpolitischen Faktor wie seine königlichen Verwandten und Standesgenossen auf den europäischen Thronen ringsum; den Hochadel gleichzeitig als die Gemeinschaft seiner treuesten Vasallen, wie auch als seine intimsten Rivalen. Er wußte die Ergebenheit der städtischen Geldaristokratie zu schätzen, aber er sah sie doch nur durch ständige königliche Gegengaben für gesichert an. Er operierte mit der religiösen Massenbewegung seiner Zeit und band damit den relevanten Machtanspruch seines Herrschertums in Böhmen wie im Reich an die neuen Dimensionen der Mitspracheforderung, der Mitbeteiligung und des Mitvollzugs bislang politikferner Schichten – unter seinem Vorzeichen des religiösen Selbstverständnisses der politischen Welt, aus altem Herkommen, aber keineswegs antiquiert. Der antikisierende Kaiserbegriff eines Francesco Petrarca, wie er Karl am Anfang seiner Regierung begegnete, war deswegen seinen politischen Prinzipien ebenso fern wie die ähnlich von unklaren Erinnerungen an die altrömische Kaisermacht genährten Insinuationen eines Nicolò Beccari[507] gegen Ende seines Lebens.

Zuerst versuchte Karl in seinen böhmischen Landen, die neugewonnene kaiserliche Autorität unmittelbar in politische Macht zu gießen. Den Weg dazu sah er, bezeichnend genug, in einer Rechtskodifikation, die man später Majestas Carolina nannte; denn der Text selbst sprach bereits von einem Codex Majestatis nostrae.[508]

Der Hergang ist im einzelnen so aufschlußreich wie der Inhalt des Gesetzeswerkes für den Politiker Karl. Um 1350/51 war es bereits entstanden;[509] nicht eine umfassende Kodifikation des Landrechts sollte das Unternehmen bieten, sondern vornehmlich einen legislatorischen Abschluß der königlichen Erwerbspolitik, es sollte, in der für Karl typischen Verbindung von Macht und Recht, zum Gesetz erheben, was er im ersten Jahrfünft seiner böhmischen Regierung erreicht hatte: den Rückerwerb des Königsgutes, dazu die Festsetzung, daß ein erheblicher Teil davon nie mehr durch Verpfändung, Kauf oder auf andere Weise der königlichen Verfügung entfremdet werden dürfte. Insofern entspricht das legislatorische Kernstück einem zeitgemäßen Übereinkommen zwischen Monarchen und Ständen, wie es beispielsweise auch die berühmte Joyeuse Entrée vorbringt, der Karls Bruder, Herzog von Luxemburg, beim Herrschaftsantritt über Brabant 1356, also etwa gleichzeitig begegnete. Aber die Majestas Carolina sieht die Welt doch ganz anders an: nicht Ständeforderung, sondern Herrschergebot verbürgt die Bewahrung des Königsbesitzes als Kern der Landesmacht. Im übrigen ist das Gesetzeswerk darauf angelegt, den Landfrieden zu sichern und den Adel, unter äußerer Anerkennung seiner Positionen, in den Landesdienst einzugliedern, ihn zu erziehen, ihn moralisch zu bessern und dabei, freilich nicht deswegen, auch zu entmachten. Herrschaft ist Gottesdienst – eine Maxime Karls ist in seiner Majestas in politische Vorschriften umgestaltet.

Im einzelnen erlaubt das Gesetzeswerk mit seinen 127 Statuten natürlich eine Fülle von Beobachtungen über den Zustand von Recht und Gesellschaft, an Zusammenhängen, die bis dahin noch nie schriftlich fixiert worden waren. Man hat auch richtig bemerkt, daß das Gesamtwerk, kaum vom römischen Recht beeinflußt, aber mit gewissen Anleihen bei den Statuten von Melfi, die 1231 der letzte Staufenkaiser erlassen hatte[510], nicht wie aus einem Guß entstand, sondern sich eher ausnimmt wie eine Kollektion einzelner Erlasse. Wir haben also wieder so etwas wie eine »Urkundenreihe« vor uns, wie sie Karl am Anfang seines Königtums etwa seinem Großoheim Balduin für das Kurerzbistum Trier widmete, oder 1348 an ein und demselben Tag als Grundlage der staatlichen Festigung der »Krone Böhmen« erließ, oder gerade zuvor in Rom zur Auszeichnung der Nürnberger und der Hohenzollernschen Burggrafen, oder wie sie auch bald nachher zum Gesetzeswerk der sogenannten Goldenen Bulle für die Reichsverfassung geformt werden sollte.

Die ersten Vorschriften sind der Ketzerbekämpfung gewidmet, einem Problembereich, dessen so ausführliche Berücksichtigung an dieser Stelle man bisher am ehesten staufischen Parallelen zuschrieb. Neuere Forschungen zeigen freilich, daß Böhmen, anders als man bisher annahm, schon in der ersten Hälfte des 14. Jahrhunderts sehr nachhaltig in den Sog der mittelalterlichen Ketzerbewegung geraten war, vornehmlich der waldensischen, bis hin zum offenen Aufruhr und tätlichen Angriffen, ja zur Ermordung von Inquisitoren.[511] Der zweite Fragenkreis dient der Festigung der Landesmacht. Karl sucht auf alle Weise einen bestimmten Bereich, nicht jeden, des Königsgutes vor Entfremdungen zu sichern, und deswegen zählt er Städte und Burgen auf, in Schlesien, in der Lausitz, in Böhmen, interessanterweise nicht in Mähren, die niemals vom König verpfändet oder verkauft werden dürfen. Er gesteht anderen Bereichen dann eine begrenzte Entfremdung zu und setzt schließlich fest, daß Königswitwen enteignet würden, wenn sie nochmals heirateten. Aber nicht nur der königliche, sondern auch der adelige Besitz soll stabil bleiben zum Wohl des Landes. Deshalb darf er auch nicht ohne weiteres der Kirche vererbt und er darf auch nicht im Würfelspiel versetzt werden.

Ein anderes unter den königlichen Bekümmernissen, die den Herrscher, wenn man dem Vorwort der ganzen Sammlung glaubt, manche Nacht nicht schlafen ließen, bildet die Landesverwaltung, nach modernen Begriffen etwa Justiz und Polizei. Die Majestas Carolina verordnet einen allgemeinen Landfrieden, verbietet Adelsbünde ohne Wissen des Königs und bekämpft jede Form illegaler Gewalt – das Raubrittertum also, nach unseren etwas bombastischen Begriffen. Dabei geht Karl von einem festen Beamtensystem in einzelnen Städten und Kreisen aus, von einer regionalen Gliederung, wie sie in Böhmen bereits aus älteren Zeugnissen bekannt ist. Im übrigen bleibt die sogenannte niedere Gerichtsbarkeit bei den adeligen Grundherren, wie in ganz Europa noch für Jahrhunderte, nur schärft Karl dabei seinem Adel ein, die Grunduntertanen nicht an Leib und Leben zu strafen, sie zu blenden, oder ihnen die Nase, Hände und Füße zu amputieren – sonst nämlich droht der Verlust der königlichen Gnade und damit auch der Güter.[512]

An dieser Einzelheit zeigt sich nicht nur, wie ernst Karl seine Fürsorgepflichten gegenüber allen seinen Untertanen nahm, um sie gegebenenfalls auch gegen ihre eigenen Grundherren zu schützen;

es zeigt sich nicht minder, wie sehr seine Gesetzessammlung die wirkliche königliche Macht überschätzt. Die Beispiele ließen sich mehren. Karl sucht die Stände auf feste Funktionen für das Königreich zu verpflichten. Er stellt auf der anderen Seite auch das Königtum für gerechte Klagen zur Disposition, wenn auch ohne Verletzung der königlichen Würde.[513] Gerade der Rigorismus, mit dem nun in vielen Einzelheiten die Schonung des Waldes und der Schutz der Witwen, die Erbfähigkeit der Bürger und die Duellberechtigung des Adels, die alten Gottesurteile oder der Schutz der Juden abgehandelt wurden, läßt immer wieder erkennen, warum der Hochadel gegen diese Gesetzessammlung rebellierte: Bei aller ausdrücklichen Anerkennung seiner Daseinsberechtigung durch den königlichen Gesetzgeber war ihm hier im gesamten politischen Spiel eine allzu begrenzte Rolle zugewiesen, nach welcher die adelige Landesgemeinde nicht mehr jenes Gremium war, dem der Herrscher selber entwuchs, mit dem gemeinsam er agierte, so wie es dem Herkommen entsprach.[514] Vielmehr war der König jetzt seinen adeligen Mitspielern um einiges entrückt. Er war in besonderem Maße verantwortlich für Recht und Ordnung im Lande, in seinen Händen lag nämlich auch die Aufsicht über den Landesadel. Insofern spiegelt die Majestas Carolina in einzelnen Bestimmungen wider, was Karl im Lande auch durch eine neue Institution erreichen wollte, nämlich die Einführung eines königlichen Hofgerichts. Das sollte zuständig sein für alle vom Hofe Abhängigen, was den Hochadel in seiner Selbständigkeit im allgemeinen nicht betroffen hätte, zudem für alle Strafsachen, die Vermögenskonfiskation nach sich zogen – beispielsweise also etwa auch für alle abgeschnittenen Nasen. Damit brach der König in eine uralte Domäne allen Adelsrechtes ein. Überall in Europa behauptete der Adel ja doch seine Standesgerichtsbarkeit, in Teilbereichen oft bis zum Ende des 18. oder ins 19. Jahrhundert. Nun aber meldete Karl neue Ansprüche auf eine oberste königliche Gerichtsgewalt im Lande an.[515]

Wir wissen nicht, mit welchen Argumenten sich der Landesadel gegen das neue Gesetzesbuch wandte. Aber der Widerstand muß sehr heftig gewesen sein. Karl, vorsichtig taktierend, hatte bereits einige seiner Barone für die Unterzeichnung des Textes gewonnen; schon zierte die Niederschrift eine Anzahl von Adelssiegeln. Aber da traf, auf einem Landtag aus allen Bereichen der böhmischen Krone, einem Generallandtag also, der ständische Widerstand mit solcher Entschlossenheit auf das königliche Gesetzeswerk, daß Karl sich genötigt sah, es für verbrannt, untergegangen, vernichtet zu erklären mitsamt seinen Unterschriften und Siegeln, ohne daß noch eine Abschrift erhalten wäre.

Mutmaßlich war der Adel ein geschworener Feind allen geschriebenen Rechtes überhaupt. Das muß man aus der Rolle verstehen, die er in Böhmen mindestens ebensolange, wenn nicht schon früher als in Deutschland oder Frankreich dem Herrscher gegenüber gespielt hatte; eine Rolle, die allgemein in der europäischen Geschichte den sogenannten Parlamentarismus grundgelegt hat. Danach konnte der Herrscher nicht alleine handeln, sondern nur mit »Rat und Hilfe« der Mächtigen im Lande. Diese versammelten sich in Böhmen etwa zweimal im Jahr, um den Herrscher zu beraten und ihn durch ihre militärische und finanzielle Hilfe zu unterstützen. Dabei wurde auch Recht gesprochen; Recht über Standesgenossen. Im großen ganzen garantierte dieses Zusammensein der adeligen »Landesgemeinde«[516] die Stabilität des Besitzes und die Kontinuität einer möglichst defensiven Außenpolitik, beide Forderungen prinzipielle, natürlich nicht unveränderliche Grundlagen adeliger Standespolitik. Recht wurde »gewiesen«; das heißt, die Versammelten »fanden« es in jedem einzelnen Falle neu, nach altem Herkommen, nach ihrem Gutdünken, im Anliegen ihrer Interessengemeinschaft. Jede Rechtskodifikation aber, durch die man Recht nicht »weisen«, sondern nun nachlesen konnte, bedeutete demgegenüber eine Entmachtung der Adelsgemeinde, noch dazu, weil die wesentlichen Funktionen dieser Rechtsfindung aus den Händen des Adels an beamtete, gelehrte Richter überzugehen drohten.

Das also mag das grundsätzliche Mißtrauen der adeligen Herren auf jenem Generallandtag 1355 genährt haben. Einzelne Bestimmungen, die unverhohlen die königliche Superiorität erkennen ließen, wandelten dieses Mißtrauen wahrscheinlich dann in Widerstand. Dabei hatten die Herren ganz richtig vermutet. Was Karl zur Stärkung seiner Autorität im Lande erdachte, was seine Räte im Interesse der königlichen Zentralgewalt hinzufügten, das entsprach andererseits insofern erwünschten Neuerungen, als selbst das angeblich verbrannte Gesetzeswerk durch den Adelswiderstand nicht aus der Welt zu schaffen war. Es kursierte in Abschriften, es inspirierte alle jene, die als Kaufleute oder Beamte, als Beobachter oder als Betroffene, vor allem als Ohnmächtige gegenüber der Adelswillkür mehr erhofften von einer starken Königsmacht. Und so kam das und jenes mit der Zeit doch in Übung aus jener Majestas Carolina, wenn man auch davon nicht reden kann, Karls »Gesetzbuch« habe sich in Böhmen »als geltendes Recht eingebürgert«.[517] Namentlich die hussitischen Theoretiker beriefen sich auf manches Instrument aus jener königlichen Werkstatt, nach dem Gesetz aller europäischen Revolutionen, welche die bessere Regierung immer beim zentralistischen Staat gesucht haben und dabei oft ein altes Anliegen der Königspolitik zu Ende führten.

Die Goldene Bulle – ein deutscher Kompromiß

Besser fuhr Karl mit dem zweiten großen legislatorischen Unternehmen dieser Zeit, das er noch im selben Jahr zu Nürnberg ins Werk setzte. Damit mußte er nicht scheitern. Aber auch damit hat er weit weniger erreicht, als er offenbar von vornherein im Schilde führte. Nur sind wir diesmal nicht in der Lage, anhand ursprünglicher Entwürfe abzuschätzen, was er wirklich wollte. Es handelt sich nach ihrem Siegel um die sogenannte Goldene Bulle, (in Wirklichkeit nur eine der so kostbar besiegelten Kaiserurkunden unter vielen), deren Beratung ein Reichstag zu Nürnberg am Jahresende 1355 begann und ein zweiter zu Metz ein Jahr darauf, soweit das eben möglich war, zum Abschluß brachte. Das neue Gesetz, nur etwa halb so umfangreich wie die böhmische Majestas Carolina, brach beim 31. Kapitel ab. Immerhin weiß man aus einem Bericht der Straßburger Reichstagsgesandten, was es etwa noch hätte regeln sollen.[518] Die Nürnberger Verhandlungen über neue Reichsgesetze sollten nämlich, wie die Straßburger berichten, fünf Punkte umfassen: die Festlegung der weltlichen Kurwürde, die im Gegensatz zur geistlichen, durch Erbfolgefragen immer wieder strittig war; eine Münzordnung; Minderung der Rheinzölle und der Geleitsabgaben auf dem Lande; Landfriedensprobleme und schließlich Regelung der Königswahl nach den Mehrheitsverhältnissen.

Karl traf mit zehntägiger Verspätung in Nürnberg ein. Und seine Verhandlungen standen von Anfang an unter keinem günstigen Stern. Denn anfangs 1354 war Balduin von Trier gestorben, der wohl einflußreichste geistliche Fürst seiner Zeit und wahrscheinlich auch der beste Finanzpolitiker unter den Reichsfürsten. Erinnern wir uns, daß sich Balduin zunächst gegenüber den Aspirationen des jungen Karl auf die deutsche Königswürde sehr reserviert verhalten hatte, daß er aber dann 1346 seine Pläne änderte, seinen Großneffen unterstützte und von ihm auch nachdrückliche Förderung in seinen landesfürstlichen Interessen erhielt. So war er, als Kurfürst und westrheinischer Reichsvikar, eine schier unersetzliche Stütze für Karls deutsche Politik. Sein Nachfolger Boemund hatte keinen solchen Anlaß zu einer luxemburgischen oder besonders königsfreundlichen Haltung. Und auch der Kölner Kurerzbischof war nicht von vornherein unter Karls Parteigänger zu zählen. Auch hier hatte ein Wechsel stattgefunden, und Karl protegierte dabei vergeblich seinen Kanzler Nikolaus. Insgesamt hatten die Ereignisse der letzten Zeit Karls Position im westlichen Episkopat geschwächt. Auch war Karls Romzug von Deutschland aus im Grunde schlecht besucht, und so hatte der gekrönte Kaiser zuguterletzt nicht etwa, gleich seinen staufischen Vorgängern, die Krönung als gemeinsamen Triumph im Kreise der Reichsfürsten erlebt. Im Gegenteil! Er hatte gar noch vor, die Säumigen wegen ihrer Nichtbeteiligung zur Rede zu stellen.[519] Auch mag sich vielleicht seine böhmische Niederlage auf dem Generallandtag im Oktober bis nach Nürnberg durchgesprochen haben, obwohl es dafür keinen Anhaltspunkt gibt und Karl sie auch offensichtlich zu verheimlichen suchte. Sein Hofchronist, Benesch von Weitmühl, erwähnt beispielsweise in seiner ein paar Jahre später geschriebenen Chronik das Gesetzeswerk überhaupt nicht, sondern bezeichnet einige im übrigen unklare Bestimmungen gegen Raub und Landfriedensbruch als ein wichtiges Ergebnis dieses Landtags.[520]

Vergleicht man das Programm der Verhandlungen, wie es den Straßburger Boten im November 1355 bekannt war, und das Ergebnis, nach welchem zunächst 23 Kapitel der sogenannten Goldenen Bulle am 10. Januar 1356 als neues Reichsgesetz verkündet wurden[521], dann wird deutlich: die Fürsten, Räte und Boten der Reichsstädte, die da in Nürnberg zusammengekommen waren, durften ein Friedensprogramm erwarten, mit merklichem Entgegenkommen für die Bedürfnisse von Handel und Verkehr; also mit einem städtefreundlichen Akzent. Das Ergebnis zeigte dagegen die ausführliche Berücksichtigung fürstlicher, vorab kurfürstlicher Probleme, die vieles festlegten, dabei aber nur wenig erneuerten. Als Kuriosum blieb ein besonders weittragender Punkt für die reichsrechtliche Entwicklung außerhalb der Diskussion, außerhalb auch der Aufzeichnungen, und das offenbar deshalb, weil man sich da allerseits einig war. Das war die Frage, deretwegen 1338 noch die Fürsten zu Rhense ein Weistum aufgestellt hatten. Damals war dem Papst die Befugnis abgesprochen worden, einen gewählten deutschen König zu approbieren. In einer von Karl unerbetenen Laudatio hatte acht Jahre später, am 6. November 1346, Papst Klemens VI. dem neugewählten Karl eine solche Approbation erteilt. Die Goldene Bulle, während sie alle Modalitäten der deutschen Königswahl genauestens regelte, so genau jedenfalls, daß es bis 1806 dazu keiner Ergänzung bedurfte, umging das päpstliche Approbationsrecht mit Schweigen. Und für diese »Politik des Schweigens«[522], die er sich offenbar, vielleicht unter dem Einfluß seines Großoheims Balduin und der Trierer Kanzlei, seit 1346 zu eigen gemacht hatte, fand Karl die Zustimmung aller Fürsten.

Für anderes mußte er zahlen. Im einzelnen ist uns ein Gang der Verhandlungen nicht erhalten.[523] Bezeichnend für den Verlauf der Dinge und für den Umschwung in Karls Maßnahmen mag immerhin sein, daß Karl bestimmte Privilegien für die Stadt Köln, am 6. Oktober des Jahres noch aus Anlaß der Kaiserkrönung bestätigt, am 5. Januar 1356, drei Monate später, zum Teil wieder zurückzog, offenbar, um damit die Gunst des Kölner Erzbischofs zu gewinnen.[524]

Was war am Ende erreicht? Unbestreitbar ist ein sozusagen außenpolitischer Erfolg, ein diplomatischer Sieg Karls in der uralten Auseinandersetzung zwischen Kaiser und Papst durch die zwar stillschweigende und auch päpstlich bestrittene, aber immerhin im deutschen Wahlrecht nun einmal festgelegte und fortan praktizierte Annulierung des päpstlichen Approbationsanspruches. Auch ein kleines diplomatisches Taschenspiel, das Karl selber an seinem Lebensende zugunsten der Wahl seines eigenen Sohnes

Wenzel in diesem Zusammenhang noch inszenieren mußte, konnte daran nichts ändern.[525] Das war immerhin ein Erfolg, der die königliche Politik in besonderer Interessengemeinschaft mit den Kurfürsten zeigte; der zudem imstande war, die ausgedehnte Polemik gegen den »Pfaffenkönig« von 1346 endgültig zu tilgen, die wahrscheinlich der praktische Erfolg von Karls Landfriedenspolitik schon beschwichtigt hatte, die aber möglicherweise durch seine Vertragstreue auf dem Romzug aufs neue angeregt worden war. Jedenfalls hatte Konrad von Megenberg dem Kaiser bei seiner Rückkehr vom Romzug in Nürnberg noch ein ausführliches staatsrechtliches Gutachten überreicht, das zwar die Kaiserrechte im weltlichen Bereich jeder anderen Herrschaft überordnete, aber dennoch von neuem die Herleitung aus päpstlicher Autorität betonte und deshalb auch am päpstlichen Recht der Wahlbestätigung festhielt.[526] Selbst wenn Konrad in engerer Beziehung zu Karl gestanden haben sollte[527], so hat er hier doch die politischen Intentionen des Kaisers verkannt.

Nicht einhellig war bislang das Urteil über die Veränderungen, die das neue Gesetz für die Position des deutschen Herrschers gegenüber den vornehmsten unter den deutschen Fürsten mit sich brachte, den Kurfürsten. Man muß voraus erwägen, daß dieses Verhältnis nicht einfach machtpolitisch definiert werden kann. Nur der König von Böhmen durfte seine Kurwürde auch mit seiner Machtstellung in Verbindung bringen. Weder Brandenburg, noch Sachsen, noch die Kurpfalz dagegen konnten gleichwertig neben die Lande der bayerischen Wittelsbacher oder gar neben den habsburgischen Machtkomplex treten. Bei den drei geistlichen Kurfürstentümern sah es im deutschen Vergleich zwar unterschiedlich, im ganzen aber doch ähnlich aus. Das differenziert die Fragestellung und macht vielleicht besser verständlich, warum Karl, aus der überlegenen Position seiner eigenen luxemburgischen Hausmacht, so sichtlich um das Gremium der Sieben warb. Die Kurfürsten erhielten Königsrechte, die sie bei unklarer Rechtslage faktisch mehr oder minder bereits hatten. In Fragen des Burgenbaus, der Zoll- und Geleitsrechte, des Judenschutzes und der Judensteuern, des unbeschränkten Gebietserwerbes reichte die kurfürstliche Landeshoheit fortan weiter als in anderen Reichsfürstentümern, und in den Metzer Schlußkapiteln wurden sie, »die Säulen und Flanken des

Imperiums«[528], mit Worten aus dem spätantiken Kaiserrecht unter Majestätsschutz gestellt, »denn auch sie sind ein Teil unseres Leibes«.[529] Sie sollten sich fortan auf mindestens jährlichen Zusammenkünften an der Reichsregierung beteiligen. Sogar Sprachstudien werden ihren Söhnen empfohlen, weil das Reich aus verschiedenen Nationen bestehe, deren Sprache und Sitten zu kennen wichtig sei, wenn sie der kaiserlichen Majestät recht raten wollten.[530] Bei der Königswahl nach dem Mehrheitsprinzip, die, bisher schon beansprucht, nun endgültig Gesetz wird, können sie sich auch selber wählen und sind mit dieser Bestimmung neuerlich an das Königtum gebunden. Für ihre eigene Nachfolge wird das Recht der Erstgeborenen festgesetzt[531], wie es bislang nur in Böhmen galt und in den übrigen Fürstentümern sich erst im Lauf der nächsten drei Jahrhunderte durchsetzte. Danach wurden auch die kurfürstlichen Lande fortan unteilbar, und insgesamt ergab sich aus dieser Festigung des Gremiums der Königswähler ein neuer Bezug zur Festigung der deutschen Monarchie, als Wahlreich aus Erbmonarchien.[532]

Man hat noch auf eine andere Bindung, allerdings ganz persönlicher Natur, zwischen Karl und den drei weltlichen Kurfürsten hingewiesen: Pfalzgraf Ruprecht der Jüngere, Markgraf Ludwig der Römer, Herzog Rudolf von Sachsen und Karl selber waren alle miteinander »Vettern« als Enkel oder Urenkel König Rudolfs I. von Habsburg.[533] Alle diese Fürsten führte ein weibliches Mittelglied, Groß- oder Urgroßmutter, zum ersten Habsburgerkönig. Zwar kann man von daher die Zugehörigkeit zum Kurfürstenkolleg nicht definieren, doch darf man das Bewußtsein gemeinsamer königlicher Abstammung wohl in Rechnung stellen.[534] Nur – es schloß die Habsburger selber aus.

Den übrigen Reichsfürsten hatte die Goldene Bulle weniger zu sagen. Doch war sie auch für ihre Politik hilfreich. Karl hatte ja doch, womöglich als Kompromißprodukt, sich seine ursprüngliche Förderung stadtbürgerlicher Interessen wieder abhandeln lassen. Und so verbot die Goldene Bulle Städtebünde und »Pfahlbürgertum«, das heißt, die Existenz außerstädtischer Bürger, mit denen die Städte Stützpunkte auch beim niederen Adel zu gewinnen suchten. Sie senkte keine Zölle und Geleitsgebühren und setzte auch, von Impulsen abgesehen, kein neues Münzrecht. Und doch darf man die Städte nicht einfach auf der Seite der Verlierer suchen. Soweit sie unter fürstlichem, zumal kurfürstlichem Schutz standen, gewannen auch sie durch die Sicherungen des Fürstentums. Soweit sie aber, wie die Großen unter ihnen und die zahlreichen Siedlungen im deutschen Südwesten, unter Reichsfreiheit lebten, war der König und Kaiser ihr Herr und jeder Fortschritt zur Festigung des Königtums, selbst in bescheidenen Maßen (denn diese Städte waren bei ihrem Festungscharakter zumindest in der Defensive nicht wehrlos), mußte auch ihre Anliegen mittelbar fördern. Drei Städte hob das neue Reichsgesetz dabei hervor: Frankfurt, wo künftig der König zu wählen sei, Aachen, wo er gekrönt werden und Nürnberg, wo er seinen ersten Hoftag halten müsse.[535]

Kein anderes Kurfürstentum erhielt eine vornehmere Position in der Goldenen Bulle als Karls Königreich Böhmen. Das war wieder keine völlige Neuerung, denn seit seiner Aufnahme in das Kurkolleg schon hatte der böhmische Herrscher als einziger König unter den Fürsten eine Vorzugsstellung; und Karl trieb andererseits doch wieder die Dinge mit kleinen Schritten voran. So die Ausnahme Böhmens von jeder übergeordneten Rechtsprechung, auch bei Rechtsweigerung, die einstweilen den anderen Kurfürsten in dieser Ausschließlichkeit noch nicht zuteil wurde; die Übertragung des böhmischen Münzrechts auf alle Neuerwerbungen; besonders aber die nicht leicht verständliche Symbolik, nach welcher es dem König von Böhmen künftig freigestellt war, im kurfürstlichen Amt seine Krone zu tragen oder nicht.[536] Damit ist wohl nicht die böhmische Lehnsabhängigkeit vom Reich berührt, wie man mitunter gemeint hat; vielmehr ist das eine Konzession an die Souveränität nicht des Landes, sondern der Krone Böhmen, in jenem Sinn Karls für die Erhabenheit des Majestätssymbols, nach welchem sich altes und neues Verständnis des Königtums verbanden. Schließlich ließ sich Karl die Gelegenheit nicht entgehen, über die Goldene Bulle noch einen Punkt für seine böhmische Herrschaft zu gewinnen. Bei der Bestimmung über die böhmische Gerichtshoheit nämlich schob er das böhmische Königsgericht in den Vordergrund, obwohl seit alters her das vom Hochadel geleitete Ständegericht die entscheidende Rolle spielte, das sogenannte böhmische Landrecht. Damit griff Karl eine Absicht seiner gerade gescheiterten böhmischen Majestätsgesetze wieder auf.[537]

Karl hat nie wieder einen vergleichbaren legislatorischen Vorstoß unternommen, weder im Reich noch in Böhmen. Seine Vorarbeit, die Vorlage beider Gesetze unmittelbar nach dem erfolgreichen Italienzug, die längere Vorbereitung der Texte, die man bei der Majestas Carolina freilich deutlicher sehen kann als bei der Goldenen Bulle, zeigen uns das ganze Unternehmen in einer nun schon bekannten Taktik. Und dabei läßt die zeitliche Nähe der beiden Aktionen auch nach sachlichen Gemeinsamkeiten fragen. Freilich: von einem solchen Vergleich darf nicht viel erwartet werden. Denn das eine Gesetzeswerk erließ Karl im besonderen Anliegen für sein böhmisches Königreich, besorgt um »Land und Leute«; das andere galt der schwierigen und trotz einer neunjährigen erfolgreichen Politik noch immer gebrechlichen Stellung des Herrschers im Reich. Zwar war seine Herrschaft durch die römische Krönung nicht nur im Glanz erhöht worden, sondern wohl auch in der Rechtsstellung; denn die Absetzung eines deutschen Herrschers, worüber die Goldene Bulle nichts aussagt, war zwar bis dahin schon wiederholt durch die Kurfürsten praktiziert worden, und seit dem Vorgehen gegen Adolf von Nassau 1298 sogar auch ganz ohne kirchliche Rechtfertigung; aber einen Kaiser abzusetzen hatte man noch niemals gewagt. Alles andere an der Herrschaft Karls stand auf schwachen Beinen. Gesicherter war seine Stellung als böhmischer König, wo eine Absetzung bisher unerhört gewesen wäre. Dort aber lag handgreiflicher adeliger Widerstand näher als bei den untereinander rivalisierenden Landesfürsten. Beide Male mußte Karl sich also der adeligen Opposition beugen, während er sich anschickte, durch seine Gesetzgebung Verbindung zu allen seinen Untertanen zu schlagen.

Beide Male blieben seine Friedensgebote deswegen auch in Unklarheiten stecken. Aber in jedem Gesetzestext war er bemüht darum, ständische Interessenpolitik zu unterbinden. Deshalb verbot die Goldene Bulle »Konspirationen« von Städten und einzelnen Personen ohne fürstliche Beteiligung und deutete in einer unklaren Formulierung von der »Autorität der Herren des Distrikts«[538] auf ein regionales Gliederungsschema, wie es Karls Landfriedenspolitik tatsächlich verfolgte. Mit einer ähnlichen Intention richtete sich die Majestas Carolina unter der gleichen Kapitelüberschrift gegen Konspirationen. Nur ist dabei, den böhmischen Verhältnissen entsprechend, von Adelsbünden die Rede.[539] Auch die Majestas Carolina bevorzugt dabei regionale Friedenswahrung, der hier freilich durch die böhmische Kreisgliederung besser vorgearbeitet ist.

Jede der Ordnungen bedenkt Nachfolgefragen. Die böhmische war nach Erbrecht einfacher. Aber ihr wird in anderer Weise große Aufmerksamkeit gewidmet, im Hinblick auf den festen Bestand an Königsgut, auf zugehörige Eidesleistungen, auf Nachfolgeformalitäten, die der böhmische Krönungsordo nicht geregelt hatte.

Jede der beiden Gesetzesvorlagen hat sich vielleicht am gleichen Vorbild orientiert: beim letzten Stauferkaiser. Das ist für die Majestas Carolina jedenfalls nach ihrem ausführlichen Vorwort erwiesen, das nach seinen einleitenden Passagen den Konstitutionen Friedrichs II. von 1231 für sein unteritalienisches Königreich entnommen wurde.[540] Eine andere vergleichbare Vorlage für die Goldene Bulle hätte man wohl längst entdeckt. Und so mag es nicht so abwegig sein, auch wenn sich wörtliche Anhaltspunkte hierfür nicht beibringen lassen, das Gesamtwerk einmal mit den beiden Reichsgesetzen zu vergleichen, die Friedrich II. 1220 und 1231 für die geistlichen und danach für die weltlichen deutschen Reichsfürsten erließ.[541] Auch der große Staufer sah sich nämlich genötigt, zunächst, um die geistlichen Fürsten zu gewinnen, dann ein Jahrzehnt später, um die weltlichen zu beruhigen, Zugeständnisse für die Fürsten auf Kosten des damals freilich gerade erst aufblühenden Städtewesens zu machen. Auch er verbot Städtebünde und Pfahlbürger. Auch er ging, in den einzigen Verfügungen, die neben der Goldenen Bulle je geschriebenes Reichsrecht geworden sind, einen Weg des Verzichts auf eigene Hoheitsrechte zugunsten der Fürsten in dem dabei freilich noch wenig ausgeprägten Versuch, sie durch eine solche Politik der ausdrücklichen Anerkennung zum großen Teil bereits usurpierter Rechte gleichsam zu Bundesgenossen zu gewinnen.

Friedrich II. handelte damals in einer anerkannt politischen Notlage. Dieselbe Not erscheint in der Lage Karls nicht so akut, sie war vielmehr strukturell vorgebahnt. Wenn man, gerade nach neueren Forschungen[542], die Goldene Bulle nicht als Karls eigenständiges Unternehmen, sondern als das Ergebnis diplomatischer Auseinandersetzungen mit den Fürsten ansieht, wird eine vergleichbare Ausgangslage deutlich, wie sie die staufische Politik eineinhalb Jahrhunderte zuvor zu Verzichten zwang. Dabei hat Karl aber in einem jeden seiner Gesetzeswerke, nämlich in den offensichtlich beide Male nach seinen Vorstellungen geschriebenen ausführlichen Einleitungen, recht unverhohlen seinen monarchischen Standpunkt gegenüber der ständischen Opposition deutlich gemacht. Jedesmal wendet er sich gegen den Hochadel, der Königsrechte und Königsbesitz entfremde, handgreiflich im Hinblick auf die böhmischen Besitzverhältnisse, wo er von Räubern und Dieben spricht und Barone und Edle im selben Atemzug nennt.[543] Ein wenig abstrakter mußte er sich freilich gegenüber den deutschen Fürsten fassen. Aber auch da ist in den ersten Sätzen der Goldenen Bulle mit biblischen Worten derselbe für Fürsten wenig schmeichelhafte Vergleich benützt: ein jedes in sich geteilte Reich werde verfallen, »denn seine Fürsten sind zu Gefährten der Diebe gemacht«.[544]

Das Gesetzeswerk der Goldenen Bulle war in Nürnberg nicht vollendet worden. Aber offenbar hatten jene 23 Kapitel, feierlich verkündet am 10. Januar in Nürnberg, vielleicht im Hause der Haller in der Schildgasse 10, wo der Kaiser während des Reichstags Quartier hatte, die Fürsten des Reiches doch sehr angesprochen. Denn als man, fast nach Jahresfrist, am 25. Dezember 1356 nach einem neuen Reichstag zu Metz die letzten acht Kapitel promulgierte, da war, anders als auf dem mäßig besuchten Nürnberger Tag, um den Kaiser aller Glanz des Reiches versammelt. Am Weihnachtstag las Karl, im kaiserlichen Ornat mit blankem Schwert in der Hand, das Evangelium; Zeichen seiner christlichen Statthalterschaft in der Welt. Danach hielt dann Kardinallegat Tallayrand die erste Messe. Darauf folgte das feierliche Hochamt mit allen Erzbischöfen und Bischöfen des Reiches. Schließlich schritt man zur Hoftafel. Die Goldene Bulle hatte hier das Zeremoniell von neuem festgelegt, das man sogleich praktizierte. Der Kaiser, die Kaiserin, die Fürsten speisten im feierlichen Schauspiel auf einer Tribüne, je nach ihrem Rang an unterschiedlichen Plätzen. Die Tafel des Kaisers war um sechs, die der Kaiserin um drei Fuß höher als die

Tafel der Kurfürsten. Der Herzog von Sachsen, der Markgraf von Brandenburg, der Pfalzgraf bei Rhein und, für Karl selbst als König von Böhmen, der Herzog von Luxemburg, sein Bruder Wenzel, versahen dabei die alten Hofämter. Sie ritten heran und brachten nacheinander Hafer für die kaiserlichen Pferde, Wasser und Handtuch, Speisen und Wein. Nachdem der kaiserliche Tisch auf diese Weise versorgt war, nahmen sie ihre eigenen Plätze ein.

Die fürstliche Beteiligung in seltener Vollzähligkeit an dem Zeremoniell zeigt glaubhaft an, daß Karl mit den Reichsgesetzen, wie sie schließlich und endlich ausgehandelt waren, das Rechte getroffen hatte vor dem Establishment der Zeit. Hier war man offenbar mehr darauf aus, das »Reich« zu zelebrieren, als es in hoheitliche, Friede wahrende und ordnende Funktionen umzusetzen. Und auch am Prager Hofe selbst gab das wohl den Ton an, fern jeder Kritik an den Verhandlungen, von denen Karl doch offenbar ganz andere Ergebnisse, nämlich Fortschritte in der Münz-, in der Zoll- und in der Friedenspolitik erwartet hatte.

Das jedenfalls ist auch der Eindruck der Chronisten von jenen Ereignissen. Benesch von Weitmühl, für die Ereignisgeschichte der wichtigste unter den Prager Historiographen[545], erlebte den Metzer Reichstag als Augenzeuge. Er berichtet ausführlich. Aber nicht über die Verkündung der Reichsgesetze, sondern über »das allergrößte Convivium an jenem Tag, das nach niemandes Erinnerung seinesgleichen hatte«.[546] Auch die Deutschen, Heinrich Taube von Selbach, Jakob Twinger von Königshofen, der Fortsetzer der Chronik des Matthias von Neuenburg, und ebenso der Lokalchronist, der Metzer Patrizier Jakob d'Esch, berichten von nichts anderem als vom großen Fürstenfest.[547] Es gibt nicht viele Gegenbeispiele. Vornehmlich Heinrich von Diessenhofen sieht die Dinge anders. Für ihn stand der Nürnberger Reichstag schon unter der Absicht, einen allgemeinen Frieden im Reich herzustellen, wozu man – welch sprechender Wunschtraum! – in den einzelnen Diözesen kaiserliche Hauptleute aufgestellt habe. Überdies habe der Kaiser besonders die Reichskirche wieder stärker in seinen Dienst gestellt. In Metz habe er im nächsten Jahr dann mit 32 Fürsten Hof gehalten. »Und dort nahmen die meisten ihre Lehen vom Kaiser und dienten nach ihrer Ordnung.«[548]

Besondere Aufgeschlossenheit für das Gesetzeswerk zeigt jener

Mann, der in diesen Jahren wohl das Treffendste über Staatsaufbau und Staatsbewußtsein unter allen deutschen Chronisten zu Papier gebracht hat; ein Fürstendiener aus dem Westen des Reiches, wo sich einige Territorien um Aufstieg zur fürstlichen Landeshoheit mühten. Das ist Levolt von Northof, der Chronist der Grafen von der Mark. Er scheint als einziger den Text der Goldenen Bulle gekannt, ja genau studiert zu haben, während er von einer Anzahl von höchst nützlichen Konstitutionen spricht, die der Kaiser erlassen habe, besonders zum Fehdewesen, was gerade dem westfälischen Raum sehr notgetan habe.[549] Der kaiserlichen kommt hier die landesfürstliche Absicht sehr nahe, einen einheitlichen Friedensraum zu schaffen, in dem die Rechts- und die Polizeigewalt, die Zollhoheit und die Wegesicherung von kleinen Machthabern nicht gestört werden sollte. Unter den Beobachtern der politischen Szene, abgesehen von seinen Räten und von den Ratgebern seiner fürstlichen Widersacher, hat Karl wohl keinen verständnisvolleren Kommentar gefunden als jenen Chronisten der Grafen von der Mark. Nur war Levolt im Fürstendienst. Er schrieb seine Chronik mit einem in Deutschland einzigartigen Staatsbewußtsein[550], und so wie die politischen Konzepte zur Stärkung der Königsmacht offenbar gerade mit jener Goldenen Bulle eine Niederlage besiegeln mußten, so verloren sie die Fähigkeit, sich mit der wachsenden fürstlichen Herrschaftsgewalt in einem echten Föderalismus zu verbinden.

Das ist ein Schluß, den der Ausgang des diplomatischen Ringens in Nürnberg und Metz in jenem Jahre nahelegte. Und wenn auch die modernen Historiker sich um vieles gesprächiger der Goldenen Bulle widmen als ihre Vorgänger zu Zeiten Karls[551], so spricht doch auch bei allen Kommentaren über die zeitgenössische Wirksamkeit des Unternehmens, seine Möglichkeiten und Versäumnisse, die Erwartung und der Kommentar der Zeitgenossen immerhin deutlich genug. Deshalb sollte man sie nicht ganz aus dem Kalkül streichen. Absurd erscheint dagegen die moderne Erwägung, Karl hätte sich mit dem »Radikaltitel« eines Erbkönigtums[552] gegen die Kurfürstenoligarchie wenden sollen, statt sie in seinen neuen Gesetzen schriftlich zu legitimieren. Eher liegt hier, nach einer entgegengesetzten Beobachtung, ein kurfürstliches Versäumnis, es wurde »eine Sternstunde der Reichsgeschichte vertan«[553], weil die Kurfürsten Karls Angebot zur Mitgestaltung der Reichspolitik in Zukunft nicht nützten. Jedenfalls hätte Karl ein Revolutionär auf dem Thron sein müssen, um die Fürstenmacht zu stürzen, etwa im Appell an ein allgemeines Reichsbewußtsein, das es in solcher Klarheit gar nicht gab; weder in den Reichsstädten noch in der Reichskirche oder gar an den Fürstenhöfen, von einzelnen Köpfen abgesehen, wie dem Juristen Lupold von Bebenburg, dem Mainzer Domherrn Rudolf Losse, der einst in Balduins Diensten gestanden war, oder etwa jenem großen Balduin selber, der das neue Gesetz nicht mehr erlebte.

Daß er als deutscher Herrscher nur über seine eigene Hausmacht reüssieren konnte, hat Karl nicht erst am Gang der Verhandlungen in Nürnberg und Metz lernen müssen. Zur Erstarkung des Fürstentums seitdem trug wohl nicht so sehr die Kodifizierung von Rechten bei, die es ungeschrieben schon besaß, sondern eher Karls Vermittlungs- und Friedenspolitik, die den Fürsten allgemein eine stärkere Hinwendung zu den ziemlich gleichartigen Aufgaben der inneren Verwaltung in ihren Landen ermöglichte.[554] Spätestens am Mißerfolg seines Vorstoßes zugunsten bürgerlicher Wirtschaftsförderung in Nürnberg und im Jahr darauf am Erfolg seiner diplomatisch offensichtlich weniger problemgeladenen Einladung zum großen Fürstentreffen nach Metz mag Karl aber der vielbemühten Alternative zwischen Zentralgewalt und Fürstenmacht noch eine dritte Komponente hinzugefügt haben: den unwägbaren Einfluß des geheiligten Kaisertums auf die Schaulust der Massen und ihre fromme Scheu, ebenso aber auch die Bereitschaft der kleinen und großen Fürsten, sich einem so verstandenen Sakralreich einzuordnen.

Siebtes Kapitel
HAUSMACHTPOLITIK

Staatsmann und Mäzen

»In der Erkenntnis, daß die schon weitgediehene Ausbildung der Landesherrschaften und der städtischen Freiheiten auf dem alten Reichsboden eine regelmäßige, auf bestimmte Befugnisse gebaute Königsherrschaft nun einmal unmöglich gemacht hatte, ersetzte Karl den Schein der Reichsregierung durch die Wirklichkeit einer durch Hausmacht, Bündnisse und planvolle Besetzung wichtiger Bistümer gestützten Reichspolitik. Doch hatte diese Reichspolitik einen Grundplan, der auf lange Sicht wieder eine Reichsregierung hätte möglich machen können. In dem dauernd wechselnden und doch im ›guten alten Recht‹ immer wieder sich versteinernden Durcheinander großer und kleiner Landesherrschaften errichtete Karl so etwas wie den Anfang eines tragenden Gerüstes.«[555] Mit solchen Worten hat Hermann Heimpel, der kundigste unter den neueren Kennern des deutschen Spätmittelalters, einen guten Teil der staatsmännischen Leistung Karls umrissen, seine oft geschmähte Hausmachtpolitik auch aus dem Interesse der deutschen Königsherrschaft erklärt, hat Karl gegen eine Anzahl mäkelnder Stimmen in Schutz genommen, die ohne Rücksicht auf die Wirklichkeit des Spätmittelalters moderne Staatsideen reprojizieren wollten und jedenfalls versucht, einen großen Plan hinter vielen kleinen Schritten zu erfassen; einen großen Plan, den Karl bei allen seinen geduldigen Unternehmungen zweifellos nie aus den Augen ließ. Denn jede nähere Kenntnis bestätigt immer wieder, wie sehr dieser Herrscher, entgegen dem unglücklichen Wort vom Vater Böhmens und des Reiches Erzstiefvater, von seinem Herrschertum erfüllt war, als daß er die eine seiner Kronen wegen der anderen hätte vernachlässigen wollen.

Allerdings klärt das Wort von Heimpel nicht recht die auffällige Verbindung zwischen staatsmännischen Planungen und Mäzenatentum, die sich bei Karl nicht allein in der Reihe der deutschen Herrscher, aber doch deutlicher ausgeprägt zeigt als bei jedem anderen. Auch sie ist nicht Zufall, Zutat königlicher Selbstverherrlichung oder ein Zusammentreffen literarischer und künstlerischer Neigungen mit einem politischen Amt. Vielmehr zählt sie gleichermaßen zum Staatsbau Karls, während er versuchte, sein Königtum eben nicht nur auf einer planvoll ausgebauten Hausmacht zu begründen, sondern gleichzeitig, zwar von seiner Persönlichkeit getragen, aber nicht daran gebunden, alle jene Unwägbarkeiten in der politischen Vorstellungswelt seiner Mitmenschen wieder aufzurichten, die aus geschriebenem Recht und persönlichem Ansehen, aus politischem Prestige wie aus religiöser Bindung die deutsche Königsherrschaft mit den Mitteln von Kunst und Zeremoniell anschaulich machen konnten.

Nicht viel mehr läßt sich zusammenfassen als eine solche vage Formulierung; Karls Unternehmungen richteten sich ebenso auf die Belebung oder Installierung von Herrschaftsfunktionen, hinter denen man die wachsende moderne Staatlichkeit erkennen könnte, als auch auf die Wiedererweckung des alten Reichsdenkens im Rahmen eines religiös fundierten christlichen Nachbarschaftsverbandes. Man muß wohl die Alternative »Staat oder Reich« einmal formulieren, um manche Maßnahmen seiner Politik überhaupt verfolgen zu können. Aber die säuberliche Scheidung der Funktionen, die dahinterstehen, ist aus der Rückschau gewonnen, nicht aus dem Knäuel der noch unentfalteten Möglichkeiten jener Zeit. Karl jedenfalls, mit Anerkennung oder mit Kritik oft als Realpolitiker apostrophiert, als zäher, ja als kleinlicher Unterhändler, zählte offenbar auch die Hingabe seiner Getreuen zu den Realien, seine Anteilnahme am geistigen Leben zu seinen Pflichten und die Einbindung seines Herrscheramtes in den Umkreis religiösen Weltverständnisses zu den Selbstverständlichkeiten. Und daraus rührte die Verbindung zwischen dem Staatsmann in ihm und dem Mäzen; die Absicht, seine Herrschaft auch als eine geistige Leistung zu demonstrieren und als religiöse Pflicht für jeden verständlich zu machen. Wo ihm die fürstlichen Rechte verwehrten, mit seinen Richtern, seinem Geleit, seinen Soldaten oder seinen Amtleuten unmittelbar für Bürger und Bauern, für Ritter und Pfarrer als Herr und König, als Träger der Staatlichkeit zu erscheinen, da sollte das Ansehen seines heiligen Amtes, der Ruhm seines Hofes oder die Kunst seiner Bauleute die Herzen gewinnen. Auch dabei freilich konnte er in seinen eigenen Landen nachhaltiger wirken als im übrigen Reich. So zeichnen sich die luxemburgischen Territorien unter seiner Ägide aus durch eine durchgegliederte und wirtschaftsfördernde Verwaltung, die Karl vertraut zeigen mit den Aufgaben des Landesfürstentums, und gleichzeitig durch die Entstehung einer demonstrativen Staatsarchitektur, die in Ansätzen zumindest einen »karolinischen Kulturkreis« aus diesem staatspolitischen Mäzenatentum hervortreten lassen.

Tirol und Schlesien

1356 in Metz erfüllte Karl ein Versprechen gegenüber einem seiner tatkräftigsten Parteigänger im Nordwesten. Der Graf Wilhelm von Jülich wurde zum Herzog erhoben. Sieben Jahre zuvor, in den schwierigen Anfängen seines deutschen Königtums, hatte ihm Karl schon ein Reichsfürstentum verheißen, außer in Tirol, Bayern und Österreich, in Meißen, Sachsen und Brandenburg. Diese Bereiche hat man demnach als Karls eigene Interessengebiete angesprochen.[556] Und wirklich zeichnet sich diese Interessensphäre in den folgenden 30 Jahren von Karls deutscher Politik immer wieder ab, aber mit unterschiedlichen Akzenten, mit wechselnden Absichten und mit ungleichem Effekt.

Zunächst fällt auf, daß diese Interessensphäre die luxemburgische Nachbarschaft im Westen des Reiches nicht einschließt. Wohl kaum durch einen Zufall. Denn Karl hatte zwar, entgegen den Verfügungen seines Vaters, Luxemburg 1346 an sich gezogen und dabei die Ansprüche seines Halbbruders übergangen; aber nur, um damit als mit einem Pfand zu wuchern, in jener Zusammenarbeit, die sich daraufhin acht Jahre lang zwischen ihm und seinem Großonkel Balduin entspann.[557] Nach Balduins Tod stand Karl nicht an, das Land an den rechten Erben auszugeben. Daß er auch Tirol und

Kärnten damals noch in seinen eigenen Interessenkreis einbezog, macht deutlich, wie Karl trotz mancher Differenzen die außenpolitischen Erfolge und Absichten seines Vaters doch respektierte. Damals jedenfalls war er noch entfernt davon, das tirolische Abenteuer, in das er selber verwickelt war, zugunsten der Wittelsbacher aufzugeben. In den dreißiger Jahren hatte er dort Vertraute als Bischöfe von Trient und Brixen eingesetzt, in den vierziger Jahren dann südlich der Tiroler Grenzen Belluno erobert, das sich als luxemburgische Insel fortan hielt, und zehn Jahre danach das Patriarchat von Aquileja für seinen Halbbruder Nikolaus erwirkt, was einen neuen und bedeutenderen Stützpunkt südlich von Kärnten und Tirol entstehen ließ. Tirol und Kärnten waren wichtig wegen der Italienpässe. Freilich traten sie in Karls Aufmerksamkeit zurück, besonders nach dem Romzug. 1363, nach dem Tod Ludwig des Brandenburgers, jenes wittelsbachischen Rivalen, der Karls Bruder Johann Heinrich aus der Ehe mit der Landeserbin Margaretha und damit aus Tirol und Kärnten verdrängt hatte, scheint Karls Interesse erloschen. Die Habsburger, schon im Besitz von Kärnten, hatten danach die kinderlose Margaretha beerbt.

Diesem erfolglosesten Projekt aus dem politischen Nachlaß Johanns – vom oberitalienischen Unternehmen abgesehen, das bei weitem weniger realistisch war – läßt sich das ertragreichste gegenübersetzen: Schlesien.[558] In diesem Bereich hat Karl mit Umsicht weitergearbeitet. Nach seiner dritten Ehe gewann er, freilich erst 1368, was zum geschlossenen Besitz noch fehlte: Schweidnitz und Jauer. Noch Kaiser Ludwig hatte die schlesischen Herzogtümer als Reichslehen betrachtet;[559] Karl inkorporierte sie 1348 und noch einmal mit kaiserlicher Autorität 1355 in die »böhmische Krone«,[560] und wie er mit dieser feierlichen Urkundenpolitik vor dem Reichsrecht an Boden gewann, so suchte er auch innerhalb der unübersichtlichen schlesischen Herrschaftsverhältnisse zu klären und zu vereinheitlichen. Einen wichtigen Schritt zur Landeseinheit hätte die kirchliche Gliederung geboten. Das Bistum Breslau, wohlorganisiert, besonders in dem Kolonistenland rund um Neiße zur Landeshoheit und gar durch den Erwerb des Herzogtums Grottkau zum »goldenen« aufgestiegen, umfaßte zwar Ober-, aber nur den größeren Teil von Niederschlesien und war außerdem seit seiner Gründung dem Erzbistum Gnesen unterstellt. Karl versuchte mit

Zähigkeit, es statt dessen dem Erzbistum Prag unterzuordnen. Aber sein Verhältnis zu Papst Innozenz VI., noch bei seinem Romzug ungetrübt, schien durch die Goldene Bulle einigermaßen gestört;[561] die päpstliche Genehmigung zu einer solchen administrativen Veränderung hat er jedenfalls nie erreicht und 1368, bei seinem zweiten Romzug, durch die Legations- und Visitationsrechte des Prager Erzbischofs für die Bistümer Regensburg, Meißen und eben auch Breslau, kaum wirkungsvoll ersetzt.

Verwaltung und Rechtsprechung sollten auf andere Weise helfen, eine Landeseinheit zu schaffen. Karl ließ für das Herzogtum Breslau ein Landbuch anlegen, »eine Aufzeichnung, welche, ohne Gleichen in ihrer Zeit«, nur noch übertroffen von seinem späteren Landbuch für die Mark Brandenburg, allen Grundbesitz erfaßte mit Zinsen und Renten, und deshalb auch fast alle Siedlungen um Breslau, Neumarkt und Namslau.[562] Außerdem entstand 1356 das sogenannte Schlesische Landrecht. Karl ließ es aus einer Kommission von Adeligen und Breslauer Bürgern zusammenstellen, auf der Grundlage des Sachsenspiegels, der richtungweisenden niederdeutschen Rechtsaufzeichnung aus dem 13. Jahrhundert. Dieses Landrecht verbreitete sich bald in ganz Schlesien.

Ein anderer Schritt in diesem Zusammenhang war Karls Sorge um die öffentliche Sicherheit, um den Landfrieden und um die Hoheitsbefugnis seiner obersten Lehnsherrschaft. Das ist, was auch anderswo bei der Rivalität unterschiedlicher Herrschaftsbezüge nur zu oft den eigentlichen »Herren« eines Landes auszeichnete. In Schlesien mußte sich Karl in diesem Zusammenhang nicht mit demselben Aufwand um Einungen zwischen den Machthabern bemühen. Er verfügte die öffentliche Friedenswahrung »allen und jedem der erlauchten Herzöge in den polnischen Landen, die unserem Machtbereich unterstellt sind«[563], 1347 und gebot im übrigen mehrfach regionale Landfriedensverbindungen unter der Aufsicht seiner Hauptleute.[564] Die Verwaltung ganz Schlesiens wollte er offenbar in Breslau zentralisieren[565], das er nicht weniger als fünfundzwanzigmal besuchte, dem er ein eigenes Münzrecht verlieh, seinen Handel vielfach begünstigte und seine Ratsherren an der Finanzverwaltung beteiligte. 1359 verlieh er den Breslauern Befreiung vom Prager Stapelrecht, so daß sie den Westhandel selbständig weiterführen konnten. 1377 wurden Prager und Breslauer

Kaufleute gleichberechtigt. 1352 schützte er den Breslauer Osthandel gegen polnische Straßensperren mit einem Boykott polnischer Kaufleute, und 1365 sorgte er für ihre Gleichstellung mit Pragern und Nürnbergern im ungarischen Bereich, so wie die Breslauer seit 1358 an allen Vergünstigungen böhmischer Kaufleute in Venedig teilhatten. Anderes im Bereich von Karls Wirtschaftsförderung ist noch Forschungsaufgabe.[566] Deutlich ist aber der wirtschaftliche Aufschwung, den die Zeitgenossen vielleicht ebensowenig im einzelnen zu erklären wußten wie wir heute, den sie aber mit Karls Herrschaft übereinbrachten, so daß sie ihm, die Breslauer Ratsherren ebenso wie die schlesischen Fürsten, eine auffällige Anhänglichkeit bewiesen. Schon lange ist die hervorragende Anzahl schlesischer Herzoge in Karls Gefolge bekannt;[567] ist doch kaum einer der wichtigen kaiserlichen Erlasse ohne schlesische Namen in den Zeugenreihen.

Fränkisch-oberpfälzische Herrschaftszentrale

Die meiste Fürsorge bei der böhmischen Machtausweitung brachte Karl aber nicht in Schlesien auf; sie galt dem Westen, der bayerischen Nachbarschaft. Hier handelt es sich um einen allmählich zusammenwachsenden Streubesitz, dem man später den Namen »Neuböhmen« gab.[568] Auch dabei folgte er eigentlich nur den Traditionen der väterlichen Erwerbspolitik. Johann nämlich hatte nach langer Mühe und wiederholten Versprechungen Kaiser Ludwigs das Egerland als Reichspfandschaft erworben, die staufische Reichspfalz mit ihrem Umland am Oberlauf des Flusses, der ihr den Namen gab, noch diesseits der böhmischen Wasserscheide. Schon die letzten Přemysliden hatten Eger als Pfandschaft erstrebt[569], während Johann auch nach den Burgen Floß und Parkstein zur Straßensicherung nach dem Westen über die Grenzgebirge griff. Auch das Vogt- und das Pleißenland, sogar das Erbe der Grafen von Bogen in der Oberpfalz lagen schon seit längerem im böhmischen Interessenfeld.[570] Für die Dauer blieb nur das Egerland dem böhmischen verbunden; für die unmittelbare Zukunft aber versprach die Ehe von Karls Schwester Margaretha mit Herzog Heinrich von Niederbayern den größten Fortschritt. Auf dieser Verbindung aus dem Jahr 1322 beruhte ja doch auch das Kalkül der Tiroler Pläne Johanns, denn der niederbayerische Herzog besaß in Burghausen, in Kufstein und Rattenberg innaufwärts eine Landbrücke bis Tirol. Aber er starb 1339, und bald auch sein einziger Sohn.

Da griff Karl ein Jahrzehnt später wieder nach Westen über den Böhmerwald durch eine neue Eheverbindung mit den Wittelsbachern, eben durch seine Ehe mit Anna von der Pfalz. Als Morgengabe erhielt die Braut einen Betrag von sechstausend Mark, aber nicht in bar, sondern als Pfandwert für die Orte Neidstein, Hartenstein, Felden, Plech und Auerbach. Die bilden miteinander ein Dreieck, das man in einem Tag umreiten kann, und liegen einen Tagesmarsch von Nürnberg entfernt. Vier Jahre später nutzte Karl die Geldnot seiner pfälzischen Schwiegerleute zu einer Gebietserweiterung nach Osten hin; Sulzbach war der wichtigste Ort darunter, Sitz eines pfälzischen Vitztumsamtes und eines Landgerichts. Es folgten Hersbruck und Auerbach, Störnstein und Neustadt, der neuerliche Erwerb von Floß und Parkstein und alle möglichen kleineren Gebiete, zu deren Ankauf Karl auch Lehensleute ermunterte.[571] Auch kaufte Karl nicht alles, worüber er seine Macht ausdehnte; viele Burgen erwarb er, weil sich der einheimische Adel in seine Lehensdienste begab; andere wurden ihm zumindest mit einem Öffnungsrecht vertraglich anheimgestellt. Die Erwerbspolitik war ihm wichtig genug, um sie, soweit es sich um Reichsgebiete handelte, durch Zustimmungserklärungen der Kurfürsten bestätigen zu lassen. Sie wirkt geradezu hastig, und wir begreifen, warum er diese Unternehmungen durch eine seiner goldsiegelgeschmückten Urkunden am römischen Krönungstag auszeichnete und sie dabei kraft der neugewonnenen kaiserlichen Autorität feierlich der böhmischen Krone eingliederte. In seiner Gedankenwelt mußte eine solche Verbindung besonderen Rechtscharakter gewinnen.

Auch war sie demnach offensichtlich für alle Ewigkeit gedacht. Der Ausbau der Erwerbungen währt, freilich in mäßigerem Tempo, bis weit in die sechziger Jahre; das wichtigste dabei war 1361 der Kauf des Dorfes Erlangen vom Bamberger Bischof, das dabei zwar seine Reichszugehörigkeit behielt, von Karl aber zu einer kleinen Festung mit Stadtrecht ausgebaut wurde, als westlicher Vorposten seines Territoriums, im Norden von Nürnberg.[572]

KARLS MACHTAUSBAU IN NORDBAYERN

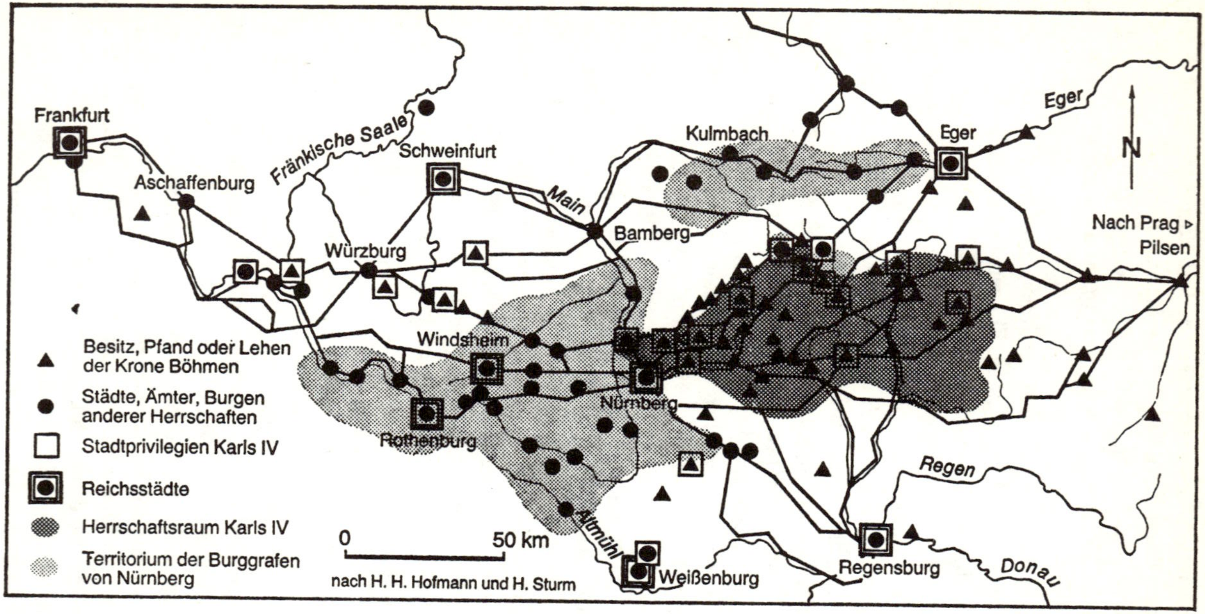

Karl hielt es gelegentlich für nötig, seine Erwerbspolitik »jenseits des böhmischen Waldes«[573] zu rechtfertigen. Daher die kurfürstlichen Zustimmungen, soweit es sich um Reichsgebiet handelte; oder die Bestätigung ungehinderten böhmischen Expansionsrechtes von alters her in der Goldenen Bulle mit dem Angebot der gleichen Möglichkeiten für alle anderen Kurfürsten. Denn Karl hatte nur zu gut mit angesehen, in welchen Mißkredit sein Vorgänger Ludwig durch seinen allzu unbedachten Zugriff auf Brandenburg, Tirol und Holland geraten war. Also sicherte er seine Unternehmungen in der römischen Urkunde 1355 und auch später noch durch die Behauptung, es sei ihm besonders an einem sicheren Weg von Böhmen nach Nürnberg gelegen.[579] Der Wegesicherung dient offensichtlich, was westlich über Nürnberg hinausführt: Marktbibart, Iphofen, Mainbernheim, Heidingsfeld, Homburg und schließlich noch Babenhausen, eine Tagstrecke vor Frankfurt. Aber diese »Landbrücke«[575] umschrieb nicht die Absichten, die Karl zwischen Erlangen und Bärnau verfolgte. Hier ging es vielmehr um die »Umrisse eines Staatsgebildes, das in Franken zur Vormacht aufgestiegen wäre, hätte sich auf dem Erbwege die Vereinigung mit den Zollern-Territorien verwirklichen lassen«.[576] Das führt uns wieder zurück zu jener Urkundenreihe vom römischen Krönungstag, wo nach der Inkorporationserklärung für den Neuerwerb in der Oberpfalz die Nürnberger Burggrafen so auffällig reich bedacht worden waren.

Aber wir erinnern uns, daß damals mit gleicher Urkundenzahl die Bürger von Nürnberg an der kaiserlichen Gunst beteiligt waren, und das offenbart wieder in einem besonderen Zusammenhang Karls diffizile Diplomatie. Denn die Nürnberger Burggrafen Johann und Friedrich aus dem Geschlecht der Hohenzollern zählten zu jenen Territorialherren auf mittlerer Ebene, mit denen Karl meisterhaft zu spielen verstand, weil er ihre Interessen in seinen Dienst stellte, wie die Grafen von Jülich, von Mecklenburg, von Moers, von Württemberg oder von Savoyen. Sie alle wußte Karl an gewissen Schaltstellen seiner Einflüsse einzusetzen. Kaum eine Grafenfamilie aber mußte ihm so wichtig erscheinen wie die Hohenzollern, die neben den kaiserlichen Bauten auf dem Nürnberger Burgberg noch ihre Macht über der Reichsstadt behaupteten und zugleich im Norden und Westen seines neugewonnenen Territoriums seine Nachbarn waren. Aber jede Begünstigung dieser Nürnberger Burggrafen mußte durch ein vergleichbares Entgegenkommen der Reichsstadt gegenüber aufgewogen werden.[577] Denn Karl brauchte die einen wie die anderen, und untereinander waren sie erbitterte Rivalen.

Das Schaukelspiel war älter als Karls »neuböhmische« Territorialpolitik. Aber seine Bedeutung wurde durch diese Erwerbungen unterstrichen, und Karl ersah die Gelegenheit, neben mancher Begünstigung für die burggräfliche Territorialpolitik, auch eine reichsstädtische Landschaft zur unmittelbaren Unterstützung der Königsmacht in seiner neuböhmischen Nachbarschaft zu errichten. 1360 lösten sich die seit 13 Jahren an die Nürnberger Burggrafen verpfändeten Reichsstädte Windsheim und Weißenburg aus der Pfandschaft, erhielten zur Kompensation für diesen finanziellen Aufwand eine zwanzigjährige Steuerfreiheit und blieben fortan unter dem Schutz und in Verbindung mit Nürnberg und Rothenburg. Karl gibt eine Garantie gegen künftige Verpfändungen, die fortan die Nürnberger vor jeder Huldigung eines künftigen Königs wahren soll, ähnlich, wenn auch in bescheidenerem Umfang, wie er in seinem Stammland Böhmen einer Anzahl von Städten und Burgen die Unpfändbarkeit zusicherte. Dabei erlaubte Karl diesen vier Städten eine Verbindung, wie sie die Goldene Bulle eigentlich verboten hatte. Schließlich ging er selber 1367 einen besonderen Bund mit den Nürnbergern ein, mit der Aufforderung zur weiteren Mitgliederwerbung, und dann bot er sogar den Nürnbergern in einer wohl bis dahin beispiellosen kaiserlich-bürgerlichen Zusammenarbeit die Öffnung seiner Burgen an.[578] Man kann sich wohl denken, welcher Aspekt sich von dieser Vereinigung fortspinnen ließe; die generelle Verbindung zwischen Monarchie und Bürgertum, die in keinem europäischen Königreich wirklich glückte, in Frankreich und England aber immerhin besser als bei uns, hätte vielleicht auf diese Weise die vielbeklagte Weichenstellung der politischen Entwicklung zugunsten der Landesfürsten in Frage gestellt. Und doch will auch ein solcher Aspekt mit Vorsicht der zeitgenössischen Wirklichkeit angemessen werden: er war eben den Umständen nach nicht allgemein, sondern nur in einem besonders behüteten Bezugssystem möglich, eben an einer solchen Stelle, wo der König neben der eigenen unmittelbaren Territorialherrschaft auch die Reaktionen des hochadeligen Nachbarn beherrschte und immer wieder an sich zu binden wußte. Natürlich führte das mitunter zu einem »Kampf um die Gunst des Kaisers«.[579] Und doch muß man über diese Rivalitäten hinausblicken, um als dritte Komponente Karls eigene oberpfälzische Territorialpolitik im Gesichtskreis zu behalten.

Nur diese Territorialpolitik erklärt uns schließlich, warum Karl auch sofort eine Familienverbindung zu den burggräflichen Hohenzollern suchte, kaum daß sie die Umstände ermöglichten. Burggraf Friedrich war nämlich geradeso wie der Kaiser ohne Söhne geblieben. Als endlich 1361 Karl wieder über einen Erben verfügte, verlobte er den Säugling stracks schon nach vier Monaten mit der Erbtochter Elisabeth von Hohenzollern. Natürlich war das keine standesgemäße Verbindung, aber sie schien doch Karl wegen seiner für die deutsche Königsmacht unerläßlichen Zentrallandschaft in Franken und der Oberpfalz, mit der er gerade im Hinblick auf das Hohenzollernerbe tatsächlich große Pläne hegen konnte, wichtig genug. Die Mesalliance glich er 1363 aus durch die Erhebung des Burggrafen Friedrich in den Reichsfürstenstand. Der Nürnberger Burggraf wurde Landvogt im reichen Elsaß, und erst als Karl 1365 doch seine eigene, eher ungeduldige als kühle fränkische Politik geringer einschätzte gegenüber den Aussichten, die sich ihm im östlichen Mitteleuropa eröffneten, suchte er nach einer gewichtigeren Eheverbindung für seinen einzigen Sohn mit der möglichen Erbin des Königreichs Ungarn. Deshalb mußten auch die Burggrafen ihr elsässisches Amt mit dem kargeren Oberschwaben vertauschen, freilich gegen Entschädigungen. Aber als 1368 die Burggrafenfamilie noch immer keinen Erben hatte und Karls zweiter Sohn zur Welt kam, griff Karl doch von neuem zu und verlobte am 18. Februar den Prinzen Sigmund mit Katharina, der zweiten Tochter des Burggrafen Friedrich.[580] Und wieder erstaunt dabei die blitzschnelle Reaktion in Karls Diplomatie. Denn der Bräutigam war gerade vier Tage alt. Die Morgengabe der Braut, der finanzielle Einsatz des Ehevertrags also, betrug mit wenigstens zehntausend Schock Prager Groschen um einiges mehr, als seinerzeit die pfälzische Prinzessin Anna dem Kaiser selber als Grundstock seines bayerischen Territoriums mitgebracht hatte.[581] Das besondere Interesse des Kaisers an dieser Eheverbindung wird aber auch noch durch zusätzliche Verträge zwischen Karl und dem Burggrafen Friedrich deutlich, in denen sich beide verpflichten, eine in den nächsten fünf Jahren zu erhoffende kaiserliche Tochter mit einem in der selben Zeit geborenen Burggrafensohn zu vermählen. Mit dieser merkwürdigen Vereinbarung suchte sich Karl, wenn nicht das Erbe, so doch die engste Verbindung mit dem Territorium der Hohenzollern für alle Zukunft zu sichern, wechselseitig garantiert in einem Zusatzvertrag, wenn dem Burggrafen doch noch ein Erbe geboren würde. Keine andere deutsche Fürstenfamilie konnte sich eines ähnlichen Interesses der kaiserlichen Heiratspolitik erfreuen. Das macht wohl deutlich genug, welches Gewicht Karl auf die politische Neugliederung des gesamten nordbayerischen Raumes legte, nicht nur wegen seiner Strategie und Verkehrspolitik; nicht nur aus fiskalischen Interessen; nicht nur um Nürnberg zu umklammern; sondern um mit eigenen und mit reichsständischen Landen im Verband der »Krone Böhmen« und im engsten Bund mit den fränkischen Reichsstädten, in Kooperation und möglichst im Erbgang mit dem hier bedeutendsten fürstlichen Konkurrenten als böhmischer wie als deutscher König in diesem Raum zu erstarken.[582]

Das ist offenbar auch, was man so bei Hofe von Karls westlichen Erwerbungen dachte. Jedenfalls zeigt sich Benesch von Weitmühl in seinen Aufzeichnungen über die Oberpfalz recht gut unterrichtet, während er den Gang der Erwerbungen, im Rückblick in großen Zügen, mit einzelnen Ortsnamen belegt und erklärt: Der Kaiser habe die Gelegenheit der Mitgift von 1349 benützt, um noch mehr befestigter Städte und Flecken dazuzukaufen, die er mit festen Mauern umgeben und mit starken Burgen versehen habe, so daß dieses ganze Land für ewige Zeiten »vom Böhmerwald bis an die Mauern von Nürnberg« reiche. Benesch betont, ganz im Sinne von Karls Erklärungen, daß dieses Gebiet dabei »für alle Zeiten zur Krone und dem Reiche Böhmen unmittelbar« gehöre.[583] Und er hebt dabei die Zustimmungen der Kurfürsten hervor, die man leicht als Aktenerklärungen von geringem Gewicht ansehen könnte.[584] Wie die modernen Beobachter auch, betont er den strategischen und den verkehrspolitischen Wert der Neuerwerbungen; besonders aber den fiskalischen. Denn nach den Erklärungen der Kurfürsten, wie er sie sich denkt, habe Karl diese Gebiete ausdrücklich »in recompenda« erhalten, zur Wiedergutmachung also. Für den Kauf dieser Lande, so erklärt Benesch, mußte Karl sein Erbreich Böhmen mit verschiedenen Steuern sehr belasten. Vom Reich nämlich und seinen Städten habe er zeit seines Lebens wenig oder nichts bekommen.[585]

Diese Aussage ist sehr aufschlußreich für Karls Finanzpolitik in böhmischen Augen, sie warnt vor allem vor Überschätzungen der böhmischen Hilfsbereitschaft für Reichsaufgaben. Sie zeigt auch, daß man sich zumindest auch außerhalb von Karls nächstem Beraterkreis nicht nur mit den Kaufverträgen zur Begründung der Inkorporation der neuen Lande im Bereich der »böhmischen Krone« begnügte. Vielmehr argumentierte man, wenn sich Beneschs Aussage verallgemeinern läßt, mit dem einfachen Satz: was vom böhmischen Gelde gekauft ist, das soll auch den Böhmen gehören.

Einmal mehr wird daran deutlich, wie weit mit dem Begriff der »Corona Bohemiae« das Denken in Staatsabstraktionen bereits gediehen war. Und es wird auch klar, bei aller Bedeutung, welche dem »neuböhmischen« Unternehmen Karls besonders in der Verbindung mit seiner Politik gegenüber der Reichsstadt Nürnberg und ihren städtischen Verbündeten, ebenso aber auch gegenüber den Nürnberger Burggrafen und besonders Karls Absichten zukommt, sie zu beerben, daß man sich doch davor hüten muß, Karl in diesem Zusammenhang unmittelbar als deutschen König anzusprechen. Seine Territorialpolitik »jenseits des Böhmerwaldes« hatte nicht das Ziel, deutsches Königsgut im staufischen Sinn zu vermehren. Es ging nicht darum, in diesem »Herzland böhmisch-deutschen Kaisertums« ein »kaiserliches Kurfürstentum« aufzubauen.[586] Von Reichs wegen war Karls Bewegungsfreiheit recht beschränkt, denn dieses Reich brachte seinem Kaiser, wie es Benesch hervorhob, wenig oder nichts. Was er als böhmischer König unternahm, war bei ungleich größeren Finanzmitteln nach seiner Verwendung aber auch nicht ungebunden.[587] »Hausmacht« im Sinn der uneingeschränkten luxemburgischen Verfügung brachte es nicht ein. Der Wert seiner bayerischen Territorialpolitik mußte ihm schließlich unter Umständen einmal geringer erscheinen als die Möglichkeit, ein neues, auch von der Krone Böhmen unabhängiges Herrschaftsgebiet für seine Dynastie zu errichten, das neben dem Königreich Böhmen sogar noch gleichrangig in der Reichspolitik wirken konnte. Das ist der Grund, warum Karl einen guten Teil seiner bayerischen Lande 1373 für die Kurmark Brandenburg wieder opferte.

»Neuböhmen«

Nicht nur nach den äußeren Zusammenhängen zeichneten sich aus Karls Erwerbspolitik im nördlichen Bayern die »Umrisse eines Staatsgebildes«[588] ab; auch seine zwanzigjährige Verwaltungsarbeit in diesem Raum verdient eine solche moderne Bezeichnung. Im Verband der Krone Böhmen unterstanden Einwohner dieser Territorien der absoluten Rechtssouveränität des böhmischen Königs, die noch eine Nuance weiter reichte als die Rechtshoheit der Goldenen Bulle für die anderen sechs Kurfürsten.[589] Auch die Reichsgebiete in diesem Raum, die Karl als »Lehen vom Reich«[590] da und dort übernommen hatte, wurden diesem Verband mit gleicher Zugehörigkeit eingegliedert, so daß sich die fränkisch-oberpfälzische Kleinterritoriallandschaft innerhalb der »neuböhmischen« Grenzen von der komplizierten Vielschichtigkeit nach Reichs- und Fürstenrechten ihrer Umgebung als eine neue Einheit abhob. Karl sprach das selber klar und absichtsvoll aus: »Darumbe durch schulde ganzer Liebe und Treue, damit wir demselben heiligen Reich verbunden seyn, meinen wir dieselben Lehn von dem Reiche nicht zumal entpfremden mit seinem Schaden, sondern wir wollen und meynen mit kraft dieser kaiserlichen Briefe, daß sie bey dem Königreich zu Böheimb, einem ehrwürdigen Gelied des Reichs, mehr zu Frum, denn zu Schaden demselben Reich ewiglich verbleiben.«[591]

War damit ein besonderer Grad der Rechtsvereinheitlichung erreicht, ein Fortschritt in Richtung auf einen einheitlichen Staatsverband, wie ihn viele auch unter den aufstrebenden Territorialherren in Deutschland noch lange nicht erreicht hatten, so beseitigte der Neugewinn überdies ein Hindernis für die Fürstenmacht, das anderswo, und auch im böhmischen Stammland, den Herrscher immer wieder zur Teilung seiner Hoheitsrechte mit den Ständegremien zwang: Von Adelsvereinigungen ständischer Art erfahren wir nichts in den neuen böhmischen Landen zu Bayern, wohl aber von freiwilligen adeligen Lehensnahmen und vom Einsatz des einheimischen Adels bei den neugeschaffenen Beamtenstellen.

Verwaltet wurde das neue Territorium von Sulzbach aus. Dort war der Sitz des Landeshauptmanns als dem Stellvertreter des böhmischen Königs, durchwegs ein Angehöriger des böhmischen Adels. Auch der Landrichter hatte hier seinen Sitz und der Landschreiber als der oberste praktisch tätige Verwaltungsbeamte, besonders zuständig für die Finanzverwaltung.[592] Diese Ämterverteilung ist an sich nicht neu, auch nicht ihre Untergliederung nach Amtleuten und Richtern. Neu aber ist die einheitliche Großzügigkeit der Organisation, auch die Sicherung des gesamten Bereichs durch ein Netz von Burgen mit festen militärischen Kontingenten, mit der Zentrale in der 1360 gekauften und eilends ausgebauten Feste Rothenberg.[593] Der größte Teil der Burgbesatzungen entstammte dem einheimischen Adel, wie auch der Landrichter, der Landschreiber und die Verwalter der untersten Organisationseinheiten, der »Ämter«, die, jeweils mit dem Sitz auf Burgen oder in Landstädten, einige Dörfer zusammenfaßten.[594] Auch wenn über adelige, sonst allgemein bekannte Interessenpolitik bei der Besetzung großer und kleiner Ämter nichts bekannt ist, läßt sich denken, daß der landfremde Hauptmann, der mächtige Böhmenkönig und die Schwäche des einheimischen Adels insgesamt die Ausbildung eines Beamtenstandes begünstigten, dessen Träger im zeitlich befristeten Dienst dem Ganzen eher verpflichtet waren als irgendwelchen Familienbeziehungen.

Die straffe Verwaltungsführung fand auch hier den für Karls Organisationsleistung bezeichnenden Ausdruck in der Schriftlichkeit. Zwischen 1366 und 1368 entstand das »Böhmische Salbüchlein«, das mit einer für jene Zeit seltenen Gründlichkeit allen abgabefähigen Besitz verzeichnet, so daß auf der Grundlage einer generellen Landesaufnahme, freilich auf der Basis der Rentenleistungen und nicht im moderneren kartographischen Sinn, ein Besitzinventar entstand und zugleich eine Angabe der einzelnen Ämter und Beamten als Abgabenempfänger.[595] Ähnlich wie im schlesischen Raum, förderte Karl auch in seinen bayerischen Besitzungen vornehmlich die Stadtwirtschaft mit ihren Verkehrsbedürfnissen, aber ungleich stärker als in Schlesien griff er dabei mit Privilegierungen, Stadt- und Marktrechtsverleihungen zu grundlegenden Maßnahmen für die wirtschaftliche Struktur. Mehr als ein halbes Dutzend Siedlungen verdanken Karl dabei städtische

Privilegien, die sie mit Markt und Mauer gleichzeitig zu militärischen Stützpunkten werden ließen.[596] Besonderen Gewinn zog aus dieser Entwicklung der Hauptort Sulzbach, der mit einer Reihe von Vergünstigungen, auch im Bereich seiner Eisenerzgewinnung, die Konkurrenzstadt Amberg überflügelte und 1359 in einem Atemzug mit Prag, Breslau und Kuttenberg vom Frankfurter Zoll befreit wurde, unter Hinweis auf die Vorbildlichkeit des Bürgertums, sozusagen als eine der vornehmsten Städte der böhmischen Krone.[597]

Karl fand, abgesehen von der Nachbarschaftspolitik gegenüber dem von Nürnberg geführten Städteverband und den hohenzollernschen Territorien, noch andere Mittel, das Vorfeld seiner Einflüsse zu erweitern. So die Lehensbindungen der Landgrafen von Leuchtenberg, die sie förmlich aus ihrer Reichsunmittelbarkeit lösten und an den böhmischen König banden[598], oder die Schutzpolitik über Zisterzienserklöster, die seine Einflüsse über das alte Vogteirecht erweiterten.[599] Ähnlich schuf er auch besondere Verbindungen zum Grund- und Territorialbesitz des Deutschen Ritterordens in diesem Raum.[600]

Aus diesem weitmaschigeren Gefüge seiner Einflußnahme zeichnet sich sein unmittelbarer Territorialbesitz um Sulzbach und Auerbach, um Lauf und Weiden aber noch heute ab durch manche Relikte des besonderen Zugehörigkeitsgefühls zur böhmischen Krone. Es sind die Siegel der Städte, die noch heute den böhmischen Löwen führen, zu Karls Zeiten ausgezeichnet durch Devisen wie: »Lauf wird gerühmt, weil es Böhmen dient.« Oder: »Hersbruck hält gehorsam Böhmen die Treue«; »Sulzbach, ein getreues Glied der böhmischen Krone«.[601] Solche Parolen in Stadtsiegeln sind eigentlich ungewöhnlich. Sie verraten uns etwas wie Staatspropaganda in dem bayerischen Neuland, die man freilich dann nach den Verhältnissen änderte, als diese Gebiete wieder wittelsbachisch geworden waren. In ähnlicher Richtung mögen wohl auch die Münzstätten in jenem Raum gewirkt haben, in Lauf, später in Auerbach und in Erlangen, denn die geprägte Währungseinheit mit dem staatlichen Hoheitszeichen ist noch heute nicht nur ein Zahlungsmittel, sondern zugleich ein kleines Stück Herrschaftsrepräsentation in jedermanns Hand. Im Hinblick auf die böhmische Landeszugehörigkeit verbreitete sich in diesem Raum jetzt der

Kult des heiligen Herzogs Wenzel im besonderen Maß[602], und sein Standbild trägt mitunter doch recht deutlich die Züge des Kaisers.[603] Eine neue Burg an der oberen Pegnitz erhielt den Namen Beheimstein, und der wiederaufgebaute Amtssitz in Lauf an der unteren Pegnitz wurde zum Wenzelsschloß. Hier dachte der Kaiser, der bei seiner Landesfürsorge auch selber immer wieder nach dem Rechten sah und nicht weniger als 89 Tage in Sulzbach weilte, ein Absteigequartier nach seinem Sinn zu errichten.[604] Auch dabei sind die beziehungsreichen Aussagen nicht etwa auf die Zusammengehörigkeit des »neuböhmischen« Territoriums, sondern auf die gemeinsame Bindung an Böhmen gerichtet, von deren Ausstrahlung Karl sich offenbar die überzeugende Integrationskraft versprach. Auf 112 Wappenreliefs an den Wänden des »Kaisersaals« von Lauf ist sozusagen die Ständeversammlung des böhmischen Hauptlands repräsentiert, die Bischöfe, Barone, die Ritter und Städte.[605] Auch damit ist wieder »die Krone Böhmen« heraldisch dargestellt, nicht die luxemburgische Dynastie, und das entspricht genau den Rechtsverhältnissen oder auch der Aussage des Prager Hofchronisten, nach welchem die neuen Lande keineswegs als ein persönlicher Erwerb des Kaisers zu betrachten waren.

Brandenburg

In einem Vertrag zu Fürstenwalde im Dezember 1373 erwarb Karl durch die Zahlung einer unerhörten Summe an Herzog Otto von Wittelsbach das Kurfürstentum Brandenburg. Auch damit folgte er einer alten böhmischen Expansionsrichtung, nach Norden, elbabwärts, die bereits sein Vater 1316 mit Erwerbungen in der Oberlausitz eröffnet hatte und die sich in der Zwischenzeit zu einem größeren Streubesitz in der Mark Meißen und zur Niederlausitz vorgeschoben hatten. Karl verzichtete dabei gleichzeitig auf die südwestliche Hälfte seines wohlausgebauten Territoriums im nördlichen Bayern, er gab Lauf und Sulzbach auf, auch den Vorposten Donaustauf, 1355 vom Regensburger Bischof gekauft, und entsprach damit besonderen Interessen seiner wittelsbachischen Partner.

Die Erwerbung der Mark Brandenburg zählt offenbar zu seinen

alten Zielen. Die Aufgabe des südlichen »Neuböhmen« dafür hat man manchmal kopfschüttelnd eine »Umorientierung seiner Hausmachtkonzeption«[606] genannt. Das ist es wohl nicht. Es handelt sich eher doch um das Ergebnis des Zwangs, unter widrigen Umständen das Wichtigere zu wählen. Allerdings hatte Karl mit dieser Entscheidung seine bayerische Territorialbildung »stark entwertet«.[607] Karl hatte mit der riesigen Kaufsumme für Otto von Wittelsbach die Finanzkraft der Nürnberger und anderer Reichsstädte und auch die Finanzen seines Königreichs Böhmen aufs äußerste belastet. Nur durch den Verkauf eines Teils seiner bayerischen Territorien konnte er schließlich die wichtige brandenburgische Erwerbung ganz bezahlen. Aber er hatte dabei seine »Hausmachtpolitik« nicht neu orientiert: Nachdem das bayerische »Neuböhmen« nun eben doch Kronland war und kein direkter luxemburgischer Besitz, nachdem überdies 1371 und 1372 dem Nürnberger Burggrafen Friedrich nacheinander nach langer Ehe zwei Söhne geboren wurden und alle Erbaussichten schwanden, nachdem Karl aber schließlich und endlich seit 1368 selber über einen zweiten Sohn für seine politischen Pläne verfügte, war es weit wichtiger, eine zweite, von Böhmen unabhängige luxemburgische Bastion zu schaffen, als noch länger an den bayerischen Territorien festzuhalten. Deshalb erhielt Brandenburg also den Vorzug; aber trotzdem gab Karl im Kern seine Westplanung noch lange nicht auf: er behielt gerade jenen Bereich mit dem neuen Zentrum Auerbach, der ihn weiterhin in engste Nachbarschaft mit der Reichsstadt Nürnberg und dem Nürnberger Burggrafen band. Er hielt überdies natürlich auch fest an jenen Geleitstationen, die es ihm möglich machten, bis nach Frankfurt hin jeweils unter eigenem Dach zu nächtigen.

Deshalb pflegte Karl seine Verbindungen zu den Burggrafen noch mit Umsicht. Zwar löste er auch das zweite Verlöbnis zwischen seinem zweiten Sohn Sigmund und einer Burggrafentochter nach fast achtjähriger Dauer Ende 1375, aber er präsentierte dafür die 1373 geborene Margaretha, die dann später tatsächlich, vierzehnjährig, den Burggrafensohn Johann heiratete. Die Luxemburgerin, übrigens in keiner ganz glücklichen Ehe, machte offenbar Eindruck in Bayern: »die was ein saubers Weib«.[608]

Karls Vermittlungskunst wurde danach noch auf besondere Proben gestellt, vornehmlich, als die Nürnberger den burggräflichen Teil der Festungsanlage über ihrer Stadt mit einer Mauer eingrenzten, um sich zu sichern, aber womöglich auch, um von dort aus die Burggrafenburg zu stürmen. Damals stellte sich Karl auf die Seite der Nürnberger, weil er bei einem Reichstag in Frankfurt von Reichs wegen ihre Maßnahme deckte. Später erlaubte er den Nürnbergern nur mehr eine Bedachung der Mauern von zwei Spannen Höhe, auch sorgte er für eine Entschädigung an die Burggrafen.[609] So blieb der fränkische Raum eine Basis seines Einflusses in Deutschland.

Der Kauf von Brandenburg bildete den Abschluß eines fünfundzwanzigjährigen Ringens mit den sechs Söhnen Ludwigs des Bayern, die untereinander zwar immer wieder in Streit gerieten, alle zusammen aber doch nicht etwa mit so plumpem Zugriff ihrer Rechte beraubt werden durften, mit dem ihr Vater 1341 Tirol erworben hatte. Besitz und Vergabe eines Kurfürstentums unterlagen im besonderem Maß den kritischen Augen der deutschen Fürsten, weil sich dabei am ehesten das politische Gleichgewicht verschob. Und bedurfte es nicht aller Delikatesse, wenn der mächtige Territorialblock der Luxemburger sich so weit nach Norden vergrößerte, wenn der deutsche Kaiser und König von Böhmen in Brandenburg nun ein zweites Kurfürstentum für seine Familie gewann?

Erinnern wir uns: Karl hatte 1350 den »falschen Waldemar« fallengelassen, mit Ludwig »dem Brandenburger«, dem ältesten Sohn Kaiser Ludwigs IV., Frieden geschlossen und ihn unter anderem auch mit der Mark Brandenburg belehnt; aber sonderliche Hilfe gewährte er seinem Lehensmann nicht bei der Wiedergewinnung der Mark, eher suchte er sie zu verzögern, so daß Ludwig noch jahrelang damit beschäftigt war. Als Ludwig 1361 starb und zwei Jahre nach ihm auch sein Sohn Meinhard, Herzog von Oberbayern, gab der stets lauernde wittelsbachische Familienzwist Karl die Gelegenheit zum Eingreifen. Er zog Herzog Otto, den jüngsten der sechs Söhne Kaiser Ludwigs, für längere Zeit an seinen Prager Hof, verlobte ihn mit seiner fünfjährigen Tochter Elisabeth und setzte dafür den zweijährigen böhmischen Kronprinzen Wenzel in eine Erbanwartschaft auf die Mark Brandenburg ein, die damals Otto und sein älterer Bruder Ludwig »der Römer« gemeinsam innehatten. Außer Wenzel wurden aber auch alle männlichen Luxemburger erbberechtigt, namentlich der mährische Markgraf Johann Heinrich und seine Söhne, während diese Erbverbrüderung die anderen Wittelsbacher ausschloß. Tatsächlich blieben auch Ludwig, der 1365 starb, und Otto, der ihn um 14 Jahre überlebte, ohne Söhne, und Karl gelang es auf der Grundlage dieser Erbeinung, 1373 die Mark zu erwerben. Mit aller Umsicht seiner Personaldiplomatie: er hielt seit 1361 das Erzbistum Magdeburg immer mit einem Parteigänger besetzt, zuerst mit Dieter von Portitz, später mit Albrecht von Sternberg, die beide zu seinen engsten Vertrauten zählten;[610] er schloß Bündnisse und Abkommen mit den Fürsten der Nachbarschaft, er förderte sie, wo er einen Interessenschwerpunkt erkannte, er ging ein oder zwei entschlossene Schritte in Richtung auf sein Ziel und wich dann doch wieder vorsichtig zurück, abwartend, wiederholt in diesen Jahren mit gefährlichen Koalitionen im Reich und im östlichen Mitteleuropa konfrontiert.

Er ging und wich zurück: Eine neue Untersuchung der Reisen des Kaisers hat gezeigt, daß er auf seinen vielen Wegen in jenen Jahren sich viel mehr nordwärts wandte als zuvor, so daß der Schwerpunkt seiner Züge nach der statistischen Übersicht von Südwestdeutschland in den Raum zwischen Elbe und Oder wandert.[611] Gerade in diesem Jahr 1363 schloß Karl übrigens, wenige Monate nach der Erbverbrüderung mit den beiden Wittelsbachern, seine vierte und letzte Ehe mit Elisabeth von Pommern. Jede seiner vier Heiraten interpretiert Karls politische Ambitionen; die drei, die er selber aus freiem Willen schloß, die pfälzische, die schlesische und nun die pommersche Heirat, waren jedesmal Kernstücke seiner politischen Pläne. Karls Absicht war offenbar danach gerichtet, Elbe und Oder von der Quelle bis zur Mündung in seinem Bereich zu vereinigen. Wieder handelt es sich, wie im Falle seiner bayerischen Territorien, zugleich um einen unmittelbaren Zusammenhang mit den großen Fernhandelsstraßen. Nur stand diesmal nicht der Weg von Prag nach Frankfurt über Nürnberg, sondern von Prag an die Ost- und Nordsee, den er in jenen Jahren südwärts bis nach Venedig verlängern wollte, vor seinem planenden Auge.

Es ist schwer, die Vielschichtigkeit seiner gleichzeitigen Unternehmungen auch nur im Rückblick zu referieren. Zunächst soll uns hier aber seine Landespolitik beschäftigen. Er erwarb im selben

Jahr 1363 von den beiden Wittelsbachern Ludwig und Otto das Recht, die verpfändete Niederlausitz einzulösen und zog sie tatsächlich im Jahre 1368 für eine ziemlich hohe Summe an sich.[612] Aber nachdem 1363 die märkischen Stände durch Gewaltandrohung der Luxemburger zu einer Eventualhuldigung zu bewegen waren,[613] bedurfte es doch neuer Bindungen Ottos an den Prager Hof. Statt der Kinderverlobung vermählte ihn Karl 1366 mit Katharina, seiner Ältesten, die gerade Witwe geworden war. Er sorgte für einen Urkundenkomplex mit Freiheitsbestätigungen für neun märkische Städte.[614] Vielleicht zog er auch den Erbanfall nach Herzog Bolko von Schweidnitz 1368 in sein Kalkül und jedenfalls, zur Rückendeckung, die Ehe des neunjährigen Wenzel von Böhmen mit der Tochter Albrechts von Bayern-Straubing im September 1370. Erst dann fühlte sich Karl zu einem festen Zugriff stark genug.[615] Aber erst ein zweiter Feldzug nach Brandenburg brachte endlich am 15. August 1373 den Vertrag von Fürstenwalde zustande. Er ist aufschlußreich: Karl erwarb die Mark Brandenburg insgesamt für die ungeheure Summe einer halben Million Gulden; zweihunderttausend davon zahlte er bar, Zeugnis seiner rigorosen Finanzpolitik, besonders gegenüber den südwestdeutschen Reichsstädten.[616] Für 100000 Gulden verkaufte Karl den Süden seines neubayerischen Territoriums; für weitere 100000 setzte er schwäbische Reichsstädte zum Pfand; den Rest, noch einmal 100000 Gulden, wollte er jährlich von böhmischen Einkünften abzahlen.

Man sieht an den runden Summen, daß die zeitgenössischen Finanziers verhältnismäßig mit der großen Schere arbeiteten. Man erkennt an den hohen Zahlen aber auch Karls Entschlossenheit. Wie die großen Summen aufgetrieben wurden, wird uns noch beschäftigen. Unmittelbar nach dem Vertrag von Fürstenwalde folgt eine ganze Urkundenwelle als Privilegienbestätigungen für Städte und Stifte, auch für einzelne adelige Herren. Schließlich aber versammeln sich fast ein Jahr danach »die Edeln und die Städte Böhmens und der Mark«, um sich miteinander zu vereinigen und einen gemeinsamen Landfrieden zu schließen. Karl bestätigt diese Einung; aber bei dieser »ewigen Union« handelt es sich eben nicht um Inkorporation, um eine Eingliederung der Mark in die Krone Böhmens im Rechtssinn, die nach Reichsrecht nicht möglich schien und Karls Interessen auch hätte zuwiderlaufen müssen. Denn die

Stände huldigen ausdrücklich Karls Söhnen und deren Erben und gegebenenfalls seinem Bruder und dessen Erben; dem König von Böhmen aber nur für den Fall, »ob diese ihre Erbherren alle abstürben«.[617] Mit dieser Urkunde tritt endgültig ans Licht, warum Karl für den Erwerb des Kurfürstentums Brandenburg kein Opfer zu hoch war; auch kein Rechtsmittel zu mühsam: ausdrücklich verständigte er sich noch einmal im Oktober 1374 mit allen anderen Wittelsbachern darüber, daß sie nach den luxemburgischen Landen, nach Böhmen, Mähren und Brandenburg nicht »trachten wollten«.[618] Weder die Erbabsprache noch der Kauf schien ihm also endgültige Sicherheit gegen alle möglichen Ambitionen der bayerischen wie der pfälzischen Wittelsbacher, die sich bei dem etwas gewundenen Gang der Dinge um eine ihrer Besitzungen doch hätten betrogen fühlen können. Deshalb nahm er noch einmal Zuflucht zum Vertragspapier, dem er in allen seinen Unternehmungen einen für jene Zeit ungewöhnlichen Wert beigemessen hat.

Karls Herrschaft in Brandenburg blieb letztlich Episode. Er hatte nicht mehr viel Zeit dazu. Er schloß Landfriedensbünde mit den umliegenden Territorialherren, er zog die Bischöfe des Landes, von Lebus, Brandenburg und Havelberg an sich, er versuchte beim Papst, sie ebenfalls einer böhmischen Legation zu unterstellen.[619] Er brach Adelsburgen, um die Willkür der »Raubritter« seiner Landesverwaltung zu unterwerfen, und er ließ schließlich auch hier, nach den Prinzipien seiner Landesherrschaft, ein Landbuch anlegen. Mehr noch als im bayerischen Raum bedeutete ein solches Verzeichnis einen gewaltigen Entwicklungsfortschritt der Verwaltungsführung, »ein einzigartiges Werk, das uns über die Dorfsiedlungen vielfach die erste sichere Kunde gibt und oft auf mehrere Jahrhunderte die einzige Nachricht bietet«.[620] Am Ende versäumte Karl auch hier nicht, seine Herrschaft in Repräsentationskunst darzustellen. Er wählte Tangermünde zum domicilium principale[621], zum Fürstensitz, die südlichste brandenburgische Stadt an der Elbe. Wieder ist also der Verkehrsweg wohlüberlegt. Dort baute er eine alte Burgsiedlung aus, in großer Eile, die immerhin zu einem ansehnlichen Komplex gediehen sein muß, von dem freilich nach dem Dreißigjährigen Krieg außer den Grundmauern nicht viel erhalten blieb. Deutlicher noch als im bayerischen Raum besiegelte er dabei seine Herrschaft auch mit der Ansiedlung eines geistlichen Zentrums. Elf Augustinerchorherren und ein Propst, geistlich dem Bischof von Halberstadt, weltlich aber dem Kurfürsten unterstellt, sollen in einem Stift zu Tangermünde die Stundenliturgie nach Prager Sitte feiern. Ähnlich hatte Karl auch Ingelheim, freilich in unmittelbarer Abhängigkeit, von Prag aus beschickt, oder die Frauenkapelle von Nürnberg. Die Stiftskapelle in Tangermünde ist Johannes dem Evangelisten und Johannes dem Täufer geweiht, keine besonderen böhmischen Patrozinien. Aber ihre Mauern wurden geradeso musivisch mit Edelstein ausgelegt wie die Wenzelskapelle im Prager Dom und die Kreuzkapelle in Karlstein, eine Kunst, die sich sonst nirgends in Deutschland finden läßt.

Der Wappensaal im Schloß zu Lauf war Sinnbild der böhmischen Ständeversammlung. Der Wandschmuck im Schloß Tangermünde, ebenfalls zerstört, scheint nach einem Bericht aus dem 16. Jahrhundert dem Kurfürstentum Brandenburg und den luxemburgischen Ahnen gegolten zu haben.[622] Das wäre, ähnlich wie das von Böhmen unabhängige Patrozinium der Stiftskapelle, ein Hinweis auf die kurmärkische Unabhängigkeit von der böhmischen Krone, zwar vereinigt unter derselben Dynastie, aber nicht inkorporiert. Wir erkennen einmal mehr die staatspolitische Konsequenz auch in den künstlerischen Aussagen.

Karl hielt sich erstaunlich viel und lange in Tangermünde auf; er war, in seinen letzten drei Lebensjahren, längere Zeit in dieser neuen Residenz als in der Vollkraft seiner Jahre im bayerischen Sulzbach. Noch den Herbst des Jahres 1377 verbrachte er dort, und wenn auch nicht viel von seinem Wirken überhaupt in der Kurmark zurückblieb, so hat der alte Kaiser doch erstaunlicherweise sogar in der Anekdote Wurzeln geschlagen. »Er hatte große Lust zum Flecken Buch, wegen der Einfalt der Bewohner«, schrieb später ein märkischer Chronist, und andere Nachrichten wissen etwas von einer falben Stute Kaiser Karls. Sie war alt wie der Kaiser selber, halbblind und lahm, und er hatte anscheinend ein besonderes Verhältnis zu ihr; das jedenfalls hielt der gutmütige Volksspott in der Erinnerung wach.[623]

Böhmen, Mähren, Schlesien, Bayern, die Lausitzen, Luxemburg und Brandenburg: Man kann mit Nutzen nach Gemeinsamkeiten und Unterschieden in Karls vielgestaltiger Fürsorge als Landesherr fragen. Zunächst fällt auf: aus der gesamten Gebietsmasse in diesen Landen schied er von vornherein den Anspruch auf persönliche Herrschaft in Mähren aus. Er überließ dieses Land mit der alten, übrigens niemals im rechten Sinn begründeten Bezeichnung einer Markgrafschaft seinem jüngeren Bruder Johann Heinrich und band es lediglich, wie sich beobachten ließ, in wiederholten feierlichen Urkunden an das böhmische Hauptland, wie um den Mangel seiner unmittelbaren Herrschaft wett zu machen. Damit war Mähren nur in der staatsrechtlichen Konstruktion der »corona Bohemiae« und nach Lehensrecht mit dem böhmischen Königreich verbunden; seine Stände beschickten den »Generallandtag«, zusammen mit Böhmen und Schlesiern, der aber nach dem Mißerfolg der Majestas Carolina nur noch einmal einberufen wurde.

Luxemburg blieb ganz außerhalb der böhmischen Kronlande, es war ein Lehen des deutschen Königreichs. Karl gab es zunächst in die Hände Balduins von Trier, und sieben Jahre später investierte er seinen jüngsten Bruder Wenzel darin; dann erhob er es zum Herzogtum, sorgte damit auch für eine festere Bindung innerhalb der alten Landesteile, nachdem zuvor durch die von Karls Stiefmutter vermittelte Ehe seines Halbbruders mit der Erbprinzessin von Brabant die Ausgangslage zum Aufstieg des Landes unter die bedeutenden Territorialmächte im Westen des Reiches geschaffen war. Doch bei all dem ging das Land, ohne daß es je Karls Aufmerksamkeit zu entgleiten schien, in seinem inneren Aufbau unter dem übrigens erfolgreichen Finanzpolitiker Wenzel doch seine eigenen Wege. Das muß man vor Augen haben, um Karls Verhalten als »am meisten zielbewußten und erfolgreichsten Hausmachtpolitiker unter den deutschen Königen«[624] nicht im Sinn moderner Einheit von Staatsgewalt zu mißverstehen. Bereits in der großräumigen Zusammenschau war die luxemburgische Hausmacht auf mehrere Personen verteilt, und Karl selber wollte diesen Zustand offensichtlich auch beibehalten, wie uns schließlich seine Testamente von 1376 und 1377 zeigen.

Aber auch innerhalb seiner eigenen Herrschaft zeichnen sich erhebliche Unterschiede ab. In Böhmen regiert er kraft Erbrechts und mit Erbanspruch für seinen Sohn oder den nächsten männlichen Verwandten. Seine Herrschaft erstreckt sich von einer seit Jahrhunderten im Sinn der zeitgenössischen Entwicklung als Hauptstadt fungierenden Residenz in Prag gleichermaßen über das ganze Land, und nicht nur die Stadt, sondern die Burg sogar als Wohnstatt teilt er mit dem geistlichen Oberhaupt des Landes. Er kann sich dabei auf die Städte stützen, die der königlichen Verwaltung großenteils unterstehen, auf eine Reihe respektabler Burgen, auf die reichen Silbervorkommen, etwa ein Drittel der europäischen Produktion, unter königlicher Regie, auch auf die meisten Klöster im Land mit ansehnlichem Grundbesitz und Steuerfähigkeit. Diesem dominium speciale, dem unmittelbaren Königsbesitz, stehen aber Adelsbesitz und Adelsmacht gegenüber, manchmal, wie in Nordböhmen innerhalb des Elbebogens, mit fast zusammenhängender flächiger Geschlossenheit, und immer mit gehörigem Standesbewußtsein des Hochadels, der Barone, so daß der König keinesfalls sich absolut gebärden darf.[625] Er ist vielmehr gehalten, das Gros des Adels für sich zu gewinnen, die Besetzung der vier hochadeligen »Landesämter« mit ihm zu vereinbaren, Widerspenstige zu isolieren, notfalls mit Waffengewalt zurückzudrängen. Im Sinne des Adels bildet das Königtum nur einen Bestandteil am gemeinsamen Regiment. Um eine politische und ideelle Überordnung muß das Königtum jederzeit Mühe aufwenden. Mit anderen Worten: das beste Roß, das Karl zu reiten hat, ist auch am schwersten zu zügeln.

Wieder andere Verhältnisse begegnen seiner Herrschaft in Schlesien. Hier sind, in »Ober«- wie in »Nieder«-Schlesien, mehr als ein Dutzend untereinander gleichrangige Herzogtümer im Laufe eines halben Jahrhunderts in Lehensabhängigkeit zur böhmischen Krone eingetreten. Schlesien insgesamt ist im Kronland Böhmen eingegliedert, »inkorporiert«, aber die einzelnen Herzöge sind außerdem noch Vasallen des böhmischen Königs, eine persönliche Bindung, die es in Böhmen selber zwischen König und Hochadel gar nicht gibt. Karls Verwaltungsfürsorge für Schlesien ist dementsprechend uneinheitlich. In einem Großteil des Landes ist er lediglich um entsprechende Beziehungen zu den einzelnen Herzögen bemüht. Intensivere Verwaltungsleistungen richtet er vornehmlich auf das verwaiste und unmittelbar an ihn gefallene Herzogtum Breslau, wo er einen Landeshauptmann einsetzt, den städtischen Rat an der Regierung beteiligt und so das Kernland für eine mögliche künftige umfassende Herrschaft ausbildet.

Landesherr ohne merkliche ständische Opposition ist Karl in den oberpfälzischen und fränkischen Erwerbungen des heutigen Nordbayern. Hier knüpft er an die alte wittelsbachische Verwaltungsorganisation und ihren Mittelpunkt Sulzbach an, hier regiert er mit böhmischen, also landfremden Landeshauptleuten und mit dem einheimischen Niederadel, hier gründet er Städte und Burgen zur Wirtschaftsförderung und Wegesicherung in auffälligstem Ausmaß. In der Mark Brandenburg hingegen, seiner kühnsten und größten Erwerbung, ist er nach den Rechtsverhältnissen nur zugunsten seiner Söhne als künftiger Kurfürsten tätig, während die Kurwürde nominell sogar noch beim letzten Wittelsbacher verbleibt. Im übrigen sieht er sich hier einer merklichen adeligen Opposition gegenüber, und mit den Städten muß er um den Herrschaftsantritt kämpfen. Deshalb ignoriert er auch einigermaßen das bestehende Städtenetz, als er seine und seiner Söhne künftige Residenz in Tangermünde aufschlägt, einer kleinen Elbstadt, die nur in den wenigen Jahren zu seinen Lebzeiten eine gewisse Bedeutung erreichte.

Was also, muß man nach diesen Differenzierungen fragen, ist dennoch gleich an Karls Regierungsweise in diesen Landen? Zunächst ist es zweifellos das auffällige Bemühen nicht nur um schriftliche, sondern um geradewegs feierlich manifeste Herrschaftsbegründung in einzelnen Urkunden, als Konsens mit den Ständen, als königlicher oder kaiserlicher Erlaß. Selbst für die böhmische Herrschaft fehlt dieses Charakteristikum nicht. Es besteht in der feierlichen Bestätigung aller böhmichen Privilegien, die Karl als deutscher König vollzieht, noch ehe er zum böhmischen König gekrönt ist. Sogar im kleinsten, freilich vor den Augen des Juristen nicht unerheblichen Detail: am 1. September 1347 erklärt Karl aus seiner deutschen königlichen Machtvollkommenheit fortan die Krönung des böhmischen Königs, die bisher der Mainzer Erzbischof vollzog, als Vorrecht des Prager Metropoliten; eine Folge der Erhebung Prags zum Erzbistum vier Jahre zuvor. Einen

Tag später, am 2. September, wird er nach diesem Privileg von Erzbischof Ernst selber in Prag gekrönt.[626] Ähnlich schafft Karl auch im bayerischen »Neuböhmen« als Kaiser den Rechtsboden, auf dem er als Landesherr baut, mit jener Inkorporationsurkunde kraft kaiserlicher Vollmacht an seinem Krönungstag in Rom 1355. Erlasse eines Kaisers sind, nach antikem Recht, Gesetzesquelle. Und diese, durch die Renaissance des römischen Rechts seit 200 Jahren mehr oder minder anerkannte Ansicht nützt Karl auch, um kraft der neuen Autorität gelegentlich alte Manifestationen in dieser Hinsicht zu wiederholen. Aber zuvor schon hatte er Schlesien feierlich der böhmischen Krone inkorporiert und später, 1373 noch, »uniert« er feierlich »auf Bitten der Stände« die Mark Brandenburg mit dem Königreich Böhmen, die sich dort nicht inkorporieren läßt. Seiner besonderen Autorität als Schöpfer neuer Rechtsverhältnisse ist er sich dabei bewußt, und die Majestas Carolina faßt das gelegentlich auch einmal in Worte: In dem freilich vom Adel verworfenen Gesetzeswerk erklärt er sich kraft göttlicher Eingebung imstande, nicht nur, im Sinn des mittelalterlichen Verständnisses vom »guten alten Recht«, Gewohnheiten und Vorschriften aus alten Zeiten neu zu formulieren, sondern auch »neue Gesetze zu begründen«.[627]

Nicht nur für die Rechts- und Herrschaftsverhältnisse, sondern auch für die Verwaltungsführung schafft Karl neue schriftliche Grundlagen, in diesem Fall nicht im Hinblick auf seine besondere gesetzgeberische Qualität, sondern aus der Notwendigkeit, das alte Herkommen auch neuen, landesunkundigen Beamten überschaubar und praktikabel zu machen. Aber auch dabei entsteht scheinbar zwanglos aus dem Alten das Neue. In seinem böhmischen Hauptland freilich mußte Karl für eine schriftliche Grundlage der Besitzverhältnisse nicht eigens sorgen. Sie bestand schon seit dem Ende des 13. Jahrhunderts in sogenannten Landtafeln, die, vielleicht nach dem Vorbild deutscher Kolonisationsstädte, mit einer grundbuchähnlichen Übersicht zugleich alle verzeichneten, die Anspruch auf Sitz und Stimme in den Ständeversammlungen erheben durften. Die Landbücher aber, die danach aus seiner Initiative in Schlesien, in »Neuböhmen«, in der Mark Brandenburg und wohl nach diesem Vorbild schließlich noch 1381 auch in der Niederlausitz entstanden, sind von etwas anderer Art. Sie sind nicht nur

Besitz-, sondern auch Abgabeverzeichnisse von unterschiedlicher Vollständigkeit. Entsprechende Verzeichnisse gab es in Böhmen erst sehr viel später, obwohl Karl seinen unmittelbaren Dominialbesitz in diesem Lande durch jährliche Abgaben verhältnismäßig gründlich nützte. In diesem Fall blieben böhmische Zinsregister, teilweise erhalten, etwa auf dem Stand der auch anderwärts bekannten Güterverzeichnisse, sogenannter Urbare, die in unterschiedlicher Gründlichkeit seit Jahrhunderten zunächst von klösterlichen Grundherren geführt wurden. Reicht schon das »böhmische Salbüchlein« aus Karls nordbayerischen Territorien weit über das einfache Abgabenverzeichnis eines solchen Urbars, weil es alle Orte nennt, ihre Hofstellen angibt, auch Wüstungen verzeichnet, um sie örtlich festzulegen[628], so ist erst recht im Landbuch der Mark Brandenburg ein großer Schritt zur systematischen Landesaufnahme vollzogen. Hier sind die Verfasser von einer umfassenden Beschreibung des Landes ausgegangen, haben Burgen, Städte, Adelige und Klöster verzeichnet und erst nach dieser allgemeinen Übersicht die einzelnen Abgaben durch eine reisende Kommission nach einem »Fragebogen« ermittelt. »Kein Schriftstück hat bis dahin den Staat so weit in die untere Sphäre realisiert wie Karls IV. Landbuch.«[629] Natürlich ist weder das märkische noch das schlesische noch das böhmische »Salbuch« in der Oberpfalz eine völlige Neuschöpfung. Jedesmal konnte die Aufnahme an ältere Vorlagen und Bemühungen anknüpfen, aus der wittelsbachischen oder aus der bischöflichen und der städtischen Verwaltungsführung. Auch führt man immer wieder das gründliche Lehensverzeichnis des Kurerzbischofs Balduin an, das Karl womöglich kennengelernt hat, ohne daß sich freilich bisher dafür genauere Anhaltspunkte finden ließen. Wie auch immer: die Landesaufnahme nach Kräften und Möglichkeiten, unterschiedlich perfekt, in der Mark Brandenburg in zweijähriger Arbeit 1373 bis 1375 am trefflichsten gediehen, zeigt eine merkliche Gemeinsamkeit in Karls Landesherrschaft.

Damit hängt auch die Landesverwaltung durch Beamte zusammen, die sich wiederum als gemeinsame Intention erkennen läßt, wenn auch, den Umständen nach, in unterschiedlicher Deutlichkeit. In Böhmen war Karl am stärksten an den einheimischen Adel gebunden. Obzwar die höchsten »Landesämter«, Oberstmarschall, Oberstkämmerer, Oberstrichter und Oberstburggraf, nicht durchaus funktionale Ämter gewesen sind, so hatten sie doch Bedeutung für die ständische Selbstverwaltung, die mit dem königlichen Verwaltungsaufbau konkurrierte. Das galt auch in der unteren Sphäre. Die Einhebung der allgemeinen Landsteuer beispielsweise, der berna generalis, besorgte der Adel in den einzelnen Kreisen, in Bruttobeträgen, die ihm das Geschäft zugleich einträglich erscheinen ließen. In Schlesien trat die Stadt Breslau zumindest im gleichnamigen Herzogtum in solche Verwaltungsfunktionen. In den in Bayern neu gewonnenen Territorien läßt sich dagegen, nach wittelsbachischem Vorbild, eine kleinräumige, durchgängige Verwaltungsführung einheimischer und absetzbarer »Amtleute« beobachten, unter einem böhmischen Landeshauptmann. Auch in Brandenburg gibt es einen Hauptmann, der aber aus dem Lande stammt, und eine regional organisierte Verwaltung.

Alle diese Verwaltungstätigkeit fehlt in der später sogenannten Niederlausitz, die doch gleichwohl 1370 der böhmischen Krone inkorporiert worden war. Die darüber ausgestellte aussagefreudige Urkunde wird uns bei Überlegungen über das Staatsdenken Karls noch beschäftigen. Sonderbarerweise mied Karl diese Markgrafschaft Niederlausitz, das Land an der mittleren Spree und der Görlitzer Neiße, mit den Städten Cottbus und Guben, bei seiner Territorialfürsorge, obwohl sie doch fünf Jahre früher als die ungleich intensiver organisierte Mark Brandenburg an ihn gefallen war. Man erklärt das mit der ständischen Opposition im Lande.[630]

Auch die Oberlausitz beließ er eigentlich in ihrem Organisationsgefüge, oder besser: er förderte hier, was sich bereits herausgebildet hatte. Die Stände des Landes zeigten ein auffälliges und kaum anderswo in Deutschland derart ausgeprägtes System. Es gab nämlich nur zwei Stände. Den einen bildeten Herren, Ritter und Prälaten miteinander, den anderen die Bürger der sechs bedeutendsten Städte, mit Görlitz und Bautzen an der Spitze. Mit diesem ungewöhnlich starken bürgerlichen Anteil hatte der Landtag dann auch wieder ganz ungewöhnliche Rechte. Er versammelte sich dreimal jährlich aus eigener Macht, beriet Landesangelegenheiten und durfte neue Landesordnungen erlassen, er durfte Verträge und Einungen schließen, Steuern ausschreiben, das oberste Landesgericht bilden und den Landvogt, den Stellvertreter des Königs im Lande, »aufnehmen« und auf seine Rechte vereidigen.[631]

Karl hat diese Entwicklung mehrfach gefördert im Zusammenhang der Landesordnung, namentlich durch die Vollmacht von 1355 an die Städte, in seinem Namen Friedensbrecher zu verfolgen. Das heißt, daß er Bürger zu Richtern auch über den Landadel machte.[632]

Karls Kanzlei ist besonders durch die Forschungen von Konrad Burdach und seiner Schule vor fünfzig, sechzig Jahren bekannt geworden, auch überschätzt in ihren kulturellen Einflüssen. Im Verhältnis zu den Urteilen über ihre Bedeutung für die Hofkultur und die Ausbreitung des sogenannten Frühhumanismus nördlich der Alpen enttäuscht jedoch, was wir von ihrer inneren Organisation erfahren. Zwar hat sie mindestens 7500 Urkunden in Karls zweiunddreißigjähriger Regierungszeit erstellt[633], aber ihre innere Organisation ist dabei doch wenig über das hinausgekommen, was ein Jahrhundert zuvor schon der letzte Stauferkaiser Friedrich II. erreicht hatte. Die Kanzlei war aus Karls persönlicher Umgebung seit den Anfängen seiner politischen Tätigkeit und danach aus der deutschen Königskanzlei allmählich zusammengewachsen.[634] Diese Kanzlei erarbeitete wichtige diplomatische Aktionen oftmals in zusammenhängenden Urkundenreihen, meist unter dem gleichen Datum. Die Arengen der Urkunden, das sind die Einleitungen zur Darlegung des Rechtsgeschäfts, herkömmlicherweise in gewähltem Stil und in Karls Kanzlei in einem besonderen, eigentlich antiquierten Latein, stimmen manchmal in solchen Urkundenreihen wörtlich überein;[635] andere greifen gewisse Redewendungen in zeitlicher Nähe auf, so daß man damit vielleicht zusammenhängende Komplexe bilden kann.[636] Der ganze Kanzleibetrieb zeigt ein gehobenes Verhältnis zur Schriftlichkeit. Es gab Registraturen für auslaufende Urkunden, es gab ein besonderes böhmisches Kronarchiv[637] und es gab zu diesem Zweck auch einen eigenen Archivar, dessen Besoldung Karl gelegentlich verfügte.[638] Aber es gab bei alldem doch eine ziemlich »unordentliche Buchführung«,[639] die vornehmlich daher rührte, daß Karls Kanzlei die Reichsgeschäfte und die Angelegenheiten von Karls Hauslanden nicht voneinander trennte; freilich wäre diese administrative Trennung von Reichs- und Hausgut, von kaiserlicher und Landespolitik auch als eine bahnbrechende Neuerung einzuschätzen. Im fiskalischen Bereich beispielsweise gibt es erste Anzeichen dafür erst gegen Ende des folgenden Jahrhunderts.

Immerhin bleibt demnach die erstaunliche Beobachtung, daß Karl eine stets beachtete Regionalisierung seiner praktischen Politik, die eigene Landeshauptleute vorsah für die Oberpfalz und die Mark Brandenburg, für Ober- und Niederlausitz, für das Herzogtum Breslau, und Oberbeamte für das Stammland Böhmen, in seiner Kanzleiführung nicht widerspiegelte, viel weniger denn die immer wieder hervorgehobene Trennung zwischen dem deutschen Imperium und der böhmischen »Krone«.
Für seine bayerischen Lande suchte Karl nach einer besonderen kirchlichen Bindung an das böhmische Hauptland, ähnlich wie für Schlesien. Nur war hier die Situation anders. Es galt nicht, eine Diözese anzugliedern, die mit dem Großteil des Landes identisch war wie Schlesien mit der Diözese Breslau. Vielmehr teilten sich die Diözesen Bamberg und Regensburg in Karls bayerische Territorien, die aber beide weit größere Gebiete umfaßten, so daß sich der Plan eines Anschlusses an den böhmischen Metropolitanverband als unzweckmäßig darstellte. Hier versuchte es Karl nun, mit einem ganz anderen Mittel zum gleichen Ziel zu gelangen: Er erreichte 1365 bei einem Besuch in Avignon vom Papst als eine der Gegenleistungen für seine Zusage, die päpstliche Rückkehr nach Rom zu unterstützen, daß der Prager Erzbischof zum ständigen päpstlichen Legaten für diese beiden Diözesen ernannt wurde, außerdem noch für Meißen, wo sich, freilich nicht auf gleiche Weise zusammenhängend, eine Anzahl böhmischer Streubesitzungen in Lehensbindung befand. Außerdem aber zählten, wichtiger noch, die Ober- und die noch gar nicht endgültig erworbene Niederlausitz damals zum Diözesanbereich Meißen, so daß Karl die böhmischen Besitzungen im Westen und Norden wenigstens in dieser Form auch der Aufsicht des böhmischen Erzbischofs unterstellt wußte. Sie war für rund 30 Jahre recht rege und wirkte in der Gesetzgebung, in der Gerichtspraxis und in der allgemeinen Disziplinierung des Klerus. Entsprechende Mängel hatte Karl ursprünglich auch beim Papst zur Begründung der neuen Regelung vorgetragen. Das machte zugleich seinen gescheiterten Versuch ein wenig wett, für die Oberlausitz 1353 ein neues Bistum in Bautzen zu errichten. Alles das beweist seine Aufmerksamkeit für die Beziehungen zwischen kirchlichem und weltlichem Verwaltungsaufbau. Merkwürdig ist nur, daß er dabei das Bistum Breslau ganz außer acht ließ,

dessen Bindungen an das polnische Erzbistum Gnesen er längere Zeit vergeblich zu lösen versucht hatte.

Präsenz und Präsentation

In der Städtepolitik seiner Territorien erwies sich Karl als rigoroser Fürst. Er erhöhte die Gehorsamen und warf die Widerspenstigen nieder. So zog er gern seine gehorsamen böhmischen Städte dem Landesadel vor, besonders die beiden reichsten, die Hauptstadt Prag und die Silberstadt Kuttenberg. So bevorzugte er Breslauer Bürger gegenüber dem Landesadel oder behandelte die Räte der Stadt mindestens gleichberechtigt im Verkehr mit Adeligen, wobei er ihrer Verwaltungskunst und ihrer Rechtsprechung sichtlich mehr vertraute. Ähnlich bevorzugte er auch den sogenannten Sechsstädtebund der Oberlausitz, den er 1346 im Gegensatz zu der im allgemeinen doch mißtrauischen Politik gegenüber Städtebünden ausdrücklich privilegiert hatte, geradeso, wie er auch den Nürnbergern 1350 einen Bund mit Nachbarstädten in Franken gestattete. Den Lausitzern mutete er offenbar wie den Breslauern ein besseres und dem Adel überlegenes Regiment im Lande zu, wohl gerade wegen einer generellen Minderschätzung des niederen Adels, in der Oberlausitz ebenso wie in Schlesien und in Franken.

Dabei ließ er selber die Zügel nie aus der Hand. In einen Streit zwischen den Prager Zünften um den Ehrenvorrang griff er eigens mit einer Verordnung ein, und ebenso traf er Maßnahmen bei Unruhen in den Städten der Oberlausitz, um die Stabilität des Regiments zu sichern. Seine Fürsorge ist überall zu spüren: Sie gebietet da einen Brückenbau, dort die Aufhebung eines ungerechtfertigten Zolls, erlaubt hier die Anlage einer Mühle und verbietet wieder aus einem anderen Zusammenhang die ihm vorgetragene Bedrükkung einer Stadt, eines Klosters, eines Dorfes. Das läßt darauf schließen, daß ihn viele Klagen erreichten, die er durch schriftliche Befehle beschied. Diese Form des Mandats führt weg von der alten Herrschaftsweise, überall und selbst reitend nach dem Rechten zu sehen. Aber Karl hat auch die alten Pflichten eines reisenden Herrschers unermüdlich geübt. Das Verzeichnis seiner Züge, abzulesen an der Datierung der Urkunden, läßt sich kaum in Skizzen darstellen, weil seine Wege viel zu sehr verschlungen sind. Von den zweiundsechzigeinhalb Lebensjahren, die ihm vergönnt waren, hat er ungefähr die Hälfte in den böhmischen Landen verbracht, die andere fast zu gleichen Teilen in Deutschland und Europa.[640] Nach einer anderen Rechnung brachte er achtzehneinhalb Jahre von seiner mehr als zweiunddreißigjährigen Regierung als deutscher König in seinen eigenen Landen zu, in Mähren aber nur acht Monate, in der Oberlausitz zehn, in Schlesien sechzehn, wenn man alle Aufenthalte zusammenzählt. Das ist bezeichnend für die Akzentuierung. Denn demgegenüber stehen, zusammengenommen, fast drei Jahre, die er sich in Nürnberg aufhielt, auf insgesamt 59 Besuchen. Dabei hat er natürlich auch immer seine Territorien in der Oberpfalz durchzogen. Und immerhin führten ihn seine letzten fünf Lebensjahre noch 18 Monate nach dem neuerworbenen Brandenburg. Zudem soll man nicht auf eine Vernachlässigung des Westens zugunsten des Ostens schließen, trotz der zeitlichen Akzente. Denn immerhin hielt sich Karl 400mal westlich der Elbe auf, gegenüber 500 Nennungen seiner Anwesenheit in den östlichen Ländern, Böhmen eingeschlossen. Er hat damit förmlich eine alte Ungleichheit wettgemacht, die tatsächliche Bedeutung der östlichen Landschaften wie der nördlichen unterstrichen, damit, auch innerhalb Deutschlands, dem Aufstieg der Peripherie Rechnung getragen und die alte deutsche Hauptverkehrsachse vom Norden nach Süden am Rhein in ihrer Ausschließlichkeit entlastet.[641]

Das alles heißt: Karl war präsent für das Bewußtsein seiner Untertanen. Ob in der alten Form persönlicher Umzüge, die freilich doch die Möglichkeiten erschöpften, oder in der neueren durch Boten und Mandate, die seine Gegenwart förmlich vervielfachte, er ließ seine Herrschaft spüren in großen und in kleinen Dingen. Dabei läßt sich beobachten, daß er besondere Objekte seiner Politik jahrelang förmlich umkreiste[642], so wie er sich auch in der großen Politik nicht scheute, in seinem letzten Lebensjahr die beschwerliche große Fahrt nach Paris auf sich zu nehmen, in einem Anliegen, das ihm offenbar als der Abschluß seines Lebenswerkes erschien. Dieser persönliche Einsatz war dann auch jedesmal verbunden mit einer gewissen Unerbittlichkeit gegen Störenfriede. Rasch entschlossen knüpfte er, zumindest nach der Anekdote, den Edlen Johann, genannt Panzer, den er einst selber zum Ritter geschlagen hatte, als ertappten Räuber eigenhändig auf.[643] Ähnlich hatte er einen Päderasten, den man während seines Aufenthalts in Lucca überraschte, gnadenlos verbrennen lassen.[644] Die wichtige Erkenntnis ist der Ruf, der ihn demnach umgab, ergänzt noch durch seine Bereitschaft, zu gewissen Zeiten für jedermann Audienz zu halten.[645] Es ist die Effizienz der Herrschaft, auf alle Weise, mit eigener Hand und mit Befehlen, die Karl als Landesherrn erfolgreich machte. Und wirklich, auch beim Fortgang aller Schriftlichkeit sind bis ins 19. Jahrhundert die großen Fürsten in den deutschen Landen ähnlich stets ruhelos präsent gewesen.

Das galt freilich nicht nur den Untertanen, sondern auch den Nachbarn; den Burggrafen von Nürnberg im Hinblick auf seine »bayerischen« Lande ähnlich wie den Wettinern, den Markgrafen von Meißen an der Elbe. Auch da war er in den entscheidenden Augenblicken, wie es scheint, präsent, so wie sich zeigen ließ, daß er zugunsten seiner brandenburgischen Erwerbung in den letzten Jahren seines Lebens überhaupt das Wegnetz seiner Fahrten immer stärker gegen Norden hin verschob.[646]

Das alles freilich führt uns schon zu jener Kunst, nach der Karl nicht allein zu herrschen, sondern auch den rechten Anschein davon zu geben wußte. Manche Beobachtung fügt sich hier zu einem Bild, das sich schon an seiner Prinzenzeit, bei seinem Italienzug oder aus anderen Einzelheiten seiner klugen Maßnahmen ablesen ließ. Die Präsenz des Herrschers, in seiner Person oder seinen Befehlen, seine Gnade wie seine Gerechtigkeit, seine Fürsorge sollte sich der Mitwelt einprägen. Und das ist ein erster und wichtiger Grundzug in der geistigen Führung, die Karl mit Überlegung besonders da wirken ließ, wo er »Staat« zu schaffen suchte im modernen Sinn, unmittelbare Herrschaft über Untertanen.

Ein zweiter und nicht minder wichtiger Gedanke, der ihn zu Handlungen bewog, die man leicht prunkend, sinnlos, übertrieben finden könnte, besteht in dem Bestreben, Schicksalsgemeinschaft aufzutun zwischen sich und den Beherrschten. Schicksalsgemeinschaft: vornehmlich in jenem Jahrhundert finanzieller Mobilisierung aller Herrschaftsrechte[647], durch die ausdrückliche Erklärung des Zusammenhalts, der Unverpfändbarkeit, der Eingliederung in den besonderen Herrschaftsbereich. Das ist offenbar auch die propagandistische Absicht jener feierlichen Inkorporations- und

Unionsurkunden, die nicht nur Rechtsgrundlage schaffen, sondern auch, wohl im gehörigen Zusammenhang, vor aller Welt die Bindung demonstrieren sollten. Man hat eine solche Absicht am Beispiel Brandenburgs als Gegensatz zur gängigen Tausch- und Pfandpolitik bereits als einen »neuen Staatsgedanken« hervorgehoben.[648] Wichtig ist, dieses Staatsdenken in allen Landen Karls verbreitet zu sehen, selbst dort, wo sie dem Herrscher selber nicht zur Maxime wurde, wie in der Oberpfalz, die er zur Hälfte wieder für Brandenburg verkaufte, oder auch dort, wo er, freilich im Rahmen seiner Dynastie, an Teilung unter seine Söhne dachte.

Ein anderer Grundzug seiner unmittelbaren Herrschaft ist die Regsamkeit, die er auch seinen Untertanen mitzuteilen suchte. Schon seine böhmischen Berichterstatter, Franz von Prag wie Benesch von Weitmühl, preisen Karl als »wahrhaften Mehrer«, nicht als deutschen, sondern als böhmischen König, unter anderem wegen seiner Wirtschaftspolitik; mit Weinbau, Obstkultur, Fischteichen hatte er Vorbild gegeben für seine Untertanen, mit der Gründung der Neustadt die Residenz so unerhört erweitert. Es scheint, als hätte es Karl überall darauf angelegt, ökonomische Aktivitäten zu entbinden, durch Förderung der Stadtwirtschaft geradeso wie durch Ermunterung grundherrlicher Initiativen. Und dazu trug sein eigenes Exempel bei, nicht als Unternehmer, sondern als Mäzen. Eine aufmerksame Beobachtung erinnert daran, daß Karl zeit seines Lebens um sich her Baulärm auszulösen wußte.[649] Wo er auch residierte, klangen die Hämmer der Steinmetze, karrten die Fuhrleute Bauholz herbei, wuchsen die Mauern und Gerüste. In Prag, in Lauf, in Breslau, in Tangermünde.

Das führt uns darauf, daß Karl auch als Herr über die Reichsstädte ein Stück von jener unmittelbaren Herrschaft auszustrahlen suchte. Die Reichsstädte waren ihm als deutschem König unmittelbar unterstellt, sie standen auf Reichsgut, sie waren der vornehmste Teil direkter königlicher Herrschaft in Deutschland überhaupt. Nur wenige hat er dabei so hervorgehoben wie das Städtegeviert Nürnberg, Rothenburg mit Windsheim und Weißenburg. Auch hier verlieh er früh gewisse Privilegien der Unpfändbarkeit und suchte sie auch für seine Nachfolger zu verankern. Auch hier demonstrierte er Präsenz durch seinen langen Aufenthalt in Nürnberg. Auch hier ließ er bauen. In Nürnberg griff er, freilich auf Kosten der Judengemeinde, in die Stadtgestaltung ein, und der Neue Markt mit Frauenkirche und Kurfürstenbrunnen gaben tatsächlich dem Siedlungsbild einen sichtbaren Akzent.[650]

Im selben Maße war er auch bestrebt, sich mit dieser Repräsentativkunst seiner Herrschaft selber darzustellen. Vom »Monte Carlo« bei Lucca 1332 über seine vier böhmischen Karls-Schlösser und Burgen, Karlstein, Karlsberg, Karlskrone, Karlshaus, das später dann zu Karlsbad wurde, reicht diese Neigung sogar in die Namengebung, bis dahin als Herrschaftspraxis nur als große Ausnahme geübt, bezeichnenderweise gerade auch durch Balduinsburgen im kurtrierischen Gebiet. Und dazu kommt das Herrscherbild im Außenmosaik am Prager Dom, am Brückenturm gemeinsam mit dem jungen Wenzel, am Karlstein immer wieder in den Fresken und wohl auch in Tangermünde, im Kreis der Kurfürsten ebenso wie sozusagen als Familienbild. In Sulzbach wie in Luckau glaubt man Karls Porträt in Wenzelsdarstellungen zu erkennen.

Damit verbunden ist sein eigener Stil, den Karl mehrfach dem Interieur seiner Bauten aufprägt. Er ist wieder besonders auf das Repräsentative gerichtet, wie der Wappensaal in Lauf, die Ahnengalerie auf dem Karlstein oder in Tangermünde. Er zeigt aber auch eine persönliche Note, wie die edelsteinverkleideten Wände im Prager Dom, auf dem Karlstein und wieder in der Stiftskapelle von Tangermünde. Es gibt keine Parallelen zu jener eigenartigen Wandverkleidung, die sicherlich als größte Kostbarkeit empfunden werden mußte und gleichzeitig eine besondere Aussage des Herrschers verriet, denn nur im Zusammenhang mit einigen solcher Repräsentativbauten Karls und nicht mit seinen Architekten läßt sie sich beobachten. Karl baute Kirchen, stiftete Reliquien, veranlaßte Patrozinien aus dem böhmischen Heiligenhimmel, den er über alle Kronlande zu breiten suchte. Das alles sollte Eindruck machen, Schaukunst, und gleichzeitig die erhabene Majestät vermitteln, ihre unmittelbare Bindung an die religiöse Sphäre. Es sollte aber auch, nach demselben Grundzug seiner ganzen staatsmännischen Wirksamkeit, Bewunderung wecken, Hinneigung, Mitvollzug. Es war ein Stück vom »heiligen Vaterland«, das Karl auf diese Art zu entwickeln suchte, in engster Bindung an seine Reliquienschätze, an ihn selbst und sein Geschlecht, mit allem was sich zeigen, was sich beschauen und erleben ließ. Erst wenn man die Einheitlichkeit, die Geschlossenheit dieses Programms aus vielen Einzelheiten zusammenträgt, zeigt sich Karls Versuch, die Staatlichkeit im breiten öffentlichen Raum zu gründen, als ein geistiger Appell, als eine Herrschaft auch über die Köpfe seiner Untertanen, als Versuch, natürlich mit den Mitteln seiner Zeit und in dem erst grobmaschigen Netz von Information und Kommunikation, um sich her förmlich eine neue Welt zu errichten aus Gebot und Verheißung, aus allem, was man sehen, denken, nachempfinden konnte.

Seine Politik als König und Kaiser im Bereich der mittelbaren Herrschaft, als erster unter allen Fürsten, wird sich diesem Programm einfügen auf besondere Weise, mit dem Versuch, die fürstlichen, besonders die kurfürstlichen »Majestäten« mit einzuschließen. Im Bereich seiner unmittelbaren Landesherrschaft galt es hier, den Adel in die Ständeganzheit einzubeziehen, als Mitträger der »Krone Böhmen« oder in der Kooperation feierlicher Regierungshandlungen. Damit war freilich erst ein Grund gelegt und ein Anfang gesetzt, aus dem es fortzubauen galt. Auch das Bürgertum versuchte Karl in dieser Form hierarchisch an sich zu ziehen, mit der besonderen Bevorzugung seiner Hauptstädte, deren Bewohnern er wiederholt auch überlegene moralische Qualitäten, Vorbildlichkeit in persönlicher Lebensführung und Vorrang auch als politische Gemeinschaften im Zusammenhang des ganzen Landes zugesteht. Prag, Breslau, Kuttenberg und Sulzbach nennt er die »Zieraten der Könige, des Reiches und der böhmischen Krone«, die er sich durch seine Gnade um so stärker verpflichten möchte, »mit allen Bürgern und Einwohnern, Leuten und Ansässigen«.[651] Bei anderer Gelegenheit lobt der Kaiser die Stadt Prag, das Haupt der böhmischen Städte, »deren rechtmäßige Bürgergemeinschaft so wie ein Vorbild der Sittenregeln und wie ein Spiegel der Moral des menschlichen Lebens den Bürgern und anderen Städten des Reiches voranstehen...«[652] Man kann leicht diese Formeln als Kanzleipathos ignorieren; aber es ist auffällig genug, daß gerade jenes Pathos in der hussitischen Revolution das Vorrangstreben der Hauptstadt Prag bestimmt, mitunter sogar mit Redewendungen aus Karls Kanzlei.[653]

Achtes Kapitel

DER FRIEDENSFÜRST

Gleichgewicht als Maxime

Große Interpreten spätmittelalterlicher Politik zollten Karls Regierung immer wieder Anerkennung: »Er wußte, was sich in der Welt ausrichten lasse und was nicht.« Zur Erläuterung dieses Rankewortes spricht Friedrich Baethgen von der »intuitiven Sicherheit« als dem »Geheimnis seiner ebenso zielstrebigen wie realistischen Staatskunst«[654], mit welcher Karl die politische Mechanik seiner Zeit erkannte. Und Hermann Heimpel enthüllte gerade am Beispiel der fränkischen Territorialpolitik Karls Ambitionen, das Reich wieder mit festerer königlicher Hand zu regieren, als es nach den Wechselfällen eines hundertjährigen deutschen Wahlkönigtums seit dem Sturz der Staufer bislang möglich war.[655] Auf der anderen Seite wird das Urteil über Karls Politik von einem hartnäckigen Mißverständnis seiner Möglichkeiten belastet: »Karl IV. und seine Nachfolger waren, wie man treffend formuliert hat, nicht mehr Kaiser, sondern Träger des Kaisertitels.«[656]

Eigentlich sitzt in dieser Meinungsverschiedenheit die Wurzel allen Streits über Karl IV. Denn daß er nicht der Pfaffenkönig war, als den ihn die Meinung seiner Zeit bei seinem Regierungsantritt verschrie, hatte er selbst schon bald und mit Nachdruck auch vor seinen Zeitgenossen bewiesen. Seine Leistung für seine Lande ist unbestritten. Sein Mäzenatentum hat die Kunsthistorie der letzten hundert Jahre zur Genüge enthüllt und, zwar mit unterschiedlichem Ergebnis, doch mit ausgiebiger Intensität, zu deuten gesucht. Karl als Politiker im Interesse des Reiches, nach jenem geflügelten Wort vom Vater Böhmens, aber des Reiches Erzstiefvater, das man Maximilian zuschreibt, das aber schon um 1400 in Urteilen des engagierten deutschen Nationalbewußtseins anklingt, etwa bei Dietrich von Niem[657], Karls Leistung also und seine Absichten als Reichspolitiker stehen noch immer zur Diskussion.

Zunächst muß man davor warnen, Karls Stellung in seinem eigenen Hauptland, in Böhmen, zu überschätzen. Die Zurückweisung seiner »Majestas« im Herbst 1355 durch die Stände, die Gründlichkeit, mit der Karl jeder weiteren Diskussion über seinen fehlgeschlagenen Vorstoß aus dem Wege gehen wollte, weil er seinen Entwurf für verbrannt und damit verloren erklärte[658], sollten lehren, die Lage richtig einzuschätzen. Der böhmische Adel wollte offenbar nie mehr von dergleichen hören, und Karl hat auch wirklich in den folgenden 20 Jahren seiner Regierung diese Warnung beherzigt. Die Spannungen waren damit natürlich nicht aus der Welt geschafft, und noch binnen Jahresfrist, im Mai und im Juni 1356, wurden sie bewaffnet ausgetragen. Karls Widersacher waren vornehmlich vier Brüder aus dem Hause der Wittigonen. Diese Herren von Rosenberg hatten in Südböhmen seit langem ein ansehnliches Terrain arrondiert, ihre Ahnen zählten bereits zu den Widersachern Přemysl Ottokars II., suchten ihn dann sogar in einer Ehe mit der Königinwitwe zu beerben und distanzierten sich auffälligerweise von jedem Königsdienst. Das Amt des Oberstkämmerers, das die Stände vergaben und das die Aufsicht über die Adelsbesitzungen einschloß, war dagegen lange in ihren Händen. Im übrigen aber wollten sie Karl als Gleichem unter Gleichen begegnen, bis zu der Parallele, den Ruhm ihrer Dynastie in einer eigenen Legende aus der Antike herzuleiten.

Der Streit, vermutlich an Vormundschaftsrechten entzündet, zeigte die Rosenberger sehr unbekümmert gegenüber königlichen Geboten. Auch beklagten sie sich über Karls Fehdeführung im Reich, nicht weil sie dort etwa einen Richter suchten, sondern Bundesgenossen;[659] im Hintergrund stand womöglich eine Konspiration, die Karls Absetzung zum Ziel hatte.

Karl war erfolgreich; nicht mit einem Feldzug, sondern eher mit einer Polizeiaktion. Darauf deutet jedenfalls der Tenor seiner »Hofchronik« zu diesem Jahr,[660] und geradeso auch die Beilegung dieser Auseinandersetzung: die Brüder von Rosenberg mußten, ohne besondere Auflagen, ihre Briefe an Fürsten und Städte in

Deutschland widerrufen.[661] Mehr durfte Karl offenbar gegen die mächtigsten unter seinen Baronen nicht wagen, ohne sie zu einer gefährlichen Solidarität mit ihren Standesgenossen zu reizen. In diesem Sinn rechtfertigt auch der Hofchronist augenscheinlich ohne besondere Einzelheiten die ganze Auseinandersetzung als eine Befriedungsaktion: Karolus imperator, iusticie pacis amator ... Mit diesen Worten beginnt sein Bericht. Und dann erzählt er in allgemeinen Wendungen, wie Karl, der Friedensfreund, sich zur Freude aller Friedliebenden militärisch gegen die Friedensstörer durchgesetzt habe, »und es wurde ein solcher Friede im Reiche Böhmen und allen umliegenden Landen geschlossen, dergleichen sich kein Zeitalter erinnerte, noch sich in Chroniken finden ließe.« In wohlberechneter Aussage für arm und reich, hoch und niedrig, die alle unter zeitgenössischen Fehdepraktiken zu leiden hatten, preist der Chronist den königlichen Schutz, der sich danach auch auf Deutschland übertragen habe, auf Fürsten und Reichsstädte, so daß Karls Ruhm den ganzen Erdkreis erfüllte, »denn er war ein Freund der Gerechtigkeit und Friedensfürst. Nach seinem Beispiel machten alle Fürsten Frieden in ihren Landen«.[662] Natürlich ist das Höflingslob; Hofgerede vielleicht; Hofdeutung von Karls Landfriedenspolitik, und doch: begegnet uns darin nicht die gleiche kaiserliche Selbstdarstellung wie in der Repräsentationspolitik von Nürnberg und Metz, die gleiche pathetische Überhöhung der eigenen Politik, wie in den Inkorporations- und Unionsurkunden der böhmischen Nebenlande, die gleiche anschauliche Selbstrechtfertigung, aus der Residenzen und Burgen, Standbilder, Patrozinien und Siegelsprüche rührten? Und steckt nicht in der so naiven Umschreibung vom Beispiel Karls für eine friedliebende Epoche auch in den anderen Landen ein wenig von politischer Gegenwartsinterpretation im Kopf unseres Benesch von Weitmühl und aller jener, mit denen er am Königshof und bei seinen Gesandtschaftsreisen darüber ins Gespräch kam?

Tatsächlich: zwar ließ sich die Welt kaum, selbst nicht vom begrenzten Prager Horizont, als friedlich bezeichnen zwischen der Schlacht von Crécy 1346 und den deutschen Städtekriegen gegen Kaiser und Fürsten 1377, ein Jahr, ehe Karl die Augen schloß. Aber jenes Grundgesetz, dessen intuitive Erkenntnis man ihm zuschrieb, scheint vornehmlich in der Gleichgewichtspolitik zwischen

England und Polen, zwischen Dänemark und den Venezianern bestanden zu haben, wie zwischen Nürnberg und den Burggrafen und vielen anderen ähnlichen Affären unter den deutschen Fürsten. Die Erkenntnis der großen Kluft zwischen dem kaiserlichen Prestige und der ungleich geringeren politischen Macht zeichneten ihm dabei eine Stellung als Friedensfürst geradewegs vor. Dieselbe scheinbar uneigennützige Vermittlerrolle drängten ihm auch die deutschen wie die böhmischen zwar untereinander rivalisierenden, aber im Widerstand gegen eine Zentralmacht rasch solidarisierten Gremien der Fürsten und Barone auf. Karl mußte ein Friedensfürst sein, wenn er sich auf dem schwanken Boden seiner dürftigen kaiserlichen und königlichen Macht behaupten wollte. Nicht nur, weil er durch Gleichgewichtspolitik mit dem geringsten Kraftaufwand seine Stellung hielt, sondern auch, weil er damit sein Herrscheramt am besten glaubhaft machen konnte, sein Wirken zum Nutzen aller, seine monarchische Legitimation, ja seine göttliche Erwählung. Seinem umsichtigen Urteil verhieß eine solche Politik ähnliche Erfolge wie seiner abwägenden, scharfsichtig jedermanns Interessen nutzenden Personalpolitik. Nur mußte er dabei auf spektakuläre Triumphe verzichten. Das ist auch der Grund, warum Karls Regierung in der eindringlicheren Interpretation der politischen Zusammenhänge immer wieder als meisterhaft erscheint, während sie sich dem oberflächlicheren Urteil über die drei Jahrzehnte seiner Regierung als recht ereignislos darstellt.

Die Goldene Bulle hatte die Herrschaft Karls in Deutschland nicht in einem solchen Maße befriedet, wie man es dem feierlichen Reichstag zu Metz hätte ablesen können, dem ersten seit Menschengedenken, auf dem alle Kurfürsten miteinander im Königsdienst vereinigt waren. Im Gegenteil: sie schuf neue Unzufriedenheit. Übergangen fühlten sich durch die Neuregelung die bayerischen Wittelsbacher, die eigentlich mit ihren pfälzischen Verwandten noch vor einem Menschenalter den Wechsel der Kurwürde zwischen Bayern und der Rheinpfalz vereinbart hatten, ein Abkommen freilich, an das sich der König nicht gebunden sehen konnte. Sie fühlten sich aber überdies noch bedrängt durch Karl in mancher Hinsicht, durch seine »neuböhmischen« Erwerbungen ebenso wie gar durch den Kauf der Festung Donaustauf vom Regensburger Bischof, mit dem er einen strategisch nicht uninteressanten Punkt zwischen Ober- und Niederbayern in seine Hand bekam. Ein zweijähriger bayerisch-böhmischer Kleinkrieg schöpfte diese Spannungen aus, ehe sich ein Friede anbahnte[663] und schließlich jene Familienverbindung, die zwei von den sechs Söhnen Ludwigs des Bayern mit dem luxemburgischen Todfeind von ehedem verschwägerte; freilich lebten damals nur mehr die drei jüngeren Söhne des Bayernkaisers. Gefährlicher aber, bei der stets regen wittelsbachischen Uneinigkeit und den doch immer wieder nur begrenzten Aktionen, zu denen sich Ludwigs Söhne zusammenfanden, waren zu jeder Zeit die Habsburger für Karls Politik. 1363 hatten sie den Wittelsbachern Tirol bei günstiger Gelegenheit abgenommen. Sie waren, und vornehmlich ihr begabtester, Rudolf »der Stifter«, Karls eigener Schwiegersohn, nimmermüde in Konspirationen gegen den Kaiser, mit mächtigen Nachbarn, mit Ludwig von Ungarn, mit dem Polenkönig, mit den mailändischen Visconti, die ohnehin mit den Ehen ihrer Töchter eine ganze Barriere quer durch Süddeutschland gegen die luxemburgische Politik gelegt hatten.

Rudolfs Zähigkeit verblüfft, seine Vitalität erstaunt in den sieben Jahren, die ihm allein zur selbständigen Politik vergönnt waren. 1358 hatte er das Habsburger Erbe angetreten. Rasch spann er Fäden zu Ludwig von Ungarn und zu den Grafen von Württemberg, die beide sehr wohl auf ihre Weise Karls Position in Gefahr bringen konnten. Während er nacheinander zunächst mit dem Anspruch auf den lombardischen Königstitel, den die Kurfürsten ablehnten, dann, im Hinblick auf die vorderösterreichischen Besitzungen, auf den seit Stauferzeiten verfallenen schwäbischen Herzogstitel auftrat, legte er schließlich gar Karl eine umfangreiche Fälschung vor, nach welcher die Habsburger aus Privilegien Cäsars und Neros den Anspruch auf den Titel von Erzherzögen besäßen, als Erzjägermeister des Reiches im Rahmen der Hierarchie fürstlicher Ehrenämter, einen erblichen Sitz im kaiserlichen Rat, oberste Gerichtshoheit, ja sogar ewige Steuerfreiheit der österreichischen Lande. Die Nachahmung der kurfürstlichen Vorzugsstellung aus der Goldenen Bulle war unverkennbar.[664] Unkenntlich dagegen aber schien die Behauptung, daß diese Privilegien schon die ersten römischen Kaiser verliehen hätten. Karl akzeptierte sie nicht und ließ die Urkunde durch Petrarca prüfen. Der war inzwischen mit dem Kaiser noch einmal in persönlichen Kontakt gekommen, weil er 1356 als Diplomat der Visconti drei Monate nördlich der Alpen verbrachte, davon mehrere Wochen in Prag. Im Gegensatz zu den begeisterten Urteilen seiner ersten Reise nach Köln gut zwanzig Jahre zuvor schien er jetzt »nicht mehr sonderlich für Deutschland interessiert«.[665] Aber bei aller intellektuellen Distanz[666] besaß für diesen Dichter die Verbindung zu den Mächtigen offenbar etwas Unwiderstehliches. So fertigte er also von einem Tag zum anderen ein Gutachten über die habsburgische Fälschung. Sie stamme, meint er, nicht gerade von Meisterhand, sondern sei eher schülerhaft zu nennen.[667] Denn Cäsar beispielsweise, so sagt der bedeutendste Literaturkenner seiner Zeit, sprach nie von sich im Plural Majestatis. Und er hat bei dieser und anderen Einzelheiten seiner Kritik auch noch bösen Spott für den Fälscher übrig: »Das wußte jener Ochs nicht. Wenn er es gewußt hätte, hätte er vorsichtiger geblökt.«

Von seinem Fürstenprivileg mußte Rudolf also zurückweichen; ähnlich auch von seinem schwäbischen Herzogstitel, dem er sogar feierlich abschwor, als er sich endlich mit Karl versöhnte, und, spät genug, 1360 Österreich in der vorgeschriebenen Rechtsform als Nachfolger seines Vaters vom Kaiser zum Lehen nahm – in einer Form freilich, in der Karl mit dem ihm eigenen wendigen Entgegenkommen gewisse formale Zugeständnisse im Hinblick auf die gefälschten Privilegien gelten ließ.[668] Zuvor hatte Rudolf aber mit dem Grafen von Württemberg sehr kühne Pläne geschmiedet, wobei man auch von einem neuen König sprach und gar von Rudolfs Bewerbung in diesem Zusammenhang.[669] Karl wußte das aber zu kontern. Fünf Kurfürsten schworen, gegebenenfalls keinen Habsburger zu Karls Nachfolger zu wählen, und Karl seinerseits ließ verlauten, gewissen Gerüchten des Ungarnkönigs Ludwig in dieser Sache wolle er einfach keinen Glauben schenken.[670] Ein wenig früher hatte Karl aber Feltre und Belluno an Ludwig übergeben, zwei luxemburgische Stützpunkte in Oberitalien, und es mag sein, daß diese für Ludwigs Kampf mit Venedig so wichtige Ausgangsstellung das gute Einvernehmen zwischen beiden wiederhergestellt hat, nachdem für Ludwigs Realismus der Kampf um Dalmatien im Bund mit dem Kaiser wichtiger gewesen sein dürfte als eine fragwürdige Konspiration gegen ihn mit deutschen Fürsten.

Karl hatte schon zuvor bei der Eroberung Dalmatiens wertvolle Hilfe geleistet. Er hatte sich auch, bei einer gemeinsamen Wallfahrt zur heiligen Elisabeth nach Marburg und zum heiligen Karl nach Aachen, 1357 des Wohlwollens gerade der Königinmutter versichert.[671] Das alles hinderte König Ludwig aber nicht, schließlich 1362 noch einmal mit Herzog Rudolf gegen Karl zu konspirieren, diesmal auch im Bund mit Kasimir von Polen. Das war gefährlich. Karl rechnete mit einem harten Waffengang und gab mehr als 1700 Plattenpanzer beim Nürnberg-Sulzbacher Eisengewerbe in Auftrag. Auch ließ er seine böhmischen Städte mit Getreide und Garnisonen versehen, ein Zeugnis mehr seines ungewöhnlichen Sinns für Planung und Vorsorge.[672] Schließlich wählte er aber denselben Ausweg, der ihn schon einmal über die wittelsbachische Fronde hatte triumphieren lassen. Er heiratete. Sozusagen mitten unter seine Feinde. Knapp vor Jahresfrist war die schöne Anna von Schweidnitz gestorben, im Kindbett, 23jährig, als Karl 1363 mit Elisabeth von Pommern eine neue, seine vierte Hochzeit feierte, und zwar in Krakau, am Hof Kasimirs. Der triumphale Umschwung seiner Feinde war gleichzeitig wieder ein Gipfeltreffen im Sinn von Karls persönlicher Diplomatie. Davon soll noch die Rede sein.

Die Fama berichtet, Ludwig von Ungarn hätte sich an der Koalition diesmal wegen einer Schmähung der Königinmutter Elisabeth beteiligt, die Karl, ausgerechnet er, betrunken geäußert haben soll. Das ist gewiß eine Rechtfertigungsfabel.[673] In Wirklichkeit war Karl zehn Jahre lang das Objekt europäischer Erbspekulationen. Denn nach dem Tod des zweijährigen Wenzel Ende 1351 war er lange Zeit ohne männlichen Erben geblieben. Das zählte zu den Hoffnungen seines Schwiegersohns Rudolf von Habsburg. Als nun im Februar 1361 endlich wieder ein Nachfolger geboren war – ein Fest am Kaiserhof, das den sonst so zurückhaltenden, sparsamen Karl im Überschwang der Freude zeigt –, waren diese Hoffnungen ein für alle Mal zerschlagen. Zwar blieben die kriegerischen Zusammenstöße aus, die Karl in dieser Zeit zunächst mit dem polnischen und dann mit dem ungarischen Heer erwartet hatte. Aber er schätzte die noch immer von ungarischer Seite drohende Gefahr doch so bedrohlich ein, daß er schließlich um päpstliche Vermittlung bat und hinterher den Legaten Urbans V., dem sie ge-

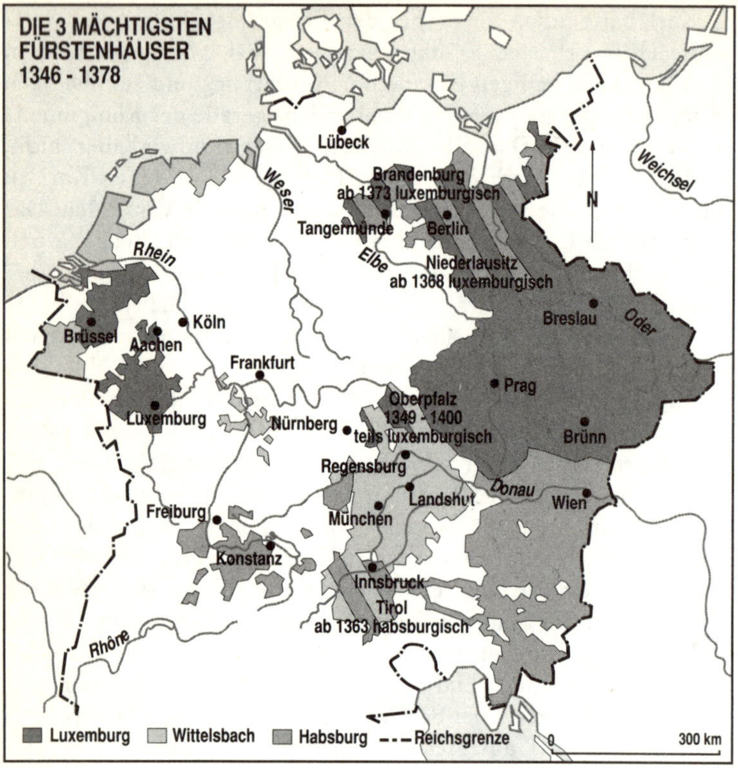

DIE 3 MÄCHTIGSTEN
FÜRSTENHÄUSER
1346 - 1378
Lübeck
Weser
Brandenburg
ab 1373 luxemburgisch
Tangermünde
Berlin
Weichsel
N
Rhein
Elbe
Niederlausitz
ab 1368 luxemburgisch
Breslau
Oder
Köln
Brüssel
Aachen
Frankfurt
Prag
Oberpfalz
1349 - 1400
teils luxemburgisch
Luxemburg
Nürnberg
Brünn
Regensburg
Donau
Landshut
Wien
Freiburg
München
Konstanz
Innsbruck
Tirol
ab 1363 habsburgisch
Rhône
Luxemburg
Wittelsbach
Habsburg
Reichsgrenze
0
300 km

lang, mit einer großzügigen Pension bedachte.[674] Kein Wunder, daß der Kaiser währenddem auch kleine Gelegenheiten suchte, den ungebärdigen habsburgischen Schwiegersohn zu schwächen, etwa durch die Betonung der Reichszugehörigkeit burggräflich Nürnberger Lehen in Österreich oder besonders durch die Erhebung eben dieses Burggrafen in den Reichsfürstenstand mit einigen von denselben Rechten, die Rudolf mit seiner vergeblichen Fälschung erreichen wollte.[675] Am Ende erschienen aber auch hier Vermählung und Erbvertrag doch das sicherste Mittel zu einer Befriedung des unruhigen Habsburgers. Man vollzog eine feierliche Erbverbrüderung 1364, die später auch wirklich Früchte trug – für die Habsburger; zunächst aber scheint sie den unruhigen Rudolf noch immer nicht gebunden zu haben. Als er ein Jahr später starb, war er gerade am Hof der Visconti, offenbar, um neue Bündnisse einzufädeln.[676] Ein unbeirrbarer Gegenspieler, in seinen ideellen Konzeptionen aber, wie sich noch zeigen wird, ein kongenialer Widerpart, und wieder einer, den der Tod für Karl aus dem Wege räumte. Sein Bruder Albrecht, ebenfalls mit einer Tochter Karls vermählt, war ihm bei weitem nicht ebenbürtig. Doch der luxemburgisch-habsburgische Erbvertrag von 1364 blieb fortan ein lebendiges Projekt in der Nachbarschaftspolitik der beiden Dynastien und wurde zwei Generationen später der Grundstein des Aufstiegs der Habsburger zu europäischem, zu weltgeschichtlichem Rang.

Einstweilen standen die Erbaussichten noch eher zugunsten Karls. 1364 war Ludwig »der Römer« gestorben, ein anderer von den Söhnen Ludwigs des Bayern, und Brandenburg rückte damit ein Stück näher in Karls Planungen, die Ehe mit Elisabeth von Pommern gewann an Wert. Eine andere Gelegenheit im Jahr zuvor führte ihn persönlich mit Kasimir dem Großen von Polen zusammen, ein wichtiges Stück seiner Ostpolitik und bezeichnend in Karls Diplomatie der »Gipfeltreffen«. Peter von Lusignan, ein letzter Nachfahre sozusagen westeuropäischer Reichsbildungen im östlichen Mittelmeer im Gefolge der Kreuzzugspolitik, war als König von Zypern zunächst nach Avignon an den päpstlichen Hof gekommen, dann an den französischen und schließlich zum Kaiser, überall um Beistand für einen neuen Kreuzzug werbend, den auch der Papst mit Nachdruck unterstützte. Karl war zurückhaltender.

Während die brandenburgischen Pläne weiterreiften, während in einer Entwicklung wie aus einem Guß, die wir schon kennengelernt haben, der junge Wittelsbacher Otto an den Prager Hof gezogen und mit einer Luxemburgerin vermählt wurde, während die Niederlausitz an Böhmen ging und Fürstenberg, für alle Fälle, zur Operationsbasis gegen Brandenburg ausgebaut wurde, schien doch noch einmal eine Koalition im Osten Karls Pläne empfindlich zu durchkreuzen. 15 Monate hatte ihn 1368/69 ein zweiter Romzug in Italien festgehalten, diesmal mit einem ziemlichen militärischen Aufgebot, als eine unausweichliche Verpflichtung seines Kaiseramts. Da suchten Ungarn und Polen noch einmal im Bund mit Otto von Wittelsbach den Anfall Brandenburgs an Luxemburg und damit die Entstehung einer konkurrierenden deutschen Fürstenmacht in Ostmitteleuropa zu verhindern. Karl zog im März 1370 in die Niederlausitz, nötigte Otto zur Erneuerung der Erbabsprache, versicherte sich für den Erbfall der Hilfe der pommerschen und der Braunschweiger Nachbarn[677] und brach schließlich wieder mit dem probatesten Mittel seiner Politik in die feindliche Front. Diesmal mußte sein zehnjähriger Sohn Wenzel die erwünschte Ehe schließen, mit einer Tochter Albrechts, des letzten unter den Söhnen Ludwigs des Bayern, der den Erwerb Brandenburgs noch hätte behindern können. Und gleichzeitig trat auch wieder das unheimliche Schicksal auf Karls Seite: Fünf Monate nach den im Juni geschlossenen Vereinbarungen mit Albrecht von Wittelsbach starb Kasimir der Große von Polen. Karls brandenburgische Politik war nicht mehr zu erschüttern.

Polen fiel, nach älteren Vereinbarungen, an Ludwig von Ungarn. Aber Karls pommersche Gemahlin hatte 1368 einen Sohn zur Welt gebracht, einen Urenkel Kasimirs, des letzten polnischen Piastenkönigs. Und Ludwig von Ungarn war ohne Söhne geblieben. So entfaltete sich aus der brandenburgischen Erwerbung unversehens der nächste Schritt von europäischer Weite, und ohne Rücksicht auf ohnmächtige Absprachen, die sich noch unter deutschen Fürsten hätten gegen ihn richten können, war Karl erst damit, erst in den siebziger Jahren, wirklich ein mächtiger Herrscher geworden. Noch immer nicht allzu mächtig: ein Besuch bei den Lübeckern und in Dänemark brachte Ehre, eine Regelung der Nachfolge des großen Waldemar Atterdag ließ sich nur indirekt anspielen – ein Stein fehlte in Karls Ostpolitik. Immerhin war im Osten und nicht im traditionellen westlichen Mitteleuropa der Schwerpunkt seiner Wirksamkeit. Nicht aus Willkür, nicht aus Slawensympathie, sondern im Zusammenhang mit jenem Aufstieg der Peripherie des Abendlandes, die auf einmal für Könige und Kaufleute, für Kunst und Gewerbe ein gewaltiges Neuland eröffnet hatte.

Ämter und Beamte: Reichsvikariat, Reichshofgericht, Kanzlei

Karl hatte auch in Deutschland das Vikariat, die räumlich und zeitlich definierte Übertragung königlicher Stellvertretung, im Laufe der Zeit zu einem bemerkenswerten, und wie es scheint, von der Forschung bislang noch nicht recht gewürdigten Instrument zur Verbesserung der königlichen Regierungsgewalt ausgebaut.[678] Während er immer wieder aus demselben Anlaß ein halbdutzendmal in Deutschland, ebensooft auch in Oberitalien und eben auch in den alten Reichsgebieten an der Rhône die Aufgaben eines solchen Generalvikars von seiner Kanzlei formulieren ließ, wurde allmählich um einen festen formelhaften Kern der Verwaltungstätigkeit die Vertiefung und auch die zielbewußte Anwendung dieses Weges deutlich, nämlich: die Königsherrschaft, noch immer mangels einer Zentrale an die Person und damit an die Gegenwart des Herrschers gebunden, in ihrer Wirkungsmöglichkeit durch einen Stellvertreter zu vermehren. König Adolf von Nassau hatte, 1294, zum erstenmal einen solchen Stellvertreter eingesetzt. König Wenzel IV. wird, 1396 und 1401, überhaupt versuchen, durch einen Generalvikar in Deutschland zu regieren.[679] Unter den möglichen Modellen des Überganges vom alten, schwerfälligen System der persönlichen Herrschaftsführung bis zur Aufteilung der Regierungsgewalt in Fachressorts ist dieses Modell der Stellvertretung und Statthalterei sicher nicht das tauglichste; für jene Entwicklungsphase aber verdiente es doch auch ein wenig Aufmerksamkeit neben der bislang allein favorisierten Entstehung einer zentralisierten Beamtenhierarchie.

Karls Vikariatspolitik jedenfalls war von dem Versuch getragen, zeitlich und räumlich Entlastung zu finden. Acht Jahre regiert deshalb an seiner Statt sein Onkel Balduin in den westlichen Reichsteilen; in Oberitalien setzt er die Visconti in ihrem Herrschaftsbereich zu Reichsvikaren ein, seit seinem ersten Romzug 1355 fast ununterbrochen, trotz machtpolitischer Differenzen und gelegentlicher militärischer Auseinandersetzungen. Außerhalb führt Bischof Markwart von Augsburg, später Patriarch von Aquileia, das Regiment als Statthalter und Generalkapitän in Italien. Daneben fungiert eine Mehrzahl von Herren und Stadtregierungen in ihren eigenen Herrschaftsbereichen als Reichsvikare. In Deutschland ist nach dem Tod des Kurerzbischofs Balduin, der Reihe nach, Pfalzgraf Rudolf, später Herzog Wenzel von Luxemburg, danach der Kölner Erzbischof Friedrich und schließlich Karls eigener Sohn Wenzel mit dem Reichsvikariat betraut, manchmal im westlichen Deutschland, mitunter auch unbegrenzt. Auch die Lübecker Bürgermeister erhalten 1374 unbegrenzte Vikariatsrechte im ganzen Reich, freilich nur auf die besondere Funktion gerichtet, dabei »schädliche Leute« zu bekämpfen, Landfrieden zu halten und offenbar besonders für die Freiheit der lübischen Handelswege zu sorgen.[680] Bei seinen deutschen Vikaren mußte Karl aber in besonderem Maß Rücksicht auf die herkömmlichen Privilegien und Rechte nehmen, er konnte nicht, wie 1378 im Arelat, mit einem Federstrich das Alte kassieren, damit es dem Neuen Platz mache. Dementsprechend zeigt der Vergleich einzelner Bestimmungen feine, aber nicht unwichtige Differenzen.[681] Ungeklärt ist der finanzielle Effekt dieser Vikariatsverleihungen.[682] Nach dem Text ihrer Diplome waren die Vikare offensichtlich berechtigt, die Reichseinnahmen für sich selber einzuziehen, augenscheinlich als Entschädigung für ihren Aufwand, die aber manchmal auch noch zusätzlich in Aussicht gestellt wird.

Gegenüber Eigenmächtigkeiten seiner Vikare, ja gar gegen die Gefahr der Entfremdung des ihnen übertragenen Herrschaftsbereichs suchte sich Karl auch in Deutschland durch die ausführliche Betonung der Reichstreue in seinen Verleihungsurkunden zu sichern und vornehmlich aber durch die Tatsache, daß alle mit umfassenden Vollmachten ausgestatteten Vikare mit ihm in Verwandtschaftsbindungen standen: dem Großoheim Balduin folgte der Schwiegervater Pfalzgraf Rudolf, darauf der Halbbruder Herzog Wenzel und danach Wenzel IV., der Sohn. Und auch der Kölner Erzbischof Friedrich, 1372 bevollmächtigt, wird als »consanguineus« angesprochen, als Blutsverwandter.[683] Damit wird ein Element in Karls Innenpolitik sichtbar, das nicht zu allen Zeiten wirkte. Aber Karl wußte in gewissen Situationen sich seiner doch recht gut zu bedienen. Die Tradition lebte fort. Wenzel IV. bestellte fünf Jahre nach dem Tod seines Vaters den Markgrafen Jost von Mähren, seinen Cousin, zu seinem Generalvikar, mit einer Urkunde, die ganz der väterlichen Schule angehört.[684] Noch zwanzig Jahre später, als ihn die deutschen Kurfürsten bereits abgesetzt hatten, suchte er nach diesem Auskunftsmittel, freilich ohne daß wir dabei erfahren, wen seine Wahl als Generalvikar getroffen hätte.[685] Und kurz zuvor, als die Anklage gegen seine Regierung in Deutschland schon hörbar wurde, ernannte er seinen Bruder Sigismund zum Reichsvikar, nicht nur im Arelat und in Italien, sondern auch in Deutschland.[686]

Aus diesen Einzelheiten ergibt sich wohl deutlich genug, daß in den Händen Karls aus dem älteren Instrument des Reichsvikariats etwas Neues geworden war, so wie noch manche andere Regierungspraxis sich unter seinem klugen Zugriff wandelte. Hier war es der Versuch, die persönliche Einsatzfähigkeit des Herrschers zu verdoppeln, gestützt auf die uralten Kooperationshoffnungen, wie sie Verwandtschaftsbeziehungen nun einmal anbieten.

Es hatten sich noch andere Möglichkeiten ausgebildet, den deutschen Herrscher zu entlasten, und Karl wußte sie ebenfalls mit Umsicht zu nutzen, aufzugreifen und auf seine Weise zu verändern. Friedrich II., der letzte Staufer, setzte 1235 im Rahmen eines umfassenderen Reorganisationsversuches besondere Formen für das königliche Gerichtswesen fest, in denen man bereits »jene Ansätze und grundlegenden Wesenszüge« findet, »die zum neuzeitlichen Behördenwesen hinüberleiten«.[687] Ihr Vorsitzender wurde vom König ernannt, besoldet und gegebenenfalls auch wieder abgesetzt. Ähnelte sein Amt damit dem Reichsvikariat, so unterschied es sich durch den festumrissenen Geschäftsbereich, den es im Namen des Königs zu verwalten gab, und durch die Intensität der Geschäftsführung, die daraus resultierte. Es handelte sich um das Reichshofgericht. Zuständig war dieses Gericht einerseits für die Prozeßführung der höchsten Adeligen im Reich, der Fürsten und Herren, andererseits aber für alles, was der König als Inhaber der höchsten Gerichtsgewalt durch sogenannte Evokation an sich zog oder was ihn als letzte Appelationsinstanz erreichte. Diese Möglichkeit wurde freilich durch die Goldene Bulle 1356 für alle Kurfürstentümer ausgeschlossen. Damit war der Amtsbereich dieses Hofgerichts aber nur um einen Bruchteil verkleinert. Immerhin blieb es von Bedeutung, namentlich im Hinblick auf seine Zuständigkeit für den reichsfreien Hochadel gewichtig genug, und trug geradewegs einen wesentlichen Zug im Königsbild auch noch des Spätmittelalters überhaupt: nämlich, daß der König der oberste Richter sei.

Es fällt auf, daß schon der erste Luxemburger auf dem deutschen Thron diesem Hofgericht offensichtlich besondere Beachtung einräumte.[688] In der Regierungszeit Ludwigs des Bayern tritt die Institution dann wieder verhältnismäßig zurück, um sich darauf aber unter Karl ganz breit zu entfalten.[689] Freilich hängt das nicht nur von der Regierungsführung Karls allein ab, sondern entspricht auch dem wachsenden Einfluß der Schriftlichkeit im allgemeinen. Und dennoch wird man diese Entwicklung von Karls politischem Sinn für die Verwaltungsführung nicht trennen können.[690]

Die andere Institution, deren sich Karl in einem bisher in der Geschichte des deutschen Königtums noch niemals erreichten Ausmaß bedient, ist seine Kanzlei. Eine solche königliche Kanzlei ist weit älter als die Einrichtung eines besonderen königlichen Hofgerichts. Sie läßt sich zurückverfolgen bis zu den Anfängen königlicher Herrschaftsorganisation bei den fränkischen Machthabern, verdankt eine gewisse Vermittlung römischer Verwaltungstraditionen der Kirchenpraxis, die uns im frühen Mittelalter so manches in ihrer äußeren Gestalt aus altrömischer Vergangenheit tradierte, und war auch bis zu unseres Karls Zeiten eine Domäne von Klerikern. Das war nicht nur in Deutschland so. Auch in Frankreich oder in England, in Polen oder in Ungarn hatte das Christentum als eine Buchreligion von den Anfängen an die Kunst des Lesens und Schreibens als eine mittelbare Missionsaufgabe mitgebracht und beherrschte zudem, weniger selbstverständlich, das literarische Leben in allen seinen Sparten ausschließlich bis ins Hochmittelalter und auch danach, zu Karls Zeiten, noch immer in ganz überwiegendem Maß. So kam es, daß die Kanzlei Karls IV. noch geradeso von Geweihten oder Nichtgeweihten, aber jedenfalls von klerikal Gebildeten besetzt und geleitet war, wie bereits die Kanzlei Karls des Großen; und daß im Englischen noch heute das Klerikale (clerical) unter Umständen auch das Schreibwesen bezeichnet.

Eine besondere Organisationsform und vor allem ein bemerkenswertes literarisches Niveau fand die Kaiserkanzlei im 13. Jahrhundert am sizilischen Hof Friedrichs II., des letzten großen Staufers. Und während man immer wieder zu fassen vermeint, daß sich Karl nach jenem in mancher Hinsicht zukunftsweisenden Regenten orientierte, ohne daß uns dafür die gehörigen Beweise vorliegen, so scheint gerade in der sizilischen Kanzleitradition ein deutlicher Beleg dafür verborgen. Allerdings: diese Tradition kam schon hundert Jahre vor Karl nach Böhmen und legte zunächst in Prag den Grund zur festeren Organisation der Kanzleiführung, schuf eine Diktatorenschule als Ausbildungsstätte für künftige Diplomaten, noch im ursprünglichen Wortsinn, für die Stilisten der königlichen Diplome, und wirkte über ihre sprachlichen Traditionen, wie wir schon wiederholt beobachtet haben, bis ins hussitische Zeitalter. Wir sind am Anfang dieser Entwicklung schon italienischen Rechtsgelehrten in Prag begegnet; aber die genaue Fortwirkung der »sizilischen Gesetzgebung und Verwaltungsform auf die anderen Länder Europas«, im allgemeinen noch wenig bekannt[691], läßt auch für die böhmische Kanzleigeschichte noch manche Fragen offen. Karl hat die Kanzlei aber auch nach französischem Vorbild aufgebaut. Daher stammen Einzelheiten der äußeren Form und der Organisation.[692] Seine eigene Kanzlei schuf sich Karl jedenfalls schon während seiner ersten politischen Tätigkeit in Italien. Sie begleitete den Markgrafen von Mähren in böhmischer Umgebung und weitete sich nach ihrem Personenkreis unter dem deutschen und böhmischen König.[693]

Das Gremium, das in seiner Erscheinungsform und Arbeitsweise wohl am ehesten unsere moderne Bezeichnung einer Behörde verdient, wurde durch einen Kanzler geleitet, der zu den engsten Vertrauten des Herrschers zählte, und gliederte sein Personal in Notare, Korrektoren und Registratoren. Wir können demnach immerhin einen Blick auf den Kanzleigang werfen:[694] Der Kaiser selbst oder einer aus seiner engsten Umgebung erteilte den Befehl zur Ausfertigung eines Schriftstückes, der Notar schuf das gehörige Konzept dafür, oft in Anlehnung an Formelbücher, Briefsteller also, in denen sich oft auch ältere, besonders staufische Traditionen niedergeschlagen hatten, die aber auch gerade aus dem Kanzleibetrieb Karls neu entstanden und mindestens für die nächste Generation noch wirksam blieben.[695] Der Korrektor sorgte für die Reinschrift, und ein Registrator suchte schließlich den ganzen doch recht unübersichtlichen Geschäftsgang festzuhalten. Die mittelalterliche Urkunde als solche war Beweisstück, eben weil es Zweitschriften, Register oder Kopialbücher kaum gab. Wer sie besaß, war im Besitz seiner Rechtsansprüche. Gerade daher rühren die vielen Fälschungen, und es zählt zur Umsicht von Karls Verwaltungsführung, daß er gelegentlich auch einmal, wie gegenüber seinem Schwiegersohn Rudolf von Habsburg, solche Fälschungen entlarvte.[696] Im übrigen aber suchte er durch die Schaffung eines eigenen Archivs für die eingehenden und eine Registratur für die ausgehenden Schriftstücke jene Übersicht herzustellen, die der moderne Betrachter ohne weiteres an einem solchen Kanzleigang vermißt.[697] Zunächst beruhte aber auch da manche Einzelheit bei einer geringeren Verschriftlichung des Lebens eben noch auf der Gedächtnisleistung des Kanzlers und seiner Gehilfen.

Die wurde freilich gerade durch jene Kanzlei schon über die Grenzen des Möglichen beansprucht. Siebentausendfünfhundert Schriftstücke aus Karls Kanzlei sind registriert, aber ihre wirkliche Leistung ist wohl noch ein Stück umfangreicher.[698] Eine Trennung zwischen den Affären des Königreichs Böhmen und dem Reich gab es nicht, auch nicht zwischen den Entscheidungen, die Karl seiner Kanzlei etwa in Sachen der luxemburgischen Familienherrschaft übertrug oder in Angelegenheiten seiner kaiserlichen Oberherrschaft. Und selbst Reichshofgerichtsangelegenheiten sind gelegentlich von dieser einzigen umfassenden Zentralbehörde des mittelalterlichen Herrschaftssystems behandelt worden. Die Kanzlei war solcherart auch zuständig für die großen Staatsaffären und für die persönlichen Briefe des Königs; für die Bestätigung alter Privilegien, für den Erlaß neuer, geradeso wie für die Sorgen kleiner Leute, denen Karl sich mit besonderer Aufmerksamkeit widmete, für die Erteilung von Wappenbriefen, ein neues kaiserliches Herrschaftsrecht, das er nach französischem Vorbild begründete;[699] für die Stiftungsbriefe von Universitäten, Klöstern, für geistliche Pfründen und städtische Märkte. Ein guter Teil ihrer Tätigkeit galt der schriftlichen Stabilisierung der Herrschafts- und Besitzverhältnisse. Damit hängt zusammen, daß sie am Anfang von Karls Regierung, im ersten Jahrzehnt seiner Herrschaft, schon ihre halbe Schreibleistung hinter sich gebracht hatte: mindestens 3200 Urkunden von allen entstanden vor 1358;[700] meist Privilegienbestätigungen, besonders unmittelbar nach Königs- und Kaiserkrönung.[701]

Die Kanzlei vereinigte, in ihren oberen und mittleren Rängen jedenfalls, einen festen Personenkreis der königlichen Umgebung. Dabei zeigen sich gewisse Kontinuitäten. Nürnberger, Prager, Brünner Patrizierfamilien stellen immer wieder die Notare, aber auch besonders Empfohlene, wie Rudolf Losse, der gewandte Günstling Balduins von Trier, oder der Franzose Nikolaus Sortes gelangen so in königliche Dienste.[702] Und während man zu Recht beobachtet hat, daß Karl schon an seiner französischen Erziehungsstätte die Bedeutung der »richtigen Ratgeber«[703] in aller Deutlichkeit als ein Grundproblem der monarchischen Regierungsform erfaßt hatte, so läßt sich auch sehen, daß er dieser Erkenntnis durch einen besonderen Ausbau des Ratswesens Rechnung trug. Unmerklich wuchs auch hier aus dem Herkömmlichen das Neue: Karl ernannte bewährte Ratgeber zu Commensalen und Consiliaren, zu seinen Tischgenossen und ständigen Räten, ohne daß dafür schon besondere Aufenthaltsbestimmungen ausgebildet worden wären. Es genügte, bestimmten Leuten den ständigen Zugang zu seinem Hof, zu seinem Ohr zu sichern.

182 Räte oder Secretarii sind solcherart bekannt. Drei Fünftel stammen aus den luxemburgischen Hauslanden, während der böhmische Anteil demgegenüber merklich gering ist. Mehr als die Hälfte dieses Personenkreises ist nicht mehr geistlichen Standes und, ebenso ein Schlag neuerer Entwicklung, auch die Zugehörigkeit zum Hochadel ist merklich gering. Unter den Klerikern überwiegen die Juristen, und darunter sind auch die wenigen Persönlichkeiten, von denen sich sagen läßt, sie hätten Karl besonders nahegestanden.[704] Allen voran der erste Prager Erzbischof Ernst von Pardubitz, und nach seinem Tod 1364 sein Nachfolger Jan Očko von Vlašim. Aber natürlich gehörten auch der vielgenannte Johann von Neumarkt dazu und Nikolaus von Riesenburg, der ihn in den letzten Jahren verdrängte, Albrecht von Sternberg, Mark-

wart von Randeck, Thimo von Kolditz und Lamprecht von Brunn. Allein ein Vergleich dieser führenden Köpfe in Karls Kreis zeigt seine verhältnismäßige Abhängigkeit von seiner Hausmacht und ihren Interessen.[705] Beim geringen Anteil des Hochadels wundert es nicht, daß dabei auch die diversen dynastischen Interessen der zeitgenössischen Führungsschicht eine geringere Rolle spielten. Karls Ratgeber waren insofern »objektiver«. Es war genug, wenn der Herrscher ihre persönlichen Bedürfnisse beachtete. Er erreichte schon früh, 1347, einen päpstlichen Dispens für die Residenzpflicht seiner Mitarbeiter. Das heißt, sie konnten Kirchenpfründen besitzen, ohne die gehörigen Ämter wahrzunehmen, und delegierten dafür minderbesoldete Stellvertreter. Und im übrigen war Karl bei seinen stets zwar nicht guten, aber ungebrochenen Beziehungen zum Papsttum auf der Grundlage wechselseitiger Hilfsbedürfnisse wie seit langem kein deutscher König mehr imstande, die Besetzung der deutschen Prälatensitze nach eigenem Gutdünken zu verfügen. Das aber war die willkommenste Belohnung für die engagierten und klügsten unter seinen Räten. Karl machte Bischöfe, gar Erzbischöfe aus ihnen, völlig ungehindert in seiner böhmischen Domäne, und lange Zeit erfolgreich auch im Reich, wenn ihm auch dabei die westliche Kirche allmählich aus den Händen glitt. Schuld daran war freilich nicht der päpstliche Widerstand gegen seine Provisionsvorschläge, sondern die eigenständige Politik der Domkapitel, die ihr Wahlrecht mitunter hartnäckig ertrotzten.

Insofern war das ganze System doch in einer verhältnismäßig engen Verbindung mit der Kirche, allein schon wegen ihrer komplizierten, oft dem seelsorglichen Zweck so sehr entfernten, aber in seinem Zuschnitt auf geistige Leistung in intellektueller Lebensweise einstweilen noch allem anderen überlegenen Pfründenversorgung. Gleichzeitig hatte dieses Versorgungssystem natürlich noch eine andere, eine unmittelbare politische Wirkung. Die deutschen Bischöfe waren Reichsfürsten und die böhmischen, denen dieser Rang mangelte, waren in ihrem Lande jedenfalls auch die ersten Herren von Stand. Hielt Karl auch nicht immer seine Hand über den geistlichen Kurfürsten, so war seine Bischofspolitik für die Klientelbildung unter dem deutschen Fürstentum jedenfalls zu allen Zeiten wichtig. Ausschlaggebend war sie, wie wir gesehen haben, für das erste Jahrzehnt seiner Herrschaft, für seinen Aufstieg über alle anderen deutschen Territorialmächte. Von besonderer Bedeutung wurde das Problem aber zu jeder Zeit bei der Entfaltung seiner Innenpolitik.

Personalpolitik

Davon gleich später. Zunächst sollte man noch zur besseren Erkenntnis von Karls politischem Profil beobachten, daß er nicht nur im Umgang mit seinen Räten, sondern in allen politischen Problemen das Spiel seines gewandten Gesprächs, den persönlichen Kontakt, für eine besonders wirksame Weise hielt, sich durchzusetzen. Sosehr er also in jenem Zeitalter der beginnenden Fachdiplomatie mit Gesandtschaftsreisen und Kredenzbriefen sich auch immer seiner Boten zu bedienen wußte, so erfolgreich suchte er in entscheidenden Augenblicken seiner politischen Entfaltung das Gespräch mit den Gleichrangigen. Im Überblick läßt sich sagen, Karl habe den Fürstenkongreß zum besonderen Mittel seiner Politik erhoben, nicht allein das »Gipfeltreffen« in stiller Kammer, sondern gleichzeitig das Gepränge einer repräsentativen Begegnung. Das galt schon 1335, beim Frieden zwischen Böhmen, Ungarn und Polen, als Karl, noch als Markgraf, offenbar in merklichem Maß an jenem Ausgleich beteiligt war, der den polnisch-böhmischen Grenzvertrag zuwege brachte, der Schlesien endgültig an die Herrschaft seines Vaters band und die deutsch-polnische Grenze fast 600 Jahre bestimmte. Damals fand in Vyssegrad, deutsch Blindenburg, »ein ungemein ausgedehntes« Treffen statt, im Stil der Zeit ein Dreikönigstreffen mit prunkvoller Adelsbegegnung, das jenen Grenzvertrag schließlich besiegelte.[706] Fast 20 Jahre später, 1353, feierte Karl auf glanzvolle Weise in Buda Doppelhochzeit neben dem ungarischen König. Auch dabei hatte das Fest einen eminent politischen Zweck. Karl sicherte sich hier den Frieden im Rücken für seinen Romzug. 1363 hatte er mit ähnlichen Absichten ein Monarchentreffen in Krakau zuwege gebracht, wo sich neben dem Kaiser die gekrönten Häupter von Polen und Ungarn und der exotische König von Zypern zusammenfanden. Karl war dabei wahrscheinlich nicht so sehr um einen Türkenzug bemüht wie der ungarische König, der sich an der serbischen Maritza schon mit den Eindringlingen auseinandersetzen mußte. Ihm ging es wohl eher um die Vertiefung der neuen Herrschaftskonstellationen in Ostmitteleuropa, denn damals schon hatte er die Weichen auf die Erwerbung Polens gestellt. Und 1378, am Ende seines Lebens, war ein Dreikönigstreffen in Paris wiederum ein ausschließlich politisch motiviertes Fürstenfest. In ähnlicher Weise suchte Karl wahrscheinlich auch die Kurfürsten an sich zu ziehen mit der Bestimmung in der Goldenen Bulle von ihrem jährlichen Zusammentreffen. Es ist nichts daraus geworden. Das kurfürstliche Mitregiment, freilich vom klugen Karl ohne besondere Ansatzpunkte als solchen des guten Willens und guten Rats auf beiden Seiten inauguriert, hätte bei der persönlichen Überlegenheit des Herrschers zweifellos nichts anderes als eine kooperative Stärkung der Königsgewalt nach sich gezogen.

Noch eine Eigenheit in Karls Personalpolitik fällt auf. Sie ist nicht nur bezeichnend für seine Fähigkeit, Menschen an sich zu ziehen und zu binden, sondern gleichzeitig für sein Streben, diese Bindungen umzusetzen in ein institutionelles Gerüst. Ein solches Gerüst bildete Karls Hof im allgemeinen; mit einigen Besonderheiten aber wandelte er sich zur Residenz. Wir wissen aus neueren Studien, daß gerade jene Zeit den festen Fürstensitz, die Residenz, auszuprägen begann.[707] In mancher Hinsicht ist schon das München Kaiser Ludwigs ein Vorläufer für das Prag Kaiser Karls. Nur waren in Prag, im alten Machtzentrum des böhmischen Raumes, bestimmte Bedingungen längst deutlicher ausgeprägt. Karls Politik belebte und vermehrte sie geschickt, und Prag, das als die böhmische Hauptstadt nach den alten Sonderrechten des Königreichs niemals, trotz einiger Mutmaßungen deutscher Historiker, auch die »Hauptstadt des Reiches« hätte werden können, allein schon deshalb, weil ein deutscher Reichstag nie auf böhmischem Boden zusammentrat, wurde als kaiserliche Residenz doch mehr, als es zuvor als königlich böhmische gewesen war. Der Hof, der Dom, in dem die Reichsheiltümer sich acht Jahre in der Hut der Zisterziensermönche aus Stams befanden, ehe sie Karl auf den Karlstein übertragen ließ, die Kanzlei und die Universität weisen über die böhmischen Grenzen hinaus.

Aber noch ein besonderer Zug an dieser Residenzstadt verdient Beachtung, den Karl aus seinen französischen Erfahrungen nach

Böhmen mitgebracht haben könnte, der jedenfalls ausdrucksvoll ist für die Zielstrebigkeit, mit welcher er die Anziehungskraft seines Hofes und wohl auch seiner Person auszustatten suchte. Karl hatte als Kind zunächst in Frankreich, wohl durch die Großzügigkeit König Karls IV., seines Firmpaten, Gemahls seiner Tante Marie, einen eigenen Haushalt geführt.[708] Ähnlich suchte er später auch Fürsten dadurch an sich zu ziehen, daß er ihnen in der Stadt Prag Häuser schenkte. Hier ist bereits das Adelspalais am Fürstensitz vorgeprägt – eine vertraute Erscheinung barocker Residenzen. Rudolf von Sachsen erhielt so ein Haus auf der Kleinseite unterhalb der Burg, ähnlich wie König Waldemar von Dänemark, während Friedrich von Meißen ein festes Quartier in der Altstadt geschenkt wurde. Um dem König nahe zu sein, kauften sich auch andere hohe Herren in seiner Residenzstadt an, so Ludwig, der Erzbischof von Mainz, Dietrich, der Bischof von Minden, die Bischöfe von Leitomischl und von Olmütz, die schlesischen Herzoge von Oels, von Teschen, von Brieg. Auch der einheimische Adel stand nicht zurück, mit den Häusern der Sternberg, der Wartenberg, der Rosenberg und der Riesenburg, der von der Leipe und der Landstein.[709]

Landfrieden

Es ist wohl schon deutlich genug, warum sich über die vielfältige, verästelte, schwer durchschaubare Politik dieses Herrschers nicht leicht in wenigen Worten etwas aussagen läßt. Sie scheint profillos, arm an großen Aktionen; in den alten Bahnen eher in der Defensive agil, während sie nach neuen Konzeptionen griff, die im Rückblick unter den Schablonen unseres nationalstaatlichen Denkens eher nur mit dem abschätzigen Begriff der Hausmacht zu bedenken waren, nach dem allzu raschen Verdikt über den schädlichen Fürstenegoismus. Allerdings läßt sich Karl als Hausmachtpolitiker erheblich anschaulicher machen, als wenn man zu erzählen versucht, was er eigentlich in Deutschland verändert habe, abgewehrt oder erneuert. Der »Friedensfürst« konnte nicht aggressiv sein. Seine Aktionen waren auch in Deutschland eher auf Vermittlung gerichtet, auf die Wahrung des Gleichgewichts, um das er sich in Ost und West, zwischen England und Frankreich ebenso wie zwischen Polen und Ungarn bemühte, nie unter Hintansetzung seiner eigenen Interessen. Damit ist seine Reichspolitik umrissen. Von ihren Gefährdungen im internationalen Zusammenhang war schon die Rede, namentlich durch die konspirativen Aktionen Rudolfs von Habsburg im Verband mit Ungarn und Polen. Nicht zufällig starb Rudolf schließlich Anfang 1365 auf einer politischen Reise am Hof der Visconti. Sie waren die einzigen, die er nach Karls erfolgreichen Gegenzügen noch zu mobilisieren hoffte, stets interessiert an der deutschen, besonders der süddeutschen Politik und dorthin auch durch mehrere Ehen von Töchtern aus ihrem Hause verbunden. Danach war für Karls Selbstbehauptung in Deutschland keine Gefahr mehr zu erkennen. Aber die Stärkung der Königsmacht war gleichwohl unter diesen Umständen noch ein schwieriges Unterfangen.

Die Goldene Bulle hatte auf diesem Weg nicht gebracht, was Karl ursprünglich plante. Wir erinnern uns: gerade die Städte waren mit diesem Reichsgesetz zurückgesetzt worden, ihre Interessen blieben außerhalb, ihre Hoffnungen auf gewisse wirtschaftliche Erleichterungen, besonders im Zusammenhang mit einer aktiven königlichen Münzpolitik, gingen leer aus. Und doch waren die Städte immer und überall Karls Verbündete nach den Grundregeln der politischen Mechanik, wenn er sich mit den Fürsten auseinandersetzte; aber auf die Seite der Fürsten sah er sich oft gezogen, nicht unbedingt nach den Regeln der gesellschaftlichen, der ständischen Ordnung seiner Welt, sondern nach denselben machtpolitischen Grundsätzen, wenn es galt, die Welt nach ihren Gegebenheiten zu stabilisieren. Zudem mochten ihm mitunter die Städtebünde in ihrer Ansprüchlichkeit auch als ein unberechenbares Element erscheinen. So läßt sich wohl eine Linie ziehen von seinen ersten Abwehraktionen etwa im Dezember 1346, im Westen des Reiches, mit denen er den Bischof von Lüttich stärkte[710], bis zu seinem Kampf mit den schwäbischen Reichsstädten dreißig Jahre später. Es scheint nur eine Ausnahme dieser generellen Vorsicht Karls der städtischen Politik gegenüber deutlich zu sein. Sie betraf Nürnberg, die Nürnberger Politik, die Nürnberger städtische Führung und die tatsächlich immer wieder bewiesene vermittelnde Reichstreue dieser Stadt.[711]

Die Generallinie von Karls innerdeutscher Politik war offensichtlich eng verknüpft mit seinem Verhältnis zu den Landfriedensbünden. Diese regionalen Einigungen erfreuten sich von Anfang an seiner Förderung und wurden durch die Goldene Bulle ausdrücklich der Billigung oder dem Widerruf des Königs unterstellt.[712] Gerade Karls fränkische Landfriedenspolitik nach 1358 macht dabei deutlich, daß er jenen Raum, ohnehin besonders in seiner Territorialpolitik hervorgehoben durch die Verbindung seiner eigenen Hausmacht im sogenannten Neuböhmen mit den Nürnbergern und dem ihnen konzedierten fränkischen Städtebund sowie durch seine enge Zusammenarbeit mit den Nürnberger Burggrafen, die er damals noch zu beerben hoffte, daß Karl also auf besondere Weise dieses Territorium mit seinem Landfrieden gegen jeden Waffengebrauch überhaupt mit Gerichtsinstanzen zu schützen suchte. Nicht die klassischen Fälle des Landfriedensbruches, die verbotene Fehde, Mord, Brand und Plünderung werden angesprochen, sondern eine jede machtpolitische Auseinandersetzung soll auf dem Klagewege vom Kaiser, seinem Hofrichter oder seinem Hauptmann zu Rothenburg entschieden werden.[713] Fortan läßt sich immer wieder auch anderswo das Bemühen beobachten, zumindest über einen Landfriedenshauptmann das königliche Übergewicht zu sichern. Mitunter, vornehmlich gegen Ende seiner Regierung, geht Karl noch viel weiter. Da sucht er sich sogar ein Exekutionsrecht gegen die Fürsten bei Verweigerung ihrer Hilfe gegen Landfriedensbrecher zu sichern.[714] Damit hatte, mit Geltungsbereich im fränkisch-bayerischen Raum, »die Friedensgewalt des Reichsoberhaupts ein Ausmaß erreicht, das die Form der Einung fast sprengte«.[715] Die Tendenz ist deutlich. Wo ihr die Gelegenheit geboten wurde, suchte sie sich durchzusetzen. In einem jahrhundertelangen Entwicklungsgang, in dem sich schließlich das Recht und die Macht zur allgemeinen Friedenswahrung als ein wichtiger Baustein zur Ausbildung jener allgemeinen öffentlichen Gewalt erwies, die sich zuguterletzt alle andere Herrschaftsmacht unterordnete; in jenem Entwicklungsgang, der nach dem allmählich erwachsenen Raster der deutschen Innenpolitik das Königtum und die Landesfürsten für lange Zeit zu Rivalen machte, hat Karl eine Generation lang, jedenfalls unter den gegebenen Bedingungen, die Position des Königs kräftig zur Geltung gebracht.

Im westfälischen und schließlich allgemein im norddeutschen

Raum fand Karl andere Ansätze zu ähnlich weitreichender Landfriedenswahrung unter königlicher Prärogative. Das war einmal das genannte Reichsvikariat für die jeweiligen Lübecker Bürgermeister, eine in Deutschland bisher unerhörte Übertragung königlicher Machtfülle in Bürgerhand, bislang ähnlich nur den Florentinern 1355 verliehen; nun aber sollten die Lübecker Reichsvikare besonders den Landfrieden wahren. Darauf zielt ihre Bestallung. Und daß sie dabei an keine Landesgrenzen gebunden waren, sondern überall im Reich mit ausdrücklicher kaiserlicher Aufforderung zur Hilfeleistung an jedermann, Friedensbrecher zu verfolgen das Recht hatten, kennzeichnet besonders die königliche Intention, seine Beauftragten jedem Landesrecht überzuordnen.[716]

Aber diese Intention mußte doch immer wieder auch anderen Absichten weichen. Das zeigt sich an Karls Umgang mit der alten westfälischen Feme, die aus älteren Ursprüngen, namentlich 1371 zur Landfriedenswahrung überregionale Bedeutung gewann.[717] Diese alten Grafengerichte richteten zwar auch nur vornehmlich über Landfriedensbrüche, nahmen dafür aber Klagen aus dem ganzen Reich entgegen, und jedenfalls für die Regierungszeit von Karls Nachfolger läßt sich beobachten, daß sie sich im besonderen königlichen Auftrag an keine räumliche Zuständigkeit gebunden fühlten.[718] Auch damit scheinen Absichten der Königspolitik gegen die fürstliche Gerichtshoheit greifbar zu werden. Zu Karls Zeiten wurde allerdings die Aufsicht über die im Lande verteilten Gerichte und ihre Richter dem Kölner Erzbischof übertragen, der sich um den Aufbau eines westfälischen Herzogtums bemühte und dessen Wohlwollen Karl aus besonderen Gründen suchte: er wollte seine Kurstimme für die Zukunft sichern. So ist Karls Landfriedenspolitik in Westfalen beeinträchtigt durch eine an sich sachfremde Spekulation und damit schließlich doch zum landesfürstlichen Instrument geworden.[719]

Am Ende waren auch andere Positionen bestimmt durch die Nachfolgefrage. Karl hatte mit der Goldenen Bulle das überlieferte, aber in seinen rechtlichen Einzelheiten unklare Wahlverfahren geklärt und geregelt, so daß man richtig beobachtet hat, daß damit der Zusammenhang symbolischer Rechtstatsachen, der Krönung vor allem, einer nüchternen juridischen Regelung weichen mußte. Karl vermochte sieben Jahre später immerhin, das Wählergremium zum Ausschluß eines einzelnen Fürsten bei einer möglichen Neuwahl zu bewegen, nämlich, wie wir gehört haben, seines eigenen Schwiegersohnes Rudolf von Habsburg. Das war schon ein bemerkenswerter Fortschritt über seine eigene Regierungszeit hinaus. Aber damit war noch lange nicht das Mögliche getan. Das Mögliche, nicht nur im Sinne seiner eigenen Familienpolitik, sondern nach den Eigengesetzlichkeiten der Institution, lag eigentlich in der Sicherung der Nachfolge für seinen eigenen Sohn. Derartiges hatte seit den Staufern, namentlich seit dem letzten Stauferkaiser Friedrich II., seit hundert Jahren also, kein deutscher König mehr zuwege gebracht. Es ist klar, daß eine solche Nachfolgeregelung, die allein hinführt in die Beständigkeit der Institutionen, der Kanzlei, der Ratgeber, der politischen Grundlinien, von ausschlaggebendem Rang war. Aber Karl hatte lange keinen Sohn. Endlich, am 24. Februar 1361, kam als fünftes Kind, das dritte unter den Lebenden, wieder ein Sohn zur Welt. Karl hatte seine dritte Gemahlin zuvor nach Nürnberg gebracht. Und während er sonst in Bürgerhäusern Herberge suchte, so nahm das Kaiserpaar jetzt Quartier auf der Reichsburg, damit das Kind einen standesgemäßen Geburtsort habe. Damit bereits wurde sein Anspruch sichtbar: Der künftige Böhmenkönig hätte das Licht der Welt wohl besser auf dem Hradschin zu Prag erblickt; auf der Kaiserburg zu Nürnberg sollte der künftige Kaiser geboren werden.

Thronfolgepolitik

Dementsprechend war auch die kaiserliche Freude. Karl sandte Botschaften an Papst und Fürsten. Auch die Kaiserin meldete dem Papst das frohe Ereignis, mit der genauen Angabe von Tag und Stunde und, in mütterlicher Umsicht, auch dem Hinweis, es handle sich um einen strammen Knaben. Seinen getreuen Böhmen aber schrieb Karl einen Freudenbrief, mit Anklängen an die nahe Osterliturgie in kunstvollem rhetorischem Gepränge. Aber nicht nur das allein verrät den Vaterstolz, auch nicht der Hinweis auf verheißungsvolle Vorzeichen, sondern am Ende die Befriedigung, daß solcherart der Same des Gerechten nicht untergehe.[720] Karl hatte unter der Erwartung eines Erben in langen Jahren gelitten.

Er ließ das Gewicht des Säuglings in Gold aufwiegen und sandte es nach Aachen. Das war offenbar eine Erinnerung an eine Wallfahrt, die ihn vier Jahre zuvor mit dem Gebet um einen Erben zu den heiligen Stätten geführt hatte; auch das, wie der Ort zeigt, ein kaiserliches Anliegen.[721] Er ließ die Reichskleinodien von Prag nach Nürnberg bringen und eine volle Woche zur Schau stellen, zum Zeichen der engen Bindung zwischen dem Neugeborenen und den Heiltümern des Imperiums. Die Taufe des Thronfolgers schließlich, auf den alten Přemyslidennamen Wenzel, zwei Wochen nach dem Ostersonntag, brachte fünf Kurfürsten, 18 Bischöfe und noch mehr Fürsten und Herzöge in der Nürnberger Sebaldskirche zusammen.[722] Dieser Zeremonie hat sich auch später die Legende bemächtigt, im Satyrspiel der Nachgeborenen: denn Wenzel wurde nicht, was Karl erwartet hatte. Er ging als der Faule und, schlimmer noch, als Freund der Ketzer und Hussiten in das Andenken ein. So wußte die böse Fama zu sagen, das Kind habe das Taufwasser verunreinigt und danach den Altar beschmutzt, Vorzeichen, daß unter seiner Regierung alles Heilige von den Ketzern verdorben würde.[723] Einstweilen aber setzte Karl noch seine ganze Hoffnung auf diesen Erben. Gegen seine oft bewiesene Mäßigung, gegen manche seiner eigenen Ansätze, mitunter auch gegen die Logik des Erfolgs. Man muß diese Eigenheit beachten. Sie jedenfalls, anders als manche Erwägungen über neue Prinzipien in seiner Politik, ist die fortan durch unbeirrbare Hartnäckigkeit wirksame Triebfeder seiner Unternehmungen, der man nicht nur die kühne Spekulation seiner vielverkannten Hausmachtpolitik, sondern auch zuletzt alle Hoffnung seiner Herrschaftsideen nachsagen kann. Sie macht ihn verwundbar, einseitig und wirft ihn aus den Bahnen seiner eigenen Berechnungen. So wie Karl denn überhaupt stärker von persönlichen Motiven beeinflußt scheint, von Sympathie und Antipathie, als man diesem angeblich »kühlen Rechner« im allgemeinen nach gewissen Unvorsichtigkeiten in der älteren Historiographie zuschrieb. Er stiftete zu Ende des nächsten Jahres dem alten Heiligtum Karls des Großen zu Aachen einen Wenzelsaltar, an dem ein böhmischer Kaplan seinen Dienst versehen sollte, »oder wenigstens einer mit perfekten böhmischen Sprachkenntnissen«.[724] Dabei sollte er auch das geistliche Andenken pflegen für die toten Luxemburger seiner Zeit, für Kaiser Heinrich, für Erzbischof Balduin, für König Johann und Karls Mutter Elisabeth, die letzte Přemyslidin; für Blanca von Valois, die erste Gemahlin, von der Karl noch eine Tochter geblieben war; für Anna von Wittelsbach, die ihm den ersten, früh verstorbenen Sohn geboren hatte; und für Anna von Schweidnitz, die gekrönte Kaiserin, die Mutter seines Kronprinzen Wenzel, die zu dieser Zeit auch schon wieder ein halbes Jahr unter der Erde lag: Karls Ehen waren bislang sehr kurz geblieben. Er verfügte das Totengedenken zugleich im Hinblick auf seinen eigenen Sterbetag.

Inzwischen sorgte er freilich noch mit Umsicht für das Leben. Kaum konnte der Kronprinz laufen, als er ihn am 15. Juni 1363 in Prag zum böhmischen König krönen ließ, eine ungewöhnliche Vorwegnahme seines Nachfolgeanspruchs, die er auch gegen den Rat seines vertrauten Erzbischofs durchzusetzen wußte. Denn ein gekröntes Kind, so gab der Erzbischof unter anderem zu bedenken, werde sich schwer in der rechten Weise erziehen lassen.[725] Vielleicht dachte Karl damals sogar daran, den alternden Petrarca zu dieser Aufgabe nach Prag zu rufen.[726] Jedenfalls sorgte er bald für den weiteren weltlichen Werdegang seines Kronprinzen. Im Juni 1361 wurde er zum erstenmal verlobt, mit einer Tochter des Nürnberger Burggrafen, wie wir uns erinnern. Zwei Jahre später wurde seine Anwartschaft auf das Kurfürstentum Brandenburg zum ersten Mal in der Erbverbrüderung mit Ludwig und Otto von Wittelsbach aktenkundig. Dabei kam auch der Anfall der Niederlausitz ins Geschäft. Dann kam ein ungarisches Eheprojekt für den Vierjährigen in sein Gesichtsfeld, und danach veranlaßte Karl ein Bündnis des Siebenjährigen mit dem fränkischen Städtebund.[727] So sollte er Fuß fassen gerade in jenem Raum, den Karl zu dieser Zeit für seine deutsche Politik noch für besonders wichtig ansah. Der Neunjährige heiratete schließlich in Nürnberg Johanna von Wittelsbach, ein wichtiger Schachzug gegen die Koalition der damals gerade selten einigen Rivalendynastie. Dann wird er gelegentlich in mitteldeutsche Landfriedensbünde miteingeführt.[728] Und schließlich erscheint er neben seinen inzwischen geborenen Brüdern Sigmund und Johann und neben Karls Bruder, dem Markgrafen Johann Heinrich und dessen Erben in der Belehnungsurkunde für die Mark Brandenburg. Nun ist der Zwölfjährige in Deutschland Reichsfürst und gewinnt allmählich eine Position, zunächst im

Nordosten[729], dann auch in der übrigen Reichspolitik[730], von böhmischen Verpflichtungen abgesehen.[731]

Inzwischen ist die Wahl Wenzels zum deutschen König schon ab und zu in den diplomatischen Aktionen aufgeklungen. Das kostet viel Kleinarbeit und nicht zum mindesten Geld.[732] Schon wird eine Schuldverschreibung, wohl im Hinblick auf die gespannte Finanzlage, auf die Zeit nach Wenzels Krönung verschoben, 1374, während die diplomatische Vorarbeit dafür noch lange nicht reif ist.[733] Erst müssen deshalb noch große Summen versprochen werden, so 50000 Gulden an den Pfalzgrafen Ruprecht im Hinblick auf »künftige Dienste«.[734] Nicht nur Geld ist vonnöten; auch gute Worte, besondere Bevorzugungen, etwa gegenüber dem Kölner Erzbischof Friedrich, dem man die zehnjährige Bestätigung seines Reichsvikariats in Aussicht stellen muß, oder den Rückruf von Privilegien für die Stadt Köln.[735] Dabei geht Karls Kanzlei schließlich so weit, aus inhaltlichen und formalen Kriterien eine 1362 von ihr selbst ausgestellte Urkunde als eine Fälschung zu bezeichnen[736] und ihr kaiserlicher Herr scheut sich nicht, im Rahmen eines generellen Frontwechsels, die Reichsstadt Köln schließlich gar in die Reichsacht zu erklären. So hatte jene größte deutsche Stadt in dieser Zeit die Früchte einer längeren kaisertreuen Politik eingebüßt;[737] in ähnlicher Doppelstellung wie die Nürnberger mit ihren Burggrafen, aber weniger glücklich, waren die Kölner Karls Wahlpolitik zum Opfer gefallen. Auf diesem Feld konnten sie mit dem Kurerzbischof nicht mithalten. Man kann sich denken, daß eine stabilere Städtepolitik in diesem Zusammenhang den unmittelbaren Interessen des deutschen Herrschers nützlicher gewesen wäre.

Dergleichen hatte Karl um diese Zeit auch versucht, aber nicht im Rheingebiet, und auch nicht in Süddeutschland, wo damals zweifellos der Schwerpunkt der deutschen Städtemacht zu suchen war; vielmehr im Norden, wo er in diesen Jahren mit aller Aufmerksamkeit den großen Durchbruch seiner Macht zu europäischem Ausmaß zu erwarten schien. Durch den allmählichen Erwerb der Mark Brandenburg war er ja doch beinahe zum Anrainer der Ostsee geworden, und so trat nun auch die Hanse in sein politisches Kalkül, besonders Lübeck, ihr agiler Vorort. Mit Lübeck war der Kaiser schon in den sechziger Jahren in besonderen Kontakt gekommen. Er anerkannte die führende Rolle dieser Stadt im Zusammenhang mit ihrer Wirtschaftspolitik und fand, nachdem sich rund zweihundert Jahre kein deutscher Herrscher mehr sonderlich um das nordöstliche Deutschland gekümmert hatte, bei den Lübekkern um so größere Aufgeschlossenheit. Man hat, im Hinblick auf manche Kunstsymbolik aus diesen Jahren, sogar von einem »Kaiserkultus« der Lübecker zu jener Zeit gesprochen.[738]

Zum gleichen Zusammenhang gehört offenbar auch Karls Passivität gegenüber den Schwierigkeiten Waldemar Atterdags. Der Dänenkönig hatte nach einem längeren Kräftemessen den Widerstand der Hanse besonders herausgefordert. In der Kölner Konföderation wurde sie 1367 zu einem entschlossenen Militärbündnis und zwang die dänische Seemacht bald in die Knie. Der Friede von Stralsund am 24. Mai 1370 war ein Höhepunkt ihrer Macht. Waldemar Atterdag verweigerte zunächst die Ratifizierung. Er kam nach Prag, fand aber dort nicht die Hilfe beim Kaiser, die er vielleicht erwartet hatte. Lediglich einen Aufstand in Jütland wollte der Kaiser unterdrücken helfen, und im übrigen schenkte er, mit einer für seine umsichtige Diplomatie bezeichnenden Geste, seinem »allerliebsten Bruder« Waldemar eben jenes Haus in Prag, von dem schon die Rede war. Also mußte im Herbst 1371 der Dänenkönig die Friedensbedingungen von Stralsund akzeptieren.

1374 ernannte Karl die lübischen Bürgermeister, wie wir schon wissen, zu Reichsvikaren. Am 20. Oktober 1375 besuchte er dann die Stadt, zu einem großen Fest, das elf Tage dauerte und den städtischen Haushalt gewaltig überzog. Bekannt ist die Szene, in der er den Lübecker Räten gegen ihren bescheidenen Einspruch den Titel »Herren« ausdrücklich zuerkannte, und immerhin deutlich sind die Absichten, die er mit diesem Werben um die Hanseherren verfolgte. Er suchte Bundesgenossen, wohl mit ähnlichen Gedanken, wie sie schon in Nürnberg in so erstaunlichem Maß nicht nur zu persönlicher Zusammenarbeit zwischen einigen Geschlechtern und dem Kaiser, sondern regelrecht zum besonderen Reichsdienst der Stadt aus der Überzeugung vom Nutzen entsprechender Vermittlungsdienste geführt hatten. Und überdies stand die Nachfolgefrage in Dänemark vor Karls Augen. Und tatsächlich: gerade während der fröhlichen Tage in Lübeck, am 24. Oktober 1375, erlag Waldemar Atterdag einem längeren Leiden.

In dem Zusammenhang hat Karl offenbar in Lübeck wieder einmal ganz virtuos taktiert. Er legte den Herren Bürgern nahe, was er im Grunde gar nicht wollte, gar nicht wollen konnte: die dänische Thronfolge für einen Mecklenburger. Er agierte aber dafür, in der treffenden Erwartung, daß die Lübecker sich niemals zwischen Mecklenburg und Dänemark in der Hand desselben Fürstenhauses einklemmen lassen würden. Er votierte dennoch Wochen später demonstrativ im selben Sinn, als die Entscheidung in Dänemark eigentlich schon gefallen war, und erreichte mit all dem, daß er jedenfalls für die Mecklenburger tat, was möglich schien, die Hanse nicht verstimmte und mit kluger Taktik immerhin das erwünschte Gegenteil aus der Lage hervorwachsen ließ.[739]

Karl hielt auch in den nächsten Monaten seine Aufmerksamkeit vornehmlich nach dem Norden gerichtet. Währenddem war der 15jährige Wenzel beauftragt, im Süden Politik zu machen und die schwäbischen Reichsstädte mit den kaiserlichen Plänen zu versöhnen. Karl hatte nämlich, um die Wahl seines Sohnes zu finanzieren, noch einmal zu einer großen Verpfändungsaktion Zuflucht genommen, ähnlich, wenn auch nicht ganz so umfangreich, wie am Anfang seiner deutschen Politik, als er sich mit vielen Gaben und Verpflichtungen die deutsche Krone erkaufen mußte. Freilich sollte man diese finanziellen Transaktionen nicht ohne weiteres mit modernen Augen betrachten, wo die unmittelbare Verbindung von Geld und Politik leicht als Mißton empfunden wird. Nach den Dispositionsmöglichkeiten jener Zeit handelt es sich bei dieser Verbindung zunächst einmal um die Erweiterung von Einflußsphären, wobei die Geldmenge mitunter überhaupt nicht bewegt, sondern nur als Wertangabe für Pfandverschreibungen in Rechnung gesetzt wurde. Und wobei das Geld selbst, wenn schon, mit begrenzten, nach unserem Vorstellungsvermögen beinahe unbeholfenen Maßnahmen wieder dazu diente, eine gewisse administrative Bewegungsfähigkeit zu sichern. Es ging also nicht einfach um Wählerbestechung; es ging um die Erweiterung politischer Potenz, die dem oder jenem Fürsten schon von Nutzen war, wenn er auch nicht daran denken durfte, das Erpfändete für alle Zeit seinem Herrschaftsbereich einzuverleiben, das ihm im übrigen mit allen Auflagen gerechter Herrschaft zu treuen Händen übergeben wurde.

Nur war, naturgemäß, eine solche Herrschaft auf Zeit eben doch nicht immer im Sinn der rechten Treue gehandhabt worden. Und Karl selber hatte den Bruch des Vertrauensverhältnisses zwischen Herrscher und Beherrschten bei dieser Gelegenheit rasch durchschaut und eben deshalb mehrfach in den feierlichsten Erklärungen versichert, daß er das und jenes nie verpfänden wolle. Aber das galt vornehmlich für die Gebiete seiner eigenen, seiner unmittelbaren Herrschaft als böhmischer König und Herr der neu erworbenen Gebiete in Bayern, in der Lausitz, in Brandenburg. Im übrigen versicherte er den fränkischen Städtebund rings um Nürnberg schon früh einer solchen Gnade, während er andere Reichsstädte, besonders die kleineren, sehr leicht für seinen Geldbedarf zum Pfand gab.

Karl hatte, nach dem großen Aderlaß seiner ersten fünf Regierungsjahre, in der folgenden 20jährigen Spanne erheblich sparsamer mit dem Reichsgut gewirtschaftet. Er war sogar bemüht, Reichsgut zurückzuerwerben oder doch wenigstens einzuziehen, wenn seine Herkunft nicht genau nachgewiesen werden konnte.[740] 1361, wenige Tage vor der Geburt Wenzels, suchte Karl mit Hilfe eines Kurfürstenbeschlusses sogar nach einem generellen Ansatz zum Rückerwerb aller vom Reich verpfändeten Städte, Ländereien und Güter.[741] Aber eben Wenzels Wahl ist dann der Anlaß, daß in Karls vier letzten Regierungsjahren noch einmal eine Pfandschuld von mehr als einer Viertelmillion Gulden anwächst[742], und wenn das auch nur ein Sechstel ist von der Verschuldung in den ersten Regierungsjahren, so löst es doch bei den Reichsstädten Erbitterung aus und Solidarität. Das wurde jedenfalls zum Anstoß für den Widerstand von achtzehn schwäbischen Reichsstädten gegen Wenzels Königswahl. Ein anderer ist allgemein in der harten Besteuerung zu suchen, mit der Karl schon seit der Erwerbung der Mark Brandenburg die Reichsstädte bedrückte. Und nicht alle waren dabei so glücklich wie die Nürnberger, denen jene 25 Handelsprivilegien, die sie im Laufe von Karls Regierungszeit erwarben[743], doch augenscheinlich solches Ungemach einigermaßen wieder wettmachten.

Währenddem wurde Wenzel am 10. Juni 1376 von allen Kurfürsten einstimmig in der Bartholomäuskirche zu Frankfurt zum deutschen König gewählt. Für die Mark Brandenburg führte, wohl nachträglich, auch Otto von Wittelsbach eine Kurstimme[744], im

Sinn seiner Vereinbarungen mit Karl, die ihm nach der Abtretung der Mark ein lebenslanges Kurrecht garantierte. Somit votierten also beide Linien der Wittelsbacher im luxemburgischen Sinn, obwohl sie sich noch sieben Jahre zuvor alle miteinander auf der Gegenseite befunden hatten. Bei aller zählebigen Auseinandersetzung zwischen Karl und dieser mächtigen, wenn auch meist uneinigen deutschen Dynastie darf man die Einmütigkeit der Wahl von 1376 wohl als besonderen kaiserlichen Triumph betrachten. Um auch die luxemburgische Kurstimme von Brandenburg ins Gespräch zu bringen, durfte der achtjährige Sigismund mit dem Kurfürstentitel in einem Rundbrief die Wahl seines älteren Bruders bekannt machen. Otto von Wittelsbach beglaubigte dagegen seine Stimmabgabe für Wenzel ausdrücklich in einer eigenen Urkunde.[745]

Wieder ist das Spektakel am Rande nicht ohne Reiz: der Frankfurter Patrizier Siegfried zum Paradeis, Diplomat und Parteigänger Karls, durfte das Pferd behalten, auf dem der junge Wenzel zur Wahl geritten war, zugleich mit Brief und Siegel auf das gleiche Recht für seine Erben in aller Zukunft. Der Stadt Frankfurt hinterließ das Ereignis eine lange Rechnung. Eine noch längere wuchs danach in Aachen an, wo Wenzel seine Krönung feierte.[746]

Städtekrieg 1377

Das feierliche Gepränge in Frankfurt und Aachen konnte den süddeutschen Zwist nicht aus dem Wege schaffen. 18 Reichsstädte, unter der Führung von Ulm, weigerten sich hier, dem jungen König zu huldigen. Karl zögerte nicht vor der härtesten Konsequenz. Er verkündete einen Reichskrieg. Ein solcher Zug gegen die unbeugsamen Schwaben lag aus manchen Gründen auch im Interesse des Grafen Eberhard von Württemberg und der Herzöge von Bayern. Ulm wurde belagert, vergeblich. Dieser Kreuzungspunkt einiger Fernstraßen an Donauübergang und Geislinger Steige, wichtig für Salz aus dem Süden und Eisen aus der Oberpfalz, zudem inzwischen selber ein Schwerpunkt für die exportkräftige Barchentweberei, war mächtig genug, um wenigstens kurzfristig einem solchen Ansturm zu widerstehen. Die Ulmer haben im

Triumph danach ihr Münster aufgebaut, ein Wahrzeichen des Bürgerstolzes, der sich aufwarf zu königsgleichem Mäzenatentum.[747] Nicht minder stolz zeigten sie sich auf den Erfolg ihres Widerstands. Der Kaiser mußte einlenken. Zunächst zog sich sein Sohn aus dem glücklosen Feldzug gegen die schwäbischen Städte zurück, dann wurde ein Waffenstillstand vermittelt, und schließlich laborierte man an einer Aussöhnung, bei der offenbar, neben den Augsburgern, besonders nürnbergische Ratsherren eine Rolle spielten.[748] Zwar versuchten die Aufrührer, auch bei den anderen Städten Anhang zu finden. Davon berichtet Karl den Nürnbergern und bittet sie, auch ihrerseits und mit dem Vertrauen, das sie unter ihren Standesgenossen doch womöglich dem Kaiser voraus hätten, sich für die kaiserliche Politik einzusetzen.[749] Zugleich versichert er sie einer künftig beständigen wohlwollenden Politik auch im Namen seines Sohnes, wenn auch die Erklärung, es sei ihm nie in den Sinn gekommen, getreue Städte zu verpfänden, nach der unmittelbaren Vorgeschichte wirklich nicht glaubhaft klingt.

Am 22. Februar 1377 bestellte Karl dann seinen Sohn Wenzel zum Statthalter, ehe er nach Brandenburg aufbrach. Im Sinn dieser Vollmacht hob Wenzel einige Tage später die kaiserliche Acht gegen die Kölner auf, und bald danach auch die gegen die Regensburger, die außerhalb der großen Politik in dieselbe kaiserliche Ungnade gefallen waren.[750] Der schwäbische Städtebund war inzwischen auf 28 Mitglieder angewachsen. Er hatte sich auf die ungewöhnlich lange Dauer von sieben Jahren eingerichtet, Kontakte mit den Habsburgern aufgenommen, seinen Hauptfeind, den Grafen Eberhard von Württemberg, mit einem erfolgreichen Kleinkrieg überzogen und seine Sache auch den andern Städten dargelegt, wie etwa den Frankfurtern.[751] Alle Reichsstädte mußte es berühren, daß der Kaiser und sein Sohn nach den Erklärungen aus Ulm sich nicht bereitgefunden hatten, die Rechte, die Steuerleistungen und vor allem die Unverpfändbarkeit der Reichsstädte zu garantieren. Wahrscheinlich erschien Karl doch, spät genug, der städtische Widerstand bedenklich. Mit Nürnberger Hilfe suchte er ihn also zu besänftigen, und im Mai gelang es Wenzel dann auch tatsächlich, nach einem Landfrieden für Franken und die bayerische Nachbarschaft die Huldigung der schwäbischen Städte zu erhalten. Allerdings mußte ihnen zuvor gerade das versichert werden, was sie den Frankfurtern und wohl auch noch anderen Standesgenossen in Deutschland als die Gründe ihres Aufstands hingestellt hatten: die Unverpfändbarkeit, dazu die ausdrückliche Erlaubnis, im Widerstand gegen unrechte Gewalt sich zu verbünden.[752] Natürlich konnte man danach den reichstreuen Städten nicht gut vorenthalten, was den Rebellen gewährt worden war. Und so erhielten wenig später auch noch sieben andere Reichsstädte aus dem fränkisch-schwäbischen Raum einen Brief, der ihnen ähnliches freistellte, ausgenommen nur einen Bund mit dem aufrührerischen Ulm.[753] Das zeigt, trotz der lebhaften und erfolgreichen Nürnberger Bemühungen[754], daß doch ein Stachel noch geblieben war. Zwar konnte Karl es wagen, im Spätherbst seinen Sohn von Deutschland auf die Frankreichreise mitzunehmen, um ihn auf internationalem diplomatischem Parkett zu präsentieren. Aber er kehrte danach dann doch noch einmal gerade in dieser Angelegenheit nach Nürnberg zurück, um hier in seinen letzten Lebenswochen den fränkischen Landfrieden zu erneuern, die Spannungen beizulegen, die er selber zwischen den Städten und namentlich dem Württemberger ausgelöst hatte. »Der krieg ward aller schon verricht nach der stette willen« heißt dazu der Nürnberger Kommentar.[755] Aber eine »Verrichtung«, eine gemeinsame Orientierung der kaiserlichen und der städtischen Politik bedeutete das eben gerade nicht. Und der Zwiespalt darin wirkte weiter. Der Bund der Schwabenstädte rings um Ulm wuchs, und sogar Rothenburg, das bislang zum kaisertreuen Block der fränkischen Satelliten Nürnbergs gezählt hatte, trat ihm bei und fehlte deshalb in der Reihe der Getreuen beim letzten Besuch des Kaisers im Sommer 1378 in Nürnberg.

Womöglich war man sich der delikaten Lage gegenüber den Reichsstädten am Kaiserhof seit langem bewußt. Hatte doch der mit dem Kaiser vertrauteste Chronist jener Jahre, Benesch von Weitmühl, damals freilich nicht mehr unter den Lebenden, bei irgendeiner ferneren Gelegenheit in diesem Zusammenhang das einzige Lob über Ludwig den Bayern ausgesprochen, das sich je in Karls Umgebung finden ließ. Wenn dieser Ludwig auch übel gegen die Kirche gehandelt habe, schrieb Benesch, so hielt er doch in den Reichslanden guten Frieden »und gab einem jeden die wohlfeile Gerechtigkeit; deswegen wurde er von den Bürgern des Reiches sehr geliebt«.[756] Karl hatte dagegen zwar zu Zeiten in Köln, in den letzten Jahren in Lübeck, jederzeit nur in Nürnberg um jene bürgerliche Liebe geworben. Er hatte auch in seiner Städtepolitik, wie in seinen politischen Wertschätzungen überhaupt, zwischen klein und groß geschieden und hielt auch hier nur die Bundesgenossenschaft der Großen für wichtig. Nun hatten sich die Kleinen und die Kleineren zusammengeschlossen. Der schwäbische Städtebund belehrte Karl über eine Fehlkalkulation. Wenzel mußte sie austragen, vor und nach dem Tod seines Vaters.

Papstpolitik

Eine andere Fehlkalkulation unterlief Karl gegenüber seinen ältesten politischen Bundesgenossen, den Päpsten in Avignon. Auch danach mußte Wenzel für die Folge büßen.

Mit der Kurie war Karl ziemlich leichtfertig umgegangen, nachdem er nur erst einmal im Sattel saß. Schon die ersten Monate seiner Regierung zeigten den stillen Widerstand gegen alle päpstlichen Forderungen, die sich nicht auf politische Gegebenheiten stützen konnten. Sein Ausweichen in der Approbationsfrage, seine unerwartete Eheverbindung mit der verfluchten wittelsbachischen Dynastie, sein zähes, wenn auch in den fünfziger Jahren allmählich unterschiedlich von den Päpsten erhörtes Eintreten für die Lösung der Söhne Ludwigs des Bayern aus dem Kirchenbann und schließlich die Art, wie er kühl den päpstlichen Approbationsanspruch in der Goldenen Bulle ignorierte und dafür, mit derselben Vokabel, die Approbation der Kurfürstenrechte an die Spitze setzte – das alles hatte wohl in Avignon einmal um das andere Mal enttäuscht. Und doch war Karl, und das hatte er treffend eingeschätzt, für die Kurie unentbehrlich, wollte sie nicht ganz in französische Abhängigkeit geraten, ja wollte sie überhaupt, isoliert, verwiesen auf ihre nicht immer zuverlässige Finanzpolitik und manchmal gar in Gefahr, den desolaten Kirchenstaat in Italien an Nachbarn und Rebellen zu verlieren, von lebenserhaltender Hoffnung abgeschnitten werden. Deshalb setzte ein Papst um den anderen doch wieder seine Hoffnungen auf Karl: Klemens, Innozenz, Urban und Gregor, deren ein jeder annähernd ein Jahrzehnt auf dem exilierten Stuhle Petri saß.[767] Das war für Karl wohl die Voraussetzung für die Gründung einer etwas einseitigen Zusammenarbeit von Thron und Altar, die ihm einen so starken Einfluß bei der Besetzung der deutschen Bistümer sicherte, wie kaum einem deutschen König zuvor seit Barbarossas Zeiten;[758] und die ihn unbesorgt die Bepfründung seiner geistlichen Diplomaten und eines guten Teils seiner Professoren an der neuen Prager Universität dem wohlbestückten kirchlichen Stellenplan anvertrauen ließ.[759] Nicht, daß Karl dabei die Kirche nur als eine bequeme Pfründenanstalt betrachtete. Gelegentlich, ganz abgesehen von dem Ernst, mit dem er selbst als Kaiser für die Christenheit zu sorgen sich bemühte, konnte er kirchliche Würdenträger auch unmittelbar wegen ihrer Reformträgheit tadeln. Daß er Mißstände regelmäßig ins Feld führte, wenn er die Päpste bis 1365 und drei Jahre danach um Ausweitung der Legationsrechte für seinen Prager Erzbischof bat, entspricht wohl gerade jener Mischung aus Berechtigungs- und Begründungsdenken, die man den Argumentationen seiner Kanzlei immer wieder nachsagen könnte.

Klemens VI., Karls Pariser Mentor, der ihm so umsichtig den Weg zum deutschen Thron geebnet hatte, war schon der fünfte Papst, der fern der heiligen römischen Stätten im Exil an der unteren Rhône residierte. Schon ein gutes Menschenalter war seit der Übersiedlung der Päpste nach Avignon vergangen, und eigentlich war nicht gut abzusehen, ob und wann jenes »babylonische Exil« enden sollte. Karl hatte das Seine getan, um jenes Exil auf Dauer einzurichten, als er zugunsten des Papstes 1348 auf die kaiserliche Oberlehenshoheit über Avignon verzichtete. Klemens VI. hatte die Stadt zuvor von ihrer unmittelbaren Herrin gekauft, von der Königin Johanna von Neapel, die die Grafschaft Provence aus dem Erbe der Anjou besaß.[760] Im übrigen hatte Karl mit seinem Italienzug 1355 und dem spektakulären eintägigen Aufenthalt in Rom eigentlich nicht nur einen gewissen Rücktritt von kaiserlichen Herrschaftsansprüchen zum Ausdruck gebracht, den man oft betont, sondern auch ein merkliches Desinteresse an den päpstlichen Angelegenheiten auf der Apenninenhalbinsel, das man im allgemeinen außer acht läßt. Auch zehn Jahre später, als ein entschlossenerer Papst im Zusammenhang mit seiner Rückkehr zu einem Romzug mahnte, hat Karl ein solches Projekt wohl nicht mit aufrichtiger Energie verfolgt. Zunächst zog er freilich damals nach

Avignon und erörterte mit Papst Urban die Lage, die sich aus der Bedrohung Oberitaliens, Avignons, Burgunds und auch noch des Elsaß' durch allerhand herrenlose Söldnerbanden ergab, aus dem Wunsch des Papstes nach Rückkehr und aus der seit Jahren immer bedenklicher gewordenen türkischen Invasion auf der Balkanhalbinsel. Der Plan des Papstes zur Lösung dieser Schwierigkeiten, den Karl schließlich übernahm, wirkt allzu theoretisch. Dieser Plan geht davon aus, man könne, ohne nähere Einzelheiten, die Söldnerbanden nach dem Orient transferieren, eventuell zur See auf italienischen Schiffen, wie er den Venezianern mitteilt.[761] Es sieht alles so aus, als wenn Karl da wieder einmal eine kleine Spiegelfechterei vorgeführt hätte. Denn auf ähnliche Weise hatte er die Kurie in den letzten Jahren mehrfach hingehalten. So ließ er besonders in den Auseinandersetzungen zwischen den Visconti und päpstlichen Truppen um den Kirchenstaat, vor allem um Bologna, lieber die Zeit arbeiten und begnügte sich mit Deklamationen.

Innozenz VI. war darüber gestorben; Urban V. wollte ernster genommen werden. Aber da konnte man doch schon wieder am Umgang Karls mit dem Kreuzzugshelden Peter von Lusignan, dem exotischen König von Zypern, dieselbe Taktik beobachten. In Avignon wurden Peters Kreuzzugspläne favorisiert, in Paris tauschte man immerhin noch symbolische Gesten über die französische Beteiligung, von Prag aber wurde Peter dann von dem geschäftigen Karl nach Krakau weitergeleitet, und das doch schon wieder im Dienst seiner eigenen Vorhaben. Darauf zielte sogar eben die Reise Karls 1365 nach Avignon.

Schon der Weg dorthin war eine Diplomatenreise.[762] Nicht der Besuch beim Papst, sondern die Abwehr französischer Ambitionen stand im Vordergrund. Deshalb wurde damals der Graf von Savoyen Generalvikar in seinen Landen, um jenen Raum von Murten bis Turin, seit 1361 dem Reich unmittelbar unterstellt, innerlich zu festigen; freilich hat Karl im nächsten Jahr dieses Vikariat widerrufen. Karl verhandelte überdies auf der Weiterreise in Grenoble mit dem Statthalter der Dauphiné und räumte seinem Herrn am Ende nicht mehr ein, als die Bestätigung der alten Privilegien. Schließlich unterbrach er die Verhandlungen in Avignon, um sich am 4. Juni in Arles vom Erzbischof in einer seit Barbarossa nicht mehr gepflogenen Demonstration zum König des Arelats krönen zu lassen. Der Krönung folgte die ebenso lange nicht mehr vollzogene Huldigung durch die weltlichen und geistlichen Fürsten. Zudem gründete Karl aus landesherrlicher Vollmacht in jenem Landesteil nun auch eine Universität, nämlich in Orange, und gleichzeitig, wie um die gerade ausgesprochene Unabhängigkeit Savoyens so zu unterstreichen, auch eine in Genf. Schließlich und endlich machte er die königliche Regierungsgewalt mit einer neuen Münzordnung für Gold und Silber sichtbar, in einer Prägung mit seinem Bild. Man darf die Bedeutung dieser Maßnahmen im Rahmen der mittelalterlichen Staatlichkeit nicht unterschätzen;[763] wägt man die Dinge ab, so fällt zudem auf, daß Karl jene Krönung zwischen seine Verhandlungen mit dem Papst schob, als ob er sie damit verflechten wollte, um die vor jedermann bezeugte Einigkeit mit dem geistlichen Oberhaupt auch für seine arelatensischen Ansprüche in die Waagschale zu werfen.

Besonders am Herzen lagen Karl aber wohl jene Sorgen, die sich wie ein roter Faden durch seine vielgestaltigen politischen Unternehmungen ziehen. Sie verbanden das Schicksal seiner Dynastie immer enger mit dem östlichen Mitteleuropa. Die mögliche ungarische Erbprinzessin drohte einen jungen Herzog aus Österreich zu heiraten![764] Kinder, Erbaussichten und andere Folgen aus dieser Verbindung waren da gar nicht abzusehen. Karl drängte den Papst zu strengsten Drohungen im Hinblick auf die enge Verwandtschaft des Brautpaars und erreichte damit auch eine Sprengung der geplanten Verbindung. Wenig später nahm der Habsburgerherzog eine Luxemburgerin zur Frau; und die ungarische Prinzessin wurde zunächst einmal mit Wenzel IV. verlobt.

Wenig genug ergab Karls Reise im Hinblick auf die Söldnerbanden im Westen des Reiches. Einem kaiserlichen Feldzug wichen sie aus, und noch ein Jahr später fühlten sich die elsässischen Städte von ihnen bedroht.[765] Vom Türkenplan war schon die Rede. Aber im Hinblick auf die Entschlossenheit Urbans zur Rückkehr nach Rom war nun auch ein kaiserlicher Romzug unvermeidlich. Er wenigstens wurde noch in Avignon beschlossen.[766] Mit Vorbehalten und Verzögerungen. Denn Karl erlitt einige Wochen nach seiner Rückkehr von Avignon gleich zwei ungewohnte Niederlagen bei seinen Wünschen um Bischofsstühle. Noch dazu um wichtige: der Metropolitansitz Salzburg und das Patriarchat von Aquileja waren vakant. Nach Salzburg wünschte Karl den Augsburger Bischof Markward von Randeck, vom ersten Italienzug her bewährt als Kapitän des Kaisers.[767] Er wurde statt dessen von Urban nach Aquileja transferiert, nicht unnütz, aber jedenfalls zum Schaden für das wichtige Salzburger Erzbistum in den Berechnungen Karls, wohin die Wittelsbacher einen Parteigänger brachten. Das paßte schlecht zu den päpstlichen Versicherungen beim Abschied in Avignon, die ein böhmischer Beobachter gehört haben will: »Wir können nur sagen, Herr Kaiser, daß wir alles gern nach Eurem Belieben tun wollen.«[768] Jedenfalls versicherte der Papst dem Kaiser dann später vor seinem Romzug noch einmal, er werde sich künftig an seine Besetzungswünsche halten.[769]

Der zweite Romzug

Dieser zweite Italienzug des Kaisers ist eine in sich geschlossene Episode. Sie trägt alle möglichen Merkmale seiner Politik, seiner Gedankenwelt, seiner Religiosität wie das ganze andere lange Leben förmlich im Kern in sich, so daß man versucht sein mag, von dem einen auf das andere zu schließen. Sie hat auch allein als ein Ereignisablauf von anderthalb Jahren die gründlichste Einzeldarstellung gefunden, die man je Karls politischen Unternehmungen gewidmet hat.[770] Aber am Ende des Zuges hatte Karl kaum etwas gewonnen. Der vielberufene finanzielle Gewinn ist sehr zweifelhaft, denn den Steuerleistungen italienischer Städte standen ansehnliche Ausgaben gegenüber für Söldner, Diplomaten, Geschenke. So mußte Karl unterwegs sogar seine Krone versetzen.[771] Der Gewinn an Ehre und Ansehen war natürlich nicht entfernt mit jenem des ersten Romzugs zu vergleichen, wenn auch Karl in Rom noch einmal ein feierliches Zeremoniell veranstaltete, bei dem seine vierte Gemahlin Elisabeth die Kaiserkrone empfing. Es blieb aber auch kein politischer Gewinn. Interessant ist das Studium der Konzepte Karls in ihrem eher zukunftweisenden Realismus, doch was manchem Betrachter dabei noch ein wenig verfrüht erscheint, das Experiment mit der im nächsten Jahrhundert in der italienischen Geschichte so berühmten Gleichgewichtspolitik, das litt wohl von vornherein an einem jeden Eingriff von außen. Und der Kaiser zählte nicht mehr zu den italienischen Mächten. Ja selbst der Kirchenstaat war eher, trotz der Energie des Kardinals Albornoz als päpstlicher Statthalter, als Objekt im Spiel, als daß man eine neue päpstliche Machtpolitik aus der alten Roma hinzunehmen bereit gewesen wäre.

Karl nahm seinen Weg wieder über Kärnten und Friaul, das im Hinblick auf den Patriarchen Markward von Randeck ihm wohl als der sicherste Stützpunkt erschien. Papst Urban war bereits ein halbes Jahr vor ihm im Lande und residierte inzwischen in Viterbo. Wie das erste Mal, trat Karl bei seinem Zug in eine Front der meisten lombardischen Mächte gegen die Mailänder Visconti; wieder, wie das erste Mal, brachte er nach einigen Kämpfen und einer Niederlage einen Frieden zustande, Ende August, den er selber als besonderen Zweck seiner Reise bezeichnete.[772] Der Papst hatte eigentlich keinen Kompromiß, sondern einen Sieg über die Visconti erwartet.[773] Nach dieser Regelung der Dinge in der Lombardei beginnt dann, ähnlich wie das erste Mal, seine Auseinandersetzung mit den Problemen der Toscana. Und wieder spielt sich auch da jenes Gleichgewicht ein, das Karl schon auf seinem ersten Zug herzustellen verstand, begleitet freilich auch diesmal von inneren Spannungen, in denen Stadtadel oder Kaufleute, Reiche oder Mittelstand gerade jetzt rebellisch wurden, um einen Umsturz der Verhältnisse womöglich sofort durch die kaiserliche Autorität sanktionieren zu lassen.

Am 19. Oktober zogen Kaiser und Kaiserin in Rom ein. Zwei Tage später folgte ihnen der Papst. Karl ritt ihm entgegen und empfing ihn nach einem alten Ritual. Er führte, bloßen Hauptes, zu Fuß das Pferd des Papstes am Zügel. Dieser Ergebenheitsdienst der weltlichen Macht gegenüber der geistlichen war in der Geschichte von Kaiser und Papst schon mehrfach als eine dem kaiserlichen Ansehen abträgliche Unterwürfigkeit bezeichnet worden. Ein so streitbarer Herrscher wie Barbarossa hatte ihn dennoch geleistet, freilich mit anekdotischer Bärbeißigkeit. Karls Frömmigkeit fand gewiß den besten Ausweg. Aber das unterschiedliche Echo des seltenen Schauspiels läßt doch erkennen, daß nicht alle Zeitgenossen die Szene mit derselben frommen Neigung betrachteten: »O lieber Herr Jesus, welch ein Schauspiel, die beiden höchsten Fürsten, ja die einzigen Monarchen des ganzen Erdkreises, den

Beherrscher der Seelen und den der Leiber, in solchem Frieden und solcher Eintracht, in solcher Herzensheiterkeit und solchem Wohlwollen einander verbunden zu sehen!«[774] ruft der junge Coluccio Salutati, später einer der berühmtesten unter den florentinischen Humanistenpolitikern. Aber: »Do stund der kayser unter dem tor zu Rom ab von seym pferd und ging neben dem pobst und zewmt den durch die stat zu Rom uncz für das munster zu sant Peter und Pawl; daz heten die Romer fur ein groß smochheit dem reych« – so lautete ein deutscher Kommentar. Er stammt von dem reichs- wie profitbewußten Ulman Stromer, einem der führenden Köpfe unter den Nürnberger Räten des Kaisers.[775]

Dem lag aber zunächst besonders an der Demonstration der Einheit zwischen den beiden höchsten Mächten, so wie sie Coluccio Salutati erfaßt hatte, zur Befriedung Oberitaliens. Fast zwei Monate blieb er deswegen diesmal in Rom, in engster Beratung mit dem Papst, und sprach auch schon von der Ernennung des ältesten und erfahrensten Kardinals, des Franzosen Guido de Boulogne, zum Generalvikar für die Toscana. Als der Kaiser dann am 16. Dezember die Ewige Stadt verließ, nach einem schweren Gichtanfall, war diese Neuordnung allerdings erst noch durchzusetzen. Und dabei mißlang ein Umsturzversuch in Siena gegen die Regierung des Mittelstands, der ihr hätte dienen sollen, so daß es der Kaiser danach für ratsamer hielt, Pisa wegen des Streits der Parteien zu meiden. Immerhin hatte der Kaiser den bei seinem ersten Romzug von dort vertriebenen Gambacorta die Rückkehr erlaubt, der führenden Familie der antiadeligen Opposition, während er sich nach Lucca begab und dort schon durchblicken ließ, er wolle diese Stadt von der wirtschaftlich drückenden pisanischen Oberherrschaft befreien. Einen vorschnellen Umsturz der Gambacorta in Pisa nutzte er dann zu dem gehörigen Machtspruch. So hatten ihm auch diesmal die Ereignisse in die Hände gespielt, ohne daß er sich allzusehr in den Parteienhader einmengen mußte. Die Luccheser aber, die schon zuvor, unter Berufung auf den heiligen Karl den Großen, den vierten Karl um ihre Unabhängigkeit angefleht hatten[776], feiern seitdem ihre Befreiung vom »Joch der Pisaner« bis zum heutigen Tag.[777]

Nun mußte allerdings auch noch Pisa zum Verzicht auf Lucca und sein Territorium gezwungen werden, und andererseits sollten die Luccheser bei diesem Freiheitskampf mit kaiserlicher Unterstützung gleichzeitig die Pisaner für den Aufruhr strafen, der kaiserliche Friedensgebote verletzt hatte. Karl handelte wieder einmal mit schnellen Entschlüssen. Binnen zwei Tagen zog eine Strafexpedition vor Pisa, aber ihr Auftrag war doch keinesfalls, wie einige Augenzeugen meinten, die Stadt mit Stumpf und Stiel auszurotten, und dementsprechend war der vom kaiserlichen Feldhauptmann Busko von Wilhartitz nach einem ersten und vergeblichen Ansturm auf die Stadt befohlene Rückzug auch durchaus kein Verrat.[778] Die belagerten Pisaner hatten vielmehr den Schlachtruf »Viva lo 'mperadore« gewählt, und dasselbe Bekenntnis zur Kaisertreue offerierten sie auch in kurzen Verhandlungen nach dem ersten Waffengang. Das offenbar hatte Karl mit dem militärischen Einsatz bezweckt. Man ist ein wenig an seinen Reichskrieg gegen Zürich 1354 erinnert, wo er sich nach derselben Parole der Belagerten zurückgezogen hatte. Die eigentliche Strafe der Pisaner war die Unabhängigkeit Luccas, und alles übrige überstieg seinen Sinn für das rechte Gleichgewicht. In Lucca wurde dann auch der Generalvikar für die Toscana ein paar Tage später installiert, und damit war zugleich der kuriale Akzent des künftigen Reichsvikariats gesetzt, nicht ohne daß Karl auch hier seine Blutsverwandtschaft zu seinem neuen Stellvertreter hervorhob[779], die man allgemein in seinen Urkunden über Statthalterschaft beobachten kann.

Am Dreikönigstag 1370 kehrte Karl schließlich nach Prag zurück. Ein Bündnis aller italienischen Mächte zur Friedenswahrung, an dem er sich gemeinsam mit dem Papst versucht hatte, war nicht zustande gekommen. Auch war ein guter Teil seines Befriedungswerkes schon im Wanken, kaum daß er dem Land den Rücken kehrte. Er hatte auf seine Weise der Papstpolitik ein paar Monate gedient, aber der stärkste und unruhigste Mann in Oberitalien, Bernabò Visconti, war weder besiegt noch durch Bündnisse gebändigt worden. Der triumphale Empfang, den die Prager dem princeps pacis, dem Friedensfürsten, mit Klerus und Volk bereiteten, weil er für Kirche und Reich in Italien Ruhe und Frieden gestiftet habe[780], entsprach schon nicht mehr recht der Wirklichkeit, ehe Karl noch seine Residenz erreicht hatte. Immerhin: Ruhe und Frieden in seinem und des Papstes Namen hatte er in Italien demonstriert. Auch das blieb nicht ohne politisches Gewicht.

Ohne Kaiser konnte sich auch der Papst nicht lange in Italien halten. Am 5. September 1370 kehrte Urban nach Avignon zurück, am 19. Dezember starb er; das hatte ihm, für den Fall seiner Abkehr von seinen römischen Verpflichtungen, die heilige Birgitta einst drohend vorhergesagt.[781] Sein Nachfolger, Gregor XI., war wieder ein Petrus Rogerii, trug also den gleichen Namen wie sein Onkel Klemens VI., der Freund und Mentor des Kaisers. Die Meinungen über seine Fähigkeiten gehen auseinander. Unbestritten ist die Energie, mit der er nach Rom zurückstrebte. Im Grunde traf sich das mit Karls Plänen. Denn eine Rückkehr nach Rom brachte den Papst neuerlich in Abhängigkeit von der kaiserlichen Politik, und das war recht günstig für Karls Vorhaben, seinen Sohn Wenzel zum deutschen König krönen zu lassen. Eine solche Krönung nämlich, die erste nach dem Erlaß der Goldenen Bulle und zudem die erste, die seit mehr als hundert Jahren ein Kaiser zu seinen Lebzeiten für seinen Sohn erreichte, bedeutete doch noch einmal eine Machtprobe mit dem Papsttum. Kurfürsten teilten die Wahl Wenzels dem Papst mit, vermieden dabei aber eine Bitte um Approbation. Karl vermittelte, als Wähler selber nicht beteiligt, wie wir uns erinnern, mit einem für seinen Umgang mit Pergament und Prestige ganz bezeichnenden Vorschlag: eine päpstliche Bulle mit der Genehmigung zur Wahl Wenzels wurde auf Anfang Mai zurückdatiert. Damit hatte jeder sein Gesicht gewahrt: der Papst hatte die Wahl genehmigt, noch ehe sie vollzogen war, wenigstens nach dem aktenkundigen Befund. Und die Kurfürsten hatten, getreu der Goldenen Bulle, nicht um eine Approbation des von ihnen gewählten deutschen Königs nachgesucht. Auch war jene rückdatierte päpstliche Genehmigung nicht als eine solche zu betrachten. Allerdings waren die Fürsten in der Zwischenzeit wieder einen Schritt weitergegangen auf der Bahn ihres Rechts und hatten Wenzel auch, noch ehe dieses Urkundenmanöver abgelaufen war, bereits in Aachen zum König krönen lassen. Das erschien nun in Avignon doch als eine unerträgliche Brüskierung. Die Verhandlungen darüber zogen sich hin. Anfang Januar 1378 ging währenddem der Papst nun wirklich nach Rom zurück, und als man sich auch hier endlich wieder mit dem Kunstgriff rückdatierter Urkunden auf die gehörige Wahrung des päpstlichen Prestiges geeinigt hatte, am 27. März 1378, starb er.

Um die Jahreswende 1377/78 weilte der Kaiser mit seinem Sohn zu einem Staatsbesuch in Paris, ohne Rücksicht auf die Strapazen einer Winterreise bei seiner schweren Gicht. Denn der Friede in Deutschland, die Wahl Wenzels und schließlich die Rückkehr des Papstes nach Rom hatten sich allein schon zu Besorgnissen verdichtet, die eine solche Mühsal diktierten. Ein anderes Sorgenbündel auf dieser Fahrt werden wir noch kennenlernen. In jedem Fall mußte ihm eine gute Zusammenarbeit mit dem französischen Nachbarn wichtig sein, mußte das alte Bündnis zwischen den Häusern Luxemburg und Valois ihm als jene realpolitische Grundlage erscheinen, auf der allein sich die Christenheit regieren ließ. Man wird wohl nie ergründen, wie hoch der kluge Kaiser die Schwierigkeiten einschätzte, die ein wiedererstarktes Frankreich seinem Sohn außen und innen hätte in den Weg legen können, so daß er sich sehr wohl veranlaßt sah, das mindeste dessen zu geben, was die Franzosen seit 20 Jahren forderten und mit den Aussichten auf das Anjouerbe in der Provence nach dem Erwerb der Dauphiné von 1349 und der Freigrafschaft Burgund von 1363 ohnedies auf dem Wege der direkten Landesherrschaft bereits besaßen. Man muß zu all dem nun auch dem Kaiser zugute halten, daß er, einigermaßen ein Kenner der Kurie zu Avignon, auch den französischen Widerstand gegenüber einer Rückkehr des Papstes nach Rom recht eingeschätzt hat.

Über der Wahl des neuen Papstes Urban VI. kam es dann nämlich zu solchen Schwierigkeiten.[782] Während Karl noch im Sommer über die bislang noch immer nicht ausgefertigte päpstliche Anerkennung Wenzels verhandelte[783], zogen sich die französischen Kardinäle vom römischen Hof zurück, erklärten die Wahl Urbans VI. nicht ohne Grund für erzwungen und wählten am 20. September im nahen Fondi Klemens VII. Die Christenheit war gespalten. Fast 40 Jahre, eine für die Zeitgenossen schier unerträgliche Zeit, hatte sie fortan an diesem Problem zu leiden. Es war auch ein Problem der ungestillen Rivalität zwischen Frankreich und Deutschland. Karl sah in Urban VI. den rechtmäßigen Papst, was durchaus gegen vordergründige Interessen sprach, denn anders als der römische war der neugewählte Papst Klemens VII. von vornherein zur Anerkennung der deutschen Königswahl bereit. Und während sein eigener Gesandter an der Kurie, wohl unter dem Eindruck solcher Versprechungen, sich selber schon für den neuen Papst im Vorgriff ausgesprochen hatte, beschwor Karl noch einmal in einem Brief, nun nicht an den König von Frankreich, der die Rückkehr der Kurie in seine eigene Einflußsphäre nicht behindert hätte, sondern an die Anjoukönigin Johanna von Neapel, die Einheit der Christenheit und die Wahrung der Rechtsordnung. Als Herrin der Provence suchte er ihr zuzumuten, die in ihren Herrschaftsbereich zurückgekehrten Kardinäle umzustimmen. »Es ziemt der kaiserlichen Majestät, die Herrschaftsordnung auf der ganzen Welt zu fördern und den schädlichen Gefahren der Zwietracht, besonders, soweit sie die Verfassung und den erhofften Frieden der umfassenden heiligen Kirche Gottes verletzen, mit Gottes Hilfe vorsorglich heilsam zu begegnen ...«[784]

Natürlich wäre es für den Augenblick leichter gewesen, Karl hätte sich dem vorschnellen Votum seines Gesandten angeschlossen. Im Bewußtsein der französischen wie der deutschen Unterstützung hätte sich der nun nachträglich als Zweiter Gewählte sehr wohl gegen seinen römischen Rivalen behaupten können; aber auch noch gegen die Normen des kanonischen Rechts? Der Rechts-, nicht der Machtpolitiker Karl entschied sich für den schwierigeren römischen Papst. Er schätzte die Verbindlichkeiten des Kirchenrechtes zu hoch ein, die bei gewissen Unregelmäßigkeiten nun sich eher nach den Fakten richteten, und er selber, nachdem er monatelang mit dem römischen Papst als dem rechtmäßigen bereits verhandelt hatte, sah wohl auch nicht leicht einen Weg, von dieser Anerkennung sich wieder zurückzuziehen. Hatte er nicht im Streit zwischen Ludwig dem Bayern und der Kurie vornehmlich der Durchschlagkraft des Kirchenrechts über alle Machtverhältnisse hin seinen eigenen Weg zum deutschen Thron einst zu verdanken? Hatte er nicht am Beispiel Kaiser Heinrichs, seines eigenen Großvaters, die Zählebigkeit kirchenrechtlicher Enscheidungen erlebt? So schürzten sich in seinen letzten Lebenswochen noch einmal die Probleme aus der Wahl seines Sohnes und der Wahl des Papstes, aus den französischen Interessen und seinem kaiserlichen Anspruch auf die Schutzherrschaft in der Christenheit zu einem bedrohlichen Knoten. Er hat ihn nicht mehr lösen können.

Von Crécy bis Paris, von 1346 bis zu seinem letzten Besuch am Jahreswechsel 1377/78, steht Frankreich sozusagen am Anfang und am Ende von Karls Reisewegen als deutscher König. Dabei war Karl als Luxemburger diesem Schwerpunkt der europäischen Politik näher als andere deutsche Fürsten – die Geschichte des Aufstiegs der Dynastie kann das anschaulich machen. Man sollte daraus folgern, Karl habe seiner politischen Fürsorge für sein Stammland in diesem Zusammenhang auch besonderes Augenmerk angedeihen lassen. Immerhin, es läßt sich eine Reihe von Aktionen zusammenstellen, die Karl seinem luxemburgischen Herkunftsland widmete, und sein Name ist mit der Geschichte dieses ereignisträchtigen und im wahrhaften Wortsinn originellen kleinen Staatsgebildes zwischen den beiden Großstaaten und seinen eigenwilligen Traditionen zutreffend in einer besonderen Weise verknüpft. Und doch hatten sich besondere Chancen zu weit umfangreicheren Maßnahmen geboten, die Karl nicht mit der anderwärts aufgebotenen breiten Klaviatur seiner rührigen Politik auszuspielen bereit war.[785] Auch ist die gelegentlich hervorgehobene Landbrücke, ja gar die »eiserne Klammer um das Reich« zwischen Böhmen und Luxemburg dem politischen Relief aus den Jahren Karls bei weitem nicht so deutlich abzulesen, wie der Rundblick der Historiker das gelegentlich zu erkennen vermeinte.[786]

Woher diese Nachlässigkeit gegenüber der Meisterschaft, die Karl in anderen politischen Unternehmungen immer wieder bewies? Es gibt dafür wohl mehrere Ursachen. Die eine liegt sicher in der personalen Konstellation. Anders als das fränkisch-oberpfälzische »Neuböhmen«, als Schlesien oder die Lausitzen, unterstanden die luxemburgischen Territorien Karls Herrschaft nicht unmittelbar. Es waren auch nicht seine unmündigen Söhne, die da formell investiert wurden, wie in Brandenburg. Vielmehr war der Herzog von Luxemburg Karls Halbbruder Wenzel aus der zweiten Ehe seines Vaters, der durch seine Heirat mit Johanna von Brabant 1352 eine unabhängige luxemburgische Seitenlinie begründete, deren Besitzungen deshalb nicht unbedingt mit den Stammlanden gleichzusetzen waren. Nun war freilich im Laufe der Zeit abzusehen, daß die luxemburgisch-brabantische Eheverbindung kinderlos bleiben würde. Aber auch da war die brabantische Erbschaft nicht unangefochten, wie sich in Auseinandersetzungen sogar schon in den fünfziger Jahren zeigte.[787] Allerdings hatte Karl, etwa im Falle Brandenburgs, viel verwickeltere Verhältnisse zu seinen Gunsten entwirrt. Doch bemerkt man bei der Beobachtung seiner Politik im Laufe der Jahre immer wieder, daß der scheinbar so umsichtige Mann, der viele Fäden gleichzeitig in Bewegung halten konnte, immerhin auch das Feld seiner Aufmerksamkeit mit Umsicht abgrenzte. Der Westen zählte nicht dazu. Alle seine Hausmachtpolitik war so beschaffen, daß die unmittelbare Verbindung zum böhmischen Stammland, der räumliche Anschluß, offenbar in Karls Kalkül die natürliche Grundlage allen erfolgreichen Territorialaufbaus, zu jeder Zeit gegeben war. Prag aber ist von Luxemburg in gerader Distanz rund 600 Kilometer entfernt. Da half auch keine Hoffnung auf Landbrücken. Diese Erkenntnis hatte offensichtlich Karls luxemburgische Politik von Anfang an begleitet. Erinnern wir uns: noch ehe er recht über das Land verfügen konnte, noch zu Lebzeiten des Vaters, bot er es dem trierischen Großoheim als Unterpfand eines politischen Bundes. Diese Einschätzung wurde dann offenbar traditionell am Prager Hof. Als Karls Halbbruder Wenzel nach fast dreißigjähriger Herrschaft als Herzog von Luxemburg 1381 gestorben war, fiel das Land zwar wirklich an die luxemburgische Hauptlinie zurück, aber für die Herren in Prag war dieser Erwerb auch dann nicht mehr als ein Pfandgut, das sie bald wieder neuen Gläubigern ausfolgten.[788] So war das Interesse für das fürstliche Herkunftsland unter Johanns Söhnen und Enkeln zu jeder Zeit begrenzt. Allerdings suchte Karl in seiner berühmten Goldbulle von 1356 die Lasten der Untertanen in Luxemburg zu mindern, und zwar allein schon durch die Festsetzung ihrer Pflichten, ähnlich, wie das auch die Majestas Carolina in dieser Zeit beabsichtigte.[789]

Karls schlechtes Verhältnis zu seinem Halbbruder ist im übrigen bekannt. Es ist wohl schon im konkurrierenden Taufnamen dieses neuen Wenzel angelegt und dann genährt durch die Erziehung des Spätlings am Hof seiner Mutter Beatrix im Westen.[790] Schon in die Regierungsgeschäfte seines Bruders Johann Heinrich in Mähren, mit dem ihn das beste Einvernehmen verband, suchte Karl sich so wenig als möglich einzumengen.[791] Um so mehr noch ging er den

Geschäften in Luxemburg aus dem Weg. Die brabantische Ehe seines Halbbruders Wenzel hatte nicht er gestiftet, sondern seine Stiefmutter Beatrix, mit päpstlicher Unterstützung. Eine weibliche Erbfolge im Herzogtum Brabant, die Mitgift der Braut, bedurfte aber der Genehmigung des deutschen Herrschers. Darüber ist offenbar im Dezember 1355 zwischen Karl und seinem 17jährigen Halbbruder verhandelt worden. Es fällt immerhin auf, daß Karl noch im April des nächsten Jahres die Erbverfügungen des Herzogs von Brabant für alle seine drei Töchter auf dessen Bitten bestätigte.[792]

Viel später, 1368, ernannte Karl seinen Halbbruder vor seinem Italienzug zum Reichsvikar. Doch als der in diesem Dienst in Gefangenschaft geriet, ließ sich Karl mit der Auslösung auffällig lange Zeit und ernannte währenddem den Erzbischof von Köln zu seinem Nachfolger. Man sieht: von Kooperation zwischen Herzog und Kaiser ist nicht leicht zu reden.[793] Und doch verdankte Luxemburg die Grundlage seiner Staatsorganisation dem Grafenenkel auf dem Kaiserthron. Allerdings legte sie Karl nicht im Interesse seiner Hausmachtpolitik, sondern als Defensive gegen Frankreich.

Aus dem Zusammenhang des allmählichen französischen Ausgriffs in die Reichsgebiete an seiner Ostgrenze, aus der Anziehungskraft, die dabei der französische Hof für westdeutsche Fürsten entwickelt hatte, waren die Luxemburger einst emporgestiegen, Heinrich, Johann und Karl, drei Generationen, gleichermaßen am Pariser Hof erzogen, im französischen Sprachmilieu gebildet. Zwar darf man die Einflüsse der überlegenen französischen Staatlichkeit und Kultur nicht überschätzen[794], und doch bleiben Anregungen des französischen Herrscherideals, der Herrschaftsorganisation und der Hofkultur für manche Pläne und Unternehmungen Karls deutlich genug, selbst wenn er dabei seine eigenen Formen fand.

Eng waren die luxemburgischen Bindungen an das französische Königshaus auch unter den Bedingungen der zeitgenössischen Ehepolitik. Karl war nacheinander der Schwiegersohn, der Schwager und der Onkel seiner Standesgenossen auf dem französischen Thron. So verband sich die vorgegebene politische Rivalität der beiden Nachbarn in geistiger und familiärer Solidarität der Könige zu einem merkwürdigen Komplex, in dem der moderne, vornehmlich der national betonte Rückblick manche Inkonsequenz entdecken mag. Karls Westpolitik scheint aber doch tatsächlich, wenn auch nicht frei von Illusionen, auf eine freundschaftliche Stabilisierung der Macht- und Einflußsphären gerichtet gewesen zu sein.

Das darf nicht zur Verkennung der Differenzen führen. Karls Wahl erfolgte seinerzeit nicht nur ohne französische Hilfe, sondern auch ohne französisches Wissen, wofür sich der Papst danach zu entschuldigen suchte, ähnlich übrigens wie sein Vorgänger Klemens V., der Karls Großvater Heinrich VII. gegen französische Interessen und Ambitionen zum deutschen Thron gebracht hatte und danach ebenso nach Ausflüchten vor dem französischen Königshof suchte. Darf man daraus schließen, daß auch Klemens VI. zumindest unsicher war, ob Karls Wahl nicht französische Interessen geradewegs durchkreuzte? Jedenfalls fand schon der Kronprinz Karl an Philipps Hof nicht entfernt jene Freundlichkeit, die ihm sein Firmpate Karl IV. von Frankreich zuvor zugewendet hatte, und gab andererseits, wie wir uns erinnern, seiner Kritik an Philipps Politik in seiner Autobiographie auch ziemlich unverhohlen Ausdruck. Solange Kaiser Ludwig von Bayern lebte, fand Karl bei Philipp VI. dann auch keine Hilfe und, genau genommen, nicht einmal Anerkennung seines Königtums. Ein etwas problematischer Bund mit dem Thronfolger Johann[795] bedeutete für diesen empfindlichen Mangel in Karls Politik natürlich keinen Ersatz. Umgekehrt suchte Karl, wie man treffend beobachtete[796], seine eigene Stellung 1348 hervorzuheben, indem er einen Bund mit Philipps erbittertstem Gegner schloß, mit König Eduard III. von England. Dabei machte er zwar keine gemeinsame Sache mit den Engländern im Kampf gegen Frankreich, aber er wollte immerhin auch keinen seiner Untertanen vom Kampf auf englischer Seite abhalten. Das war ein gemessener, aber doch deutlicher Gegenschlag.

Philipps Tod 1350 und vielleicht auch der Tod des wohl härteren Kurerzbischofs Balduin 1354 im äußersten Westen des Reiches gaben womöglich den Anlaß für ein Revirement. Karl verstärkte zunächst einige Positionen. Denn er erhob nicht nur die Grafschaft Luxemburg und die in Personalunion bislang angeschlossenen Grafschaften zum Herzogtum[797], sondern machte am selben Tag auch den Grafen von Bar zum Markgrafen von Pont à Mousson und damit zugleich zum Reichsfürsten mit einem vornehmen Ehrenamt.[798] Der Defensivcharakter dieser beiden organisatorischen Maßnahmen ist unverkennbar, auch ohne die gleichzeitigen Forderungen an Frankreich nach Rückgabe von Herrschaftsrechten oder Anerkennung der deutschen Reichshoheit über die Städte Verdun, Cambrai und Cateau-Cambrésis wie auch für die Grafschaften Vienne und Burgund. 1355 lehnte der französische König, inzwischen Johann II., diese Forderungen ab; ein Jahr danach, nachdem er bei Maupertuis in englische Gefangenschaft geraten war, mußte er sie auf dem demonstrativ nach Metz verlegten Reichstag durch seinen Sohn, den Neffen Karls, der später als Karl V. über Frankreich regierte, dann doch akzeptieren. »Wenn man alle Umstände berücksichtigt, wird man durchaus von einem Sieg, und zwar einem bewußt herbeigeführten Sieg des Kaisers über das mit ihm verschwägerte und verwandte Haus Valois sprechen dürfen.«[799] Immerhin läßt sich dabei aber auch beobachten, daß Karl unter den Umständen allzu offenen Druck auf das von den Engländern damals gerade so schwer gefährdete französische Königshaus vermeidet.[800]

Einen Frieden zwischen Frankreich und England, wozu ihn die päpstliche Politik besonders ermuntert hatte[801], brachte Karl danach aber nicht zustande. Dergleichen versuchte er noch einmal vier Jahre später, während er sich im übrigen der französischen Politik gegenüber eine merkwürdige Zurückhaltung auferlegte.[802] So hatte Karl auch im Südwesten des Reiches, im sogenannten Königreich Arelat an Saône und Rhône, zwar die Reichspräsenz noch am 4. Juli 1365 in Arles durch seine feierliche Krönung demonstriert, die seit Barbarossas Zeiten kein deutscher Herrscher mehr hatte vollziehen lassen; aber vielleicht war das doch nur seine Neigung nach Selbsterhöhung im geistlichen Bereich, die ihn beim Aufenthalt am päpstlichen Hof zu dieser Zeremonie veranlaßte, und weniger eine politische Geste. Denn die Grafschaft Savoyen hatte er schon vier Jahre zuvor auf Bitten des Grafen aus dem Königreich gelöst und unmittelbar dem Reich inkorporiert und die Grafen gerade auf diesem Zug nach Arles eben mit den Reichsvikariatsrechten in ihrer Grafschaft bedacht. Das kann man so deuten, als wollte er, unter Verzicht auf das andere, zumindest die Grafschaft dem Reich erhalten.[803] Man kann natürlich auch den

Schluß ziehen, daß Karl das an sich gefährdete Arelat eben nur ein wenig schrumpfen ließ, das Sichere davon abtrennte, ohne deshalb schon auf den Rest zu verzichten. Es ist bei allen Überlegungen um das Arelat wichtig, sich von Folgerungen aus dem Blickwinkel des schließlich eingetretenen Ablaufs der Dinge frei zu machen. Denn das Reichsvikariat im Arelat verlieh Karl schließlich in seiner letzten großen diplomatischen Aktion, zum Jahreswechsel 1377/78 bei einem Besuch am französischen Königshof, dem zehnjährigen Thronfolger, der traditionell mit der Grafschaft Vienne belehnt war und nach ihrem Wappentier, dem Delphin, als Dauphin bezeichnet wurde. Was also noch übrig war vom Königreich Arelat, das sollte dieser Dauphin fortan als Reichsstatthalter verwalten. Und daraus ist im Laufe der zwei, drei nächsten Generationen dann wirklich eine Entfremdung des Gebietes zugunsten Frankreichs geworden. Karl gab, in der herkömmlichen deutschen Deutung, »auf diese Weise das gesamte Nebenreich, freilich mit Ausnahme des nicht mehr dazu gehörenden Savoyens, dem französischen Zugriff nun wirklich preis«.[804]

Das Arelat: ein rätselhafter Verzicht?

Wie war es nun eigentlich mit Karls französischer Politik im Hinblick auf das Arelat? Die Stabilisierung im nördlichen Raum der alten deutsch-französischen Zwischenzone, die Karl um den Reichstag von Metz vollzog, blieb deutlich wirksam, zumal auch eine französische Ausdehnungspolitik nach dem Osten zum Rhein hin noch längst nicht formiert war.[805] Aber die Übertragung des Reichsvikariats an den Dauphin im Süden, in der Grafschaft Vienne und dem noch übrigen Arelat, wird in diesem Zusammenhang stereotyp in das Feld geführt, mitunter bedauernd, manchmal freilich mit dem Hinweis darauf, daß hier die Entwicklung ohnehin nicht zu hemmen gewesen wäre und Karl durch die Lostrennung der Grafschaft Savoyen gerade noch dieses Land bis an die Schwelle des 19. Jahrhunderts dem Reiche bewahrt habe: »Allem Anschein nach erklärt sich dieser vollkommene Wechsel seiner burgundischen Politik aus dem Streben, durch dieses Zugeständnis von den Franzosen den Verzicht auf einen Wettbewerb um die Nachfolge des söhnelosen Königs Ludwig I. von Ungarn zu erkaufen, mit dessen zweiter Tochter Maria er einige Jahre zuvor seinen jüngeren Sohn Sigismund verlobt hatte. Trifft diese Annahme zu, so wäre sie nur ein Beleg neben vielen für den durchgehenden Grundzug seiner politischen Zielsetzungen, die im Westen und Süden eben doch immer nur auf eine konservierende Aufrechterhaltung der bestehenden Zustände gerichtet waren, während demgegenüber das östliche Kräftefeld mit seinen soviel weitergreifenden Möglichkeiten dynastisch-territorialen Erwerbs den unbedingten Vorrang für ihn besaß, hinter dem im Notfall alle anderen Rücksichten in den Hintergrund zu treten hatten.«[806] Wir sehen, daß wir uns hier auch beim ausgewogensten historischen Urteil im Felde der Mutmaßungen befinden.

Karls Abkehr von der Verteidigung des Arelats, »fast rätselhaft widersprüchlich« auch für den jüngsten Betrachter[807], scheint in der Tat mit seiner Ostpolitik auf das engste verknüpft. Und wie er 1373 bereit war, für das bedeutendere östliche Territorium Brandenburg das halbe, so mühsam im Westen aufgebaute »Neuböhmen« wieder dran zu geben, so scheint er jetzt für eine ungleich weitere Perspektive nach Polen oder Ungarn die Reichsrechte an der Rhône eine Zeitlang vergeben zu haben. Nicht mehr: deshalb soll diese Entwicklung genauer gezeigt werden.

1349 hatte der letzte Graf von Vienne, erbenlos, sein Land dem französischen König verkauft. Es war Reichsland. Das ist ein Beleg unter vielen für die überlegene französische Anziehungskraft. Karl war es, der sieben Jahre später vom französischen Thronfolger, der damit im Sinn der Pariser Zentralisationspolitik bestallt war, den schuldigen Lehenseid forderte und erhielt.

Dem scheinen allerdings härtere Verhandlungen vorhergegangen zu sein, in denen der französische Thronfolger gehalten war, weit anspruchsvollere Bedingungen zu stellen. Die Instruktionen davon sind überliefert.[808] Demnach sollte, in abgestufter Reihenfolge, schon 1355 zunächst das Titularkönigtum im »regnum Viennense et Arelatense« gefordert werden; wenn das unerreichbar sei, dann doch wenigstens das Reichsvikariat oder zumindest gewisse Gebietsabtretungen und Lehensoberherrschaften. Der Dauphin sollte zudem auch eine Lehensnahme womöglich verschieben, unter dem Prätext, sich informieren zu wollen, und eine sofortige Belehnung nur unter Protest hinnehmen. Karl gab damals für die Lehensnahme des Dauphins, begünstigt durch die Gefangenschaft seines Vaters, ein Minimum. Wichtig ist: dasselbe Minimum, nämlich das Reichsvikariat nicht im ganzen Arelat, sondern nur in der Grafschaft Vienne, also in der unmittelbaren Lehensherrschaft des Dauphins, scheint er auch 1378 am 7. Januar zunächst dem französischen Kronprinzen, dem zehnjährigen künftigen Karl VI. von Frankreich, übertragen zu haben.

Das wäre kaum als Verzicht zu bezeichnen. Der Kaiser übertrug aber mit dem gleichen Datum dem Kronprinzen auch die Reichsstatthalterschaft im ganzen Arelat. Jetzt endlich, 1378, erfüllte er, was die französische Diplomatie schon 1355 von ihm wollte. Allein diese Doppelung, nur nebenbei gelegentlich angemerkt[809], gäbe schon Anlaß zum Rätseln. Wie soll man sie erklären?

Die Frage erfordert einen kleinen Rundblick in der europäischen Politik auf – wie könnte es anders sein – die Erbaussichten der Luxemburger und des französischen Königshauses im gleichen Raum. Und man muß dabei mit Verwunderung beobachten, daß die berühmte Gründlichkeit der deutschen Historiographie in diesem Belang von einer verblüffenden Oberflächlichkeit gewesen ist. Das steht in merkwürdigem Gegensatz zum Stereotyp von Karls Verzicht auf das Arelat.

Folgen wir also noch einmal der schon zitierten Mutmaßung vom Wettbewerb auf die Nachfolge des söhnelosen Königs Ludwig von Ungarn: Vor gut 100 Jahren, 1265, hatte Karl von Anjou, seit 1246 Graf der Provence, ein Bruder des französischen Königs, mit Hilfe des Papstes die Nachfolge der staufischen Dynastie in Unteritalien und Sizilien angetreten. In Unteritalien hatte sich die Anjouherrschaft dann auch behauptet und vierzig Jahre später auch jenseits der Adria Fuß gefaßt, im Königreich Ungarn. Dort war 1301 die einheimische Dynastie erloschen, ein Karl Robert von Anjou beerbte sie schließlich. Ungarn reichte damals über Kroatien bis an die nördliche Adria. Im Lauf des Jahrhunderts dehnte das Königreich Ungarn unter der Anjouherrschaft seine Macht immer weiter in Südosteuropa aus. Aber auch den Norden Ostmitteleuropas band es in seine Politik. Neben lebhaften Beziehungen zu Österreich und Böhmen, zu Habsburgern und Luxemburgern also, auch durch Eheschlüsse, näherten sich die ungarischen Ambitionen besonders dem Königreich Polen, das zur selben Zeit geradeso wie das ungarische Reich seine Grenzen nachhaltig nach dem Osten ausgeweitet hatte. 1370 war Kasimir der Große von Polen ohne männliche Erben gestorben. Da wurde nun König Ludwig der Große von Ungarn sein Nachfolger, weil er der Sohn von Kasimirs Schwester Elisabeth war, einer der bemerkenswertesten Frauen unter den Königinnen des Mittelalters, die am ungarischen Hof in Buda jahrzehntelang mitgewoben hatte an den Fäden der ungarischen Politik, besonders an den Bindungen an ihr Heimatland Polen. Nun aber hatte auch König Ludwig von Ungarn und Polen keinen Sohn. Und gleichzeitig fehlte auch ein männlicher Erbe für das Anjoureich in Unteritalien. Deshalb ließ sich das kühne Projekt erdenken, die aus Frankreich stammende Anjou-Dynastie eben auch aus Frankreich, wieder durch einen Prinzen aus dem Königshaus, zu beerben, vor dem sich in weitem Halbkreis vom Mutterland aus die Provence, Unteritalien, Ungarn und womöglich gar Polen ausgebreitet hätte. Deshalb jedenfalls hatte König Karl V. auch seinen Zweitgeborenen Ludwig mit Katharina, der ältesten Tochter König Ludwigs von Ungarn und Polen verlobt.

Eine solche Entwicklung konnte Kaiser Karl nicht unberührt lassen. Den Übergang der Provence und Unteritaliens aus den Händen der Königin Johanna von Neapel an die nächste französische Sekundogenitur hätte er zwar hinnehmen können, aber eine ungarische, gar eine polnische Erbschaft der Franzosen mußte ihn alarmieren. Immerhin hatte er in Buda seine Ansprüche rechtzeitig angemeldet. 1365 schon war der damals vierjährige Wenzel mit einer Nichte des damals noch kinderlosen Königs Ludwig verlobt worden; dieses Verhältnis löste man zwar bald wieder, denn es schien vordringlich, den inzwischen neunjährigen Thronfolger Karls mit Johanna von Wittelsbach zu verheiraten, einer Enkelin Ludwigs des Bayern. Aber der zweite Sohn Karls, Sigmund, der 1368 zur Welt gekommen war, rückte bald in die ungarische Position ein, nachdem eine Verlobung mit einer Tochter des Nürnberger Burggrafen, die man auf seinen Namen eingegangen war, wieder gelöst worden war. Er wurde also mit Maria von Ungarn verlobt, der zweiten Tochter König Ludwigs, und dieses Verlöbnis führte ihn auch, nach dem Eheschluß 1385, schließlich und endlich zum ungarischen Thron. Aber dem wollen wir nicht vorgreifen.

Ursprünglich hatte Kaiser Karl bei Sigmunds Ehebund nämlich nicht an Ungarn gedacht, sondern an die Nachfolge in Polen, als Krönung seiner ganzen Ostpolitik. Auf einmal erscheint in diesem Licht sein hartnäckiger Kampf um die Mark Brandenburg als Teilstück einer großen Konzeption. Sie galt nicht etwa einem imaginären panslawischen Staatsgebilde, das man Karl gelegentlich andichtet, sondern dem sehr handfesten, wenn auch grandiosen Projekt, von Böhmen aus elb- und oderabwärts bis zur Ostseeküste und von Schlesien und Brandenburg aus jenseits der Oder über die Weichsel bis zum Bug ein Großreich der luxemburgischen Macht zu errichten.

Schon Karls letzte Ehe wies in diese Richtung. 1363 führte er, in einer unerwarteten Volte im Gefecht gegen eine gefährliche Koalition, die Tochter des Pommernherzogs heim nach Prag, schob damit einen Fuß zwischen das damals noch wittelsbachische Brandenburg und Polen und schloß gleichzeitig einen Kontrakt mit den Piasten. Denn die 16jährige Elisabeth von Pommern, seine vierte Frau, war eine Enkelin des zu dieser Zeit noch regierenden Polenkönigs Kasimirs des Großen. Deshalb war dann auch später die Mark Brandenburg von allen schließlich vier lebenden Söhnen Karls besonders jenem Sigmund zugedacht, dem ersten Sohn jener Elisabeth. Und der nannte sich auch schon 1384, nach dem Tode König Ludwigs, aber noch vor seiner Heirat mit dessen Tochter, in sicherer Hoffnung »von Gottis gnadin Marcgraff zu Brandenburg und Herre des Kunyghreiches zu Polan«, wobei er den Königstitel klug umging.[810]

Nun hatten aber, im Herbst 1377, die Dinge eine für Karls Pläne dramatische Wendung genommen. Karl V. von Frankreich suchte die Verhandlungen mit König Ludwig von Ungarn zu einem Abschluß zu bringen und das Anjouerbe für den kleinen Prinzen Ludwig zu sichern. Er sandte eine Delegation von Paris nach Buda, welche die Krone von Ungarn, die Krone von Neapel und dazu die Grafschaften Provence, Forcalquier und Piemont für den französischen Bräutigam als Erbteil der Anjouprinzessin Katharina erhandeln sollte. Eine Gegengesandtschaft, zum Jahresende, wurde in Paris reich beschenkt.[811] Gerade zu dieser Zeit traf Kaiser Karl am Ort der Verhandlungen ein.[812]

Es gibt keine Berichte über den Zweck seiner Reise. Unbezweifelbar wollte Karl seinen Sohn, den inzwischen zum böhmischen und deutschen König gekrönten Wenzel, in Paris einführen, um die traditionellen luxemburgisch-französischen Beziehungen solcherart zu sichern. Womöglich galten seine Gespräche auch dem Schicksal des Papsttums, das mit Gregor XI. gerade von Avignon endgültig nach Rom zurückgekehrt war, dem französischen Einfluß entzogen, wieder näher dem kaiserlichen Machtbereich und um so mehr des französischen Wohlwollens für diesen Schritt bedürftig. Sicherlich hatte der alte Kaiser, dem Gichtanfälle mitunter tagelang zusetzten, auch den Wunsch, den Ort und die Menschen seiner Jugendjahre wiederzusehen. Als er der Schwester seiner ersten Frau in Paris begegnete, brach er in Tränen aus, unfähig zu sprechen. Aber der Staatsbesuch, der den französischen Etat nicht weniger als 50000 Goldfranken kostete und mit größter, für künftige Zeiten vorbildlicher Aufmerksamkeit zelebriert wurde[813], galt offenbar weder allein einer gemeinsamen Erörterung der Weltlage, noch einer Familienbegegnung, noch gar einer Pilgerreise Karls zu den Reliquien des Reichsheiligen und Gichtpatrons Mauritius in der Abtei St. Maur; er galt drängenden Absprachen über das Anjouerbe. Deshalb gipfelte er auch in einer geheimen Konferenz der beiden Monarchen, der nur die beiden Kanzler beiwohnten. Von diesem dreistündigen Gespräch am 5. 1. 1378 gibt es keinen Bericht.

Was aber geschah danach? Am selben Tag noch wurde der zehnjährige französische Thronfolger vom Kaiser für mündig erklärt. Das war ein Rechtsakt, ein Majestätsrecht, vom Kaiser an der Residenz des französischen Königs vollzogen, der im übrigen, vor allem nach dem schriftlich und bildlich festgehaltenen Protokoll, in peinlicher Weise um die Wahrung seiner Souveränität in seinem Land bemüht gewesen ist, angefangen von Karls Einreise, die man über Weihnachten zu verschieben bat, damit der Kaiser nicht die übliche Verkündung des Lukasevangeliums auf französischem Boden vollziehe. Am nächsten Tag, dem 6. Januar, verlieh der Kaiser dem also Mündigen zwei bisher dem Domkapitel von Vienne anvertraute Schlösser aus dem Königsbesitz im Arelat. Am folgenden Tag ernannte er ihn dann zum Reichsstatthalter und Generalvikar in der Grafschaft Vienne, dem Delphinat, eben jenem Teilbereich des Arelats, das die französischen Thronfolger nun schon in der dritten Generation in Titularherrschaft als Lehensträger des Reiches führten. Und zum selben Datum, dem 7. Januar 1378, ernannte er ihn schließlich auch noch zum Reichsstatthalter und Generalvikar im gesamten Königreich von Arles.

Allein die sorgfältige Reihenfolge erinnert an Dispositionen, wie sie sich des öfteren in Karls sorgsamem Rechtsformalismus beobachten lassen. Nur der Schluß dieser Urkundenreihe gibt eine formale Frage auf: weshalb mußte der Dauphin, als Reichsstatthalter des Arelats, auch noch eigens zum Reichsstatthalter in der Dauphiné ernannt werden, die doch ein Teil des Arelats gewesen ist? Und die zweite, ungleich bedeutungsschwerere Frage: nachdem es sich offensichtlich um den diplomatischen Niederschlag der Geheimgespräche zwischen Kaiser Karl IV. und König Karl V., zwischen dem deutschen und dem französischen Herrscher handelte: worin bestand die französische Gegenleistung?

Die Forderung, oder, je nach der Sachlage, der Wunsch Frankreichs nach dem Arelat ist nicht erst 1378 aufgetaucht. Schon 1344 hatte sie König Philipp VI. erhoben[814], und vielleicht war die Ablehnung auch ein Grund, warum er Karls schwierige Anfänge in Deutschland nicht zumindest um ein weniges unterstützte. Fast so alt ist aber auch das Reichsvikariat des Dauphins: es war seinerzeit 1356 schon dem jetzt regierenden König Karl V. verliehen worden.[815] Mit anderen Worten: die Urkundenreihe bedeutet eine Steigerung der deutschen Zugeständnisse. Zunächst zwei Schlösser, für die sich der Dauphin schon lange interessierte; schon 1355 waren sie Bestandteil von Verhandlungsinstruktionen. Dann das Reichsvikariat in der Dauphiné, wie sich aus einer solchen Abwägung ergibt, an sich nichts neues, sondern nur wieder dasselbe, was der vorhergehende Dauphin schon für seine Person besessen hatte. Und erst danach, vielleicht sogar, wenn man sich anderer Praktiken Karls erinnert, zurückdatiert, vielleicht erst nach der Abreise des Kaisers von dem zurückgebliebenen Kanzler ausgefertigt, die Erfüllung einer alten französischen Ambition, der wir ebenfalls schon in der Verhandlungsinstruktion von 1356 begegnen: das Reichsvikariat im ganzen Arelat. Hier, und das muß zur Abschätzung dieser Entwicklung hinzugefügt werden, hatte Karls Entgegenkommen ein Ende. Er verlieh königliche und kaiserliche Stellvertreterschaft im Arelat nämlich nur auf Lebenszeit und nicht, wie anderwärts, mit noch weiterreichenden Folgen, als erbliche Position.

Das ist bislang in der Diskussion von Karls Frankreichpolitik kaum beachtet worden. Aber das Dokument vom 7. Januar 1378 hat bislang überhaupt noch keine sonderliche Interpretation gefunden. Dafür spricht schon der Umstand, daß es in den sorgsam angelegten Nachschlagewerken der Fachwissenschaft nicht genau zitiert, nicht gedruckt und nach allem Anschein auch nicht gelesen worden ist.[816] Und bildet doch die Grundlage, nach allem, was darüber gesagt worden ist, des Übergangs der burgundischen Provinzen des Reiches an das französische Nachbarland.

Eine vergleichende Untersuchung der Urkunden könnte eine Menge über das Reichsvikariat in Karls Politik lehren, das tatsächlich, wie vor kurzem trefflich angemerkt wurde[817], Mängel der Reichsverfassung hätte mildern können, wäre es nur nach seiner allmählichen Entwicklung, wie sie Karls Praxis zeigt, auch von seinen Nachfolgern mit Festigkeit gehandhabt worden. Die Urkunden vom 7. Januar 1378 zählen jedenfalls zu den umfangreichsten, die Karls Kanzlei je verlassen haben.[818] Und was bekam er dafür?

Hier können wieder nur Hinweise sprechen: gegen den Augenschein, den der diplomatische Kontakt hätte erwecken können, schrieb nach Karls Abreise der König von Frankreich an den Brautvater in Ungarn noch einmal und äußerte Reserven: er wünschte Garantien für die Erbfolge in der Provence, die Ludwig an sich gar nicht geben konnte, und eine Eventualhuldigung in Ungarn für den Erbfall, die Ludwig jedenfalls nicht inszenierte.[819] Beide Wünsche erinnern an das Vorgehen der Luxemburger bei ähnlichen Anwartschaften. War das ein Ergebnis der mehr oder weniger uneigennützigen Ratschläge des Kaisers? Jedenfalls – es wurde nichts in Paris aus der ungarischen Heirat. Die Braut, vielleicht nach dem 8. Mai 1378 verstorben, hätte vertragsgemäß durch die dritte der Töchter Ludwigs ersetzt werden können. Aber das Verlöbnis wurde nicht verändert oder erneuert. Die dritte Tochter, Hedwig, hat später, als Erbin Polens, auf ganz andere Weise große Geschichte gemacht.

War also, muß man nach dieser Entwicklung der Dinge fragen, vielleicht das arelatensische Angebot des Kaisers der Spatz in der Hand, den der französische König der ungarischen Taube vorzog?

Karls Pläne in Polen hatte er doch tatsächlich mit dem gehörigen Respekt vor der Entscheidung Ludwigs dem Erbonkel in Ungarn mitgeteilt – mehr nicht. Immerhin: er gab damit zu erkennen, daß er sich im gegebenen Fall selber neutral verhalten würde. War das nicht schon ein Erfolg von Karls Geheimdiplomatie?

Wenn wir auch diese Frage nicht lösen, zo zeigt allein ihre Formulierung doch das Geschäft mit dem Reichsvikariat im Arelat in einem ganz anderen Licht. Zudem kann dabei von Verzicht keine Rede sein. Karls Sohn Wenzel, der schließlich in Paris dabeigewesen ist, übertrug 1396 das Reichsvikariat in Deutschland und Italien, aber auch »namentlich und ausdrücklich im Arelat«, seinem jüngeren Bruder Sigmund.[820] 1401 verlieh es König Ruprecht, Wenzels Rivale, seinem eigenen Sohn Ludwig. Noch 1416 verfügte, freilich vergeblich, der nächste deutsche König Sigmund seine Rückgabe. Das war nun eine Machtfrage geworden. In Karls Kopf ist jedenfalls rechtlich wie faktisch eine solche Möglichkeit stets offen geblieben, sonst hätten seine Söhne und Nachfolger nicht so reagieren können. Auch als Konzept mag er die Rückerwerbung bei passender Gelegenheit schon parat gehabt haben, so ähnlich wie er auch, im kleineren Maßstab, bald wieder danach trachtete, das 1373 versetzte Gebiet seines »Neuböhmen« zurückzuerhalten, und das sogar gegen seine ausdrückliche anderslautende Verpflichtung.[821]

Noch eine Beobachtung ist erheblich für das Urteil über jene beiden Urkunden, mit denen Karl das Vikariat zunächst in der Dauphiné, danach im ganzen Arelat seinem Großneffen übertrug: sie sind beide eher Briefe zu nennen als Manifeste. Sie sind nämlich, im Gegensatz zu dem guten Dutzend von Vikariatsverleihungen, die bislang von Karls Kanzlei formuliert worden waren, in ihren wesentlichen Aussagen ganz persönlich gehalten. Der Dauphin wird darin unmittelbar angesprochen: »Und also, erlauchter Fürst und liebster Neffe, vertrauen wir Deiner Liebe aufs höchste und bitten sehr herzlich, es mögen sich zu Deiner eigenen Ehre und zum höheren Ruhm und Ansehen des heiligen Reiches die Dir anvertrauten Lande und Leute des lieben Friedens freuen, und daß Du, jetzt noch im Flor der Jugend, das Gemeinwesen (republica) mannhaft zu fördern und zu mehren vermagst, um zugleich mit jenem Gemeinwesen vom Guten ins Bessere zu schreiten ...«

Ein kleiner Fürstenspiegel also für den Prinzen in Paris: unverkennbar nach den Intentionen des frommen Onkels aus Prag. Sowohl die guten Ermahnungen wie die ganze persönliche Anrede des Schreibens überschreiten jedenfalls die übliche Betonung der Verwandtschaftsbindungen, die Karl auch bisher schon, in der dritten Person, seinen Reichsvikaren in die Ernennungsurkunden zu schreiben pflegte. Daran wird offenbar, wie sehr der Kaiser um eine Kooperation bemüht war, wie er förmlich Zusammenarbeit beschwor, wo man Rivalität befürchten mußte. Auch darf man wohl hinter der ungewöhnlichen Form und den außergewöhnlichen Aussagen dieser beiden Urkunden, ziemlich ähnlich beim Reichsvikariat für die Dauphiné wie für das Arelat, auch die politischen Vorbehalte vermuten, mit denen Karl in Wirklichkeit und nur, wie die Arelatsverleihung ausdrücklich hervorhebt, für die Lebenszeit des Dauphins, aus der Hand gab, was er zum Unterpfand seiner Politik nun wohl oder übel erlegen mußte.

Neuntes Kapitel
WIR, KARL...

Um das Wohl der res publica

Karl hat durch die Vieldeutigkeit seiner politischen Unternehmungen schon den Zeitgenossen das Verständnis für seine Pläne sehr erschwert; wieviel mehr erst den Nachgeborenen!

Die Differenz der Urteile über das und jenes, was er gewollt habe oder nicht, die sich in der neuen Geschichtsschreibung über Jahrzehnte hin beobachten läßt, ist deshalb auf ihre Weise eine anschauliche Aussage für die Verschlungenheit seiner Wege; sie ist sogar ein Anhaltspunkt für die Eigenart seiner Taktik: er war ein Meister der Finten!

Was hat er nun wirklich gewollt? Was verbirgt sich hinter seiner scheinbar stets dienstbereiten Freundlichkeit, welche die flinken Ohren eines Matteo Villani gerade so rasch entdeckten wie Jean Froissart, der Ruhmredner des französischen Rittertums?[822] Diese Frage führt zum Scheideweg der vielfältigen Urteile über ihn. Denn nach allem ist der listenreiche Taktiker mit dem eifernden Reliquiensammler nicht so recht zu vereinen, außer man setzt voraus, daß Karl mit frühreifer Einsicht in den Trug der Welt zur List seine Zuflucht nahm, um im Bewußtsein der Überlegenheit der Auserwählten fromm zu sein.

Mit List und Gewalt begegnete er demnach immer nur den Mächtigen. Die Hilfsbedürftigen, aber freilich auch die Hilfreichen, konnten seiner rührigen Fürsorge sicher sein. Auffällig ist in seiner Urkundenpraxis schon die Bemühung um bedrängte Dörfer, Klöster und Gemeinden, auch in Kleinigkeiten. Sein Prager Chronist berichtet, daß er zu bestimmten Stunden für jedermann zu sprechen war, der ihm ein Anliegen vortragen wollte[823], und seine Urkunden beteuern immer wieder die Fürsorge für das Wohl seiner Untertanen: »Dann wird der Thron eines Fürsten erhöht, dann wird auch sein Ruhm bei anderen Nationen mit Recht verbreitet, wenn er bemüht und fähig ist, seinen getreuen Untertanen Ruhe und Frieden zu bereiten und dafür sorgt, daß sie keinen Schaden leiden, keine Knechtschaft und keine Ängste ... und weil die Bürger jener Städte, die armen und die reichen, sich immer mit Treue und Eifer bemüht haben unserer Macht zu dienen, so werden sie das in Zukunft um so eifriger tun, je gnädiger wir ihre Freiheiten und Vorrechte vermehren...«[824] Die Devise begegnet in Varianten[825], mitunter in ganz ähnlichem Gedankenaufbau. Dabei wird der Wechselbezug zwischen dem Wohl der Untertanen und dem Wohl des Herrschers auch offen ausgesprochen, als die rechte Ordnung von der Welt, die sich zudem noch bezahlt macht. Das erscheint wie ein Grundgedanke aller politischen Unternehmungen Karls, und der Rückblick auf seine dreißigjährige Regierungszeit kann einer solchen Interpretation nicht gut widerstehen: das Gute lohnt sich!

Deshalb sollen verurteilte Landfriedensbrecher auch eher Schadenersatz leisten als Gerichtsbuße. Der Fiskus steht zurück, »denn dann nämlich wird unser Staatsschatz vermehrt, wenn unseren getreuen Untertanen ohne Verzögerung Gerechtigkeit widerfährt«.[826] Dabei spielt freilich die Individualität der Bittsteller vor den Augen des Herrschers eine Rolle. Geistliche werden bevorzugt, weil nichts verdienstlicher erscheint, als ihren Gottesdienst zu unterstützen. Aber auch im weltlichen Bereich dürfen die erprobten Getreuen mehr Hilfe erwarten als alle anderen. Immer wieder wird dieser Zusammenhang unterstrichen und ist an sich bereits ein gewiß nicht untaugliches Stück von Herrschaftspropaganda.

Wohl und Wehe des Staates, seine rechte Ordnung und das Geschick der Untertanen wie des Herrschers hängen aber unmittelbar vom Gang der Wirtschaft ab. Republice utile atque bono communi, dem Nutzen des Staates und dem allgemeinen Wohl dient eine Beseitigung neuer Wehre in der Oder, die Fische und Schiffe behindern, geradeso wie die Bestallung des französischen Dauphins zum Reichsvikar.[827]

In diesem Zusammenhang ist Karls gesamte Wirtschaftsfürsorge, die einen staunenswerten Umfang erreicht, unmittelbare Herrscherpflicht. Vieles aus dieser Wirtschaftsfürsorge ist bekannt und oft wiederholt, einiges in letzter Zeit mit Umsicht in größere Zusammenhänge gerückt.[828] Traditionell, wenn auch ausgeweitet in der zeitgenössischen Handelsentwicklung war dabei Karls Privilegienpolitik. Das heißt: das Handels- und Verkehrsrecht jener Zeit beruhte auf einem unterschiedlichen und kaum übersichtlichen Gefüge von Rechten und Pflichten für die Benutzung von Straßen, Brücken und Wegen, Stadtdurchfahrten und Marktbesuchen. Nichts galt dabei weniger als die Gleichheit aller vor dem Gesetz. Im Gegenteil: die Politik der Herren solcher Zoll- und Marktabgaben, Durchfahrtserlaubnisse und Verkaufsrechte beruhte nicht nur darauf, Verpflichtungen aufzuerlegen, sondern nicht minder auch in der Möglichkeit, sie einzelnen Bevorzugten auch wieder zu mindern oder zu nehmen. Das war Karls Politik im besonderen Maß gegenüber einzelnen Städten, vorab Nürnberg, Prag, Breslau, aber auch anderen, besonders größeren Reichsstädten gegenüber, wie Köln, Augsburg, Frankfurt oder Hamburg. Mit entsprechender Förderung machte sich Karl aber nicht nur unter den Reichsstädten, sondern vornehmlich im Zusammenhang mit seiner eigenen Territorialpolitik beliebt. Das galt vorab für seine getreuen Böhmen, für Prag, für die Silberstadt Kuttenberg und manche andere unter den böhmischen Städten, freilich hier in abgestuftem Maß. Das zeigt aber auch, wie weit er Nürnberg selbst schon in territorialpolitische Überlegungen eingesponnen hatte. Das galt für das sogenannte Neuböhmen und das Dutzend Stadtrechte, das er hier verlieh. Das zeigt sich weiterhin in seinen Maßnahmen gegenüber dem sogenannten Sechsstädtebund in der Oberlausitz, dessen Wohl in der Erkenntnis seiner steuerlichen Leistungsfähigkeit er nachhaltig förderte, mit größeren und kleineren, oft bis ins lokale Detail reichenden Maßnahmen.[829]

Ungewöhnlich war bereits Karls Verkehrspolitik. Auch hier suchte er möglichst seine Territorien zu bevorzugen. Doch die alten Nord-Südverbindungen, die Wege zwischen Mittelmeer und Nordsee, verliefen westlich der Elbe. Karl belebte auf manche Weise die West-Ost-Straßen, um die Masse seiner Lande stärker an das europäische Straßennetz anzuschließen.[830] Auch hierbei pflegte er das Detail. So war ihm jahrzehntelang das Wiener Stapelrecht ein Dorn im Auge, das den direkten Kontakt aus Süddeutschland mit Ungarn behinderte. Die häufig gespannten Beziehungen zu den Habsburgern taten ein übriges. Immerhin gelang es Karl in zähen Verhandlungen, Herzog Albrecht in den späten sechziger Jahren zur Aufhebung dieses Wiener Stapels zu bringen.[831] Damals suchte er die Venezianer an einem Weg nach Hamburg über Prag zu interessieren. Ihre Waren sollten durch die böhmischen Länder und dann elbabwärts, in der Nähe von Ober- und Niederlausitz durch die Mark Brandenburg geführt werden.[832] Das Projekt wurde geprüft, fand aber in der Lagunenstadt dann schließlich keinen Anklang. 1373, nach der Erwerbung der Mark Brandenburg, kam dem Kaiser dann wahrscheinlich die Idee[833], dasselbe Verkehrsprojekt durch eine Kanalverbindung zwischen Moldau und Donau, zwischen Nordsee und Schwarzem Meer den Venezianern doch noch schmackhaft zu machen. Damit hätte der Kaiser tatsächlich den besonderen hydrographischen Vorteil des böhmischen »Kessels« erfaßt. Eine Verbindung von der Elbe zur Nordsee, am oberen Ende dieser womöglich projektierten Trasse, war zwischen Lauenburg und Lübeck jedenfalls schon in Angriff genommen. Daher rührte wohl auch das besonders gute Verhältnis Karls zu den Lübeckern.

Aber nicht nur Zoll- und Handelspolitik trieb der Kaiser, sondern er suchte auch die Warenerzeugung anzuregen, auf seinen eigenen Domänen und zugleich als Beispiel für andere Grundherrn. »... quel sofisto, che sta in Buemme a piantar vigne e fichi!«: Schon 1360 pries dieser italienische Vers den Weisen aus Böhmen, der da Wein und Feigen pflanzen will.[834] Die Feigen sind sonst nirgends belegt. Der Weinbau führte, zunächst auf königlichem Gut um Prag und Melnik, dann mit bischöflicher, bürgerlicher und adeliger Nachahmung in Leitmeritz, Kaaden und anderswo zu einer teils heute noch in Böhmen blühenden Kultur.[835] Diese besondere Fürsorge für die »Weinwächse«, die Weinkultur, gefördert durch den Anbau ausgesuchter Reben aus Österreich, muß in gehörigem Zusammenhang gesehen werden. Karl sorgte nicht nur dafür, den Anbau im Land zu vermehren, sondern er suchte auch den Absatz dieses wichtigen Handelsgutes durch Importverbote zu fördern, bei denen er freilich nach Herkunft und nach Absatzmärkten differenzierte.[836] Man könnte eine solche Politik eigentlich merkantilistisch nennen. Man könnte erwägen, daß Karl nach altem Brauch aus Weinzöllen über den Fernhandel einen unmittelbaren Gewinn gehabt hätte, während er nach seiner Fürsorge bei seinen Anregungen zum Weinbau meist Abgabefreiheiten auf ein Jahrzehnt gewährte. Man muß freilich andererseits im Auge haben, daß Karl solche Maßnahmen nur wie einen unsicheren Vorgriff auf spätere landesbewußte Wirtschaftsförderung praktizierte, denn noch fehlte es dazu an der gehörigen Geschlossenheit von Wirtschaftsräumen.

Immerhin schlägt auch die Förderung der Fischzucht in dieselbe Kerbe, mit der Absicht, die Landesproduktion gegenüber der Einfuhr zu stärken. Die Anlage von Fischteichen und die Karpfenzucht bekamen damals in den böhmischen Landen eine ganz außergewöhnliche Bedeutung. Bei dem hohen Fischkonsum jener Zeit kann man tatsächlich von der Kapitalanlage im Teichbau mit einer verhältnismäßig kurzfristigen Rendite sprechen.[837] Besondere Umsicht verrät schließlich noch Karls Waldfürsorge. Schon in der Majestas Carolina hatte er Waldpflege und Schutz vor Raubbau einzuführen versucht. Zur selben Zeit bedachte er auch den Nürnberger Reichswald mit derselben Schonung. Und während er den Waldstromeiern und Forstmeistern, den hier belehnten Patriziern, besondere Rodeflächen zuwies, vertrieb er gleichzeitig Pecher, Köhler und auch Glashütten aus diesem Waldgebiet, um weitere Rodungen zu verhindern.[838]

Nicht allen, aber den bedeutendsten städtischen Gewerben suchte er geradeso durch besondere Maßnahmen zu nutzen. Das waren vornehmlich Bergbau und Barchentweberei. Vom Bergbau, namentlich nach Edelmetallen, lebte der Reichtum der böhmischen Könige unmittelbar. Ein Drittel der europäischen Silberproduktion kam aus ihren Landen. Dabei gab es aber Krisen in der Abbautechnik da und dort, nicht in der reichen Bergstadt Kuttenberg, aber an anderen der böhmischen Silberfundorte, und Karl verfiel auf den Gedanken, hier anstelle des königlichen Bergregals sozusagen das private Unternehmerinteresse einzusetzen. Deshalb verlieh er gelegentlich Schürfrechte an reiche Grundherren.[839] In derselben Weise scheint er auch die neue Barchentweberei gefördert zu haben. Eingeführt womöglich aus Oberitalien im Gefolge süddeutscher Heiratsverbindungen mit den Visconti, erfuhr das neue

Gewerbe auch in den süddeutschen Reichsstädten rasche Ausbreitung. Es scheint, als sei dabei die kaiserliche Hand nachhaltig tätig gewesen.[840]

Karl hatte aber auch selber als Unternehmer und Auftraggeber eine gewisse Bedeutung für die Wirtschaftsentwicklung. In geringerem Maß wohl dort, wo er Kirchen und Klöster errichten ließ, wie in Nürnberg, in Ingelheim oder in Aachen. Von großer Bedeutung aber war die Bautätigkeit in seinen Residenzen, die mitunter zum besonderen Wirtschaftsfaktor im lokalen Maß geworden zu sein scheint. Karl baute, wo er residierte.[841] Im säkularen Rahmen galt das für das Riesenunternehmen der Prager Neustadt. Noch 1372 warb er Ansiedler dafür mit besonderen Vergünstigungen.[842] Er stampfte hier binnen einer Generation eine Siedlung größten Ausmaßes aus dem Boden und versah sie im Zusammenhang weitreichender Planung mit einem halben Dutzend neuer Pfarreien und Klöster als Organisationskerne.[843] Im Hungerjahr 1360 ließ er zudem auf der linken Moldauseite eine kilometerlange Festungsmauer errichten, ein Projekt zur Arbeitsbeschaffung, das wiederum an moderne Fürsorgepolitik erinnert. Auffällig an diesem ganzen Zusammenhang ist der königliche Sinn für die bürgerliche Welt. Karl war kein Bürger. Sein Adelsstolz gründete sich auf die mythische Legitimation der auserwählten Dynastie. Aber er hat wie wenige Herrscher seiner Zeit die Bedeutung der »bürgerlichen« Leistungsökonomie erfaßt und sie zumindest in patriarchalischer Fürsorge in den Staatsdienst gestellt. Es war der Dienst am Ganzen, der ihn mit jedem der reichen Patrizier verband, deren Vorrechte er förderte, um ihr Geld seinen politischen Interessen zuzuwenden.

Es ist kein Wunder, daß Karl sich in diesem Zusammenhang auch mit der Sache selber befaßte, die ihm als ein so wichtiges Bindeglied zwischen Wirtschaftskraft und Staatswohl erschien: dem Geld. Nicht mit bekannten Absichten der Münzbesteuerung, soweit man weiß, sondern wohl vornehmlich, weil er ein stabileres Geldwesen an sich für eine wirtschaftliche Erleichterung hielt. Die Währungsverhältnisse jener Zeit waren sehr zwiespältig. Sie verknüpften verhältnismäßig diffizile Möglichkeiten finanzieller Transaktionen mit primitiven Mitteln. Die Valuta wurde bestimmt durch den Edelmetallgehalt der Münzen. Aber die Legierungen schwankten, mittelbar abhängig vom vorhandenen Rohmaterial und unmittelbar von Manipulationen am Münzfuß. Nun prägten aber Dutzende kleiner und großer Herren, Fürsten und Städte in Mitteleuropa. Und selbst der größte geschlossene Münzraum, Böhmen, mit seiner einzigen Prägestätte für die sogenannten Prager Groschen in Kuttenberg, unterzog seine Währung einer Verschlechterung, die sich an der Verschiebung von Wechselkursen ablesen läßt, nach bis heute nicht genau erforschten Feingehaltsschwankungen.[844] Augenscheinlich war Karl vornehmlich an der Stabilisierung interessiert. Dieser Absicht galt wohl auch, was er als neue Münzordnung in Deutschland ursprünglich für die Nürnberg-Metzer Reichsgesetze von 1356 vorgesehen hatte. Auch um die Schaffung einer Goldmünze nach französischem Vorbild war er bemüht, aber damit hatte er nur in Luxemburg und im Arelat Erfolg, eben im französischen Grenzbereich. Eine auffällige Verschlechterung der harten böhmischen Währung, des Groschens, in den siebziger Jahren hängt vielleicht mit seinem Geldbedarf für die Wahl Wenzels zusammen. Einer Währungsreform galt seine letze Sorge. Noch am 2. November 1378 erließ er eine neue böhmische Münzordnung.[845]

Hofkultur

Fürsorge kennzeichnet auch Karls Anteil am geistigen Leben.[846] Man bringt ihn deswegen manchmal mit dem Humanismus in Verbindung. Zu Unrecht. »Frühhumanist« ist Karl nicht gewesen. Die schriftlichen Zeugnisse von seiner Hand oder in seinem Namen lassen keinen Bezug zur Humanistenwelt erkennen. Der einzige seiner Briefe, der mit antiker Literatur und römischer Geschichte argumentiert, war zwar in seinem Auftrag, aber von Cola di Rienzo geschrieben worden. Wir kennen ihn schon. Karls Plädoyer für Bildung, namentlich fürstliche Bildung, etwa in der Einleitung zur Chronik des Marignola, stützt sich auf biblisches Weltverständnis, von Gemeinplätzen abgesehen, wie sie das Hochmittelalter schon benützte.[847] Auch hat Karl während seines ersten Italienaufenthalts anscheinend nichts vom »Frühhumanismus« jener Landschaft aufgenommen, zumindest nichts berichtet. Sein Stil spiegelt nichts davon wider, die Begegnungen mit Cola di Rienzo und Petrarca mußten ihm später eher wie das Erlebnis einer anderen Sprachwelt erscheinen.

Aber seine Fürsorge galt allen möglichen kulturellen Regungen, mit »beinahe ängstlicher Umsicht«.[848] Das sind wohl eher Kennzeichen einer Ansprüchlichkeit, die seinen Hof auszeichnen sollte, seine Weltgeltung, und nicht seine persönlichen Neigungen. Petrarcas Berichte von den persönlichen Begegnungen mit dem Kaiser bezeugen durchaus keine gleichgerichteten Interessen; sie belegen wohl Karls Aufgeschlossenheit auf der einen, die dichterische Arroganz auf der anderen Seite, wonach der Dichter (auch damals schon!) sich für würdig hielt, »in einem so allgemeinen Schiffbruch seine Stimme zu erheben«.[849] Karl dagegen versuchte nicht, in der Dichtkunst zu dilettieren. Und der Stachel der Nachahmung, den Petrarca gelegentlich mit den Erzählungen von antiken Kaisern geweckt haben will, scheint nicht tief gedrungen.[850] Karls Herrscherideal war das nicht. Aber in Petrarcas Buch von den berühmten Männern der Weltgeschichte wäre er doch, nach Pertrarcas Bericht, gerne aufgenommen worden.

Doch nicht Petrarca wurde je sein Hofpoet, sondern Heinrich von Mügeln, den man zu den Begründern des Meistersangs zählt; ein Mann von gebildetem Mittelmaß. Er hatte Philosophie in der alten Weise studiert und war imstande, allegorische Betrachtungen mit gelehrter Umsicht zu entwickeln.[851] Sein System der Wissenschaften, das er als einen Reigen gelehrter Jungfrauen präsentiert, überläßt es dem Kaiser, die Theologie als die Lehrmeisterin aller zu erweisen.[852] Nach Stil und gedanklicher Arbeit ist das eine konservative Welt, gewiß nicht die Welt Petrarcas, aber offenbar die Heimat Karls.

Nun wird man leicht auf Karl als den Universitätsgründer verweisen, um seine Förderung der Wissenschaft mit humanistischen Neigungen gleichzusetzen. Universitäten jener Zeit waren geistliche Lehranstalten. Der Mittelpunkt des Prager Studiums, Karls ganzer Stolz, war gerade die theologische Fakultät, eine Konkurrenz zum führenden Paris, die der Papst nicht jeder Hochschulgründung damals bewilligte. Die Gründung stützte sich auf Ordenshochschulen, wie sie in Prag bereits bestanden, und nach ihrer Frühgeschichte zählt die Prager Universität also eher in den Bereich von Karls Kirchenfürsorge denn zur Pflege des Humanismus.

Mit ähnlichen Intentionen ließ Karl auch den berühmten Stiftungsbrief verfassen. Es ist nur zu gut bekannt, daß er nach dem Vorbild jener Gründungsurkunde geschrieben wurde, die Friedrich II. 1224 für Neapel erließ. Aber meist wird nicht beachtet, daß eben gerade die bezeichnenden Passagen, die Friedrichs Universität als eine Beamtenschule ausweisen, in Karls Abschrift fehlen. Gnade und Bildungseifer stehen für Karl, wie schon seine Vita formuliert, gleichermaßen unter religiösem Bezug.[853] Das literarische Studium, das Karl gelegentlich den Fürstensöhnen empfiehlt, ist weit entfernt vom Eigenleben der Wissenschaft. Es ist zu Geschichte geronnene Lebensweisheit, denn: die erfahrene Klugheit hat schon mehr Leute triumphieren lassen als die waffenstarrende Ritterschaft.[854]

Dieser praktische Wissenstrieb bestimmt auch das Verhältnis zur Geschichte. Um den rechten Weg zu finden, die treffende Vorschrift, das vollkommene Gesetzeswerk, »genügt es nicht nur, das Vergangene zu reformieren und das Gegenwärtige gut zu ordnen, sondern man muß auch mit der Eingebung eines scharfsichtigen Geistes für künftige Ereignisse Sorge tragen«.[855] Mit diesen Worten hat jener merkwürdige Monarch des 14. Jahrhunderts eigentlich umrissen, was moderne Soziologen, mit demselben umfassenden Anspruch, als Kultur definieren: historisch hergeleitete explizite und implizite Leitvorstellungen für das Leben.[856] »Die wohlüberlegte Vorausschau nimmt in Erwägung der Weltläufte aus den zurückliegenden Ereignissen das Beispiel für künftige Entschlüsse; und damit kann man also kommenden Vorfällen mit den rechten Mitteln begegnen, wenn man nur gründlich sucht, was jeweils an Ähnlichkeiten vorangeht.«[857]

Das pragmatische und, will man's modern sagen, komparative Interesse an der Geschichte kann wohl Beziehungen zu humanistischem Wissen entwickeln, weil es den Gesichtskreis weitet. Trotzdem ist es von der enthusiastischen Hochschätzung der alten Welt, wie sie Cola di Rienzo und den feineren Petrarca auszeichnen, sehr weit entfernt.

Das ist der abstrakte Unterschied. Die bunte Hofkultur Karls drängt ihn in den Hintergrund. Der sprachgewaltige Kanzler, die Wißbegierigen und Gebildeten, die Wortkunst selbst, in Latein und Deutsch und auch Tschechisch gepflegt, Baumeister und Maler, Musikanten und Hofnarren sind an sich schon ein Ereignis, wie es

Deutschland seit den großen Tagen des staufischen Kaisertums entbehrte.[858] Und wenn man auch die Relikte nicht mit der Realität verwechseln darf, so hat doch dieser Hof, der uns so viel Wortkunst und Bildkunst von seinem Dasein hinterlassen hat, gewiß über Auge und Ohr in besonderer Weise auf seine Mitglieder eingewirkt. Aber in der Absicht dieser Wirkungen, in den Gebetstexten und Hymnenübersetzungen eines Johann von Neumarkt, in der Wenzelslegende, deren neue Fassung der Kaiser selber schrieb, den liturgischen Texten für die heilige Reichslanze, an denen er teilhatte; in den symbolischen Deutungen des Lebens Christi, die er veranlaßte, in den Marienleben oder der tschechischen Übersetzung der Legenda aurea mit ihren Predigtexempeln, in Bauten, Fresken, Holztafeln und in den Figuren aus Holz und Stein steht immer das Religiöse voran. Der heilige Augustinus ist der Seelenführer der Prager Gebildeten, nicht Ovid oder Horaz. Erst Wenzel, Karls Sohn, wird sich im Rückzug von der Monumentalkunst der Kirchen und Residenzen zum Manierismus seiner Jagdschlösser, von den Manifesten zu den Miniaturen seiner berühmten Bibliothek, in Gedankenbahnen der Frührenaissance bewegen und dabei vielleicht gar utopische Elemente einer paradiesischen Regeneration in seiner Buchmalerei zum Symbol erheben. Das breitere Publikum stillte währenddem seine »humanistischen« Interessen an den Gesta Romanorum.[859]

Der Bücherfreund in Karls Umgebung war jedenfalls sein Kanzler Johann von Neumarkt. Dieser sprachgewandte und organisationsbegabte Schlesier[860] trat 1347 in königlichen Dienst und stand danach von 1354 an für 20 Jahre an der Spitze von Karls Kanzlei. Er hatte in Italien studiert, führte einen Briefwechsel mit Petrarca und kannte zumindest die lateinischen unter Dantes Schriften.[861] Johann war nachdrücklich am Aufbau, am Stil und an den Aussagen der kaiserlichen Kanzlei beteiligt, die er in ihren wichtigeren Urkunden immer wieder staatsprogrammatisch formulierte. Eine Sammlung vorbildlicher Urkundentexte, die er zusammentrug, kann geradezu als Lehrbuch für Kanzleibeamte gelten.[862]

Johann war aber auch eine tragende Figur im religiösen Leben bei Hofe. Ein lateinisches Gesprächsbüchlein der Seele mit Gott, das im 13. Jahrhundert entstanden war, während man es damals für eine Schrift des heiligen Augustinus hielt, übersetzte er als

»Buch der Liebkosungen« auf Wunsch und mit besonderer Unterstützung des Kaisers ins Deutsche. Diese Übersetzung zählt, neben zahlreichen Gebetstexten, zu seinen besonderen sprachschöpferischen Leistungen, die auch der Kaiser anzuerkennen wußte, mit den Worten, daß »die ungepflegten Worte der deutschen Sprache nur mit großen und mit ganz ungewöhnlich ausdauernden Bemühungen dem blumenreichen Ausdruck« des Kirchenvaters angepaßt werden könnten.[863] »In wortschöpferischer, freier Wiedergabe sucht Johann an den rednerischen Schwung des lateinischen Originals heranzureichen, in dem Betrachtungen über Gottes Unendlichkeit, seine Erhabenheit und seine Gnade mit Lobpreisungen wechseln, die ein Sichversenken und die volle betrachtende Hingabe der Seele an Gott künden.«[864] Die Verehrung des heiligen Augustinus, des großen Kirchenlehrers aus dem 5. Jahrhundert, dessen Gedankenwelt jenes Gesprächsbüchlein immerhin recht eindrucksvoll nachempfunden war, vereinte die religiösen Vorstellungen Johanns mit denen des Kaisers und auch mit Neigungen Petrarcas, der dabei freilich, trotz seines meisterlichen Lateins, gegenüber seinen Vorstellungen vom antiken Weltruhm nicht ganz konsequent geblieben ist. Johann von Neumarkt wurde 1353 für seine Dienste mit dem Bistum Leitomischl belohnt, elf Jahre später mit dem einträglicheren und ehrenvolleren alten Bischofsitz in Olmütz.

Den Einfluß auf die Entwicklung der deutschen Hochsprache, der von Karls Kanzlei und damit auch vom Wirken Johanns von Neumarkt ausging, hat man wohl ursprünglich überschätzt.[865] Andere Impulse lieferten nicht nur die städtischen Kanzleien, die in Böhmen damals noch deutsch amtierten, in ihrem Verkehr mit der Nachbarschaft, sondern auch eine gewisse Fachliteratur im handwerklichen Bereich, die Karl allerdings in einzelnen Fällen geradeso nachhaltig förderte. Ein anschauliches Beispiel für dieses meist unbekannte Schrifttum bietet Meister Albrants Roß-Arzneibuch, im 13. Jahrhundert in Neapel am Hof Kaiser Friedrichs II. entstanden, von Karl selber erprobt und empfohlen und fortan deutsch in einer regen Kopiertätigkeit verbreitet. Schließlich war es, in mehreren Sprachen gedruckt, noch im 18. Jahrhundert in Rußland in Benützung. Allein einhundertzweiundneunzig Handschriften haben sich davon erhalten, eine Zahl, die kaum ein anderer Text des Spätmittelalters erreichte.[866]

Ganz ausgenommen die Bibel. Auch um deren Verbreitung in der Volkssprache bemühte sich Karl und sein Gelehrtenkreis, und man zog von diesen Texten bereits eine »kontinuierliche Linie der sprachlichen Verwandtschaft bis zu Luthers selbständiger Arbeit«.[867] Ähnliches gilt aber auch von tschechischen Bibelübersetzungen, die wohl besonders vom Kloster der südslawischen Benediktiner, das Karl 1346 gegründet hatte, ihre Anregung empfingen.[868] Allerdings hat sich Karl zu späterer Zeit auch einmal mit allem Nachdruck gegen die Verbreitung religiöser Schriften in der Volkssprache gewendet, als er glaubte, sie wegen des Verdachts der Häresie bekämpfen zu müssen, zugleich mit einer religiösen Laienbewegung, die sich unter der Bezeichnung Beghinen für ihre weiblichen, Begarden für ihre männlichen Anhänger von Flandern bis Polen verbreitet hatte. Dabei ist der Sinn dieser Erlasse, mit denen Karl 1369 von Lucca aus die Inquisition unterstützte, wohl in einem plötzlichen Mißtrauen zu suchen. Der Papst selber hat sie später zu mildern versucht.[869]

Auch die tschechische Literatur verdankt ihm Förderung. Nicht sowohl wegen der wenigen Urkunden seiner Kanzlei in tschechischer Sprache, sondern eher schon wegen der offensichtlichen Interessen am Hof, die auf die Pflege des Tschechischen geradeso gerichtet waren wie auf das offenbar gängige Deutsche. Daher entstand nicht nur die immer wieder hervorgeholte Redensart von der »liebenswerten slawischen Sprache«, mit der sich Karl selber gelegentlich empfahl; auch die Anlage eines tschechisch-lateinischen Wörterbuches aus dem Kreis des Magisters Bartholomäus Klaret von Chlumec spricht für diese Neigung, zugleich aber auch für den Enzyklopaedismus innerhalb der Hofbildung, der auch zu einem Reimlexikon führte.[870] Zudem gehört natürlich auch die Anlage des sogenannten Emmaus-Klosters mit slawischer Liturgie, aus Kroatien beschickt, dem angeblichen Slawenpatron Hieronymus geweiht, in diesen Zusammenhang. Sie wird oft genannt.[871] Weniger bekannt ist die Fürsorge, die Karl gerade auch der Versorgung der Bibliothek dieses Hieronymus- und Emmausklosters zuwandte; bezahlte er doch eigens einen weltlichen Schreiber in Prag, der den Slawenmönchen liturgische Werke kopierte[872], eine kleine Kuriosität, weil man die bekannte benediktinische Buchproduktion in diesem Zusammenhang für selbständig genug halten könnte.

Jedenfalls gingen Frömmigkeitsförderung und Sprachförderung in diesem Rahmen ziemlich in eins: denn Karls Kulturverständnis war religiös bestimmt. Es ist deshalb selbstverständlich, daß Karl Volksbildung als Predigtfürsorge betrieb. Er berief Prediger, unter denen der Augustinerchorherr Konrad Waldhauser aus Oberösterreich besondere Bedeutung erlangte, einer der begabten Kanzelredner seiner Zeit. In Prag wirkte er nicht nur an einzelnen Kirchen, sondern unterhielt auch so etwas wie eine Predigerschule für Studenten.[873] Sein Wort zündete nicht nur bei Hofe, sondern auch in der Kanzlei. Hier traf es einen Notar aus Mähren, seit zehn Jahren etwa in kaiserlichem Dienst, noch nicht dreißigjährig. Vor kurzem hatte er sich bei diplomatischen Aufträgen bewährt, und kaum vor Jahresfrist war er Archidiakon geworden, eine einträgliche Pfründe, deren Verpflichtungen er freilich auch nachging. Nun aber bewegte ihn der Anruf des Chorherrn aus Oberösterreich. »Er war am Anfang meiner Predigt in Prag ein Gönner der anderen, aber jetzt ist er mein guter Freund«, bemerkte Waldhauser im Rückblick.[874] Und tatsächlich: jener Milíč von Kremsier wurde nicht nur der gute Freund des österreichischen Reformers, sondern sein bester, sein erfolgreichster Schüler, nein, er übertraf ihn; vielleicht sogar allzusehr.

Waldhauser geriet, bei seiner kompromißlosen Feindschaft gegen pflichtvergessene Kleriker, bald in Anklage am päpstlichen Hof. Er zog mit Karl 1368 nach Rom, konnte sich rechtfertigen, starb aber auf dem Rückweg. Damals predigte Milíč schon sechs Jahre in Prag. In Sankt Nikolaus auf der Kleinseite, in Sankt Ägidien in der Altstadt, zuerst verlacht wegen seines schweren hannakischen Dialekts, aber bald mit großem Zulauf. Offenbar zählte er zu den Rednern, die mit Energie ihre Gabe erst entwickeln mußten. Nach Waldhausers Tod predigte er auch deutsch. Und das alles mit der Kompromißlosigkeit des Asketen, nachdem ihm Waldhauser zu einem Konversionserlebnis verholfen hatte. Ein Prager Geert Grote:[875] denn er suchte dem Wort auch das Werk anzufügen, sammelte Außenseiter der Goldenen Stadt um sich, die Verworfenen, die Sünderinnen im vornehmlichen Begriff der Zeit, Prager Dirnen, und gründete mit seinen Anhängern ein Fürsorgezentrum. Reiche Prager halfen ihm dabei, und schließlich hatte er nicht weniger als 29 Häuser beisammen, ein ganzes Viertel in der Altstadt, und auch der Kaiser hatte dazu ein Haus geschenkt.

Aber es war doch eben auch mehr als ein Fürsorgezentrum. Milíč hatte damals, 1372, schon fünf Jahre lang Ahnungen und Visionen vom nahen Weltende und war 1367 sogar nach Rom gezogen, noch vor dem Kaiser, um Urban V. vor der Heraufkunft des Antichrist zu warnen, des teuflischen Weltendiktators am Ende der Zeiten. Eine friedliche, eine harmonische Epoche war das wahrlich nicht in seinen Augen, und dadurch schon wichen seine Vorstellungen gewaltig ab vom Glanz der Gegenwart, den der Kaiser selber und sein Hof verbreiteten, vom glücklichen Böhmen und vom Goldenen Prag.[876] Papst Urban V., der die benediktinische Güte auch auf dem kalten päpstlichen Thron sich bewahrt hatte, ließ den mährischen Eiferer aus der kaiserlichen Residenz nach anfänglicher Inhaftierung sogar mit seinem Segen ziehen. Zwei Jahre später war Milíč schon wieder in Rom, weil ihn seine Ahnungen bedrängten. Und noch einmal vier Jahre danach, im Frühjahr 1374, war er neuerlich unterwegs zur Kurie, jetzt nicht mehr nach Rom, sondern zum »babylonischen Exil« der Päpste nach Avignon. Auch fand er dort nicht mehr den gütigen Urban, sondern Gregor XI., der ihn wegen Anschuldigungen von Prager Pfarrern und Bettelmönchen zur Verteidigung zu sich zitierte. Doktor Johannes Klenkok, ein niederdeutscher Augustiner, führte die Anklage. Aber er trat nach einiger Zeit selber davon zurück. Der fromme Prediger überzeugte am päpstlichen Hof auch ein drittes Mal. Allerdings kam er von dieser Reise nicht mehr nach Hause. Er starb im Sommer 1374 in Avignon.[877]

Tatsächlich hatte Milíč die Laien nicht nur zum geduldigen Gebet aufgerufen. »O Du liebliches Brot«, hatte er sie beten gelehrt, »gib uns die Liebe, daß wir keine andere Liebe empfinden, und daß wir mit dem Feuer Deiner göttlichen Liebe so sehr entflammt werden, daß wir grausam werden allen unseren Feinden so wie die brüllenden und grimmigen Löwen!«[878] Er predigte täglich mehrmals, und die Verbreitung seiner Worte kann man erahnen, wenn man erfährt, daß manchmal zugleich zweihundert Abschreiber mit seinen Konzepten beschäftigt waren. Nicht nur vor dem ungelehrten Volk, auch vor dem Klerus, als Synodalprediger, vom Erzbischof eingeladen, führte er eine so gerade Sprache. Nachlässigen Prälaten wünschte er eine eiserne Rute, und wenn er auch dabei die Anerkennung für die rechten Kirchenfürsten nicht außer acht ließ, so mußte er doch hinzufügen, daß viele das Kirchenregiment vernachlässigten. Aber denen würde nach Matthäus 21 das Reich Gottes genommen werden und dem Volk gegeben, das seine Früchte daraus zu ziehen wisse. Das war eine sehr doppelsinnige Anspielung. Matthäus berichtet hier im Evangelium nämlich von den schlimmsten Anklagen Christi gegen die Pharisäer, von den Bauleuten, die den Stein verworfen haben, der zum Eckstein werden sollte. Und das Volk, dem die Früchte des Gottesreiches versprochen wurden, war das noch in der Amtskirche zu suchen?[879]

Die Synodalpredigten des Kremsierers fanden sehr rasch Verbreitung. Nicht weniger als 18 Handschriften haben sich davon in Prag erhalten, fünf in Schlesien, je eine in Preußen, in Polen, in Sachsen und in Österreich; fünf in Bayern.[880] Das macht mehr als viele Worte deutlich, wie sehr nach den Kommunikationsverhältnissen der Zeit die Prager Reformgedanken rings in Mitteleuropa ihre Anhänger fanden. Und der Kaiser?

Eben auch vor dem Kaiser machte Milíč nicht halt. Die Bewegung, die Karl selber mit frommem Sinn auf den Weg gebracht hatte, wandte sich gegen ihn. In einer Predigt, so wird erzählt, trat Milíč vor Karl, wies mit dem Finger auf ihn und bezeichnete ihn, der sich selbst als die Erfüllung christlicher Herrschertugend betrachtete, als den leibhaftigen Antichrist.[881] Diese unerhörte Herausforderung fand dennoch ein mildes Gericht. Milíč mußte mit einer Haftstrafe büßen. Viel schwerer als das Ereignis seiner Ahndung wiegt der Zusammenprall der Gedankenwelt: hier der Kaiser, der sich mitunter nachsagen ließ, was eigentlich auf Christus zu beziehen wäre, wie wir gleich hören werden; dort sein ehemaliger Notar, der Amt und Ehren entsagt hatte, sein Brot mit den Armen und den Sündern teilte und der über allem, was viel schlimmer war, über dem Goldenen Prag und dem glänzenden Hof schon die Schatten des Antichrist zu erkennen glaubte, das Weltenende in Angst und Schrecken; nicht genug: der das Kirchenregiment, ja den Kaiser selbst in diese düsteren Prophetien verwob.

Während der dritten Reise des Reformpredigers zur päpstlichen Kurie war sein sichtbares Werk in Prag zerstört, das »Neue Jerusalem«, jener in sich gekehrte Gegenpol zum Goldenen Prag, den Zisterziensern übergeben worden, seine Prediger vertrieben. Aber seine Predigten wirkten fort; nicht etwa bei den Armen oder den einfachen Prager Handwerkern, die, ungelehrt und führerlos, kaum mehr als die Erinnerung mitgenommen hätten, an einen, der alles ändern wollte. Die städtischen Oberschichten selber waren es, die, ähnlich wie der nachsichtige Kaiser, sich um die Hinterlassenschaft des Reformerkreises mühten. Zwei Kaufleute, der Schlesier Kříž und der Niederdeutsche Jan von Aachen, suchten zuerst die Rückgabe des Reformzentrums auf dem Prozeßweg. Später erwarben sie ein Grundstück in der Nähe und finanzierten den Bau einer Predigthalle für 3000 Zuhörer. 20 Jahre nach dem Tod des Milíč von Kremsier wurde diese neue Stätte der Volksseelsorge ihrer Bestimmung übergeben. Dem »Neuen Jerusalem« folgte damit ein »Bethlehem«. Der zweite Prediger, der an dieser Bethlehemskapelle seine Pfründe fand, hieß Johannes Hus. Jan von Aachen übrigens, der niederdeutsche Großkaufmann, hatte später einen Enkel namens Prokop. Dieser Prokop ist, nun freilich fünfzig Jahre nach dem Tod des Reformpredigers Milíč von Kremsier, mit einer schrecklichen Erinnerung in die kirchlichen Annalen eingegangen: Er war Prokop der Große, der berühmte Hussitenfeldherr.

Leben und Über-leben

Aber noch sollten wir uns um die fernere Zukunft der böhmischen Reformbewegung keine Gedanken machen; noch gilt die Gegenwart, die Gegenwart Karls und sein Selbstverständnis von sich als König und Kaiser und Herr von Böhmen; zwischen Himmel und Erde, zwischen Welt und Überwelt Träger eines Amtes, das man nur in der rechten Auserwählung zu führen weiß. Und damit treten wir ein in jenen Gedankenkreis, der den Politiker Karl und den Menschen Karl auf eine eigene Weise verbindet, die es verbietet, nach Renaissance oder Frühhumanismus zu fragen, wenn man dabei, um es in Schlagworten zu sagen, die Glaubenswelt des Mittelalters nicht als eine echte Größe gelten läßt. Das ist, was sich als »Spätmittelalter« vielleicht in diesem einen Kopf umschreiben läßt: weil er fromm und klug war und weil ihm seine Zeit schon Mittel an die Hand gab, die er in kühner Räson zum größeren Nutzen der weltlichen Verhältnisse einsetzen konnte.

Aber das alles nicht ohne den Glauben, daß daran um so stärker das Wirken Gottes in der Geschichte abgelesen werden könne. Der große Politiker Karl ist nur als der Fromme zu verstehen. Und seine Erfolge hat er selber immer wieder als das sichtbare Zeichen seiner unmittelbaren Bindung an das Überirdische gedeutet.

Diesem Überirdischen fühlte er sich unmittelbar nahe, so daß er, zwischen Welt und Überwelt, ganz nach den Worten seiner Autobiographie gleichsam ein doppeltes Leben führte. Den kaiserlichen Taten hier auf Erden entsprach eine Vita triumphalis, gepflegt in seinem Umgang mit Reliquien, im Kirchenraum, im Ornat unter seinen Kronen. Er sprach davon, er schrieb darüber, er verehrte in diesem Zusammenhang die Heiligen und ihre erhabenen Reste, und letzten Endes war das auch das Anliegen, um dessentwillen er Baumeister, Bildhauer und Maler, Goldschmiede und Geschichtsschreiber mit ihrer Kunst in seine Dienste nahm. Nicht Feindschaft und nicht Verachtung müßte ihn eigentlich in seinem Leben je so tief getroffen haben wie der fromme Eifer des Milíč von Kremsier, der ihn, wenn wir der Erzählung glauben können, als den Antichrist bezeichnete.

»Wenn wir im Innern unserer Brust gehörig nachdenken, wenn wir mit den Augen unseres Geistes in vorausschauender Erwägung umhersehen, und wenn wir nach dem Zeugnis unseres Gewissens abwägen, mit welcher Macht und mit welcher Gnade und gar mit welch wunderbarer Güte der allmächtige Gott, dessen Wille Himmel und Erde regiert, freundlich auf uns herabsah, der unser Geschick und unseren Namen im Lauf vieler Jahre so glücklich hat erwachsen lassen, uns mit den erlesensten Erben und den glänzendsten Prinzen begabte, mit Herrschaften und Landen unser eigenes Königreich Böhmen an verschiedenen Grenzen so wunderbar erweiterte, dann erkennen wir uns um so mehr als Schuldner und Abhängige von der göttlichen Güte, je mehr wir fühlen, daß alle diese freigiebigen Wohltaten nicht unserem Verdienst zuzuschreiben sind.«[882]

Also heißt das Fazit, das Karl am Ende seines Lebens zieht: Mehrung. Mehrung seines Ansehens und seines Namens, seiner Erben und seiner Ämter, seiner böhmischen Eigenherrschaft. Kein konzises Programm scheint da auf. Karl ist nicht Sieger, Gründer oder Reformator, sondern im breiteren Fluß der Dinge ein Mehrer seiner Herrschaft, Carolus semper augustus, das freilich in aller Demut, erfolgreich. Natürlich ist dieser Rückblick, fast ein frommer Stoßseufzer nur, einer gründlichen Aussage oder gar einem politischen Testament nicht gleichzusetzen; und stimmt doch mit allem überein, was sich von Karls politischem Selbstverständnis von Anfang an erkennen läßt.

Das hat freilich die Historiker mitunter bisher so gelangweilt, daß sie es gar nicht zur allgemeinen Kenntnis geben wollten. Karls älteste Selbstreflexionen in seiner Autobiographie wurden von einem der Klassiker der deutschen Quellenedition beim ersten modernen Druck einfach fortgelassen;[883] und die letzten, die der Herrscher ungeordnet hinterließ[884], sind an versteckter Stelle gedruckt und werden allenfalls aufgezählt, beachtet kaum.[885] Karls Herrschaftsbegriff ist von ihm selber und seiner engsten Umgebung tatsächlich oft in Worte gefaßt worden, und er erscheint, über all die Jahre hin, in sich geschlossen. Herrschaft ist Gottesdienst, im Dekalog vorgegeben, durch die rechte Weisheit zu erschließen und auf jede Wendung der Dinge zu beziehen. Aber Herrschaft ist zugleich auch Verbindung mit Gott, der dem gerechten Herrscher die Geheimnisse enthüllen und das rechte Urteil zeigen wird.[886] Herrschaft ist aber auch Dienst an den Untergebenen, »so daß der König mehr um ihren als um seinen Zustand besorgt sei, weil er mit ihnen so verbunden ist wie die Seele mit dem Körper«.[887] In diesem Sinn beteiligt sich der Herrscher an der rechten Schöpfungsordnung, sowie sie Augustinus bereits skizzierte: Wer dem Gesetz und den Geboten Gottes dient, die im Gesetz Gottes enthalten sind, der dient Gott und regiert mit ihm gemeinsam.[888] In diesem Sinn ist die alte Vorstellung vom König als Abbild der göttlichen Majestät am Hof Karls lebendig[889], bis zur wörtlichen Anspielung auf das Evangelium.[890] In diesem Sinn hat sich Karls Kanzlei aber doch auch das rechte Regiment anders gedacht als die staufischen Kanzler des 13. Jahrhunderts, deren Texte mitunter zum Vorbild dienten.

Das sieht man gerade an dem Vorwort zur Majestas Carolina, das einen Teil seines rhetorischen Glanzes den Konstitutionen von Melfi aus dem Jahr 1231 verdankt, wie im einzelnen seit längerem erwiesen ist.[891] Ein solcher Vergleich muß aber freilich nicht nur die

Gemeinsamkeiten hervorheben, sondern auch über die Abweichungen nachdenken. Und da fällt auf, daß Karls Diktat eine gewisse deistische Note des staufischen Textes vermeidet und statt dessen lieber den lebendigen Schöpfergott hervorhebt; und zudem, daß Karls Text auch die Aufgabe der Fürsten nicht nur in der Macht über Leben und Tod, sondern in der gerechten Gesetzgebung, in der regelhaften Ordnung, in der Juristenformel von den wohlerwogenen Gründen ausdrücken möchte, nach denen künftige Streitigkeiten auf vernünftige Weise beizulegen seien.[892] Friedensfürst und Friedenstechnik hängen in dieser Begrifflichkeit voneinander ab.

Ein solches religiöses Herrschaftsverständnis drängte natürlich zur entsprechenden Betätigung. Und zwar nicht nur in dem für die Zeitgenossen nicht selbstverständlichen und für manche neuere Betrachter geradewegs auffälligen Einzelheiten, wie etwa in Karls Gewohnheit, als Diakon der Kirche in kaiserlichem Ornat das Weihnachtsevangelium zu verlesen, gleichsam als ein christlicher Augustus.[893] Viel wichtiger sind die Folgerungen Karls im politischen Bereich: anders als etwa Friedrich II. dachte er nämlich augenscheinlich nicht an eine kaiserliche politische Oberhoheit. Nach seinem Verständnis des Dienstes an der Christenheit hatte, wie sein Verhalten zeigt, der Kaiser nur als christlicher Schutzherr gewisse Vorrechte. Friedrich II. hat gelegentlich Manifeste an die anderen gekrönten Häupter der Christenheit erlassen, um sie kraft kaiserlichen Amtes um militärische Hilfe zu bitten. Karl hätte einen solchen Anspruch vermutlich nicht erhoben. Aber er spricht von der Advokatie des Imperiums »als Schutzschild und allgemeines Refugium« der Kirche, »gleichermaßen als Monarchie der christlichen Religion«.[894]

Man könnte meinen, daß Karl anders als in dieser Variante von 1378 20 Jahre zuvor doch einmal von der Weltmonarchie gesprochen habe. Aber hier warnt der Zusammenhang vor einer solchen vorschnellen Auffassung. Es geht, bezeichnenderweise, um einen wenig bekannten Brief Karls an die heidnischen Litauer, der sie zur Bekehrung auffordert. Es ist ein besonderes Element in Karls Ostpolitik, dem er schon zuvor womöglich mit einem gewissen lakonischen Mißtrauen gegen die Litauerzüge des abendländischen Adels Rechnung trägt, an denen, zur Unterstützung des Deutschen Ritterordens, er in Begleitung seines Vaters gleichwohl wiederholt teilnahm. Dem entspricht auch eine merklich elastischere Politik Polen gegenüber, dem Bundesgenossen der Litauer, der er schon als Markgraf folgte und die er als König erst recht erkennen läßt.[895] Jetzt jedenfalls ist er auf Bitten des Papstes dabei, anstelle eines Litauerkreuzzugs eine Litauermission zu inszenieren, um die letzte heidnische Großmacht am östlichen Horizont in den abendländischen Kulturkreis einzugliedern. Karl schrieb also am 21. April 1358 an den Litauerfürsten Gedimin, und es entwickelten sich danach einige diplomatische Aktivitäten, wobei die Litauer allerdings nicht vom Deutschen Ritterorden erlangen konnten, was sie zurückforderten, und sich deswegen auch der kaiserlichen Missionsidee nicht näher öffneten. Immerhin wurde ein Sohn Gedimins 1365 in Königsberg getauft und scheint bis 1377 dem kaiserlichen Gefolge angehört zu haben.[896]

Karls Brief an Gedimin definiert die Gründe der kaiserlichen Fürsorge: »... Wir sind mit umso bereitwilligerer Neigung veranlaßt, Euer Heil zu erwägen und danach zu streben, als Wir gleichsam als ein Monarch der Welt Ehre und Ansehen der edlen Fürsten mit umfassenderer Zuneigung verfolgen und lieben.«[897] Monarchia mundi: In der diffizilen Sprachkultur des Prager Hofes ist damit kein Herrschaftsanspruch verbunden. Es ist die Fürsorge, die christliche Fürsorge für das Heil der ganzen Welt und ihrer Fürsten, nicht etwa der christliche Herrschaftsanspruch gegenüber allem Heidentum, mit der Karl sein Angebot rechtfertigt, und er tritt dabei »den Erlauchten und Erhabenen, den Fürsten und seinen Brüdern, den Herzögen von Litauen« gewiß nicht zu nahe, »denn außer den ewigen Freuden des Himmelreiches«, die ihnen die Taufe verspricht, »werden Eure Fürstlichkeiten auch im zeitlichen Geschick profitieren und in der Gerechtigkeit und im Gericht durch die Gnade dessen glänzen, dessen Segen Eure Frömmigkeit annehmen möge ... Und unter dem Arm des kaiserlichen Schutzes werdet Ihr Euch aller Freiheiten, Fürstenwürde, Ehre und Sicherheit erfreuen und gegen die Angriffe irgendwelcher Ungläubiger, wenn Eure Notlage dessen bedarf, standhaft und stark verteidigt werden durch den bereitwilligen Schutz der christlichen Heerscharen.« Das war jedenfalls eine Sprache, welche die freilich kampfgewohnten Litauerfürsten der Schwertmission des Deutschen Ordens bislang nicht ablesen konnten.[898] Es war offenbar auch wieder eine bezeichnende Begriffsverschiebung im Hinblick auf das Herrschaftsverständnis in der Kanzlei des letzten großen Stauferkaisers. Denn einen an sich vergleichbaren Begriff von Weltherrschaft hatte Friedrich 1226 in einer berühmten Deklaration benützt, die geradewegs denselben Raum und mittelbar sogar die Litauer betraf. Sein Erlaß ging als die Goldbulle von Rimini in die Geschichte ein und verlieh aus kaiserlicher Machtvollkommenheit, Imperium mundi, über alles heidnische Gebiet dem Deutschen Orden das Preußenland als künftiges Wirkungsgebiet.[899] Wenige Zeit vorher hatte Karls Kanzlei gerade diese Goldbulle von Rimini dem Orden von neuem bestätigt. Soll man in Karls Litauerbrief von 1358 ein Echo davon erkennen, wenn auch eben mit der bezeichnenden Veränderung in der Aussage?

Das »weltliche Haupt des christlichen Volkes« oder auch sein »Rektor« aus der Goldenen Bulle[900] hat jedenfalls noch in seinen letzten Lebenswochen die »Monarchia christiane religionis«[901] als ein sakrales Amt angesehen, und wenn das auch seine politischen Konsequenzen hatte, so hatte es doch auf jeden Fall sein Widerlager im Transzendenten. Das ist jenes Doppelleben, das einem jeden Gläubigen eigentlich zwischen Welt und Überwelt aufgetragen ist, das Wirken hier und die Verdienste davon im Jenseits, das Karl mitunter in den Geruch devoter Frömmelei gebracht hat und sich doch geradlinig vor dem Betrachter auftut, wenn man sein Kaisertum als ein christliches Amt begreift. Und wir erinnern uns: Sacrum imperium nannte sich dieses Reich seit den Tagen Barbarossas; vom Heiligen Reich hat Karl immer wieder gesprochen. Eine ähnliche Formel für seine Landesherrschaft, etwa als Sacra corona Bohemiae, hat er bei aller Fürsorge für diese Staatsabstraktion, die sein Wirken fortan über Jahrhunderte trägt, doch niemals gebraucht.[902]

Kaiser und Kirche

In den Augen seines Hofchronisten erwählt, um dem ganzen Erdkreis vorzustehen und deshalb, nicht im Sinne der Heiligkeit des kaiserlichen Geblüts, sondern nach dem Verständnis der christlichen Bewährung, zuvor »in verschiedenen Versuchungen und Gefahren« erprobt, »damit er wie das im Ofen geprüfte Gold seinen Heiland und Befreier selber erkenne und aus seinen eigenen Bekümmernissen und Bedrängnissen auch selber lerne, wie er, auf den Thron des ganzen Erdkreises erhoben, auch mit den anderen leiden und sich ihrer erbarmen müsse«,[903] prägte der heilige Herrscher auch den heiligen Kult. Karls Kirchenfürsorge entsprach zwar nicht allen Erwartungen, obwohl sie schon bald über alles gerühmt wurde.[904] Zwar hat sich der Herrscher besonders für die Unabhängigkeit der Kirchenrechtspflege verwandt[905], er hat auch eine Anzahl kleinerer frommer Schenkungen getätigt, aber vor mehr als zweihundert Klöstern, Konventen und Kommenden zu seiner Zeit, allein in Böhmen und Mähren[906], nimmt sich seine eigene Gründertätigkeit überraschend bescheiden aus. Adel und Erzbischof waren da ungleich generöser. Nur fünf Prager Klöster verdanken Karl ihre Entstehung: 1346 das berühmte Slawenkloster, offenbar nur der Torso eines größeren Projekts zur Förderung slawischer Benediktiner; ein Jahr danach, im Zusammenhang mit Karls böhmischer Krönung, der Karmeliterkonvent bei Maria Schnee; 1351 der Karlshof zur Verehrung Karls des Großen, ein Chorherrenkonvent, der bald in Ingelheim eine Filiale bekam; 1355 das Katharinenkloster für Frauen im Augustinerorden und 1360 schließlich das Servitenkloster bei der Kirche Maria auf der Säule. Alle diese Gründungen liegen in der Prager Neustadt und gehören sozusagen zum Erschließungsprogramm des großartigen Siedlungsvorhabens. Reichsweit und auf sein Herrschaftsprogramm gerichtet, dabei sparsam und zweckmäßig nach ihren Aufgaben, wirkten sechs Gründungen zum liturgischen Dienst an entscheidenden Stationen seines eigenen Lebensweges als irrender Mensch und als gekrönter Herr der Christenheit. So entstanden: 1354 ein kleines Kapitel für vier Augustinerchorherrn in Ingelheim, wo man damals den Geburtsort Karls des Großen vermutete, zu seiner Verehrung und zum Kult jenes Schwertes, das er vom Himmel empfangen haben soll.[907] Ein Jahr danach, auf dem ersten Romzug, eine Kirche mit drei Kollegplätzen in Tarenzo, in Erinnerung an die Marienvision, die Karl mehr als 20 Jahre zuvor an diesem Ort zu einem Konversionserlebnis geworden war. Im selben Jahr noch stiftete der Kaiser nach seiner glücklichen

Rückkehr nach Nürnberg die Marienkirche als »kaiserliche Kapelle«, ebenfalls mit drei Kollegiatplätzen unter Prager Visitation.[908] Sehr bald entstand auch, lange vor Bauabschluß, ein ähnliches Kapitel auf dem Karlstein bei Prag, dem geistlichen Refugium Karls, zur Verehrung der böhmischen Passionsreliquien, ehe noch die Reichsinsignien dort für längere Zeit verwahrt wurden.[909] 1362 stiftete Karl, vielleicht im Zusammenhang eines Gelöbnisses nach der lang ersehnten Geburt seines Thronfolgers, einen Wenzelsaltar in Aachen und versorgte ihn wiederum mit drei Kapitelplätzen;[910] 1377 schließlich entstand ein etwas größeres Kapitel an seinem brandenburgischen Sitz in Tangermünde.[911] Damit hat Karl gewissermaßen seinen Lebensweg mit liturgischen Stationen versehen. Dazu gehört auch der Ausgangspunkt: noch als Markgraf von Mähren, 1338, erneuerte Karl in Fürsorge für den Prager Königssitz die einst von seinem Großvater Wenzel errichtete Allerheiligenkapelle mit ihrem Kollegiatkapitel. Diesmal ging es um eine königliche Stiftung zur Auszeichnung des Königssitzes und zur Pflege königlicher Frömmigkeit, um eine »Hofkapelle« im ursprünglichen Sinn. Ein Dekan und zwölf Kapitelherren waren dafür vorgesehen, und der folgende, im 16. Jahrhundert zerstörte Parlerbau dieser Schloßkapelle soll die Gestalt der Pariser Saint-Chapelle nachgebildet haben.[912]

Dieses Allerheiligenkapitel als Gründung König Wenzels II. hatte also auch in den Bauten am Hradschin den Königskult in einem, wie man leichthin sagt, westlichen Sinne bereits vorgeprägt, noch ehe ihn die Luxemburger aus Frankreich hätten importieren können. Wir haben diese Zusammenhänge bereits aus der Chronistik des Prager Hofes kennengelernt, wie sie sich in den weitgespannten literarischen Beziehungen unter den letzten Přemysliden niedergeschlagen hatten. Erst nach dieser Vorgeschichte wird so richtig klar, warum Karl mit seltener Anschaulichkeit den Verfall des Prager Schlosses in seiner sonst doch so lakonischen Lebensbeschreibung förmlich in Worten nachvollzieht, wie den symbolischen Verfall des böhmischen Königtums in seinen Augen, um dann mit seiner Wiedererrichtung auch die Renaissance des Königtums anzudeuten: »Das Prager Schloß aber war so verlassen, eingestürzt und herabgekommen, daß es seit den Zeiten König Ottokars bis ganz zum Boden verfallen war. Hier trugen wir Sorge, von neuem einen weiten und schönen Palast mit großen Kosten aufzubauen, so wie er heutigentags dem Beschauer erscheint.«[913]

Selbstbildnis und Porträt

Karl hat sich kaum je über den Eindruck geäußert, den er von seinem Herrscherkult erhoffte. Man muß ihn von seiner Handlungsweise ablesen. Danach wußte er nicht nur zu unterscheiden zwischen dem schlichten Auftreten seiner eigenen Person, das Villani hervorzuheben, das Froissart an ihm tadeln zu müssen glaubte, das ihn mit manchem Großen in der Weltgeschichte verbindet, und zwischen dem Glanz, der ihn unter der Krone umgab. Aber der war nicht jedermann zugänglich. Zwar die Fassaden und feierlichen Umzüge waren für alle Welt bestimmt. Aber in feiner Abstufung durften nur die Erwählten zu subtilerer Anschauung vordringen. Und schließlich präsentierte sich Karl allein vor dem Unsichtbaren im Krönungsornat ebenso wie als Rekluse, in tagelanger Einsamkeit der Karlsteiner Katharinenkapelle. Das ist jener Dialog mit dem Absoluten, den er mit Hilfe seiner Architekten und Maler, mit Hilfe seines Reliquienkultes und seiner Geschichtsschreiber zu führen sucht, mit seiner eigenen Feder zu guter Letzt, und der für die Wenigen bestimmt war, die ihn aufnehmen sollten, um so wie er davon geprägt zu werden. Keinem seiner Künstler und Literaten hat er sich dabei ausgeliefert. Immer wieder vermeint man seine Hand zu erkennen, seine Entscheidung, seine Sinngebung.

Seine Autobiographie ist uns in dieser Funktion schon begegnet. Sein Hofchronist nahm sie auf, Benesch von Weitmühl, mit bezeichnenden Varianten, die nicht immer die demütige Selbstbezogenheit des Verfassers recht wiedergeben. Ausdrücklich rühmt sich ein anderer Chronist jener Jahre, dessen tatsächliche Leistung freilich nicht recht geklärt ist, so daß man auch schon an unmittelbare kaiserliche Autorschaft dachte, der sogenannte Pulkawa, kaiserlicher Anregung.[914] Auch Pulkawa hat die Welt mit böhmischen Augen gesehen und den Kaiser gepriesen, weil er dieses Land mit allen Fasern seines Daseins liebe und über alle zu erheben suche, so daß er in seiner besonderen Zuneigung allen Ruhm der Welt darauf hätte häufen wollen. Pulkawas Vorstellungen vom kommunistischen Paradies am Anfang der Geschichte erinnern an die Majestas Carolina; sein Versuch in einer letzten Redaktion des bis 1330 geführten Werkes, auch die Geschicke Brandenburgs zu berücksichtigen, erscheint als ein Reflex von Karls Unierungspolitik nach der Erwerbung der Mark von 1373. Deutlicher noch spricht sein Bezug zu Karls Gedankenwelt aus der Wenzelslegende in der neuen Fassung, wie sie Karl selber geschrieben hatte. Pulkawa benützt sie zur Darstellung der böhmischen Frühgeschichte. Seine Chronik fand als einzige aus Karls Epoche einiges Echo und auch zwei deutsche Übersetzungen, bezeichnenderweise in Schlesien und in Bayern.[915]

Vergleichbaren Erfolg erreichten weder der Domherr Franz von Prag, der in Karls Auftrag die Zeitläufte bis 1352 zu Papier brachte und dabei gleichsam ein goldenes Zeitalter aufgehen sah;[916] noch gar der Abt Neplach von Opatowitz, der summarisch Ereignisse bis 1365 beschrieb.[917] Neplach stand dem Hofleben ferner, auch wenn er vielleicht Karls Krönung in Arles 1365 mit eigenen Augen gesehen hat. Die kaiserlichen Intentionen hatte zuvor schon einer der großen Weltreisenden jener Tage in einen universalen Wurf fassen wollen, der Franziskaner Johann Marignola, nach vierzehnjähriger Missionsreise im Fernen Osten 1354 zum Bischof von Bisignano ernannt und dann als Karls Hofkaplan und Tischgenosse für drei Jahre, währenddem auch in kaiserlichem Auftrag unterwegs, mit dem Versuch einer Chronik über Böhmen und die Welt beschäftigt.[918] Der Versuch überstieg seine Kräfte. Das haben ihm die Historiker und Geographen in den letzten Jahrzehnten gründlich nachgesagt. Und doch ist die Absicht aufschlußreich, weil sie uns eine Ahnung von den Deutungen gibt, mit denen man zumindest in der Umgebung Karls die eigene Epoche dem zeitlichen und räumlichen Horizont einzuordnen suchte. Denn obwohl Marignola nun einmal »dauernd sein Thema verfehlt«[919], entstand unter seiner Feder eine fiktive, »harmonische Weltschau«[920], nach der eine thearchische Epoche die Menschheit vereinte und sich danach im Sinne des zeitgenössischen Dualismus zwischen Papst und Kaiser in eine monarchische und eine hierarchische Ordnung teilte. Die erstere gipfelt zeitgenössisch in Karl IV.; die andere aber führt nicht etwa geradewegs zum lebenden Papst, sondern zum ersten

Prager Erzbischof Ernst von Pardubitz, dem engsten Vertrauten des Kaisers. So gehen, mit manchen aufschlußreichen Einzelheiten, die Dinge in- und durcheinander, wie in den Köpfen derer, deren große Devotion sich nicht mit ihrem Scharfsinn deckt: Höflingswelt. Vielleicht war Karl selber von vornherein nicht ganz frei von Skepsis, als er, doch wohl vor der Niederschrift, den Auftrag erteilte, der jetzt zum Prolog der Chronik geworden ist. Die dreigliedrige Anlage der Chronik ist ihm dabei jedenfalls schon bekannt. Und er scheint auch etwas zu wissen von den Abstammungslegenden, nach denen Marignola die Luxemburger über Karl den Großen als die Nachfolger Jupiters und Saturns in die Geschichte einführt, in Verbindung mit der bekannten legendären Beziehung zwischen Franken und Trojanern.[921] Karl erinnert nämlich in seinem Vorwort an die Herkunftslegenden der antiken Kaiser von der Götterwelt, die zwar irrig seien, aber immerhin zur moralischen Orientierung nützten. Also läßt er's gelten.

Marignola überliefert auch sonst noch einige Splitter der kaiserlichen Apotheose zwischen seinen Zeilen, wie die Herkunftsdeutung des Namens der Kaiserinmutter von der alles überstrahlenden Sonne, worein auch eine entsprechende Abstammungssage für die Tschechen verwoben ist, die danach, und das mag wieder bezeichnender sein für das Selbstverständnis des Hofes als für seinen Herrscher, aus gallischen und italienischen Wurzeln historisch als Träger der Kaiserherrschaft legitimiert werden.[922]

Das kaiserliche Interesse galt bei allen schriftlichen Äußerungen immer wieder den Herrschertugenden und der Herrschaftsmoral. Was aus seiner Feder kam, sieht jedesmal einem Fürstenspiegel ähnlich, und seine eigenen theologischen Explikationen, weder an der zeitgenössischen Mystik[923], noch an der bohrenden Kritik des scholastischen Weltgebäudes interessiert[924], wie sie Occam, Fitzralph und eine Reihe Pariser Theologen damals vortrugen, war auf die greifbare, sichtbare, auf realistische Auseinandersetzung mit dem Göttlichen gerichtet: es war Sozialtheologie. Zu Johannes Tauler fand Karl keinen Kontakt; Johann von Dambach, ein anderer Eckartschüler, der als Gelehrter und Diplomat in seinen Diensten stand, vertrat immerhin eine bibelnähere Frömmigkeit. Ein moderner Beobachter hat daraufhin bei Karl »die Züge einer innerlichen Frömmigkeit« nicht finden können;[925] ein anderer sieht sehr gut den »leidenschaftlich frommen« Karl, konstruiert daraus aber einen Gegensatz zu seinem »Realismus«; ein Dritter setzt der devotio moderna, der individualistischen Daseinsverinnerlichung zum einfachen Leben, wie sie damals entstand, Karls »magisch symbolische Bildkunst, die mit archaischen Formen ihr raffiniertes Spiel treibt« als Ausdruck einer »welthistorischen Sendung« entgegen, sozusagen als eine devotio antiqua.[926]

Alles das reizt zu einer neuen Synthese von Karls religiösem Innenleben, in engstem Bezug zu seinen Aufträgen an die Hofkunst. Sie ist die Imagination seiner geistlichen Taten; es sind die res gestae des geistlichen Menschen Karl, der als Kaiser das Reich Christi auf Erden zu mehren suchte, in seinem Dienst, wie ihn die Kirche gelehrt hatte. Und der begann bei seiner persönlichen Liturgie: »Horas suas canonicas sicut unus sacerdos dicebat«.[927] Das führte vom Breviergebet zur Marienverehrung, zur besonderen Hingabe an bestimmte Heilige, namentlich an Wenzel, den ältesten Landespatron, seinen eigenen und den Namenspatron seines erstgeborenen Sohnes; auch zu Veit, dem Reichsheiligen, weniger zu Adalbert, mehr zu Prokop, dem Patron der slawischen Liturgie; zum Burgunderkönig Sigismund, den Namenspatron seines zweiten Sohnes, dessen Kult und Reliquien Karl erst selber vom Westen brachte.[928] Das war eine höhere Gedankenwelt als die Legenden und Etymologien, die der zeitgenössische Pseudohumanismus ausspann, um den Buchgebildeten ein Gespräch zu geben über den Rang der luxemburgischen Dynastie, die da über Karl den Großen, über Julius Cäsar, Aeneas und Jupiter nach der Darstellung Marignolas höher zu schätzen sei als antike Kaiser wie Maximilian und Diocletian, die plebeischen Ursprungs waren.[929]

Karls Frömmigkeit hob die kaiserliche Gedankenwelt aus jener Sphäre der Debatten über die klassische Abkunft der alten Slawen[930] und die Übertragung der kaiserschaffenden Würde des römischen Volkes auf die Deutschen oder auf die Kurfürsten[931], wobei dem slawischen Gedanken aus Prags Residenz in Trier, durch Balduin und Lupold von Bebenburg, seinen geistigen Testamentsvollstrecker[932], so etwas wie ein westliches Gegengewicht mit der Betonung kaiserlicher Herrschaft über Deutsche, Italiener und namentlich Franzosen erstand, merkwürdig unverbunden vermengt in einzelne Kapitel der Goldenen Bulle.[933] Das alles aber, wie gesagt, blieb zurück vor der frommen Majestät des Kaisers. Es zählte eher zum Höflingsgerede, dessen Zungenschlag sich ab und zu einmal in kaiserlichen Erlässen fand, das Karl hörte, aber selber nirgends weitergab[934], und das jedenfalls ausgeschlossen blieb von der liturgischen Gedankenwelt, mit der sich Karl vor dem Transzendenten präsentierte; Tischgespräch allenfalls, aber verbannt vom Altar des Kaisers. Dessen Ausdrucksmittel war eben auch eher in der sakralen, und nach allen Umständen dementsprechend in der bildenden Kunst zu suchen.

Symbolik und Kunst

In der bildenden Kunst hatte die Regierungszeit Karls IV. Epoche gemacht. Das »Karolinische Zeitalter« in Architektur und Malerei, in der Arbeit der Bildhauer und der Goldschmiede hob das östliche Mitteleuropa, hob Karls Residenz Prag mit der berühmten Bauhütte des Peter Parler, den er etwa 1352 von Schwäbisch Gmünd berief, mit seiner Malerzunft, die er 1348 in Prag privilegierte, wie eine Parallele zu seiner Universitätsgründung, und 1365 von den Neustädter Schilderern mit ihrem geistlichen Aufgabenbereich abgrenzte, mindestens an das Niveau anderer Kunstzentren Europas. Es führt über die uns im einzelnen unbekannten Leistungen seiner Hofmaler Nikolaus Wurmser und Theoderich über Thomas von Modena, von dem man nicht einmal weiß, ob er je in Prag wirkte, zu den anonymen Leistungen der Buchillustratoren, der Goldschmiede und gar der Bronzegießer. Deren Prachtwerk, der Georgsbrunnen, ist bislang sogar noch überhaupt nach Ort, Zeit und ursprünglicher Funktion umstritten, viel weniger denn, daß man auch nur von einer Gießerei unter Karls Hofwerkstätten wüßte.[935] Das Vielberedete und -gedeutete ist also keineswegs bislang so recht bekannt.

Karls Architektur diente der Repräsentation und dem Kult. Zweckbauten sind kaum dabei, wie etwa die Prager Moldaubrücke, 1357 vollendet, deren Bau unerläßlich war, nachdem fünfzehn Jahre zuvor die ältere Steinbrücke, ein Wunder ihrer Zeit, geradeso wie ihr Vorbild, die Steinerne Brücke zu Regensburg, einem Hochwasser zum Opfer gefallen war. Und auch diese Brücke trug

Karls Namen. Ähnlich gibt es eine Anzahl von Burgen, die er im Lande errichtete, zweckbestimmt, nach Karl benannt, schon einmal aufgezählt, sämtlich in der Südhälfte Böhmens, bis zur 1364 und 1370 privilegierten Stadt Karlsbad.[936] Überall da bestimmt der Herrschername, wie im Collegium Carolinum, das 1366 zur Bepfründung von Universitätsprofessoren entstand, Kollegium neuen Stils, Grundstein des Ordinarienwesens, wenn man will.[937] Zumindest im Namen ist der Herrscher dabei jeweils präsent, wenn er nicht, wie am Brückenturm auf dem Altstädter Moldauufer, in bildlicher Darstellung für sich selber spricht, in diesem Fall in einer Form, als Sitzfigur neben dem jungen Wenzel, seinem Mitregenten, die man schon mit antiken Triumphtoren oder dem freilich nicht überlieferten Triumphtor Kaiser Friedrichs II. in Capua in Verbindung brachte.[938] Eine besondere Position unter allen diesen Karlsbauten und -nennungen hält der Karlstein, eine einsame Waldburg einen Tagesritt südlich von Prag. Von dort ist der größte Teil zeitgenössischer Innenarchitektur erhalten, mit Raumeinteilung und -ausstattung, mit Wandverkleidung und -malerei.

Alle andere Architektur diente dem Gottesdienst; die wiederaufgebaute Allerheiligenkapelle auf dem Hradschin, der 1344 grundgelegte neue Dombau zu St. Veit im Prager Burgareal[939], zunächst mit Matthias von Arras ganz antiquierte französische Kathedralkunst, ehe ihn Peter Parler modifizierte, die »kaiserliche Kapelle« in Nürnberg[940] und der Choranbau am Aachener Münster Karls des Großen.[941] Allein die Aufzählung verrät schon das Programm. Dazu gehört als eine kleinere Variante noch die Schloßkapelle in Tangermünde und der Karlshof in der Prager Neustadt. Eine besondere Aussage trägt die Wenzelskapelle innerhalb des Bauprogramms des Prager Veitsdoms.[942] Im Rahmen architektonischer Kleinkunst gewinnt der Nürnberger Kurfürstenbrunnen eine besondere Bedeutung, den Karl selber noch in Auftrag gab.[943] Und alles das ist aus dem herkömmlichen Anliegen architektonischer Symbolik zu begreifen, aus französischen oder byzantinischen, aus staufischen Parallelen in Unteritalien oder aus ähnlichen deutschen Beispielen zu deuten, abgesehen von den älteren böhmischen Traditionen, wovon schon die Rede war. Nur der Karlstein paßt nicht in dieses Programm.

Wir müssen uns daran erinnern, daß die romanische wie die gotische Architektur und nicht weniger der zugehörige Figurenschmuck nicht nur eine formale ästhetische Aussage darstellen, sondern, nach dem sorgsam tradierten Wissen der Bauhütten und Architekten, auch eine magisch-symbolische. Und beides sollte miteinander zur rechten Vorstellung äußerer Vollendung zusammenklingen. So entstanden die »Programme« jener Kunst, nicht nur zur Erbauung der Betrachter, sondern auch als kunstreich ersonnene Antwort auf die Geheimnisse der Schöpfung. Und die politische Aussage ließ sich dabei oft an der Nachahmung bestimmter Vorbilder ablesen. So hatte Karl der Große in Aachen seine Pfalzkapelle nach dem Bilde der Hagia Sophia in Konstantinopel gebaut, der byzantinischen Kaiserkirche, um die Gleichrangigkeit seines Kaisertums mit dem oströmischen zu demonstrieren. So baute Karl der Vierte in Aachen die Chorkapelle wie auf der Prager Burg die Allerheiligenkapelle nach dem Prototyp der Saint-Chapelle in Paris und ahmte andererseits im Rundbau des Prager Karlshofes, Karl dem Großen als Schutzheiligem geweiht, die Aachener Pfalzkapelle nach.[944] So folgt die Nürnberger Frauenkirche mit ihrem Marienpatrozinium auch in formalen Einzelheiten den Traditionen kaiserlicher Pfalzkapellen.[945] Andererseits ist die Wenzelskapelle offensichtlich ein Fremdkörper im Grundriß des Prager Veitsdoms, was es wahrscheinlich macht, daß sie außerhalb des ursprünglichen Vorhabens dem Architekten zugemutet wurde, und das doch wohl vom Kaiser selbst. Ihr Grundrißquadrat verrät als symbolische Aussage für einen vollkommenen Raum den Hinweis auf das Paradies, und dies schien, wie das Johannespatrozinium, dem Grab des vornehmsten böhmischen Landespatrons, dem heiligen Wenzel, am besten angemessen. Solche Zusammenhänge verweben mit vielen Bezugspunkten Grundrisse und Bildkunst, Zahlen und Gestalten aus Einzelheiten zu einem Ganzen. Eindrucksvoll ist danach, wie sehr Karl IV. sich in Aachen um Karl den Großen verdient machen wollte. Er ließ ein Reliquiar für einen Armknochen seines großen Vorgängers verfertigen und vornehmlich eine lebensgroße, goldgeschmückte Silberbüste, um einen Schädelknochen Karls darin zu bergen. Dieses Reliquiar wurde 1349 noch mit einer Krone, offensichtlich aus dem Besitz des Luxemburgers, gekrönt und dicht mit Gravuren von Adlern und Lilien verziert, vielleicht als Symbolik der besonderen Beziehungen zwischen Deutschland und Frankreich in gemeinsamer Verehrung Karls des Großen durch den deutschen und den französischen König.

Drei Hofkapellen ließ Karl errichten: am Hradschin, in Nürnberg, in Tangermünde. Sie zeigen eine bemerkenswerte, aber nicht unerhörte Fürsorge zur geistlichen Darstellung seiner Herrschaft, einschließlich der liturgischen Dienste, für die er regelmäßig dabei sorgte. Auch der Veitsdom gewann zudem etwas von einer Schloßkapelle in Karls Aufsicht und Fürsorge, wohl deshalb, weil er, ein Unikum in Europa, vom Burgbezirk der böhmischen Herrscherresidenz unmittelbar umschlossen war.[946] Im übrigen aber brachte er Karl gerade so wie der Choranbau an das Aachener Münster mit seinen Namenspatronen in Verbindung, als die Grabkirche Wenzels, so wie in Aachen die sterblichen Reste Karls des Großen verwahrt wurden. Zusammengenommen sichern diese Kirchenbauten Karl schon eine Spitzenstellung in der Geschichte des abendländischen Mäzenatentums. Das Anliegen dieser Förderung ist dabei jedermann verständlich: der böhmische König, der deutsche Kaiser, der getaufte Wenzel, der gefirmte Karl suchte sich jeweils mit beachtlichem Aufwand im geistlichen Raum zu repräsentieren.

Solche Unternehmungen überschreiten das bisher gewohnte Maß. Aber sie sind nicht grundsätzlich neu. Neu ist, was dem Bau, der Ausstattung der geistlichen Zweckbestimmung des Karlsteins zugrunde liegt. Nicht Karl und nicht Wenzel, nicht Böhmen und nicht das Reich erscheinen dort als kultische Angelpunkte. Das ist schon beobachtet worden. Man hat sogar gemeint, dahinter eine negative Aussage entdecken zu müssen, als habe Karl, mit dem Taufnamen Wenzel, im Hinblick auf eine ständische Beanspruchung gerade dieses Heiligen versucht, Wenzel mit einer gewissen monarchischen Distanzierung aus dem Kreis der Karlsteiner Schutzpatrone zurückzudrängen.[947]

Solche Mutmaßungen gehen sicher in die Irre. Der Karlstein war wohl vielmehr, anders als die Reichsheiligtümer in Aachen, in Ingelheim oder in Nürnberg, oder als die Sakralbauten, in denen Karl sich als böhmischer König, oder wo er seine Dynastie in der Herrschaft über die Mark Brandenburg präsentierte, Karls persönliches Heiligtum. Er ist seiner Selbstheiligung geweiht, mit allen Reliquienschätzen, durch deren magische Nähe er sich erhoben fühlte, und er gilt seiner persönlichen Nachfolge Christi, wonach die Architektur in einzelnen Stationen über alle Heiligen aus Karls engerem Interessenkreis bis zur Heiligkreuzkapelle führt, in der Karl, mit Kreuz und Kleinodien des Leidens Christi, den Himmel selbst in symbolischem Abbild zu errichten versuchte. Der Karlstein ist also Karls geistliches Lustschloß, wenn man will, die spirituelle Variante zum Castell del Monte Kaiser Friedrichs II. in Apulien, das ebenso aus Geheimnissen ersonnen scheint: hier die geistliche Symbolik, dort die Geometrie; hier die dreigestufte Aufgipfelung eines Läuterungsweges, dort die räumliche Geborgenheit des achteckigen Zentralbaus; und hier wie dort die gleiche zweckfreie Waldeinsamkeit.

Der Karlstein ist deshalb auch der Ort der ausführlichsten Porträtdarstellung des Herrschers. Nicht alles ist erhalten. Man muß aber zuvor erwägen, daß Karl ohnehin auffällig oft im kirchlichen Bereich dargestellt wurde, meist als Steinplastik: im Aachener Münster und in der Kirche von Mühlhausen, im Augsburger und im Wiener Dom, in der Frauenkirche in Nürnberg und wahrscheinlich an der Außenwand der Pfarrkirche zu Sulzbach, in Luckau vermutlich und vornehmlich in der Triforiumsgalerie des Prager Veitsdoms. Dort präsentiert er sich sogar mit seiner ganzen Familie und, was ungewöhnlich erscheint, mit Erzbischof, Dombaudirektor und Baumeistern sozusagen auf gleicher Ebene. Karl kniet auch an der Außenwand des Prager Doms über der Goldenen Pforte mit einer seiner Gemahlinnen im Mosaikenbild des Jüngsten Gerichts, er kniet in der oberen Zone im Raum der Kronenträger, zugleich mit König Wenzel, vor der gekrönten Maria im Votivbild des Očko von Vlašim, der Gottesmutter empfohlen durch den gekrönten heiligen Wenzel und den gekrönten heiligen Sigismund.[948]

Aber alles das ist wieder nur eine Massierung des auch bisher bereits Bekannten. Bildkult des Herrschers im sakralen Raum, als »typisch byzantinisch« bezeichnet, läßt sich auch zuvor schon im Abendland beobachten, am meisten wohl bis dahin beansprucht von Kaiser Friedrich II., in den Domen von Cefalú wie von Bitonto, wo der Herrscher jeweils mit Vorfahren dargestellt ist, ebenso wie der Aachener Karlsschrein, der Sarkophag des großen Karolingers, 1215 von Friedrich II. eigenhändig verschlossen in einer ähnlichen Reliquienfürsorge, wie sie Karl so sehr praktizierte, die Reliefbildnisse von 16 kaiserlichen Herrschern zeigt.[949] Neu ist hingegen die Eindringlichkeit der bildlichen Aussagen auf dem Karlstein.

Es handelt sich um Freskendarstellungen. Gezeigt wird in einer Folge jeweils der Kaiser, wie er vom französischen Dauphin und danach in einer ähnlichen Szene vermutlich vom Zypernkönig Peter von Lusignan jeweils Reliquien entgegennimmt, um sie in einem dritten Bild dem kostbarsten Schatz des Karlsteins, einem nach deutschem Vorbild eigens angefertigten Reliquienkreuz, einzufügen.[950] Ein anderes Bild zeigt ihn mit Anna von Schweidnitz im Porträt, dazwischen dasselbe Heiltumskreuz. Alle vier Darstellungen führen in die besondere Verbindung gekrönter Häupter mit dem Numinosen. Dabei zeigen sie Karl in der Hauptrolle. In diesen Zusammenhang der Karlsteinfresken gehört vielleicht auch noch ein anderes verschollenes Bild, von dem Marignola berichtet. Karl hatte eigenhändig einen Teil einer Fingerreliquie des heiligen Nikolaus für seine Sammlung abgetrennt; die Schnittstelle zeigte Blutspuren.[951] Und während andere Zeugen in diesem Wunder eher eine Warnung sahen, fühlte Karl sich dadurch in seinem Reliquieneifer offenbar bestätigt und ließ die Szene malen.

Es gibt noch andere Darstellungen auf dem Karlstein. So die beiden Freskenzyklen aus dem Leben des heiligen Wenzel und der heiligen Ludmilla im Aufgang zum Hauptheiligtum; oder die zerstörte Galerie der luxemburgischen Ahnherren, die uns eine Nachzeichnung des 16. Jahrhunderts erhalten hat, ähnlich wie die přemyslidische Ahnengalerie auf der Prager Burg.[952] Beides galt zweifellos dem Ruhm der Dynastie mindestens in gleichem Maß wie dem gegenwärtigen Herrscher. Es gab vielleicht auch Darstellungen, die dem weiteren Umkreis staatsrechtlicher Demonstrationen zugehörten, wie ein Bild von der unmittelbaren und damit also gleichberechtigten Herkunft weltlicher und geistlicher Gewalt, über das zumindest dem Kaiser berichtet wird und das man sich leicht auf dem Karlstein denken kann.[953] Aber das wäre dann sozusagen ein Stück aus den unteren Regionen im Aussageganzen dieser Burg, die im Karlstein auch räumlich abgetrennt waren vom eigentlichen geistlichen Lebensbereich des Kaisers, in ähnlichem Verhältnis, wie sich seine eigene literarische Arbeit von der übrigen Hofliteratur abhob.

Diesem Eigentlichen soll aber noch etwas abgewonnen werden. Zunächst: der Karlstein war nicht als Hort der Reichskleinodien entstanden. 1348 begründet, 1357 mit einem Kapitel ausgestattet, gilt er ausdrücklich dem persönlichen Reliquienschatz Karls, nicht dem Reich und nicht der Krone Böhmen. Das weist Karls hartnäkkige Bemühung um eine besondere und den Reichskleinodien gleichwertige Ablaßprivilegierung des Karlsteiner Reliquienkreuzes geradeso aus wie der Schriftwechsel um die Gründung des Karlsteiner Kollegiatkapitels, das »zu Ehren der Passion und des Kreuzes, der Nägel, der Dornenkrone und des Schwammes unseres Herrn« genannt wird.[954] Die Reichslanze, die mit den übrigen Reichskleinodien später ebenso auf dem Karlstein verwahrt wurde und für die Karl Jahre zuvor beim Papst ein besonderes Fest erwirkt hatte, bleibt in diesem Zusammenhang unerwähnt oder tritt, gelegentlich genannt, unter mehrfachen Aufzählungen doch deutlich zurück.[955] Der himmelsgleiche Kultraum der Erlösung durch das Leiden unseres Herrn, den Karl schließlich im höchsten der drei Bauteile auf dem Karlstein errichtet hatte, strahlte die Kraft der von Karl selber gesammelten Passionsreliquien aus – denen Karl allerdings unter anderem doch auch ein Stückchen vom legendären Nagel Christi aus den Reichsheiligtümern hinzugefügt hatte.

Damit ist aber der Zweck jener geheimnisvollen Burg in der böhmischen Waldeinsamkeit noch nicht ganz umschrieben. Man hat gelegentlich von einer Gralsburg gesprochen, und der Vergleich liegt natürlich nahe. Mit solchen Ambitionen aus der zeitgenössischen Ritterromantik hätte Karl sich aber gewiß stärker der Lanze angenommen, der Reichslanze, die er in seiner Verwahrung hatte und die ja dieselbe war, oder besser die gleiche, die auch das Gralsmysterium umgab. Auch war die Gralsburg der Sage nach der Sitz einer Ritterrunde. Der Karlstein hatte wohl ein Priesterkollegium zum liturgischen Dienst, aber der Kaiser war einsam hier. Allein zog er sich namentlich zur Passionszeit in die Katharinenkapelle zurück, eine edelsteingeschmückte Klause, ausgezeichnet auch durch ein Brett von der Bahre des heiligen Wenzel, um tagelang zu meditieren. Der Karlstein war sein Heiligtum. Zudem wird sein frommer Individualismus durch eine Parallele erschlossen.

Man muß nur einmal überlegen, daß Erzbischof Ernst von Pardubitz, sein engster Vertrauter, der in sehr ähnlicher Weise geistlich regierte wie Karl als König, sich geradeso eine Klause errichtete, wenn auch mit bescheideneren Mitteln, in die er sich ähnlich tagelang von seiner Umgebung zurückzog.[956] Auch Ernst war ein bedeutender geistlicher Mäzen, mit besonderer Verehrung für die Gottesmutter, der er in seiner persönlichen Eremitage im Augustiner-Chorherrenstift zu Glatz eines der berühmten Tafelbilder der Zeit gestiftet hatte. Auch Ernst hatte eine Konversion erlebt, ähnlich wie Karl, durch eine Marienerscheinung, die er als Geheimnis bis zu seinem Tode mit sich trug. Freilich scheint es, als hätte sich Ernst, nach 14jährigem Studium in Italien wohl auch ein besserer Kenner, viel stärker dem buchverbundenen augustinischen Prälatenhumanismus erschlossen als Karl; dem Glauben an die Magie der Symbole, an die Kraft der Reliquien und wohl auch ihrer Wunder[927] scheint er dagegen ferner.

Vielleicht mußte der Erzbischof, der wirklich als Priester in den Mysterien der Sakramente wirkte, nicht wie der Kaiser, der bei aller seiner Herrscherwürde nun einmal keine Priesterweihe besaß, im engen Umgang mit Reliquien einen Ersatz für die priesterliche Sakramentalgewalt suchen, um Gottes Heil für sich und sein Volk zu erwirken. Karls Reliquienberichte sprechen für einen solchen Funktionsersatz.[958] Vielleicht fügt sich eine solche Deutung auch einfacher in ein Menschenbild des Spätmittelalters als der mühsam unterdrückte Ärger neuerer Betrachter über den mit Karls scheinbarem Modernismus so gar nicht harmonierenden Reliquienglauben, als hätte es dazu »eine getrennte Kammer in seinem Kopf« gegeben. Der Laie Karl, nur gebildet am Grundwissen seiner Zeit, blieb in seiner Lebensführung wie in seinen religiösen Spekulationen bei allen seinen religiösen Sehnsüchten doch ein einsamer Eiferer in einer archaischen Sakralwelt.

So gibt es auch kein Beispiel in der zeitgenössischen Kunst für die Art, wie er die vornehmsten Räume des Karlsteins auszuschmücken wußte, geradeso wie die Wenzelskapelle im Veitsdom und auch die Schloßkapelle in Tangermünde, das zuletzt errichtete luxemburgische Heiligtum. Bis in Mannshöhe mindestens, manchmal auch, wie in der Karlsteiner Katharinenkapelle seiner Klause, bis zu den Deckengewölben, sind die Wände mit goldinkrustierten großen Edelsteinen ausgelegt. Diese massive Pracht ist zweifellos nicht nur Schmuck. Der Edelstein ist vielmehr im mittelalterlichen Kosmos die Hülle des Heiligen. So sollten die Räume den Himmel nicht nur imaginieren, mit vergoldetem, edelsteingeschmückten Deckengewölbe wie in der Karlsteiner Kreuzkapelle; sie sollten auch mit ihrer magischen Ästhetik den frommen Beter dorthin versetzen. Dem großflächigen Edelgestein muß man vielleicht auch die großflächigen Antlitze der 133 Heiligen zuordnen, deren Porträts nach Karls Wunsch und Anordnung die höhergelegenen Wände der Kreuzkapelle umgeben, und die nun wieder nicht, bei aller stilgeschichtlich diskutierten vorwärtsweisenden Darstellungskunst, einer modernen Gemäldegalerie gleichzusetzen sind. Denn ein jedes dieser Tafelgemälde enthielt innen ein Reliquienteil des dargestellten Heiligen. Auch hier verbindet sich Imagination in archaischem Sinn mit einer Darstellungsabsicht, die leicht als Modernität mißdeutet wird.[959]

Mißdeutet ist mitunter auch das Porträt des Kaisers selber in allen seinen Varianten. Unverkennbar erscheinen gewisse Ähnlichkeiten besonders der Prager und Karlsteiner Darstellungen in unterschiedlichem Material. Und immer wieder fällt den Betrachtern dabei das Lächeln des Kaisers ins Auge, kaum merklich, und doch in der feineren Bewegung seiner Gesichtszüge unverkennbar, im Stein oder auf dem Tafelbild. Das wurde einmal gedeutet als »schmunzelnde Heiterkeit ... fast eines gesprächigen Bürgers von Prag«, als »sinnende Weisheit und freundliche Milde« auf einer anderen Darstellung, gelegentlich in »verzerrt starkem Ausdruck«.[960] Es ließ in Karl »das Bild des kleinen, lächelnden, unermüdlichen Kaisers«[961] erscheinen. Es blieb, nach einem anderen Kommentar, ein »überlegenes, entwaffnendes Lächeln«[962], und jedenfalls ein »rätselhaftes Lächeln«.[963]

Das alles ist es wohl nicht. So sympathisch uns der kleine, unermüdliche Kaiser anmutet – ein Bürgerkaiser ist Karl bei aller christlichen Fürsorge auch für den kleinen Mann, die mitunter aufscheint, nicht gewesen. Vielleicht schiebt sich da zwischen der Absicht der Darstellung und deren Erscheinungsbild, wie sie die Realistik der Zeit nun einmal erfaßte, unter dem Meißel Peter Parlers und unter dem Pinsel des Meisters Theoderich, wie auch immer eine Mißdeutung ein, die Karl in seiner Leiblichkeit zur Schau trug und in seiner Geistigkeit doch so nicht offenbaren wollte. Kaiser

Karl, im Kreis der Steinbüsten auf der dem Kirchenvolk unzugänglichen Triforiumsgalerie des Veitsdoms, aber auch vor der Prager Altstadt, am Zugang zur linken, zur Burgseite der Moldau mit seiner Residenzstadt konfrontiert, und erst recht der Kaiser in vollem Ornat der Karlsteiner Marienkapelle, war ein Sakralherrscher. Sein Lächeln, wie es seine Porträtisten wohl auf seine Weisung festhalten sollten, war nicht eigentlich leutselig. Es strahlte Triumph.

Triumph, wie ihn der Kaiser im Verein mit einer langen Reihe antiker Siegesheiliger suchte, mit Viktor und Palmatius, Sigismund und Vitus, mit Nikolaus und Wenzeslaus.[964] Triumph tönt überdies auch immer wieder aus dem Lobpreis, den ihm seine Prager Chronisten spenden, der Domherr Franz, der Domherr Benesch, der Bischof Marignola oder der Abt Neplach. Man kann Zweifel hegen, ob Karls Erwerbspolitik mit seinem Friedensverständnis so ganz vereinbar ist; ob seine rigorose Steuerpraxis, besonders gegen deutsche und italienische Reichsstädte, so ganz zum Begriff der christlichen Fürsorge zählt, die er immer wieder beschwor; ob mancher unbarmherzige Richtspruch des Kaisers in wahrer Nachfolge zum Leben Jesu stand; ob die Sprache seiner Majestät der gläubigen Demut angemessen war oder die Raffinesse seiner politischen Täuschungsmanöver nicht allzufern vom christlichen Gebot des einfältigen Vertrauens. Mit anderen Worten: Man kann über die alte Polarität zwischen Macht und Liebe nachdenken, die das Evangelium in unserer Kultur stets von neuem belebte und die der Politiker Karl zu seinen Gunsten verschob. Man kann auch darüber meditieren, daß an seiner Regierung nicht nur Unrecht unausweichlich haftete, sondern auch Erfolglosigkeit. Nur eines kann man ihm nicht absprechen und muß es deshalb wohl auch zu Recht im Lächeln seines Porträts verewigt finden: Triumph. Karl hatte, gegen Ende seines Lebens, wahrhaft alle überwunden, die sich ihm in den Weg stellten. Seinesgleichen hatte ihn niemals besiegt. Es waren die Umstände, die Probleme, die Entwicklungen, die Knoten, zu denen sich die Fäden schürzten, als er sie nicht mehr in Händen hielt, die sein Wirken schließlich verdunkelten.

Karl starb am 29. November 1378. Zwei Wochen lang wurde er in Prager Kirchen aufgebahrt. Seine Nachrufe nannten ihn einen zweiten Konstantin, einen Heiligen, einen Friedenskaiser. Mit ihm ging eine Epoche der europäischen Monarchie ins Grab, eine Generation begabter Herrscher, energisch, expansionsfreudig, aber gleichzeitig auch Verwaltungspolitiker mit Ordnungssinn und Erfindungsreichtum, aufgeschlossen für die Bedürfnisse gesteigerter politischer Mitsprache, die sie allesamt in umsichtiger Repräsentation ihrer Person, ihrer Taten, ihrer Absichten und der mythischen Legitimität ihrer Herrschaft zu nützen wußten. Das ist ein eigenartiges Generationenspiel auf den europäischen Thronen, von dem schon die Rede war, um die tiefgreifenden Wandlungen jener Epoche zu beleuchten, die das vielverkannte »Spätmittelalter« als ein besonderes, zukunftsträchtiges, aber eben, wenn man so will, doch noch zukunftsfernes Zeitalter auszeichnen.

1370 starb Kasimir der Große von Polen; 1375 Waldemar Atterdag von Dänemark; 1377 Eduard III. von England, 1380 Karl V. von Frankreich, 1382 Ludwig der Große von Ungarn und im selben Jahr der Hochmeister Winrich von Kniprode im preußischen Ordensstaat. Sie alle waren die bedeutendsten Herrscher mindestens dieses Jahrhunderts in ihren Landen; sie alle fanden schwache Nachfolger. Und nicht anders war die Situation auf dem päpstlichen Thron, seit Karls Todesjahr gelähmt für das folgende Halbjahrhundert durch den Streit um die Rechtmäßigkeit zwischen Rom und Avignon.

Man kann eine Krise in der historischen Entwicklung, selbst im monarchischen Zeitalter, natürlich nicht mit monarchischen Lebensdaten erläutern, auch wenn damit 20-, ja 30jährige personale Kontinuitäten abbrechen, eine politische Generation. Man kann überhaupt nicht von einer Krise sprechen, ohne diesen vieldeutigen Begriff wenigstens einigermaßen gegen vor- und unwissenschaftliche Mißverständnisse verteidigt zu haben. Die folgende Krise war vorbereitet, etwa seit zwei Generationen schon, sie war entstanden aus ungelösten Rivalitäten in der Gesellschaftspolitik, sie war nicht ein Produkt des Niedergangs, sondern eine Zeit divergenter Vitalität, in der für eine Weile die Welt aus den Fugen ging; in den realen menschlichen Ordnungen ebenso wie im Bewußtsein der Zeitgenossen; und in der, dicht nebeneinander, die einen ein verheißungsvolles Morgenrot erkennen wollten und die anderen dem dunklen Himmel schon das Weltende ablasen.[965] In dieser Zeit war der junge König Wenzel nicht imstande, trotz eines tauglichen Regierungsapparats und verheißungsvoller Ansätze, in Deutschland die Feindschaft zwischen Fürsten und Städten zu bändigen, die schon in den siebziger Jahren, zu Karls Zeiten noch, aufgebrochen war und nun zehn Jahre nach seinem Tod bei Worms und bei Döffingen mit den Siegen fürstlicher Heere endete.

Gleichzeitig erlebten die Städte des mittleren und westlichen Abendlandes das Zeitalter größter innerer Auseinandersetzungen zwischen den alten Stadtregimentern und bisher Minderberechtigten, in Florenz wie in Siena, in Lucca wie in Pisa, in Köln wie in Lübeck oder München, in Frankreich wie in Spanien. In England erhoben sich 1381, im selben Jahr wie die Ciompi, die Maillotins und die Tuchins in den Festlandstädten, Bauern und Kleinbürger zu einem bedrohlichen Zug zur Hauptstadt London: »Als Adam grub und Eva spann, wo war denn da der Edelmann?« Jäh schienen alle Bande der alten Ordnung gelöst. Traurig blickt der »Ackermann aus Böhmen«, das erste große Werk der neuhochdeutschen Literatur, um 1400 aus seiner so verkehrten Welt auf die gute alte Zeit zurück:

»... die erde und alle ir behaltung
ist auf unstetigkeit gebauet.
In diser zeit ist sie wandelbar worden,
wan alle Ding haben sich verkeret,
das hinder hervür, das voder hinhinder.
das under gen berge, das ober gen tale.«

Während die Schweizer sich im Südwesten behaupteten und die Hanse für längere Zeit noch im Norden, während die Nürnberger in der Frankenwelt doch ihre Position zu halten wußten, begann sich in Deutschland das Blatt schon zu wenden und stand im Spiel um die politische Vormacht zwischen König, Städten und Fürsten allmählich zugunsten der letzteren. Aber es währte noch hundert Jahre, bis in Mitteleuropa diese Krise, in mehreren Anläufen unterdrückt, endlich die Gewichte soweit verschoben hatte, daß mit dem Zeitalter der Reformation die Fürsten Farbe bekannten.

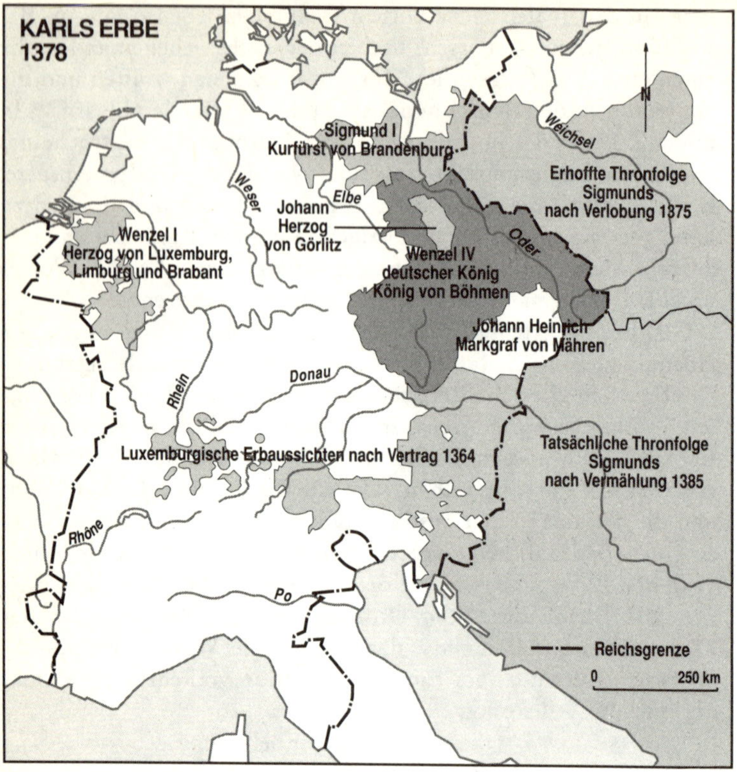
KARLS ERBE
1378
Sigmund I
Kurfürst von Brandenburg
Weichsel
Erhoffte Thronfolge
Sigmunds
nach Verlobung 1375
Weser
Elbe
Johann
Herzog
von Görlitz
Oder
Wenzel I
Herzog von Luxemburg,
Limburg und Brabant
Wenzel IV
deutscher König
König von Böhmen
Johann Heinrich
Markgraf von Mähren
Donau
Rhein
Luxemburgische Erbaussichten nach Vertrag 1364
Tatsächliche Thronfolge
Sigmunds
nach Vermählung 1385
Rhône
Po
Reichsgrenze
0
250 km
N

In Frankreich, in England, in Böhmen, Ungarn, Italien und Polen gedieh der Wandel schneller, zu unterschiedlichem Ende. Rund hundert Jahre nach Karls Tod war »die große Wende« überall soweit angebahnt, daß ein Blick in die Ordnung der nächsten Jahrhunderte möglich schien:[966] England nach dem letztlich vergeblichen Hundertjährigen Krieg abgekehrt vom Kontinent; Frankreich stabilisiert, die burgundische Macht nach dem tollen Lauf Karls des Kühnen an die Habsburger vererbt; die Parvenüs in Böhmen und Ungarn abgetreten oder abgeschlagen; allein Polen in weitem Ausgriff von der Ostsee bis zum Schwarzen Meer, Litauen und Böhmen unter seiner Dynastie vereinigend, noch eine Großmacht vor dem Prüfstein ihrer inneren Probleme. Das war die Welt, in der die luxemburgischen Pläne nun endlich reiften. Aber die Habsburger waren zu ihren Erben geworden.

Karl hatte im Lauf von 42 Jahren elf Kinder gezeugt, die ihm vier Frauen geboren hatten. Als sein erstes zur Welt kam, war er 19 Jahre. Mit 61 Jahren, kaum ein Jahr vor seinem Tod, wurde er zum letzten Mal Vater. Ende 1376 und noch einmal kaum ein Jahr danach suchte er die luxemburgische Erbfolge testamentarisch zu regeln.[967] Er bedachte darin einen jeden seiner vier lebenden Söhne, auch den gerade geborenen Heinrich. Er vermied eine Teilung der Hauptmasse des luxemburgischen Hausbesitzes, was ihm das böhmische Thronrecht ohnedies verwehrt hätte. Aber Görlitz löste er aus dem Gesamtbesitz zugunsten des 1370 geborenen Johann, und das Stammland Luxemburg bestimmte er, bei der Kinderlosigkeit seines noch regierenden Halbbruders Wenzel, seinem Jüngsten, Heinrich. Der zehnjährige Sigmund sollte die Mark Brandenburg erben und mit seiner Braut die Krone von Polen. Sigmund aber wurde auf diesem Weg, Jahre danach, König von Ungarn. So reifte an Stelle von Karls nordöstlichen Neigungen eine starke Südostposition, und als Sigmund 1437 nur eine Tochter hinterließ, mit einem Habsburger vermählt, war die habsburgische Großmacht schon vorgezeichnet.

Dazwischen aber regierte Wenzel, der Älteste, nach seinem Vater 22 Jahre als böhmischer und römischer König, bis ihn die Kurfürsten seines deutschen Amtes entsetzten, und dann noch einmal 20 Jahre, wobei er den Verlust der deutschen Krone nie anerkannte. Der Bruder Sigmund folgte ihm hier, nach zehnjährigem

Zwischenspiel. Die schüttere Königsmacht Wenzels auch in Böhmen hatte dort schließlich Rivalitäten zur Revolution reifen lassen, aus dem reichen Ansatz einer Wohlstandsgesellschaft, aus dem enttäuschten Schwung der karolinischen Wirtschaftsexpansion, die stärkere Fürsten in den deutschen Landen zu verhindern wußten und eben so lange hintanzuhalten, bis sie ihrer Übermacht sicher waren. Die hussitische Revolution brach solcherart ein Jahrhundert früher aus in Karls Stamm- und Lieblingsland als die Reformation in Deutschland.

Was blieb?

König Wenzel ging in unsere Geschichtsbücher als »der Vierte« ein, nach der böhmischen Zählung, denn auf dem deutschen Thron war er der erste König dieses Namens. Umgekehrt zählen auch die Tschechen Karl als den Vierten, als Kaiser. Denn als böhmischer Herrscher müßte er »Karl der Erste« heißen. Dieser Vergleich setzt ganz andere Akzente als das böse Wort vom deutschen Erzstiefvater.[968]

Was aber blieb nun eigentlich übrig in der Geschichte vom Wirken jenes Dynasten außer der Erinnerung an die 30 Jahre seiner Regierung, in denen er, mühsam genug, die große Krise des Spätmittelalters zu zügeln wußte?

Es blieb die luxemburgische Hausmacht, südostwärts verlagert, seit 1437 und endgültig 1526 in den Händen der Habsburger, und es blieb der Irrtum von dieser Hausmacht im Regierungsprogramm der deutschen Könige. Davon befangen, versuchten die Habsburger noch längere Zeit der deutschen Herrschaft abzutrotzen, was ihnen die deutschen Landesfürsten mit der Ausbildung von Staatlichkeit an Herrschaftsrechten doch schon abgewonnen hatten. Karl IV. hat diese kaiserliche Hausmacht aufgebaut; zu seinen Zeiten wohl als den besten Trumpf des Königtums. Karl V. hatte, nach weniger geschicktem Umgang mit der Macht, in einem Spiel mit zu alten Karten im Reformationszeitalter resignieren müssen. Aber noch die Ferdinande des Dreißigjährigen Krieges hielten fest am Irrtum von der Hausmacht, um mit habsburgischem Übergewicht die Balance der Reichspolitik an sich zu reißen, wohl zum Unglück des Reiches und seines künftigen Geschicks.

Es blieb der Zusammenhalt der Hausmacht der Luxemburger. Das heißt: die Verbindung von Böhmen, Mähren, Schlesien und der Lausitzen über drei-, vier- oder gar fünfhundert Jahre hin; ein prägendes Element für Kunst, Religiosität, Wirtschaft und Mentalität der Tschechen wie der Deutschen in diesen Landen. Es blieb die von Karl geprägte kleinstädtische Welt in der »neuböhmischen« Oberpfalz, auch wenn sie zu Wenzels Zeit schon wieder ganz bayerisch wurde. Es blieb die Nürnberger Reichstreue, symbolisch unter dem letzten Luxemburger mit der Übergabe der Reichskleinodien ausgezeichnet, die Kaiserkrone in Bürgerhut bis zur Französischen Revolution! Es blieb, aus dem gleichen Raum, die rege Verbindung zwischen Hohenzollern und Luxemburgern, die diese einst schwäbische Dynastie dann 1415 als Nachfolger der Luxemburger auf ihre große Bahn nach Brandenburg brachte.

Es blieb die Kirchentreue aller künftigen Kaiser. Karl hatte die Möglichkeiten vorgezeichnet und das künftige Geschick der päpstlichen Kurie erlaubte sie zu nutzen, so daß die beiden mittelalterlichen Universalmächte unter gewandelten Vorzeichen wieder zueinander fanden. Dieses Bündnis von Thron und Altar währte nun, bei einer gewissen machtpolitischen Impotenz auf beiden Seiten, bis zum Ende des alten Reiches 1806. Es war aufs engste verbunden mit der Kaiseridee auf sakraler Grundlage, die Karl nicht erfunden, aber kräftig belebt hatte[969], wie man freilich aus seiner Gedankenwelt, seinem Symbolverständnis und seiner Gläubigkeit herausfinden muß. Sie war tragfähig im Reichs- und Sakralbegriff auch noch der habsburgischen Dynastie über Jahrhunderte hin, nachdem sie schon im ersten, oft mißdeuteten, freilich tatenscheuen Habsburgerkaiser Friedrich eine kongeniale Fortsetzung gefunden hatte.[970] Die Historiographie hat die Stärke dieser Ideenwelt nicht selten unterschätzt. Doch: »Es gibt sehr wenige Historiker, die sich in den Kaisergedanken zu versetzen wissen, aber sehr viele, die nicht über den Schulmeister hinauskommen.«[971] Es blieb also bei der Staatsfrömmigkeit im Verständnis des Reiches als einem Ersatz für andere Staatsfunktionen. Das soll nicht heißen, daß die Auseinandersetzung um solche Funktionen geruht hätte. Landfriede und Hofgericht, Reichsvikariat und Münzreform blieben, nach der von den Städten verfehlten Machtprobe mit den Fürsten, das ganze folgende Krisenjahrhundert hindurch als Probleme aus

Karls Regierungszeit lebendig, ehe sie die Fürstenmacht in Maximilians Reichsreform neutralisierte.

Es blieb die Universität, von Karl als Institution nach Mitteleuropa tradiert, von fürstlicher Nachahmung bald vermehrt, in einer ersten Gründungswelle über ganz Mitteleuropa ausgebreitet. Es blieb die Kunst, das Fürstenhaus mit Kirchen und Schlössern zu repräsentieren, Residenzen zu bauen in Prag oder Wien, in Heidelberg oder München, Reliquien zu häufen, um das Heil von Land und Hauptstadt sichtbar zu machen, Legenden zu spinnen, Geschichtsschreiber zu bemühen und Wappen auszudenken. Es blieb die Kunst, ein heiliges Vaterland zu repräsentieren.

Es blieb auch die Kunst an und für sich. Die Schule Peter Parlers griff aus über ganz Mitteleuropa, Malerei und Goldschmiedekunst wanderten von Karls Residenz auf Wegen, die noch nicht einmal alle enthüllt sind, in alle Himmelsrichtungen und trugen neue Impulse in sich. Es blieb, in unserer Kultur, die noch heute immer auch aus der historischen Regeneration zu leben sucht, aus dem Theatrum ihrer eigenen Vergangenheit, nicht nur um zu lernen, sondern oft, um einfach nur anzuschauen, es blieb also die Geschichte dieses Karl IV., nicht nur mit ihren Traditionen, sondern auch als Exempel.

Es blieb zu guter Letzt, was die Nachwelt nicht weniger sorgsam aufnahm und bewahrte als alle andere Hinterlassenschaft »aus des großen Karle Gezeiten«. Es blieb auf dem Hradschin eine einfache, die einfachste Erinnerung an den Kaiser, auf ihre Weise dem rastlosen Wandel entrückt und doch selber ein Zeugnis der Vergänglichkeit. Denn die Toten sind nicht ganz und gar aus dieser Welt gegangen: »Der Kaiser fuhr von Rom wieder zu deutschen Landen. Da blieb er etliche Zeit und kam dann gegen Böhmen. Da ward er siech und starb und ward begraben in dem Dom zu Prag.«[972] Da liegt er noch.

ANMERKUNGEN

[1] *Dante 1974*, S. 50. Dazu die Erläuterung des Herausgebers. *Sattler 1971* hebt zwar bes. S. 34 Dantes Europabegriff hervor, vermißt aber eine genauere Definition. Deshalb verdient Dantes »Dreieck« vielleicht doch Aufmerksamkeit, weil es außer der lateinischen und der griechischen Christenheit auch noch offensichtlich das alte, zu Dantes Zeiten untergegangene Kiewer Reich berücksichtigt.

[2] Die sogenannten Portolankarten entstanden im späten 13. Jh. aus Segelhandbüchern mit Hafenangaben und entwickelten sich, nach *Sattler 1971*, S. 35, zu »erstaunlich maßstabgerechten« Darstellungen, auf denen Europa »deutlich erscheint«. Ein Prachtbeispiel liefert der sogenannte katalanische Seeatlas aus dem 14. Jh., von dem der *Weltatlas* 1970 N. 100 eine Vorstellung vermittelt.

[3] *Sattler 1971*, S. 60. »Europa« für Italien, Frankreich und Deutschland beobachtete Sattler S. 26f übrigens seit dem 6. Jh. und verweist dazu unter anderem auf etwa 100 nicht näher definierte Belegstellen allein aus Mitteleuropa. Eine genaue Begriffsanalyse fehlt bisher.

[4] So etwa hat die neueste und geistreiche Darstellung des deutschen Spätmittelalters von *Leuschner 1976* dem 15. Jh. überhaupt keine zusammenhängende Behandlung mehr gewidmet.

[5] *Scholz 1937*, S. 22f; diese freilich sehr dezidierte Meinung beeinflußt bis heute noch Fachurteile.

[6] FRB IV, S. 70f; die Bedeutung der Aussage beobachtete treffend schon *Kohlmayer 1974*.

[7] *Höfler 1856* Vw XVIII; *Pfitzner 1938*, S. 124 Anm.

[8] *Schmeidler 1937*, S. 96.

[9] Mit einer vielbändigen Unternehmung und Mitarbeitern, die den »Frühhumanismus« untersuchten, unter dem Titel »Vom Mittelalter zur Reformation«, das Zitat hier nach *Frenzel 1976*, S. 58.

[10] *Bosl 1970*, S. 820; *Schmid 1953*, S. 107f.

[11] Dazu die Aussagen aus dem westlichen Mitteleuropa in der *Limburger Chronik* Sp. 1079 und gleichzeitig aus dem östlichen Mitteleuropa *FRB IV* S. 301.

[12] *Rosenfeld 1970*; zu Begriff und Entwicklung der Muße im Abendland neuerdings sehr informativ *Timm 1968*.

[13] Johannes (von Rheinfelden) OP: De moribus et disciplina humanae conversationis; dazu *Rosenfeld 1960*.

[14] *Hintze 1930*; *Brunner 1958*; die Tragfähigkeit der Gliederung der abendländischen Ständewelt nach Zentrum und Peripherie zeigte *Mitterauer* noch einmal *1973* am Beispiel der Burgen.

[15] Skandinavische Besonderheiten, auf die gelegentlich H. Rössler verwies, sollen hier außer acht bleiben.

[16] *Stengel 1930a*, S. 87ff.

[17] Dazu allgemein die gute Übersicht bei *Patze (Hg) 1970/71*.

[18] Zuletzt *Laufer 1971*.

[19] *Wundram 1972*, S. 7f, S. 80 u. a.; *Wundram 1978*, mit älterer Lit.

[20] *Nitschke 1967*.

[21] *Geyer 1951*, S. 600.
[22] *Bartoš 1939*, S. 36–39.
[23] Thomas von Aquin, Summa Theologiae 1a 2 13,3. Zur Geschichte der Räderuhr in Deutschland soeben *Maurice 1976* mit reicher Bilddokumentation. Von Räderuhren in Böhmen seit Karl IV. berichtet *Fischer 1966*, S. 27–31.
[24] *White 1968*, S. 99.
[25] *Pfeiffer (Hg.) 1971*, S. 108, 498.
[26] *White 1968*, S. 101.
[27] *Leclerq 1974*, S. 5.
[28] *Sprengard 1967/68*.
[29] *Maier 1958; Nitschke 1967*.
[30] *Maier 1949*.
[31] *Maier 1958*, S. 382.
[32] *White 1968*, S. 105, 107, 76; für die »Technikbesessenheit« führt das außerordentlich anregende Buch von White aber außer der bekannten Prophetie Roger Bacons keine Einzelheiten an.
[33] Zum Begriff der »kommerziellen Revolution« *Lopez 1974*; zur Entwicklung des süddeutschen Barchentgewerbes und seiner Handelswege nach Ostmitteleuropa *v. Stromer 1978*.
[34] *Timm 1956*.
[35] *Pitz 1965*.
[36] *Huizinga 1948*, S. 253.
[37] *Huizinga 1948*, S. 252.
[38] Sap. 11, 21; dazu *Genzmer 1952; Meuthen 1961*, S. 204.
[39] *Thorndike III 1934*, S. 405; *IV 1934*, S. 169.
[40] *Huillard-Bréholles 1854*, S. 3; *White 1968*, S. 142, gibt Belegstellen zu diesem Begriff.
[41] *Daňhelka 1952*, S. 168.
[42] *Huizinga 1948*, S. 261.
[43] *Seibt 1975 b*, S. 20f, mit Belegen auch für das Folgende.
[44] *Küffner 1975*. Derselben Neigung zur Konkretisierung entsprang damals auch der Brauch der Wachs-Votivgaben, *Kriss-Rettenbeck 1972*, S. 77 u. 96.
[45] So die Einleitung zur französischen Übersetzung *Huizingas 1948* von Gabriel Hanotaux, S. 5, die den Niedergang des Mittelalters nach ihren Beispielen erst mit dem 15. Jahrhundert ansetzt.
[46] Erläuterung und Kritik dieser Auffassung zuletzt bei *Leuschner 1975*, S. 16.
[47] Besonders auffällig empfanden Zeitgenossen wie moderne Historiker offenbar diese Anrede »Herren« durch Karl IV. für die Lübecker 1375, vgl. *Grundmann 1970*, S. 403, obwohl es, vornehmlich im Verkehr unter Nichtadeligen, weit ältere Beispiele gibt, so etwa aus der Biographie des Mainzer Bürgers Walpoto im 13. Jh., vgl. *Rieckenburg 1960*, S. 230; zu böhmischen Parallelen *Šusta 1937*, S. 245.
[48] *Vercauteren 1963*; dazu die konkreten Untersuchungen von *Bosl* für Regensburg 1966 und Augsburg 1968 mit Zusammenfassung 1969.
[49] *Ebel 1958*, S. 68.
[50] *Ebel 1958*, S. 68.
[51] *Maschke 1967*.
[52] *Bosl 1958*, S. 141.
[53] Dazu die Bochumer Dissertation von *Lutz, R.*: Wer war der gemeine Mann? München 1978.

[54] *Bader 1957 und 1963*; zwar variieren die Verhältnisse in Europa sehr, doch fügen sie sich offenbar in das schon entwickelte Schema von Zentrum und Peripherie des Abendlandes mit Ausgleichstendenzen im 14. Jh.

[55] Das Wort ist z. B. schon im modernen Sinn in *CDM XI* Nr. 119 1387 verwendet, während vom Nibelungenlied um 1200 bis zu Luthers Zeiten »Arbeit« als Synonym für »Mühe« bekannt ist.

[56] *Seibt 1771*, o. S.; 1789 übersetzte Wieland »citoyen« mit »Staatsbürger«; Klopstock lehnte aber diese Wortbildung ab, denn sie schien ihm so tautologisch wie etwa »Wasserfisch« (*Kluge – Götze*, Stichwort »Staatsbürger«). Das belegt jedenfalls, daß die Gleichsetzung von »Bürger« und »Staatseinwohner«, wie sie Karl Heinrich Seibt schon 1771 in einer Vorlesung an der Prager Universität vollzogen und im besonderen im Hinblick auf die gesellschaftspolitische Gliederung mit deutlichem unifizierendem Akzent versehen hatte, zu jener Zeit auch für das Begriffsbewußtsein Klopstocks bereits vorauszusetzen war.

[57] *Weber 1948*.

[58] *Goetz 1906*, S. 51.

[59] darüber z. B. *Goodridge 1965*, S. 71.

[60] *v. d. Brincken 1967*; diese Tendenz wird auch durch die staunenswerte Verbreitung antiker Fabeln belegt, vgl. *Gesta Romanorum 1892*.

[61] *Gülke 1975*, S. 203.

[62] *Gülke 1975*, S. 207; zu Guillaume Machaut als Beispiel vgl. *Bujnoch 1978* mit Lit.

[63] *Gülke 1975*, S. 207.

[64] *Neureither 1965*, S. 84.

[65] *Dempf 1929*, S. 335.

[66] *Winter 1964*.

[67] *Werlin 1964*, S. 84.

[68] *Seibt 1967* mit weiterer Lit.

[69] *Konrad v. Megenberg 1941*.

[70] Eulenspiegels Diskussion mit Prager Magistern über Welt und Zeit ähnelt z. B. traditionellen Rätselspielen.

[71] *Honegger 1973*, S. 84 ff.

[72] Zur Person und zum Schicksal Přemysl Ottokars *Seibt 1964 Probleme* und *Seibt 1965 ZfO*; Karls Urkunden in ACB II S. 50 und S. 64.

[73] Manessische Liederhandschrift, Heidelberger Codex, Insel-Ausgabe Leipzig 1929.

[74] *FRB IV*, S. 26.

[75] *FRB IV*, S. 185.

[76] Ulrich von Etzenbach: Wilhelm von Wenden. Darüber zuletzt *Kohlmayer 1974* mit Quellen und Literatur.

[77] Kaiser Heinrichs VII. Geburtsjahr, vielleicht 1274, ist nicht genau überliefert, *Schneider 1940*, S. 14 f.

[78] Einige Auskunft gibt allein *Kalista 1971*, S. 22 bis 27; von den alten Chronisten hat offenbar nur Mathias von Neuenburg 1868, S. 248 Karls Urgroßväter genannt.

[79] Darüber *Neuwirth 1896* mit Abbildungen. Wiedergaben dieses Ahnenzyklus sind in der Wiener Handschrift National-Bibliothek Cod. 8330 erhalten.

[80] *F. Schneider 1940*, bes. S. 295.

[81] *Dante*, Göttliche Kommödie II, 7.

[82] *Kalista 1971*, S. 93 f.
[83] *Seibt 1965 ZfO*, bes. S. 12 ff zum Echo der Schlacht in Österreich.
[84] Zur Schlacht von Worringen *Vollmer 1938* mit der ält. Lit.
[85] *MGSS IX*, S. 187.
[86] Mit besonderer Kenntnis französischer Indikatoren spricht *Le Goff 1965* S. 280 u. a. von einer Expansionskrise der »Christenheit« nach der Wende zum 14. Jahrhundert. Seine treffende Beobachtung gilt aber tatsächlich nicht für die ganze, sondern nur für die Zentrallandschaften der lateinischen Christenheit, während weder in Spanien, noch in England, besonders aber nicht im östlichen Mitteleuropa zu jener Zeit von einer Expansionskrise gesprochen werden kann.
[87] *CJB II*, S. 43.
[88] *FRB II*, S. 342.
[89] *Lippert 1898*, S. 282 ff.
[90] Von diesen Beziehungen gab das Buch *v. Stromers 1970* eine ganz neue Vorstellung; neuerdings sollen sie in einem umfangreichen Forschungsvorhaben von Peter Moraw beleuchtet werden, zum Programm vgl. *Moraw* und *Press 1975*.
[91] Es handelt sich um Rinieri, der als Dantes Oheim bezeichnet wird; *FRB IV*, S. 80, dazu *Pavel 1970*, S. (9). Zur Verbreitung der böhmischen Münzen *Berghaus 1973*.
[92] Das beobachtete schon *Tadra 1897*, S. 349.
[93] Zur Absicht der Chronisten Buch I, Kap. 1, besonders aufschlußreich aber dann Buch II, Kap. 27. Eine moderne stil- wie gedankenkritische Untersuchung der Chronik fehlt erstaunlicherweise, obwohl es sich um eines der interessantesten Geschichtswerke des zeitgenössischen Europa handelt. Gewisse Voraussetzungen für die stilkritische Analyse sind natürlich vorhanden, zuletzt in der Untersuchung von A. *Seibt 1898*. Zum Forschungsstand im übrigen das Vorwort von Fiala in der tschechischen Ausgabe *Zbraslavská kronika 1975*.
[94] *FRB IV*, S. 103–105; mit ähnlicher Absicht berichtet die Chronik übrigens auch von nicht weniger als 5 Wundern am Grab der Kaiserin Margarete, der Großmutter Karls IV. († 1311).
[95] *MGSS IX*, S. 642.
[96] *MGSS IX*, S. 653 f; König Rudolf von Habsburg erlangte keine Kaiserkrönung, so daß ihm der Titel »Imperator« eigentlich nicht zustand.
[97] *FRB IV*, S. 14 f.
[98] Darüber zuletzt *Kohlmayer 1974* und *Sedlmeyer 1976* mit Einzelbeispielen und älterer Lit. Vgl. auch *Dempf 1929*, S. 494, mit einem interessanten Urteil über die Retardierung des deutschen Geisteslebens ohne zentrale Hofkultur.
[99] *FRB IV*, S. 70 f; vgl. oben 1. Kapitel Anm. 7.
[100] *Novák 1924*, bes. S. 13.
[101] *Otto von Freising 1912*, S. 7.
[102] Ulrich von Etzenbach (auch: Eschenbach), Wilhelm von Wenden, Vers 1–4, hier nach dem mittelhochdeutschen Wortlaut bei *Kohlmayer 1974*, S. 106.
[103] *FRB IV*, S. 100–102.
[104] *Zbraslavská kronika 1976*, S. 139, Anm.
[105] *Seibt 1960*.
[106] *Daňhelka (ed.) 1952*, S. 168 Z. 12.
[107] *Zbraslavská kronika 1976*, S. 281 Anm. 1.

[108] *FRB IV*, S. 211–214.
[109] *Baethgen 1943*.
[110] *Ulanowski 1888*.
[111] Zur Identität Heinrichs *Dušková 1960*, zuletzt *Sedlmeyer 1976, S.* 255 f.
[112] *Kohlmayer 1974*, S. 45 ff.
[113] Für das Datum 1312/13 votiert noch 1950 G. *Vinay* in: Dante *1950*, Vw; die spätere Abfassung machte *Baethgen 1964* glaubhaft.
[114] *Dante 1974*, S. 22 Brief I.
[115] Prov. 12,4.
[116] *Schneider 1940*, S. 289.
[117] *Kalista 1971*, bes. 212 mit Lit; über Dantes Echo in Böhmen allgemein *Cronia 1964* und *Bartoš 1951*.
[118] *Dante 1974*, S. 48, Brief V; dazu *Dempf 1929*, S. 474.
[119] *FRB IV* 212; *Dante 1974*, S. 24 Brief I.
[120] *FRB I*, S. 213.
[121] *Dante 1950*, S. 216 u. 280 (De mon. III, 4 und III, 16).
[122] *Grundmann 1970*, S. 505 f.
[123] *Wolf 1968*, S. 254.
[124] Dabei wird Karl jedoch nicht als Heiliger, sondern nur als ›beatus‹, als ›selig‹ auch im Sinne der eingegrenzten und nicht gesamtkirchlichen Verehrung betrachtet.
[125] *Grundmann 1970*, S. 508.
[126] *FRB IV*, S. 139.
[127] *FRB IV*, S. 373.
[128] *Schneider 1940*, S. V.
[129] *Schneider 1940*, S. 236; nach Schneider »ein politischer Gifttrunk schlimmster Art«, fand dieses Vertragsangebot bei *Bowsky 1960*, S. 161 ff, eine weit nüchternere Würdigung aus den verständlichen Interessen der Anjoupolitik.
[130] *Schneider 1940*, S. 242.
[131] *MGCC IV*, S. 804.
[132] *MGCC IV*, S. 802 f.
[133] *Baethgen 1966*, S. 31.
[134] De monarchia III/15.
[135] »Für die Lage um 1300 ist es bezeichnend«, schrieb Robert *Scholz 1937*, »daß erst jetzt, nach dem Zusammenbruch des Reiches, die Theorie sich des Reichsgedankens bemächtigt, daß die Reichsideologie sich erst recht eigentlich entwickelt.« (S. 29). Sein Urteil kennzeichnet die Quellenlage ebenso wie die Unterschätzung der spätmittelalterlichen Reichsgeschichte, wie sie die Fachwelt weithin teilte, auch im rechtshistorischen Bereich, etwa mit dem Urteil von *Wolf* zuletzt *1968*, S. 269, das Mittelalter sei damals ausgelöscht, »seine Weltordnung nur mehr lebendig in den Vorstellungen der Theoretiker und im Herzen derer, die unter den Gegensätzen seufzten – als Sehnsucht.«
[136] *Dalimil 1957*, S. 168.
[137] *FRB IV*, S. 148, Anm. 1.
[138] *Daňhelka in: Dalimil 1957*, S. 308, verweist zur Klärung des Begriffs vom »krummen Holz« auf spätere Eidbrüche Johanns, aber eine solche Auslegung steht dem Begriffsverständnis doch viel ferner als die Bedeutung von »schlechtem Weg« für die ansonsten offenbar nicht belegte Redensart, auf krummem Holz durch den Wald zu gehen.
[138] *FRB III*, S. 297.

[140] *FRB IV*, S. 134.
[141] Darüber ließ Balduin um 1330 eine interessante und schöne Bilderchronik zusammenstellen, herausgegeben von *Heyen 1965*. Es gab allerdings noch die Nebenlinie Luxemburg-Ligny nach einem Bruder von Karls Urgroßvater.
[142] *Heyen 1965* Tafel XXXVII., dazu auch der Kommentar des Herausgebers.
[143] *MGCC IV*, S. 661.
[144] *FRB III*, S. 100.
[145] *Chaloupecký 1949*.
[146] *Pustejovsky 1975*, S. 54f.
[147] Der Kärntner Abt Johann von Viktring betont den böhmischen Anteil am Sieg von Mühldorf besonders und der anonyme Chronist der Trierer Erzbischöfe spricht ihm kurzerhand Sieg und Gefangennahme Friedrichs zu, *Gesta Baldewini 1838*, S. 242. Zur Schlacht im übrigen *Cazelles 1947*, S. 112.
[148] *FRB IV*, S. 247.
[149] *FRB IV*, S. 248.
[150] *Pustejovsky 1975*, S. 153 mit einer Belegreihe.
[151] »Ober«-lausitz ist erst eine Unterscheidung der kaiserlichen Kanzlei um die Jahrhundertmitte. Zum Vorgang im übrigen *Lehmann 1958*.
[152] Solche Spekulationen unterstreicht, nach venezianischen Gesandtschaftsberichten, *Šusta 1937*, S. 370.
[153] Zur Übersicht vgl. *Pustejovsky 1975*, 6ff; *v. Grawert-May 1971* erläutert im einzelnen die Entwicklung der Rechtsbeziehungen zum Reich.
[154] *Pustejovsky 1975*, S. 89–148; dazu *Seibt 1971 VoFo.*
[155] *Grundmann 1970*, S. 437.
[156] *Finke 1908*, S. 483; *Finke 1922*, S. 545.
[157] *Pustejovsky 1975*, S. 135ff.
[158] *Stengel 1930 Avignon*, S. 78ff.
[159] *NAL* Bd. 1 *1921* veröffentlichte mehrere Gutachten zur Mainzer Frage aus der Trierer Kanzlei, mit denen Balduin seinen ungewöhnlichen Schritt zu rechtfertigen suchte.
[160] *FRB IV*, S. 306.
[161] *Ficken 1936*.
[162] *MGCC VI*, Nr. 868.
[163] Der Vertrag, der bei *Werunsky 1882*, *Šusta 1946* und *Grundmann 1970* mit unterschiedlichen Einzelheiten besprochen wird, bedürfte noch einer sorgfältigen Interpretation.
[164] Das Privileg war Johann offenbar bekannt.
[165] *NAL 1921*, S. 128.
[166] Bericht des Johann von Viktring, hier nach *Dumontel 1952*, S. 12.
[167] Vgl. *FRB IV*, S. 307f und die *Vita Caroli 1950*, S. 14 mit Abweichungen.
[168] *Cazelles 1947*, S. 201.
[169] *FRB IV*, S. 308.
[170] »La meilleur dame qu'on peust trouwer en ce monde«.
[171] *Cazelles 1947*, S. 201.
[172] So *Dumontel 1952*, S. 125.
[173] »(Parmenses), qui prorsus nihil boni inveniebant ipsum (Johannem) in Parma fecisse, sed infinitas expensas ...« nach *Dumontel 1952*, S. 125.
[174] Das ergaben neue Aktenfunde von *Spěváček 1968a*, dem wir allgemein eine Reihe korrektiver Details zur Geschichte jener Jahre verdanken.
[175] Der genaue Hergang neuerdings bei *Pustejovsky 1975*.

[176] *Cazelles 1947*, S. 239.
[177] *NAL 1930* Nr. 613, S. 422.
[178] *NAL 1930*, S. 431 bringt ein Volkslied aus jener Zeit, das Hilfe aus aller Herren Länder und aus Fabelreichen aufzählt, die der Aufruf des Kaisers ausgelöst haben soll. Der Titel »Carmen Smunzel«, also »Schmunzellied«, unterstrich die kritische Intention, die der Text nicht ausspricht. Das Lied bringt demnach nicht mehr als den Ausdruck für ungeheuere Erwartungen in die kaiserlichen Kriegsanstrengungen gegen Frankreich, wenn auch mit ironischen Reserven. *Grundmann 1970*, S. 543, nennt es zum Jahr 1341, aber nach den Ereignissen müßte es 1339 die Runde gemacht haben, nach seiner Sprachform im Moselgebiet, dazu Stengel *NAL 1930*, S. 431.
[179] *Conrad 1972*, S. 387.
[180] *Johannes von Viktring 1910*, S. 225.
[181] Bemerkenswert ist der ausführliche Bericht, den der unbekannte Chronist Balduins im entfernten Trier vom Tod Ludwigs zu geben wußte, *Gesta Treverorum 1838*, S. 266.
[182] *MGCC VIII, S. 2;* vgl. auch *Spěváček 1971* FD, S. 271; die Formel ist in Karls Urkunden gängig, vgl. *Pelzel 1783 I*, S. 1ff, selten auch tschechisch, z. B. Pelzel I, S. 32. In Frankreich war ähnliches für den Thronfolger üblich.
[183] *Šusta 1946*, S. 347.
[184] Irrtümlich hielt *Grundmann 1970*, S. 544, diesen Krönungswunsch Karls 1341 auch tatsächlich für vollzogen.
[185] *Cazelles 1947*, S. 240.
[186] *Šusta 1946*, S. 143 f; *Spěváček 1971* FD, S. 271.
[187] Das betont im Hinblick auf die Vertragspolitik *Thomas 1978*.
[188] *NAL 1330*, S. 471 mit dem Hinweis, daß Balduin faktisch, trotz der päpstlichen Anweisung von 1342, dann erst 1346 vom Bann gelöst wurde.
[189] *Misch 1907*, S. 184.
[190] *Blaschka 1956* mit Einzelheiten. Zum Stil auch *Titz, 1940*. Eine deutsche Übersetzung der Vita mit sorgfältigem Kommentar bot auch *Menzel 1943*.
[191] *Böhmer 1843*.
[192] So verweist *Šusta 1946*, S. 523 lakonisch darauf, Karl habe sich in jenem Jahr 1330/31 »unter Balduins Führung« wieder in die deutschen Verhältnisse und in die deutsche Sprache eingelebt, aber nähere Aufschlüsse darüber fehlen. Auch die so ausführliche Darstellung *Werunskys 1880*, S. 48, beschränkt sich auf die Aussage, Karl habe »vom April 1330 bis ungefähr März 1331« mit seiner Gemahlin Anna in Luxemburg geweilt. *Pavel 1969*, S. 41, gibt an, Karl habe deutsch in Luxemburg gelernt, aber sein Quellenhinweis dafür trifft nicht zu. Balduins Reichspolitik beurteilt *Lawrenz 1974* weit skeptischer als vordem Stenzel.
[193] *Vita Karoli 1950*, S. 13.
[194] *Vita Karoli 1950*, S. 5 u. S. 10.
[195] Trotz *Blaschkas* feinsinnigen philologischen Beobachtungen *1956* sind die Erwägungen *Friedjungs* aus dem Jahr *1876* noch heute nicht ersetzt.
[196] Die Geburtsangabe Karls nach dem römischen Kalender und mit der Stundennennung *FRB IV*, S. 230, findet sich auch bei der Geburt der älteren Schwester Gutta *FRB IV* S. 183; zur Autorschaft Peters dazu das Vorwort XI.
[197] *FRB IV*, S. 250.
[198] *FRB IV*, S. 475, Chronik des Benesch von Weitmühl; *Šusta 1946*, S. 283, hält das für Übertreibung aus kindlicher Phantasie, doch nennt er dafür keine

Anhaltspunkte. Benesch schrieb seine Chronik »secundum intentionem imperatoris«, S. 467, nach der Absicht des Kaisers, und wenn er dabei auch wohlgemeinte Akzente setzte, so kann man seine Fakten doch nicht ohne weiteres bezweifeln. Daß die Episode in Karls Autobiographie nicht zu finden ist, erklärt sich einfach aus der dort verfolgten Tendenz.

199 *Vita Caroli 1950*, S. 11.

200 *Cazelles 1947*, S. 118.

201 *FRB IV*, S. 306, 308, 316 gegenüber S. 318; dazu ausführlich *Schneider 1977*. Die häufig zitierte Dissertation von Wolfgang *Klein 1926* berichtet von den französischen Einflüssen nach Vermutungen und Analogien, die zum Teil allein schon durch den hier im 2. Kapitel beobachteten böhmischen Königskult ihre Aussagekraft verlieren. Pariser Rechnungen über eine eigene Hofhaltung Karls in St. German-en-Laye entdeckte *Mezník 1969*.

203 *Ficken 1936*, S. 108.

204 *Vita Caroli 1950*, S. 12.

205 In der *Vita Caroli* 1950, S. 15, hebt Karl den französischen Thronfolger Johann (II.) in diesem Sinn hervor; zu den Verträgen zwischen beiden zuletzt *Thomas 1978* mit dem Hinweis, daß von 1346 bis 1356 gar kein anderes Bündnis offizieller Art bestand.

206 *Vita Caroli 1950*, S. 12 bis 14.

207 *Stengel 1937*, nach Anm. 188 in diesem Buch.

208 *Vita Caroli 1950*, S. 14.

209 In einer anderen Überlieferung der Vita, auch bei Benesch von Weitmühl *FRB IV*, S. 499, wird statt dessen Lucinus Visconti genannt.

210 *Werunsky 1880*, S. 50 Anm. 4.

211 Die lateinische Zeitangabe »hora nona«, »neunte Stunde«, hat *Werunsky 1880*, S. 80, doch wohl richtig gegen andere Auffassungen mit etwa zwei Uhr nachmittags nach unserer Zeitrechnung wiedergegeben. Völlig unverständlich erscheint die »Morgendämmerung« bei *Dumontel 1952*, S. 103, aber auch die 9. Tagesstunde nach Mitternacht, die Vormittagszeit also, ist nicht mit dieser Zeitangabe übereinzubringen. Man zählte nämlich damals in Italien und gerade auch in den luxemburgischen Gebieten Böhmen und Schlesien zweimal zwölf Stunden von Sonnenuntergang an, in allmählicher Verschiebung nach dem Jahreslauf, und es handelte sich in diesem Sinn um die neunte (Tages-) Stunde am frühen Nachmittag. Vgl. *Grotefend 1941*, S. 21.

212 *Vita Caroli 1950*, S. 17.

213 *Vita Caroli 1950*, S. 22 f.

214 Nach *Werunsky 1880*, S. 102 Anm. 3, starb der Graf von Vienne am 28. Juli 1333 an einem Pfeilschuß vom Vortag. Die Todesursache ähnelt der Vision Karls; auch dort war der Verwundete nicht sofort tot, hätte allerdings nach der Angabe des Engels noch »einige Tage« leben sollen. Überdies ist in dem Traumgesicht das Ereignis als zukünftig dargestellt. Zu Karls Vision zuletzt die Erwägungen von *Odložilík* 1970, aber ohne neue Fakten.

215 *Vita Caroli 1950*, S. 24.

216 *Vita Caroli 1950*, S. 14.

217 *Vita Caroli 1950*, S. 17.

218 *Vita Caroli 1950*, S. 21.

219 *Vita Caroli 1950*, S. 51.

220 *Vita Caroli 1950*, S. 37.

221 *Vita Caroli 1950*, S. 18.

[222] *Werunsky 1880*, S. 86. Mit viel größerem Verständnis widmete sich Heinrich *Friedjung 1876* diesen Zusammenhängen der Autobiographie.

[223] *Werunsky 1880*, S. 86 Anm. 1.

[224] *FRB IV*, S. 322f; diesen Ausspruch »Dominus papa, quem (quasi) pro Deo in terris colimus«, legte Peter von Zittau dem Kurerzbischof Balduin in den Mund, als er mit ihm über seine von vielen verkannte und eben auch von dem apostrophierten Papst verurteilte Kirchenpolitik sprach, nach der er zum Kurerzbistum Trier auch das Kurerzbistum Mainz erworben hatte und das Bistum Speyer verwaltete.

[225] Karl wurde in der Huldigungsformel der Stadt Lucca vom 1. März 1331, noch vor seiner Ankunft in Italien, als Stadtherr bezeichnet, vgl. *Werunsky 1880*, S. 45, und neuerdings abweichend *Arrighi 1961*, S. 174; Zu Karls Italienzügen allgemein jetzt sehr gründlich *Widder 1993*.

[226] *Vita Caroli 1950*, S. 22; dazu zuletzt *Arrighi 1961*, S. 180.

[227] *Vita Caroli 1950*, S. 24.

[228] *Spěváček FD 1971* brachte die genauere Bestimmung dieses Zeitpunkts.

[229] *Vita Caroli 1950*, S. 26.

[230] *Vita Caroli 1950*, S. 26.

[231] *Vita Caroli 1950*, S. 26; dazu die Wiedergabe der feindseligen Insinuationen vor König Johann S. 27.

[232] *Vita Caroli 1950*, S. 26.

[233] *Vita Caroli 1950*, S. 30.

[234] Zu den Verträgen *Pustejovsky 1975*, 150ff und 171ff; Herzog Heinrich von Niederbayern ist weder hier noch in der älteren Literatur, etwa bei Werunsky, in seiner Bedeutung für das Gesamtbündnis in Erwägung gestellt. Zur Landshuter Fürstenhochzeit von 1475 mit ähnlichen politischen Konstellationen vgl. *Landshut 1475–1975*.

[235] *Vita Caroli 1950*, S. 46f.

[236] *Vita Caroli 1950*, S. 47.

[237] *Vita Caroli 1950*, S. 50.

[238] *FRB IV*, S. 487; *Vita Caroli 1950*, S. 28.

[239] *Vita Caroli 1950*, S. 36.

[240] *Vita Caroli 1950*, S. 26.

[241] *Vita Caroli 1950*, S. 49.

[242] So etwa *Šusta 1946*, S. 22; extrem *Werunsky 1880*, S. 399.

[243] So zuletzt *Spěváček 1968 b*, S. 656 ohne Belege.

[244] Dazu noch am besten *Stengel 1937* und *1941*, wenn auch in einer etwas idealistischen Sicht der Reichsinteressen Balduins.

[245] *Gesta Treverorum 1838*, S. 256 und 266; vgl. *Stengel 1941*, S. 36 und *Spěváček 1968*, S. 655.

[246] Zur Bedeutung seiner Politik für die Entwicklung des Kaisergedankens *Bock 1941* und *1960*, *Hubensteiner 1977*, *Bosl 1958*, *Schwöbel 1968*, *Angermeier 1969*, *Grundmann 1970* und *Schütz 1973*. Bemerkenswert das Verdikt des *Matthias von Neuenburg 1924/40*, S. 95 über Ludwigs Zwiespältigkeit.

[247] Das betonte *Thomas 1978*.

[248] *Grundmann 1970*, S. 543 und 545.

[249] *MGCC VI*, S. 803; vgl. Anm. 132.

[250] Akten zum Prozeßverfahren wurden 1951 entdeckt und waren erst noch 1968 und 1973 Ausgangsmaterial gründlicher Studien von *Schwöbel* und *Schütz*. Die Texte in *MGCC VIII* und *NAL 1976*. Eine neue Würdigung versucht *Thomas 1993*.

[251] *NAL 1976*, S. 833 f.
[252] *NAL 1976*, S. 815.
[253] *Schütz 1973*, S. 245. *Schmugge* sieht allerdings *1978* die päpstliche Haltung in der letzten Auseinandersetzung mit *Schwöbel 1968* nicht für voreingenommen an.
[254] *Vita Caroli 1950*, S. 58.
[255] *Heinrich von Diessenhofen 1868*, S. 49.
[256] *Schütz 1973*, S. 249 Anm. 51.
[257] Die Texte *MGCC VIII*, S. 2 f und 64–66; darüber zuletzt *Spěváček 1968*.
[258] Johann von Böhmen will »unser herschaft fryheit oder unser vorgenanter grafschaft enterfnizze« gewahrt wissen. Anders als die Edition *MGCC VIII*, S. 3, setzt Spěváček bei diesem Zitat zwischen »herschaft« und »fryheit« ein Komma und macht damit, auch in seiner tschechischen Übersetzung, aus der Genitivkonstruktion eine Akkusativreihe. Damit kommt er dann freilich zu einer, wie er anmerkt, in der Forschung bislang noch nicht beobachteten Aussage. Während Johann nämlich in Wirklichkeit, in ausgewogenem Satzbau, die Freiheit seiner Herrschaft und die Bedürfnisse seiner Grafschaft zu wahren sucht, nimmt er nach Spěváček seine Herrschaft, seine Freiheit, also kurz alles, was sich als Bürgschaft ansprechen ließe, von der Garantie aus. So erklärt Spěváček dann auch den Vertrag durch die Klausel Johanns für wertlos, ohne freilich zu erwägen, weshalb ein so wertloser Vertrag von Balduin akzeptiert und besiegelt wurde. Den Rücktritt Johanns von der Macht in diesen Jahren sieht Spěváček allerdings ganz richtig. Übrigens habe ich diese Entwicklung 1967 S. 381 und 387 mit wenig Worten bereits ähnlich skizziert.
[259] *Matteo Villani 1845 IV*, S. 100.
[260] *MGCC VIII*, S. 58 ff.
[261] *MGCC VIII*, S. 58ff.
[262] *Johannes von Winterthur 1924*, S. 263; *Wilhelm von Occam 1868*, S. 14.
[263] *Werunsky 1880*, S. 409 ff, bes. 418; das betont auch *Šusta 1946*, S. 477.
[264] *MGCC VIII*, S. 67.
[265] Zu Ludwigs Politik zuletzt *Angermeier* 1969 mit der älteren Lit.
[266] *Chronica de ducibus Bavariae 1918*, S. 170.
[267] *MGCC VIII*, S. 63 ff; darüber zuletzt *Šusta 1946*, S. 491 f.
[268] *MGCC VIII*, Nr. 43; *Šusta 1946*, S. 485; *Thomas*, zuletzt *1978*, hält allerdings den Vertrag u. a. wegen dieser Anrede für unecht.
[269] Darunter namentlich ein Ritter Heinrich Moin de Bâsle, immer wieder mit Basel, von *Ficken 1932*, Anm. 617, aber sonst unbeachtet, mit Bazeilles identifiziert und demnach aus einer Familie in luxemburgischen Diensten. Zur Schlacht von Crécy im übrigen *Ficken 1932*, S. 138 ff *und Šusta 1946*, S. 494 ff.
[270] *Froissart 1863 II*, S. 251.
[271] *Neureither 1965*, mit Übersicht französischer Urteile.
[272] *Vita Caroli 1950*, S. 33.
[273] *Vita Caroli 1950*, S. 46 u. a.
[274] *Stengel 1930 a*, 205 ff, spricht von einer »geschraubten Konstruktion« im kaiserlichen Schreiben *MGCC VIII*, S. 93.
[275] Den Zusammenhang berichtet Beneš von Weitmühl FRB IV, S. 513; dazu *Stengel 1930 a*, 208 ff und zuletzt *Šusta 1948*, S. 11. Die päpstliche Erwiderung *MGCC VIII*, S. 143–163.
[276] Zum gesamten Problembereich auch *Schütz 1973*.
[277] Nach eingehenden Quellenforschungen Stengels *NAL 1921–1976;* in rechts-

historischer Übersicht *Feine 1938* und im Zusammenhang der Untersuchungen zum Prozeß Kaiser Ludwigs an der Kurie *Schwöbel 1968* und zuletzt *Schütz 1973*.

278 Bes. Wilhelm von Occam 1868 in seiner Schrift De electione Caroli, teilweise ediert bei *Höfler 1868*, S. 14. Anderer Art sind die rechtlichen wie politischen Vorwürfe gegen Karl durch Heinrich von Herford *MGCC VIII*, Nr. 63.

279 Überliefert bei *Pelzel 1783 I*, S. *39ff. Von der Echtheit der beiden Manifeste war noch *Fischer 1941*, S. 30, wie die ältere Literatur überzeugt. *Šusta 1948*, S. 9, hielt dagegen beide Schriften nach stilistischen Gemeinsamkeiten für eine Fiktion der luxemburgischen Propaganda. Gerade die Stiluntersuchung macht diese beiden Briefe aber reizvoller, als diese Anmerkung Šustas erkennen läßt. Stilistische Gemeinsamkeiten sind dabei keineswegs so deutlich wie das Bestreben mit rhetorischen Kunstgriffen auch in der Sprache Gegenpositionen herauszukehren. *1948* entdeckte *Doskočil* die beiden Texte in einer Briefsammlung des Magisters Nikolaus Dybin (auch Tibinus, wohl: von Düben). Nikolaus ist nach einem späteren Bericht vielleicht um 1347/48 in Prag gewesen und hat dort den Text kennengelernt oder auch selber verfaßt. Allerdings fehlt er in zwei Münchner Handschriften derselben Briefsammlung des Dybinus, auf die *Tříška 1972*, S. 104, in seinem gründlichen Übersichtswerk verwies.

280 Eine Probe einer echten kaiserlichen Selbstdefinition und ihres Stils liefert etwa Ludwigs Privileg für Johann 1331 bei Stengel *NAL 1921*, S. 136f.

281 *Pelzel 1783* I, S. *41.

282 *Palacký 1842*, S. 357f; – Die Formel »Ludovicus, qui se gerebat pro imperatore«, in der *Vita Caroli 1950*, S. 27, 30, 31, 46, 47, 49 und 50, fast ausschließlich bis zur anonymen Fortsetzung ab dem 15. Kapitel findet man auch, sinnig umgekehrt, in dem angeblichen Brief Ludwigs vom 7. 1. 1347 aus Regensburg auf Karl bezogen, »qui se gerit Marchionem Moraviae«.

283 *Gesta Treverorum* 1838, S. 266; im übrigen zuletzt *Angermeier 1969*. Bayerischen Geschichte Bd. I.

284 *Pelzel 1783* I, S. *68.

285 *Vita Caroli 1950*, S. 31.

286 *Thomas 1978* mit dem Hinweis auf einen Brief Clemens' VI. bei *Reynaldus XVI 1346*, S. 237.

287 Die Entwicklung am besten bei *Trautz 1961*, S. 352ff.

288 *Vita Caroli 1950*, S. 12.

289 *Schnith 1978*.

290 *Leo 1832*, S. 114.

291 *Trautz 1961*, S. 341, auch *Thomas 1978*. Auf das normannische Selbstbewußtsein zu älteren Zeiten in Form programmatischer Superlative verwies aber *Schnith 1974*, S. 125f.

292 *Schnith 1978*.

293 Die Zahlen hob *Heimpel 1951*, S. 239, hervor.

294 *v. Stromer 1970*, S. 90.

295 Den Niedergang Regensburgs im 14. Jh. beobachtete an Wirtschaftszahlen *Graus 1960*, nur versäumte er bei seinem Gesamturteil Beobachtungen über den gleichzeitigen Aufstieg der Nürnberger. Darüber zuletzt *v. Stromer 1970*, *Kellenbenz 1970*, S. 212.

296 *v. Stromer 1970*, S. 107.

297 *Schulte 1924*, S. 45.

298 *Landwehr 1967*, S. 164; *Fritz 1967*.
299 *Bender 1967*.
300 *Schuler 1978*.
301 *MGCC VII*, S. 602.
302 Darüber zuletzt *Schieche 1978*.
303 *Matthias von Neuenburg 1868*, S. 260; dazu *Werunsky 1882*, 125 f.
304 *ACB 1928*, S. 79. Waldemars Städtepolitik *Tschirch 1930; Müller-Mertens 1960*.
305 *Magdeburger Schöppenchronik 1869*, S. 204.
306 *Matthias von Neuenburg 1868*, S. 260; ähnlich *Heinrich von Herford 1859*.
307 *Erfurter Chronik 1899*, S. 378.
308 *Heinrich von Herford 1859*, S. 276.
309 *Giovanni Villani 1845*, S. 102.
310 Das Datum zuletzt bei *Schnelbögl 1973*, während *Šusta 1948*, S. 126 mit Lit. den 11. März erwägt. *Trautz 1961*, S. 355 weist aber darauf hin, daß der Grund von Karls Besuch auf Seeland am 27. 2. 1349 unbewiesen sei.
311 *ACB 1928*, S. 118 ff.
312 *ACB 1928*, S. 120.
313 *ACB 1928*, S. 119.
314 *Heinrich von Diessenhofen 1868*, S. 73.
315 In Varianten bei *Matthias von Neuenburg 1868*, S. 269; *Heinrich von Herford 1859*, S. 276; *Chronica de ducibus Bavariae 1918*, S.171; *Jacob Twinger von Königshofen 1870*, S. 479 u. a. dazu aber *Werunsky 1882*, S. 188 ff.
316 *Pelzel 1783, S. *68, vgl. oben Anm. 284.* »Damit wir um so mehr in größerer Würde vor den anderen erstrahlen, je mehr mit flammendem Eifer zu seinem Lob und Dienst, durch den und für den wir regieren und leben, unsere Hingabe entflammt ...«
317 Nur die Großmut, nicht den politischen Weitblick einer solchen Befriedungsaktion in dem so tief zerstrittenen Deutschland sieht *Werunsky 1882*, S. 178 f.
318 Zuletzt *Bosl 1960*.
319 *Fink 1968*, S. 402; vgl. auch J. Lenzenweger in: *Acta Pat. 1974*, S. 264.
320 *Hofmann 1956/57*, bes. auch S. 389 f mit der Erinnerung an die wirtschaftlichen Folgen des Interdikts.
321 *Matthias von Neuenburg 1868*, S. 254.
322 *Jacob Twinger 1870*, S. 480; *Heinrich von Herford 1859*, S. 277.
323 Auf die Bedeutung des Heiligenkalenders für mittelalterliche Staatsakte verwies allgemein *Schaller 1974*.
234 Noch *Müller 1971* glaubt in seiner allgemein sehr informativen Arbeit, Karl habe die drei Nürnberger Reichslehensträger Stromer, Forstmeister und Vischbecken zunächst zu Unrecht ihrer Lehen enthoben und ein Jahr gebraucht, ehe er im Sommer 1349 seinen Irrtum wiedergutmachte. *Schultheiss 1964*, S. 74, sprach aber glaubhafter von der ursprünglichen Teilnahme gerade dieser prominenten Nürnberger am Aufstand, und v. *Stromer 1978*, MVGN will die Rolle gerade Ulrich Stromers in diesem Zusammenhang mit neuen Belegen zeigen.
325 Dazu neuerdings noch einmal die Urkundenanalysen von *Spěváček 1971* FD.
326 *MGCC VIII*, S. 64; vgl. S. 140 f.
327 *Vita Caroli 1950*, S. 46.
328 *Stanka 1956*, S. 98; *Kavka 1978* hebt das zuletzt hervor.
329 *ACB 1928*, S. 39–69, Nr. 49–62; dazu und zum folgenden *Seibt 1967;* auch

Kavka 1978 betont die Bedeutung dieser Urkundengruppe noch einmal.

330 Zum Rechtsbegriff der Inkorporation *Sanman-Bülow 1942;* im übrigen *Seibt 1967,* S. 403 ff. Schon damals habe ich dabei hervorgehoben, wie sehr sich Karl allein nach diesen Urkunden als ein Baumeister neuer Staatlichkeit erweist und mich gegen Pfitzners Deutungen von Karl als unschöpferisch konservativen Staatsmann gewandt.

331 Die Übersicht der schlesischen Verhältnisse bei *Grawert-May 1971* und *Pustejovsky 1975,* der besonders betont, daß Schlesien erst jetzt endgültig (bis zu den Schlesischen Kriegen Friedrich des Großen) für die böhmische Herrschaft erworben war. Zur Entwicklung der Lehensbindungen Schlesiens an Böhmen vgl. auch *Orzechowski 1965.*

332 *ACB 1928,* S. 142 ff und 229 ff.

333 z. B. *ACB 1928,* S. 60 ff.

334 *Ganshof 1961* in anschaulicher Gründlichkeit; die böhmischen Verhältnisse *Weizsäcker 1960.*

335 *ACB 1928,* S. 61; dazu *Seibt 1971 VoFo,* S. 479. Übrigens stammen diese Urkunden aus der Hand des französischen Notars Nikolaus Sortes und es läßt sich denken, daß nicht nur einzelne Begriffe wie »vassalagium« oder »Bailli« (*Pelzel 1783* I, S. *73), sondern eben auch gedankliche Neukonstruktionen von ihm aus französischer Begrifflichkeit beeinflußt worden sind.

336 Darauf verweist *Schneider 1973,* S. 130.

337 *Schwarzenberg 1960;* unerheblich ist in unserem Zusammenhang, wieweit in dieser Krone ältere Bestandteile verarbeitet wurden, vgl. dazu etwa die Bemerkung über die Aufwendungen Karls für diese Krone bei *Franz von Prag FRB IV,* S. 448.

338 *Šusta 1948,* S. 29, mit Lit. Die wichtigste Untersuchung für die Zusammenhänge lieferte *Cibulka 1934;* eine Zusammenfassung besonders im Hinblick auf die französischen Ordnungen gab er 1959 in den Actes du Congrès international d'histoire de l'art, Paris, S. 167 ff.

339 Darüber zuletzt die Reihe von Festschriften zur 1000-Jahrfeier des Prager Bistums, besonders: Regensburg und Böhmen 1972; Tisíc let 1973; Sacrum Pragense Millenium 1973; Bohemia Sacra 1974 mit verschiedenen Beiträgen zur Gründungsgeschichte und zum Diözesanumfang. Eine Übersicht bei *Seibt 1975 EA.*

340 Zur Entwicklung des zeitgenössischen Nationalbewußtseins am besten *Šmahel 1971,* zuvor englisch 1969 f.

341 *Zibermayer 1929.*

342 *Emler 1890,* S. 787.

343 *Palacky 1842,* S. 361.

344 *Seibt 1965,* S. 63 f.

345 Darauf verwies zuletzt *Schneider 1973,* S. 144.

346 *Peter v. Zittau* 1884 *FRB IV,* S. 320: »denn in fast allen Städten des Reiches und vor dem König ist das Deutsche mehr gebräuchlich als das Tschechische ...«

347 Darüber zuletzt *Dolezel 1978* mit der älteren Lit; auch *Cinke 1975* mit interessanten, leider nur skizzierten neuen Gesichtspunkten.

348 *Pelzel 1783* I, S. *95; *Emler 1890,* S. 14; *Johann von Gelnhausen* 1900, S. 167 f.

349 *FRB IV,* S. 320.

350 *Reincke 1927,* S. 87.

351 So urteilte richtig *Patze 1972,* S. 35.

352 *Turek 1963*, S. 81.
353 Daran erinnert *Graus 1975*, S. 163, Anm. 86.
354 ad instar domus regis Franciae *FRB IV*, S. 413.
355 Das Datum nach *RImp VIII*, S. 54; dazu *Šusta 1948*, S. 54ff. Die breiteste neue Darstellung gibt *Lorenc 1973;* mit wichtigen Korrekturen vgl. dazu das von *W. Brosche* entworfene Modell der Neustadt in der Nürnberger Ausstellung und bei *Brosche 1978*.
356 *Čarek 1963*, S. 110.
357 Einen Vergleich der Grundrisse bringt Čarek 1963, S. 123.
358 *Pelzel 1783* I, S. *49.
359 *Hoenig 1921*, S. 89.
360 *Birnbaum 1933*, zitiert nach *Šusta 1948*, S. 58.
361 *Pelzel 1783* I, S. *44. Lehrreich ist ein Vergleich innerhalb Ostmitteleuropas, z. B. im Hinblick auf ungarische Entwicklungen; darüber zuletzt *Kubinyi 1972*, S. 99f.
362 Neuere Literatur zur Prager Universitätsgeschichte *Seibt 1970;* dazu noch *Kubová 1970* und *Boháček 1965*.
363 Das betonte schon *Vyskočil 1947*; ein Vergleich der Gründungsdiplome *Kubová 1970*.
364 *Meyhöfer 1912*.
365 *Kubová 1970*, S. 16 und Tafel I.
366 Zum Text *Blaschka 1953* und *1954*.
367 *Kubová 1970* mit einer sehr nützlichen tabellarischen Übersicht.
368 *Blaschka 1954*, S. 56ff.
369 *Hemmerle 1974* und *1978;* dazu auch *Kadlec 1971* und *1973*; zur literarischen Produktion der neuen Universität die vorzügliche Zusammenstellung von *Tříška 1972* und *1975*.
370 So deutsch bei *Blaschka 1954*, S. 46.
371 Deutsch bei *Blaschka 1954*, S. 53.
372 Deutsch bei *Blaschka 1954*, S. 61.
373 *Kavka 1964*, 10f; auch das Urteil des Chronisten Benesch, dieses neue Prager Studium habe nicht seinesgleichen in allen Teilen Deutschlands, *FRB IV* 518, weist auf einen solchen Funktionsbereich.
374 *Seibt 1965*, S. 65.
375 *du Moulin-Eckhardt 1929*, S. 15.
376 *Seibt 1971;* zur Rektoratswahl noch *Boháček 1965*.
377 *Berges 1938*, unter anderem mit den Beispielen: Philipp von Leyden, Michael von Prag und Petrarca.
378 *Spörl 1961*, S. 332.
379 *Grimm 1877*. Das etymologische Wörterbuch von Walde 1938 räumt übrigens einen Zusammenhang mit »Mehrung« ein, während Stowasser 1900 allein auf die Grundbedeutung »vogelgekürt« (Augur) verweist; dem entspricht auch die Angabe im *Thesaurus 1906*.
380 Germania, primeva regni Romani et imperii sponsa … *MGCC VIII*, S. 224. Der Einfluß der Trierer Kanzlei, namentlich Rudolf Losses auf Karls Urkunden ist für 1348/49 von *Langer* 1971, bes. S. 350ff hervorgehoben worden.
381 *MGCC VIII*, S. 224.
382 *FRB IV*, S. 449.
383 Emler *FRB III*, S. 330; es handelt sich um die Handschrift Nr. 556 der Wiener Nationalbibliothek fol. 1–52.

[384] *Lehmann 1954*, S. 51; treffend ist dagegen die knappe Charakteristik *Heimpels 1957*, S. 59.

[385] *Fischer 1941*, S. 125 vermutet, die Einleitungsworte der Autobiographie wiesen auf zwei Söhne hin: secundis sedentibus in thronis meis binis ... Das ist ein schlichter Übersetzungsfehler. Secundis heißt hier: »den nachfolgenden«, im Hinblick auf alle Zukunft. Eine Literaturübersicht bringt *Šusta 1948*, S. 155f.

[386] *Benesch von Weitmühl FRB IV*, S. 517; ähnlich *Franz von Prag FRB IV*, S. 447f.

[387] *Hemmerle 1951*, S. 45 ff mit Lit. u. Quellen. Zum territorialpolitischen Zweck von Ettal *Bock* 1929.

[388] Das betont treffend *Pirchan 1953*.

[389] *ACB 1928*, S. 197.

[390] Das Übergabeprotokoll Ludwigs hebt den Stein eigens hervor, *ACB 1928*, S. 196.

[391] *FRB IV*, S. 453 und S. 519.

[392] *Heinrich von Herford 1859*, S. 284; *Matthias von Neuenburg* Fortsetzung, 18, S. 277. Auch *Heinrich Taube* 1922, S. 99, nennt die Krone unter den Reichskleinodien nicht. Lanze, Nägel und das Schwert Karls des Großen sind nach ihm die wichtigen Stücke »vor anderen«.

[393] Zuletzt *Graus 1975*.

[394] *Schramm 1954–56*.

[395] Das ergibt auch der Überblick von *Schulte 1924; Pirchan 1953*, S. 59f, glaubt hier eine böhmische Minderschätzung der deutschen Krone zu erkennen, ohne die gleichmäßigen Aufzählungen in älteren wie in gleichzeitigen deutschen Quellen zu beachten.

[396] *FRB IV*, S. 519.

[397] *Lochner 1873*, S. 25; für den Hinweis auf diesen Text danke ich Herrn Dr. Graßl.

[398] *FRB IV*, S. 450.

[399] *Biraben 1974*.

[400] *Trautz 1961*, S. 356.

[401] Zu den medizinischen Ursachen grundlegend *Sticker 1908/10*, der allerdings bakteriologisch nicht zwischen dem Schwarzen Tod und anderen Pestepidemien differenziert. Anders *Zinsser 1935*, 2. Kapitel, deutsch 1949; einen Überblick der reichen Literatur gibt am besten *Keyser 1957*, *Abel 1964*, S. 36 und *Carpentier 1971*.

[402] Diesen meist ignorierten Gesichtspunkt betonte *Pitz 1965*.

[403] *Kelter 1953*, S. 182.

[404] *Grundmann* 1970, S. 552.

[405] Nach der These von Lütge, Abel und Kelter zuletzt mit der besten Übersicht und ausgewogenem Urteil *Van Klaveren 1967*.

[406] *Rosenfeld 1968;* dazu etwa das Wort von Johann von Dambach: Sed magna contagione pestifera peribit mundus cum immundo et innocens cum nocente. *Hofmann 1956/7*, S. 390f.

[407] Das Pestregimen von Karls Leibarzt Gallus um 1360; 1372 erschien ein Missum Imperatori zur Pestbekämpfung, als päpstlicher Sendbrief, zunächst lateinisch, dann deutsch. Vgl. *Eis 1959*.

[408] *Töpfer 1964*, S. 281.

[409] *Jedin u. a.* 1970, K. 65.

410 Dazu etwa der Bericht *Gesta Treverorum 1838*, S. 254.
411 Ein alphabetisches Verzeichnis in der Germania Judaica, *Avneri 1963/68*.
412 *Durant 1966*, S. 405; *Kisch 1956*.
413 Dieser Gesichtspunkt wird in den Darstellungen der Judenverfolgungen meist unterschätzt, während man nach räsonablen Ursachen sucht.
414 *Koehler/Lentze 1973*, S. 456f. Auch diese Umstände ignorieren die meisten Darstellungen, so z. B. der in vieler Hinsicht nützliche Übersichtsband von *Schopen 1961*, S. 50ff.
415 *Wackernagel 1906* I, S. 258f.
416 *Andernacht 1973*.
417 *Andernacht 1973*, S. 10.
418 Zusammengestellt bei *Werunsky 1882*, S. 272f.
419 Die Zitate von Fritsche Closener und Jakob Twinger von Königshofen nach *Werunsky 1882*, S. 257; dort auch ein ausführlicher Überblick der Vorgänge.
420 So *Werunsky 1882*, S. 256.
421 Die Belege bei *Werunsky 1882*, S. 272 f.
422 *RImp VIII 1192*; im übrigen *Schultheiss 1964*, S. 75.
423 *Werunsky 1882*, S. 266 nach Roscher, neben anderen, divergenten Urteilen.
424 *Monumenta Boica* Bd. 23 171b, zitiert nach *Werunsky 1882*, S. 281: »... wie wir dem reiche die judischeyt wiederbringen, wan wir erkennen, daz si umb unschuld sint verderbet.«
425 *ACB*, Nr. 160ff.
426 *ACB*, Nr. 124, bes. S. 143 Z. 31ff.
427 *Heinrich Taube von Selbach 1922*; hier zitiert nach der medizinischen Analyse von *Lesný 1962*. *Šusta 1948*, S. 143ff mit Quellen, hält dagegen noch Gift für die Krankheitsursache.
428 *Matiegka 1932*.
429 Darüber gibt es Zeugnisse bei *Matteo Villani*, 1/74, bei Johann von Neumarkt, vgl. *Pirchan 1953*, S. 85, und in der Grabrede des Adalbertus Ranconis 1378, vgl. *FRB III*, S. 436. Zur Porträtähnlichkeit zuletzt *Wammetsberger 1967* und besonders *Herzogenberg 1978*. Zum medizinischen Befund *Leský* 1962; Herrn Prof. P. Trüb verdanke ich den Hinweis, daß Polyneuritis über Zeckenbiß als Infektion ausgelöst werden kann, aber auch über Arsenverbindungen, wie sie gelegentlich in den Liebestränken der Zeit verwendet wurden, so daß man an die Erzählung Matteo Villanis erinnert wird.
430 *Post 1936*, S. 106 c–e, hier d 1.
431 *Post 1936*, S. 106 d 1
432 *Limburger Chronik* ad 1350: »da hup di werlt an zu leben unde frohlich zu sin unde machten di menner nuwe kleidunge«. Zur Herleitung von »Jacke« aus dem Arabischen für »Brünne« Kluge-Götze 1951.
433 *Ficker 1865*, S. 177.
434 *Otto 1906*, S. 307.
435 *Beloch 1961*.
436 Der Begriff der Renaissance bezog aber womöglich auch aus der noch zeitgenössischen Forstsprache – Wiederausschlagen aus einem alten Stamm – seine Verbreitung, wie *Trier 1950* dargestellt hat.
437 Dazu *Höfele 1958* nach älteren Arbeiten; *Macek 1964*.
438 Darauf verweist *Höfele 1958*, S. 12.
439 Über den Weg von Rudolf Losse geben die Editionen Stengels immer wieder Aufschluß, zuletzt *NAL 1976*.

[440] Darüber gibt es weder bei *Höfele 1958* noch bei *Macek 1964* eindeutige Auskünfte.

[441] Vom Einfluß Colas in Prag zeugt der Bericht in der Chronik des Franz von Prag, der den Ereignissen näher steht als die knappe, zwanzig Jahre spätere Angabe in der Chronik des Benesch von Weitmühl, vgl. *FRB IV*, S. 452 und S. 519.

[442] Völlig verfehlt ist in diesem Zusammenhang das Urteil *Pfitzners 1938* über Karls Verhalten und über die Möglichkeiten seiner Politik, zu Recht schon getadelt von *Šusta 1948*, S. 300.

[443] Johann von Neumarkt ließ die Dictamina Tribuni sammeln, vgl. *Piur 1931*, S. 305. Die Abschrift von Dantes Traktat De monarchia berichtete als neuen Fund *Bartoš 1951* und schlug dabei wohl auch treffend die Verbindung zu Cola di Rienzo.

[444] Der Briefwechsel bei *Piur 1933*. Dazu zuletzt *Dupré-Theseider 1942; Höfele 1958* und *Macek 1964*.

[445] Diese bekannte Tatsache war *Fischer 1941*, S. 136, entgangen, weil er glaubt, Petrarcas Stil und Argumentation habe sogleich auf Karl selber zu einem solchen Brief eingewirkt.

[446] Karls Brief wurde auch von Johannes von Neumarkt unter die Stilmuster für Staatsbriefe aufgenommen, *Tadra 1895*.

[447] Darüber am besten *Bayley 1942*.

[448] *Bayley 1942*, S. 338.

[449] Eine Zusammenstellung älterer divergierender Urteile bei *Bayley 1942*, S. 339f.

[450] *Piur 1933*, S. 105; auf das Zitat von 1361 verweist *Bayley 1942*. Daß Karl mehr von der Art als von der Sache Petrarcas beeindruckt worden sei, meint, unter vielen anderen, auch *Bayley 1942*, S. 334.

[451] Über diese Begegnung zuletzt *Schmitt 1974*.

[452] Diese Devise aus der Vorrede zur Majestas Carolina hob *R. Schneider 1973*, S. 143, treffend hervor; sie wird noch zu besprechen sein.

[453] »... et medici volunt, et Caesares didicerunt«, *Piur 1933*, S. 15.

[454] *FRB IV*, S. 492f Karls Vorrede zur Chronik des Marignola.

[455] *Piur 1933*, S. 185.

[456] Das Regest des Briefes bei *Meyer v. Knonau 1843;* das Original im Staatsarchiv Zürich C 1 Nr. 1470.

[457] Zuletzt *Kaufmann 1976; Holzhauer 1976* mit der wichtigsten Lit.

[458] *Angermeier 1966*, bes. S. 177 und 265f vgl. aber *Pfeiffer 1971* und *1973* zur Entwicklung in Franken.

[459] Allerdings konstatiert *Gerlich 1971a*, S. 153, ein auffälliges Zurücktreten der reichsrechtlichen Mainzer Ansprüche im 14. Jahrhundert, auch in den Bestimmungen der Goldenen Bulle, worin sich wohl die Schwäche des wiederholt in Nachfolgefragen umstrittenen Kurerzbistums jener Zeit erkennen läßt.

[460] Staatsarchiv Zürich C 1 Nr. 1470.

[461] Das eidgenössische generelle Mißtrauen, genährt durch die Überschätzung von Karls Sympathien für die Habsburger, belastete dabei die königliche Politik über Gebühr, vgl. *Mommsen 1958*, bes. S. 153–161.

[462] *RImp VIII*, 1640.

[463] Zuletzt *Gerlich 1971a*, S. 163 und *Schaab 1971*, S. 176.

[464] *Patze 1971*, S. 60ff.

[465] Viele Einzelheiten zuletzt in dem von H. Patze herausgegebenen Doppelband

zur deutschen Territorialentwicklung 1970/71; zahlreiche weitere Einzelheiten verspricht ein neuer Sammelband über Karl IV. und die deutsche Landesgeschichte vom selben Herausgeber.

466 *Vigener 1922*, S. 438.

467 *v. Stromer 1970;* vgl. *Frenzel 1962.*

468 Darüber verspricht die noch ungedruckte Habilitationsschrift von P. Moraw besondere Aufschlüsse, nach Veröffentlichungen 1974 und 1975 b, und danach ein umfangreiches Forschungsprogramm zur spätmittelalterlichen und früh-neuzeitlichen Personengeschichte, das P. Moraw gemeinsam mit V. Press in der letzten Zeit aufgebaut hat.

469 *Stahleder 1970*, bes. S. 42; Karl erhob Mecklenburg, Jülich, Luxemburg, Pont à Mousson, Genf und die Burggrafschaft Nürnberg zu Reichsfürstentümern.

470 *Schwind 1971*, bes. S. 221 f.

471 *Werunsky* z. B. *1882*, S. 272; *1885*, S. 341.

472 *Šusta 1948*, S. 356.

473 *Reincke 1927*, S. 80 f.

474 *RImp VIII 1368;* Nikolaus von Luxemburg (1322–1358) war ein außerehelicher Sohn des Königs Johann von Böhmen, wie üblich zur geistlichen Laufbahn bestimmt. Gelegentlich ist noch von zwei anderen Halbbrüdern Karls die Rede, Antonius und Heniken, offenbar niederer Herkunft, für die Karl bei einem Prager Wirt Kostgeld zahlt; vgl. *ACB 1928*, S. 19.

475 6. Okt. 1353 *RImp VIII* 1650.

476 *RImp VIII* 1544a mit Qu.

477 *Gottschalk 1972.*

478 *RImp VIII* 1807; *Margue 1974*, S. 71, mit der älteren Lit.

479 Darüber noch immer am besten *F. Schneider 1940*. Über Karls Romzug finden sich die positivsten Urteile bei den englischen Historikern Walsh und Jarret, deutscherseits bei Baethgen, neuerdings besonders mit neuen Gesichtspunkten bei *Trautz 1961.*

480 *Werunsky 1886*, S. 575 f.

481 *Werunsky 1886*, S. 613.

482 *Reincke 1927*, S. 80.

483 *Grundmann 1970*, 556.

484 So z. B. noch in den Briefen an Kardinal Peter von Ostia um rasche Kaiserkrönung »ad commodum rei publice«, *Johannes Porta 1913*, S. 8 und 1.

485 *RImp VIII* 1965 und 2000.

486 *Johannes Porta 1913*, S. 10. Nach *Heyen 1965* kennt man allerdings schon eine metaphorische Zugehörigkeit der »eisernen« Krone der Lombardei zur deutschen und zur römischen.

487 *Sercambi 1892* I, S. 100.

488 Ausführlich geschildert von *Werunsky 1886*, S. 564.

489 *Grundmann 1970*, S. 556.

490 *Sercambi 1892*, S. 103.

491 Das unterstreicht neuerdings nach älterer Lit. *v. Stromer*, zuletzt *1978.*

492 *RImp VIII*, Nr. 2020 ff. Die Parallele beobachtete schon *Müller 1971*, S. 19.

493 *RImp VIII*, Nr. 4437 zum Jahr 1366.

494 *v. Stromer 1971*, S. 91 u. a.

495 *Heimpel 1951*, S. 240.

496 *RImp VIII* 1277.

497 *Schultheiß 1964*, S. 45.

498 *Dirlmeier 1966*, S. 166 f.

499 Darüber zuletzt *Fritz 1967;* über den Fortgang der Erwerbungen die beste Übersicht bei *F. Schnelbögl 1973*, S. 20 ff.

500 Den vollen Text gibt *F. Schannat 1723*, S. 130 f; *Kaiser 1900*, S. 180. Die Datierung klärte *Schieche 1927*, S. 123.

501 *Johann von Gelnhausen 1900*, S. 167 f. Zum Zusammenhang zuletzt *Turczynski 1978*. Karls Slawenidee verteidigte noch *Kalista 1971*, S. 160 f. Dagegen aber *Dolezel 1978*.

502 *Sercambi 1892*, S. 104.

503 *FRB IV*, S. 523.

504 Schon *Trautz 1963* verwies auf die vielfältige Fortgeltung des Kaisertums aus den Traditionen von Karls Italienpolitik, nicht zuletzt auch in der Rechtfertigung des aufsteigenden italienischen Fürstentums. Auch hier hat eine einseitige Quellenpräferenz das Wort des Florentiners *Matteo Villani* (*1858* II, S. 139) von Karl als unkaiserlichem Kaufmann sehr unkritisch gehandhabt.

505 Den Text gibt *Schieche 1927*, S. 147.

506 *Pessina 1673*, S. 460 ff; der Begriff des Imperium orbis terrae, eigentlich »Weltherrschaft«, wird noch zu klären sein. Auch Benesch von Weitmühl spricht im Zusammenhang mit der römischen Krönung von Karl als dem princeps mundi, dem Weltenfürsten, wohl in diesem Sinn und meint kaum eine direkte Weltherrschaft, sondern den kaiserlichen Weltvorrang mit besonderer Fürsorgepflicht für die Christenheit, vgl. *FRB IV*, S. 522 und 523: super universum orbem terrarum coronatur.

507 Über ihn zuletzt *Voigt 1973;* seine Briefe an Karl 1376 bei *Folz 1962*.

508 Proemium 8. Insofern fehlt der seit dem 16. Jh. üblichen Bezeichnung doch nicht die Berechtigung.

509 Eine ausführliche Inhaltsangabe bot *Šusta 1948*, S. 179–215.

510 Darüber zuletzt *Boháček 1962*, S. 128 f; die beste Übersicht der Ausgaben wie der Literatur im *Repertorium fontium 1970*, S. 145. Die Verlusterklärung Karls, *RImp VIII 2262*, bei *Jireček 1880*, S. 102.

511 Nach der europäischen Gesamtdarstellung *Molnárs 1973*, bes. S. 117 über böhmische Verhältnisse, hat hier *Patschovsky 1975* unsere Kenntnisse beachtlich erweitert.

512 Diese schwere königliche Drohung reicht eigentlich weit über die tatsächliche königliche Macht und wurde in der Literatur bisher unterschätzt. MC LXXXV–LXXXVII; dabei ist der tschechische Text deutlicher als der ursprüngliche lateinische bei Festlegung des Güterverlusts, vgl. *AČ III*, S. 154.

513 *MC XLII.*

514 *Seibt 1965* HZ, bes. S. 311 ff.

515 *Kejř 1956*, bes. S. 46 f; *Seibt 1971a*, S. 476 f.

516 Der Begriff ist namentlich durch die Forschungen von Otto Brunner erläutert worden, vgl. bes. *Brunner 1958*.

517 *Grundmann 1970*, S. 465.

518 *RImp VIII 2284a*. Zum Inhalt nach dem Straßburger Urkundenbuch, den schon *Schmeidler 1937*, S. 78 hervorhob, zuletzt *Hergemöller 1978*.

519 *Boehmer 1890*, S. 101, worauf *Hergemöller 1978* verweist.

520 *FRB IV*, S. 524 mit der dort angegebenen Datenkorrektur Palackýs.

521 Diesen Vergleich hat Hergemöller in seiner Münsteraner Dissertation von 1977 einleuchtend herausgearbeitet; zusammenfassend *Hergemöller 1978*. Vgl. auch *Fritz 1972*, S. 10 mit Quellenangabe.

[522] *Stengel 1930a*, S. 210.
[523] Aufschlüsse liefern die Erwägungen Hergemöllers in seiner Dissertation von 1977.
[524] *RImp* Nr. 2266 und 2373; über diese Konzessionen zuletzt Hergemöller 1977 mit der älteren Literatur.
[525] *Grundmann 1970*, S. 572 f.
[526] Konrad v. Megenberg, De translatione imperii. Eichstädter Codex 698, fol. 406 und 411; vgl. *Höfler 1868*. Dazu *Dempf 1929*, S. 501 f.
[527] Über Konrads Verhältnis zu Karl vgl. *Krüger 1968*, bes. S. 103 und *Moraw 1972*, S. 8 f.
[528] *GB Kap. 31.*
[529] *GB Kap. 24;* zum Text nach dem Codex Justinianus die Ausgabe von *Fritz 1972*, S. 80.
[530] *GB Kap. 31.*
[531] *GB Kap. 7.*
[532] *Liermann 1958*, S. 10.
[533] *Wolf 1970*, S. 122 mit Stammbaum; dazu *Wolf 1977* mit einer erwägenswerten Parallele aus der Ottonennachfolge, Bildanhang 1.
[534] Das betont, mit Kritik an Wolf, *Hergemöller 1978*.
[535] *GB Kap. 29.*
[536] *GB Kap. 4.*
[537] *GB Kap. 8*, dazu *Seibt 1971*.
[538] *GB Kap. 15.*
[539] *MC Kap. 33 f.*
[540] *Hobzek 1931.*
[541] Darüber zuletzt *Koller 1958* mit der älteren Literatur.
[542] Vor der Dissertation Hergemöllers sind sie vornehmlich in der Studie von *Petersen 1966* über die Goldene Bulle zum Ausdruck gekommen.
[543] *MC* Proemium Absatz 6.
[544] *GB* Proemium.
[545] Über Benesch zuletzt *Fiala 1969* und *Gladkiewicz 1970*.
[546] *FRB IV*, S. 526.
[547] *Heinrich Taube 1922*, S. 111; *Jakob Twinger 1870*, S. 482 f; *Matthias von Neuenburg Forts.* S. *1868*, S. 293; *Jacques d'Esch 1906*, S. 303.
[548] *Heinrich v. Diessenhofen 1868*, S. 101 und 107.
[549] *Levolt 1929*, S. 92 ff; gemeint ist Kap. XVII der *GB*.
[550] *Berges 1938*, S. 349.
[551] Wichtige und bislang noch unbeachtete Aufschlüsse über die Interpretation der Goldenen Bulle in der Umgebung König Wenzels IV. um 1400 bringt der Wiener Codex 338 in seinen Miniaturen, soeben in Faksimile ediert und rechtshistorisch kommentiert von *Wolf 1977*.
[552] *Werunsky 1892*, S. 165; außerdem sind von älteren Urteilen bemerkenswert *Friedjung 1876*, S. 75 f; *Schulte 1924*, S. 37; *Dempf 1929*, S. 503. Der Kompromißcharakter des Verfassungswerkes ist nach *Petersen 1966* wohl allgemein anerkannt, vgl. zuletzt *Hergemöller 1978* mit Lit.
[553] *Gerlich 1971a*, S. 169.
[554] *Folz 1962*, S. 200.
[555] *Heimpel 1957*, S. 64.
[556] *Reincke 1931*, S. 89 verweist besonders auf diese Urkunde *RImp VIII* 859.
[557] *Thomas 1978*, bes. aber 1973.

558 Zur Entwicklung *Pustejovsky 1975*, bes. S. 17ff.
559 Zuletzt *Grawert-May 1971*, S. 148 u. a.
560 Zum Vorgang *Sanmann–v. Bülow 1942*.
561 *Scheffler 1911; Hledíková 1974, S.* 309.
562 *Grünhagen 1883*, S. 21.
563 *Breslauer Urkundenbuch 1870*, S. 167.
564 *Kopietz 1907*.
565 *Kopietz 1907*, S. 50ff mit Lit. und nicht durchaus überzeugenden Einschränkungen.
566 *v. Stromer 1978*.
567 Sie beobachtete schon *Grünhagen 1861*, S. 12.
568 *F. Schnelbögl 1973*, S. 9 und 20.
569 *Sturm 1960; Sturm 1978*.
570 *Piendl 1952/53*.
571 Der Gang dieser Erwerbungen ist mehrfach dargestellt, am genauesten zuletzt von *F. Schnelbögl 1973* (mit Karte), hier bes. S. 22ff.
572 *Bischof 1967* und *1969*.
573 »uff yenseit des Beheimschen Waldes«, heißt die zusammenfassende Bezeichnung 1363, oder lateinisch, z. B. 1357, »Bavaria trans silvam Boemicalem«, *F. Schnelbögl 1973*, S. 27.
574 Das hebt *F. Schnelbögl 1973*, S. 27 zuletzt hervor.
575 *Hofmann 1963* mit Karte.
576 *Gerlich 1971b*, S. *179*.
577 Darüber, nach einer älteren Arbeit von *Lehmann 1913*, eine vorzügliche Übersicht bei *Müller 1971*.
578 *RTA I 27–32, RImp VIII* 5480 und 5488, zitiert nach *Müller 1971*.
579 *Müller 1971*, S. 22.
580 *Monumenta Zollerana 1858*, S. 141ff.
581 1373 veranschlagte man eine Mark Silber zu 80, äußerstenfalls 90 böhmischen Groschen, vgl. *Brandl 1876*, S. 52. Demnach wären 10000 Schock Groschen zumindest 6666 Mark gleichzusetzen.
582 Das erfaßten die Aussagen über »Neuböhmen« (erstmals) bei *Pelzel 1783*, bei *Palacky 1874, Döberl 1916, Schöffel 1931 FM, Liermann 1958, Hofmann 1963, Schultheiß 1964, Schnelbögl 1973;* Die Bedeutung einer Erbverbindung mit den Hohenzollern, von manchem Autor ignoriert, hebt dabei *Gerlich 1971b* am deutlichsten hervor. – Die Verträge mit den Burggrafen in *Monumenta Zollerana 1858*, S. 145–160.
583 *FRB IV*, S. 517.
584 Zu den kurfürstlichen Willebriefen *Fritz 1967*, bes. S. 174; *RBM VI*, S. 1.
585 *FRB IV, S. 517:* Et quia huiusmodi castra, civitates, terramque Bavarie emendo regnum suum naturale, Boemiam totam, in diversis exaccionibus multum aggravaverat, quia toto tempore vite sue de imperio et civitatibus eius, que fere omnes sunt libere, parum vel nihil habuit, ideo in recompensam habuit ipse dominus Karolus ab electoribus sacri imperii, qui una cum ipso hoc litteris patentibus roboraverunt, ut prefata terra Bavarie cum civitatibus, castris, municionibus et toto dominio iure hereditario ad coranam et regnum Boemie immediate debeat perpetuis temporibus pertinere.
586 *Liermann 1958*, S. 13; *1956*, S. 11.
587 Eine Untersuchung über Karls Finanzpolitik fehlt; bei der Quellenlage wäre ein solcher wichtiger Überblick allerdings auch nicht leicht zu gewinnen.

[588] *Gerlich 1971b*, S. 179.

[589] Die Goldene Bulle verbot kurfürstlichen Untertanen die Appellation an das Königsrecht, außer, wenn ihnen der Kurfürst die Rechtsprechung verweigerte; diese Ausnahme ist böhmischen Untertanen dort aber nicht eingeräumt. Zuletzt *Buchda 1971* mit Lit.

[590] Darüber am klarsten *Hofmann 1961*, bes. 116 ff.

[591] Im Text bei *Pelzel 1783 II*, S. 970.

[592] Den Verwaltungsaufbau skizziert am besten F. *Schnelbögl 1973*, knapp auch *Sturm 1978*.

[593] *Klier 1963*, S. 3 f.

[594] *Klier 1963* gegen ältere Überschätzungen des tschechischen Anteils; *Schnelbögl 1973*.

[595] *F. Schnelbögl 1973* bringt davon den vollen Text.

[596] *Hofmann 1963* mit Karte. Die Bedeutung für die Landesentwicklung unterstreicht Bosl 1978, S. 238 u. 240.

[597] *Neukam 1956*, S. 128; der Urkundentext bei *Pelzel 1783 II*, S. *231 f.

[598] *Hofmann 1963*, S. 67.

[599] *Haas 1967*; vgl. auch *Hanisch 1975*.

[600] *Arnold 1978* mit der älteren Art.

[601] *Schnelbögl 1973*, S. 41.

[602] *Zimmermann 1964*; *Staber 1969*, bes. S. 61.

[603] So in Sulzbach am Ostchor der Pfarrkirche. Den Hinweis darauf verdanke ich Herrn Dr. A. Schädler.

[604] *Schnelbögl 1959*.

[605] *Schwemmer* und *Kraft 1960*; *Klier 1962*; *Zelenka 1976*.

[606] *Hofmann 1971*, S. 283.

[607] *Hofmann 1971*, S. 283.

[608] *Vier bayer. Fortsetzungen 1877*, S. 157.

[609] Die Urkunde vom 28. X. 1376 *Monumenta Zollerana IV*, S. 375. Karls Verteidigung des Mauerbaus *Deutsche Städtechroniken* I, S. 26.

[610] *Schmugge 1970* und *1978*.

[611] *Stoob 1970*, S. 179 u. a.; *Eberhard 1978* mit Karten.

[612] *RImp VIII R. 404 f*; *RImp VIII 3943*; *Schultze 1961*, S. 139.

[613] *RImp 3938 a f*.

[614] *RImp* Nr. 4329–4336.

[615] Die einzelnen Stationen am besten bei *Schultze 1961*.

[616] *RImp*, S. 433 ff; *Schmeidler 1935*, S. 81, rühmt dieses Ergebnis, aber Karl schuf sich doch durch die entsprechenden Steuerforderungen ernsthafte Schwierigkeiten in Südwestdeutschland.

[617] *RImp*, S. 444 f; die fehlende Inkorporation für Brandenburg beobachtete schon *Sanmann-Bülow 1941*; neuerdings dazu *Schultze 1961*, S. 167, wobei aber der Vorteil der Union anstelle der Inkorporation nicht herausgestellt wird. Hubers Angabe im Vw. XXX zu *RImp VIII*, wonach die Mark künftig »stets vom Könige von Böhmen regiert werden« solle, entspricht weder seinem eigenen Regest Nr. 5361, bes. 3), noch dem Urkundentext bei *Lünig 1, 1379*.

[618] *RImp* Nr. 5384.

[619] *Hlediková 1974*, S. 309 f; der Text bei *Pelzel 1783 II*, S. *305.

[620] *Klein 1926*, S. 29; im übrigen *Schultze 1961*, S. 169 f mit Lit.

[621] *RImp* VIII 5781.

[622] *Zahn 1900*.

623 *Zahn 1900*, S. 28.
624 *Heimpel 1957*, S. 61.
625 *Seibt 1965* und *1971; sehr ähnlich Graus 1966*, allerdings ohne die rechte Aufmerksamkeit für grundlegende Untersuchungen *Vaněčeks 1938*.
626 *RBM V* Nr. 189 u. 191.
627 *MC* Proemium.
628 *Schnelbögl 1973*, S. 9 u. a. mit vielen Einzelheiten im Text, S. 57 ff, die bereits einer allgemeinen Landesaufnahme ähneln mit Herleitungen einzelner Siedlungsverhältnisse, Angaben über Burgbesatzungen, Verwaltungsgrenzen usw.
629 *Patze 1970*, S. 31.
630 *R. Lehmann 1963*, S. 68.
631 *Czok 1957*, S. 522 mit bes. Hinweis auf Knothe.
632 *Czok 1957*, S. 523 mit Quellenzitat.
633 *Patze 1970*, S. 12 mit aufschlußreichen Vergleichen. Die Urkundenzahl von genau 7395, die Huber *RImp* und *RImp Add.* registrierte, ist zweifellos ein gutes Stück zu klein, allein im Hinblick auf die zahlreichen kleinen und größeren Ergänzungen zu seinen Sammlungen, die meist im Neuen Archiv (heute: Deutsches Archiv) zur Erforschung des Mittelalters und in den Mitteilungen des Instituts für Österreichische Geschichtsforschung veröffentlicht sind. Es fällt auf, daß man nicht selten Hubers Additamenta ignoriert, obwohl sie Seiten und Urkunden der RImp weiterzählen – zuletzt noch beim fotomechanischen Nachdruck der RImp im Verlag Olms in Hildesheim 1968.
634 *Spěvaček MIÖG 1968; Hlaváček 1970;* zuletzt *Moraw 1978;* noch gültig für Karls Kanzleiverhältnisse ist aber *Hubers* Überblick in *RImp* S. XXXVI–LI und bei *Lindner 1882*.
635 So die feierlichen Bestätigungen und Inkorporationen der böhmischen Krone vom 7. April 1348, auch die Krönungsbestätigung vom 1. Sept. 1347.
636 So findet sich die Floskel von den zwei Kronen Karls, bini diadema, welche die Selbstbiographie einleitet, auch in Urkunden vom 21. XI. 1347 und vom 27. III. 1348 (Pelzel 1783 I S. 60 und 91). Später habe ich sie aber nicht mehr beobachtet. Das Bild vom lebensspendenden Wasser aus der Stiftungsbulle der Prager Universität durch Clemens VI. FRB IV, S. 444, taucht wieder auf in Karls Urkunde für die Hauptstadt Prag vom nächsten Jahr, Pelzel 1783 I, S. 82. Die Zusammenhänge lassen sich vermehren und sind bisher noch kaum beobachtet.
637 *Fritz 1962;* ausführlich *Hrubý 1928*.
638 *Pelzel 1783* II *362.
639 *Patze 1970*, S. 37.
640 *Pavel 1969*, S. 7.
641 *RImp VIII*, S. XXXII; *Eberhard 1978*.
642 *Stoob 1970*.
643 *FRB IV*, S. 525; das Weiterwirken dieser Anekdote im 17. Jahrhundert belegt noch *Balbin 1679*, I, 3, 81.
644 *Sercambi 1892*.
645 Mon. Boh. 1774, S. 410.
646 *Stoob 1970* mit Skizzen; *Eberhard 1978* mit Skizzen.
647 Darüber mit vielen Einzelheiten die beiden von *Hans Patze 1970/71* herausgegebenen Bände der Vorträge und Forschungen des Konstanzer Arbeitskreises XIII und XIV, besonders auch die Zusammenfassung von *Götz Landwehr 1973*.

648 *W. Schlesinger 1971*, S. 110.
649 *Friedjung 1876*, S. 250.
650 *Bräutigam*, zuletzt *1978*.
651 *Pelzel I 1783*, S. *231 f; die Begriffsreihe »cives et incolae, homines et inhabitatores« an dieser Stelle soll wohl eine die gesamte Bewohnerschaft umfassende Rangreihe sein, obwohl sie nicht mit festen Begriffen aufgebaut ist. Deutlich ist nur die Absicht, mit den Handelsprivilegien nicht nur den Vollbürgern oder der städtischen Oberschicht zu nützen.
652 *Pelzel 1783* I, S. *82.
653 *Seibt HJb 1962*.
654 *Baethgen 1951*, S. 73.
655 *Heimpel 1957*, S. 64 u. a.
656 *Heyen 1965*, S. 21.
657 *Frey 1978*.
658 Darüber zuletzt *Fiala 1968*, S. 140; zur Einschätzung im selben Sinn auch *Seibt 1967*, S. 399.
659 *RImp* VIII 2462 b.
660 *Fiala 1968*, S. 151.
661 *FRB IV*, S. 525.
662 *FRB IV*, S. 525; der Bezug zu den Kämpfen in Südböhmen und Mähren beginnt offenbar mit den Worten: Eodem tempore ... im Anschluß an eine sonst unbekannte Statutenverkündigung, die schon Palacký für den Landtag vom Herbst 1355 reklamierte und zum Ersatz für die abgelehnte Majestas Carolina erklärte.
663 *RImp* VIII 2730–32.
664 *Dostal 1911*, bes. S. 236.
665 *Voigt 1973*, S. 33.
666 Das zeigt sich an sehr arroganten Bemerkungen, freilich auch aus gekränkter Eitelkeit, nach Karls Auszeichnung für Zanobi de Strada, die P. mit seinen Freunden austauscht, *Piur 1933*, S. 202 f.
667 *Piur 1933*, S. 114 und 116.
668 *RImp* VIII 3117a–3119; der Rücktritt von der schwäbischen Herzogswürde 1361 unter Ständegarantie bei *Pelzel II 1783*, S. 325; vgl. *RImp* VIII 3572 und *Begrich 1965*.
669 *RImp* VIII RS 321.
670 *RImp* VIII 3115.
671 Darüber zuletzt *Nehring 1978;* zuvor besonders *Steinherz 1888*.
672 *Neukam 1956; Pelzel 1783* II, S. *289 f.
673 Das erwähnt noch, ohne Kritik, *Fiala 1968*, S. 158.
674 *RImp* VIII 4002 f.
675 *Otto 1906*, S. 59; vgl. auch *Strnad 1966*.
676 Über Rudolf neben anderem bes. *Winter 1934; Strnad 1964*.
677 *RImp* VIII RS, S. 584 f.
678 Es gibt darüber bislang nur zusammenfassende Arbeiten von *Sickel 1859*, *Hüttebräuker 1931*, *Fricke 1949* und *Wendehorst 1951* für den deutschen Bereich. Die maschinengeschriebenen Dissertationen von Fricke und Wendehorst blieben mir unzugänglich.
679 *Winkelmann 1885*, S. 667–71.
680 *Lübisches Urkundenbuch 4*, S. 228; darüber zuletzt *Schieche 1978*.
681 So etwa im ausgereiftesten deutschen Reichsvikariatsdiplom aus Karls Kanz-

lei für den Erzbischof Friedrich von Köln 1372. *Winkelmann 1885* II, S. 606: »salvo duntaxat iure in universis et eorum quodlibet hactenus usque presens cuicumque quesito, cui presentibus nolumus derogari«. Als Zusatz zur Aufzählung der Steuerbevollmächtigung oder, bei der Hoheitsgewalt über Reichsbeamte: »... sine iuris eorum preiudicio ipsis in suis officiis competentis et usque presens in eisdem habiti et quesiti instituendi et destituendi.« Dergleichen Zusätze fehlen in der Vollmacht für das Arelat und stehen dort eher noch verstärkenden Aussagen gegenüber. Ich hoffe, demnächst in einer ausführlichen Untersuchung diese Unterschiede deutlich zu machen.

682 *Hüttebräuker 1931*, S. 564.

683 *Winkelmann 1885* II, S. 606; Friedrichs Verwandtschaft bei *Ficker 1880*. *Hüttebräuker* hatte *1931*, S. 567, geschlossen, Verwandte würden in Karls Vikariatspolitik bevorzugt; man muß wohl abwandeln: die engsten Verwandten – Balduin und Wenzel – wurden besonders vertrauensvoll behandelt.

684 *Sickel 1859*, S. 84–90.

685 *Winkelmann II 1885*, S. 667–671.

686 *RTA* II, S. 427.

687 *Wohlgemut 1973*, S. 116 und S. 15.

688 Dazu das Verzeichnis der Hofrichter *Wohlgemuth 1973*, S. 253f und S. 40f.

689 *Wohlgemuth 1973*, S. 113f und S. 254–258.

690 *Battenberg 1974*, S. 9, vgl. auch *Merzbacher 1978;* Beachtung verdient hier die Warnung *Moraws ZGO 1975* vor Mißverständnissen des Hofgerichts als unabhängiger Behörde.

691 *Kantorowicz 1931*, S. 193, Ergbd. 113; *Wieruszowski 1933*, S. 69.

692 *Tadra 1897*, S. 189.

693 *Spěváček MIÖG 1968*.

694 Dazu besonders *Burdach 1893; Schöffel 1931a, Spěváček 1962*. Eine zusammenfassende Kanzleigeschichte mit neuen Gesichtspunkten seit der Arbeit von Lindner 1882 fehlt.

695 *Tadra 1896; Kaiser 1900*.

696 Ein anderes Beispiel für Urkundenkritik bringt *RImp* VIII 5514 – freilich aus politischen Gründen.

697 Über Registerfragmente zuletzt *Kobuch 1971* mit der ält. Lit.; gleichzeitig auch *Patze 1971*.

698 Allein im Bayerischen Hauptstaatsarchiv München gibt es 152 bislang noch nicht in Regestenwerken erfaßte Urkunden Karls.

699 *Scheyhing 1973*, S. 50; *Bock 1941;* zur Fortwirkung der Institution *Riedenauer 1968*.

700 Darauf verweist *Fritz 1967*, S. 173.

701 Das ergibt eine Auszählung der Angaben nach *RImp* VIII.

702 *Schöffel 1931a* und *1934; NAL 1921–1976; Moraw 1974* mit der Ankündigung weiterer Forschungen und *1978*.

703 *Schneider 1973*, S. 142.

704 *Moraw 1978*.

705 Darauf verweist *Moraw 1978;* im übrigen darf man gerade von weitergeführten personengeschichtlichen Beobachtungen dieses Forschers noch wichtige Aufschlüsse über die Unbekannteren aus Karls Umgebung und die zugehörigen politischen Zusammenhänge erwarten.

706 *Pustejovsky 1978*, S. 172.

707 Vgl. die Studien über Residenzen des 14. Jh.s von *Koller 1966/67* und *Patze 1972*.

708 In St. Germain-en-Laye. Die Rechnungen darüber entdeckte *Mezník 1969*. Später mußte ihn der böhmische Kronprinz aufgeben und an den Königshof ziehen – vielleicht hängt damit seine Klage über König Philipp VI. in seiner Autobiographie zusammen.

709 Die Belege dafür bei *Tomek 1871* passim; das Haus des Dänenkönigs Waldemar, in der Literatur wiederholt erwähnt, zuletzt bei *Schieche 1978*, habe ich dort allerdings nicht finden können. Schieche berichtet von der Schenkung am 22. 11. 1370 nach dem Lübischen Stadtarchiv.

710 *Töpfer 1976*.

711 Dazu nach *Heimpel 1957* besonders *Müller 1971*, 23 ff.

712 *Angermeier 1966*, S. 222.

713 *Pfeiffer 1971*, S. 235.

714 *Pfeiffer 1971*, S. 239 f.

715 *Angermeier 1966*, S. 264.

716 *Lübecker UB* IV, S. 228; zum Reichsvikariat der Lübecker vgl. man die Erlaubnis für die Hamburger zur Seeräuberbekämpfung v. J. 1359. *RImp* 3009.

717 *RTA* I, Nr. 296; allgemein mit Lit. *Gimbel 1971*, Sp. 1099–1103; bes. *Angermeier 1966*, S. 229 ff.

718 *Hanisch 1975*, S. 52.

719 Das hebt *Angermeier 1966*, S. 230 und S. 235 wohl richtig hervor.

720 *Pelzel 1783* II, S. *254 f; vgl. auch *RImp* VIII 3565a mit Quellen; der Brief nach Böhmen bei *Schannat 1743*, S. 133 f.

721 *RImp Add* 6936a.

722 *RImp* 3621a mit Quellen; dazu *Werunsky 1892*, S. 237.

723 *Raynald 1647* ad 1361/2.

724 *Pelzel 1783* II, S. *333.

725 *Vyskočil 1947*, S. 506 mit Quellen.

726 Dagegen aber *Piur 1933*, S. XLIV.

727 *RImp* VIII 4579, 4582, 4587. *RTA*, S. 57–60.

728 *RImp* VIII 5031 u. a.

729 *RImp* VIII 5268, 5352, 5358 u. a.

730 *RImp* VIII 5273; *RTA*, S. 60–70.

731 Z. B. *RImp* 5266 f.

732 *RTA* I, S. 6; *RImp* 5414 ff.

733 *RImp* VIII 5448.

734 *RImp* VIII 5459 ff.

735 *RImp* VIII 5592 f.

736 Die Fälschungserklärung *RImp* VIII 5514, gedruckt bei *Lünig* 16, S. 525.

737 Die Kölner finanzierten Karl in seinen Anfängen mit der bedeutenden Summe von 11 000 Goldschilden, wie *v. Stromer 1978* herausstellte.

738 Das sah mit aller Deutlichkeit schon *Reincke 1931*, S. 31 ff, dann *Stoob 1971*, *Schieche 1978* mit der älteren Lit. und Quellen.

739 Diese Entwicklung analysierte gegen ältere Urteile *Hoffmann 1974*.

740 So gegenüber dem Mainzer Domkapitel 1357 trotz dessen heftigsten Protesten unter der Wortführung von Rudolf Losse, der sich einst um Karl verdient gemacht hatte und von ihm auch zum Propst in Mainz protegiert worden war, vgl. *Stengel 1930 a*, S. 653 f. Eine umfassende Untersuchung von Karls Pfandpolitik fehlt. Aufschlußreich ist einstweilen die Übersicht von *Schuler 1978*.

741 *RImp* VIII 3552.

742 Die Zahl nach *Schuler 1978*.

743 *Kölbel 1968/69*, S. 19.

744 Die *RTA* nennen Sigmund als Wähler, im Sinn seiner besonderen brandenburgischen Ansprüche unter den Söhnen Karls; vgl. auch *RImp* VIII 5600b.

745 *RTA*, S. 74ff.

746 *RTA*, Nr. 56, 59, 100.

747 *Nübling 1902;* zur Barchentweberei ist 1978 eine grundlegende Monographie von W. v. Stromer zu erwarten.

748 *Müller 1971* mit älterer Lit., namentlich *Heimpel 1957*, S. 245 f.

749 *RImp* VIII 5738.

750 *RImp* VIII 5759; dabei hat Wenzel wohl nur, wie schon Lindner annahm, kaiserliche Urkunden benützt, ohne daß sich Karl, am 20. März bereits in Berlin, am 12. und 14. noch in Nürnberg aufgehalten hätte.

751 *RImp VIII*, S. 599–601.

752 *RTA*, bes. S. 192.

753 *RTA*, S. 194.

754 Sie hebt neuerdings *Müller 1971* nachdrücklich hervor.

755 Ulman Stromer, Städtechroniken 1862; hier zitiert nach *Müller 1971*.

756 *FRB IV*, S. 486.

757 Clemens VI. 1342–1352; Innozenz VI. 1352–1362; Urban V. 1362–1370; Gregor XI. 1370–1378.

758 Eine Übersicht bei *Schmugge 1978;* Karls erstaunliche Dispositionsfähigkeit in Norddeutschland hatte schon *Reincke 1931*, S. 55 f zusammengestellt.

759 So setzte sich beispielsweise Karl sehr nachdrücklich für eine Bepfründung des Magisters Heinrich Totting von Oyta ein und erklärte der Kurie genau, daß gewisse Anschuldigungen über eine angemaßte Amtsbezeichnung falsch seien – eine Erklärung übrigens, die nicht gegen jeden Zweifel erhaben ist, vgl. *RImp Add 7190;* andererseits aber besoldete er einen Kanonisten der Prager Universität lieber selber, mit Lob, weil er keine Dekretalen lese. Dort war eine erst spät getilgte Verurteilung Kaiser Heinrich VII. enthalten. Karl spielt darauf wohl mit dem Hinweis auf »frivole Abträglichkeiten aus Streitereien« an. *Pelzel 1783 II*, S. *365.

760 Zur Entwicklung vgl. *Kraack 1929* u. *Stengel 1930 Avignon*.

761 *RImp Add* 7164.

762 Der Zusammenhang noch immer am besten bei *Werunsky 1892*, S. 319–328.

763 Das läßt sich hier wohl der Darstellung Werunskys nachsagen. Dort ist die Huldigung nicht erwähnt, die Beschreibung der Münzen weicht von dem wohl besseren Text bei *Tadra 1897*, S. 98, ab und eine Bewertung der Ereignisse fehlt. Unzugänglich blieb mir der bei *Neureither 1965*, S. 176, hervorgehobene Bericht über den Einzug in Avignon von dem englischen Chronisten Johannes de Reading; Beachtung verdient aber auch die Schilderung des Neplach von Opatowitz in dessen sonst nicht sehr auskunftsfreudigen Aufzeichnungen *FRB III*, S. 482–484. Übrigens erwähnte Neplach dabei auch die Krönung in Arles, entgegen den Angaben, die man *RImp* 4171a zum Echo dieses Ereignisses findet.

764 Es handelte sich um Elisabeth, die Nichte des damals noch kinderlosen Königs Ludwig von Ungarn, und um Herzog Albrecht III., der bald seinem verstorbenen Bruder Rudolf IV. nachfolgte.

765 *Trautz 1961*, S. 390.

766 *Pirchan 1930*, S. 4.

767 *Strnad 1965* gegen bisherige Urteile.

768 Neplach von Opatowitz, *FRB III*, S. 484.
769 *Strnad 1965* mit Quelle.
770 *Pirchan 1930*.
771 *Pirchan 1930*, S. 289; vgl. auch S. 328 f; eine finanzielle Übersicht fehlt.
772 *RImp* VIII 489 f.
773 *Pirchan 1930*, S. 178.
774 Vgl. *Pirchan 1930*, S. 298 f.
775 Zitiert nach *Pirchan 1930*, S. 299.
776 *Arrighi 1961*, S. 176 f.
777 Zum Hergang außer der bekannten Chronik des Giovanni Sercâmbio vgl. *Pirchan 1930*, S. 396, neuerdings auch noch ein bisher unbekannter Bericht bei *Arrighi 1961*, S. 178–186.
778 Ich folge hier der offensichtlich treffenden Interpretation *Pirchans 1930*, S. 398 ff gegen einige italienische Quellen.
779 Vgl. *Pirchan 1930*, S. 327 und 266.
780 *FRB IV*, S. 540.
781 *Seppelt 1949*, S. 171.
782 *Fink 1962* mit der älteren Lit. Den Zusammenhang bringt zuletzt *Schmugge 1978*.
783 *Bliemetzrieder 1908*.
784 *Pelzel 1783 II*, S. *389.
785 *Thomas 1973*, S. 83 ff.
786 *Pfitzner 1927*, S. 420; *Weber 1948*, S. 69.
787 *Trautz 1961*, S. 377 f; dazu aber auch schon die Beobachtungen *Webers 1948* über Karls Politik.
788 Zuletzt *Margue 1978*.
789 Das Dokument betont vor allem *Weber 1948*, S. 65 wegen seiner Bedeutung für die gesellschaftliche Entwicklung in Luxemburg. Ein Vergleich ähnlicher herrschaftlicher Fürsorge gegenüber grundherrlicher Willkür in Europa bis hin zu den Robotpatenten der Habsburger im 17. und 18. Jahrhundert fehlt bislang; er wäre wichtig.
790 *Šusta 1948*, S. 352; zur Namensgebung soeben *Schneider 1977*, S. 378.
791 Treffend kommentierte *Fiala 1968*, S. 143, daß auch die Majestas Carolina außer Böhmen nur Schlesien erwähnt.
792 *RImp VIII 1815*.
793 *Thomas 1973*, S. 328 und 337 wertet das als Beweis für Karls Abwendung von einer aktiven Westpolitik. Dazu vgl. die Urkunden *Winkelmann 1885*, S. 604 und S. 609.
794 Solche Überschätzungen vertritt gelegentlich *Klein 1926*, auch *Neureither 1965*, wo ideelle und organisatorische Ähnlichkeiten ohne Rücksicht auf böhmische Entwicklungen jeweils zum Ergebnis französischer Einflüsse erklärt werden. In der allgemeinsten Form findet sich eine solche Fehleinschätzung aber schon bei Konrad Burdach mit dem Satz: »Den Einfluß Peter Rogers (gemeint ist damit Petrus Rogerii, der Abt von Fécamp im Sinn der Erwähnung in Karls Autobiographie) hat er (Karl) niemals ganz überwunden und aus der geistigen Atmosphäre von Paris und Avignon ist er niemals herausgekommen.« *Burdach 1893*, S. 70. Es erübrigt sich hier wohl eine nähere Auseinandersetzung über die irreführende Inhaltslosigkeit solcher Aussagen.
795 Es gibt eine Bündniserklärung des französischen Thronfolgers Johann, damals Herzogs der Normandie, für Karl, die ihn aber schon vor seiner Wahl,

nämlich am 30. Mai 1346, als deutschen König bezeichnet und deshalb auch in ihrer Echtheit von *Thomas 1973* und *1978* bezweifelt wird; dazu *MGCC VIII*, S. 69. Glaubhaft sind jedenfalls wechselseitige Bündniserklärungen der beiden Fürsten von 1347; darüber zuletzt *Thomas 1978*.

796 *RImp VIII 70;* dazu neuerdings *Schnith 1978* und *Thomas 1978* im gleichen Sinn.

797 *RImp VIII 1807 f; Weber 1948, Margue 1978* mit den entsprechenden Urteilen.

798 Zuletzt *Thomas 1978;* dabei sind auch die Abhängigkeiten von Vertragsentwürfen und Datenkorrekturen in Auseinandersetzung mit der älteren Literatur geklärt. Karls Erfolg wußte schon *Werunsky 1892*, S. 169 im Hinblick auf *RImp VIII Add RS 762* entsprechend abzuwägen.

799 *Thomas 1978;* ähnlich *1973*, S. 339 f.

800 Diesen Eindruck formuliert *Schnith 1978*.

801 *Neureither 1965*, S. 108 f.

802 Darüber herrscht Übereinstimmung bei allen Kommentatoren, vgl. überdies *Trautz 1961*, S. 386 f zum Friedensversuch von 1360.

803 *RImp VIII* 3698 und 4170; *Grundmann 1970*, S. 569, nennt für das übrigens bald wieder aufgehobene Reichsvikariat des Grafen von Savoyen irrig das ganze Arelat und nicht richtig nur die Grafschaft als Geltungsbereich.

804 *Baethgen 1951*, S. 78.

805 Das betont *Thomas 1973* und *1978*.

806 *Baethgen 1951*, S. 77 f.

807 *Thomas 1978*.

808 *Chevalier 1874*, S. 140–146; vgl. *RImp VIII Add*, S. 810 f.

809 *Grundmann 1970*, S. 569.

810 *Schaeder 1937*, S. 61; zu Karls französischer Diplomatie im Hinblick auf Polen ist noch immer die Arbeit von *Scholz 1877* lesenswert.

811 *Valois 1893*, S. 216 f.

812 Die älteren deutschen Arbeiten haben diesen Zusammenhang im allgemeinen außer acht gelassen, wohl mißleitet von der Ansicht *Lindners 1893*, Katharina von Ungarn, die Verlobte des zweitgeborenen französischen Prinzen Ludwig, später Herzogs von Orléans, sei schon 1375 gestorben. Lediglich *Grundmann 1970*, S. 568, Anm. 5, verweist auf die Untersuchung von *Valois 1893*. Dagegen läßt *Grieser 1925* in der einzigen Arbeit, die besonders der Geschichte des Arelats gewidmet ist, sogar überhaupt die polnische Politik Karls außer acht und schreibt, S. 63, die Übergabe des Reichsvikariats an den Dauphin lediglich der Rührung des alten und kranken Karl beim »Wiedersehen mit den Verwandten und den Stätten seiner Jugend« zu. Erst die Arbeiten von *Neureither 1965* und *Thomas 1978* bringen genauere Informationen, die tschechische von *Fiala 1968* wenigstens S. 205, Anm. 88, einen Hinweis auf die Braut, wenn auch ohne Nachricht über ihr Todesjahr.

813 Darüber zuletzt *Neureither 1965* mit ausführlicher Untersuchung der französischen illustrierten Quellen. Unbeachtet blieb übrigens in diesem Zusammenhang eine deutsche Übersetzung des französischen Berichts in der Zeitschrift des königlich böhmischen Museums, Jahrgang 2 vom Jahr 1828. (Heute: Zeitschrift des Nationalmuseums, Časopis národního musea, Prag).

814 *Cazelles 1947*, S. 274.

815 *RImp VIII Add* 6909–6911.

816 *RImp VIII* bringt unter 5858 bis 5863 mit dem Hinweis auf Angaben von

G. Waitz nur eine, nämlich die letzte Urkunde mit der richtigen Signatur der Pariser Archives nationales. Alle deutsche Literatur bezieht sich seither ohne Ergänzungen auf diese Angaben.

817 *Thomas 1973*, S. 323.

818 Paris, Archives nationales, J 612 Nr. 44, 45, 46 bis 47. Die Vikariatsurkunde für die Dauphiné hatte schon *Pelzel*, wie *RImp VIII* 5861 richtig angibt, *1783 II*, S. *250–254, nach einer *Melker* Abschrift gedruckt. Zum gesamten Fragenkomplex mein Versuch einer umfassenden Analyse in der Zeitschrift für Historische Forschung 1981 und *Kavka ZHF 1987*.

819 Der Brief des französischen Königs bei *Valois 1893*, S. 221–223.

820 *Fournier 1891*, S. 512; vgl. *RTA II* 427 ff.

821 *Muffat 1867*, S. 731.

822 *Matteo Villani*, S. 288 f; *Froissart* zitiert nach *Neureither 1965*, S. 161.

823 *Dobner Mon. Boh. IV*, S. 410 als Zitat des Benesch von Weitmühl.

824 *Pelzel 1783 II*, S. *231.

825 So etwa auch *MC* Kap. 30, eine Stelle, die *Schneider 1973*, S. 137 schon treffend interpretierte.

826 *MC* Kap. 34; auf diese Stelle verwies auch *Schneider 1973*, S. 137.

827 *Breslauer UB I*, S. 186; *Pelzel 1783 II*, S. *255.

828 Grundlegend für die neuere Betrachtung sind die Arbeiten *Reinckes 1924* und *1931*; danach *Dirlmeier 1966*, *Kellenbenz 1970* und *v. Stromer 1970* und *1978*.

829 Es fehlt eine zusammenfassende Untersuchung der Wirtschaftsprivilegien Karls in territorialpolitischem Bezug; zur Oberlausitz *Turski 1957* mit ungedruckten Urkunden, S. 959. Im übrigen muß man die landesgeschichtliche Literatur zu Rate ziehen. Neue Aufschlüsse lassen sich vom Jahrgang 1978 der Blätter für deutsche Landesgeschichte erwarten, der mit seinen Beiträgen dem Wirken Karls gewidmet ist, herausgegeben von *Hans Patze*.

830 *Stolz 1914; Reincke 1931; Dollinger 1970; Stoob 1970*.

831 *Pelzel 1783 II*, S. *336 und *340.

832 *Vach 1956*, mit einer ansprechenden Erwägung über den Quellenwert der einzigen darüber erhaltenen Überlieferung mit Angaben zur Entwicklung des Schleusenbaues im 14. Jahrhundert; danach scheint es möglich, daß Karl dieses Projekt, dessen Bau bereits begonnen wurde, streckenweise doch auch durch einen Landtransport ergänzen wollte. Vgl. auch *Dollinger 1970*, S. 160.

833 *Vach 1956*, S. 14.

834 Fazio degli Uberti um 1360, zitiert nach *Fischer 1941*, S. 103; dazu auch *Cronia 1936*, S. 46.

835 *FRB IV*, S. 516; *Pelzel 1783 II*, S. *241 und 354; *RImp* VIII 2750 u. a.

836 *Pelzel 1783 II*, S. *240; *RImp Add* 7414 u. a.

837 *Míka 1955*.

838 *Katzerowsky 1891*.

839 *Zycha 1900*.

840 Diese Entwicklung belegt *W. v. Stromer* in seiner Arbeit über die Gründung der deutschen Baumwollindustrie.

841 Das beobachtete bereits *Fischer 1941*, S. 106.

842 *Pelzel 1783 II*, S. *353.

843 Dazu das Modell der Prager Neustadt um 1400, wie es *W. Brosche* erarbeitete, im Ausstellungskatalog 1978; überdies Brosches Korrekturen am bisher bekannten Bild der Neustadt zu Karls Zeiten in Kaiser Karl IV. *1978*, dazu *Lorenc 1973*.

844 Das Münzwesen der Zeit ist, wohl wegen seiner Vielfalt, insgesamt mit feineren Fragestellungen noch wenig erfaßt. Die bisherigen Erkenntnisse kritisiert mit einem interessanten Neuansatz *Pinta 1971;* dort auch die ältere Literatur.

845 *Castelin 1971* mit der ält. Lit.

846 In diesem Bereich ist, trotz einiger grundlegender Irrtümer, die Arbeit von *Friedjung 1876* noch unentbehrlich.

847 *FRB III* 492 f; darüber zuletzt *v. d. Brincken 1967.*

848 *Friedjung 1876,* S. 250.

849 *Piur 1933* (S. 96 über den Wunsch Karls, in den Liber de viris illustribus aufgenommen zu werden).

850 Darüber zuletzt *Schmitt 1974* mit der älteren Lit.

851 *Jahr 1908; Eis 1959; Kibelka 1963,* bes. zu den Zusammenhängen zwischen Stil und Gedankenwelt des Heinrich von Mügeln.

852 *Heinrich von Mügeln 1908.*

853 *Vita Caroli 1950,* S. 8.

854 *FRB III,* S. 492.

855 *MC* Prolog, Abs. 8; dazu treffend *Schneider 1973,* S. 143.

856 »Eine Kultur ist ein historisch abgeleitetes System von expliziten und impliziten Leitvorstellungen für das Leben, das zumeist von allen oder von besonders berufenen Mitgliedern einer Gruppe geteilt wird.« Cl. Kluckhohn und W. H. Kelly, zitiert nach *König 1958,* S. 155.

857 *MC* Kap. 37; dazu *Schneider 1973,* S. 143.

858 *Dempf 1929,* S. 494.

859 Dazu die Deutungen *Krásas 1974,* S. 9, S. 40 u. a.; vgl. auch *Krása 1967.*

860 *Schieche 1929/30* und neuerdings *Rieckenberg 1975* haben deutlich gemacht, daß er nicht, wie *Klapper* noch in seiner Biographie *1964* annahm, mit dem (wohl etwas älteren) Johannes von Hohenmauth identisch ist.

861 Über seine Beziehungen zu Dante zuletzt *Kalista 1963* mit Lit. Zu seiner deutschen Prosa zuletzt *Eis 1959,* S. 85 mit Lit. Das Werk des Johannes von Neumarkt edierte Burdach in der Reihe Vom Mittelalter zur Reformation in den Bänden 6–8.

862 *Tadra 1886* und *1895.* Daneben erfüllte noch die von *Kaiser 1900* edierte Sammlung eine ähnliche Funktion. Zur Entwicklung des lateinischen Stils in Böhmen neuerdings die in aller Kürze treffliche Übersicht von *Tříška 1975,* hier S. 30 f zum Begriff »novitas«.

863 »... presertim cum incompta verba lingwe theutonice non nisi magne et exquisite sedulitatis studio florentis tanti doctoris potuerint adaptari«, *Klapper 1964,* S. 20 f.

864 *Klapper 1964,* S. 21.

865 Gegen die Annahmen Burdachs wandten sich in diesem Sinn bereits Schmitt und Schwarz in den dreißiger Jahren. Zur Forschungslage nach *Skála 1962* und *Sturm 1965* vgl. die Angaben *Seibt 1970,* S. 77 dazu aber noch *Eis 1959,* S. 116 f und zuletzt *Grosse 1978.*

866 *Eis 1939.*

867 *Werlin 1964,* S. 75.

868 Darauf verweist zuletzt *Winter 1964,* S. 60 f; vgl. im übrigen *Merell 1956.*

869 Das hebt schon *Friedjung 1876,* S. 199 hervor; im übrigen *Winter 1964:* die Quellen *RImp VIII Add* I 7284–87.

870 Über ihn zuletzt *Ryba 1943* mit der älteren Lit.

871 Zuletzt *Machilek 1974; Hemmerle 1978* mit der älteren Lit.

872 *Pelzel 1783 II*, *S. 385.

873 *Zerlik 1960; Winter 1964.*

874 Fuit in principio praedicationis meae in Praga fautor eorum, sed nunc bonus amicus meus, *Höfler 1863*, S. 31; die Stelle ist in der sehr umsichtigen Arbeit von Herold und Mráz, *Jan Milič von Kremsier 1974*, S. 9 erstaunlicherweise falsch gedeutet, als sei Milič schon ursprünglich ein Gönner Waldhausers gewesen und nicht »eorum«, »der anderen«.

875 Dieser Vergleich besonders nach der Deutung *Winters* zuletzt *1964*, S. 86f und 95ff, der dabei die Priorität der böhmischen Bewegung vor der niederländischen hervorhebt.

876 So der Geschichtsschreiber Franz von Prag *FRB IV*, S. 447; oder symbolisch die beiden vergoldeten Turmdächer auf Karls Prager Burg; oder Beneschs Preis der Gegenwart, an mehreren Stellen, so *FRB IV*, S. 367 u. a.

877 Die neueste Darstellung gibt *Kaňak 1975* mit aller älteren Lit.

878 *Klapper* 1964, S. 162.

879 *Johannes Milicii 1974*, S. 109.

880 *Johannes Milicii 1974*, S. 27.

881 *Matthias von Janov 1911*, S. 361.

882 *Riedel* I, 16 S. 22 zum Jahr 1377.

883 So J. F. Böhmer, dazu Pfisterer und Bulst, *Vita Caroli 1950*, S. 60f.

884 *Wotke 1897*, S. 55.

885 Wotkes Einleitung riß eine Reihe von Fragen an, die man seit 1897, soweit ich sehen kann, nicht mehr aufgriff.

886 Nach Sprache und Gedankenbau ausgezeichnet untersucht in der Ausgabe von *Blaschka 1934*, dort auch der erste Druck der deutschen Übersetzung aus Handschriften in Breslau und in München.

887 *Vita Caroli 1950*, S. 8.

888 *Moralitates 1897*, S. 60; die Formel unterscheidet sich aber doch von Dantes Monarcha ... minister omnium, das *Kalista 1963*, S. 100, zur Erwägung heranzieht.

889 So beim Domherrn Franz ad 1346 *FRB IV*, S. 449; summum regem imitatus serenissimus princeps et dominus dominus Karolus...

890 Benesch von Weitmühl *FRB IV*. 522: ... et sui proprii ipsum non cognoverunt, und die Seinen erkannten ihn nicht, nach dem Johannesevangelium als Kommentar zu Karls Pilgerbesuch in Rom 1355.

891 *Huillard-Bréholles 1854*, S. 3: Post mundi machinam providentia divina formatam... Dagegen der Text Karls IV. *Jireček 1880*, S. 104: Totius universitatis actor et rector usw. *Hobzek 1931*, der die Gemeinsamkeiten der Texte genau hervorhob, ließ solche Unterschiede außer acht.

892 Beide Texte leiten die weltliche Herrschaft als Notwendigkeit aus dem Sündenfall her. Karls Text aber betont ihre Aufgabe: qui leges et iura conderent et ad regulam cuncta disponerent; ut personis consideratis et causis, inter homines futura litigia rationabiliter diffinirent.

893 *Biehl 1937*, zuletzt *Hanisch 1975*, S. 44, Heinrich von Diessenhofen, Matthias von Neuenburg, Benesch von Weitmühl und andere Zeugen berichten davon. Modernes Unverständnis zeigt dabei *Werunsky 1882*, S. 103.

894 Tanquam monarchia christiane religionis... *Pelzel 1783 II*, S. *391.

895 *Gładkiewicz 1974;* zum Überblick *Pustejovsky 1978* mit der älteren Literatur; vgl. auch *Vita Caroli 1950*, S. 40.

896 *Grundmann 1971.* Zur Polenpolitik Karls auch *Hellmann 1971.*

897 *Grundmann 1971,* S. 91; derselbe Brief war auch schon *1943,* S. 9f, von *H. Schaeder* nach einer polnischen Ausgabe von *1925* in die Gesichtspunkte von Karls Ostpolitik gerückt worden. Karl scheint sich allerdings selber von seiner Haltung wieder entfernt zu haben, nachdem die Einladung an die Litauer zur Taufe nicht angenommen wurde, vgl. sein Privileg für den Deutschen Orden *RImp* 3473 vom 13. 12. 1360. Die Zusammenhänge neuerdings am besten bei *Arnold 1978.*

898 Allerdings finden *Winters 1957,* S. 82, Deutungen von Karls Ostreichsplänen dabei keine rechte Stütze. Darüber zuletzt *Dolezel* 1978 mit Lit.

899 Zur Goldbulle von Rimini zuletzt *Pitz 1974,* S. 203; die dort aufgeworfene Frage der Entstehung dieser Goldbulle als Kaiserreskript ist in unserem Zusammenhang ohne Belang. In der Bulle Friedrich II. heißt es: ... quod terra ista (das Heidenland Preußen) sub monarchia imperii est contenta. Bei Karl lautet die Entsprechung: »... tanquam mundi Monarcha generosorum Principum honores et statum ampliore dilectione prosequimur ...«. Karls Bestätigung der Urkunde des Staufer-Kaisers von *1226* ist bisher unveröffentlicht, fehlt auch in *RImp VIII.* Sie liegt nach der Auskunft von Udo Arnold im Deutschordenszentralarchiv in Wien.

900 Goldene Bulle Kap. II, 2 und II, 3.

901 *Pelzel 1783 II,* S. *391.

902 Andererseits ist, daran sei nochmals erinnert, Karls Urkunde von 1346 mit dem Reichsvikariat für Balduin von Trier offenbar nicht aus seiner Kanzlei, jedenfalls nicht aus seinem Gedankenkreis hervorgegangen: sowohl die Betonung Germaniens als der prima sponsa des Reiches als auch der imperiale Begriff »subiciendo deversimodas naciones ... ut eis imperando preessent (sacrum Romanum regnum et imperium) – ja sogar diese Doppelung selber sprechen dagegen. *MGCC* VIII Nr. 144.

903 *FRB IV,* S. 497.

904 *Kalista 1971,* S. 149f; vom hohen Ansehen von Karls Kirchenpolitik im Rückblick der Zeit zeugt dagegen Ludolf von Sagan, vgl. *Machilek 1967,* S. 137.

905 Am 13. Oktober 1359 erließ Karl eine später sogenannte Constitutio de libertate ecclesiastica mit dem Verbot ungerechter Einbrüche in den kirchlichen Rechtsbereich und der Annullierung anderslautender Verordnungen; er wiederholte das zuletzt am 17. Oktober 1377, vgl. *RImp* 3006f und 5829.

906 Darüber die Zusammenstellung bei *Fiala 1968,* Anhang; vgl. auch *Machilek 1974* und *Hemmerle 1978.*

907 *RImp* VIII 1752.

908 *Odložilík* 1970, S. 167 mit Lit. zu Tarenzo; für Nürnberg *RImp VIII* 2168.

909 *RBM 550;* dazu *Pirchan 1953,* bes. S. 73.

910 *RImp VIII* 3896; zum Altar zuletzt *Hilger 1978* mit Lit; die Stiftungsurkunde mit der interessanten Sprachbestimmung *Pelzel 1783* II, S. *332.

911 *RImp VIII* 5781.

912 *Grass 1965,* S. 166; die meist unbeachtete Anmerkung Karls über die Stiftung eines Allerheiligenkapitels auf der Burg *Vita Caroli 1950,* S. 46.

913 *Vita Caroli 1950,* S. 26. Die Übersetzungen von *Oelsner 1939* und die feinfühligere von *Blaschka 1955* lassen die Antithese der beiden Sätze nicht in aller Eindringlichkeit aufklingen.

914 *FRB V,* S. 1–207; über ihn zuletzt *Graus Vergangenheit 1975* mit der älteren Lit. Pulkawas Karlslob am Schluß der Chronik.

915 *Blaschka 1934;* die Münchner Handschrift cgm 1112 erscheint dabei auch für die sprachliche Entwicklung interessant.

916 *FRB IV*, S. 347–456, hier 447.

917 *FRB III*, S. 451–484.

918 *FRB III*, S. 492–604; über ihn zuletzt *Kalista 1966* und ohne Kenntnis dessen *v. d. Brincken 1967* mit der übrigen Literatur, darunter besonders *Borst 1959*. Unbeachtet blieb bisher eine Frage Pirchans zur Zeugenreihe von RBM vom 27. 3. 1357, die sich mit einer Nennung wohl doch auf Marignola, episcopus Bisanensis (hier verschrieben in: Blismiensis) bezieht und einmal mehr belegt, daß er im kaiserlichen Dienst in dieser Zeit in Deutschland blieb und seine Chronik nicht in Unteritalien schrieb.

919 *v. d. Brincken 1967*, S. 311.

920 *v. d. Brincken 1967*, S. 338.

921 *FRB III*, S. 520; dazu *v. d. Brincken 1967*, S. 309.

922 *FRB III*, S. 576; dazu *Kalista 1966*, S. 430.

923 Treffend beobachtet von *Friedjung 1876*, S. 199, aber mit einem ganz ungerechtfertigten Verdikt über Karls Religiosität verbunden.

924 Das bemerkte schon *Werunsky 1880*, S. 25; ähnlich *Fischer 1941*, S. 163.

925 *Friedjung 1876*, S. 78.

926 *Neureither 1965*, S. 183; *Chadraba 1969*, S. 65.

927 *FRB III*, S. 429.

928 *FRB III*, S. 497 und 520; *Pirchan 1953*, S. 66 mit Lit.

929 So bei Marignola *FRB III*, S. 520, Maximilian und Diocletian.

930 Zusammenfassend *Kalista 1971*, S. 160f, auch *Graus Vergangenheit 1975*.

931 So bei Lupold von Bebenburg, vgl. *Petersen 1966*, S. 245, mit Qu.; mit Kirchenbezug bei Bartolo di Sassoferrato, einem von Karl geadelten Juristen, vgl. *Dupré Theseider 1942*, S. 17.

932 *Most 1941*.

933 Man vergleiche nur das vielzitierte Kapitel 31 der Goldenen Bulle, das den Kurfürstensöhnen zwar tschechische, nicht aber französische Sprachstudien empfiehlt, was man mitunter schon vorschnell als Vorwegnahme des Verzichts auf das Arelat und Lothringen deutete. Demgegenüber steht im Kapitel 7 die Definition, der Rex Romanorum gebiete über Germanien, das belgische Gallien sowie den Osten Franziens, über Italien und die anderen Provinzen des Reiches und Imperiums ohne besondere Nennung Böhmens.

934 Auch hier hat man bisher gerade aus dem Schweigen des Kaisers keine Schlüsse gezogen.

935 Den letzten Beitrag zu einer längeren Auseinandersetzung über die Georgsfigur lieferte bislang *Kutal 1972* mit der älteren Lit.

936 *RImp* VIII 4072 und 4868.

937 *Seibt 1974*.

938 Zuletzt ausführlich *Chadraba 1971* mit der älteren Lit. und mit interessanten, aber kaum beweiskräftigen Analogien byzantinischen, antiken und persischen Herrscherkults.

939 Darüber umfassend *Kotrba 1974*.

940 Darüber zuletzt *Bräutigam 1971* und *1978* mit Lit.

941 Darüber *Hilger 1978* mit Lit.

942 Dazu *Kotrba 1969*.

943 Das macht, obwohl ein Quellenbefund fehlt, *Herkomer 1975* doch sehr wahrscheinlich.

944 Zuletzt *Hilger 1978*.

945 *Grass 1965*, S. 84 f, dazu das von Karl erwirkte Papstprivileg für infulierte Messen von 1365 nach Benesch *FRB IV*, S. 532.

946 Darüber zuletzt *Bachmann 1978*.

947 So vermißte *Graus 1975* Vergangenheit, S. 174, zu Unrecht die Präsentation des heiligen Wenzel auf dem Karlstein überhaupt. Abgesehen von möglichen Verlusten gilt ja dem Heiligen doch der bekannte Freskenzyklus im Aufgang zum Haupttheiligtum, so daß er als Wegweiser dorthin erscheint.

948 Sigismund und nicht Karl als Bezugsperson erwies Huyskens, vgl. *Pirchan 1953*, S. 66.

949 *Grass 1967; Schaller 1970*.

950 *Colsman 1955* 257 bis 59 mit Beschreibung und Lit.; dazu *Pirchan 1953*, S. 73 f.

951 *FRB III*, S. 522; vgl. dagegen den Bericht Beneschs *FRB IV*, S. 521.

952 *Colsmann 1955* mit der deutschen Lit.; neuere tschechische Arbeiten sind hier aber für genauere Aussagen unerläßlich.

953 *Tadra 1895* 53.

954 *Pirchan* hebt das *1953*, S. 63 und 73 überzeugend hervor; der Schriftwechsel in *RBM 550* und *MonVat 2 617* und 674. Unerklärlich bleibt schließlich nur, warum Pirchan nur die deutsche oder böhmische Alternative am Karlstein verfolgt, ohne nach dem Bezug allein zu Karl zu fragen, vgl. bes. *Pirchan 1953*, S. 90.

955 Dies haben weder *Blaschka 1934*, S. 38, noch *Burdach 1938*, S. 395 f weiter verfolgt. Erst *Pirchan 1953*, S. 74, sieht diese Umstellung.

956 Vgl. seine Lebensbeschreibung durch Wilhelm von Lestkow, *FRB I*, S. 387 bis 400; dazu *Vyskočil 1947* mit Lit. Mit Ernst beginnt eine neue Ära in der böhmischen Kirchengeschichte nicht nur durch die Erhebung zum Erzbistum, sondern auch durch eine wohldurchdachte Organisation des Kirchenregiments und seiner Schriftlichkeit, die der in Bologna gebildete Jurist bis zu seinem Tode 1364 mit Umsicht grundlegte. Das zeigt neuerdings kurz, aber übersichtlich *Kadlec 1977*, S. 110–121.

957 Einen Aufschluß hierfür bietet das Fingerwunder an der Reliquie des heiligen Nikolaus: nachdem Karl verstört über die gerötete Schnittstelle den Altar verlassen hatte, besah am nächsten Tag der Erzbischof, was der Kaiser angerichtet hatte, und fand die Knochen wieder zusammengefügt, »als wären sie nie getrennt gewesen«, nur mit leichten Schnittspuren. So berichtet bezeichnenderweise der Domherr Benesch *FRB IV*, S. 521.

958 *RImp* 1783, 1810, 1923, 1938, dazu die Verzeichnisse des Prager Domschatzes von 1354 und 1387, *Podlaha 1903; Friedjung 1876*, S. 79; *Lamprecht* sprach 1892 (Deutsche Geschichte), S. 108, vom »eifrigsten Reliquienjäger des 14. Jh.s« u. a. m.

959 Auch Karls Goldschmiedekunst wurde mit dem Ansatz zur Großflächigkeit und ihrer »Tendenz zu einer klaren Grundform« in Verbindung gebracht, die »offenbar bestimmte Vorstellungen des kaiserlichen Auftraggebers« anzeige, *Fillitz 1969, S.* 401.

960 *Fischer 1941, S.* 58 f.

961 *Fischer 1941, S.* 226.

962 *Pirchan 1930, S.* 445.

963 *Pirchan 1930, S.* 445; *Blaschka 1934* Vw.

964 Das hob *Chadraba 1969* anschaulich hervor.

965 Diesen Krisenbegriff aus Disfunktionalität und Disperspektivität habe ich schon gelegentlich zu erläutern versucht, er verdient freileich umfassende Analysen und den Vergleich zu moderneren Vorstellungen und Erscheinungen, vgl. *F. Seibt* und *W. Eberhard,* Europa 1400, Stuttgart 1984, Einleitung.

966 *Seibt 1976.*

967 *Katzerowsky 1891; Stanka 1934; Quicke 1927.* Es ist sehr aufschlußreich für Karls Herrschaftswillen, daß in seinem Testament schließlich doch nach dem Text bei Quicke 1927 das Königreich Böhmen beim Aussterben der männlichen Linie seines Hauses auch in weiblicher Nachfolge vererbt werden sollte, ohne daß von einem Wahlrecht der Stände gesprochen wird.

968 Die berühmten Prager Groschen tragen demnach auch die Aufschrift: Karolus primus.

969 *Folz 1962*, S. 148. Diesen Bereich der Persönlichkeit und der Politik des Kaisers hat die Biographie von *Jiří Spěváček 1978* leider nur als Instrumentalisierung sehen können. Ich muß das als eine arge Verzeichnung ablehnen.

970 *Lhotsky 1966.*

971 *Höfler 1891*, S. 45.

972 Chroniken: *Vier bayerische Fortsetzungen,* S. 357. Eindringliche Vorstellungen von Karls Nachruhm im Lande und zugleich Einblick in die Prager Geistigkeit jener Jahre vermitteln die drei Grabreden, mit denen man das Begräbniszeremoniell in unbekannter Abfolge begleitete: sie stammen vom neuernannten Erzbischof Johann von Jenstein und dem in Paris promovierten Magister Adalbertus Ranconis (*FRB III, S. 423–441,* noch mit der irrigen Zuteilung der zweiten Rede an Jensteins Vorgänger Jan Očko von Vlašim), und von dem wohl aus Schwaben stammenden Heinrich von Wildenstein, wohl identisch mit einem späteren Bischof dieses Namens, ediert von Bansa 1968. Zur Herkunft Wildensteins Adelslexikon, S. 2891 ff.

QUELLEN UND LITERATUR

Abel, W.: Die drei Epochen der deutschen Agrargeschichte. 2. Aufl. Hannover 1964

AČ: Archiv český. Bd. 1 ff. Prag 1840 ff.

ACB: Archivum coronae Bohemiae Bd. 2 ed. V. Hrubý. Prag 1928

Acta Pataviensia Austriaca. Vatikanische Akten zur Geschichte des Bistums Passau und der Herzöge von Österreich. Bd. 1 ed. J. Lenzenweger. Wien 1974

Acta Summorum Pontificum res gestas Bohemicas aevi Praehussiti et Hussitici Illustrantia. Bd. 1. Prag 1978

Des hl. Röm. Reiches *Genealogisch-Historisches Adelslexikon.* Leipzig 1740

Ahrens, H.: Die Wettiner und Kaiser Karl IV. Leipzig 1895

Ammann, H.: Die wirtschaftliche Stellung der Reichsstadt Nürnberg im Spätmittelalter. Nürnberg 1969

Andernacht, D.: Die Verpfändung der Frankfurter Juden 1349. Zusammenhang und Folgen. Archiv für Frankfurts Geschichte und Kunst 53, S. 5–20, 1973

Angermeier, H.: Königtum und Landfriede im deutschen Spätmittelalter. München 1966

Angermeier, H.: Bayern in der Regierungszeit Kaiser Ludwigs IV. Handbuch der bayerischen Geschichte Bd. 2, hg. v. M. Spindler, S. 144–181. München 1969

Arnold, U.: Karl IV. und der Deutsche Orden. In: Kaiser Karl IV., 1978

Arrighi, G.: Re Giovanni di Boemia e Carlo IV Imperatore a Lucca. Passi inediti di una vecchia Cronica Lucchese. Giornale storico della Lunigiana, Nuova Serie 12, S. 172–186. 1961

Atlas H. Jedin u. a. (edd.): Atlas zur Kirchengeschichte. Freiburg 1970

Avneri siehe: Germania Judaica

Bachmann, E.: Architektur bis zu den Hussitenkriegen. In: Gotik in Böhmen, S. 34–109. 1969

Bachmann, E.: Karolinische Reichsarchitektur. In: Kaiser Karl IV. 1978

Bader, K. S.: Studien zur Rechtsgeschichte des mittelalterlichen Dorfes. 2 Bde., Köln 1957/63

Baethgen, F.: Der Engelpapst. Idee und Erscheinung. Leipzig 1943

Baethgen, F.: Europa im Spätmittelalter. Berlin 1951

Baethgen, F.: Zur Geschichte der Weltherrschaftsidee im späteren Mittelalter: Festschrift für P. E. Schramm, S. 189–203. 1964

Balbin, B.: Miscellanea Historiae Bohemiae libri decem. Prag 1679

Bansa, H.: Heinrich von Wildenstein und seine Leichenpredigten auf Kaiser Karl IV. Deutsches Archiv zur Erforschung des Mittelalters 24, S. 187–223. 1968

Bartoš, F. M.: Francouský předchůdce Koperníkův a jeho ohlas na Karlově universitě. Jihočeský sborník historický 12, S. 36–39. 1939

Bartoš F. M.: Waldhauser a ohlas jeho díle u nás. Knihy a zápasy, S. 40–44. Prag 1948

Bartoš, F. M.: Dantová monarchie, Cola di Rienzo, Petrarka a počátky reformace u nás. Věstník společností nauk, V, 23. Prag 1951

Battenberg, H.: Gerichtsschreiberamt und Kanzlei am Reichshofgericht 1235 bis 1451. Köln–Wien 1974

Bauer, O.: K počátkům organisace archivu české koruny za panování Karla IV. Sborník prácí věňovaných J. B. Novákovi, S. 148–158. Prag 1932

Bayley, C. C.: Petrarch, Charles IV, and the Renovatio Imperii. Speculum 17, S. 323–341. 1942

Becker, J.: Zu den Regesten Karls IV. Neues Archiv 20. 1895

Beer, K.: Zur ältesten Bevölkerungsstatistik Prags und einiger anderer Städte Böhmens. Mitt. d. Vereins f. Gesch. d. Deutschen in Böhmen 58, 74–87. 1920

Begrich, U.: Die fürstliche ›Majestät‹ Herzog Rudolf IV. von Österreich. Wien 1965

Beloch, K. J.: Bevölkerungsgeschichte Italiens. 3 Bde. Berlin–Leipzig 1937–1961

Bender: Die Verpfändung von Reichseigentum in den ersten drei Regierungsjahren Karls IV. von 1346–1349. Hamburg 1967

Beneš, F.: Oldřich z Rožmberka tvůrcem fikce o původu Rožmberku z rodu italských knížat Ursínů. Jihočeský sborník historický 38, S. 181–190. 1969

Benesch von Weitmühl: Cronica ecclesiae Pragensis. Ed. J. Emler, FRB IV, S. 459–548. Prag 1884

Berges, W.: Die Fürstenspiegel des hohen und späten Mittelalters. Stuttgart 1938

Berghaus, P.: Phänomene der deutschen Münzgeschichte des 14./15. Jh. im Ostseegebiet. In: Kultur und Politik im Ostseeraum und im Norden 1350–1450. Fornsa 1973, S. 81–115

Biraben, J. N.: Les pauvres et la peste. Etudes sur l'histoire de la Pauvreté. Ed. M. Mollat. Paris. S. 347–369. 1974

Birnbaum, V.: Karel IV. jako sběratel a Praha. Kniha o Praze. S. 5–20. Prag 1933

Bischoff, J.: Die Erlanger Stadtgründung Karls IV. in den 1360er Jahren. Erlanger Bausteine zur fränkischen Heimatforschung 14, S. 5–32. 1967

Bischoff, J.: Die Gründung der Altstadt Erlangen als Stützpunkt Karls IV. Zeitschrift für bayerische Landesgeschichte 32, S. 104–130. 1969

Bischoff, J.: Argumente für die Datierung der Entstehung der Stützpunktstadt Erlangen zwischen 1361 und 1367 und nicht erst mit 1374. Altnürnberger Landschaft 24, S. 65–69. 1976

Blaschka, A.: Das Prager Universitätsprivileg Karls IV. Eine Untersuchung zur lateinischen Kunstprosa des Mittelalters. Jahrbuch des Vereins für Geschichte der Deutschen in Böhmen 3, S. 57–102. 1930/33

Blaschka, A.: Die St. Wenzelslegende Kaiser Karls IV. Prag 1934

Blaschka, A.: Das Eisenacher Diplom als Kunstwerk. Forschungen zur Geschichte und Landeskunde der Sudetenländer 1, S. 3–14. 1953

Blaschka, A.: Vom Sinn der Prager Hohen Schule. Studien zur Geschichte der Karls-Universität, hg. v. R. Schreiber. Freilassing–Salzburg, S. 41–80. 1954

Blaschka, A.: Kaiser Karls Jugendleben und St.-Wenzels-Legende. Weimar 1956

Blaschka, A.: Zur devotio moderna in Böhmen. Fs. für E. Winter. Berlin 1956

Bliemetzrieder, E. P.: Der Briefwechsel der Kardinäle mit Kaiser Karl IV. betreffend die Approbation Wenzels als römischer König Sommer 1378. Studien und Mitt. aus dem Benediktiner- und Cisterzienserorden 29. 1908

Bock, F.: Die Gründung des Klosters Ettal. Oberbayer. Archiv 66, S. 1–116. 1929

Bock, F.: Der älteste kaiserliche Wappenbrief. Archivalische Zeitschrift 63, S. 48 bis 55. 1932

Bock, F.: Die Appellationsschriften König Ludwigs IV. in den Jahren 1323/24. Deutsches Archiv 4, S. 179–205. 1941

Bock, F.: Bemerkungen zur Beurteilung Kaiser Ludwigs IV. in der neueren Literatur. Zeitschrift für bayerische Landesgeschichte 23, S. 115–126. 1960
Boháček, M.: Založení a nejstarší organisace pražské university. Několik postřehů právního historika. Acta Universitatis Carolinae. Historia VI. 1962
Bohemia Sacra. Das Christentum in Böhmen 973–1973. Hg. v. F. Seibt. Düsseldorf 1974
Böhmer, J. F.: Vita Caroli IV. Fontes rer. Germ. Bd. 1, S. 228–270. Stuttgart 1843
Böhmer, J. F. in: Fontes rer. Germ., Bd. 4, Stuttgart 1868
Borst, A.: Der Turmbau zu Babel. Bd. 2. Stuttgart 1959
Bosl, K.: Bürgertum. Sachwörterbuch der deutschen Geschichte, hg. v. H. Rössler u. G. Franz, S. 138–141. München 1958
Bosl, K.: Die ›geistliche Hofakademie‹ Kaiser Ludwigs des Bayern im alten Franziskanerkloster zu München. In: Der Mönch im Wappen. S. 97–120. München 1960
Bosl, K.: Die Sozialstruktur der mittelalterlichen Residenz- und Fernhandelsstadt Regensburg. Sitzungsber. d. Bayer. Ak. d. Wiss. München 1966
Bosl, K.: Die wirtschaftliche und gesellschaftliche Entwicklung des Augsburger Bürgertums vom 10. bis 14. Jh. Sitzber. d. Bayer. Ak. d. Wiss. München 1969
Bosl, K.: Gesellschaft und Wirtschaft. Handbuch der deutschen Geschichte I, hg. v. B. Gebhardt u. H. Grundmann, S. 694–835. Stuttgart 1970
Bosl, K.: Kulturströme und Kulturleistung der Bayerischen Oberpfalz. In: Oberpfalz und Oberpfälzer. Ges. Aufsätze, S. 232–247. Kallmünz 1978
Bott, R.: Die Kriegszüge der englisch-französischen Soldkompagnien nach dem Elsaß und der Schweiz unter der Regierung Karls IV. Halle 1891
Bouše Zd. / Myslivec, J.: Sakrální prostory na Karlštejně. Umění 19, S. 280–293. 1971
Bowsky, W. M.: Henry VII in Italy. The conflict of Empire and city-state, 1310–1313. Lincoln 1960
Brandl, V.: Glossarium illustrans bohemico-moravicae hist. fontes. Brünn 1876
Bräutigam, G.: Die Nürnberger Frauenkirche. Idee und Herkunft ihrer Architektur. Festschrift f. Peter Metz, S. 170–197. Berlin 1965
Bräutigam, G.: Die bildende Kunst zur Zeit der Luxemburger. Nürnberg – Geschichte einer europäischen Stadt. Hg. v. G. Pfeiffer, S. 106–113. München 1971
Bräutigam, G.: Nürnberg als Kaiserstadt. In: Kaiser Karl IV. 1978
Breslauer Urkundenbuch I. 1870 Ed. J. Korn. Breslau
Brincken, A. v. d.: Die universalhistorischen Vorstellungen des Johann v. Marignola OFM. Archiv für Kulturgeschichte 49, S. 297–339. 1967
Brinkmann, C.: Die Entstehung des märkischen Landbuches Kaiser Karls IV. Berlin 1908
Brosche, W.: Prag. Die Neustadt um 1400. In: Kaiser Karl IV. 1978
Brunner, O.: Vom Gottesgnadentum zum monarchischen Prinzip. Vorträge und Forschungen 3, S. 279–305. 1954
Brunner O.: Inneres Gefüge des Abendlandes. In: Historia mundi Bd. 6, S. 318 bis 385. Bern 1958
Buchda, G.: Appellation. Handw. d. Dt. Rechtsg. I, Sp. 196–200. Berlin 1971
Bühler, A.: Kloster Stams, München, Nürnberg und die Reichskleinodien unter Karl IV. Mitteilungen des Vereins der Stadt Nürnberg 55, S. 72–76. 1967/68
Burdach, K.: Vom Mittelalter zur Reformation. 1. Hft., Halle 1893
Burdach, K.: Die Kulturbewegung Böhmens und Schlesiens an der Schwelle der Renaissance. Euphorion 27, S. 493–521. 1926

Buresh, V.: Czech Bibles. American Benedictine Review 21, S. 562–578. 1970
Bylina, St.: Wpływy Konrada Waldhusena na ziewiach polskich w drugiej połowie XIV i 1 połowie XV wieku. Breslau, Warschau, Krakau 1966
Calmette, J.: Charles V. Paris 1945
Čapek, J. B.: Karel IV (I.) a jeho dcera Anna v duchovním vývoj českém a anglickém. Křest'anská revue 23, S. 229–231. 1966
Čarek, J.: Praha v období vlády Karla IV. Dějiny Prahy III, S. 103–138. Prag 1963
Carpentier, E.: Autour de la peste noire: Famines et épidemies dans l'histoire du XIV. siècle. Annales ESC, S. 1062–1092. 1971
Castelín, K.: Haléře Karla IV. a mincovní řád z roku 1378. Numismatický listy 26, S. 139–158. 1971
Cazelles, R.: Jean l'Aveugle. Paris 1947
Cazelles, R.: Jean II le Bon: quel homme? quel roi? Revue historique 509, S. 5 bis 26. 1974
Codex diplomaticus et epistolaris Moraviae Bd. 7 u. 8. Brünn, 1858 u. 1874
Chadraba, R.: Der Triumph-Gedanke in der böhmischen Kunst unter Karl IV. Wissenschaftliche Zeitschrift der Friedrich-Schiller-Universität Jena. GW-Reihe 1, S. 63–79. 1967
Chadraba, R.: Tradice druhého Konstantina a řecko-perská antiteze v umění Karla IV. Umění 16, S. 567–602. 1968
Chadraba, R.: Kaiser Karls IV. devotio antiqua. Mediaevalia Bohemica 1, 1. S. 51–68. 1969
Chadraba, R.: Staroměstská mostecká věž a triumfální symbolika v umění Karla IV. Prag 1971
Chaloupecký, V.: Inaugurační diplomy krále Jana z r. 1310 a 1311. ČSČH 5c (1947/1949), S. 69–102
Chevalier, C.-U.-J.: Choix de documents hist. inéd. sur le Dauphiné. Lyon 1874
Chroniken Augsburg. Dt. Städtechroniken Bd. 4, hg. v. K. Hegel. Leipzig 1865
Chronica de ducibus Bavariae 1309–1371. Ed. G. Leidinger, Bayerische Chroniken des 14. Jahrhunderts, S. 139–175. Hannover und Leipzig 1918
Chronica Ludovici IV. imperatoris. Ed. G. Leidinger, Bayerische Chroniken des 14. Jahrhunderts, S. 105–138. Hannover und Leipzig 1918
Chroust, A.: Unedierte Königs- und Papsturkunden. Neues Archiv zur Erforschung des Mittelalters 16, S. 135–168. 1891
Cibulka, J.: Český řád korunovační a jeho původ. Prag 1934
Cinke, Vl.: Slovanské prvky v kronice Marignolově. In: Z tradic slovanské kultury v Čechách, S. 135 f. Prag 1975
Codex juris Bohemici, ed. H. Jireček, 1867 ff. Prag
Colsman, G.: Die Denkmale der deutschen Kaiser und Könige im 14. Jahrhundert. Geschichte und Deutung. Ms. Diss. Göttingen 1955
Concilia Pragensia 1353–1413. Ed. C. Höfler. Abhandlungen der kgl. Gesellschaft der Wissenschaft, Bd. 5. Prag 1861/62
Conrad, K.: Der dritte Litauerzug Johanns von Böhmen und der Rücktritt des Hochmeisters Ludolf König. Bd. 2. Festschrift für Hermann Heimpel, S. 382 bis 401, Göttingen 1972
Conrad, K.: Der Deutsche Orden und Karl IV. 1352–1360. Zeitschrift für Ostforschung 21, S. 20–41. 1972
Cremer, M.: Staatstheoretische Grundlagen der Verfassungsreformen im 14. und 15. Jahrhundert. Kiel 1939

Cronia, A.: Čechy v dějinách italské kultury. Tisíciletá žeň. Prag 1936

Cronia, A.: La fortuna di Dante nella literatura céca i slovaca dal XIV secolo ai nostri giorni. Mailand 1964

Cusin, F.: Rodolfo IV d'Absburgo, la curia Avignonese e la politica italiana nel 1363–1365. Archivo storico Italiano 98. 1940

Czok, K.: Städtebünde und Zunftkämpfe in ihren Beziehungen während des 14. und 15. Jahrhunderts. Wissenschaftliche Zeitschrift der Karl-Marx-Universität Leipzig 6 GW-Reihe, S. 518–542. 1957

Dalimil Nejstarší česká rýmovaná kronika tak řečeného Dalimila. Edd. B. Havránek a J. Daňhelka. Prag 1957

Daňhelka, J. (ed.): Husitské skladby Budyšínského rukopisu. Prag 1952

Daňhelka, J.: Nový svět – nová kultura? Jihočeský sborník historický 40, S. 54 bis 56. 1971

Dante Alighieri: Monarchia. Testo, introduzione, traduzione e commentario a cura di Gustavo Vinay. Florenz 1950

Dante Alighieri: Le epistole politiche. Ed. A. Jacomuzzi. Turin 1974

Dempf, A.: Sacrum Imperium. München 1929

Dirlmeier, U.: Mittelalterliche Hoheitsträger im wirtschaftlichen Wettbewerb. Wiesbaden 1966

Döberl, M.: Entwicklungsgeschichte Bayerns. 3. Aufl. Bd. 1. München 1916

Dolezel, H.: Die Gründung des Prager Slavenklosters. In: Kaiser Karl IV. 1978

Dollinger, Ph.: Die Bedeutung des Stralsunder Friedens für die Geschichte der Hanse. Hansische Geschichtsblätter 88, S. 148–162. 1970

Doskočil, K.: Mistr Dybin, rétor doby Karlovy. Prag 1948

Dostal, E.: Die Goldene Bulle Karls IV. als Vorlage der unechten Privilegien des Herzogtums Österreich. Monatsblätter des Vereins für Landeskunde von Niederösterreich 10, S. 26–36. 1911

Dumontel, C.: L'impresa italiana di Giovanni di Lussemburgo. Turin 1952

Du Moulin Eckart, R.: Geschichte d. dt. Universitäten. Stuttgart 1929

Dupré – Theseider, E.: L'idea imperiale di Roma nella tradizione del Medioevo. Mailand 1942

Dupré – Theseider, E.: Roma dal commune di popolo alla signoria pontifica (1252–1377). Rom 1952

Durant, W.: Das Zeitalter des Glaubens. Eine Kulturgesch. des christl., islam. und jüd. Mittelalters von Konstantin bis Dante. 3. Aufl. Bern und München 1966

Dušková, S.: Kdo byl notař Jindřich? Sborník práce filosofické fakulty brněnské university C 7 S. 59–71. 1960

Ebel, W.: Der Bürgereid als Geltungsgrund und Gestaltungsprinzip des mittelalterlichen Stadtrechts. Weimar 1958

Eberhard, W.: Zum Itinerar. In: Kaiser Karl IV. 1978

Eckert, W.: Die Juden im Zeitalter Karls IV. In: Kaiser Karl IV. 1978

Eichmann, E.: Die Kaiserkrönung im Abendland. 2 Bde. Würzburg 1942

Eis, G.: Meister Albrants Roßarzneibuch. Reichenberg 1939

Eis, G.: Die sudetendeutsche Literatur des Mittelalters. Ostdeutsche Wissenschaft. Jahrbuch des Ostdeutschen Kulturrats 6, S. 71–116. 1959

Eisenhardt, U.: Die Rechtswirkungen der in der Goldenen Bulle genannten Privilegia de non evocando et appellando. Zeitschrift der Savigny-Stiftung für Rechtsgeschichte, Germ. Abt. 86, S. 75–96. 1969

Elze, R.: Die Ordines für die Weihe und Krönung des Kaisers und der Kaiserin. MGHFont. iur. germ. ant. in us. schol. IX. Hannover 1960

Emler, H. (ed.): Regesta Bohemia et Moraviae. Bd. III. Prag 1890
Erfurter Chronik. Cronica S. Petri Erfordensis moderna. Ed. O. Holder – Egger. MGSSrer. germ. Hannover und Leipzig. 1899
Erler, A.: Artikel »Dei Gratia«. Handw. Dt. Rechtsgesch. I, Sp. 672 f. Berlin 1971
Eršil: Správní a finanční vztahy avignonenského papežství k českým zemím ve třetí čtvrtině 14. století. Rozpravy ČSAV Reihe SV 69, Prag 1959
Feine, H. E.: Die Approbation der Luxemburgischen Kaiser in ihren Rechtsformen an der Kurie. Zs. d. Savigny-Stg. Kan. Abt. 58, S. 364–397. 1938
Fiala, Zd.: Předhusitské Čechy. Český stát pod vladou Lucemburků 1310–1419. Prag 1968
Fiala, Zd.: O vzájemném poměru kroniky Beneše Krabice z Weitmile a vlastního životopisu Karla IV. Českosl. časopis historický 17, S. 225–236. 1969
Ficken, A.: König Johann von Böhmen. Diss. Göttingen 1936
Ficker, J.: Urkunden zur Geschichte des Römerzuges K. Ludwigs des Baiern. Innsbruck 1865
Ficker, J.: Friedrich von Saarwerden, Erzbischof von Köln. Münster 1880
Fillitz, H.: Ein Szepter Kaiser Karls IV., Detail. In: Gotik S. 400–402. 1969
Fink, K. A.: Zur Beurteilung des großen abendländischen Schismas. Zeitschrift für Kirchengeschichte 73, S. 335–343. 1962
Fink, K. A.: Spätmittelalter. In: Die mittelalterliche Kirche, hg. von H. Jedin, Bd. III/2, S. 366–424; 490–515; 539–588. Freiburg, Wien, Basel 1968
Finke, H.: Acta Aragonensia, Bd. 1 und 2. Freiburg 1908, 1922
Finke, H.: Dante. Münster 1922
Fischer, K.: Die Uhrmacher in Böhmen und Mähren zur Zeit der Gotik und Renaissance. Bohemia-Jahrbuch 7, S. 27–58. 1966
Fischer, O.: Kaiser Karl IV. Bremen 1941
Flegl, M.: Miličova naděje. Křest'anská revue 37, S. 41–45. 1970
Foerster, H.: Kurköln und die Stadt Köln in der Goldenen Bulle Kaiser Karls IV. vom Jahre 1356. Rheinische Vierteljahrsblätter 19, S. 45–68. 1953
Folz, R.: Der Brief des italienischen Humanisten Niccolo dei Beccari an Karl IV. Historisches Jahrbuch 82, S. 148–162. 1962
Fournier, P.: Le royaume d'Arles et de Vienne 1138–1378. Paris 1891
Franz von Prag: Cronica Pragensis. FRB IV, S. 347–456. 1884
FRB I–IV = Fontes rerum Bohemicarum Bd. I–IV. Prag 1870–1884.
Frenzel, G.: Kaiserliche Fensterstiftungen des 13. Jahrhunderts in Nürnberg. Mitteilungen des Vereins für Geschichte der Stadt Nürnberg 51, S. 1–17. 1962
Frenzel, H. A. u. Frenzel, E.: Daten deutscher Dichtung. München 1976
Frey, B.: Karl IV. in der älteren Historiographie. In: Kaiser Karl IV. 1978
Frey, B.: Pater Bohemiae – Vitricus Imperii. Karl IV. in der Geschichtsschreibung. Bern 1978
Fricke, H.: Reichsvikare, Reichsregenten und Reichsstatthalter des deutschen Mittelalters. Diss. Göttingen 1949
Friedjung, H.: Kaiser Karl IV. und sein Anteil am geistigen Leben seiner Zeit. Wien 1876
Fritsche Closener: Straßburgische Chronik bis 1362. Ed. C. Hegel, Die Chroniken der deutschen Städte vom 14. bis ins 16. Jh. Bd. 8. Leipzig 1870
Fritz, W. D.: Bemerkungen zum böhmischen Kronarchiv. Deutsches Archiv 18, S. 555–558. 1962
Fritz, W. D.: Kurfürstliche Willebriefe aus den Jahren 1348–1358. Deutsches Archiv für Erforschung des Mittelalters 23, S. 171–187. 1967

Fritz 1972 siehe auch: Goldene Bulle
Froissart Jean: Chroniques. Paris 1872
Gade, J. A.: Luxemburg in the Middle Ages. Leyden 1951
Ganshof, F.: Was ist das Lehenswesen? Darmstadt 1961
Genzmer, E. R.: Pondere, numero, mensura. Archiv d'histoire du droit orientale, S. 469–494. 1952
Gerlich, A.: Habsburg–Luxemburg–Wittelsbach im Kampf um die deutsche Königskrone. Studien zur Vorgeschichte des Königtums Ruprechts von der Pfalz. Wiesbaden 1960
Gerlich, A.: Rheinische Kurfürsten im Gefüge der Reichspolitik des 14. Jahrhunderts. Vorträge und Forschungen 14, S. 149–169. 1971 a
Gerlich, A.: Frankens Territorialmächte zwischen Bayern und Böhmen. Handbuch der Bayerischen Geschichte, 3. Bd., hg. v. M. Spindler, S. 170–180. München 1971 b
Germania Judaica, Z. Avneri, J. Elbogen u. a. (Hg.): Bd. I, II,1 und II,2. Tübingen 1963/68
Gesta Baldewini. In: Gesta Trevirorum Bd. 2, ed. J. H. Wyttenbach und M. F. J. Müller. Trier 1838
Gesta Romanorum. Ed. v. H. Oesterley. Berlin 1892
Geyer, B. (Hg.): Friedrich Ueberwegs Grundriß der Geschichte der Philosophie. 12. Auflage. Tübingen 1951
Gimbel, R.: Feme. In: Handwörterbuch zur deutschen Rechtsgeschichte. Hg. von A. Erler und E. Kaufmann I. Sp. 1099–1103. Berlin 1971
Giovanni, Villani: Cronica (–1348). Hg. von Gh. Dragomanni. Florenz 1845.
Giovanni, Villani: Cronica (–1348). Hg. von A. Racheli. Triest 1857. Siehe auch: Matteo Villani
Gładkiewicz, R.: Zarys problematiky badan nad kronika Beneš Krabice z Weitmil. Acta universitatis Wratislaviensis – Historia 19, S. 21–43. 1970
Gładkiewicz, R.: Karol Luksemburski jako margrabia Moraw i Polska. Acta universitatis Wratislaviensis – Historia 23, S. 87–111. 1974
Glafey, A. F.: Anecdotorum S. Romani Imperii historiam ac jus publicam illustrantia collectio. Dresden und Leipzig 1734
Glénisson, J. / Mollat, G.: L'administration des Etats de l'église au 14ème siècle. Paris 1964
Glénisson, J.: La seconde peste, l'épidemie de 1360–62 en France et en Europe. Annuaire-bulletin de la Société de l'Histoire de France 1968/69, S. 27–38. 1971
Godefroy, Th.: Entrevues de l'empereur Charles IV. et du roi Charles V. Paris 1612
Goetz, W.: Mittelalter und Renaissance. HZ 98, S. 30–54. 1906
Goldene Bulle: Die Goldene Bulle Kaiser Karls IV. vom Jahre 1356. Herausgegeben von der Deutschen Akademie der Wissenschaften zu Berlin, Zentralinstitut für Geschichte. Bearbeitet von W. D. Fritz, Weimar 1972
Die beste bibliographische Übersicht anderer Ausgaben: Wolf 1977
Goldinger, W.: Das Zeremoniell der deutschen Königskrönung seit dem späten Mittelalter. Staat und Land. Festgabe zum 60jährigen Bestehen des Oberösterreichischen Landesarchivs S. 91–111. Linz 1957
Goodridge, J. F., Langland, W.: Piers the Plowman ... Translated into modern English with an introduction by J. F. Goodridge, 1959
Gotik in Böhmen. Hg. von K. M. Swoboda. München 1969
Gottschalk, J.: Eine Biographie der heiligen Hedwig in alttschechischer Sprache.

Beiträge zur schlesischen Kirchengeschichte. Gedenkschrift für K. Engelmann. Hg. v. B. Stasiewski, S. 233–244. Köln 1969
Gottschalk, J.: Anna von Schweidnitz, die einzige Schlesierin mit der Kaiserinnenkrone. Jahrbuch der schlesischen Friedrich-Wilhelms-Universität zu Breslau 17, S. 25–42. 1972
Gradl, H.: Aus dem Egerer Archiv. Beiträge zur Geschichte Böhmens und des Reiches unter Karl, Wenzel und Sigmund. Mitteilungen des Vereins für Geschichte der Deutschen in Böhmen 28/30. 1890/1892
Grass, N.: Zur Rechtsgeschichte der abendländischen Königskirche. Festschrift für Karl S. Bader, S. 169–184. Zürich 1965
Grass, N.: Königskirche und Staatssymbolik. Berlin u. a. 1967
Graus, F.: Die Handelsbeziehungen Böhmens zu Deutschland und Österreich im 14. und zu Beginn des 15. Jahrhunderts. Historica 2, S. 77–110. 1960
Graus, F.: Adel, Land und Herrscher in Böhmen vom 10. bis 13. Jh. Schriften des Gießener Hochschulvereins 32, S. 131–153. 1966
Graus, F.: Vom Schwarzen Tod zur Reformation. Der krisenhafte Charakter des europäischen Spätmittelalters. Revolte und Revolution in Europa. Historische Zeitschrift, Beiheft Neue Folge 4, hg. v. P. Blickle, S. 10–30. 1975
Graus, F.: Lebendige Vergangenheit. Köln und Wien 1975 a
Grawert-May, G.: Das staatsrechtliche Verhältnis Schlesiens zu Polen, Böhmen und dem Reich des Mittelalters (10. Jh. bis 1526). Aalen 1971
Grieser, R.: Das Arelat in der europäischen Politik von der Mitte des 10. bis zum Ausgang des 14. Jahrhunderts. Jena 1925
Grimm, J. u. W.: Deutsches Wörterbuch, Bd. 6, Sp. 1894. Leipzig 1877
Gross: Ein Fragment eines Registers Karls IV. aus dem Jahr 1348. Neues Archiv 43, S. 579–601. 1922
Grosse, S.: Zur Diskussion über die Entstehung der neuhochdeutschen Schriftsprache. In: Kaiser Karl IV. 1978
Grotefend, H.: Taschenbuch der Zeitrechnung des deutschen Mittelalters. Hg. v. O. Grotefend. 8. verb. Auflage. Hannover 1941
Grundmann, H.: Wahlkönigtum, Territorialpolitik und Ostbewegung im 13. und 14. Jahrhundert (1198–1378). In Handbuch der deutschen Geschichte, hg. von B. Gebhardt und H. Grundmann, Bd. 1, S. 427–602 Stuttgart 1970
Grundmann, H.: Das Schreiben Kaiser Karls IV. an die heidnischen Litauer-Fürsten 1358. Folia diplomatica 1, S. 89–103. 1971
Grünhagen, C.: Die Correspondenz der Stadt Breslau mit Karl IV. in den Jahren 1347–1355. Archiv für Österreichische Geschichte 34, S. 345–370. 1865
Grünhagen, C.: Schlesien unter Karl IV. Zeitschrift des Vereins für Geschichte Schlesiens 17, S. 1–43. 1883
Gülke, P.: Mönche, Bürger, Minnesänger. Leipzig 1975
Hauck, K.: Geblütsheiligkeit. In: Liber floridus. Festschrift für Paul Lehmann, hg. v. B. Bischoff und S. Brechter. S. 187–240. St. Ottilien 1950
Haas, Th.: Kaiser Karls IV. Territorialpolitik und die Zisterze Ebrach. Erlanger Bausteine zur fränkischen Heimatforschung 14, S. 52–66. 1967
Hampe, K.: Briefe zur Geschichte des zweiten Römerzuges Karls IV. Reise nach Frankreich und Belgien im Frühjahr 1897. Neues Archiv 23, S. 375–417. 1897
Hampe, K.: Kaiser Karl IV. In: K. Hampe: Herrschergestalten des deutschen Mittelalters. 6. Aufl. hg. v. H. Kämpf, S. 248–315, 338–341. Heidelberg 1955
Hanisch, W.: Die luxemburgische Renaissance des Reichsstiftes Ellwangen. Ellwanger Jahrbuch 21, S. 147–156.

Hanisch, W.: König Wenzel von Böhmen. Studien zur Geschichte seiner Regierung. Teil 1–3. Ostbairische Grenzmarken 11–13, S. 197–217; 5–61; 198–233. 1969/70/71
Hanisch, W.: Der deutsche Staat König Wenzels. Zeitschrift der Savigny-Stiftung für Rechtsgeschichte, Germ. Abt. 92, S. 21–59. 1975
Harpes, J.: Un douzième de gros luxembourgois inédit de Charles IV, empereur, roi de Bohème et comte de Luxembourg (1346–1353–1378). T'Hémecht 5/1. S. 88–91. 1952
Hashagen, J.: Europa im Mittelalter. Alte Tatsachen und neue Gesichtspunkte. Eine Einführung mit besonderer Berücksichtigung der nichtdeutschen Staaten. München 1951
Hausherr, R.: Zu Auftrag, Programm und Büstenzyklus des Prager Domchores. Zeitschrift für Kunstgeschichte 34/1, S. 21–46. 1971
Hecht, F.: Johann von Mähren. Halle-Wittenberg 1911
Heck, R.: Polska w dziejach politycznych Europy od połowy XIV do schylku XV wieku. Polska dzielnicowa i zjednoczona. Red. Aleksandr Gieysztor. S. 313–367, 603–605. Warschau 1972
Heck, R.: Karol IV a Kazimierz Wielki. Studia Historica. Acta Univ. Vratislaviensis 543. Hist. 36, Breslau 1980, S. 175–193.
Heilig, K. J.: Leopold Stainreuter von Wien, der Verfasser der sogenannten österreichischen Chronik von den 95 Herrschaften. Mitteilungen des Instituts für österreichische Geschichtsforschung 47, S. 225–289. 1933
Heimpel, H.: Nürnberg und das Reich im Mittelalter. Zeitschrift für bayerische Landesgeschichte 16, S. 231–264. 1951
Heimpel, H.: Deutschland im späteren Mittelalter. Handbuch der Deutschen Geschichte, hg. v. L. Just, Bd. 1, 2. Aufl. Darmstadt 1957
Henricus Dapifer de Diessenhoven: Chronik 1316–1361. Fontes rerum Germanicarum. Ed. J. F. Böhmer. Bd. 4, S. 16–126. Stuttgart 1868
Henricus de Hervordia: Liber de rebus memoriabilioribus. Ed. A. Potthast. Göttingen 1859
Heinrich von Mügeln: Der Maide Kranz. Ed. W. Jahr. Leipzig 1908
Heinrich Taube von Selbach. Chronik. Ed. H. Bresslau. MG SS NS I. Berlin 1922
Hejnic, J.: Das Zisterzienserstift Hohenfurt und der Frühhumanismus. Philologus. Zeitschrift für Klassische Philologie 115, S. 114–117. 1971
Helleiner, K.: Europas Bevölkerung und Wirtschaft im späten Mittelalter. Mitteilungen des Inst. f. österr. Geschichtsforschung 62, S. 254–269. 1954
Hellmann, M.: Karl IV. und der Deutsche Orden in den Jahren 1346–1360. Folia diplomatica 1, S. 105–112. 1971
Helmling, A. / Horčička, J.: Das vollständige Registrum Slavorum. Prag 1904–14
Hemmerle, J.: Nikolaus von Laun. Ein Beitrag zur Geschichte der Prager Universität und des Augustinerordens in Böhmen. In: Studien zur Geschichte der Karls-Universität zu Prag. Hg. v. R. Schreiber, S. 80–129. Freilassing 1954
Hemmerle, J.: Die Universität Prag im Mittelalter bis 1409. Leistung und Schicksal. Hg. v. E. G. Schulz, S. 137–146. Köln–Graz 1967
Hemmerle, J.: Die Prager Universität in der neueren Zeit. In: Bohemia Sacra. S. 414–426. 1974
Hemmerle, J.: Karl IV. und die Orden. In: Kaiser Karl IV. 1978
Hergemöller, B.-U.: Die Goldene Bulle. In: Kaiser Karl IV. 1978
Hergemöller, B.-U.: Fürsten, Herren und Städte zu Nürnberg 1355/56. Die Entstehung der »Goldenen Bulle« Karls IV. Köln, Wien 1983

Herkommer, H.: Heilsgeschichtliches Programm und Tugendlehre. Mitteilungen des Vereins für Geschichte der Stadt Nürnberg 63, S. 192–211. 1975

Hermanni Gygantis ord. fr. Min. Flores temporum. Ed. J. G. Meuschen. Lyon 1743

Hermanni de Wartberge: Chronicon Livoniae. Ed. E. Strehlke. SS rerum Prussicarum. Die Geschichtsquellen der preußischen Vorzeit bis zum Untergang der Ordensherrschaft. Bd. 2. S. 9–178 mit Beilagen. Leipzig 1683

Herrmann, F.: Der Fürstenspiegel des Michael von Prag. Historisches Jahrbuch 91, S. 22–45. 1971

Herzogenberg, J. von: Die Bildnisse Kaiser Karls IV. In: Kaiser Karl IV. München 1978

Heyen, F.-J.: Kaiser Heinrichs Romfahrt. Die Bilderchronik von Kaiser Heinrich VII. und Kurfürst Balduin von Luxemburg. Boppard/Rh. 1965

Heyen, F.-J.: Balduin von Luxemburg (1285–1354). Rheinische Lebensbilder Bd. 4, S. 23–26. Düsseldorf 1970

Hilger, H. P.: Der Altar des Hl. Wenzel im Dom zu Aachen. Aachener Kunstblätter 44, S. 211–232. 1973

Hilger, H. P.: Der Weg nach Aachen. In: Kaiser Karl IV. 1978

Hintze, O.: Typologie der ständischen Verfassungen des Mittelalters. Historische Zeitschrift 141, S. 229–248. 1930

Hirsch, H.: Das Recht der Königserhebung im hohen und späten Mittelalter. Festschrift für F. Heymann Bd. I, S. 209–249. Weimar 1940

Hirschmann, G.: Nürnbergs Handelsprivilegien, Zollfreiheiten und Zollverträge bis 1399. Beiträge zur Wirtschaftsgeschichte Nürnbergs Bd. I, S. 1–48. Nürnberg 1967.

Hlaváček, I.: Inkvisice v Čechách ve 30. letech 14. stoleti. Československý časopis historický 5, S. 526–538. 1957

Hlaváček, I.: Das Urkunden- und Kanzleiwesen des böhmischen und römischen Königs Wenzel (IV.) 1376–1419. Ein Beitrag zur spätmittelalterlichen Diplomatik. Stuttgart 1970

Hlaváček, I.: Beiträge zum Alltagsleben im vorhussitischen Böhmen. Zur Aussagekraft des Prager Visitationsprotokolls von 1379–1381 und benachbarter Quellen. Jahrbuch für fränkische Landesforschung 34/35, S. 365–382. 1975

Hledíková, Zd.: Die Visitationen des weltlichen Klerus im vorhussitischen Böhmen. Mediaevalia Bohemica 1, S. 249–274. 1969

Hledíková, Zd.: Korektoři kléru pražské diecéze. Právněhistorické studie 16, S. 71–107. 1971

Hledíková, Zd.: Die Prager Erzbischöfe als ständige päpstliche Legaten. Ein Beitrag zur Kirchenpolitik Karls IV. Beiträge zur Geschichte des Bistums Regensburg 6, S. 221–256. 1972

Hledíková, Zd.: Kirche und König zur Zeit der Luxemburger. In: Bohemia Sacra, S. 307–314. 1974

Hobzek, J.: Majestas Carolina a římské právo. Práce ze semináře českého na Karlově universitě v Praze. Prag 1931

Hoenig, A.: Deutscher Städtebau in Böhmen. Berlin 1921

Höfele, K. H.: Rienzi. Das abenteuerliche Vorspiel der Renaissance. München 1958

Höfler, C.: Die Geschichtsschreiber der hussitischen Bewegung. Band 1. Wien 1856

Höfler, C. siehe Konrad Waldhausen 1863

Höfler, C.: Aus Avignon. Prag 1868

Höfler, C.: Karl IV. und Karl V. Eine historische Parallele, in: Mitteilungen des Vereins für Geschichte der Deutschen in Böhmen 29, S. 30–48. 1891

Hoffmann, H.: Konrad Heilmann von Weikersheim, Kaiserlicher Notar und Stadtschreiber zu Würzburg. Mainfränkisches Jahrbuch 25, S. 1–15. 1973

Hoffmann, E.: Die dänische Königswahl 1376 und die norddeutschen Mächte. Zeitschrift der Gesellschaft für Schleswig-Holsteinische Gesch. 99, S. 141–195. 1974

Hofmann, W.: Ein Brief Johanns von Dombach an Karl IV. Wissenschaftliche Zeitschrift der Karl-Marx-Universität Leipzig Gesellschaftswissenschaftliche Reihe 6, S. 387–396. 1956/57

Hofmann, H. H.: »Böhmisch Lehen vom Reich«, Karl IV. und die deutschen Lehen der Krone Böhmen. Bohemia-Jahrbuch 2, S. 112–124. 1961

Hofmann, H. H.: Karl IV. und die politische Landbrücke von Prag nach Frankfurt. Zwischen Frankfurt und Prag – Vorträge des Collegium Carolinum, hg. v. K. Bosl, S. 51–74. 1963

Hofmann, H. H.: Der Staat des Deutschmeisters. Studien zu einer Geschichte des Deutschen Ordens im Heiligen Römischen Reich Deutscher Nation. München 1964

Hofmann, H. H.: Territorienbildung in Franken im 14. Jahrhundert. Vorträge und Forschungen 14, S. 255–300. 1971

Holzhauer, H.: Landfrieden II. Handwörterbuch zur deutschen Rechtsgeschichte Bd. 2, Sp. 1465–1483. Berlin 1976

Homolka, J.: Studie k počátkům umění krásného slohu v Čechách. K problematice společenské funkce výtvárného umění v předhusitských Čechách. Prag 1976

Honegger, P.: Von aufgefundenen und wieder verschwundenen Fragmenten alter Ulenspiegeldrucke. In: Librarium 15, S. 1–8. 1972

Honegger, P.: Ulenspiegel. Ein Beitrag zur Druckgeschichte und zur Verfasserfrage. Neumünster 1973

Horstmann, H.: Ein Brief Kaiser Karls IV. über seinen Besuch in Trier 1354. Trierer Zeitschrift 22, S. 165–175. 1954

Hortis, A.: La città di Praga descritta da un umanista nel 1399. Archeografo Triestino 7, S. 291–302. 1880

Hrdina K.: Niccolò Beccari, Ital na dvoře Karla IV. Festschrift für J. B. Novák, S. 159–177. Prag 1932

Hrubý 1928 siehe ACB

Hubensteiner, B.: Bayerische Geschichte. 6. Aufl. München 1977

Huillard-Bréholles, J. L. A. (ed.): Historia diplomatica Friderici II. Tomus IV/1 Paris 1854

Hüttebräuker, L.: Die Vikare Karls IV. in Deutschland. Festschrift für A. Brackmann. S. 546–568. Berlin 1931

Huizinga, J.: Le déclin du moyen âge. Préface de G. Hanotaux. Paris 1948

Jakob Twinger von Königshofen: Chronik. Ed. C. Hegel. Chroniken der deutschen Städte vom 14. bis ins 16. Jahrhundert. Bd. 8, S. 153–498, Bd. 9, S. 499 bis 910. Leipzig 1870

Jaques d'Esch: Metzer Chronik über die Kaiser und Könige aus dem Luxemburger Hause (1307–1435). Quellen zur lothringischen Geschichte Bd. 14. Metz 1906

Jahr siehe Heinrich von Mügeln 1908

Johannes Milicii de Cremsir tres sermones synodales. Ed. V. Herold, M. Mráz. Prag 1974
Jarret, B.: The emperor Charles IV. Ed. E. Barker. London 1935
Jecht, R.: Bewegungen der Görlitzer Handwerker gegen den Rat bis 1396. Neues Lausitzisches Magazin 84, S. 110–127. 1908
Jecht, R.: Beneš von der Duba. Landvogt der Oberlausitz 1369–1389. Neues Lausitzisches Magazin 86, S. 103–115. 1910
Jecht, R.: Nachträge zu den Oberlausitzer Urkunden Karls IV. Neues Lausitzisches Magazin 100, S. 135–140. 1924
Jedin, H. siehe Atlas 1970
Jireček, H.: Codex iuris Bohemici, Bd. II, 2. Prag 1880
Johann von Neumarkt: Gebete. Ed. J. Klapper. Vom Mittelalter zur Reformation. Bd. 7. Berlin 1935
Johann von Neumarkt: Briefe. Vom Mittelalter zur Reformation. Bd. 8. Ed. P. Piur. Berlin 1937
Johann von Neumarkt: Stachel der Liebe. Vom Mittelalter zur Reformation. Ed. J. Klapper. Bd. 6. Berlin 1939
Johann von Winterthur: Cronica 1250–1348. Ed. F. Baethgen u. C. Brun. MGH SS rerum Germanicarum nova series Bd. 3. Berlin 1924
Johannes de Geylnhusen: Collectuarius perpetuarum formarum. Ed. H. Kaiser. Innsbruck 1900
Johannes Marignola: Chronicon. Ed. E. Emler, FRB III S. 492–604. Prag 1882
Johannes Porta de Annoniaco: Liber de coronatione Caroli IV. MGH SS in usum scholarum. Ed. R. Salomon. Hannover und Leipzig 1913
Johannes Viktring, Johannes Abbatis Victoriensis liber certarum historiarum (tom. 4–6). Ed. F. Schneider. MGH SS rerum germanicarum Bd. 58, Hannover 1909/10
Kadlec, J.: L'œuvre homilétique de Jean de Jenštejn. Recherches de théologie ancienne et médievale 30, S. 299–323. 1963
Kadlec, J.: Leben und Schriften des Prager Magisters Adalbert Ranconis de Ericinio. Münster 1971
Kadlec, J.: Die homiletischen Werke des Prager Magisters Nikolaus von Louny. Augustiniana 23, S. 242–270. 1973
Kadlec, J.: Přehled církevních dějin českých. I. Prag 1977
Kaiser Karl IV. Staatsmann und Mäzen. Hg. von F. Seibt. München 1978
Kalista, Zd.: Císař Karel IV. a Dante Alighieri. Annali dell'Istituto universitario orientale, Sezione Slava. Bd. 6. 1963
Kalista, Zd.: De Janan, alia lingua Janus italico ... descenderunt primi Boemi. Orbis Scriptus. Festschrift für D. Tschiževski, S. 421–430. München 1966
Kalista, Zd.: Karel IV. – jeho duchovní tvář. Prag 1971
Kalivoda, R.: Češi a němci v českých dějinách. In: Plamen, S. 1–10. 1967
van de Kamp, K.: Bartolus des Sassoferrato 1313–1357. Leven – Werken – Invloed – Beteekenis. Amsterdam 1936
Kaňak, M.: Milíč z Kroměříže. Prag 1975
Kantorowicz, E.: Kaiser Friedrich II. Ergänzungsband. Berlin 1931
Karpat: Zur Geschichte des Begriffes Corona Regni in Frankreich und England. In: Corona Regni, hg. v. M. Hellmann, S. 70–155. Darmstadt 1941
Katzerowsky, W.: Ein Formelbuch ... Mitteilungen des Vereins für Geschichte der Deutschen in Böhmen 29, S. 1–32. 1891
Kaufmann, E.: Landfrieden. In: Handw. Dt. Rechtsg. Sp. 1451–1465. Berlin 1976

Kavka, F.: Založení university a její vývoj do roku 1409. In: Stručné dějiny university Karlova, S. 7–43. Prag 1964
Kavka, F.: Universitätsgeschichte von den Anfängen bis zum Humanismus. Bohemia Sacra, S. 406–413. 1974
Kavka, F.: Böhmen, Mähren, Schlesien. In: Kaiser Karl IV. 1978
Kejř, J.: Počátky dvorského soudu. Prag 1956
Kejř, J.: Organisation und Verwaltung des königlichen Städtewesens in Böhmen zur Zeit der Luxemburger. Beiträge zur Geschichte der Städte Mitteleuropas Bd. 2, S. 79–96. Linz 1972
Kellenbenz, H.: Die Wirtschaft in Deutschland, Italien und Frankreich im 14. Jahrhundert, insbesondere ihre verkehrswirtschaftlichen Verflechtungen. Vorträge und Forschungen 13, S. 197–223. 1970
Kelter, E.: Das deutsche Wirtschaftsleben des 14. und 15. Jahrhunderts im Schatten der Pestepidemien. Jahrbücher für Nationalökonomie und Statistik Bd. 165, S. 161–208. 1953
Kern, F.: Karls IV. »Kaiserlager« vor Rom. Festgabe für K. Zeumer, S. 385–395. Weimar 1910
Keyser, E.: Neue deutsche Forschungen zur Geschichte der Pest. Vierteljahresschrift für Sozial- und Wirtschaftsgeschichte 44, S. 243–253. 1957
Kibelka, J.: Der ware meister. Denk- Stil- und Bauformen in der Dichtung Heinrichs von Mügeln. Berlin 1963
Kienast, W.: Die Anfänge des europäischen Staatensystems im späteren Mittelalter. München–Berlin 1916
Kisch, G.: Die Prager Universität und die Juden 1348–1848. Prag 1935
Kisch, G.: Forschungen zur Rechts- und Sozialgeschichte der Juden im mittelalterlichen Deutschland. Stuttgart 1956
Klapper, J.: Johann von Neumarkt, Bischof und Hofkanzler. Erfurter Theologische Studien 17. Leipzig 1964
Klaveren J. van: Die wirtschaftlichen Auswirkungen des Schwarzen Todes. Vierteljahresschrift für Sozial- und Wirtschaftsgeschichte 54, S. 187–202. 1967
Klein, W.: Kaiser Karls IV. Jugendaufenthalt in Frankreich und dessen Einfluß auf seine Entwicklung. Berlin 1926
Klier, R.: Nürnberg und Kuttenberg. Mitteilungen des Vereins für Geschichte der Stadt Nürnberg 48, S. 51–78. 1958
Klier, R.: Neues über die Wappen des Laufer Schlosses. In: Altnürnberger Landschaft 11, S. 57–63. 1962
Klier, R.: Tschechische Dienstmannen auf den Burgen der Luxemburger in Neuböhmen? Altnürnberger Landschaft 12, S. 1–14. 1963
Kluge, F. u. Götze, A.: Etymologisches Wörterbuch der deutschen Sprache. 15. Aufl. Berlin 1951
Kobuch, M.: Zur Überlieferung der Reichsregister Karls IV. aus den Jahren 1358–1361. Folia diplomatica 1, S. 153–170. 1971
Koehler, B. / Lentze, H.: Juden. In: Handwörterwuch zur deutschen Rechtsgeschichte. Hg. A. Erler, E. Kaufmann, Sp. 454–465. Berlin 1973
König, M. R. (Hg.): Soziologie. Frankfurt 1958
Königsaaler Chronik siehe Peter von Zittau und Zbraslavská Kronika
Kohlmayer, R.: Ulrichs von Etzenbach ›Wilhelm von Wenden‹. Studien zur Tektonik und Thematik einer politischen Legende aus der nachklassischen Zeit des Mittelalters. Meisenheim 1974
Koller, H.: Zur Diskussion über die Reichsgesetze Friedrichs II. Mitteilungen

des Instituts für Österreichische Geschichtsforschung 56, S. 29–51. 1958
Koller, H.: Die Residenz im Mittelalter. Jahrbuch für Geschichte der oberdeutschen Reichsstädte 12/13, S. 9–39. 1966/67
Konrad von Megenberg: Planctus ecclesiae in Germaniam. Ed. R. Scholz, MG Staatsschriften II/1. Stuttgart 1941
Konrad Waldhausen: Apologia. Ed. C. Höfler. Fontes rer. Austr. VI, 2. Wien 1863
Kopietz, J.: Die böhmische Landeshauptstadt Breslau unter dem Könige Johann und dem Kaiser Karl. Breslau 1907
Kotrba, V.: Die Bronzeskulptur des hl. Georg auf der Burg zu Prag. Anzeiger des Germanischen Nationalmuseums 1969, S. 9–28. 1969
Kotrba, V.: Kdy přišel Petr Parléř do Prahy. Příspěvek k historii počatků parléřovské gotiky ve střední Evropě. Umění 19/2, S. 109–131. 1971
Kotrba, V.: Der Dom zu Prag. Bohemia Sacra, S. 511–542. 1974
Kraack, E.: Rom oder Avignon? Die römische Frage unter den Päpsten Clemens V. und Johannes XXII. Marburg 1929
Kraft, W. / Schwemmer, W.: Kaiser Karls IV. Burg und Wappensaal zu Lauf. Altnürnberger Landschaft 7. Nürnberg 1960
Králík, O.: Die Datierung der Wenzelslegende Karls IV. Orbis mediaevalis. Festgabe für A. Blaschka. Hg. H. Gericke, M. Lemmer, W. Zöllner, S. 89 bis 127. Weimar 1970
Krása, J.: Humanistische und reformatorische Gedanken in der höfischen Kunst Wenzels IV. Acta Historiae Artium 13. 1967
Krásá, J.: Rukopisy Václava IV. Prag 1974
Kriss-Rettenbeck, L.: Ex Voto. Zeichen und Abbild im christlichen Votivbrauchtum. Zürich 1972
Krüger, S.: Konrad von Megenberg. Fränkische Lebensbilder 2, S. 83–102. 1968
Krüger, S.: Krise der Zeit als Ursache der Pest? Der Traktat De mortalitate in Alemannia des Konrad von Megenberg. Festschrift für H. Heimpel, Bd. 2, S. 839–883. Göttingen 1972
Kubinyi, A.: Die Anfänge Ofens. Berlin 1972
Kubová, M.: University založené Karlem IV. Obraz o zakladatelské činnosti císaře Karla IV. Acta universitatis Carolinae – historia universitatis Carolinae Pragensis 11/1–2, S. 7–30. 1970
Küffner, H.: Zur Kölner Rosenkranzbruderschaft. In: 500 Jahre Rosenkranz. Kunst und Frömmigkeit im Spätmittelalter und ihr Weiterleben. Erzbischöfliches Diözesanmuseum. Köln 1975, S. 109–117. 1975
Kühn, M.: Eine Urkunde a. d. Kanzlei Karls IV. Forschung u. Fortschritte 18. 1951
Kutal, A.: Bemerkungen zum Reiterstandbild des hl. Georg auf der Prager Burg. Studia minora facultatis philosophicae universitatis Brunensis – series historicae artium F 16, S. 35–51. 1972
Kutal, A.: Z novější literatuře o parléřovském sochařství. Umění 22/5, S. 377 bis 426. 1974
Lamprecht, K.: Deutsche Geschichte. Leipzig 1892
Landshut 1475–1975. Ein wissenschaftliches Symposion aus Anlaß der 500. Wiederkehr der Landshuter Fürstenhochzeit. Hg. v. F. Seibt. Wien 1975
Landwehr, G.: Die Verpfändung der deutschen Reichsstädte im Mittelalter. Köln–Wien 1967
Langer, H.-G.: Urkundensprache und Urkundenformeln in Kurtrier um die Mitte des 14. Jahrhunderts. Ein Beitrag zur Geschichte der deutschsprachigen Urkunde in der kurtrierischen Kanzlei während der Tätigkeit Rudolf Losses

und seines Kreises. Teil 2. Archiv für Diplomatik, Schriftgeschichte, Siegel- und Wappenkunde 17, S. 348–436. 1971
Laufer, R.: Die Ausbildung des Territorialstaates der Kurfürsten von Trier. In: Vorträge und Forschungen 14, S. 127–148. 1971
Laufs, A.: Reichsstädte und Reichsreform. Zeitschrift der Savigny-Stiftung für Rechtsgeschichte, Germanistische Abteilung 84, S. 172–201. 1967
Lawrenz, E.: Die Reichspolitik des Erzbischofs Balduin von Trier aus dem Hause Luxemburg (1308–1354). Ohne Ort 1974
Lechner, K.: Die Bildung des Territoriums und die Durchsetzung der Territorialhoheit im Raum des östlichen Österreich. In: Vorträge und Forschungen 14, S. 398–462. 1971
Lechner, K.: Ursprung und erste Anfänge der burggräflich-nürnbergischen (später brandenburgischen) Lehen in Österreich. In: FS f. Walter Schlesinger, S. 286–332. Köln, Wien 1973
Leclerq, J.: Zeiterfahrung und Zeitbegriff im Spätmittelalter. Antiqui et Moderni. Miscellanea Mediaevalia 9, Hg. A. Zimmermann, G. Vuillemin-Diem, S. 1–20. Berlin 1974
Legner, A.: Karolinische Edelsteinwände. In: Kaiser Karl IV. 1978
Le Goff, J.: Das Hochmittelalter, Frankfurt a. M. 1965
Le Goff, J.: (Hg.): Hérésies et sociétés dans l'Europe préindustrielle 11e – 18e siècle. École Pratique des Hautes Études. VI Section, Civ. Soc. 10. Paris 1968
Le Goff, J.: Kultur des europäischen Mittelalters. München 1970
Lehmann, K.: Die Burggrafen von Nürnberg-Zollern in ihrem Verhältnis zu Kaiser Karl IV. Halle 1913
Lehmann, P.: Autobiographies of the Middle Ages. Transactions of the Royal historical society, ser. 5/3, S. 41–52. 1954
Lehmann, R.: Niederlausitz und Oberlausitz in vergleichender geschichtlicher Betrachtung. Jahrb. f. Gesch. Mittel- u. Ostdeutschlands 7, S. 93–139. 1958
Lehmann, R.: Geschichte der Niederlausitz. Berlin 1963
Lentze, H.: Der Kaiser und die Zunftverfassung in den Reichsstädten bis zum Tode Karls IV. Breslau 1933
Lenzenweger, J.: siehe Acta Pat. 1974
Leo, H.: Geschichte der italienischen Staaten. Hamburg 1832
Lesný. I.: Lékařská vizita u lůžka Karla IV. Časopis společnosti přátel starožitností 70, S. 136–141. 1962
Leuschner, J.: Deutschland im späteren Mittelalter. Göttingen 1975
Levold von Northof: Chronica comitum de Marca. Ed. F. Zschaeck. MGH SS nova series 6. Berlin 1955 (1. Aufl. 1929)
Lhotsky, A.: Apis Colonna. Fabeln und Theorien über die Abkunft der Habsburger. Mitt. des Instituts für Österr. Geschichtsforschung 58, S. 193–230. 1949
Lhotsky, A.: Kaiser Friedrich III., sein Leben und seine Persönlichkeit. In: Friedrich III. Kaiserresidenz Wiener Neustadt. Katalog 1966
Libertas Luccensis – La ›Libertas Luccensis‹ del 1369. Carlo IV e la fine della dominazione pisana. Lucca 1970
Libri confirmationum ad beneficia ecclesiastica Pragensem per archidiocesim. Edd. F. A. Tingl, J. Emler. 10 Bde. Prag 1867–1889
Liermann, H.: Die Goldene Bulle und Nürnberg. Mitteilungen des Vereins für Geschichte der Stadt Nürnberg 47, S. 107–123. 1956
Liermann, H.: Die Goldene Bulle und Franken. Zeitschrift für bayerische Landesgeschichte 21, S. 1–17. 1958

Lies, R.: Die Wahl Wenzels zum Römischen König in ihrem Verhältnis zur Goldenen Bulle. Historische Vierteljahresschrift 26. 1931
Liliencron, R. v.: Die historischen Volkslieder der Deutschen vom 13. bis 16. Jahrhundert. 4 Bde. Leipzig 1865–1869
Limburger Chronik. Limburger Chronik, ed. v. C. D. Vogel. (Neuausgabe MGH Dt. Chroniken 4, 1. Hannover 1883). Marburg 1828
Lindner, Th.: Das Urkundenwesen Karls IV. und seiner Nachfolger. Berlin 1882
Lindner, Th.: Nachträge zu den Regesten Karls IV. Neues Archiv 8, S. 251–283. 1883
Lindner, Th.: Deutsche Geschichte unter den Habsburgern und Luxemburgern (1273–1437). Stuttgart 1890–1893
Lindner, Th.: Karl IV. und die Wittelsbacher. Mitteilungen des Instituts für Österreichische Geschichtsforschung 12. 1898
Lippert, J.: Socialgeschichte Böhmens in vorhussitischer Zeit. Band 2. Prag, Wien, Leipzig 1898
Lippert, J.: Meißnisch-böhmische Beziehungen zur Zeit König Johanns und Karls IV. Mitt. d. Vereins für Geschichte der Deutschen in Böhmen 35. 1897
Lochner, G. W. K.: Geschichte der Reichsstadt Nürnberg zur Zeit Karls IV. 1347–1378. Berlin 1873
Löhr, H.: Über die Selbstbiographie Kaiser Karls IV. Diss. Rostock 1886
Lopez, L.: La révolution commerciale au Moyen Age. Paris 1974
Lorenc, V.: Nové město Pražské. Prag 1973
Lorenz, W.: Die Kreuzherren mit dem roten Stern. Königstein/Ts. 1964
Loskot, Fr.: Konrád Waldhauser, řeholní kanoník sv. Augustina, předchůdce mistra Jana Husa. Prag 1909
Lourdaux, W.: Dévotion moderne et humanisme chrétien. The Late Middle Ages and the Dawn of Humanism outside Italy. Mediaevalia Lovanensia, series 1, studia 1, S. 57–77. 1972
Ludolf von Sagan: Catalogus abbatum Saganensium. Ed. A. Stenzel. Scriptores rerum Silesiacarum, Bd. I, S. 173–248. Breslau 1835
Lünig, V.: Codex Germaniae diplomaticus. 2 Bde. Leipzig 1732/33
Lütge, F.: Das 14. und 15. Jahrhundert in der Sozial- und Wirtschaftsgeschichte. Jahrbücher für Nationalökonomie und Statistik 162, S. 161–213. 1950
Lütge, F.: Strukturwandlungen im ostdeutschen und osteuropäischen Fernhandel des 14. bis 16. Jahrhunderts. München 1964
Lütge, F.: Der Untergang der Nürnberger Heiltumsmesse. Jahrbücher für Nationalökonomie und Statistik 178, S. 133–157, 1965
Macek, J.: Racines sociales de l'insurrection de Cola di Rienzo. Historica 6, S. 45–108. 1963
Macek, J.: Cola di Rienzo. Prag 1965
Machilek, F.: Ludolf von Sagan und seine Stellung in der Auseinandersetzung um Konziliarismus und Hussitismus. München 1967
Machilek, F.: Die Frömmigkeit und die Krise des 14. und 15. Jahrhunderts. Mediaevalia Bohemica 3, S. 209–227. 1972
Machilek, F.: Reformorden und Ordensreformen in den böhmischen Ländern vom 10. bis 18. Jahrhundert. In: Bohemia Sacra, S. 63–80. 1974
Die Magdeburger Schöppenchronik. Ed. C. Hegel. Chroniken der deutschen Städte vom 14. bis ins 16. Jahrhundert, Bd. 7. Leipzig 1869
Maier, A.: Die Vorläufer Galileis im 14. Jahrhundert. Studien zur Naturphilosophie der Spätscholastik. Rom 1949

Maier, A.: Zwischen Philosophie und Mechanik. Rom 1958
Mantels, W.: Karls IV. Hoflager in Lübeck. Hanseatische Geschichtsblätter 3, S. 107–141. 1873
Margue, P.: Luxemburg in Mittelalter und Neuzeit. Handbuch der luxemburgischen Geschichte, Bd. 2. Luxemburg 1974
Margue, P.: Luxemburg. In: Kaiser Karl IV 1978.
Maschke, E.: Karl IV., Wesen und Werk. Deutsche Kultur im Leben der Völker. Mitteilungen der Deutschen Akademie München 15, S. 371–393. München 1940
Maschke, E. / Sydow, J. (Hgg.): Gesellschaftliche Unterschichten in den südwestdeutschen Städten. Protokoll über die 5. Arbeitstagung des Arbeitskreises für südwestdeutsche Stadtgeschichtsforschung. Stuttgart 1967
Maschke, E. / Sydow, J. (Hgg.): Städtische Mittelschichten. Protokoll über die 8. Arbeitstagung des Arbeiskreises für südwestdeutsche Stadtgeschichtsforschung. Stuttgart 1972
Matiegka, J.: Tělesné pozůstatky českých králů a jejich rodin v hrobu svatovítského chrámu v Praze. Prag 1932
Matteo Villani: Cronica. Ed. Gh. Dragomanni. Florenz 1845
Matteo Villani: Croniche di Giovanni, Matteo e Filippo Villani. Ed. A. Racheli. Bd. 2. Triest 1858
Matthias von Janov: Matěje z Janova Regulae Veteris et Novi Testamenti. Ed. Vl. Kybal. Bd. 3. Innsbruck 1911
Matthiae Nuewenburgensis Cronica 1273–1350. Ed. A. Huber. Fontes rerum Germanicarum 4, S. 149–297. Stuttgart 1868. (Neuausgabe MGH SS NS IV, 1 1924/40).
Matusik, L.: Wplywy myśli czeskiej na Ślasku w świetle rękopisów kanonikow regularnych św. Augustina w XIV i XV wieku. Acta Universitatis Wratislaviensis, Seria Historia 17/109, S. 45–66. 1970
Maurice, K.: Die deutsche Räderuhr. 2 Bde. München 1976
Mayhew, N. J.: Numismatic Evidence and Falling Prices in the Fourteenth Century. The Economic History Review 27/1, S. 1–15. 1974
MC: Majestas Carolina. Ed. F. Palacký Ač III S. 68–180, Prag 1844; ed. H. Jireček, Codex iuvis Bohemici 2/2, S. 140–188. Prag 1870
Mehl, W.: Kaiser Karl IV. und Tangermünde. Berlin 1937
Mendl, B. / Quicke, Fr.: Les relations politiques entre l'empereur et le roi France de 1355 à 1356. Revue belge de philologie et d'histoire 8, S. 469–512. 1929
Menzel, O.: Kaiser Karl IV. Selbstbiographie. Übers. und eingel. Berlin 1943
Merell, J.: Bible v českých zemích od nejstarších dob do současnosti. Prag 1956
Merzbacher, F.: Karl und das Recht. In: Kaiser Karl IV. 1978
Metz, F.: Die neuböhmische Zeit der Oberen Pfalz unter Karl IV. 1316–1378. Blätter zur Geschichte und Landeskunde der Oberpfalz 13. 1971
Meuthen, E.: Der Geschichtssymbolismus Gerhohs von Reichersberg. In: Geschichtsdenken und Geschichtsbild im Mittelalter, S. 200–246. Darmstadt 1961
Meyer von Knonau, G.: Die den Städten Zürich und Winterthur von 852–1400 ertheilten Urkunden. Archiv für Schweizerische Geschichte 1, S. 69–138. 1843
Meyhöfer, M.: Die kaiserlichen Stiftungsprivilegien für Universitäten. Archiv für Urkundenforschung 4. 1912
Mezey, L.: Die »devotio moderna« der Donauländer Böhmen, Österreich und Ungarn. Mediaevalia Bohemica 3, S. 177–192. 1971
Mezník, J.: Karel IV, patriciát a cechy. Československý časopis historický 13, S. 202–217. 1965

Mezník, J.: Společnost v krizi. Kapitoly z českých dějin 1, S. 64–74. 1968
Mezník, J.: Der ökonomische Charakter Prags im 14. Jahrhundert. Historica 17, S. 43–91, 1969
Mezník, J.: Berichte der französischen königlichen Rechnungen über den Aufenthalt des jungen Karl in Frankreich. Mediaevalia Boh. 1, S. 291–295. 1969 b
Mezník, J. / Spěváček, J.: Novější literatura o Karlu IV. Československý časopis historický 18, S. 291–312. 1970
Mezník, J.: Národnostní složení předhusitské Prahy. Historický sborník 17, S. 5 bis 29. 1970
MGCC Monumenta Germ. Hist. Constitutiones et acta publica imperatorum et regum. Bd. VIII 1345 ff. Hannover 1910 ff. Bd. IX 1349 ff. Weimar 1975 ff
MGH SS Monumenta Germaniae Historica. Scriptores. NS = Nova Series.
Míka, A.: Slavná minulost českého rybnikářství. Prag 1955
Misch, G.: Geschichte der Autobiographie. Bd. 2. Leipzig 1907
Mittelalter. Vom Mittelalter zur Reformation. Forschung zur Geschichte der deutschen Bildung. Bd. 1, 2–9, 11. Hg. von K. Burdach u. a. Berlin 1893, 1912–1939
Mitterauer, E.: Herrenburg und Burgstadt. In: Bayerische Geschichte als Tradition und Modell. Festschrift für Karl Bosl, S. 470–522. München 1973
R. du Moulin-Eckardt: Geschichte der deutschen Universitäten. Leipzig 1929
Mollat, G.: Les papes d'Avignon. 9. Aufl. Paris 1950
Molnár, A.: Valdenští. Evropský rozměr jejich vzdoru. Prag 1973
Mommsen, Th. E.: Beiträge zur Reichsgeschichte von 1313 bis 1349 aus süddeutschen Archiven. Neues Archiv 50, 1935
Mommsen, Th. E.: Italienische Analekten zur Reichsgeschichte des 14. Jahrhunderts (1310–1378). Schriften der Mon. Germ. Hist. Stuttgart 1952
Mommsen, K.: Eidgenossen, Kaiser und Reich. Studien zur Stellung der Eidgenossenschaft innerhalb des heiligen römischen Reichs. Basel/Stuttgart 1958
Mon. Boh. Monumenta historica Bohemiae nusquam antehac edita. Ed. G. Dobner. Bd. 2. Prag 1774
Monumenta vaticana res gestas Bohemicas illustrantia. Prag 1907–1954
Monumenta Zollerana. Urkundenbuch des Hauses Hohenzollern. Ed. R. Fh. v. Stillfried u. T. Maercker. Bd. 4. Berlin 1858
Moraw, P.: Deutsches Königtum und bürgerliche Geldwirtschaft um 1400. Vierteljahresschrift für Sozial- und Wirtschaftsgeschichte 55, S. 289–328. 1969
Moraw, P.: Gedanken zur politischen Kontinuität im deutschen Spätmittelalter. Festschrift für H. Heimpel, Bd. 2, S. 45–60. Göttingen 1972
Moraw, P.: Königtum und Hochfinanz in Deutschland 1350–1450. Zeitschrift für die Geschichte des Oberrheins 121, Neue Folge 82, S. 23–34. 1974
Moraw, P. / Press, V.: Probleme der Sozial- und Verfassungsgeschichte des Heiligen Römischen Reiches im späten Mittelalter und in der frühen Neuzeit (13.–18. Jahrhundert). Zeitschrift für Historische Forschung 2, S. 95–108. 1975
Moraw, P.: Noch einmal zum königlichen Hofgericht im deutschen Spätmittelalter. Zeitschrift für die Geschichte des Oberrheins 123, S. 103–114. 1975
Moraw, P.: Personenforschung und deutsches Königtum. Zeitschrift für Historische Forschung 2, S. 7–18. 1975b
Moraw, P.: Karl IV. Lexikon des Mittelalters. Zürich/München 1976
Moraw, P.: Grundzüge der Kanzleigeschichte Karls IV. Actes du Ve Congrès international diplomatique. Paris 1977
Moraw, P.: Monarchie und Bürgertum. In: Kaiser Karl IV. 1978 a

Moraw, P.: Räte und Kanzlei. In: Kaiser Karl IV. 1978 b
Moralitates Caroli IV. imperatoris. Hg. v. K. Wotke. Zeitschrift d. Vereins für Geschichte Mährens und Schlesiens 1/4, S. 41–76. 1897
Most, R.: Der Reichsgedanke des Lupold von Bebenberg. Deutsches Archiv 4, S. 444–485. 1941
Muffat, K. A.: Über die Größe und Schicksale der Entschädigungen, welche dem Hause Wittelsbach für die Abtretung der Mark Brandenburg durch Karl IV. verschrieben worden sind. Abhandlungen der Historischen Klasse der Königlichen Bayerischen Akademie der Wissenschaften, Bd. 10, S. 699–761. München 1867
Müller, A.: Die Juden in Nürnberg 1146–1966. Nürnberg 1969
Müller, B.: Die Parler-Fresken in der Kaiserpfalz zu Forchheim. 100. Bericht des Historischen Vereins für die Pflege der Geschichte des ehemaligen Fürstbistums Bamberg. S. 241–253. 1964
Müller, H.: Die Reichspolitik Nürnbergs im Zeitalter der luxemburgischen Herrscher 1346–1437. Mitteilungen des Vereins für Geschichte des Stadt Nürnberg 58, S. 1–101. 1971
Müller-Mertens, E.: Die Unterwerfung Berlins und die Haltung der märkischen Städte im wittelsbachisch-luxemburgischen Thronstreit. Zeitschrift für Geschichtswissenschaft 8, S. 78–103. 1960
Myslivec, J.: Česká gotika a Byzanc. Umění 18/4, S. 333–349. 1970
Myslivec siehe auch Bouše
NAL Nova Alamanniae. Bd. I ed. E. E. Stengel. Berlin 1921 Bd. II/1 ed. E. E. Stengel. Berlin 1930, Bd. II/2 ed. E. E. Stengel unter Mitarbeit von K. Schäfer. Hannover 1976
Nehring, K.: Ungarn. In: Kaiser Karl IV. 1978
Nemeskal, L.: Die Verankerung des Prager Groschens und des böhmischen Florens in der damaligen Währung in Böhmen. Numismatický sborník 12, S. 117 bis 129. 1973
Neplach von Opatowitz. Johannis Neplachonis, abbatis Opatovicensis, Chronicon. Ed. J. Emler, FRB III, S. 451–484. 1882
Neukam, W. G.: Eine Nürnberg-Sulzbacher Plattenlieferung für Karl IV. in den Jahren 1362/63. Ein Beitrag zur Nürnberger Waffenfabrikation des 14. Jahrhunderts. Mitteilungen des Vereins für Geschichte der Stadt Nürnberg 47, S. 124–159. 1956
Neumann, Th. (ed.): Ein Formelbuch Kaiser Karls IV. (Summa cancellariae). Neues Lausitzer Archiv 23. 1846
Neureither, H.: Das Bild Karls IV. in der zeitgenössischen französischen Geschichtsschreibung. Diss. Heidelberg 1965
Neuwirth, J.: Der verlorene Cyclus böhmischer Herrscherbilder in der Prager Königsburg. Prag 1896
Neuwirth, J.: Mittelalterliche Wandgemälde und Tafelbilder der Burg Karlstein in Böhmen. Prag 1896
Nitschke, A.: Naturerkenntnis und politisches Handeln im Mittelalter. Körper – Bewegung – Raum. Stuttgart 1967
Noheilová-Prátová, E.: K otázce pražských tlustých grošů (1300–1547). Numismatické listy 28/1, S. 1–9. 1973
Novák, J. B.: L'idée de l'empire romain et la pensée politique tchèque au moyen âge. Le monde slave II/2. 1924
Nübling, E.: Ulm unter Karl IV. Ulm 1902

Odložilík, O.: The Terenzo dream of Charles IV. Critical examination of the available sources. Orbis mediaevalis. Festgabe für A. Blaschka, S. 163–173. Weimar 1970
Ohlbaum, R.: Johann Rode aus Hamburg. Vom deutschen Geistesleben in Böhmen um 1400. Prag 1943
Orzechowski, K.: Lenna zależność książat śląskich od Czech w świetle aktów z lat 1327, 1329 i 1336. Sobótka 20, S. 17–35. 1965
Otto, H.: Ungedruckte Aktenstücke aus der Zeit Karls IV. Quellen und Forschungen aus italienischen Archiven und Bibliotheken 9, 1906
Otto, H.: Die Eide und Privilegien Heinrichs VII. und Karls IV. Quellen und Forschungen aus italienischen Archiven und Bibliotheken 9. 1906
Otto von Freising. Ottonis episcopi Chronicon de duabus civitatibus. Ed. A. Hofmeister, MGSS in us. schol. 45, Hannover 1912
Palacký, Fr.: Über Formelbücher zunächst in Bezug auf die böhmische Geschichte. Nebst Beilagen. Ein Quellenbeitrag zur Geschichte Böhmens und seiner Nachbarländer im 13., 14. und 15. Jahrhundert. Abhandlungen der Königlichen Böhmischen Gesellschaft der Wissenschaften, 5. Folge, Bde. 2 und 5. Prag 1842–47
Palacký, Fr.: České dějiny III, 1. Prag 1874
Palazzotto, D.: The Black Death and medicine: A report and analysis of the tractates between 1348–1350. Diss. Abstracts International A 34/12, 7667. 1974
Patera, A. / Tadra, F.: Das Buch der Prager Malerzeche. Prag 1878
Patschovsky, A.: Die Anfänge einer ständigen Inquisition in Böhmen. Berlin 1975
Patze, H.: Neue Typen des Geschäftsschriftgutes im 14. Jahrhundert. In: Vorträge und Forschungen 13, S. 9–64. Sigmaringen 1970
Patze, H. (Hg.): Der deutsche Territorialstaat im 14. Jahrhundert. Vorträge und Forschungen Bd. 13 und 14. Sigmaringen 1970/71
Patze, H.: Die Bildung der landesherrlichen Residenz im Reich während des 14. Jahrhunderts. Stadt und Stadtherr im 14. Jahrhundert. Entwicklungen und Funktion. Hg. W. Rausch. S. 1–55. Linz 1972
Paulová, M.: L'idée Cyrillo-Metodienne dans la politique de Charles IV. et la fondation du monastère Slave de Prague. Byzantinoslavica 2. 1950
Pavel, J.: Studie k itineraři Karla IV. Historická geografie 2, S. 38–78. 1969
Pavel, J.: Životopis Karla IV. Prag 1970
Pelzel, F.: Kaiser Karl IV. Bd. I u. II. 2. Aufl. Dresden 1783
Peřovsky, O.: L'elezione di Urbano VI e l'insorgere dello scisma d'Occidente. Rom 1960
Pešina, J.: Podoba a podobiny Karla IV. Universitas Carolina – Philosophica et Historica 1/1, S. 1–60. 1955
Pessina, Th. J.: Phosphorus Septicornus. Prag 1673
Peter v. Zittau: Chronicon Aulae Regiae. Ed. J. Emler. Fontes Rerum Bohemicarum IV, S. 1–344. Prag 1884
Peterka, O.: Rechtsgeschichte der böhmischen Länder. Geschichte des öffentlichen Rechts und der Rechtsquellen in vorhussitischer Zeit. Reichenberg 1923
Peterka, O.: Handel und Gewerbe Prags in vorhussitischer Zeit, insbesondere der Karls IV. Das Sudetendeutschtum 1, S. 151–188. 1937
Petersen, E. L.: Studien zur Goldenen Bulle von 1356. Deutsches Archiv 22, S. 227–253. 1966
Petersohn, J.: Eine neue Handschrift der Summa cancellariae des Johann von

Neumarkt. Mitteilungen des Instiuts für Österreichische Geschichtsforschung 74. S. 333–346. 1966
Petrarca siehe Piur 1933
Pfeiffer, G. (Hg): Nürnberg. Geschichte einer europäischen Stadt. Nürnberg 1971
Pfeiffer, G.: Die königlichen Landfriedenseinungen in Franken. In: Vorträge und Forschungen 14, S. 229–253. 1971
Pfeiffer, G.: Die politischen Voraussetzungen der fränkischen Landfriedenseinungen im Zeitalter der Luxemburger. Jahrbuch für fränkische Landesforschung 33, S. 119–166. 1973
Pfitzner, J.: Rheinland und Sudetenraum zur Zeit der ersten Luxemburger. Rheinische Heimatblätter 4, S. 415–421. 1927
Pfitzner, J.: Kaiser Karl IV. Potsdam 1938
Piendl, M.: Die Grafen von Bogen. Genealogie, Besitz- und Herrschaftsgeschichte. Jahrbuch des historischen Vereins für Straubing 55, S. 25–82; 56, S. 9–88. 1952/53
Pilnaček, J.: České heraldické památky na hradě Laufu u Norimberka. Časopis společnosti přátel starožitností 54. 1949
Pinta, V.: Studie o chronologii pražských grošů Karla IV z let 1346–1378. Numismatické listy 26, S. 71–80. 1971
Pirchan, G.: Italien und Kaiser Karl IV. in der Zeit seiner zweiten Romfahrt. 2 Bde. Reichenberg 1930
Pirchan, G.: Karlstein. Prager Festgabe für Th. Mayer, neu herausgegeben von R. Schreiber, Freilassing–Salzburg 1953
Pischek, A.: Nachträge zu den Regesten Karls IV. aus dem Stuttgarter Staatsarchiv. Neues Archiv 35, S. 541–560. 1910
Pitz, E.: Die Wirtschaftskrise im Spätmittelalter. Vierteljahresschrift für Sozial- und Wirtschaftsgeschichte 52, S. 347–365. 1965
Pitz, E.: Papstreskript und Kaiserreskript. Wiesbaden 1974
Piur, P.: Cola di Rienzo. Wien 1931
Piur, P.: Petrarcas Briefwechsel mit deutschen Zeitgenossen. Vom Mittelalter zur Reformation Bd. 7, Hg. K. Burdach. Berlin 1933
Podlaha A. / Šittler, E.: Chrámový poklad u sv. Víta v Praze. Prag 1903
Poème tchèque sur la bataille de Crécy. Ed. J. Emler. Fontes Rerum Bohemicarum III, S. 238–240. Prag 1882
Popp, E.: Die Patrozinien der böhmischen Länder in vorhussitischer Zeit. Bohemia 13, S. 44–130. 1972
Post, P.: Mode. In: Deutscher Kulturatlas. Hg. G. Lütge u. L. Mackensen. Bd. 2. Berlin–Leipzig 1936
Preidel, H.: Charles IV., Emperor. Encyclop. Britannica, 15. Aufl., S. 47 f. 1974
Press siehe *Moraw 1975*
Prochno, J.: Terra Bohemiae, regnum Bohemiae, corona Bohemiae. In: Prager Festgabe für Theodor Mayer, neu hg. v. R. Schreiber, S. 91–111. München-Freilassing 1953
Pustejovsky, O.: Zur Geschichte der böhmischen Länder im 14. Jahrhundert. 1. Teil. Jahrbücher für Geschichte Osteuropas 13, S. 65–106. 1965
Pustejovsky, O.: Schlesiens Übergang an die böhmische Krone. Köln–Wien 1975
Pustejovsky, O.: Schlesien und Polen. In: Kaiser Karl IV. 1978
Quicke, F.: Un testament inédit de l'empereur Charles IV. Revue Belge de philologie et d'histoire 6, S. 256–277. 1927

Quicke siehe auch *Mendl* 1929
Rauter, Fr.: Karls IV. Beziehungen zu Westfalen. Diss. Halle 1913
Reynaldus, O.: Annales ecclesiastici. Paris 1647 ff.
RBM Regesta diplomatica nec non epistolaria Bohemiae et Moraviae Pars V, 1 ff – Pars VII, 5 1346–1363. Prag 1928–63
Reeves, M.: The Influence of the Prophecy of the Later Middle Ages. Oxford 1969
Reincke, H.: Machtpolitik und Weltwirtschaftspläne Kaiser Karls IV. Hansische Geschichtsblätter Bd. 29, Jg. 49, S. 78–116. 1924
Reincke, H.: Kaiser Karl IV. und die deutsche Hanse. Pfingstblätter des Hansischen Geschichtsvereins, Blatt 22. Lübeck 1931
Renouard, Y.: Consequences et intérêt démographiques de la peste noire de 1348. In: Y Renouard: Études d'histoire médiévale 2, S. 157–164. Paris 1968
Renouard, Y.: L'événement mondiale plus important d'XIV siècle: la peste noire de 1348–1350. In: Y. Renouard: Études d'histoire médiévale 2, S. 143–155. Paris 1968
Repertorium fontium historiae medii aevi. Istituto storico Italiano per il medio evo. Bd. 1 ff. Rom 1962 ff
Richter, D.: Eine unbekannte Handschrift der Übersetzungen Johanns von Neumarkt. Zeitschr. f. deut. Altertum u. deut. Literatur 97, S. 68–72. 1968
Richter, K.: Die böhmischen Länder im Früh- und Hochmittelalter. Handbuch d. Gesch. d. böhm. Länder, hg. v. K. Bosl, Bd. 1, S. 165–350. Stuttgart 1967
Rieckenberg, H. J.: Arnold Walpot, der Initiator des Rheinischen Bundes von 1254. Deutsches Archiv 16, S. 228–237. 1960
Rieckenberg, H. J.: Die Erzgießer Martin und Georg von Klausenburg. Archiv für Kulturgeschichte 45, S. 210–231. 1963
Rieckenberg, H. J.: Zur Herkunft des Johann von Neumarkt, Kanzler Karls IV. Deutsches Archiv 31, S. 555–569. 1975
Riedel, J.: Codex diplomaticus Brandenburgensis. Bd. 17. Berlin 1859
Riedenauer, E.: Kaiserliche Standeserhebungen für reichsstädtische Bürger 1519 bis 1740. Ein statistischer Vorbericht zum Thema »Kaiser und Patriziat«. In: Deutsches Patriziat 1430–1740, S. 27–98. Limburg 1968
Rieder, H.: Wenzel. Ein unwürdiger König. Wien 1972
RImp VIII Regesta Imperii VIII: Die Regesten des Kaiserreiches unter Karl IV. 1346–1378. Aus dem Nachlaß J. F. Böhmers von A. Huber. Innsbruck 1877.
RImpAdd: Addidamentum primum ad J. F. Böhmer, Regesta Imperii VIII. Ed. A. Huber. Innsbruck 1889
Romano R. / Tenenti, A.: Die Grundlegung der modernen Welt. Spätmittelalter, Renaissance, Reformation. Fischer Weltgeschichte 12. Frankfurt 1967
Rommel, G.: Graf Eberhard von Wertheim und Kaiser Karl IV. Jahrbücher des Historischen Vereins Alt-Wertheim, Neue Folge 5, S. 43–44. 1954
Ropp, G. von der: Urkunden zur Reichsgeschichte aus einem Falkensteiner Copialbuch. Neues Archiv 16, S. 624–631. 1891
Rosenfeld, H.: Johannes von Rheinfelden. Lexikon für Theologie und Kirche Bd. 5, Sp. 1075. 1960
Rosenfeld, H.: Der mittelalterliche Totentanz. München 1968
Rosenfeld, H.: Karte und Tarock. Zur Vor- und Frühgeschichte und Morphogenese des Kartenspiels. Archiv für Kulturgeschichte 52, S. 65–94. 1970
Rossi, P.: Carlo IV. Lussemburgo e la Repubblica di Siena 1355–1369. Bolletino senese di storia patria N. S. 1. 1930

Roth, F. W. E.: Kaiserurkunden und Reichssachen 1205–1425. Neues Archiv 16, S. 632–635. 1891
Rothe, K.: Karl IV. von Luxemburg, Deutscher Kaiser und König von Böhmen. 1935
RTA: Deutsche Reichstagsakten, Ältere Reihe. Hg. von der Historischen Kommission bei der Bayerischen Akademie der Wissenschaften. Bd. I: 1376–1387. München 1867
Rufus: Der sogenannten Rufus-Chronik erster Teil von 1105–1395. Ed. K. Koppmann. Chroniken der Deutschen Städte vom 14. bis ins 16. Jahrhundert. Bd. 26, Lübeck Bd. 2, S. 175–276. Leipzig 1899
Ruser, K.: Die Städtepolitik Karls IV. und die Politik der Reichsstädte 1346 bis 1355. Diss. Freiburg 1960
Ryba, B.: Nové jméno mistra Klareta. Věstník král. spol. nauk. Prag 1943
Sanman, H. – v. Bülow: Die Inkorporationen Karls IV. Marburg 1942
Sattler, R.-J.: Europa. Geschichte und Aktualität des Begriffs. Braunschweig 1971
Sautier, A.: Papst Urban V. und die Söldnerkompagnien in Italien. Diss. Zürich 1912
Sedláček, A. (ges. u. hg.): Die Reste des ehemaligen Reichs- und königlichen böhmischen Registers (1360–1430). Sitzungsberichte der böhmischen Gesellschaft der Wissenschaften, phil.-hist. Klasse. Prag 1916/17
Sedláček, A.: O stárem rozdělení Čech na kraje. Prag 1931
Sedláček, A.: O starodávném rozdělení Moravy na kraje. Časopis Matice Moravské 15, S. 18–27; 118–129; 196–207; 298–311. 1891
Sedlmeyer, M.: Heinrich von Freibergs Tristanfortsetzung im Vergleich zu anderen Tristandichtungen. Bern/Frankfurt 1976
Seibt, K. H.: Von dem Einflusse der Erziehung auf die Glückseligkeit des Staats. Prag 1771
Seibt, A.: Studien zu den Königsaaler Geschichtsquellen. Prag 1898
Seibt, F.: Slyšte nebesa – Eine hussitische Propagandaschrift. Bohemia-Jahrbuch 1, S. 112–121. 1960
Seibt, F.: Communitas primogenita – Zur Prager Hegemonialpolitik in der hussitischen Revolution. Historisches Jahrbuch 80, S. 80–100. 1962
Seibt, F.: König Ottokars Glück und Erde. Dichtung und Wirklichkeit. In: Probleme der Böhmischen Geschichte. Hg. von U. Bosl, S. 7–22. München 1964
Seibt, F.: Land und Herrschaft in Böhmen. Historische Zeitschrift 200, S. 284 bis 315. 1965
Seibt, F.: Die böhmische Nachbarschaft in der österreichischen Historiographie des 13. und 14. Jahrhunderts. Zeitschrift für Ostforschung 14, S. 1–26. 1965
Seibt, F.: Hussitica. Zur Struktur einer Revolution. Köln/Graz 1965
Seibt, F.: Die Zeit der Luxemburger und der hussitischen Revolution. Handbuch der Geschichte der böhmischen Länder. Hg. K. Bosl. S. 351–568. Stuttgart 1967
Seibt, F.: Utopie im Mittelalter. Historische Zeitschrift 208, S. 555–594. 1969
Seibt, F.: Bohemica. Probleme und Literatur. München 1970
Seibt, F.: Zur Entwicklung der böhmischen Staatlichkeit 1212–1471. Vorträge und Forschungen 14, S. 463–483. 1971
Seibt, F.: Von Prag bis Rostock. Festschrift für W. Schlesinger, S. 406–426. Köln 1973
Seibt, F.: Böhmische Geschichte im europäischen Vergleich. Bohemia-Jahrbuch 15, S. 30–50. 1974

Seibt, F.: Deutschland und die Tschechen. München 1974
Seibt, F.: Von den Anfängen bis zum Ende der Monarchie. In: Bohemia Sacra. 1974
Seibt, F.: 1000 Jahre Bistum Prag. Besinnliches zu einem Millennium. Erbe und Auftrag 51, S. 253–270. 1975 a
Seibt, F.: Die Krise der Frömmigkeit – die Frömmigkeit aus der Krise. Zur Religiosität des späteren Mittelalters. In: 500 Jahre Rosenkranz. S. 11–29. Köln 1975 b
Seibt, F.: Europa 1475. In: Landshut 1975, S. 62–80. Wien 1976
Seibt, F. (Hg.): Kaiser Karl IV. Staatsmann und Mäzen. München 1978
Seppelt, F. X. / Löffler, K.: Papstgeschichte. München 1949
Sercambi. Le croniche di Giovanni Sercambi. Ed. S. Bonghi. 3 Bde. Rom 1892
Sickel, T. H.: Das Vikariat der Visconti. Sitzungsberichte der Bayerischen Akademie der Wissenschaften XXX/1. München 1859
Šimák, J. V.: Kdy upadl Karel IV. v nemilost otcovů? Český časopis historický 32. 1926
Shahar, S.: Nikolaus Oresme, un penseur politique indépendent de l'entourage du roi Charles V. L'information historique 32/5, S. 203–209. 1970
Skála, E.: Die Entwicklung der Kanzleisprache in Eger (1310–1661). Acta Universitatis Carolinae, Philologica: Germanistica Pragensis 2, S. 3–29. 1962
Skála, E.: Die Entwicklung der Sprachgrenze in Böhmen von 1300 bis etwa 1650. Acta Universitatis Carolinae, Philologica: Germanistica Pragensis 5, S. 7–15. 1968
Skutil, J.: Die tschechischen Prosaschriften Kaiser Karls IV. Kritik der bisherigen Editionen. Zeitschrift für Slawistik 11, S. 252–264. 1966
Šmahel, Fr.: The Idea of the »Nation« in the Hussite Bohemia. I. An analytical study of the ideological and political aspects of the national question in hussite Bohemia from the end of the 14th century to the 80s of the 15th centurie. Historica 16, S. 143–247; 17, S. 93–197. 1969
Šmelhaus, V.: Pražské víno v letech 1348–1358. Vědecké práce ČSAV z dějin zemědělství a lesnictví S. 169–178. Prag 1959
Sokol, J.: Parléřův kostel všech svatých na Pražském hrade. Umění 17/6, S. 574 bis 580. 1969
Šperling, I.: Obnova interiéru kostela P. Marie a Karla Velikého v Praze na Karlově. Památková péče 30/3, S. 129–143. 1970
Spěváček, J.: Meránské úmluvy z r. 1333 a jejich předpoklady. Československý časopis historický 16, S. 153–174. 1968 a
Spěváček, J.: Neznámé souvíslosti boje markraběte Karla o římskou korunu. Československý časopis historický 16, S. 645–668. 1968 b
Spěváček, J.: Die Anfänge der Kanzlei Karls IV. auf italienischem Boden in den Jahren 1331–1333. Mitteilungen des Instituts für Österreichische Geschichtsforschung 76, S. 299–326. 1968 c
Spěváček, J.: Listinná falza a politická moc markraběte Karla. Československý časopis historický 17, S. 301–320. 1969
Spěváček, J.: Zur Frage des Beginns der Markgrafenwürde Karls IV. Folia diplomatica 1, S. 267–276. 1971 a
Spěváček, J.: Die letzte Phase des Kampfes Markgraf Karls (IV) um die römische Krone. Historisches Jahrbuch 91, S. 94–108. 1971 b
Spěváček, J.: Das Itinerar Karls IV. als Markgrafen von Mähren. Historická geografie 5, S. 105–140. 1971 c

Spěváček, J.: Vavřinec Mikulášův z Dědic, notář Karla IV. jako markraběte moravského. Paleografický a stylistický rozbor a určení jeho díla. Sborník historický 20, S. 5–50. 1972
Spěváček, J.: Významní notáři-diplomaté prvních Lucemburků v Čechách. Československý časopis historický 21, S. 711–756. 1973 a
Spěváček, J.: Status luxembourgois donnés en 1333 à la ville Lucques. Historica 18, S. 59–104. 1973 b
Spörl, J.: Pie rex caesarque future. In: Festschrift für H. Kunisch, hg. v. K. Lazarowicz und W. Kron, S. 331–353. Berlin 1961
Sprengard, K. A.: Systematisch-historische Untersuchung zur Philosophie des 14. Jahrhunderts. Beitrag zur Kritik der herrschenden spätscholastischen Mediaevistik. 2 Bde. o. O. 1967/68
Šusta, J. / Pavel, J.: Cesta císaře Karla IV. do Francie. Překlad ze souvěké kroniky francouzské. Prag 1937
Šusta, J.: Karel IV. I: Otec a syn (1333–1346); II: Za císařskou korunou (1346 bis 1355). Prag 1946/48
Székely, G.: Le mouvement des flagellants au 14e siècle, son caractère et ses causes. Hérésies et sociétés dans l'Europe préindustrielle 11e–18e siècle. Hg. J. Le Goff. S. 229–241. Paris 1968
Schaab, M.: Die Festigung der pfälzischen Territorialmacht im 14. Jahrhundert. Vorträge und Forschungen 14, S. 171–197. 1971
Schaeder, H.: Moskau, das Dritte Rom. 1929
Schaeder, H.: Geschichte der Pläne zur Teilung des alten polnischen Staates seit 1386. In: Deutschland und der Osten. Hg. A. Brackmann u. a. Leipzig 1937
Schaeder, H.: Epochen der Reichspolitik im Nordosten von den Luxemburgern bis zur Heiligen Allianz. Deutsche Ostforschung. Hg. H. Aubin. Bd. 2, S. 1–43. Berlin 1943
Schaller, H. M.: L'ambone della cattedrale di Bitonto e l'idea di Federico II. Bitonto 1970
Schaller, H. M.: Der heilige Tag als Termin mittelalterlicher Staatsakte. Deutsches Archiv 30, S. 1–24. 1974
Schannat, J. F.: Vindemiae Literariae. Fulda/Leipzig 1723
Scheffler, W.: Die Porträts der deutschen Kaiser und Könige im späteren Mittelalter. Repertorium für Kunstwissenschaft 33. 1910
Scheffler, W.: Karl IV. und Innocenz VI. Beiträge zur Geschichte ihrer Beziehungen 1355–1360. Berlin 1911
Schenk, H.: Nürnberg und Prag. Ein Beitrag zur Geschichte der Handelsbeziehungen im 14. und 15. Jahrhundert. Osteuropastudien der Hochschulen des Landes Hessen, Reihe I, Bd. 46. Wiesbaden 1969
Scheyhing, R.: »Adel«, in: Hdw. d. Dt. Rechtsgeschichte, Bd. 1. Berlin 1971
Schieche, E.: Svidnický formulář Jana ze Středy. Časopis archivní školy 5, S. 110 bis 159. 1927
Schieche, E.: Die Herkunft des Johann von Neumarkt. Archiv für Kirchengeschichte 20, S. 16–35. 1929/30
Schieche, E.: Příspěvky k dějinám politiky Jana Lucemburského. Zprávy zemského archivu k. č. 7, S. 45–68. 1932
Schieche, E.: Nordische Politik. In: Kaiser Karl IV. 1978
Schlesinger, L.: Eine Erbtheilungs- und Erbfolgeordnungsurkunde Kaiser Karls IV. Mitt. d. Ver. f. Gesch. d. Deutschen in Böhmen 31, S. 1–13. 1893
Schlesinger, W.: Die Geschichte der Landesherrschaft in den Marken Branden-

burg und Meißen während des 14. Jahrhunderts. Vorträge und Forschungen 14, S. 101–126. 1971
Schmeidler, B.: Das Spätmittelalter in der europäischen Geschichte. Historische Vierteljahrsschrift 29. 1935
Schmeidler, B.: Das spätere Mittelalter. Wien 1937
Schmeidler, B.: Das Königtum und Kaisertum der Luxemburger und seine Bedeutung für Deutschland. Zeitschrift für deutsche Geisteswissenschaft 2, S. 6 bis 15. 1939
Schmid, H. F.: Grundrichtungen und Wendepunkte europäischer Ostpolitik. Jahrbücher für Geschichte Osteuropas N. F. 1, S. 97–116. 1953
Schmitt, A.: Zur Wiederbelebung der Antike im Trecento. Mitteilungen des Kunsthistorischen Instituts Florenz 18, S. 167–218. 1974
Schmitt, L. E.: Die deutsche Urkundensprache in der Kanzlei Kaiser Karls IV. (1346–1478). Mitteldeutsche Studien 11. 1936
Schmugge, L.: Das Pontifikale des Bischofs Albert von Sternberg. Mediaevalia Bohemica 3, S. 49–86. 1970
Schmugge, L.: Kurie und Kirche. In: Kaiser Karl IV. 1978
Schneider, F.: Kaiser Heinrich VII. Leipzig 1940
Schneider, R.: Karls IV. Auffassung vom Herrscheramt. Historische Zeitschrift, Beiheft 2, N. F. 122–150. 1973
Schneider, R.: Karolus, qui et Wenceslaus. Festschrift für Helmut Beumann, hg. v. K.-V. Jäschke und R. Wenskus, S. 365–387. Sigmaringen 1977
Schnelbögl, J.: Die »Pfalz« Lauf. Jahrbuch für fränkische Landesforschung 19, S. 389–393. 1959
Schnelbögl, J.: Das »böhmische Salbüchlein« Kaiser Karls IV. über die nördliche Oberpfalz. Veröffentlichung des Collegium Carolinum 27. München 1973
Schnith, K.: England in einer sich wandelnden Welt (1189–1259). Studien zu Roger Wendover und Matthäus Paris. München 1974
Schnith, K.: England. In: Kaiser Karl IV. 1978
Schöffel, P.: Rudolf von Friedberg, Studie zur Kanzleigeschichte Karls IV. Archivalische Zeitschrift 40, S. 26–49. 1931 a
Schöffel, P.: Die fränkische Erwerbungspolitik Karls IV. Fränkische Monatshefte für Heimat, Kultur und Kunst 10, S. 7–10. 1931 b
Schöffel, P.: Nürnberger in Kanzleidiensten Karls IV. Mitteilungen des Vereins für Geschichte der Stadt Nürnberg 32, S. 47–67. 1934
Scholz, P.: Die Zusammenkunft Kaiser Karls IV. und Karls V. von Frankreich im Jahre 1378. Königliches Gymnasium zu Brieg, S. 8–12. Brieg 1877
Scholz, R.: Unbekannte kirchenpolitische Streitschriften aus der Zeit Ludwigs des Bayern. Bd. 2. München 1914
Scholz, R.: Krisis und Wandlungen des Reichsgedankens am Ausgange des Mittelalters. Neues Jahrbuch für deutsche Wissenschaft 13, S. 22–40. 1937
Schopen, E.: Geschichte des Judentums im Abendland. Bern und München 1961
Schramm, P. E.: Herrschaftszeichen und Staatssymbolik. Beiträge zu ihrer Geschichte vom 8.–16. Jahrhundert. Schriften der MGH 13/1, 2, 3. Stuttgart 1954/56
Schrohe, H.: Kleinere Beiträge zu den Regesten der Könige Rudolf bis Karl IV. Mitteilungen des Instituts für Österreichische Geschichtsforschung 24. 1903
Schuler, P.: Die Reichspfandpolitik. In: Kaiser Karl IV. 1978
Schulte, A.: Die Kaiser- und Königskrönungen in Aachen. Bonn 1924
Schultheiss, W.: Kaiser Karl IV. und die Reichsstadt Nürnberg. Streiflichter und

Funde zur Territorialpolitik in Ostfranken. Mitteilungen des Vereins für Geschichte der Stadt Nürnberg 52, S. 42–53. 1964
Schultheiss, W.: Der Handwerkeraufstand von 1348/49. In: Nürnberg. Geschichte einer europäischen Stadt. Hg. v. G. Pfeiffer, S. 73–75. Nürnberg 1971
Schultze, J.: Das Landregister der Herrschaft Sorau von 1381. Berlin 1936
Schultze, J.: Das Landbuch der Mark Brandenburg von 1375. Berlin 1940
Schultze, J.: Die Mark Brandenburg. II: Die Mark unter der Herrschaft der Wittelsbacher und Luxemburger (1319–1415). Berlin 1961
Schürer, O.: Prag. Kultur – Kunst – Geschichte. 3. Aufl. Brünn 1939
Schütz, A.: Die Prokuratorien und Instruktionen Ludwigs des Bayern für die Kurie (1331–1345). Ein Beitrag zu einem Absolutionsprozeß. Kallmünz 1973
Schwalm, J.: Archivalienverzeichnisse und Nachträge zu den Regesta imperii (1283–1358). Reise nach Oberitalien und Burgund im Herbst 1901. Neues Archiv 28, S. 485–501. 1903
Schwarz, E.: Die Grundlage der hochdeutschen Schriftsprache. Zeitschrift für Mundartforschung 12. 1936
Schwarz, E.: Johann von Neumarkt. Lebensbilder aus den böhmischen Ländern. Hg. K. Bosl, S. 27–48. München 1974
Schwarzenberg, K. Fürst: Die Sankt-Wenzels-Krone und die böhmischen Insignien. München 1960
Schwemmer, W.: Das Mäzenatentum der Nürnberger Patrizierfamilie Tucher vom 14. bis 18. Jahrhundert. Mitteilungen des Vereins für Geschichte der Stadt Nürnberg 51, S. 18–59. 1962
Schwemmer siehe auch: *Kraft, W. / Schwemmer W.*
Schwind, F.: Zur staatlichen Ordnung der Wetterau von Rudolf von Habsburg bis Karl IV. Vorträge und Forschungen 14, S. 199–228. 1971
Schwöbel, H. O.: Der diplomatische Kampf zwischen Ludwig dem Bayern und der römischen Kurie im Rahmen des kanonischen Absolutionsprozesses 1330 bis 1346. Weimar 1968
Staber, J.: Die Oberpfalz und Niederbayern im Kulturprogramm Kaiser Karls IV. Verh. des Hist. Vereins für Oberpfalz und Regensburg 109, S. 51–62. 1969
Stahleder, E.: Landgraf Johann I. von Leuchtenberg als Städtegründer in Niederbayern. Verh. des Hist. Vereins für Niederbayern 96, S. 41–60. 1970
Stanka, R.: Der Geist der altböhm. Stände. Prager Rundschau 4, S. 98–115. 1934
Stanka, R.: Internationales Recht und Diplomatie 1/2 S. 96 – Die tschechoslowakische Denkschrift für die Friedenskonferenz von Paris 1919 bis 1920. 102. 1956
Stein, G.: Die Einungs- und Landfriedenspolitik der Mainzer Erzbischöfe zur Zeit Karls IV. Diss. Mainz 1960
Steinherz, S.: Karl IV. und die österreichischen Freiheitsbriefe. Mitteilungen des Instituts für Österreichische Geschichtsforschung 9. 1888
Steinherz, S.: Das Schisma von 1378 und die Haltung Karls IV. Mitteilungen des Instituts für Österreichische Geschichtsforschung 21, S. 599–639. 1900
Steinherz, S.: Margareta von Tirol und Rudolf IV. Mitteilungen des Instituts für Österreichische Geschichtsforschung 26. 1905
Steinherz, S.: Ein Fürstenspiegel Karls IV. Prag 1925
Stejskal, K.: Petr Parléř jako Sokrates. Dějiny a současnost 10/4, S. 11–14. 1968
Stengel, E. E.: Avignon und Rhens. Forschungen zur Geschichte des Kampfes um das Recht am Reich in der ersten Hälfte des 14. Jahrhunderts. Quellen und Studien zur Verfassungsgeschichte des Deutschen Reiches in Mittelalter und Neuzeit Bd. IV, H. 1. Weimar 1930 a

Stengel, E. E.: Regnum und Imperium. Marburg 1930 b
Stengel, E. E.: Baldewin von Luxemburg. Ein grenzdeutscher Staatsmann des 14. Jahrhunderts. Weimar 1937
Stengel, E. E.: Baldewin von Luxemburg. Rheinische Kulturgeschichte in Querschnitten aus Mittelalter und Neuzeit Bd. 2, S. 19–39. 1941
Stengel siehe auch *NAL*
Sticker, G.: Abhandlungen aus der Seuchengeschichte und Seuchenlehre. I/1 u. 2. Gießen 1908/10
Stloukal, K.: Dvojnasobná epocha Karla IV. Český časopis hist. 50, S. 1–47. 1949
Stolz, O.: Ein venezianisch-böhmisch-belgisches Verkehrsprojekt Kaiser Karls IV. Mitteilungen des Vereins für Geschichte der Deutschen in Böhmen 52, S. 413 bis 422. 1914
Stoob, H.: Kaiser Karl IV. und der Ostseeraum. Hansische Geschichtsblätter 88, S. 163–214. 1970
Straub, Th.: Bayern im Zeichen der Teilung und der Teilherzogtümer (1347 bis 1450). In: Handbuch der bayerischen Geschichte. Hg. M. Spindler. Bd. 2, S. 207–215. München 1969
Strayer, J. R.: The Promise of the Fourteenth Century. Medieval Statecraft and the Perspectives of History. Essays by J. R. Strayer. S. 315–320. London 1971
Strnad, A. A.: Ein habsburgisch-viscontisches Eheprojekt aus dem Jahre 1374. Mitteilungen des Instituts für Österreichische Geschichtsforschung 72, S. 326 bis 363. 1964
Strnad, A. A.: Kaiser Karl IV. und das Erzstift Salzburg. Römische Quartalsschrift für christliche Altertumskunde und Kirchengeschichte 60. 1965
Strnad, A. A.: Pietro Corsinis Legation an den Kaiserhof. Zu den Beziehungen zwischen Reich und Kurie in der zweiten Hälfte des 14. Jahrhunderts. Mitteilungen des Österreichischen Staatsarchivs 19. 1966
Stromer, Ulman: Puechel von mein geslechet und von abentewr. 1349 bis 1407. Ed. C. Hegel Chroniken der deutschen Städte vom 14. bis ins 16. Jahrhundert Bd. 1 Nürnberg, Leipzig 1862
Stromer, W. v.: Eine gesellige Versammlung des Nürnberger Rates in Ulrich Stromers Haus und der Aufenthalt Karls IV. in Nürnberg im Jahre 1358. Mitteilungen des Vereins für Geschichte der Stadt Nürnberg 52, S. 54–64. 1964
Stromer, W. v.: Oberdeutsche Hochfinanz 1350–1450. Wiesbaden 1970
Stromer, W. v.: Wirtschaftsleben unter den Luxemburgern. Nürnberg. Geschichte einer europäischen Stadt. Hg. G. Pfeiffer. S. 92–100. Nürnberg 1971
Stromer, W. v.: Fränkische und schwäbische Unternehmer in den Donau- und Karpatenländern im Zeitalter der Luxemburger 1347–1437. Jahrbuch für fränkische Landesforschung 31, S. 355–365. 1972
Stromer, W. v.: Die Gründung der Deutschen Baumwollindustrie im Spätmittelalter. Dt. Wirtschaftspolitik unter den Luxemburgern, Stuttgart 1978
Stromer, W. v.: Der Kaiserliche Kaufmann. In: Kaiser Karl IV. 1978
Sturm, H.: Eger. Geschichte einer Reichsstadt. Bd. 1 (2. Aufl.) und 2. Augsburg 1960/1952
Sturm, H.: Eger, Nürnberg und Prag. Die Grundlage ihrer Wechselbeziehungen im hohen und späten Mittelalter. Bohemia-Jahrbuch 6, S. 72–92. 1966
Sturm, H.: Die alte Reichspfandschaft Eger und ihre Stellung in der Geschichte der böhmischen Länder. Handbuch der Geschichte der böhmischen Länder, hg. v. K. Bosl. Bd. 2, S. 3–95. Stuttgart 1974
Sturm, H.: Des Kaisers Land in Bayern. In: Kaiser Karl IV. 1978

Tabacco, G.: Lo stato Sabaudo nel sacro Romano imperio. Turin 1939
Tadra, F.: Cancellaria Arnesti – Formelbuch des ersten Prager Erzbischofs Ernst von Pardubitz. Wien 1880
Tadra, F. (ed.): Cancellaria Johannis Noviforensis. Archiv für Österreichische Geschichte 68. Wien 1886
Tadra, F.: Kanceláře a písaři v zemích českých. Prag 1892
Tadra, F. (ed.): Summa cancellariae. Cancellaria Caroli IV. Ein Formelbuch der königlichen böhmischen Kanzlei aus dem 14. Jahrhundert. Prag 1895
Tadra, F.: Kulturní styky Čech s cizinou. Prag 1897
Tadra siehe auch *Patera* 1878
Taggie, B. F.: Castillan foreign policy during the reign of Pedro I. 1350–1369. Dissertational Abstracts International A 34/6, S. 3280–3281. 1973
Taranovski, T.: Majestas Carolina i Dušanov zakonik. Glas srpské kraljevske akademie 157, 2. Kl. 80. Belgrad 1933
Tenenti siehe *Romano* 1967
Théremin, W.: Ein Beitrag zur öffentlichen Meinung über Kirche und Staat in den städtischen Gesellschaften Deutschlands 1349–1415. Berlin 1909
Thomas, H.: Zwischen Regnum und Imperium: Die Fürstentümer Bar und Lothringen zur Zeit Kaiser Karls IV. Bonner hist. Forschungen 40. Bonn 1973
Thomas, H.: Die lehensrechtlichen Beziehungen des Herzogtums Lothringen zum Reich von der Mitte des 13. bis zum Ende des 14. Jahrhunderts. Rheinische Vierteljahresblätter 38, S. 166–202. 1974
Thomas, H.: Frankreich. In: Kaiser Karl IV. 1978
Thomas, M.: La visite de l'Empeur IV en France d'après l'exemplaire des »Grandes Chroniques« exécuté pour le roi Charles V. VI.th International Congrès of Bibliophiles, held in Vienna. Ed. Laurenz Strebl, S. 85–98. 1971
Thomson, S. H.: Learning at the court of Charles IV. Speculum 25, S. 1–20. 1950
Thorndike, L.: Notes on some Latin manuscripts of Wolfenbüttel in natural science. In: Speculum 8, S. 175–79. 1933
Timm, A.: Zur Geschichte der Erntegeräte. Zeitschrift für Agrargeschichte und Agrarsoziologie 30. 1956
Timm, A.: Verlust der Muße. Zur Geschichte der Freizeitgesellschaft. Buchholz/Hamburg 1968
Titz, K.: O latině vlastního životopisu Karla IV. Listy filologické 63, S. 218–232. 1940
Tomek, W. W.: Dějepis města Prahy. Bd. 2. Prag 1871
Töpfer, B.: Das kommende Reich des Friedens. Zur Entwicklung chiliastischer Zukunftshoffnungen im Hochmittelalter. Berlin 1964
Töpfer, B.: Bestätigungen des Verbots von Städtebünden von 1231 zugunsten des Bischofs von Lüttich in den Jahren 1345–1348. Folia diplomatica II, S. 115 bis 128. 1976
Trautz, F.: Die Könige von England und das Reich 1272–1377. Mit einem Rückblick auf ihr Verhältnis zu den Staufern. Heidelberg 1961
Trautz, F.: Die Reichsgewalt in Italien im Spätmittelalter. Heidelberger Jahrbücher 7, S. 45–81. 1963
Trier, J.: Zur Vorgeschichte des Renaissancebegriffs. Archiv für Kulturgeschichte 33, S. 45–63. 1950
Tříška, J.: Nová literatura doby Karlovy a Václavovy. Sborník historický 10, S. 33–69. 1962
Tříška, J.: K rétorice a k universitní literatuře. Prag 1972

Tříška, J.: Rétorický styl a pražská univ. literatura ve středověku. Prag 1975
Tschirch, O.: Der falsche Woldemar und die märkischen Städte. Forschungen zur brandenburgischen und märkischen Geschichte 43. Berlin 1930
Turek, R.: Čechy na úsvitě dějin. Prag 1963
Turczynsky, E.: Serbien und Byzanz. In: Kaiser Karl IV. 1978
Turski, W.: Das Verhältnis von Reichspolitik und Hausmachtpolitik bei Kaiser Karl IV. unter besonderer Beachtung der Rolle des Sechsstädtebundes der Oberlausitz. Wissenschaftliche Zeitschrift der Technischen Hochschule Dresden 6, S. 951–962. 1957
Uhde, G.: Vor 600 Jahren. Der Schiedsspruch von Fürstenberg an der Oder am 10. und 13. Februar 1371. Bad Hersfelder Jahresheft 17. 1971
Ulanowski, W.: Przyczynki źródłowe do ostatnich lat panowania Ottokara II. Archiwum komisyi historycznej, S. 1–41. Krakau 1888
Ullmann, W.: The Origins of the Great Schism. 1948
Urkunden und Akten zur Geschichte des Deutschen Reiches und seiner Verfassung 1349; Hg. Akademie der Wissenschaften der DDR, Zentralinstitut für Geschichte. Leipzig 1974. Siehe auch: MGCC IX
Vach, M.: První projekt dunajskovltavského průplavu. Sborník Narodního technického muzea 2, S. 10–16. 1956
Valois, D.: Le projet de mariage entre Louis de France et Cathérine de Hongrie et le voyage de l'empereur Charles IV. à Paris. Annuaire-Bulletin de la Société de l'histoire de France 30. 1893
Vaněcek, V.: Dvě studie k otázce právního postavení klášterú a klášterního velkostatku ve starém českém státě. Prag 1938
Vanĕcek, V.: Ordo judicii terrae a jeho pořadí v právních památkách českých. Sborník věd právních a státních 42, S. 150–171. 1942
Vašků, Vl.: Příspevek k otázce svatováclavské pečeti. Sborník prací filosofické fakulty brňenské university 7 C, S. 3–19. 1958
Verbeke, G. / Ijsewijn, H. (Hg.): The Late Middle Ages and the Dawn of Humanism outside Italy. – Proceedings of the International Conference Louvain May 11–13 1970. – Mediaevalia Lovanensis Series I / Studia I. Löwen 1972
Vercauteren, F.: Die europäischen Städte bis zum 11. Jh. Die Städte Mitteleuropas im 12. u. 13. Jh. Hg. W. Rausch. Linz 1963
Vier bayerische Fortsetzungen der Sächsischen Weltchronik. Ed. L. Weiland. MGH Deutsche Chroniken 2. Hannover 1877
Vigener, F.: Kaiser Karl IV. und der Mainzer Bistumsstreit 1373–1378. Trier 1908
Vigener, F.: Karl IV. Meister der Politik. Hg. Marcks/Müller. 2 Bde. 1921/22
Vilikovský, J. (ed.): Staročeské satiry. Prag 1942
Vischer, W.: Geschichte des schwäbischen Städtebundes 1376–1389. Forschungen zur deutschen Geschichte 2/3; 1862/63
Vita Caroli IV. Edd. Pfisterer, K./Bulst, W. Heidelberg 1950
Voetz, L.: Kaiser Karl IV. Heimat. Zeitschrift für niederrheinische Kultur- und Heimatpflege 43, S. 7–9. 1972
Voigt, K.: Italienische Berichte aus dem spätm. Deutschland. Stuttgart 1973
Vollmer, B.: Die Bedeutung der Schlacht bei Worringen. Düsseldorfer Jahrbuch 40, S. 3–13. 1938
Vyskočil, J. K.: Arnošt z Pardubic a jeho doba. Prag 1947
Wackernagel, R.: Geschichte der Stadt Basel. Bd. I. Basel 1906
Walsh, G.: The emperor Charles IV. 1316–1378. A study in holy Roman imperialism. 1925.

Walsh, K.: Papsttum, Kurie und Kirchenstaat im späteren Mittelalter: Neue Beiträge zu ihrer Geschichte. Röm. Hist. Mitt. 16, S. 205–230. 1974
Wammetsberger, H.: Individuum und Typ in den Portraits Kaiser Karls IV. Wiss. Zeitsch. der Friedrich-Schiller-Universität Jena GSR 1, S. 79–95. 1967
Weber, P.: Geschichte des Luxemburger Landes. Luxemburg 1948
Weber, P.: Histoire du Grand-Duché de Luxembourg. 3. Aufl. Brüssel 1957
Wehrmann, M.: Kaiser Karl IV. in seinen Beziehungen zu Pommern. Monatsblätter der Gesellschaft für Pommersche Geschichte 11. 1897
Weizsäcker, W.: Über die Bedeutung des Lehenswesens in den Sudetenländern. Vorträge und Forschungen 5, S. 229–235. 1960
Weltatlas: Großer Historischer Weltatlas. Hg. J. Engel. Bd. 2. München 1970
Wenck, K.: Die Chronographie Konrads von Halberstadt und verwandte Quellen. Forschungen zur deutschen Geschichte 20, S. 277–302. 1880
Wendehorst, A.: Die Bestrebungen Alberts d. Großen um eine rechte Ordnung in Welt und Kirche. 2 Beiträge zur Rechtsgeschichte und Kirchengeschichte des 13. Jh. Diss. Würzburg 1951
Werlin, J.: Heinrich von St. Gallen. Stifter-Jahrbuch 6, S. 131–147. 1959
Werlin, J.: Ein bedeutsames Denkmal der Prager Bibelliteratur aus dem späten Mittelalter. Bohemia-Jahrbuch 5, S. 53–76. 1964
Werner, E. / Steinmetz, M. (Hg.): Städtische Volksbewegungen im 14. Jahrhundert. Berlin 1960
Werunsky, E.: Geschichte Kaiser Karls IV. und seiner Zeit. Innsbruck I 1880; II/1 1882; II/2 1886; III 1892.
Werunsky, E.: Excerpta ex registris Clementis VI. et Innocentii VI. summorum pontificum historiam s. r. imperii sub regimine Karoli IV. illustrantia. Innsbruck 1885. Neudruck Aalen
Werunsky, E.: Die Majestas Karolina. Zeitschrift der Savigny-Stiftung für Rechtsgeschichte, Germ. Abt. 9. 1888
Werunsky, E.: Böhmens sozialpolitische Entwicklung in vorhussitischer Zeit. Neue Jahrbücher für Klassisches Altertum, Geschichte und Literatur 4. 1901
Werweke, N. van: Itinéraire de Jean l'Aveugle, roi de Bohême et comte de Luxembourg. Publication de la Section Historique de l'Institut Grand-Ducal vol. LII, fasc. 1. Luxemburg 1903
Wieacker, F.: Privatrechtsgeschichte der Neuzeit. 2. Aufl. Göttingen 1967
Wieruszowski, H.: Vom Imperium zum nationalen Königtum. Vergleichende Studien über die Kämpfe Friedrichs II. und Philipps des Schönen mit der Kurie. München und Berlin 1933
Wilckens, L. v.: Ein Kaselkreuz in Rokycany. Hinweise zur böhmischen Marienverehrung unter Karl IV. und den ersten Prager Erzbischöfen. Anzeiger des Germanischen Nationalmuseums S. 33–51. 1965
Wild, K.: Bayern und Böhmen. Beiträge zur Geschichte ihrer Beziehungen im Mittelalter. Verhandlungen des historischen Vereins von Oberpfalz und Regensburg 88, S. 3–196. 1938
Wilhelm von Lestkow: Vita Arnesti Archiepiscopi Pragensis. Ed. FRB I, S. 287 bis 400.
Wilhelm von Occam: De electione Caroli. C. Höfler: Avig. S. 13f. Prag 1868
Winkelmann, E.: Acta imperii inedita. Bd. II. Innsbruck 1885
Winter, E. K.: Rudolph IV. v. Österreich. Wiener soz. Stud. 2/3. Wien 1934/36
Winter, E.: Die europäische Bedeutung des Frühhumanismus in Böhmen. Zeitschrift für deutsche Geistesgeschichte I, S. 233–242. 1935

Winter, E.: Tausend Jahre Geisteskampf im Sudetenraum. Salzburg/Leipzig 1938
Winter, E.: Die Luxemburger in der Ostpolitik der päpstlichen Kurie im 14. Jahrhundert. Wiss. Zeitschrift der Universität Jena, S. 781–787. 1957/58
Winter, E.: Frühhumanismus. Seine Entwicklung in Böhmen und deren Bedeutung für die Kirchenreformbestrebungen im 14. Jahrhundert. Berlin 1964
Wiswe, H.: Sozialgeschichtliches um Till Eulenspiegel. Braunschweigisches Jahrbuch 52, S. 62–79. 1971
White, L. jr.: Die mittelalterliche Technik und der Wandel der Gesellschaft. München 1968
Wohlgemuth, H.: Das Urkundenwesen des deutschen Reichshofgerichts 1273 bis 1378. Köln/Wien 1973
Wolf, G.: Universales Kaisertum und nationales Königtum. In: Miscellanea Mediaevalia 5, S. 243–269. 1968
Wolf, A.: Das »Kaiserliche Rechtsbuch« Karls IV. (sogenannte Goldene Bulle) Ius Commune 2, S. 1–32. 1969
Wolf, A.: Die »Goldene Bulle« von 1356 in genealogischer Sicht. Genealogisches Jahrbuch 10, S. 120–122. 1970
Wolf, A.: Die Goldene Bulle. König Wenzels Handschrift. Kommentar. Graz 1977
Wotke, K.: Moralitates Caroli IV. Zeitschrift des Vereins für Geschichte Mährens und Schlesiens 1, S. 41–76. 1897
Wretschko, A. v.: Die Verleihung gelehrter Grade durch den Kaiser seit Karl IV. Weimar 1910
Wundram, M.: Art of the Renaissance. New York 1972
Wundram, M.: Körper und Raum in der böhmischen Kunst zur Zeit Karls IV. In: Kaiser Karl IV. 1978
Zahn, W.: Kaiser Karl IV. in Tangermünde. Tangermünde 1900
Zaddach, B.: Die Folgen des Schwarzen Todes 1347–51 für den Klerus Mitteleuropas. Stuttgart 1971
Zander, F.: Beiträge zur Geschichte des königlichen Einflusses auf die inneren städtischen Angelegenheiten zur Zeit Ludwigs des Bayern und Karls IV. Diss. Halle 1911
Zanutto, L.: Carlo IV. di Lussemburgo e Francesco Petrarca a Udine nel 1368. Udine 1904
Zatschek, H.: Karolinische Studien. Mitteilungen des Vereins für Geschichte der Deutschen in Böhmen 73, S. 1–11. 1935
Zatschek, H.: Die Reichsuniversität in Prag. Studien zu ihrer Geschichte bis 1409. 1939
Zatschek, H.: Kaiser Karl IV. Ostdeutsche Wissenschaft 1, S. 299–310. 1954
Zbraslavská kronika/Chronicon Aulae Regiae. Prag 1976
Zelenka, A.: Der Wappenfries aus dem Wappensaal zu Lauf. Dargestellt und kommentiert. Passau 1976
Zelenka, A.: Zur Heraldik. In: Kaiser Karl IV. 1978
Zelený, R.: Statuta brevia Arnošta z Pardubic z r. 1353. Studie o rukopisech 7. S. 69–75. 1968
Zerlik, A.: Konrad von Waldhausen aus Oberösterreich. Eine Posaune Gottes in vorhussitischer Zeit. Jahresbericht der Bundesrealschule Linz S. 15–28. Linz 1960
Zeumer, K.: Die Goldene Bulle Kaiser Karls IV. 2 Bde. 1908
Zibermayr, I.: Zur Geschichte der Raudnitzer Reform. Mitteilungen des Instituts

für österreichische Geschichtsforschung, Ergänzungsband II, S. 323–353. 1929
Zimmermann, F.: Acta Caroli IV. imperatoris inedita. Innsbruck 1891
Zimmermann, G.: Die Verehrung der böhmischen Heiligen im mittelalterlichen Bistum Bamberg. 100. Bericht des Historischen Vereins für die Pflege und Geschichte des ehemaligen Fürstbistums Bamberg, S. 209–239. 1964
Zinsser, H.: Rats, Lice and History. New York 1935
Zycha, A.: Das böhmische Bergrecht des Mittelalters auf Grundlage des Bergrechts von Iglan. 2 Bde. Berlin 1900

Das Jubiläumsjahr 1978 gab erfreuliche Impulse zu zahlreichen Studien über Zeit und Persönlichkeit Karls IV. und regte damit Erforschung und Darstellung des gerade in Deutschland vernachlässigten späteren Mittelalters kräftig an. Die beste Übersicht vermittelt

Moraw, P.: Kaiser Karl IV. 1378–1978. Ertrag und Konsequenzen eines Gedenkjahres. In: Politik, Gesellschaft, Geschichtsschreibung, Giessener Festgabe für F. Graus. Hg. H. Ludat und R. Chr. Schwinges, S. 224–318. Köln – Wien 1982

Dazu aber auch, mit gelegentlich abweichenden Urteilen,

Graus, F.: Kaiser Karl IV. Betrachtungen zur Literatur eines Jubiläumsjahres. In: Jahrbücher für Geschichte Osteuropas 28, S. 71–88, 1980.

Den damaligen offiziellen Prager Rückblick auf das Gedenkjahr vertrat

Spěváček, J.: Zahraniční literatura o Karlu IV. a jeho době. In: Folia historica Bohemica 2, S. 352–365, 1980.

Daneben boten noch drei Sammelbände zahlreiche Detailstudien und unterschiedliche Perspektiven:

Engel, E. (Hg.): Karl IV. Politik und Ideologie im 14. Jahrhundert. Weimar 1982.
Polc, J. (Hg.): Otec Vlasti 1316–1378. Rom 1980.
Vaněček, V.: Karolus Quartus. Prag 1984.

Auch sind zwei weitere Biographien des Kaisers inzwischen veröffentlicht worden, eine von einem tschechischen Forscher, aber zunächst in deutscher Sprache:

Spěváček, J.: Sein Leben und seine staatsmännische Leistung. Wien-Köln-Graz 1978. Freilich erscheinen in dieser Arbeit eines fachlich besonders ausgewiesenen Forschers Persönlichkeit und Politik Karls gleichermaßen verzeichnet.

Eine Darstellung von Karls Regierung während seiner Kaiserzeit trägt mit Sorgfalt viele, auch bisher unbekannte Fakten zusammen:

Kavka, F.: Vláda Karla IV. za jeho císařství (1355–1378). Země České koruny, rodová, říška a evropská politika. 2 Bde. Prag 1993.

Eine neue deutsche Karlsbiographie ist besonders wegen des territorialgeschichtlichen Horizonts bemerkenswert:

Stoob, H.: Kaiser Karl IV. und seine Zeit. Graz, Wien, Köln 1990.

Auch eine politische Biographie von Karls frühem Gegenspieler Ludwig bringt Korrekturen ins Bild, bestätigt aber auch schon lange Bekanntes:

Thomas, H.: Ludwig der Bayer. Kaiser und Ketzer. Graz–Wien–Köln 1993.

Ähnliches gilt von einer tschechischen Biographie über Karls Vater, König Johann von Böhmen:

Spěváček, J.: Král diplomat. Jan Lucemburský 1296–1346. Prag 1982.

Grundlegend für die Erkenntnis der Wechselbeziehungen zwischen Politik und Kunst und zur Erschließung der kulturellen Vielfalt der Epoche wurde

Legner, A. (Hg.): Die Parler und der Schöne Stil. 4 Bde. Köln 1978.

Währenddem erschien noch eine Fülle von Einzelstudien unterschiedlichen Umfangs zum Thema, von denen hier nur unmittelbar auf Persönlichkeit und Politik Karls IV. gerichtete genannt werden können:

Fahlbusch, Fr. B., Johanek, P. (Hgg.): Studia Lucemburgensia. FS für Heinz Stoob. Warendorf 1989.

Kavka, F.: Am Hofe Karls IV. Leipzig 1989.

Kraus, Th. R.: Studien zur Vorgeschichte der Krönung Karls IV. in Aachen. In: Zeitschrift des Aachener Geschichtsvereins 88/89 1982 S. 43–93.

Losher, G.: Königtum und Kirche zur Zeit Karls IV. Ein Beitrag zur Kirchenpolitik im Spätmittelalter. München 1984.

Moraw, P.: Grundzüge einer Kanzleigeschichte Kaiser Karls IV. In: Zeitschrift für Historische Forschung 12, 1985, S. 11–42.

Schubert, E.: Kurfürsten und Wahlkönigtum. Die Wahlen von 1308, 1314 und 1346 und der Kurverein von Rhens. In: F.-J. Heyen und J. Mötsch (Hgg.): Balduin von Luxemburg, Erzbischof von Trier und Kurfürst des Reiches (1285–1354). Trier 1985, S. 103–117.

Veldtrup, D.: Zwischen Eherecht und Familienpolitik. Studien zu den dynastischen Heiratsprojekten Karls IV. Warendorf 1988.

Widder, E.: Itinerar und Politik. Studien zur Reiseherrschaft Karls IV. südlich der Alpen. Beihefte zu J. F. Böhmer, Regesta Imperii. Weimar–Wien 1993.

REGISTER

Abkürzungen von Titeln: Bf. Bischof; Bgf. Burggraf; Ebf. Erzbischof; Ehz. Erzherzog; Gf. Graf (Gft. Grafschaft); Hz. Herzog (Hztm. Herzogtum); K. Kaiser; Kg. König; Ldgf. Landgraf; Mgf. Markgraf (Mgft. Markgrafschaft).

Aachen 19, 20, 73, 75, 161, 164, 174, 195 f., 207, 255, 307, 326, 332, 343, 366, 383, 389, 390, 391, 392
»Ackermann aus Böhmen« 399
Adolf von Nassau, dt. Kg. 256, 311
Albertus Magnus 22
Albert von Sachsen (Albert von Helmstedt) 22
Albornoz, Egidio 214, 229, 340
Albrecht, Hz. von Mecklenburg 225
Albrecht I., Hz. von Österreich, dt. Kg. 88
Albrecht II. der Lahme, Hz. von Österreich 108, 154, 158, 221, 229, 232
Albrecht III., Ehz. von Österreich 309, 364
Albrecht I., Hz. von Bayern-Straubing 283, 310
Albrecht von Sternberg, Ebf. von Magdeburg 282, 317
Alessandria 298
Alfons XI., Kg. von Kastilien 13
Amadeus, Hz. von Savoyen 72
Amberg 26, 278
Anjou, frz. Dynastengeschlecht 101, 218, 219, 228, 353
Anna, Gem. Hz. Heinrichs von Kärnten 84
Anna von der Pfalz 161, 200, 230, 269, 273, 327
Anna von Schweidnitz 230, 307, 327
Annoniaco, Johannes Porta de 238
Aquileia (Aquileja) 127, 149, 227, 243, 338 f.
Aragon 13
Arelat, Kgr. 93, 312, 313, 337 f., 350 ff., 356 ff., 367
Arles 337, 350, 357
Arlon, Mgft. 232
Askanier 92, 159
Auerbach 162, 269, 278, 280
Augsburg 155, 239, 333, 363, 392
Avignon 80, 96, 102, 108, 136, 140, 141 f., 143, 144, 150, 201, 207, 208, 209, 211, 213, 214, 215, 221, 228, 235, 241, 293, 309, 335, 336, 337, 338, 343, 344, 356, 374, 398

Babenhausen 271
Baethgen, Friedrich 301
Balduin von Luxemburg, Ebf. von Trier 20, 21, 71 f., 76, 86, 88, 91, 99, 102, 114, 120, 134, 135, 136, 137, 138 f., 142, 144, 150, 153, 161, 164, 165 f., 186, 196, 211, 223, 246, 251, 252, 261, 265, 286, 290, 312, 317, 326, 349, 387
Ball, John 41
Bamberg 199, 293
Barberino, Francesco de 68, 70 f.
Bärnau 271
Barnim III., Hz. von Pommern 158
Bartholomäus Klaret von Chlumec 372
Basel 72, 196, 197
Bautzen 92, 112, 291, 294
Bayern 17, 102, 172, 183, 184, 265, 268, 275, 276, 277, 279, 280, 286, 290, 291, 293, 304, 305, 331, 333
»Bayern jenseits des Böhmerwaldes« 162
Beatrix von Bourbon 106, 165, 347 f.
Beccari, Niccolò 245
Beheimstein 278
Belluno 127, 227, 266, 306
Benesch von Weitmühl 123, 132, 188, 191, 251, 259, 274 f., 297, 303, 334, 384, 397
Bergamo 104

Beuthen, Hztm. 95
Birgitta, Hl. 343
Bitonto 392
Blanca (Blanche) von Valois 106, 117 120, 161, 175, 327
Blindenburg, s. Vissegrad
Bobbio 104
Boccaccio, Giovanni 47
Böhmen 12, 14, 17, 21, 51, 54, 55, 57, 58, 59, 60, 64, 65, 67, 70, 75, 76, 78, 83, 84, 85, 87, 91, 93, 94, 95, 98, 105, 107, 111, 112, 116, 118, 119, 124, 128, 129, 130, 134, 140, 146, 147, 149, 155, 156, 158, 159, 163, 164, 165, 166, 167, 168, 169, 170, 171, 172, 173, 175, 176, 177, 179, 180, 182, 183, 184, 186, 191, 192, 193, 198, 200, 201, 203, 230, 241, 244, 245, 246, 247, 248, 249, 250, 253, 254, 255, 256, 257, 266, 272, 274 f., 276 278, 279, 280, 283, 284, 286, 287, 288, 289, 290, 293, 295, 299, 301, 302, 303, 310, 316, 319, 321, 346, 347, 353, 355, 363, 364, 367, 374, 377, 382, 401, 402
Bogen, Gfn. von 268
Bolko, Hz. von Schweidnitz 283
Bologna 181, 192, 228, 337
Bonagratia, Franziskaner 213
Bonifaz VIII., Papst 74
Bonn 166, 207
Borgo San Domenico 104
Bosl, Karl 13
Bourbon, frz. Königsdynastie 106
Brabant, Hztm. 17, 246, 253, 286, 348
Brandenburg 21, 91, 93, 94, 158 f., 161, 190, 199, 203, 208, 227, 265, 267, 271, 276, 279–285, 286, 288, 289, 290, 291, 293, 295, 297, 309, 310, 327, 328, 331, 333, 346, 347, 352, 355, 364, 384, 391, 401
Braunschweig 198, 310
Brescia 78, 86, 101, 103
Breslau 95, 266, 267, 268, 278, 288, 291, 293, 294, 297, 299, 363
Breysig, Kurt 33
Brieg a. d. Oder 321
Brig am Simplon 121
Brixen 266
Brünn 61
Buda 319, 354
Buonconvento 86, 238
Burckhardt, Jakob 43
Burdach, Konrad 13, 292
Burggrafen von Nürnberg, s. Nürnberg, Burggfn.
Burgund, Hztm. 21, 121, 337, 358, 401
–, Freigft. 344, 350
Burghausen 93, 269
Bürglitz 115, 132

Čák, Matouš 18, 90
Cambrai 350
Cambridge 25
Canaparius, Johannes 176
Castell, Gf. Werner von 87
Castell del Monte 190, 392
Cateau-Cambrésis 350
Cefalù 392
Cham 116
Cîteaux 174
Cividale 180
Cola di Rienzo 203, 207–215, 216, 217, 218, 219, 221, 229, 367, 369
Colonna, röm. Adelsgeschlecht 215
–, Sciarra 114
Como 104
Cornelimünster 72
Cosmas, Prager Domherr 176
Cottbus 291
Cremona 126, 234, 239
Crécy 57, 109, 144, 145, 146, 147, 149, 154, 303

Dalimil 83, 84, 85, 87, 173
Dalmatien 306 f.
Dänemark 13, 159, 304, 310, 329 f.
Dante, Alighieri 9, 10, 30, 44, 54, 55, 61, 62, 70 f., 80, 212, 213, 218, 370
Dauphiné, Gft. 337, 344, 359 f.
Dessau 190
Deutschland 12, 16, 18, 51, 60, 69, 74, 104, 165, 166, 168, 169, 172, 175, 176, 178, 193, 196, 201, 208, 221, 249, 295, 302, 311, 312, 313, 321, 344, 359, 370, 391, 399
Deutschordensstaat 13, 97, 98, 278, 379 ff.
Diedenhofen 102
Dieter von Portitz, Ebf. von Magdeburg 282
Dietrich, Bf. von Minden 321

Dietrich von Niem 302
Döffingen 399
Donaustauf 304 f.
Durbuy, Gft. 232
Dürnkrut 52, 54, 55, 56, 57, 63, 147

Eberhard I., der Erlauchte, Gf. von Württemberg 75
Eberhard II., der Greiner, Gf. von Württemberg 225, 332, 333, 334
Ebner, Christina 192
Ebner Margaretha 28, 44
Eduard III., Kg. von England 13, 136, 144, 154 f., 159, 161, 349, 398
Eger 89, 92, 152, 268
Egerland 268
Eisenach 180, 181, 183
Elbogen 115
Elisabeth, Mutter K. Karls IV. 76 f., 83, 84, 100, 327
Elisabeth, Tochter K. Karls IV. 281
Elisabeth von Bosnien 230
Elisabeth von Hohenzollern 273
Elisabeth von Pommern 282, 307, 309, 339, 355
Elsaß 156, 222, 224, 273, 337, 338
England 11, 12, 13, 16 f., 18, 21, 26, 104, 108, 136, 144, 145, 146, 155, 168, 176, 183, 193, 199, 272, 304, 321, 350, 399, 401
Erich II., Hz. von Sachsen 208
Erlangen 269, 271, 278
Ernst von Pardubitz, Ebf. von Prag 150, 172, 317, 386, 394 f.
Esch, Jakob d' 259
Este, Fürsten von Modena 122
Ettal 190
Europa 1 f., 67, 249, 295

»Falscher Waldemar« 190, 281
Fécamp 119
Feltre 227
Ferrara 122, 210, 228
Ficker, Julius von 232
Finsterwalde 279
Fitzralph, Richard, Ebf. von Armagh 386
Flandern 12, 17, 96, 195, 240, 372
–, Gfn. von 72
Florenz 12, 15, 61, 79, 104, 123 ff., 128 f., 157, 209, 210, 228, 234, 236, 324, 399
Floß 89, 92, 268, 269
Forcalquier, Gft. 355
Fondi 344
Fra Angelo, Eremit 214
Fra Moriale, Condottiere 214 f.
Franken 172, 198, 222, 224, 241, 268 bis 276, 288, 294, 323, 331, 333, 399
Frankenreich 168
Frankfurt/Main 18, 155, 161, 196, 197, 198 f., 234, 255, 271, 281, 282, 331, 332, 333, 363
– /Oder 160
Frankreich 10, 12, 16, 17, 18, 21, 28, 46, 51, 60, 90, 92, 104, 106, 108, 109, 116, 118, 119, 120, 124, 128, 134, 135, 136, 137, 144, 145, 146, 149, 150, 168, 172, 176, 180, 184, 189, 193, 195, 196, 199, 249, 272, 321, 334, 335, 344 f., 346–351, 354, 391, 399, 401
Franz II., der Gute, letzter Kaiser d. Hl. Röm. Reiches (bis 1806) 113
Franz von Assisi 212
Franz von Prag, Domherr 186, 191, 297, 385, 397
Friaul 227, 340
Friedrich I. Barbarossa, dt. Kg. und K 72, 79, 95, 180, 340
Friedrich II., dt. Kg. und K. 69, 74, 79, 81, 146, 181, 182, 197, 257, 292, 313, 315, 325, 369, 379, 381, 392
Friedrich der Schöne, dt. Gegenkönig 88, 89, 92, 93, 94, 99
Friedrich, Mgf. von Meißen und Ldgf. von Thüringen 159, 161, 321
Friedrich V., Burggf. von Nürnberg 271, 273, 274, 280
Friedrich von Saarwerden, Ebf. von Köln 312 f., 328
Froissart, Jean 145, 146, 361, 384
Fürstenberg 310
Fürstenwalde 283

Galizien 13
Gambacorta, Pisaner Patrizier 341
Gedimin, Fürst der Litauer 380
Geldern, Gfn. von 72
Gemona 232

Genf 337
Genua 86, 145, 193, 209, 210, 228
Gerlach von Nassau, Ebf. von Mainz 138, 143
Gerlostal 203
Glatz 395
Glogau, Hztm. 98
Gnesen 266, 294
Goldenkron 61
Gonzaga Ludovico, Fürst von Mantua 104
Görlitz 112, 119, 291, 401
Görz, Gfn. von 127, 227
Gozzo von Orvieto 61
Gregor XI., Papst 343, 356, 374
Grenoble 337
Grote, Gerhard (Geert) 47, 373
Grottkau 266
Guben 291
Guido de Boulogne, Kardinal 341
Günter von Schwarzburg, dt. Gegenkönig 153, 161, 162, 189
Guta, Gem. d. Kg. Wenzel II. von Böhmen 52, 53
Guta, Gem. d. Kg. Johann II. von Frankreich 106, 203

Habsburger 75, 88, 89, 93, 102, 107, 127, 221, 224, 227, 229 f., 232, 253, 254, 266, 305, 306, 309, 333, 353, 364, 401, 402
Hagenau 102, 103
Halberstadt 285
Hamburg 15, 155, 363, 364
Hartenstein 162, 269
Havelberg 284
Hedwig, Tochter Kg. Ludwigs von Ungarn 358
Heidelberg 184, 404
Heidingsfeld 271
Heiligenkreuz 63
Heiliges Land 19
Heilsbronn 27
Heimpel, Hermann 263 f., 301
Heinrich VII., Gf. von Luxemburg, dt. Kg. u. K. 9, 52, 54, 55, 58, 68 ff., 70, 71 ff., 74, 75, 76 f., 78, 79 ff., 83, 86 f., 88, 115, 136, 141, 214, 235, 236, 238, 326, 349
Heinrich III., Graf von Luxemburg 57
Heinrich, Hz. v. Kärnten, Gf. v. Tirol, Kg. v. Böhmen 83, 84, 93, 103, 138
Heinrich XIV. d. Ä., Hz. v. Niederbayern 93, 101, 130, 268 f.
Heinrich von Diessenhofen 259
Heinrich von Herford 191
Heinrich von (Henricus de) Isernia (»Heinrich der Welsche«) 31, 69
Heinrich von Mügeln 368
Heinrich von Villers-Bettnach 72
Heinrich von Virnenburg, Ebf. von Mainz 138, 158
Henneberg, Gfn. von 72, 87
Hersbruck 269, 278
Hohenzollern 273, 274, 278, 403
–, s. a. Nürnberg, Burggfn.
Holland 271
– -Hennegau 136
Homburg 271
Huizinga, Johan 33
Hus, Johannes 33, 376

Jan Očko von Vlaším, Ebf. von Prag 317
Jan von Aachen 376
Jauer, Hztm. 266
Ile de France 183
Ingelheim 174, 285, 366, 382, 391
Innozenz VI., Papst 228, 267, 337
Innsbruck 103
Joachim von Fiore 212
Joachim von Cesena 213
Johann von Luxemburg, Kg. von Böhmen 46, 76 ff., 83–109, 112, 115, 120, 122, 125, 126, 129, 130, 131, 133, 134, 135, 136, 137, 138, 139 f., 141, 143, 144, 145 f., 147, 165, 177, 189, 200, 266, 268, 269, 327
Johann II., der Großmütige, Kg. von Frankreich 106, 113, 117, 119, 144, 349, 350
Johann Heinrich, Gf. von Tirol, Mgf. von Mähren 101, 103, 108, 136, 139, 166, 169, 200 f., 202, 266, 282, 286, 327, 347
Johann von Görlitz, Sohn K. Karls IV. 401
Johann I., Hz. von Brabant 52, 54
Johann II., Burggf. von Nürnberg 271, 280
Johann von Dambach 386

Johann von Draschitz, Bf. von Prag 173
Johann von Neumarkt, Bf. von Leitomischl und Olmütz 213, 317, 370 f.
Johanna, Kgn. von Neapel 228, 336, 345, 354
Johanna von Brabant 230, 286, 346
Johanna von Wittelsbach, Gem. Kg. Wenzels IV. 327, 354
Johannes XXII., Papst 29, 92, 119, 136
Johannes Kantakuzenos 241
Johannes Paläologos, K. von Byzanz 241
Jost, Mgf. von Mähren 313
Iphofen 271
Italien 10, 28, 60, 101, 107, 118, 120, 129, 168, 180, 181, 189, 195, 203, 207, 211, 217, 218, 221, 228, 235, 237, 311, 312, 313, 335, 337, 341, 342 f., 354, 359, 389, 401
Jülich, Gfn. von 72, 271
Jütland 329

Kaaden 364
Kamenz 92
Kapetinger, frz. Dynastie 95, 117
Karl der Große, K. 72, 73, 104, 113, 191, 197, 315, 390, 391
Karl V., dt. Kg. und K. 354, 402
Karl IV., Kg. von Frankreich 90, 321, 349
Karl V., Kg. von Frankreich 46, 117, 350, 355, 357, 398
Karl VI., Kg. von Frankreich 353
Karl von Valois 75
Karl Robert von Anjou, Kg. von Ungarn 90, 130, 353
Karlsbad 298, 389
Karlsberg 123 f., 298
Karlshaus (später: Karlsbad) 298, 389
Karlskrone 298
Karlstein 116, 190, 203, 285, 298, 320, 383, 384, 389, 391 ff.
Kärnten 93, 102, 107, 136, 141, 195, 266, 340
Karolinger, fränk. Hausmeier- u. Königsgeschlecht 9, 11, 51
Kasimir III., der Große, Kg. von Polen 13, 107, 305, 307, 309, 354, 355, 398
Kastilien 13
Katharina, Tochter Karls IV. 229, 230, 283
Katharina, Tochter Kg. Ludwigs von Ungarn 354
Katharina, Tochter Hz. Albrechts d. Lahmen v. Österreich 158
Katharina von Anjou 355
Katharina von Hohenzollern 273
Klemens V., Papst 80, 349
Klemens VI., Papst 119, 135, 137, 138, 163, 207, 214, 228, 229, 252, 336, 343, 349
Klemens VII., Papst 344
Klenkok, Johannes 374
Kneitlingen 49
Koblenz 18
Koler, Otto, gen. Forstmeister 239
Kolin 84
Köln 17, 161, 164, 177, 196, 229, 252, 306, 328, 333, 334, 363, 399
Königsberg 97
Königsaal 61, 62, 63, 65, 66, 67, 68, 69, 70, 76, 77, 85, 86, 91, 100, 115, 117
Konrad, Abt von Königsaal 76 f., 85
Konrad von Megenberg 48, 253
Konstantinopel 177, 241, 242, 390
Konstanz 33, 72
Kortrijk 57
Krakau 15, 94, 155, 184, 307, 319, 337
Kufstein 93, 269
Kurpfalz, s. Rheinpfalz
Kuttenberg 60, 84, 86, 278, 294, 299, 363, 365, 366

Ladislaus Lokietek, Kg. von Polen 90
Laelius, Humanist 219
Lamprecht von Brunn, Bf. von Bamberg 318
Lancaster, Earls- u. Herzogstitel von Nebenlinien d. engl. Kgs.-Hauses Plantagenet 18
Landstein, böhm. Adelsfamilie 321
Langobarden 104
Laroche, Gft. 232
Lauenburg 364
Lauf 278, 279, 285, 297, 298
Lausanne 121
Lausitz (Ober- u. Niederl.) 92, 138, 160, 247, 279, 283, 286, 289, 291,

293 f., 295, 310, 327, 331, 346, 363, 364, 403
Lebus 284
Lehmann, Paul 186
Leipe, v. d., böhm. Adelsfamilie 321
Leipzig 155
Leitmeritz 41, 364
Leitomischl 321, 371
Leo III., Papst 72
Leopold I., Hz. v. Österreich 94
Leuchtenberg, Landgfn. 278
–, Ulrich 87
Levolt von Northof 260
Limburg 107
Linz 158
Litauen 21, 94, 97, 98, 379 f., 401
Lombardei 96, 228, 235, 305, 340
London 41, 399
Losse, Rudolf 143 f., 211, 261, 317
Lothringen 72, 102, 121
Lübeck 310, 312, 324, 328 ff., 335, 364, 399
Lucca 104, 106, 123, 124, 125, 128, 238, 296, 298, 341 f., 372, 399
Luckau 298, 392
Ludmilla, Gem. Hz. Ludwig des Kelheimers v. Bayern 127
Ludwig IV. der Bayer, dt. Kg. und K. 74, 89, 90, 91, 92, 93, 94, 96, 98, 99, 100, 101, 102, 103, 106, 107, 108, 109, 112, 114, 130, 131, 133, 134, 136, 141, 142, 143, 146, 149, 151 f., 153, 154, 155, 157, 159, 160, 163, 164, 186, 188, 189, 190, 208, 213, 215, 227, 228, 240, 268, 271, 281, 314, 320, 334, 349
Ludwig V., der Brandenburger, Hz. von Bayern 108, 136, 143, 158, 159, 163, 190, 199, 226, 227, 229, 266, 281
Ludwig VI., d. Römer, Hz. v. Bay. u. 309, 327
Ludwig IX., der Heilige, Kg. von Mgf. von Brandenburg 254, 281 ff., Frankreich 62
Ludwig, Sohn Kg. Karls V. von Frankreich 354, 355
Ludwig I., der Große, Kg. von Ungarn u. Polen 13, 228, 229, 230, 305, 306, 307, 310, 352, 353, 354, 355, 359, 398
Ludwig, Ebf. von Mainz 321
Lüneburg 198
Lupi, Raimund de, Mgf. von Soragna 228
Lupold von Bebenburg 261, 387
Lusignan, Peter von, Kg. von Zypern 309, 337
Luther, Martin 31, 32, 41
Lüttich 72, 73, 322
Luxemburg (-er) 13, 51 ff., 64, 75 ff., 83, 86, 87, 88, 89, 99, 101, 102, 105, 106, 111, 112, 116, 119, 120, 121, 122, 133, 135, 136, 137, 138, 139 f., 143, 144, 147, 150, 151, 165 f., 170, 174, 175, 177, 189, 198, 229, 232, 244, 253, 265, 279, 282, 284, 286, 314, 316, 327, 344, 346, 347, 348, 349, 353, 367, 401, 402, 403

Machaut, Guillaume de 46, 101, 106
Macchiavelli, Niccolò 185
Magdeburg 198
Mähren 56, 58, 65, 89, 95, 105, 112, 118, 129, 135, 138, 151, 156, 165, 166, 167, 168, 169, 171, 173, 198, 200, 247, 284, 286, 295, 315, 382, 383, 403
Mailand 78, 101, 103, 104, 208, 209, 210, 228, 235
Mainbernhein 271
Mainz 158, 172, 196, 224, 229, 288
Manfredonia 298
Mantua 210, 219, 228
Marburg 307
Margaretha, Kgn. v. Ungarn 203
Margaretha von Brabant 52
Margaretha (gen. »Blanche«), Gem. K. Karls IV. 117
Margaretha, Tochter K. Karls IV. 280
Margaretha »Maultasch« 108, 136, 200, 266
Margaretha, Gem. 1. Hz. Meinhards III., Gf. v. Tirol; 2. Joh. Heinrichs v. Luxemburg, Gf. v. Tirol u. Mgf. v. Mähren 101, 103
Maria von Ungarn 354
Maria Zell 19
Marienburg/Ostpreußen 97
Mariengarten (Kartause) 46
Marignola, Johann(es) von, Bf. v.

Bisignano 20, 45, 46, 367, 385 ff., 393, 397
Marktbibart 271
Markwart(d) (Marquard) von Randeck, Bf. von Augsburg und Patriarch von Aquileia 312, 317 f., 339, 340
Markwartinger, böhm. Adelsgeschlecht 170
Marseille 193
Masowien, Hztm. 97, 98
Matthias von Arras 389
Matthias von Neuenburg 191
Maupertuis 57, 350
Maximilian I., dt. Kg. und K. 404
Mecklenburg, Hze. und Gfn. v. 158, 271, 330
Meinhard, Hz. von Oberbayern, Gf. von Tirol 281
Meister Albrant 371
Meister Eckhart 28, 44
Meister Theoderich 388, 396
Meißen 75, 159, 183, 265, 267, 279, 293
Melnik 115, 364
Memel 98
Metz 121, 250, 258, 259, 261, 303, 304, 350 f.
Milíč von Kremsier, Jan 47, 373 ff., 377
Miltenberg 130
Modena 104, 122
Moers, Gfn. von 271
Mölln 49
Montecorvino, Johannes von 11
Mühldorf 92, 93
Mühlhausen 392
München 190, 221, 320, 399, 404
Münster 17

Namslau 267
Nassau, Grafen von 72
Neapel 69, 181, 182, 228, 355, 369, 371
Neidstein 162, 269
Neplach, Abt von Opatowitz 385, 397
»Neuböhmen« 268, 272, 276–279, 280, 289, 304, 323, 346, 352, 359, 363, 403
Neumarkt i. Böhmen 267
Neustadt a. d. Waldnaab 269
Niederbayern 93, 107
Nikolaus, Bf. von Naumburg und Patriarch von Aquileia 227, 266
Nikolaus von Riesenburg, Bf. von Olmütz 317
Nordsee 282
Normandie 183
Novara 104, 121
Nürnberg 26, 61, 88, 155, 156, 158, 164 f., 192, 196, 199, 208, 232, 239, 240, 241, 243, 250, 251, 253, 255, 258, 261, 268, 269, 271, 272, 274, 275, 278, 280, 281, 282, 285, 294, 295, 297, 303, 304, 322, 323, 325, 326, 328, 329, 331, 333, 334, 335, 363, 366, 383, 389, 390, 391, 392, 399
-, Burggfn. 239, 241, 243, 246, 271 f., 275, 280, 281, 296, 304, 323, 328

Oberpfalz 241, 268–276, 288, 293, 295, 297, 332, 403
Occam, William von 25, 213, 386
Očko von Vlaším, Ebf. von Prag 392
Octavian (= Kaiser Augustus) 185
Oels, Hze. von 321
Olmütz 171, 321, 371
Oppeln 95
Orange 180, 338
Orèsme, Nikolaus von 31
Ostsee 13, 97, 282
Österreich 12, 13, 56, 77, 92, 93, 96, 102, 131, 167, 181, 183, 195, 265, 305 f., 353
Otto, Abt von Königsaal 62
Otto V., Mgf. von Brandenburg 279, 280, 281 ff., 310, 327, 331, 332
Ottokar I., Kg. v. Böhmen 206
Ottokar II. Přemysl, Kg. von Böhmen 52, 54, 55, 59, 60, 61, 62, 63, 64, 88, 97, 129, 147, 167, 169, 206, 302, 383
Oxford 25

Padua 228
Paris 15, 22, 25, 64, 71, 101, 116, 118, 120, 144, 181, 182, 183, 184, 295, 320, 337, 344, 356, 359, 390
Parkstein 89, 92, 268, 269
Parler, Peter 388 f., 396, 404
Parma 104, 107, 122, 124, 125
Pavia 104, 121, 122, 243

Peter IV., Kg. v. Aragon 13
Peter von Aspelt, Bf. von Basel, Ebf. von Mainz 64, 78, 83 f., 87, 88, 89, 91
Peter von Ostia, Kardinal 235, 237, 238
Peter von Zittau 62, 66, 100, 115, 117
Petrarca, Francesco 47, 209, 215–221, 242, 245, 305 f., 327, 368 ff.
Petrus Rogerii (Papst Klemens VI.) 119, 135
Petrus Rogerii (Papst Gregor XI.) 343
Petrus de Vinea 181
Pfalzgrafen bei Rhein 72, 143, 198
Philipp III., Kg. v. Frankreich 185
Philipp IV., der Schöne, Kg. v. Frankreich 89
Philipp VI., Kg. v. Frankreich 96, 104, 106, 113, 118, 144, 145, 349, 357
Piasten, ältestes poln. Fürstengeschlecht 18, 95, 355
Piemont, Gft. 355
Pikardie 183
Pisa 234, 236, 237, 239, 241, 341 f., 399
Plaß 86
Plech 162, 269
Pleißenland 268
Polen 11, 12, 13, 17, 18, 21, 64, 65, 69, 76, 90, 92, 94, 97, 98, 107, 129, 156, 168, 181, 183, 184, 193, 229, 230, 240, 267, 268, 304, 307, 310, 319, 320, 321 f., 352, 354 f., 358 f., 372, 380, 401
Polo, Marco 11, 20
Pomerellen 97
Pommern 158, 310
Prag 41, 46, 60, 61, 64, 65, 69, 85, 87, 88, 91, 102, 115, 129, 132, 150, 153, 155, 158, 166, 167, 170, 171, 173, 174, 175 ff., 179, 180, 182, 183, 184, 185, 187, 192, 203, 211, 213, 218, 221, 229, 244, 267, 268, 278, 282, 285, 287, 288, 289, 294, 297, 298, 299, 306, 320, 321, 325, 326, 327, 329, 337, 342, 347, 355, 363, 364, 366, 374, 382, 388 ff., 391, 392, 404
Přemysliden, böhm. Herrschergeschlecht 51 ff., 64, 76, 83, 87, 88, 92, 170, 171, 174, 268, 383
Preußen 13, 381
Preußischer Ordensstaat, s. Deutschordensstaat
Prokop 376
Provence, Gft. 336, 344 f., 354, 355
»Pulkawa« (Přibíko von Radenín) 384 f.

Radicofani 238
Raimund de Lupi, Mgf. von Soragna 228
Ranke, Leopold von 301
Rattenberg 93, 269
Raudnitz 173 f.
Raymundus Lullus (span. Ramon Lull) 22
Regensburg 15, 150, 156, 171, 197, 239, 267, 293, 333
Reggio 104
Reims 118
Reincke, Heinrich 226, 234
Rheingebiet 183, 198
Rheinpfalz 21, 253, 304
Rhens(e) 81, 136, 143
Riesenburg, böhm. Adelsfamilie 321
Rieti 238
Robert von Anjou, Kg. von Neapel u. Unteritalien 79, 104
Roes, Alexander von 10
Rohn, böhm. Adelsgeschlecht 170
Rom 19, 72 ff., 78, 80, 177, 207, 208, 209, 210, 211, 214, 215, 229, 237, 238, 289, 336, 338, 340, 341, 343, 344, 356, 398
Rosenberg, Herren von; einflußreicher böhmischer Adel 18, 170, 302, 321
–, Peter von 91
Rothenburg 272, 297, 323, 334
Rottenberg 277
Rudolf von Habsburg, dt. Kg. 52, 54, 55, 63, 76, 157, 168, 233, 254
Rudolf IV., der Stifter, Hz. von Österreich 14, 229, 305, 307, 316, 322, 325
Rudolf I., Hz. von Sachsen 143, 160, 224, 225, 254, 321
Rudolf II., Pfalzgf. 161, 162, 312
Ruprecht, dt. Kg. 359
Ruprecht I. Pfalzgf. 224
Ruprecht II., Pfalzgf. 224, 254, 328
Rußland 371

Saaz 41
Sachsen 158, 160, 161, 172, 183, 184, 203, 253, 265
Saint Denis bei Paris 62
Saint Germain-en-Laye 117
Salerno 181
Salutati, Coluccio 341
Salzburg 232, 338 f.
San Felice 122, 124, 126, 128
Santiago de Compostela 19
Savoyen 72, 121, 271, 337 f., 350 ff.
Scala von Verona (Scaliger) 122
–, Mastino della 103
Schlesien 92, 95, 96, 101, 105, 107, 112, 129, 135, 158, 165, 167, 168, 183, 198, 203, 247, 265–268, 277, 286, 287 f., 289, 291, 293, 294, 295, 319, 346, 355, 403
Schneider, Friedrich 78
Schopper, Friedrich 239
Schwaben 156, 172, 222, 224, 273
Schwarzburg, Günter v., Gf. von Thüringen, dt. Gegenkg., s. Günter
Schweidnitz, Hze. von 98, 230, 266
Schweizer Eidgenossenschaft 75, 223 f., 399
Schwyz 75
Seckendorf, Herren von 199
Sedletz 76, 86
Seeland 161
Sempach 57
Serbien 12
Sercambi, Giovanni 242
Serravalle 127
Siena 237, 238, 341, 399
Siegfried zum Paradeis 332
Siger von Brabant 47
Sigmund (Sigismund), dt. Kg., Kg. v. Ungarn u. Böhmen, K. 192, 273, 280, 313, 327, 332, 352, 354 f., 359, 401
Sizilien 11, 69, 227
Skandinavien 11, 18, 21
Slowakei 156
Sortes, Nikolaus 181, 317
Spanien 12, 13, 16, 18, 28, 97, 199, 399
Speyer 72, 87
Stams 192, 320
Staufer, dt. Kgs.- und K.-Geschlecht 11, 12, 69, 74, 79, 141, 301
Stephan II., Hz. von Niederbayern 224
Stephan Dushan, Zar der Serben und Griechen 13, 241
Sternberg, böhm. Adelsfam. 321
Störnstein 269
Stralsund 329
Straßburg 72, 197, 250, 251
Stromer, Ulman 341
Stromer, Ulrich 164 f., 199, 239
Sulzbach 232, 269, 277, 278, 279, 285, 288, 298, 299, 392
Šusta, Josef 226
Sybel, Heinrich von 232

Tallayrand de Périgord, Kardinallegat 257
Tangermünde 284, 285, 288, 297, 298, 383, 389, 391
Tarenzo 124 ff., 203, 382
Taube, Heinrich 202, 259
Tauler, Johannes 28, 44, 386
Taus 105
Terni 238
Terraferma 104
Teschen, Hze. von 321
Thimo von Kolditz 318
Thomas von Aquin 23
Thomas von Kempen 44
Thomas von Modena 388
Thüringen 75, 159, 161
Till Eulenspiegel 49
Tirol 21, 93, 101, 102, 107, 108, 127, 136, 137 f., 139, 141, 154, 166, 200, 227, 265–268, 269, 271, 281, 305
Tivoli 238
Toscana 79, 340, 341 ff.
Trentschin 107, 130
Trient 100, 103, 154, 227, 266
Trier 72, 120, 139 f., 142, 198, 229, 243, 246
Trifels 190
Troppau, Hztm. 131
Tschenstochau 19
Twinger, Jakob 259
Tyler, Wat 41

Ulm 197, 232, 332, 334
Ulrich von Eschenbach (Etzenbach) 65, 69
Ungarn 12, 13, 16, 18, 56, 64, 65, 76,

90, 94, 96, 107, 130, 131, 168, 181, 183, 195, 221, 230, 268, 273, 307, 310, 319, 322, 352 f., 354 f., 364, 401
Unterwalden 75
Urban V., Papst 307, 337, 339, 340, 343, 374
Urban VI., Papst 344
Uri 75

Valois, frz. Dynastie 96, 106, 117, 118, 344, 350
Velden 162, 269
Venedig 97, 155, 209, 210, 227, 228, 229, 268, 282, 304, 306, 337, 364
Vercelli 104
Verdun 350
Verona 103, 104, 210, 228
Vienne 32, 350 f., 356
–, Gf. von 124, 125 f.
Villani, Matteo 145, 202, 361
Visconti, Mailänder Dynastie 122, 218, 236, 305, 306, 309, 311, 322, 337, 365 f.
–, Azzo 103, 104, 121 f.
–, Bernabò 342
–, Giovanni, Ebf. von Mailand 228, 232
Vissegrad (Vyssegrad, Wissegrad) 107, 130, 319
Viterbo 238, 340
Vogtland 268
Vorderösterreich 305

Waldemar IV., Atterdag, Kg. von Dänemark 13, 159 f., 208, 310, 321, 329, 398
Waldhauser, Konrad 41, 373
Walldürn 20
Walram, Gf. v. Luxemburg 76, 86
Wartenberg, böhm. Adelsfamilie 321
Weiden 278
Weißenburg in Bayern 72, 272, 297
Wenzel IV., Kg. v. Böhmen, dt. Kg. 158, 281 f., 283, 310, 311, 312, 313, 325, 327, 328, 330 ff., 338, 354, 356, 359, 367, 370, 399, 401 f.
Wenzel, der Heilige, Hz. v. Böhmen 46
Wenzel II., Kg. v. Böhmen 12, 51, 52, 53, 54, 55, 58, 59, 61, 62 ff., 64, 65, 66, 67, 87, 88
Wenzel, Hz. von Luxemburg, Halbbruder K. Karls IV. 106, 112, 165, 230, 286, 312, 346, 347 f., 401
Wenzel, Hz. v. Masowien 98
Werunsky, E. 127, 133, 226, 232 f., 234
Westfalen 324
Wiclif (Wyclif), John 25
Wien 184, 191, 229, 392, 404
Wilhartitz, Busko von 342
Wilhelm V., Hz. von Jülich 224 f., 265
Wilhelm von Wenden 69
Wilsnack in Brandenburg 20
Windsheim 272, 297
Winrich von Kniprode 13, 398
Wittelsbacher 89, 102, 136, 153, 154, 159 f., 161, 166, 190, 203, 207, 208, 221, 224, 253, 266, 279, 281, 282, 284, 304, 305, 332
Wittigonen, s. Rosenberg
Worms 72, 399
Worringen 52, 57, 107, 147, 230
Wurmser, Nikolaus 388
Württemberg, Gfn. von 271, 305, 306
Würzburg 199

Zanobi da Strada 219
Zděraz, Heinrich von 228
Zürich 224, 232, 239, 342

Geschichte der deutschen Literatur im Mittelalter

Dieter Kartschoke:
Geschichte der
deutschen Literatur
im frühen Mittelalter
Originalausgabe
dtv 4551

Joachim Bumke:
Geschichte der
deutschen Literatur
im hohen Mittelalter
Originalausgabe
dtv 4552

Thomas Cramer:
Geschichte der
deutschen Literatur
im späten Mittelalter
Originalausgabe
dtv 4553

Das reichhaltige moderne Studienwerk für alle, die an der Literatur- und Kulturgeschichte des deutschen Mittelalters interessiert sind. Vor dem Hintergrund der politischen, sozialen und kulturellen Verhältnisse werden die literarischen Strömungen, Formen und Gattungen sowie die Dichter und Schriftsteller mit ihren Werken und ihrem Publikum ausgiebig geschildert.

Der Begriff Literatur ist sehr weit gefaßt – er reicht von Zaubersprüchen und einfachen Liedern über die reiche Lyrik und die großen Epen, Bibelübersetzungen, Predigten und Mysterienspielen bis zu Legenden und Viten und zu Städtechroniken, Rechts- und Naturbüchern. Es ist die Literatur aus acht Jahrhunderten, von den ersten, oft fragmentarisch überlieferten althochdeutschen Zeugnissen bis zu den Schriften der Humanisten Erasmus und Melanchthon.